KGEH 4

CW00956981

ro
ro
ro

ZU DIESEM BUCH

«Was über Zellenspitzel, Stasi-Vernehmer und promovierte Denunzianten, was da an erhellenden Dokumenten eingeblendet wird und wie diese kommentiert werden, ist einfühlsam und präzise zugleich. Da dringt der Autor vor, wohin er will: ins Innere der Diktatur.»

(Der Spiegel)

Jürgen Fuchs, 1950 in Reichenbach/Vogtl. geboren, studierte nach dem Armeedienst Sozialpsychologie in Jena. Ab 1971 erste literarische Veröffentlichungen in Anthologien und Zeitschriften. Nach Auftritten mit Bettina Wegner und Gerulf Pannach 1975 Lese- und Publikationsverbot innerhalb der gesamten DDR. Im selben Jahr Exmatrikulation «wegen Schädigung des Ansehens der Universität in der Öffentlichkeit». Von November 1976 bis August 1977 war er in Haft. Im August 1977 Ausbürgerung nach West-Berlin. Bis Dezember 1989 von der Stasi als «Feindobjekt» bekämpft und mit «aktiven Maßnahmen der Zersetzung» schikaniert. Seit 1989/90 Mitarbeit in Bürgerkomitees zur Auflösung des Ministeriums für Staatssicherheit. Veröffentlichte u.a. «Gedächtnisprotokolle» (1977), «Vernehmungsprotokolle» (1978), «Tagesnotizen» (1979), «Fassonschnitt» (1984), «Das Ende einer Feigheit» (1988), «Poesie und Zersetzung» (1993). Lebt und arbeitet als Schriftsteller und Psychologe in Berlin.

Jürgen Fuchs

MAGDALENA

MfS
Memfisblues
Stasi
Die Firma
VEB Horch & Gauck

– ein Roman

Rowohlt Taschenbuch Verlag

Veröffentlicht im Rowohlt Taschenbuch Verlag GmbH,
Reinbek bei Hamburg, Mai 1999
Copyright © 1998 by Rowohlt · Berlin Verlag GmbH, Berlin
Alle Rechte vorbehalten
Umschlaggestaltung C. Günther / W. Hellmann
(Umschlagfoto: Lilo Fuchs)
Gesamtherstellung Clausen & Bosse, Leck
Printed in Germany
ISBN 3 499 22618 9

INHALT

DIE DÜNNE
AKTE

DIES IST EIN BERICHT, es geht um Akten, ein Ministerium, eine Behörde und allerlei Menschen, ihr Tun und Lassen, ihr Zögern und Zappeln, das Wort Ja kommt vor und das Wort Nein.

Peinlich, aber wahr: der Berichterstatter wollte sich drücken. Zuerst viel Recherche, Papierberge und Notizen, er tappte herum im Verbrechen und im Wechsel der Zeiten. Der Berg hat ihn fast erdrückt. Der Einzelne erschien als Wicht, Kopien breiteten sich aus, Hemmschwellen wurden installiert. Der aktuelle Augenblick zeigte seinen Größenwahn: Ich ich ich. Schon der gestrige Tag hat vielleicht gar nicht existiert. Erinnerung ist Krankheit, Empfindsamkeit Pathologie. Wichtig sind Organisation, Ordnung, Effizienz, Abwicklung, Aufbau, Umbau, Aufarbeitung, Schulung, Dienstdurchführung, Auswertung ... Sie haben schon alles aufgeschrieben, sieh nur ihre Archive, Fabrikhallen voller *Vorgänge* ...

Als ich in den «Vernehmungsprotokollen» das Stasi-Gefängnis Berlin-Hohenschönhausen schilderte, die Zellen, die Verhöre, die leisen Methoden der Quälerei von Gefangenen, das Widerstehen und die Augenblicke der Schwäche, des Zusammenbruchs, des Wieder-hoch-Rappelns, hatte ich kein einziges Dokument «von ihnen». Keinen Aktenschnipsel, nur das eigene Erleben, nur die nackte, antastbare Erinnerung.

Jetzt triumphiert das Besserwissen. Unschuldsmienen sitzen in Talkrunden und «reden mal darüber», bezeichnen sich als Insider und Sachverständige, veröffentlichen Rezepte, wollen die letzten Beweise sehen, tragen Gesetzbücher unter dem Arm, juristische Kommentare und Grundbucheintragungen ...

Was denn? Was war denn, es wurden Fehler gemacht wie überall, aber ansonsten … So viele Mitläufer, Funktionäre und verspitzelte Schreibtischtäter kommen selten zusammen auf so wenigen Quadratkilometern.

Ein halber Sieg ist einzugestehen und eine neue Niederlage. Das sich fortsetzende Kapitulieren vor vernichteten Akten und vergebenen Registriernummern, das Wegtauchen der Täter, das Versacken der Vergangenheit und der Fakten in einem merkwürdigen Macht- und Meinungsmorast. Der Häftling Nummer «Zwo» aus Hohenschönhausen – bei der Stasi werden aus Namen Zahlen – und die Frauen aus der «Strafvollzugsanstalt» Hoheneck sind schon wieder die angeschissenen kaputten Störenfriede, die wohl nur mehr Entschädigung herausschinden wollen aus ihrer Knastzeit. Die alte Nomenklatura trauert nach und gründet neu, noch eine Firma, noch eine Kneipe, noch ein Menschenrechtsverein, noch eine Rentenberatung, noch ein Leserbrief ans «Neue Deutschland» und die «Frankfurter Rundschau» … *Inoffizielle Mitarbeiter, Operative Vorgänge* und *Maßnahmepläne? Konspiration?* Nie gehört! Keine Ahnung! Davon haben wir gar nichts gewußt!

Diese Unwissenheit nach den vielen Diktaturjahren … Ein Wiederholungseffekt? Haben wir uns geirrt? War die Diktatur nur eine Erfindung irgendwelcher Opfer, die nichts beweisen können? Die Mauer eine Attrappe? Die Stasi ein *Organ der Rechtspflege?* Gulag-Opfer? Was ist mit den Verkehrstoten, den Verhungerten in der Dritten Welt? Freche Rechnungen und Vergleiche werden aufgemacht. Sie sind bekannt, und doch klingen sie frisch, auftrumpfend. Der Gefangene zuckt zusammen, sie haben wieder Oberwasser …

Und dann die Rücksichten: das Erreichte nicht madig machen, Beifall von der falschen Seite vermeiden. Es gibt auch Pflichten und Schweigepflichten, Loyalität ist ein wichtiges Wort. Wollen Sie Joachim Gauck in den Rücken fallen? Das nicht. Aber ich will auch keine Rücksichten nehmen. Ich will frei sein und beschreiben, was ich erlebt habe. Ich kann mir keine neue Leine um den Hals knoten. Falls ich das hier veröffentlichen sollte, werde ich weder das «Büro für Urheberrechte» noch das «Büro der Behördenleitung» vorab informieren. Sie informierten mich auch nicht über ihre Dienstschreiben und Abstimmungen mit dem Innenministerium in Bonn am Rhein. Dr. Geiger, der Gauck-«Vertreter», wurde Geheimdienstmitarbeiter und sagte vorher kein einziges Wort darüber. «Ich bin Datenschützer», «ich bin Anwalt der bespitzelten und zersetzten Opfer» – der hohe Ton eines klugen, geschickten Juristen und Karrieristen.

Worauf soll ich Rücksicht nehmen? Auf die Familie, auf mich?

Ein Druck ist da, Bangigkeit. Bei Veröffentlichung kann ich mir vorstellen, was «behördenintern» abläuft: Der Abteilungsleiter von «BF» bekommt einen Anruf «von drüben», aus der Glinkastraße, dem Hauptgebäude. Er zitiert sofort seinen Stellvertreter her, sie schließen die Türe zum Vorzimmer. Der Stellvertreter befragt anschließend mit spitzem Mündchen – «ich bin eigentlich Wissenschaftler» – mehrere Referenten und zwei denkbare Vertraute des mutmaßlichen Verfassers. Nichts. Das Manuskript ist unbekannt und «liegt im Hause nicht ein». Was soll schon drinstehen, sagt Dr. Suckut aus Mannheim, jetzt Berlin am Molkenmarkt, an der Stasifront, zu Dr. Henke, seinem Vorgänger, der aus München kam, vom Zeitgeschichtlichen Institut. Seine Bauchschmerzen, vermutet Henke. Er ist ja ein Opfer, ein Betroffener und kein «Grüß-Gott-Historiker» aus Bayern, er hat alles selbst erlebt, ergänzt Suckut, leicht und prompt wird es ihm über die Lippen kommen: der Staatsfeind, der Oberdissident, so doll war seine Zersetzungsanalyse in der Info-Reihe der Behörde nun auch wieder nicht, er wird sich wohl etwas aufgespart haben, wer weiß, wohin die vielen Kopien gegangen sind, jedes Mal konnte der Pförtner nicht kontrollieren … Er hatte einen Vertrag, da stehen Bedingungen und Pflichten drin, holt Suckut aus seinem amtlichen Gedächtnis. Plus Honorar, sagt Dr. Henke. Plus Honorar, echot Suckut, gut, so viel war es nicht, Geld ist nicht der Punkt, aber solche Leute, das haben wir immer gesagt, lassen sich einfach nicht einbinden. Beide wollen sich in Zukunft auf dem Laufenden halten.

Suckut eilt den Gang hinunter und verschwindet im Zimmer des Abteilungsleiters, der er, dienend und bescheiden, nunmehr selbst ist. Vikar Auerbach, in der Abteilung für die Aufdeckung von Internierungsplänen zuständig, steht am Fenster seines kleinen Zimmers, raucht und lacht. Dr. Suckut legt eine rote Mappe an, auf Blatt eins die erste Eintragung: «betr. sog. ‹Bericht› – Anruf von BBL. Habe Mitarbeiter befragt, auch ehem. AL, ohne Ergebnis. BF war nicht informiert, AU und AR fragen? Rechtl. Schritte?» Datum, Unterschrift.

Der geneigte Leser benötigt Aufklärung über Abkürzungen und Begriffe? Schon nach den ersten Zeilen stellen sich also Irritationen ein … Diese hängen einem zum Hals heraus, nicht wahr? In Büros und Hinterzimmern kann das vorkommen, aber hier? Pfui! Oder wie Enzensberger neulich genervt fragte: Soll ich etwa eine neue Sprache lernen?

Ja. Aber es ist fast die alte Sprache.

«BBL» ist das Büro der Behördenleitung, Dr. Suckut ist «AL», Abteilungsleiter, ein ziemlich hoher Posten, ihm nachgeordnet einige Referatsleiter, dann die Arbeitsgruppenleiter, dann die sonstigen Beschäftigten, fest oder auf Zeit, die meisten auf Zeit, vielerlei Abstufungen …

Und was «BF» heißt? «Bildung und Forschung zum Zwecke der politischen und historischen Aufarbeitung», das klingt doch enorm. Hinter den beiden Buchstaben «AU» verbirgt sich Auskunft und Akteneinsicht. «AR» ist das Archiv. Weitere Abkürzungen und ausgewählte spezifische Begriffe bei

Victor Klemperer und in der Broschüre «Abkürzungsverzeichnis» des «Bundesbeauftragten für die Unterlagen des Staatssicherheitsdienstes der ehemaligen Deutschen Demokratischen Republik» nachlesen: links oben der schwarze, krallige Adler, wider Erwarten klein gehalten, so daß er von weitem fast wie ein präparierter Käfer aussieht. Knapp über der Mitte der Broschüre ein durchgezogener roter Strich, nicht dick, nicht dünn, ein Schlußstrich für die grauen Linien, die als fahle, schnurgerade Furchen die untere Hälfte der Umschlagblätter solcher Veröffentlichungen zieren und einen rechteckigen, kleinen Raum lassen für Titel und Unterzeilen.

Brodskij fand in den sowjetischen Amtsstuben den blauen Strich an der Wand, «der gnadenlos durchs ganze Land lief wie ein unendlicher gemeinsamer Nenner». Hierzulande wird schwarz, rot und gelb bevorzugt.

Mitarbeiter der Gauckbehörde wurde ich, um einiges herauszufinden und das Archiv in Berlin von innen zu sehen. Biermann und Sarah Kirsch drängten mich, sie selbst hätten dazu weder Zeit noch Nerven. Ich sollte die Sauereien herausfinden, was *Zersetzung*, was *Liquidierung von feindlich-negativen Personenzusammenschlüssen* wirklich bedeutet hat. Und wer IM «*Hölderlin*» ist. Und ob Sascha Anderson lügt oder nicht. Auch einige Tote schwammen neben uns, man konnte sie wegdrücken, aber sie kamen immer wieder hoch. Katjas Schwester Eva, Lilos Mutter, Matthias Domaschk, Peter Beitlich … Ich dachte auch an Häftlinge, die sie mißhandelt hatten und die nichts beweisen konnten.

Ende einundneunzig, im Dezember, lud uns Gauck in sein großes Zimmer im zweiten Stock in die Behrenstraße ein, Vorzimmer, versteht sich, Sekretärin, Kaffeemaschinengeruch, zuckrige Plätzchen. Jochen Schädlich war dabei, Sarah Kirsch, Katja Havemann, Ulrich Schacht, Bärbel Bohley. Gauck sprach freundlich wie immer, fast ein wenig übertrieben, fast ein ganz klein wenig schwülstig würdigte er die Verdienste der anwesenden Damen und Herren. Beim Namen Sarah Kirsch schmolz seine Stimme wie Himbeereis auf der warmen Heizung. Die Erwähnte nickte artig und senkte das Haupt, was sollte sie machen. Aber kein schlechter Kerl, flüsterte Biermann mir zu, eben Kirche, er soll die Akten öffnen und dich reinlassen.

Die Akten, soweit noch vorhanden, sind offen, flüsterte ich zurück, aber was das Gesetz will, das wird sich zeigen. Einsichtsrechte für alle oder zunehmender Verwaltungszirkus und ein Ausbremsen der Bürgerkomitees ...

Als ich von einer Arbeitsgruppe sprach, weil es allein nicht zu schaffen sei, zusammengesetzt aus guten Leuten, die durchblicken, Besetzern der ersten Stunde aus Gera, Erfurt, Suhl, vielleicht noch mit dem DDR-Experten Karl Wilhelm Fricke, der selbst in Haft saß, mit Reiner Kunze, Lutz Rathenow, nickte der künftige Bundesbeauftragte und verwies auf Vorschriften und Paragraphen eines «Stasi-Unterlagen-Gesetzes», großes S, kleines t, «StUG» ... Er wolle das mit Dr. Geiger besprechen. Reiner Kunze als Lyriker habe womöglich andere Prioritäten und wohne außerdem in Oberbayern. Gera, Erfurt und Suhl seien wichtig, aber man möchte keine Provinzfürstentümer. Wie bitte, fragte ich. Mit mir wolle er einen Termin machen. Die Runde nickte. So hat es angefangen.

Nach längerem Hin und Her bekomme ich Monate später einen grünen Ausweis mit Paßbild: den *Dienstausweis*. Ich soll mich in der Normannenstraße in *Haus 6* bei Dr. Rolle melden, dem «Referatsleiter AU II.4». Als ich den graumelierten, schlanken Dr. Rolle und kurz darauf die *MfS*-Offiziere Bäcker und Hopfer als Mitarbeiter der «Spezialrecherche» der allerneuesten Behörde der Bundesrepublik Deutschland in ihren renovierten *Dienstzimmern* sitzen sehe, weiß ich, daß nun wieder ein fast aussichtsloser Tanz begonnen hat in amtlichen, geheimen Räumen.

Noch sieht es nach Sieg aus: Der Rekrut, der Häftling, der schriftstellernde Dissident betritt ihren Innenhof der Macht, zeigt einen Ausweis vor und hat Vollmachten und Möglichkeiten, wie es scheint … Als ich Hopfers nervöses Lächeln bemerke, das leicht Krampfige in den eher sportlichen Bewegungen, seinen Griff zur Zigarette, und hinter Bäckers Brille diesen harten, verwüsteten, umgänglichen Blick, melden sich alte Gefühle.

Ich habe keine Schwierigkeiten, mit Ihnen zu sprechen, höre ich mich sagen. Welchen Dienstgrad hatten Sie? Oberstleutnant, sagt Bäcker. Und Sie sind der Einzelkämpfer, fragt er. Was habe ich ihm geantwortet? Das Gedächtnis des Einzelkämpfers läßt nach. In der Haft, in der Not, in der Niederlage frißt sich alles ein, jeder Ölsockel, jedes miese Grün oder Grau, jedes Grinsen, auch jedes eigene Wort und das Gestammel dazu … Aber danach, nach der «Wende», in der neuen Zeit? Beim Dialog mit kooperationsbereiten ehemaligen Offizieren?

Ich wohne im Neubaublock gegenüber, sagt Bäcker. Ich auch, sagt Hopfer, zwei Minuten zur Arbeit …

Was ist mit dir, denke ich, hast du Angst vor ihnen?

Und das wollen wir Ihnen gleich sagen, teilt Bäcker mit, wir haben keinen Befehl, diese Tätigkeit hier auszuführen, wir haben ständig Ärger mit bestimmten Kreisen ehemaliger Mitarbeiter. Ach so, sage ich. Wer ist Ihr Vorgesetzter, fragt Bäcker, Dr. Rolle? Ich nicke. Vielleicht sind Sie meine Vorgesetzten, sage ich. Aber aber, Bäcker und Hopfer lachen ihr Lachen.

Es ist recht leicht, mit ihnen zu plaudern und zu lachen. Unsere Feinde verlassen die Hölle, und wir betreten sie. Berater bleiben zurück und begrüßen uns.

DIE GRAU-STUMPFEN HÄUSERWÄNDE der alten Mielke-Zentrale haben ihre abweisend-herrische Geducktheit und Kraft behalten. Dazu die vielen kleinen äugenden Fenster der sich hoch hinauf reckenden Etagen des *HVA*-Baus, Plattenbau-weise … Was willst du hier? Markus Wolf treffen oder einen Vernehmer von damals, heute Rechtsanwalt, Finanzberater, Immobilienhändler, Abteilungsleiter im Arbeitsamt?

Auf dem Flachdach ihres Hochhauses an der Ecke Frankfur-ter Allee/Ruschestraße rotiert langsam der neu installierte «Mond», gut sichtbar bis zum Frankfurter Tor hinunter, bis zu den vietnamesischen Zigarettenhändlern, den Obstständen und Kebab-Buden: «DR» ist zu lesen, Deutsche Reichsbahn, dann «DB», Deutsche Bahn … Nur ein Buchstabe muß geändert werden! Deutsche Beamte wollt ihr sein und bleiben, Deutsche Wärter, Deutsche Dienstgrade, Deutsche Vorgesetzte und Vor-zimmerdamen … Korrekt gekleidet, gesichert und anerkannt vom jeweiligen Staat, ihm zu treuen Diensten, brav und scharf oder milde, wenn die Zeiten so sind … Is was? Nee! Immer noch nich! Nie … Was soll die Fragerei … Wir sind Menschen, und das sind unsere Arbeitsstellen, damals so, heute so, wir sind anpassungsfähig … Im Sektor Technik gibt es Werkstätten und neue Firmen, auch im Bereich Gastronomie und Tagungswe-sen, da herrscht Organisation, Ordnung und Sauberkeit, das wird nach wie vor gebraucht, wir sind nicht aus Dummsdorf. Das Archiv wird von Dilettanten und einigen Fanatikern oder Spinnern durcheinander gebracht, wir nehmen das zur Kennt-nis und tun unser Möglichstes. Die Zahl der Inoffiziellen Mitarbeiter war beträchtlich, gut, jetzt werden sie gesellschaft-lich geächtet, was wir bedauern und eigentlich verhindern woll-ten. Andererseits zeigt sich, daß dieses Ministerium breit im Volk verankert war. Das will man jetzt noch nicht wahrhaben, aber die Bekämpfung der politischen Opposition war nur ein Arbeitsfeld neben vielen anderen. Soll alles falsch gewesen sein?

Das schnappst du auf, hörst ihren Ton, erkennst ihren Sound, siehst die bewachten Türen, die neuen blauen Uniformen, man grüßt, erklärt den Weg ... Haus 6? Im hinteren Objektbereich, wie ein Altberliner Wohnhaus sieht es aus, Hinterhof Magdalenenstraße ... Ein Lächeln, ein Zucken in den Augenwinkeln. Sie sind noch da und im Dienst, sie wohnen hier, leben hier, wo sollen sie auch hin, es sind viele ... Essen in der großen Kantine, im Speiseraum, die Frauen an den Kassen sind Ehefrauen, der Küchenmanager war vielleicht Feldwebel oder Leutnant, er scherzt mit dem Personal, trägt ein Bärtchen, gut ausrasiertes Haar, braungebrannt ... So schlecht geht es nicht ... Sparda-Bank, Rusche-Apotheke, Bücherladen, Gysi, Karl-Eduard Schnitzler und Lothar de Maizière neben dem Schäuble-Buch. Was ist denn? Der Paternoster ist nicht mehr da, wie werden sie ihn genannt haben, Personenbeförderungsvorrichtung? Statt dessen ein geräumiger Fahrstuhl. Eine zierliche Frau mit Brille, in Jeans und Pullover neben einem schwer atmenden Mann in Jogginganzug und mit zuständig-beleidigter Betroffenen- und Opfermiene. Er drückt das gewünschte Stockwerk und sagt zu ihr: Neuer Fahrstuhl wäre auch nicht nötig gewesen ... Sie nickt, die beiden steigen aus, Gewichtheber und Frau verschwinden langsam im neu eingerichteten Lebensmittelsupermarkt. Im Zeitschriftenladen neben dem Eingang alte erfahrene Genossen, man kann nachfragen, sie geben leise Antwort, wenn man dazugehört. BILD-Zeitung, *ND* und Super-Illu, Lotto, Kataloge und Werbung ... Am Ecktisch im Speisesaal Wanderer, ein ganzer Wanderverein, wer kann etwas gegen einen Wanderverein haben? Wache, rüstige Rentner bei einer Dienstbesprechung unter veränderten Lagebedingungen, wir sagen, was wir denken, was denken denn Sie? Wartenwirs-ab ... D a s – werden-wir-noch-sehen!

Was willst du hier? Sie sind viele, irgendwie stärker nach wie vor. Du stellst dein Auto auf ihre Parkplätze. Du erkennst sie, und sie erkennen dich. Du bist einer von denen, die gefährlich waren und es vielleicht noch sind, jedenfalls ein wenig. *Verwahr-*

raum 117, 333, 332, 306, 307, erinnert ihr euch? Wer hatte denn die Verantwortung? «In einem gewissen Sinn gibt es für die Verantwortung überhaupt keine Vergangenheit», sagt Emmanuel Levinas. Wer das ist? Später. Wenn noch Zeit ist.

DR. ROLLE, WAS HABEN SIE VORHER GEMACHT? Ich war in der Akademie, Akademie der Wissenschaften, von dort kenne ich auch Klaus Richter aus dem anderen Referat, er war ja vorher Geschäftsführer bei Bündnis 90, stimmt doch? Richtig informiert? Neue Begriffe ... Wir waren Kollegen in der Akademie ... Warum fragen Sie, sind Sie mißtrauisch? Mißtrauisch ist nicht das richtige Wort, sage ich.

Frau Schüler, meine Stellvertreterin, war in einem Verlag, sagt Rolle, wir lebten halt hier, jeder bewohnte seine Nische. Möchten Sie einen Kaffee, fragt er, schwarz? Mit Milch ... In der Behrenstraße, als die «Akteneinsicht» begann im Januar, habe ich Sie schon einmal gesehen, erinnern Sie sich?

Wir haben uns gestritten, sage ich. War das Streit, fragt Rolle. Ja, sage ich, mir war das sofort zu bürokratisch, «Anträge», «Registriernummern», «Wachpersonal»: Kisten auf ... ich wollte keine neue Geheimniskrämerei ... es standen ja diese großen Blechkisten herum mit Akten von hier, vorgelesen, vorsortiert ... Sie schüttelten den Kopf, hatten ein Täschchen unter dem Arm ... «es hat wenig Sinn das alles», so ist meine Erinnerung ... Wirklich, fragt Rolle und fügt hinzu, daß andererseits minimal geordnete Verhältnisse schon sein müßten.

Die *Konspiration* muß weg, erwidere ich, wir sind schon wieder zugeriegelte Spezialisten in einem Versteck. So, fragt Rolle, sehen Sie das so kraß? Die Räume in *Haus 6* sind dunkel, zugegeben, da drüben das Gefängnis, Magdalenenstraße ... stimmt doch? Ja, sage ich. Waren Sie dort inhaftiert? Nur teilweise ... wenn «Sprecher» war und meine Frau kam oder der Rechtsanwalt ... in einem kleinen Lieferwagen, in einem Schließfach,

wurde ich mit Handschellen aus Hohenschönhausen herge-
bracht, es ist nicht sehr weit … schon eine merkwürdige Gegend hier.

Und was wollen Sie genau untersuchen, fragt Rolle. *OV*s …
und *ZOV*s … *Zersetzung, aktive Maßnahmen, Kooperation der Abteilungen XX* und *HV A* beziehungsweise mit den *Abteilungen XV*
der *Bezirksverwaltungen* des *MfS*, es wurde ja viel vernichtet …
Interessant, sagt Rolle, die Abkürzungen beherrschen Sie … Er
lächelt fein. Ich war in den Bürgerkomitees zur Stasiauflösung
in Thüringen, habe mich ein wenig eingearbeitet, sage ich. Und
wem arbeiten Sie zu, fragt er. Hat Ihnen die Behördenleitung
nichts übermittelt ? Wenig, sagt er. Wem arbeite ich zu … das
ist die Frage, sage ich, wem arbeite ich zu … behördlich ist es
«BF», dann der Behördenleitung … Dr. Geiger … Gauck hat
mir grünes Licht gegeben … Haben Sie eine Registriernummer, fragt er. Ist beantragt, sage ich, wenn ich mich nicht einigermaßen frei bewegen kann, ist es sinnlos. Ohne Karteirecherche und Zugang zu dem ungeordneten Material geht es nicht,
das dauert sonst Jahre … Natürlich, erwidert Rolle. Haben Sie
einen Sonderrechercheausweis? Nein, sage ich, wer hat denn
den? Wieder Rolles Lächeln: Na die Richter-Truppe, Stephan
Wolf, Bäcker, Hopfer … Er nennt Namen … Und Sie machen
IM-«Bescheide», frage ich. Ja, sagt Rolle, dieses ganze Referat
… Ministerien, öffentlicher Dienst, Überprüfungen … ich
zeige Ihnen Ihr Zimmer, wir haben den Kopierer rausgeräumt,
er kann auch woanders stehen.

Wir gehen über den dunklen, schmalen Gang.

Das Zimmer im ersten Stock ist wie ein Küchenhandtuch,
fast enger als eine Einzelzelle. Vor den Fenstern im Erdgeschoß
Gitter. An der Decke Neonbeleuchtung, ein Schreibtisch, ein
Stuhl, zwei trostlose Reiseprospekte an der Wand. Bißchen eng,
sagt Rolle. Macht nichts, ist meine Antwort. Büromaterial wird
Ihnen gebracht, Frau Schüler, Sie haben ihr vorhin beim Raus-

gehen die Hand gegeben, wird sich um Sie kümmern ... Übersichtsmaterial bringen, Richtlinien, die Anleitung für Rechercheure, die vorläufige ... Danke, sage ich. Bis gleich, sagt Rolle. In der Tür dreht er sich noch einmal um: Ach so, im Nebenraum ist noch jemand vom Verwaltungsamt, ein Herr Kramer, Sie werden ihm bestimmt über den Weg laufen ... Verwaltungsamt, frage ich. Rolle grinst und schließt behutsam die Tür.

Ich ersticke, muß sofort raus hier! Rolle, der freundlich und halbblaut, beinahe unsicher redet, läßt nicht den Vorgesetzten heraushängen; aber er ist gepanzert mit Wohlverhalten und Toleranz.

Was ist ein «Verwaltungsamt»? Bund? Länderebene? Geheimdienst? Der Dissident setzt sich auf den harten Drehstuhl seiner Vorgänger, auf den Schleudersitz eines mickrigen Hinterhausbüros in der Zentrale, horcht auf Schritte im Flur, das Klappern der Absätze auf der schmalen Treppe. Nebenan ein Herr Kramer. Du bist in der Falle, denke ich, aber du wolltest ja her, hast dich bequatschen lassen von Wolf und Sarah, die währenddessen Lieder und Gedichte schreiben, hast Gauck gesprochen, bist hier gelandet. Jetzt hast du deine Arbeitsgruppe, jetzt kannst du alle Schweinereien herausfinden,oder selber mitmachen! Welche Schweinereien denn? Die Heimlichtuerei zum Beispiel. Der Schriftsteller in der Falle der Schweigepflicht. An der Leine von Dr. Geiger, Dr. Henke, Dr. Suckut, Dr. Rolle und mit einer grauen Maus aus München oder Köln im Nachbarzimmer.

DIENSTBEGINN ist am fünfzehnten April zweiundneunzig. Acht Uhr bei einem Herrn Kuhnke melden in der Glinkastraße, im Hauptgebäude der Behörde, bei «ZV». *Zivilverteidigung?* Falsch! «Zentrale Verwaltung»! Steht nicht im «Abkürzungsverzeichnis» für DDR- und Stasibegriffe, ein neuer Begriff, eine neue Abkürzung, das Gebäude hingegen ehrwürdig und alt, die Wilhelmstraße nicht weit, Verwaltungen hat es hier schon immer gegeben, Ministerien, Ämter, Beamte, hohe Flure, breite, geschwungene Treppenaufgänge, Portale und bewachte Tore zum Hof, Regelwerke, Telefonverzeichnisse, hier die Poststelle, dort die Anmeldung, Aktenkarren bewegen sich auf gebohnerten Gängen, die Numerierung der Zimmer geht so herum oder so? Zunehmend? Abnehmend? Abnehmend, dreistellig. Leise ist es hier, kühl.

Herr Kuhnke ist ein Bürschchen mit dunklen, schlauen Augen, wendig, formal-freundlich, dunkle Haare, unscheinbarelegante Brille. Sie wollen länger bleiben, fragt er. Ein Jahr, sage ich, erst einmal ein Jahr, so ist es abgesprochen ... Das schon, sagt er, aber Herr Beleites zum Beispiel ist nach vierzehn Tagen nicht mehr erschienen, hat sich abgemeldet, das schon, abgemeldet hat er sich, Sie kennen ihn? Ja, sage ich, er hat im Dezember neunundachtzig in Gera die Besetzung der *Bezirksverwaltung* mitorganisiert, mutiger Mann, hat die angefeindete «Pechblende» über Uranabbau im Erzgebirge geschrieben ... Aufsätze veröffentlicht ... Das schon, sagt Herr Kuhnke, aber mit einer Behörde hatte er wohl seine Probleme ... Kennen Sie Frau Dr. Schwarzenberger? Nein, sage ich, nicht persönlich. Kuhnke feixt, er ahnt, daß ich die Klagegesänge des kurzzeitigen Mitarbeiters, Bürgerrechtlers und Stasiauflösers B. über eine Frau Dr. S. gehört habe ... Dissertationsthema ... irgend etwas über den Gütertransitverkehr durch die DDR ins *NSW* ... oder war es die promovierte Militärhistorikerin ... oder die Dame aus der Kaderabteilung der Mitropa ... einiges ging durcheinander ... Die schrieb angepaßte akademische Arbeiten, hatte ich gehört ... mein Bruder hat extra in der Deutschen Bücherei nachgesehen, mich ließen sie nicht mal Abitur machen, so B. im Zorn ... dumm, feige und hinterhältig ... ich sollte Anträge sortieren ... solche wie sie kommandieren uns jetzt rum, stell dir das vor ... die Kader sind unsere Vorgesetzten in Fragen der Stasiauflösung ... Beleites hatte mich zu Hause besucht, er war fassungslos ... zu denen schicken sie uns ... Geiger lächelte, zeigte Verständnis, B. hatte ihn sofort angerufen, sie trafen sich in der Stadt, nicht in der Behörde, er zeigte Verständnis ... Die neue Strategie, fragte mich B., ich wollte hier in Berlin mit dir zusammenarbeiten ... aber unter diesen Umständen ... das halte ich nicht aus, nicht mit diesen Leuten ... Wollen sie uns etwa verarschen, *neutralisieren* ... Wir tranken Tee, Michael Beleites aß zwei Äpfel aus biologischem Anbau, die Eltern seiner Freundin haben eine Gärtnerei in der Nähe von Dresden ... Ich konnte ihm nicht helfen ... Kuhnke sieht mich prüfend und amüsiert an, ich weiche ihm aus.

Länger als vierzehn Tage werde ich schon bleiben, sage ich. Das ist Ihre Entscheidung, Kuhnke erhebt sich rasch, Sie haben das hier nicht nötig, finanziell, meine ich, im Thema selber stehen Sie ja drin, siehe «Spiegelserie» ... Kuhnke lauert. Das schon, sage ich, aber man lernt nie aus ... und möchte auch nützlich sein für andere. Alles Gute für Ihre Tätigkeit, Kuhnke gibt mir rasch die Hand: Formal sind Sie bei BF angebunden, Dr. Knabe, glaube ich, die Referatsleiterstellen sind noch nicht ganz klar ... Wieder Kuhnkes fixes, wissendes Lächeln. Vielen Dank, sage ich, und Sie sind für Neueinstellungen zuständig? Auch das, antwortet er, aber es gibt selbstverständlich Vorgesetzte ... warum? Ich kenne einige Bewerbungen, sage ich, gute Leute, die erhielten nicht mal eine Bestätigung, daß ihre Unterlagen eingetroffen sind ... Es gibt viele Bewerbungen, sagt Kuhnke mit einem versonnenen, distanzierten Gesichtsausdruck, Verzögerungen im Schriftverkehr können vorkommen, wir sind noch immer in der Aufbauphase, dafür bitte ich ganz herzlich auch um Ihr Verständnis ...

Herr Kuhnke von «ZV» will, daß ich verschwinde. Sie bevorzugen Pflegeleichte, frage ich. Nun, wie soll ich sagen, damit keine Mißverständnisse entstehen und morgen wieder dieses und jenes in der Zeitung steht ... ich meine Sie nicht persönlich, Herr ... aber über die Schweigeverpflichtung wurden Sie belehrt, ja? Kuhnke wartet. Ja, sage ich. Menschen wie Herr Beleites haben sicher viele Verdienste, redet er. Ich gehe, Kuhnke läßt die Tür seines Büros offen, vielleicht sieht er mir nach. Vielleicht auch nicht. Kuhnke hat meine Frage beantwortet. Er gibt mir drei Tage oder drei Wochen. Auf der Straße schwöre ich, nicht aufzugeben.

ALS ICH IM HANDTUCHZIMMER SITZE und auf den Hof hinaussehe, auf die gestapelten, ausrangierten Lada-Autoreifen, auf die einzelnen Leute, die das Gebäude verlassen oder betreten, grüne oder rote Behördenmappen unterm Arm oder mit prall gefüllten Einkaufstüten, frage ich mich, ob die Gardine durchsichtig ist, ob sie mich sehen können ...

Wie ich starre und leer bin, ausgeleert, angeschissen, ganz und gar dabei, mich zu verlieren. Die Gitter unten werden sie abmontieren, es gibt Fenster, die völlig zivil aussehen und dennoch «sicher» sind. Die farbigen Behördenmappen werden in Kürze die Hauspost transportieren, in speziellen Behältern, dann ist auch das geregelt. In deinem Rücken, hinter dem dämmrigen Gang, direkt vor den Zimmer von Rolle und Frau Schüler, das Gefängnis. Gut, es handelt sich halt um ein Gefängnis. Aber nach einer gewissen Zeit, Umbauten müssen selbstverständlich vorgenommen werden, kann man schon überlegen, ob eine Weiternutzung nicht sinnvoll ist ... Solche Reden hörst du. Geiger spricht, Uwe Wesel, dann ein Senatsangestellter, vielleicht auch Diepgen, der immer bereit scheint, die passenden Beschwichtigungen von sich zu geben. Die Bürgerrechtler? O ja, die Bürgerrechtler, natürlich, wichtig, ganz, ganz wichtig, ihre Stimme zu hören, die Verdienste zu würdigen! Große, hohle Reden ... Was kann die Bundesrepublik mit diesen seltsamen Bürgerkomitees anfangen? Gar nichts. Diese

Leute muß man freundlich, aber bestimmt in rechtsstaatliche Bahnen lenken. Das Unternehmen Stasi, alle Beteiligten inbegriffen, gehört auf Sand gesetzt … Welches Gesicht dazu auftaucht beim Sitzen im Zimmerchen? Das von Geiger. Schäuble gesellt sich dazu und Bahr. Auch Gauck, langsam gesellt sich auch Gauck dazu. An einem bestimmten Punkt ist er weich. Und dem gehobenen Parkett nicht abgeneigt …

Ein Plakat bringst du mit von Wolf Biermann, hängst es an die Wand. Dazu das kleine Radio, Musik hören und Nachrichten. Den Tag einteilen, die Woche. Das Leise, Stille hier überwinden. Das Dienende, Buckelnde, Eifrige, Erfüllende … das «Sachliche», Verwaltungstechnische, Weiterfunktionierende … Niemand hilft, aber du hilfst dir. Vielleicht finden sich noch Verbündete. Es gibt immer Überraschungen, solche und solche. Aufgeben kann jeder … Die Knaststimme gibt ihre Befehle, im Ton stets ein wenig ironisch. Als ob es mir zu gut geht. Ich habe das schmale Zimmer mit einer Zelle verglichen, das scheint sie geärgert zu haben.

Frau Schüler bringt *Richtlinien* und «Merkblätter». Besser ein Zimmer als kein Zimmer. Sie werden Akten bestellen, fragt Frau Schüler, die eher wie eine Lehrerin oder stellvertretende Direktorin einer Betriebsberufsschule aussieht, nett, gepflegt, wissend und resolut. Ich nicke. Dann benötigen Sie einen Stahlschrank, ich werde Bescheid sagen … im übrigen bin ich Ihre Ansprechpartnerin, wenn Sie Fragen haben. Ich soll Ihnen beibringen, wie ein IM-Bescheid zustande kommt, Recherche, Auswertung, worauf zu achten ist … Sie haben Vorkenntnisse, fragt sie. Einige schon, sage ich. Und Sie waren Lektorin? Dr. Rolle hat angedeutet … Ja, sagt sie, Belletristik, Sachbücher.

Ich fragte nicht nach dem Verlag, vielleicht habe ich ihn auch überhört … Bohre nicht in Biografien, die Zimmertüren sind geschlossen und ein Staat ist zusammengebrochen, man braucht Stahlschränke und bewachte Pforten …

Gewöhnen Sie sich erst mal ein, sagt sie, leider habe ich noch nichts von Ihnen gelesen. Gehört allerdings umso mehr, auch im Fernsehen. Ja, sage ich. Der bekannte leere, verlegene Punkt ist erreicht. Danke für die Unterlagen, sage ich.

Sie hat einen energischen Gang und trägt braune Absatzschuhe. Auf den Holzdielen des Flurs werde ich sie gleich erkennen. Wie gut das Ohr des Häftlings noch funktioniert ... Einige Wärter schlichen sich an, Frau Schüler wird sich nicht anschleichen, sie wird ankommen, tak tak, klopfen und die Klinke drücken. Schnell wird sie wissen, was wichtig ist und wie man einen behandelt, der mit einem neuen *Dienstausweis* in besagtem Handtuchzimmer Platz genommen hat, was er darf und was nicht, was er will, und was er kann. Dr. Rolle hört sie gut zu, dem Neuankömmling auch, man muß die Zwischentöne sondieren: Nein, ich komme nicht aus einem Bürgerkomitee, ja, ich habe einen Arbeitsplatz gesucht, gewiß, jede Tätigkeit muß korrekt erledigt werden, natürlich, wer unter ganz normalen Verhältnissen in der DDR lebte, hat mein Verständnis, wir wollen doch nicht übertreiben, stimmt, mich bewegen vielleicht andere Motive als Sie ... Habe ich es einigermaßen getroffen, Frau Schüler? Ist er überheblich, fragen Sie sich, unsereiner saß nicht im Knast, sind das Minuspunkte heutzutage? Andererseits hat Dr. Rolle einen Anruf von oben erhalten, eine gewisse Aufmerksamkeit wäre angezeigt, naja, die Helden ... richtig, Frau Schüler? Und was folgt daraus?

Frau Schüler geht draußen vorbei, tak tak, in ein anderes Zimmer.

Hoch vom Drehstuhl, nicht «simpelieren», das ist Vogtländisch, wie kriegst du hier was raus? Erkunden, acht Tage Zeit, dann ein Vorschlag zur Güte. Nicht einschlafen, depressiv werden kannst du zu Hause ... ein innerer Dialog, leicht belustigt ...

Und Rolle? Ich weiß nicht. Dr. Rolle, Dr. Geiger, Dr. Henke

... und du Hampelmann der schreibenden Zunft, wo bleibt die Wissenschaftlichkeit? Nur ein Diplom hast du mit Stempel und Unterschrift, Ach und Krach, Müh und Not, bald schon ist der Kasper tot. Neidisch? Ob mal eine h.c.-Verleihung ansteht zur Freude der Eltern? Herr Doktor, sagte Frau Swiniarski, Vorzimmer Referatsleiter Ladwig, zu mir. Ich bin kein Doktor, Frau Swiniarski. Alle sagen Swini zu mir, sagte sie. Wenn du schon kein Doktor bist, hieß das, kannst du Swini zu mir sagen, ich vergesse auch keine Post und kein Telefonat. Danke, sagte ich. Sie sah mich freundlich und traurig an, wollte gern noch ein paar Jährchen in diesem Vorzimmer bleiben bis zur Rente.

Die Doktoren erobern die eroberte Festung, planen Handbücher und melden Kongreßbeiträge an. Die Blödis verlassen das Gelände oder werden weggeschickt, mit und ohne Abi, mit Titel oder ohne, «unverwechselbare DDR-Biografien» für Fotos und Gedenkbände ... . Sie hatten wenig Angst oder keine. Jetzt kommen die Lehrstuhlbewerber der akademischen Nachhut ... Du krallst dich fest, klar? Du machst Augen und Ohren auf und fertigst deine Notizen für später. Du kennst den Ton, wenn der Läufer mit dem großen Schlüssel an die Gitterstäbe schlägt. Hier in den Akten stecken unsere Leute. Finde sie, hol sie raus! Wer weiß, mit welchen Auskünften und Zettelchen sie bei der «Akteneinsicht» abgefertigt werden! Wer weiß, was Bäcker und Hopfer übriglassen zur «Beauskunftung». Wühl dich durch, schleich dich ein, sagt die Stimme. Aber ich krepiere hier. Ach was, Bäcker und Hopfer krepieren auch nicht. Und die anderen *Hauptamtlichen* erst, die du noch nicht kennst, zum Beispiel die Genossen Werner, Schreiber, Weigelt, Kittelmann ... Archiv, Kartei ... Haben sich als «Ansprechpartner des Bürgerkomitees» gehalten, dann Behörde ... sind die Könner, die Wisser, die Ehemaligen ... Du bist auch ein Ehemaliger, kommst nur von der anderen Seite der Tür, von drinnen, von den Pritschen und Glasziegelschächten ...

Der Dissident und Behördenlehrling unter den Fittichen von Dr. Rolle und Frau Schüler bleibt also auf dem Bürostuhl sitzen und zieht die Gardine auf. Würde er das Fenster öffnen, käme frische Luft herein. Kein Gitter, kein Glasziegelschacht. Unten der Posten, die Türen unverschlossen. Die Vorteile erkennen, die Chancen, den subtilen Wechsel der Zeiten.

DIE KNASTSTIMME redet nie ganz ernst. Du hast einen Ausweis, sagt sie, probiere ihn aus. Er ist grün, nicht rot, in die Decknamenkartei, ins Aktenmagazin kannst du damit nicht. Aber vielleicht mit Anmeldung und Begleitung? Durch einige Pforten wirst du schon kommen, laß dir Zeit, keine Risiken am Anfang. «Über sieben Brücken mußt du gehen», das ist der Lieblingsschlager der *Hauptamtlichen* ... Nicht hängenlassen in einem Zimmerchen in *Haus 6*, es ist i h r Haus, du bist hier nicht zu Hause, kein willkommener Gast! Aber was will ich hier, was tue ich mir an? Was wird mit Lilo und den Kindern? Da kommt keine Antwort. Die Stimme reagiert nicht auf fromme Wünsche, wann wird es leicht und so weiter.

Ich bin allein.

Das Telefon klingelt. Der einsame Kämpfer nimmt den Hörer ab und sagt Hallo. Arno Polzin hat seine Nummer herausgefunden und will ihn dringend sprechen. Worum geht es, frage ich. Nicht am Telefon, sagt er. Klingt wie früher, sage ich, Diktatur oder billigster Krimi, bist du hier angestellt? Ja, im *Zentralarchiv*, unterm Dach, ganz in der Nähe. Außerdem bin ich im Betriebsrat, wir kennen uns aus der Umweltbibliothek, du weißt, wer ich bin, fragt er.

In der Mittagspause überbringt mir Arno, die Prenzlauer Berg-Pflanze mit Zopf und mehreren Ohrsteckern, die frohe Botschaft: Einige Angehörige des Betriebsrats, Vertreter des Wachpersonals, hätten beantragt, mich nicht einzustellen in der schmucken Behörde, weil Veröffentlichungen zu erwarten wä-

ren und «Indiskretionen sattsam bekannter Art und Weise».
Das wurde wirklich so gesagt? Ja, antwortet er. Wir saßen im
großen Speisesaal wie komische Verschwörer. Du warst im Bürgerkomitee, frage ich. Klar, sagt er lachend, ich bin einer der
letzten Indianer hier, du siehst ja, wer eingestellt wird. Übrigens:
Neben dir sitzt ein Herr Kramer, ich habe Informationen, daß er
für einen westlichen Dienst arbeitet, Gauck habe ich schon geschrieben. Wollten wir eigentlich verhindern, daß solche hier
Zutritt bekommen. Kannst du nichts machen? Ich bin gerade
angekommen, sage ich, vielleicht schicken sie mich morgen
nach Hause ... Die Kiste läuft in eine andere Richtung ... Und
du, frage ich den Überbringer wichtiger Nachrichten. Ich bin
Arbeitsgruppenleiter, sagt er. Ich sehe ihn an. Seine schönen langen Haare und die geschmückten Ohren ließen nicht erahnen,
wie ernst und wichtig er das gesagt hatte: Ich bin Arbeitsgruppenleiter. Ißt du ein Stück Kuchen mit, frage ich. Arno nickt.

KOMMEN SIE MIT IN HAUS 7, fragt Rolle, ich habe etwas zu
besprechen. Wir gehen die paar Schritte am Archiv vorbei, einem Neubau mit acht, neun Stockwerken ... Der dicke Mittel-
bau hat keine Fenster ... oder sie sind dicht, verblendet, ohne
Durchblick, vielleicht kann man von innen hinaussehen? Sie
stellen seltsame Fragen, sagt Rolle. *Haus 7* befindet sich im ei-
gentlichen Innenhof der Mielke-Zentrale, im rechten Winkel
zu *Haus 1*, Erich M. konnte also in die Fenster sehen. Es war das
Gebäude der ehemaligen *Abteilung XX* für die *politischen Feinde*,
die *feindlich-negativen Personen* oder *Kräfte* oder *Objekte* oder *Elemente* ... Primo Levi schrieb «Das periodische System», die
Kapitel sind nach Elementen benannt, so ordnet er als Chemi-
ker und KZ-Insasse seine Biografie, er beginnt mit Argon und
endet mit Wasserstoff ... dazwischen der Stickstoff.

In unserem Beispiel geht ein *feindliches Element* mit einem
«Referatsleiter» in das Gebäude der ehemaligen *Hauptabteilung*

XX ... Die grauen Steine drücken ihn nieder, der Summton am Eingang, die Kontrolle, das breite Treppenhaus ...

So lerne ich Bäcker und Hopfer kennen, Gerd und Bernd ... Ihre Namen standen in den Gehaltslisten der obersten Zehntausend des *Organs*, veröffentlicht in der «anderen», einer Wochenzeitung der Bürgerrechtler, die an Streit, Vertriebsproblemen und fehlenden Sponsoren einging ... Ich muß zu den ehemaligen Mitarbeitern, kommen Sie mit? hat Rolle gefragt. Ja, ich komme mit, ins Referat von Klaus Richter? «AU II.4», sagt Rolle, Abkürzungen, sagt er, wieder sein feines Lächeln.

Große Reden über Aufklärung und Demokratie, aber die Sprache der Büros ist längst wieder da oder war nie weg. Die Kontinuität der Sprache der Büros. Oder Sprachen? Nein, Singular. Rolle stellt die Verbindung her. Sein Lächeln stellt die Verbindung her. Wir sind nicht doof, heißt das, wir sind vor Ort. Zufällig, wie sonst.

Zufällig stößt Klaus Richter nach neunundachtzig zu den Bürgerrechtlern, zufällig übernimmt er die Geschäftsführung von «Bündnis 90» im ehemaligen ZK-Gebäude, das jetzt «Haus der Parlamentarier» hieß. Zufällig besorgt er erste Stasi-Akten über Robert Havemann, Beschlagnahmelisten von der Haussuchung neunundsiebzig (Solschenizyn, Joyce, Kunze, Biermann, Sacharow, Briefe aus der Todeszelle 1944, Briefwechsel mit Manfred Wilke, der italienischen KP, auch mit Lilo und mir). Zufällig ist es Abend, das ZK-Gebäude fast leer, die langen Gänge, das Büro Hager im zweiten Stock, ich hole die Kopien ab, gehe auf ihren Teppichen, das *Wachpersonal* unten erklärt freundlich den Weg, Klaus Richter hat Zugang und besorgt uns erste Dokumente. Zufällig wird er vom *MfS* angesprochen in seiner Jugend und erhält eine *Residenten*-Ausbildung, *Einsatzrichtung kapitalistisches Ausland*. Zufällig wissen wir das nicht, ich erfahre es erst bei Katja Havemann in Grünheide. Der *Resident* kommt mit seinem Trabi angefahren, der Gesichtsausdruck traurig, bitte nicht böse sein. Warum erfahre ich diese Story so spät, frage ich. Ich habe dann Nein gesagt, antwortet er, der Einsatz kam nie zustande, es liegt viele Jahre zurück, Wolfgang Templin habe ich es auch erzählt. Wann? Kürzlich. Und er? Hat auch etwas erzählt, sagt Klaus Richter. Schlucken, atmen, anstarren. Zufällig kennen sich Richter und Rolle, zufällig bewerben sie sich bei Gauck, Klaus kennt Joachim und Joachim vertraut Klaus und Mißtrauen ist schlecht und Vertrauen ist besser und keiner ist ein Stasijäger und alle sind das brave, schlaue Wild im hellichten gewendeten Wald, «der hochwald erzieht seine bäume» ist eine schöne Verszeile von Reiner Kunze, aber was folgt daraus heute und hier? Offen der eine, mit seiner herausgekommenen *Residenten*-Geschichte, harmlos und qualifiziert der andere, Rolles *HVA*-Erfassung als *IM* war noch geheim und vergangen, ein paar papierne Reste werden gefunden, winzige Hinweise, Schnipsel aus dem Vernichtungspott, nicht alles ist weg und verbrannt und zerhäckselt.

Referatsleiter Rolle geht mit dir ins *Haus* 7, du willst Zusammenhänge zwischen der *Hauptabteilung XX* und der *HVA* herausfinden, interessant, sagt er, von seinen Erlebnissen schweigt er, von seinen Kenntnissen, seinen Zusammenhängen. Der bemühte Vorgesetzte, der nette Gesprächspartner, der tolerante, gebildete Mensch, der nicht alles so ernst nimmt und doch recht viel wissen will, welche Recherchen? Welche Akten? S o sehen Sie das? Kennen Sie den und den? Dazu ein gewinnendes Lächeln, eine Zugewandtheit, die angenehm ist in diesen Gefilden. Und mein Gefühl, im Sumpf zu waten. Stickstoff. Taumel. Andere wissen mehr und sagen es nicht. Was ist mit Rolle? Kann ich Richter vertrauen? «Der Richter und sein Henker», aber nein, ich will freundlich sein, ich will vertrauen, ich bin kein Scharfmacher! Aber was geschieht hier? Es ist diese Atmosphäre, nichts anderes als das Abziehbild der Verhältnisse, der zurückliegenden Jahrzehnte, wie sollte es jetzt auch anders sein? Schau hin, hör zu, koste den Kuchen, das Kompott, die verbliebene Soße der Diktatur ...

Du sitzt an ihren Schreibtischen, gehst durch ihre Korridore. Nicht nervös werden. Zu Ende denken, ganze Sätze bilden, Schlußfolgerungen ziehen ... Welche? Daß sie sich absichtlich beworben haben auf diese Stellen? Daß sie Einfluß und Überblick behalten wollen? Daß solche wie du ausgespielt und ausgetrickst werden sollen? Daß es eine Verschwörung ist? Daß du glauben sollst, es ist eine, dabei ist es keine. Daß du glauben mußt, es ist eine, es ist aber keine. Daß du dann glauben könntest, es ist keine, es ist aber eine. Daß du zufällig einiges mitbekommst, aber gar nichts beweisen kannst. Daß sie lächeln und dicht ranwollen, Angebote machen, Türen öffnen, Havemann-Akten, Bäcker und Hopfer vorstellen, du trottest mit, du kommst mit, hocherfreut und gequält. Echte Gefühle, echte Begegnungen, sie kommen aus der Deckung, aber schon wieder sind sie einen Schritt voraus. Zufällig wirst du verrückt, zufällig bist du nett, zufällig machst du das Spiel mit, zufällig kannst du dann nicht mehr raus.

Es sind nur hundert, zweihundert Schritte von *Haus 6* zu *Haus 7*. Das fällt Ihnen nicht leicht, fragt Rolle. Ich muß Rolle nicht alles sagen, aber wenn erst das Herumdrucksen begonnen hat, das doppelte Reden, das verdeckte Getue, dann bist du gefangen, dann geht dir die Puste aus. Nein, sage ich.

Im Gespräch mit Bäcker und Hopfer verhält sich Rolle subaltern. Wie er das Zimmer von Bäcker im dritten Stock betritt, wie er seine Fragen stellt, Erfassung von Kontaktpersonen, Auswirkungen auf die heutige Beauskunftung ... Wie Hopfer durch die Türe kommt, wie Rolle sich nach fünf Minuten rauszieht und die beiden Herren mit dem Helden und «Einzelkämpfer» allein läßt ... Spinnst du? Wie soll ich nicht spinnen. Wie soll ich ein Spinngewebe beschreiben, ein irres Lauern und

Spähen, egal, ob die Fäden intakt sind oder nicht: Lebewesen reagieren aufeinander, als ob nichts wäre, sachlich, freundlich, dienstlich, Kreuzspinne und Kreuzschnabel, der Fuchs hängt selbst im Netz, wer legt denn wen aufs Kreuz, wer blickt wem ins Herz oder Hirn, wer kann welche Sicherheiten herstellen oder hersagen ...

Wie offen sprechen Sie, frage ich die beiden Offiziere. Sie sagen erst nichts, dann Bäcker: Wie offen sprechen Sie? Ich frage Sie, sage ich: Was ist mit den *Zersetzungsmaßnahmen* in den *Operativen Vorgängen?* Was ist mit dem *Einsatz von Zelleninformatoren* in der U-Haft?

Zersetzung. Bäcker will das Wort nicht anfassen und aussprechen, mit spitzer Zunge tippt er es an, läßt es zwischen den Zähnen verschwinden, die Lippen verziehen sich kaum, Zersetzung, naja, sagt er, es gab halt so Begriffe ... Aber in der *Richtlinie 1/76* steht genau geschrieben, was zu machen ist, erwidere ich: *Ausnutzen und Verstärken von Widersprüchen bzw. Differenzen, Zersplittern, Lähmen, Desorganisieren, Isolieren, Diskreditieren, systematisches Organisieren beruflicher Mißerfolge zur Untergrabung des Selbstvertrauens, Erzeugen von Mißtrauen, Beschäftigung mit sich selbst auslösen, Gerüchte verbreiten, gezielte Indiskretionen, anonyme Briefe ...* Haben Sie das auswendig gelernt, fragt Bäcker. Ja, sage ich. Sie wollen uns wohl überführen, Hopfer blickt den Gast an, es gab aber eine Arbeitsteilung, auch in diesem Hause ... Der eine wußte oft vom anderen nichts, durfte nichts wissen, argumentiert Bäcker mit ernster, angespannter Miene.

Was heißt überführen, das ist doch alles längst geschehen, die Akten sind da, bliebe die Frage, was Sie gemacht haben, sage ich.

Wir waren AKG, Sie kennen die Abkürzungen, fragt Bäcker. Ja, sage ich. Gut, also, Auswertung und Kontrolle, natürlich wußten wir vieles, es war eben die Anwendung von geheimdienstlichen Methoden, Herr ... er nennt meinen Nachnamen. Es klingt seltsam, den eigenen Namen zu hören außerhalb des Protokolls, bisher kannte ich nur die Verhörvariante aus diesen Mündern ... Verhörte jetzt ich sie, war das die «Wende»?

Es gab *Maßnahmepläne*, und sie wurden ausgeführt, sage ich. Schon, antworten beide. Aber das Prinzip Theorie und Praxis ... sagt Bäcker, es gab Widersprüche ... Vorgaben waren das eine ... vieles wurde relativiert ... Oder verschärfte sich in der *operativen Praxis*, widerspreche ich. Bäcker antwortet prompt und klar: Das ist richtig. Dann fügt er hinzu: Nach der Wende nahmen sich MfS-Mitarbeiter das Leben, zum Beispiel Dresden, der Leiter der Bezirksverwaltung Böhm ...

Ja, sage ich.

Ich habe davon gehört.

Muß ich jetzt von unseren Toten sprechen? Muß ich jetzt mitteilen, wer Böhm war? Und wer Domaschk war? Muß ich jetzt von der U-Haft sprechen? Von den verschiedenen Vernehmern, dem Druck in der Zelle, ich würde Folter sagen ... dem vorsätzlichen Zufügen von Schmerzen, psychischen, physischen, um etwas zu erreichen ... eine Kapitulation ... Bei «Folter» zögere ich ... Hatte ich wirklich Folter erlebt? Darf ich dieses Wort benutzen? Was hatte ich erlebt? Folter wollte ich eigentlich nicht erlebt haben. Aber bei Gustav Keller, «Die Psychologie der Folter», erschienen als Fischer-Taschenbuch unter der Nummer 3441, steht auf Seite 8: «Unter Folter (im Sinne der Erklärung der Vereinten Nationen über den Schutz aller Menschen vor Folter und anderer grausamer, unmenschlicher oder erniedrigender Behandlung oder Bestrafung, Entschließung 3452 vom 9. Dezember 1975) ist jede Handlung zu verstehen, durch die einer Person von einem Träger staatlicher Gewalt oder auf dessen Veranlassung hin vorsätzlich starke körperliche oder geistig-seelische Schmerzen oder Leiden zugefügt werden, um von ihr oder einem Dritten eine Aussage oder ein Geständnis zu erzwingen, sie für eine tatsächlich oder mutmaßlich von ihr begangene Tat zu bestrafen oder sie oder andere Personen einzuschüchtern». Das kannst du hersagen, meint die Knaststimme, *Zersetzung* und Folter, das klingt bombastisch, das glaubt doch kein Mensch: du willst Folter erlebt haben, ausgerechnet du in dieser Scheiß-DDR, diesem Diktatur-Aufguß ohne Krieg, KZ und Vergasen, ausgerechnet du und ausgerechnet dort? Aber «einschüchtern» oder «Leiden zufügen ... um eine Aussage zu erzwingen» oder «um zu bestrafen», das stimmt doch!

Ich sträube mich gegen das Wort «Folter» ...

Sie sprachen von *vernehmungstaktischen Maßnahmen.* Stangl, der Kommandant von Treblinka, redete von *Maßnahmen, die ausgeführt werden mußten* ... Wo das steht? Bei Primo Levi, dtv-Taschenbuchnummer 11730, Seite 130! Alles beweisen, konkret belegen, bloß keine falschen Vergleiche anstellen.

Doch, ich vergleiche, beide sagten, auf deutsch: *Maßnahmen.* Dann kam das Brüllen, das Falsch-Informieren, das Drohen: *Zehn Jahre sitzen Sie garantiert, Gruppenbildung kommt noch hinzu und Agententätigkeit ... denken Sie an Ihre Familie ... das kleine Kind ins Heim, Ihre Frau bekommt auch noch eine Zelle, so ist es nicht, gastfreundlich waren wir immer* ... Das Ausziehen, das Durchfilzen, drei Uniformierte ganz dicht, das Provozieren, *bücken, aber runter!* Der Zellenspitzel, selbst ein Häftling, der zur täglichen Anleitung ging, während sie dich verhörten ... Die Hitze im «Verwahrraum», das Rufen anderer Gefangener, ihr Weinen, ihr Betteln: «Holt mich bitte zur Vernehmung, bitte, bitte, er hat es mir versprochen», diese Stimme in der Nachbarzelle, der Posten vertröstet, *ja, ja, ich sage oben Bescheid* ... Es war Samstag, nichts tat sich, das Wimmern ging weiter. Ein Gefangener wollte eine Aussage machen, er wollte raus, er wollte kapitulieren ... Vielleicht ein *Zugang*, ein Neuer, ein *Frischling*, wie wir in der Kaserne sagten. Oder einer, der schon viele Monate saß und dem sie Hoffnungen gemacht hatten, *morgen fällt die Entscheidung* ... «Bitte, bitte, er hat es mir versprochen.» Folter? Schmerzen? *Haft ist kein Zuckerschlecken*, sagte der mit der abgedunkelten Brille, der zweite Vernehmer. *Das bilden Sie sich alles bloß ein.* Folter? Wurden die Armee-Offiziere aus meinem Psychologie-Studienjahr in Jena Folterer? Der schöne Jochen? *Wir arbeiten mit Menschen, für Menschen und auch gegen Menschen?* Solche Sätze für die «Praxis» ... Richtig zitiert? Kommt es darauf an, was gemeint ist? Wer was tut? Welche Verhältnisse und Sachverhalte vorliegen? Welche Erfolgskontrolle, welches Fremdbild, welches Selbstbild? Welche Fakten? Folter?

Isolierung: Nach der Festnahme bist du allein, jede soziale und politische Unterstützung ist weg, Einzelhaft, der Zementstall in der «Freistunde» ist oben vergittert. Du weißt nicht, wie lange du sitzen wirst, sie versprechen viele Jahre oder auch nur ein paar Tage bei *Kooperation* ... Es kann Postsperre geben, die Schreib-, Lese- und Liegeerlaubnis kann vorenthalten werden ... In der Untersuchungshaft sind Mitgefangene oftmals Zellen-*IM*, es wird ausgehorcht und freundlich getan, es kann Gewalt geben und «Zellenkrieg». Der Verhörende, wie auch der Zellen-*IM*, versucht, dich in eine Abhängigkeit zu bringen. Draußen werden Familienangehörige und Freunde *operativ bearbeitet*. Wer sich *positiv* verhält, darf öfter schreiben oder gar als «Vermittler» auftreten ... Rechtsanwälte wie Schnur, Gysi und Vogel übernahmen solche Rollen ... du sollst Angst bekommen und von deinen Überzeugungen abrücken, du sollst Aussagen machen und *zusammenarbeiten mit dem Untersuchungsorgan*. Motiv im Jargon: *Wiedergutmachung von Straftaten* ... Dann bist du selbst der Spitzel, der weiterträgt, sich entsolidarisiert, der desinformiert und zersetzt ...

Sie wollen dich hineinziehen in ihre *Maßnahmen*, du sollst werden wie sie. Weigerst du dich und hältst stand, bist du dran, eine Nerverei nach der anderen ... *Denken Sie nur an sich, Herr Fuchs*, sagte der blonde Vernehmer ... Ist er jetzt irgendwo Rechtsanwalt? Wie Rolle jetzt Referatsleiter ist? Ähnelt der eine dem anderen? Blickst du noch durch? Hast du noch den Überblick? Weißt du noch den Weg durch die Begriffe, Bezeichnungen, Stimmen und Gesichter hindurch? *Maßnahme, Entscheidungsprozeß, Beauskunftung, Vorgang* ... Es gibt eben Begriffe, die «erst einmal nichts anderes bezeichnen als den Arbeitsschritt oder den Tätigkeitsbereich ...» so ähnlich hörte ich einen Mitarbeiter der «Zentralen Verwaltung» reden ...

Bin ich durch den Wind?

Luft anhalten, auf dem Boden bleiben, antwortet die Knaststimme.

Monopolisieren der Wahrnehmung: «Wahrnehmung», das war ein wichtiger Psycho-Begriff im Studium in Jena. «Information und Verhalten» hieß das dicke Buch von Klix, es ging um «Signale als Träger von Information», um «Reizbedingungen und Wahrnehmungsleistungen» ... Am Anfang haßte ich diese vollmundig ausgesprochenen Dozentenbegriffe, ihre scheuklappenartige «Naturwissenschaftlichkeit» ... In der Haft, im Praktikum also, kam ich auf sie zurück, Denken und Analysieren half mir ...

Bei Keller las ich später von den Manipulationsmechanismen: Die Aufmerksamkeit des Opfers wird nur auf seine augenblickliche Lage gelenkt, es werden nur die Informationen durchgelassen, die das Selbstbild des Gefangenen erschüttern können ... das ND wird hereingereicht, wenn auf Seite zwei oder hinten, unter Verkehrsrowdys oder Steuerbetrügern, dir bekannte Namen stehen.

Verhaftungen oder Strafen für Freunde sollten per ausgewählter Zeitung «plaziert» werden und «wirken» ...

Das «Klopfen» über die Heizungsrohre wird entweder strikt unterbunden oder zugelassen, wenn in einer anderen

Etage ein Zuträger per Fingerknöchel desinformieren, aushorchen oder manipulieren soll … Möglichst alles, was nicht vom Wachpersonal oder den Vernehmern gesteuert werden kann, wird versuchsweise unterbunden. Das gelang nicht immer. Ein fernes «Klopfen» brachte manchmal eine wichtige Nachricht, beim «Sprecher» konnte die Frau rasch etwas ins Ohr flüstern oder ein Zeichen geben, das nur vom Häftling verstanden wurde …

Sie setzten Tonbandgeräte ein, zum Beispiel die «Stones», um eine weiche Stimmung zu erzeugen und das Gefühl des «Rauswollens» zu verstärken. Oder auch des Eingeschlossen-Seins, des Ausgeliefert-Seins: Militärmärsche oder DDR-Nachrichten vor dem Zellentrakt, laut, aus einem Autoradio … Vernehmer präsentierten in einer bestimmten Phase Briefe und Fotos der Frau, der Kinder, zeitgleich Belastungsmaterial, um eine Schockwirkung zu erzeugen, eine «Regung», eine spontane Reaktion, vielleicht einen Zusammenbruch, eine lange verweigerte Aussage … Lieblingsspiele: Zigaretten ja-nein, Kaffee ja-nein, Arztbesuche ja-nein, besonders beliebt sind kleine zeitliche Verzögerungen aus rein technischen Gründen bei Zahnschmerzen, dem Auftreten von Filzläusen, die stark jucken, *Diagnose unklar*, einer überheizten oder unterkühlten Zelle, *keine Handwerker* oder *Umbaumaßnahmen* heißt es dann … *Damit haben wir nichts zu tun* … Du sollst im Unklaren bleiben, im Ungewissen, du sollst ermüden. Oder auf eine Amnestie hoffen, morgen kommt eine Amnestie, sie räumen schon um, die Geräusche im Gang, das häufige Schlagen der Türen, geklopft hat es auch einer und gerufen in der Freizelle … Gerüchte, «Hinweise» gibt es genug … morgen! Dann kommt sie nicht, die Amnestie, du brüllst, schreist, kommst in die Arrestzelle, beginnst einen Hungerstreik, verlierst die Kräfte, drehst durch … Der Zellen-*IM* raucht, du bist Nichtraucher, er bekommt einen Brief, du nicht, du bekommst einen, er nicht, er hat schlechte Laune und beginnt zu stänkern, er bekommt ein Paket und gibt nichts ab, du bekommst kein Paket, er hat Verbindung nach draußen, gibt dies vor, Zeichen werden vereinbart, Helfer schicken bestimmte Zigarettensorten, wenn «Rothändle» kommt, dann heißt das «raus», einen Ausreiseantrag stellen ... sie wollen rein, sie wollen lenken und täuschen und beherrschen. Meister sind sie im Detail, in der fiesen Kleinigkeit, im Verabreichen des «Bonbons» ... Dazu der Kampf um die eigene Kleidung: *Was, Sie wollen keinen Trainingsanzug anziehen? Ist das gut für Ihre schönen Jeans? Was, Sie tragen nur Filzlatschen, keine frischen Socken? Was, Sie waschen Ihre Kleidung selbst? Mit kaltem Wasser? Was, Sie wollen sich die Haare nicht schneiden? Was, Sie wollen zum Friseur? Was, Sie wollen zum Begräbnis Ihrer Mutter bei dieser Verstocktheit? Was, Sie wollen einen anderen Anwalt? Wen denn? Na, das wird dauern ...* Dazu Drohungen und gelegentliche, wohlgezielte Gefälligkeiten. Du sollst parieren, du sollst mitspielen und die Konditionen beachten, dein Teilgehorsam wird belohnt: besser durchlüftete Zelle, Bücher, vielleicht «Goya» von Feuchtwanger, der Vernehmer ist optimistisch und freundlich, sieht vieles ein, plötzlich ein Stimmungswechsel, Gebrüll, vier Männer in einem Raum, der freundliche feindlich, der Zellen-*IM* ein sympathischer Freund oder ein giftiger Feind, heute so, morgen so: *Wir haben die Macht, Herr Fuchs ...* Bäcker hatte solche Sätze schon zu Müller, Meier, Schulze gesagt im *operativen Einsatz ... Nein! Wir hatten mit der Untersuchungsabteilung nichts zu tun, wo denken Sie hin!* Gelegentliche Demonstrationen von Allmacht konnten heißen: Briefe zeigen, aber nicht lesen lassen. Ausweis aus dem Panzerschrank holen und wieder wegschließen. Demütigungen beim «Filzen» der Zelle, im Duschraum «vergessen», durch den Spion beobachten, wenn das Klo benutzt wird ... Abends drohen, nachfragen oder höhnen, wenn der Häftling onaniert oder weint. Nachts häufiger als sonst das Licht an- und ausmachen, im Flur den eigenen Vornamen rufen oder den von nahen Verwandten und Freunden ... Mit homosexuellen Gefangenen zusammenschließen und «warten, was geschieht». Den Häftlingsnamen falsch aussprechen oder einen Doktortitel hinzufügen bzw. weglassen. Herabsetzen und Beschimpfen von Freunden, Berühren von Schwachstellen ... Wechselbäder, mal so, mal so. Du sollst anfangen, über private Dinge mit dem Vernehmer zu sprechen. Er beginnt die Zigaretten einzuteilen, diktiert Briefpassagen an die Angehörigen, damit «es durchkommt». Gefälligkeiten und Gegenleistungen verlangen, erzwingen von partiellem Wohlverhalten gegenüber dem Wachpersonal: grüßen, groteske Formen der Höflichkeit: danke, wenn der Gefangene vom Verhör kommt und der «Läufer» die Zelle aufschließt, «Auf Wiedersehen», wenn die Riegel von außen verschlossen werden ... Kommt dann ein echtes Zeichen von außen, erwischst du plötzlich einen Blick in den Spiegel und wirst an dich selbst erinnert, an dein eigenes wirkliches Ich, das einmal außerhalb dieser Mauern und *Maßnahmen* existierte, so kann es sein, daß du zusammenbrichst oder sterben willst und einen Weg findest ... .

Psychotechniken und Deprivationsverfahren wurden eingesetzt. Welches Verfahren wendest du bei Bäcker und Hopfer an? Spielst du den lieben netten Zeitgenossen? Bist du der ungebrochene Häftling, der einen anderen aufrichten konnte oder auch extrem gefährden, weil er den bereits angeknockten Kameraden an etwas Eigenes, Freies, Verlorengegangenes oder Abkonditioniertes erinnerte, ein Schmerz war dann plötzlich da, ein Schrei, eine Trauer, eine Stille oder auch aggressive Handlungsbereitschaft ... Wer tritt Bäcker und Hopfer entgegen?

Glaubst du ihrer Ahnungslosigkeit? Paß auf dich auf, sagt die Knaststimme, «tückische Wasser» ...

Was ist mit Druck und Folter in der U-Haft, höre ich mich

sagen. Bäcker und Hopfer heben die Hände, gehen in Deckung: Davon haben wir keine Ahnung! Damit hatten wir nichts zu tun! Keiner von uns beiden hat je ein Gefängnis von innen gesehen, das lag nicht in unserem Bereich, die Abteilungen IX und XIV waren das, nicht wir!

Etwas wie Angst ist plötzlich im Raum, für Augenblicke geraten diese beiden abgebrühten Männer in Bewegung. Ich sehe sie an. Meinen Blick kann ich nicht sehen. In der Zelle sieht man nicht, was draußen los ist. Im Spion zeigt sich das überwachende Auge, ein Augapfel, den kannst du nicht pflücken, dazwischen ist dickes Glas, vielleicht Plexiglas, es muß notfalls einen Holzschemel aushalten. Etwas müssen diese Männer wohl aushalten für kurze Zeit …

Es ging nicht um Kleinigkeiten, Herr Bäcker. Jetzt hatte ich seinen Namen ausgesprochen.

Wir haben nichts zu verheimlichen! Wir wissen nichts, das haben wir auch schon Dr. Geiger bei einigen Gelegenheiten sagen müssen! Wir bedauern das! Wir bedauern, was Ihnen zugestoßen ist, haben natürlich heutzutage den «Spiegel» gelesen, es gab offenbar Übergriffe auf Häftlinge, das muß gerichtlich geklärt werden, klarer Fall … Sie beteuern ihre Unschuld, es ist fast eine Unterwerfungsgeste. Wie sie den Namen «Dr. Geiger» aussprechen, als Chef, als Instanz … Ihm ordnen sie sich unter? Etwas Peinliches liegt im Bürozimmer vor unseren Füßen.

Verhielten Sie sich so beim *Rapport*, als Nachfragen kamen von Vorgesetzten? Von Kienberg oder Mittig? Der falsche, unangenehme Ton, als das Gespräch auf den Knast kommt, ist mir nicht entgangen. Davon wollen sie weg. Das ist die Drecksabteilung, die ist ihnen unheimlich. Im vorigen Dienst grinste man vielleicht verschwörerisch, wenn die rechtskundigen Verhör-Spezialisten vom *Untersuchungsorgan*, von der *Abteilung IX*, beim Mittagessen oder bei einer *Dienstbesprechung*, einige nekkische Details auspackten ... wie Bahro aus der Wäsche guckt, und welche Kapriolen ein anderer Held vollführt in den Vernehmungen ... Jetzt ist dieses Wissen unangenehm, sogar gefährlich. Hier sitzt ja ein Menschenrechtler, ein leidgeprüfter Federfuchser mit seinen paar Monaten *Verwahrraum* und völlig legalem Ermittlungsverfahren, vorher und nachher bißchen *Zersetzung*, ja, auch einige *vernehmungstaktische Maßnahmen* ... Das macht die französische Kripo aber genauso bei ihren Früchtchen ... wollen wir wetten? Es gibt Veröffentlichungen, Übersetzungen, Fachliteratur: *Vernehmungsführung* und Kriminalistik ... Paar Tricks von unserer Seite – schon werden große Klagen geführt, ganze Romane entstehen als Folge ... Kosten-Nutzen war unser Einwand ... Wir hätten eine Inhaftierung nicht unbedingt befürwortet, wurden aber nicht gefragt, das war ja eine *zentrale Entscheidung* ... Dachten Bäcker und Hopfer so?

Wenn man drin ist und es werden Mitgefangene auf einen gehetzt, ist es hart, sage ich. Sie schweigen. Und Zellenspitzel, *Zelleninformatoren*, was wissen Sie über die, frage ich.

Als eigene IM-Kategorie? Bäcker wehrt ab, nicht noch mehr Begriffe und Erfassungsverhältnisse, das habe ich gegenüber der Behördenleitung und auch gegenüber BF wiederholt deutlich gemacht ...

Gibt es eine *Richtlinie* über Zellenspitzel, frage ich. Bäcker und Hopfer überlegen kurz, Hopfer beginnt, die Tür des geöffneten Stahlschrankes zu schließen. Nicht daß ich wüßte, sagt Bäcker, aber wie gesagt, wir sind keine Spezialisten für diesen Bereich ... Man müßte in der Dokumentenstelle fragen, bei Herrn Sehl. Bei wem, frage ich, im Archiv? Ja, im Archiv, Sehl kennt sich aus, S-e-h-l, nicht Seel oder Seele, sagt Bäcker fast heiter. Er kann rasch umschalten. Werden wir miteinander auskommen, fragt Bäcker plötzlich. Aus irgendeinem Grunde nicke ich sofort. Bäcker und Hopfer geben mir die Hand, auf gute Zusammenarbeit, sagt Bäcker. *Verpflichtung per Handschlag*, frage ich. Wir lachen.

Was machst du, fragt die Knaststimme, schaltest du auf Taktik und Lüge? Es ist angenehm, sich mit ihnen zu verstehen, dann ist die Spannung weg. Wie im Idiotenwitz: Warum springt er ins wasserlose Becken mit dem Kopf zuerst? Es ist so schön, wenn der Schmerz nachläßt. So läßt also der Schmerz nach, fragt die Stimme, was denn für ein Schmerz, der so nachläßt? Du schwimmst, sagt sie, du wirst untergehen in Trickserei, Geplauder und Heimlichkeiten. Du bist schon drin im System, Periodensystem Stickstoff, du dummes dummes Schwein. Anpassung hättest du früher und leichter haben können, da warst du zum Glück stur. Hier darf ich nicht stur sein, sage ich, hier will ich etwas, und das werde ich bekommen. Sie denken, ich bin stur, leide und renne weg. Aber ich bleibe. Du leidest und gehst kaputt, ist die Antwort.

Rolle steht an der Treppe und wartet, gehen wir? Ich nicke. Er mustert mich und schlägt vor, eine Kleinigkeit zu essen. Wir verlassen *Haus* 7. Hinter uns, im Abstand von etwa dreißig Metern, kommen die beiden Offiziere, wir warten nicht, im Speisesaal setzen wir uns an getrennte Tische. Du bist im Irrenhaus, denke ich. Rolle spricht wenig, schont mich wohl.

ICH SAMMLE DDR-AUTOS, sagt Borkmann. Sie sind aus dem Westen? Er nickt: Gesamtdeutsches Institut ... Dann ist das wohl ein Fronteinsatz? Meine Frage beantwortet er mit einem unsicheren, allerdings zuständigen Lächeln. Vieles ist hier schon gelaufen, jetzt verwalte ich das Lager, sagt er. Sie haben Akten gesichtet, frage ich. Er nickt: Aber jetzt verwalte ich das Lager, hier ist ein Papierkorb, da ist Büromaterial drin, Frau Schüler hat angefragt, ob ein Stahlschrank zu beschaffen wäre, gewiß, sagt Borkmann, aber nur noch ein großer ... Das Zimmer ist klein, sage ich. Er zuckt bedauernd mit den Schultern und sieht sich um, bequem hatten die's hier nicht, sagt er, bei mir ist es auch dunkel, Zimmer 311, den Gang lang, dann links, Materialausgabe … Wieso Materialausgabe, frage ich. Tja, sagt er.

Und Sie sammeln DDR-Autos? Modelle …? Er hält einen kurzen, sachkundigen Vortrag über seine Sammlung, Zahlen und Details, die ich sofort vergesse. Das ist meiner, sagt er und lugt durch die Gardine. Vor dem Haus, unmittelbar an der Hauswand, steht ein kleiner Campingbus. Da können Sie mittags bißchen ruhen, sage ich. Er sieht mich plötzlich prüfend, fast professionell an. Wieso, fragt er. Weil da eine Schlafkabine ist auf dem Dach, sage ich, mit Sichtluke nach vorn … Wir schlafen doch nicht, sagt er, bißchen aufpassen müssen wir schon … Ach so, sage ich, und erzähle von meiner ersten Begegnung mit seinem Institut, kurz nach der Ausbürgerung … Es gab einen Laufzettel im Lager Marienfelde, auch bei den alliierten Geheimdiensten, Stempel mußten abgeholt werden, die Franzosen machten Druck, stellten viele Fragen, bis ich aufstand und ging … Das Gesamtdeutsche Institut war am Fehrbelliner Platz, sage ich, ein ziemlich großes, dunkles Gebäude … Da mußte man sich auch einen Stempel holen, es gab ein Gespräch …

Borkmann antwortet nicht. Sind noch andere Mitarbeiter hier, frage ich. Ja, sagt er, für untergeordnete Arbeiten, wir wurden hierher versetzt, warum fragen Sie? Nur so, sage ich, in anderen Städten wurden die Stasi-Archive von Bürgerkomitees besetzt … Bundesgrenzschutz hilft jetzt auch mit beim Sortieren, sagt er. Ich frage, ob er gern hier ist. Seine Antwort: was heißt gern … Er ist kräftig und untersetzt, trägt einen gestutzten Bart und eine Brille, ein richtiger Materialverwalter ist er nicht, ein Typ eher wie der Bundestagsabgeordnete Gerster von der CDU, Innenausschußmitglied, derb, zupackend, kumpelhaft, der bei einer Anhörung zum Entwurf des Stasiunterlagengesetzes durch die Reihen lief ... zu einem alten, weißhaarigen Theologen aus Erfurt, der im Bürgerkomitee mitarbeitete und Geständnisse von Spitzeln meist freundlich und verzeihend entgegennahm: Herr Pfarrer, was sagen Sie dazu, bringen Sie sich ein ... nach all dem, was Sie durchgemacht haben! Der alte, weißhaarige Mann mußte fast weinen, als der Abgeordnete hemdsärmlig und freundlich vor ihm stand im Deutschen Reichstag nach all den Jahren ... Meine Kinder, stammelte der alte Mann, die Sorgen ... Gerster nickte energisch, jetzt sind Sie in Sicherheit, hieß das, jetzt sind wir da ... An ihn erinnert mich Borkmann, hier allerdings eher in einer putzigen Warte-stellung, Campingbus vor dem Haus und mit Papierkörben un-terwegs. Er bewegt sich auf erobertem Territorium, etwas nach-denklich, etwas verlangsamt, etwas jovial, etwas legendiert. Wer hätte das gedacht, sage ich. Tatsächlich, er lacht überraschend laut auf, das Bemühte, Zurückgenommene ist weg: bei Erich zu Hause! Tatsächlich! Wer hätte das gedacht! Borkmann ist eher sympathisch, kein Angeber, er hat ein Hobby und eine Aufgabe. Seine Anwesenheit flößt ein gewisses Vertrauen ein. Der We-sten ist da, sie denken mit. Gleichzeitig werden Heimlichkeiten verstärkt, Borkmann benimmt sich heimlich, was ihm wahr-scheinlich gar nicht bewußt ist.

Später erfahre ich, daß Oberstleutnant Bäcker Uhren sam-melt. Überall in seinem Wohnzimmer hängen Uhren, erzählt mir Roland Jahn, der einen Fernsehbeitrag für «Kontraste» macht und Mitarbeiter zu Hause aufsucht, einer rennt vor ihm weg und verriegelt die Tür. Bäcker läßt ihn lächelnd ein.

Was denn für Uhren? Alle möglichen.

Heinz Brandt, der Auschwitz überlebte und noch mal nach Bautzen/DDR weggefangen wurde ... Entführung aus West-nach Ostberlin einundsechzig ... vier Jahre später, nach inter-nationalen Protesten, wird er wieder abgeschoben ... hat Haft hinter sich, neue Quälereien ... renitente, glaubwürdige Antifaschisten und Sympathisanten des Ost-Büros der SPD wurden von der Gruppe Ulbricht besonders hart verfolgt ... Dieser Heinz Brandt hielt tickende Wanduhren an.

Er horchte, sah mich an, bat um einen Gefallen, bedankte sich, sprach dann weiter über seine Sympathien für Solidarność, und daß der Kommunismus nicht zu reformieren ist ... Er wird zusammenbrechen, sagte er, und nicht einmal das zugeben!

Tickende Uhren, fügte er hinzu, stören mich, jeder hat nur sein eines einziges Leben, das ist das Problem.

DAS MERKBLATT FÜR RECHERCHEURE ist ein neuer Text – «nur für den Dienstgebrauch».

In den achtundzwanzig Seiten plus Anhang finde ich eine «Vorbemerkung» in stempelsicherem Einschlafdeutsch, die alles sagt über das, was «behördenintern» abläuft, um «öffentlichen und nicht-öffentlichen Stellen die erforderlichen Informationen für die in diesem Gesetz genannten Zwecke zur Verfügung zu stellen», Zitat «StUG», Paragraph 1, Abschnitt 4 ... In Abschnitt 3 des Paragraphen heißt es, daß «die historische, politische und juristische Aufarbeitung der Tätigkeit des Staatssicherheitsdienstes zu gewährleisten und zu fördern ist» ...

Wie diese Sätze dastehen, sich wichtig machen, imposante Adjektive, Hauptwörter als Oberfeldwebel ... Hier spricht die deutsche Gesetzlichkeit! Merke: es gibt «öffentliche und nicht-öffentliche Stellen». Nicht alles ausbreiten und unters Volk streuen, respektlos und hektisch aus Panzerschränken zerren! Es muß schon ordentlich zugehen, die Revolution ist beendet ...

Ich brauche einen Kaffee! Ob ich im Vorzimmer Rolle frage? Ob ich mir löslichen Kaffee aus dem Supermarkt hole? Ob ich einfach so rausgehe? Ob ich das darf und kann? Was zögerst du, das steht nicht im Merkblatt, du mußt selbst entscheiden. In Gera, im Bezirksarchiv, bist du frech herumgegangen, hier hast du Schiß? Was ist hier los? Ihre Macht ist nicht gebrochen, wie es aussieht … Fragen oder gehen oder weiterlesen?

Woher bekomme ich heißes Wasser?

Die «Vorbemerkung» hat einen ersten Satz, er beginnt mit «Gesetz» und endet mit «nichtöffentlichen Stellen». Damit sind Bogen und Pfeil beschrieben: «Das Gesetz über die Unterlagen des Staatssicherheitsdienstes der ehemaligen Deutschen Demokratischen Republik», das darfst du nicht abkürzen oder auslassen, «regelt die Rechte der Bürger auf Auskunft, Einsichtnahme und Herausgabe von Unterlagen durch öffentliche und nichtöffentliche Stellen.»

Jetzt plaziert der Verfasser seine Schlußfolgerung. Gewichtig das Partizip Präsens, Brecht mochte es auch recht gern: «Daraus resultierend besteht eine wesentliche Aufgabe der Mitarbeiter der Behörde des Bundesbeauftragten darin, dem jeweiligen Antragsteller eine schriftliche Auskunft über den Inhalt des vorhandenen Aktenmaterials zu geben.» Der hier gemeinte Antragsteller sind die «nicht-öffentlichen Stellen» … Woran erinnert dich die «wesentliche Aufgabe»? Und «Mitarbeiter», «Antragsteller», «schriftliche Auskunft», «vorhandenes Aktenmaterial»?

An die alte Scheiße.

An die ganze alte Scheiße.

«Zu erarbeiten ist eine behördeninterne Auskunft», diese Auskunft heißt «Formblatt III a» und muß «erstellt» werden, «das Merkblatt dient als Orientierungshilfe» …

Reicht das? Wer liest weiter? Renate aus Gera warnt, man könne «solche Äußerungen» ausnutzen gegen das Gesetz, dann werden die Akten zugemacht, die warten doch nur drauf, nach Gauck kommt nichts Besseres, sagt sie, mit Vorschriften könne man umgehen lernen …

Was soll ich tun, frage ich.

Weiß nicht, sagt sie.

Woher bekommt der brave Erstell-Schriftsteller im Handtuchzimmer einen Kaffee bei der anstrengenden Lektüre? Vielleicht sollte er mal im Klo nachsehen, ob da ein Heißwasser-Boiler hängt …

Und nun dieser gigantische Satz, fast eine Widmung, eine Würdigung: «Mit dem Merkblatt soll Verständnis für jenen Bereich der Tätigkeit des MfS geweckt werden, dessen materialisierte Resultate die Grundlage unserer Recherchetätigkeit darstellen.»

Was soll geweckt werden, Verständnis? Die Akten sind die materialisierten Resultate der Tätigkeit, der heutzutage Tätige setzt die Tätigkeit fort und erstellt eine «interne Auskunft III a». Wieso III a ? Das weißt du nicht? Das wissen Sie nicht? Und Sie wollen recherchieren? Sie wollen die Welt belehren mit Ihrem moralischen Anspruch? Bewußtsein und Materie, das «Philosophische Wörterbuch» gibt Auskunft, klingt das nicht toll: «materialisierte Resultate»? Und was bedeutet das? «Das bedeutet in Hinblick auf unsere Problemstellung in erster Linie, Einblick zu geben in die Formen und Methoden der Arbeit des MfS mit personenbezogenem Schriftgut.» Und worum, ihr lieben Leute, um Gotteswillen, geht es? Um «personenbezogenes Schriftgut»! Ihr Schriftgelehrten und Pharisäer, wer hat denn diesen Text verfaßt? Bäcker und Hopfer?

Wenn ich es mir recht überlege, sinniert der angehende Rechercheur in seinem Handtuchzimmer: wer sollte es sonst formuliert haben? Klaus Richter veränderte die Vorlage, milderte vielleicht einige noch verschrobenere Satzkonstruktionen, Dr. Geiger überflog das Skript mit skeptisch-überlegener Miene und unterstrich das Wort vorläufig auf seinem Zettel: das war ein vorläufiges Merkblatt, wird er heute auf Anfrage amüsiert und halb beleidigt sagen, keinesfalls eine genehmigte Endfassung! Und, wird er hinzufügen, meine Sprache war das nicht, aber wer konnte schon besser formulieren? Der Verfasser dieses Manuskripts wäre dazu in der Lage gewesen, wie ich seiner geballten Kritik entnehme … Kritisieren und konkret verändern zum Positiven, das sind leider zwei verschiedene Dinge … Und noch eine Nachbemerkung zu der von Ihnen kommentierten Vorbemerkung, Dr. Geiger legt eine winzige Pause ein: Haben Sie an die Folgen Ihrer Handlungen gedacht? Ja, sagt der Verfasser in seinem Zimmer … aber welche Folgen werden es sein?

Es soll «Verständnis geweckt werden für jenen Bereich der Tätigkeit des MfS, dessen materialisierte Resultate die Grundlage unserer Recherchetätigkeit darstellen» … Wer soll das sonst so schreiben? Gewiß, es gibt noch andere. Seltsam trocken hocken diese Zeilen im Weiß des Papiers, laut ausgesprochen ist das feine Rolle-Lächeln dabei oder Hopfers Sportler-Grinsen von der zweiten Trainerbank der Dynamo-Oberliga, Erich auf der Tribüne mit Hut, Hopfer als Ballholer, Linienrichter oder stellvertretender Mannschaftsbetreuer und Masseur. Im «Vorbemerkungs»-Text die ausgedünnt-sachliche, beinahe tonlose Frechheit. Man muß die Stimmen und Gesichter hochholen, die Zeit, die Realität der *Bearbeitung*, um die *fortgesetzte Dienstbereitschaft* im neuen Text zu schmecken.

Übertreiben Sie da nicht etwas, wieder nennt Bäcker meinen Namen, Formulierungskünstler sind wir ehemaligen Mitarbeiter nicht. Doch, sage ich, das sind schon Formulierungskünste! Aber Sie können damit nur denen nützen, die ohnehin keine Behörde wollten, Sie liefern Munition, sagt Dr. Geiger. Dahinter das Gesicht von Gauck … Die Anmerkungen eines angehenden Rechercheurs bei der Lektüre behördlich verfaßter Texte ohne eine Tasse Kaffee. Was wirklich los ist?

Tak tak auf dem Gang, ab und zu ein Auto draußen, Stimmen, Glockenschläge der nahen Kirche.

An diese Glockenschläge erinnere ich mich gut. Und was ist sonst noch? Das Kotzen, das Würgen. Forschungsreisende, die den eigentümlichen Apparat besichtigen wollen, dürfen nicht selber im Getriebe zappeln ... Die Arbeiter-Unfall-Versicherungsanstalt reichte bei Franz K. aus. Lieber Träume, nicht wirkliche Akten und Merkblätter? Oder wirkliche Akten und Merkblätter und um vierzehn Uhr nach Hause gehen an den literarischen Schreibtisch und das Thema wechseln? Oder beim Thema bleiben, aber distanziert? Mit veränderten Namen: Aus großer Ferne schlägt eine Turmuhr, Müller und Klopfer ordnen Protokolle, Kolle telefoniert mit Roster, Dr. Feiger mit Dr. Hanke, und Zuckert eilt kopfschüttelnd zu einem Chef, den er nicht findet vor lauter Türen, Gängen und Gebäuden ... Sitzt da einer wirklich in einem *Dienstzimmer* in *Haus 6*? Peinlich? Eine vergebliche Position? Warum die richtigen Namen? Man wird es für bare Münze nehmen! Spintisieren kann jeder, sagt die Knaststimme, krieg raus, was ist. Und schreib, was du willst. Du bist kein Hündchen, kein Kunde, mußt nicht den Arzt oder Apotheker fragen.

DIE MATERIALISIERTEN RESULTATE wollte ich haben, gleich als die Mauer fiel. Im Dezember wurden in Thüringen die *Bezirksverwaltungen* besetzt, das Fernsehen berichtete. Ich war noch vorsichtig aus gewissen Gründen, saß im Auto, hörte Tracy Chapman. Ist es eine Falle? In Leipzig, beim Biermann-Konzert nach so vielen Jahren, war ich mit dabei, sagte zu Anfang einige Sätze. Als er das «Lied von den verdorbenen Greisen» sang, brüllten die Leute nach dem ersten Schlucken und Stutzen ... ein Heulen, ein Triumphieren. Und doch war die Beklemmung spürbar, die Angst vor Rache, vor dem Reinfall. Am Rande der applaudierenden Menschen schlichen Spitzel und *Mitarbeiter* herum wie jieprige Wachhunde, im Dienst, aber ohne klaren Befehl. Man erkannte sie an den Augen, am irritierten, suchenden Blick, am schiefen ewigen Grinsen mitten im Haß. Sie hatten eine Beißhemmung ...

Im DDR-Fernsehen die Übertragung live, also «offiziell», was sollten sie machen? Wie war der Auftrag? Was sagte der Führungsoffizier oder Vorgesetzte? Ging er noch ans Telefon, *wenn dieses Mistvieh hier in aller Öffentlichkeit seinen Dreck vorjodeln darf* ... Sie waren noch da, das spürte ich. In den nebligen, trüben Altstadtstraßen von Leipzig ... in den hochofenverqualmten Wiesenhängen von Kamsdorf, wo die Schwester wohnte und die Zettel des «Neuen Forums» verteilte ... in den ausgedünnten, fast unterworfenen müden Straßen der Saalestadt Jena, die ich liebte, überall waren sie noch, duckten sich, warteten auf den Sprung, den Knall, den Schlag, das Zeichen.

In Westberlin versteckte ich mich hinter der geöffneten Mauer und überlegte, saß oft lange im geparkten VW-Passat und hörte Musik, suchte die Nachrichten, grübelte. Was ist richtig, was falsch, was ist zu tun, was zu lassen.

Ich spürte eine Gefahr.

Das Abnehmen von Schutz, das Zunehmen von Risiken, von Chancen auch. Sollte etwas gelungen sein nach all den Jahren?

Die «materialisierten Resultate» wollte ich haben, die Akten, den Aufschluß, die Gewißheit, den Blick in ihre Stahlschränke. Was war mit Lilos Mutter, welche Spitzel hatten sie eingesetzt, welche *Maßnahmen durchgeführt* gegen die *fanatischen Feinde* im Westen? Was war im Knast wirklich abgelaufen hinter den Kulissen, im Haftkrankenhaus, beim Fototermin, in der Zelle, als sie Druck machten und Mithäftlinge als Waffen einsetzten ... Wie komme ich ran? Nach Gera fahren, nach Erfurt? In Ostberlin suchen, ihre Gebäude abgehen, bei den Bürgerkomitees betteln, eines nannte sich inzwischen «Staatliches Komitee zur Auflösung des AfNS», des «Amtes für Nationale Sicherheit» ... Aus dem Westen kommen Sie? Und was wollen Sie hier? Ach so, im Gefängnis ...

Die ersten Informationen, die mich erreichten, schilderten den Weg der Akten: Jena liegt im Bezirk Gera, in Gera würden die Reste aus den Städten des Bezirkes eingelagert, Bündel wären angekommen … Vieles sei weg, verbrannt, verbracht, verschwunden … Der «Sicherheitspartner» Deutsche Volkspolizei, die Staatsanwaltschaft, Armeedienststellen, Verwaltungsstellen, Offiziere aus dem Wehrkreiskommando, von der «Zivilverteidigung» wären mit von der Partie gewesen. Der Staat saß noch im Boot, man tat entgegenkommend, wollte «ein Chaos verhindern» oder das jahrzehntelang Fabrizierte verlängern … In Berlin waren sie besonders stark, Lichtenberg eine Festung, Magdalenenstraße ein Angstwort nach wie vor.

So saß ich im Auto und überlegte.

Die *Generalstaatsanwaltschaft* hatte *Ermittlungsverfahren* eingeleitet, die Stasi war nach DDR-Gesetzen nur ein *Untersuchungsorgan*, obwohl sie der Herr war, der Schicksalsmacher und Diener höherer Herren, der *operative* Gott …

Aber die Staatsanwaltschaft, dachte ich eines Tages, muß Akten haben, Stasi-Akten, es sollte ja ein Prozeß gegen mich stattfinden. Rechtsanwalt Lehmann-Brauns vom Kurfürstendamm rief also wöchentlich in der Hermann-Matern-Straße in Ostberlin an, verlangte «Akteneinsicht, Rehabilitierung und juristische Wiedergutmachung angetanen Unrechts». So formulierte er das. Ich stellte mir die Herren Generalstaatsanwälte vor und mußte lachen. Völlig sinnlos, dachte ich. Dann kamen fünf dicke Ordner, letzte Eintragung aus dem Jahre neunzehnhundertneunzig, die erste von sechsundsiebzig. Ich sah die Protokolle. Frage, Antwort, Frage, Antwort. Ohne das Gebrüll, die Gänge, die Gitter, das Treppenhaus, den Glasziegelschacht, die Hitze in der Zelle, die stickige Luft, die Drohungen, das Sterben-Wollen.

Dieses «materialisierte Resultat» hat als Akte Sinn und Form und ist ein ganz normaler Vorgang, nicht wahr? Was willst du beweisen? Welche ästhetischen Überlegungen realisieren? Die Realität der Zellen, der Handtuchzimmer, der vergeblichen Warnungen, der überflüssigen Zitate? Dreht euch doch weg, ihr Arschlöcher, überblättert die Seiten, lest das Feuilleton, verdreht die Augen, plaudert weiter über Heiner Müllers Zigarre und Monika Marons Reiseberichte an einen Offizier. Jetzt kommt ein Fremdtext. Der ist nur ein Dokument, nur aus einer Akte abgeschrieben. Der Autor ist auch noch selbst betroffen und will wahrscheinlich die Seiten füllen in eitler Absicht. Alle anderen Zellen waren ja leer, in allen anderen Vernehmerzimmern saß kein einziger Mensch.

ICH SETZE DEN 5.1.1977 auf die Tagesordnung. Vernehmerzimmer U-Haftanstalt des *MfS* Berlin-Hohenschönhausen. Es ist etwa das vierzigste Verhör, jedes dauerte mehrere Stunden. In der Zelle ackerte ein Mithäftling seine Punkte ab für die «Wiedergutmachung» und «vorzeitige Haftaussetzung», der *Verwahrraum 332* wird abgehört, es gibt Videokameras. In der Akte ist Blattzahl vierhundertsechsunddreißig eingestempelt: *Vernehmungsprotokoll des Beschuldigten ... Beginn: 8.00 / 14 Uhr. Ende: 13.00 / 15.30 Uhr.* Ein Stück platte Realität für zwei, drei Personen, sozialistischer Realismus ohne Lichteffekte und berstende Megamaschinen, monoton vorzulesen.

Gegenstimmen?

Meine Kontakte zum staatlichen Gegenüber waren geistreich und anregend, wir haben viel gelacht, jeder wußte doch, was in den Knast führt und was nicht. Jetzt sind alle schlauer! Was heißt denn hier Verrat? Den Begriff Führungsoffizier oder die Abkürzung IM kannte ich gar nicht! Habe auch nie mit einem Decknamen irgendwas unterschrieben ... Wäre es besser gewesen, psychotisch herumzuhocken und jedes Gespräch zu verweigern? Der Paß hat einen Preis, auch die Freiheit hat einen Preis, hat ihre realen Konditionen. So ist das nun einmal. Über diese Brücke konnte man gehen. Warum im

Sumpf versinken? Warum altmodische Gefühle mit sich herumschleppen?

Der Häftling lacht, er kennt die Spiele ... Auch die versuchte Verwandlung danach, die Verwirr- und Hinbiegeaktionen im Kopf ... Er kennt diese Fragen, diese Augenblicke. Er stellte sich tot vor sich selbst, Denkverbot, Rechenverbot, Planungsverbot, Schlauheitsverbot. Der Häftling drohte sich selbst, verließ einen Posten nicht, wollte keinen Frieden, suchte einen Haß, einen Halt, ein Dagegen. Krümmte sich, duckte sich, krallte sich fest an seinem zittrigen Ich, dem darüber, dem darunter, dem davor. Sang leise Lieder, traurige, wütende. Keine neuen Entscheidungen treffen, nicht rauswollen aus dem Druck, nicht in ihre «Wohnung» treten mit Gruß und Händedruck. Bocken, sperren, verriegeln. Selber verriegeln, nicht nett sein, nicht freundlich, nicht kooperativ ...

Der Schriftsteller Fries und das *Durchlaufen einer positiven Entwicklung als IM «Pedro Hagen»*?

Bestimmt hatte er Angst, als sie kamen. Bestimmt blieb ein dummes Gefühl bei der späteren *Berichterstattung* ... Diese Scheißer ließen Fries nicht in Ruhe.

Ich stellte mich stur, kämpfte mit dem Rücken zur gepolsterten Tür des Vernehmerzimmers um mein Leben, um meine eigene Person, um mein Gesicht, mein Seele. Ich wollte kein anderer werden. Ich wollte stärker sein als sie oder sterben. Ein Entweder-Oder, ein langes, quälendes Hinundher.

Heldenhaft oder wie?

In der Mangel.

Der Rechercheur hat sich Kopien mitgebracht, ein Plakat für die Wand, ein kleines Sony-Radio, zehn mal zehn Zentimeter, Miniweltempfänger mit acht Kurzwellen, in der Zelle wollte er immer sowas haben, Helfer hat er sich mitgebracht ... darf er das? Das darf ich doch! Es ist doch die Zeit danach, ich kann doch machen, was ich will ... Was du willst? Schweige-

pflicht, Merkblatt, Vorgesetzte, Vorschriften … Der Rechercheur japst nach Luft, nach Freiheitsgraden, nach dem «wind of
change», nach der Öffnung, der Befreiung … Glucksendes,
mitleidiges Lachen?

Das ist jetzt Verwaltung! Normale Behörde! Kein Bürgerkomitee, kein Häftlingstreff, keine Gedenkstätte … Hier sind
ganz normale Mitbürger, «eine bewußt bunte Mischung aus allen Bereichen des öffentlichen Lebens der ehemaligen DDR»,
so Kuhnke in seiner netten Art. Nicht nur Dissis, hieß das, wir
wollen keine überengagierten Aktenwühler, wir wollen loyale
Mitarbeiter, die um 16.30 Uhr nach Hause gehen …

Der Rechercheur blättert in seinen Kopien wie früher in eigenen Gedichten, er will etwas dagegensetzen. Er will auch
nicht wahrhaben, was er vorfindet … Zu Michael Beleites, der
mich nach seinem Abgang aus der Behörde zu Hause besuchte,
sagte ich etwas von «lieber durchhalten», wir brauchen Einblick, sollten eine Arbeitsgruppe gründen … Wieder konspirieren, fragte Michael. Auch er wollte endlich in der neuen, besseren Zeit leben. Es sollte sich gelohnt haben, es mußte gut oder
wenigstens ein bißchen besser sein … Warum ist es so schwer,
fragte ich ihn, warum sehen wir kein Land, kein Licht im Tunnel? Land schon, Licht schon, sagte er, wenn ich an mein Kind
denke … Warum gehst du weiter in solche Gebäude, war seine
Gegenfrage. Ich habe nicht geantwortet. Er ist ja weggegangen.

Jetzt meine Antwort: Ich suche etwas, ich habe einen Grund.
Und hier, im Zimmerchen, sind Kopien, in denen lese ich, wenn
es nicht mehr weitergeht, Michael. Die zeige ich vor, wenn
dumme Reden erklingen, wenn «die Linie IX nur Ermittlungsverfahren durchführte», wenn welche fragen, wie es im Knast
war. Dann zeige ich sie. Ich habe was im Schreibtisch. Und an
der Wand ein Plakat. Und im Radio kommt vielleicht ein Hen-
drix-Titel, wenn ich zufällig «FM» drücke und einen Sender suche. Stilbruch, Zeitbruch.

Gefängnis war auch eine Zeit der Scham, der Erniedrigung. Ich saß vor diesen Leuten, sie konnten mich holen und befragen, und ich antwortete auch noch. Ich sagte auch noch ein einziges Wort. Ich wehrte mich, verriet keine Freunde, das nicht, brach über Monate jede «Kommunikation» mit ihnen ab. Knetete aus feuchtem Klopapier Bälle, spielte Handball, Fußball in der Zelle. Schrieb mit dem Zeigefinger ganze Manuskripte auf den Tisch, gesammelte unsichtbare Werke ... äffte Vernehmer nach, lachte, lachte ... Aber ich war schwächer, konnte nicht raus, die Riegel und die Stahltüren und die Wände konnte ich nicht überwinden. Der Posten sah mich auf der Klobrille sitzen. Der Vernehmer spürte meine «Durchhänger», mein Zittern in manchen Augenblicken, er roch den Schweiß des Unterhemds, der langsam durchlöcherten Sommerstrümpfe in den anstaltseigenen Filzlatschen ... *Hausschuhe tragen Sie ja, um den blankgebohnerten Fußboden zu schonen, aber die Kleidung? Wollen Sie wirklich keinen Trainingsanzug anziehen, das wäre doch praktischer, hygienischer ... Und würde Ihre Kleidung schonen ... eine Hose, ein Hemd ... Wer weiß, wie lange das hier noch dauert bei Ihrem Aussageverhalten ...*

Wem soll ich solche Reden und Protokolle zumuten?

Tak tak ... nicht Frau Schüler auf dem Flur ist das, sondern der Buchstabe B, zweite Stelle im Alphabet, ein, zwei ... klopfen ... ich klopfe ... Und die Spannung? Das Lesemotiv? Der Unterhaltungswert? Tja, liebe Leute, der Unterhaltungswert am fünften Januar neunzehnhundertsiebenundsiebzig ...

Frage: Sie gaben im Verlaufe Ihrer Vernehmung vom 1. 12. 1976 zu Protokoll, daß im September 1976 durch die BRD-Zeitung «Deutsches Allgemeines Sonntagsblatt» mehrere von Ihnen geschriebene Texte veröffentlicht wurden. Auf welche Weise gelangte das genannte Publikationsorgan in den Besitz Ihrer Texte?

Antwort: Ich habe dazu Aussagen gemacht und verweise auf sie.

Frage: Sie gaben im Laufe der angeführten Vernehmung zu Protokoll, daß Sie keinerlei Kenntnis hätten, wie Ihre Texte in die BRD gelangt sein könnten. Weiterhin gaben Sie an, daß Sie vielen Ihrer Bekannten Texte überlassen hätten, ohne diese beauftragt zu haben, diese im Ausland veröffentlichen zu lassen. Welche Ihrer Bekannten unterhalten Verbindungen zu der BRD-Zeitung «Deutsches Allgemeines Sonntagsblatt»?

Antwort: Ich habe zur Problematik der hier angeführten Veröffentlichung Aussagen gemacht und verweise auf sie.

Frage: Ihre Antwort stellt keine Beantwortung der vorhandenen Frage dar, da Sie in Ihren vorangegangenen Vernehmungen diese Fragestellung nicht in ihren Aussagen behandelt haben. Sie werden nochmals aufgefordert, die vorgenannte Frage zu beantworten!

Antwort: Ich wurde zur Problematik der vorgenannten Veröffentlichung befragt. Ich habe diesen Aussagen nichts hinzuzufügen und nichts zu ergänzen.

Frage: Welche Kenntnis haben Sie über Verbindungen, die Robert HAVEMANN, bei dem Sie seit Mitte 1975 in Grünheide wohnhaft sind, zu Verlagen, Zeitschriften, Zeitungen und weiteren Publikationsorganen der BRD unterhält?

Antwort: Ob Robert HAVEMANN Verbindungen zu Verlagen, Zeitschriften und Zeitungen der BRD hat, ist mir nicht erinnerlich.

Frage: Dem Untersuchungsorgan ist bekannt, daß von Robert HAVEMANN neben einer Vielzahl von Veröffentlichungen in mehreren Publikationsorganen der BRD unter anderem am 11. 7. 1976 ein Interview in der BRD-Zeitschrift «Deutsches Allgemeines Sonntagsblatt» veröffentlicht wurde. Äußern Sie sich zu diesem Vorhalt!

Antwort: Zu diesem Vorhalt kann ich mich nicht äußern, da ich das vorgenannte Interview nicht kenne und erst durch diese Mitteilung davon in Kenntnis gesetzt wurde.

Frage: Sagen Sie im einzelnen darüber aus, welche von Ihnen gefertigten Texte in der eingangs der heutigen Vernehmung genannten BRD-Zeitung veröffentlicht wurden!

Antwort: Ich habe dazu Aussagen gemacht und verweise auf sie.

Frage: Sie gaben in Ihrer Vernehmung vom 1. 12. 1976 zu Protokoll, daß im «Deutschen Allgemeinen Sonntagsblatt» die von Ihnen gefertigten Texte «Die Fahne», «Die Vorladung», «Das Interesse» und «Die Wende» veröffentlicht wurden. Diese Angaben sind nicht vollständig. Sie werden aus diesem Grunde nochmals aufgefordert, darüber auszusagen, welche Texte in der genannten BRD-Zeitung veröffentlicht wurden!

Antwort: Ich verweise auf meine dazu gemachten Aussagen.

Frage: Wann und unter welchen Umständen erhielten Sie Kenntnis von der im September 1976 im «Deutschen Allgemeinen Sonntagsblatt» erfolgten Veröffentlichung Ihrer Texte?

Antwort: Ich habe dazu Aussagen gemacht und verweise auf sie.

Frage: Nachdem Sie im Verlaufe Ihrer Vernehmung vom 22. 11. 1976 vorgaben, das Exemplar der genannten BRD-Zeitung mit den Abdrucken Ihrer Texte von einem Ihnen angeblich nicht näher bekannten Journalisten, der HAVEMANN in Grünheide besuchte, erhalten zu haben, korrigierten Sie diese Aussage im Verlaufe Ihrer Vernehmung vom 1. 12. 1976, indem Sie vorgaben, den Zeitungsausschnitt mit Ihren Texten aus dem «Deutschen Allgemeinen Sonntagsblatt» im Oktober 1976 von dem besuchsweise in Grünheide aufenthältigen BRD-Journalisten Andreas W. MYTZE erhalten zu haben. Sie werden nochmals aufgefordert, die Umstände dieses Zusammentreffens mit MYTZE zu schildern!

Antwort: Ich habe zu dieser Problematik Aussagen gemacht

und verweise auf sie. Ich habe nichts hinzuzufügen und nichts zu korrigieren.

Frage: Ihnen wird hiermit eine Kopie jener am 19. 9. 1976 im «Deutschen Allgemeinen Sonntagsblatt» Nr. 38 erschienenen Seite mit von Ihnen geschriebenen Texten vorgelegt. Äußern Sie sich dazu!

Antwort: Ich habe die mir vorgelegte Seite zur Kenntnis genommen.

Frage: Im Gegensatz zu Ihren bisherigen Aussagen sind auf der Ihnen vorgelegten Seite der genannten Zeitung neben den von Ihnen in Ihren Aussagen angeführten Texten noch die mit «1968» und «Für S. F.» betitelten Texte enthalten. Welche Angaben haben Sie zu diesem Umstand zu machen?

Antwort: Nach der Lektüre der beiden genannten Texte kann ich sagen, daß es sich mit einem hohen Grad an Wahrscheinlichkeit um Texte handelt, die ich geschrieben habe.

Frage: Inwieweit ist die der Ihnen vorgelegten Kopie zugrunde gelegte Seite aus dem «Deutschen Allgemeinen Sonntagsblatt» identisch mit jenem von MYTZE im Oktober 1976 erhaltenen Exemplar dieser Zeitung?

Antwort: Diese Frage kann ich nicht beantworten, weil mir das von MYTZE ausgehändigte Original nicht vorliegt. Mehr kann ich dazu nicht sagen.

Frage: Inwieweit entsprechen die auf der Ihnen vorgelegten Kopie ersichtlichen Texte den von Ihnen geschriebenen Texten?

Antwort: Diese Frage kann ich nicht beantworten, weil mir die von mir geschriebenen Originale meiner Prosaarbeiten nicht vorliegen.

ES WAR DIE PHASE DER DIKTATE. Der Vernehmer, ein mittelgroßer, stets etwas gereizter Mann mit Brille, recht jung in seinem dunklen Anzug, Schlips und Kragen, stellte Fragen und notierte meine Antworten. Ab und zu schüttelte er die rechte Hand aus. Viele Fragen hatte er, etwas dürftig fielen meine Auskünfte aus. Die Wochen vorher hatten sie verschiedene andere Touren versucht, leise und laut, brutal, plump und süßlich-raffiniert. Anding, seinen Namen fand ich in den Akten der Generalstaatsanwaltschaft, probierte gerade die sachliche Ebene aus. Als er nicht weiterkam, versuchte er es mit «Denkpausen» … Er sprach leise wie Rolle, hatte auch so ein wissendes Lächeln. Der Verhörraum war größer als das Handtuchzimmer.

Frage: Ihnen wurde über eine Zeitdauer von zwanzig Minuten Gelegenheit gegeben, sich mit dem Inhalt dieser Texte vertraut zu machen. Nach Kenntnisnahme dieser Texte werden Sie nochmals aufgefordert, über die Texturheberschaft der Texte «Das Interesse», «Die Vorladung», «Die Wende» und «Die Fahne» auszusagen!

Antwort: Die von mir in den besagten 20 Minuten gelesenen Texte sind mit hoher Wahrscheinlichkeit Prosaarbeiten, die ich geschrieben habe.

Frage: Aus welchem Grund können Sie keine eindeutigere Feststellung treffen?

Antwort: Zur Erklärung dieser von mir gemachten Wahrscheinlichkeitsaussage kann ich folgendes angeben: Ich befinde mich seit dem 19. 11. 1976 in Untersuchungshaft und hatte in dieser Zeit keine Gelegenheit, an meinen literarischen Arbeiten tätig zu werden. Ich bin nicht in der Lage, meine literarischen Arbeiten vollständig im Gedächtnis zu reproduzieren, um von den mir vorgelegten Kopien auf die Originale meiner Arbeiten schließen zu können. Ich kann aber hinzufügen, daß die von mir soeben gelesenen Texte «Die Fahne», «Das Interesse», «Die Wende», «Die Vorladung», «1968» und «Für S.F.» meine volle Zustimmung finden und ich mich mit dem dort Gedruckten vollständig identifiziere.

Frage: Wie gelangten die auf der Ihnen in kopierter Form vorliegende Seite des «Deutschen Allgemeinen Sonntagsblattes» Nr. 38 enthaltenen biografischen Angaben von ihrer persönlichen Entwicklung in den Besitz dieses Publikationsorgans?

Antwort: Über die Problematik, wie diese genannte Zeitung in den Besitz meiner Arbeiten und darüber hinausgehende Informationen gekommen ist, habe ich Aussagen gemacht und verweise auf sie.

Frage: Darüber hinaus ist auf dieser Ihnen vorgelegten Kopie eine Pressenotiz ersichtlich, in der auf Ihre Prosatexte bezugnehmend formuliert wird: «Das DS hat die Absicht, weitere Proben zu veröffentlichen. Der Autor hofft auf einen Verlag in der Bundesrepublik Deutschland, in Österreich oder der Schweiz, der sich seiner Arbeiten annimmt.» Sie werden aufgefordert, sich über diese auf Ihre Person bezogene Pressenotiz zu äußern!

Antwort: Die hier angeführte Notiz habe ich nicht geschrieben und veröffentlicht. Ich lehne aus diesem Grunde jegliche Verantwortlichkeit ab. Zur Problematik meiner Veröffentlichungsabsicht im westlichen Ausland habe ich Aussagen gemacht und verweise auf sie.

Frage: Im Verlaufe Ihrer Vernehmung vom 1. 12. 1976 sagten Sie in diesem Zusammenhang aus, daß Sie – so wörtlich – «es für falsch halten, Veröffentlichungen in der BRD oder in Westberlin auszuschließen ...» Weiter formulierten Sie in dieser Vernehmung: «Für mich waren Publikationen meiner Schriften in der BRD und in Westberlin nicht unangenehm, weil ich dadurch nicht namenlos blieb und zumindest auf diesem Wege weiteren Personen in der DDR meine Schriften bekannt wurden.» Diese Ihre Feststellungen stehen im Widerspruch zu Ihren die Veröffentlichung in der Ihnen vorgelegten Zeitung betreffenden Aussagen, denen zufolge Sie keinerlei Kenntnis davon erlangten, wie diese Zeitung in den Besitz Ihrer Texte gelangte und in die Lage gesetzt wurde, weitere Ihre Absichten und Ihre persönliche Entwicklung betreffenden Informationen zu veröffentlichen. Sie werden nochmals aufgefordert, wahrheitsgemäß darüber auszusagen, wie diese Zeitung in den Besitz Ihrer Texte und persönlichen Angaben gelangte!

Antwort: Ich verweise auf die Gesamtheit meiner zu diesem Problem gemachten Aussagen.

Frage: Sie werden nunmehr aufgefordert, darüber auszusagen, wann und unter welchen Umständen Sie die in der Ihnen vorgelegten BRD-Zeitung ausgedruckten Texte hergestellt haben!

Antwort: Ich habe zur Herstellung meiner literarischen Arbeiten mehrfach Aussagen gemacht und verweise auf sie.

Frage: Sie wurden seitens des Untersuchungsorgans bisher noch nicht zu den Zeitpunkten und Umständen der Herstellung dieser vorgenannten Texte befragt. Somit stellt Ihre zuvor gemachte Aussage keine Antwort auf die genannte Frage dar. Sie werden nochmals aufgefordert, die vorstehende Frage zu beantworten!

Antwort: Ich habe zu den Absichten und ähnlichem meiner literarischen Arbeiten Stellung genommen und verweise darauf. In jedem Falle drücken die einzelnen literarischen Arbeiten meine Stellungnahme zur jeweiligen Thematik aus. Darüber hinausgehende Angaben, Interpretationen und ähnliches lehne ich ab.

WIE LÄCHERLICH diese Lage. Wie leicht, in den Salons geistreich zu plaudern. Was sollte ich machen? Überhaupt nicht mehr antworten? Das versuchte ich später über Wochen und

Monate, als Groth, der nächste Vernehmer, die «Denkpausen» verlängerte. Er las in einem mitgebrachten Büchlein, stellte irgendwann eine Frage, es kam keine Antwort mehr. Schweigen ist anstrengend und auch gefährlich. Die Psychose winkt, der eigene geschlossene Raum, der Einschluß nach innen.

Tak tak, Frau Schüler auf dem Weg zu mir? Sie geht weiter. Was ist los mit dir? Hier hat keiner im Gefängnis gesessen. Willst du es ihnen zeigen? Ja, du willst es ihnen zeigen. Du willst etwas beweisen. Du möchtest wohl weinen? Kuhnke von «ZV» wartet auf deinen Anruf, du kannst sofort nach Hause gehen «bei dem, was Sie erlebt haben», wird er sagen.

Frage: Sie wurden nicht nach Ihrer Absicht, sondern nach den Zeitpunkten und den Umständen der Herstellung dieser Texte «Das Interesse», «Die Wende», «Die Vorladung», «Die Fahne», «1968» und «Für S. F.» befragt. Beantworten Sie diese Fragestellung!

Antwort: Ich verweise auf meine zuvor gemachten Aussagen und bin nicht in der Lage, weitere Angaben zu machen.

Frage: Aus welchen Gründen fertigten Sie die vorgenannten Texte?

Antwort: Ich lehne jede weitere Stellungnahme ab.

Frage: Inwieweit händigten Sie die vorgenannten Texte weiteren Personen aus?

Antwort: Diese Frage kann ich nicht beantworten, da mir diese Problematik nicht erinnerlich ist.

Frage: Ihre Aussagen stehen im Widerspruch zu Ihren Aussagen in Ihrer Vernehmung vom 1. 12. 1976, denen zufolge Sie – so wörtlich – «Ich habe zuvor in den letzten Jahren vielen meiner Bekannten und Freunde in der DDR Prosatexte von mir zeitweilig oder ständig zum Lesen, zur Einschätzung oder zum Gedankenaustausch überlassen ...» – Ihre Texte weiteren Personen aushändigten. Klären Sie dieses!

Antwort: Ich verweise auf meine zuvor gemachten Aussagen.

Frage: Inwieweit legten Sie die in der genannten Zeitung veröffentlichten Texte Verlagen oder Publikationseinrichtungen in der DDR vor?

Antwort: Diese Frage kann ich nicht beantworten, weil mir die Gegebenheiten nicht mehr erinnerlich sind. Ich möchte erneut darauf hinweisen, daß ich mich seit dem 19. 11. 1976 in Untersuchungshaft befinde und von meinen Arbeiten und somit auch von meiner Korrespondenz isoliert bin.

Frage: Ihre Aussage ist unglaubwürdig. Bereits drei Tage nach Ihrer Festnahme wurden Sie in Ihrer Vernehmung vom 22. 11. 1976 zu dieser Problematik vernommen. Ihren damaligen Aussagen zufolge konnten Sie sich weder an den Namen des Journalisten erinnern, der Ihnen das Exemplar des «Deutschen Allgemeinen Sonntagsblattes» aushändigte, noch die Texte angeben, die in dieser Zeitung veröffentlicht wurden. Dazu waren Sie erst am 1. 12. 1976 in der Lage. Somit kann die zwischen Ihrer Inhaftierung und Ihrer heutigen Vernehmung liegende Zeitspanne nicht Ihre vorgebliche mangelnde Erinnerungsfähigkeit begründen. Sie werden nochmals aufgefordert, wahrheitsgemäß zur vorgenannten Frage Stellung zu nehmen!

Antwort: Ich verweise auf meine Aussagen.

Frage: Inwieweit wurden die in der Ihnen vorgelegten Kopie ersichtlichen Texte durch andere Publikationsorgane der BRD veröffentlicht?

Antwort: Das weiß ich nicht.

Frage: Diese Antwort steht Ihrer Aussage entgegen, die Sie im Verlaufe Ihrer Vernehmung vom 1. 12. 1976 machten. In dieser Vernehmung gaben Sie zu Protokoll: «Die dritte Veröffentlichung von Texten von mir erfolgte am 31. 10. 1976 gegen 22 Uhr in einer 30minütigen RIAS-Sendung, deren Titel mir nicht bekannt ist. Ich war auf diese Sendung zufällig durch eine Programmvorschau aufmerksam geworden. In dieser Sendung wurden von einer männlichen Person die von mir verfaßten Texte ‹Das Fußballspiel›, ‹An der Universität›, ‹Die Fahne›, ‹Das Interesse›, ‹Die Vorladung› und ‹Die Wende› vorgetragen.» Klären Sie diesen Widerspruch!

Antwort: Bei all den von mir gemachten Aussagen handelt es sich nicht um absolut sichere, soweit es sich um die Aufzählung von Prosatexten, Personen usw. aus dem Gedächtnis handelt. Der Versuch, von mir vorgenommene Aussagen, die ich relativiert dargelegt habe, zu widersprüchlichen Gegebenheiten zu verbinden, wird von mir zurückgewiesen.

Frage: Machen Sie nunmehr Angaben zum Inhalt Ihres Textes «Das Interesse»!

Antwort: Ich verweise auf die Lektüre dieser literarischen und somit künstlerischen Arbeit.

Frage: In Ihrem in der genannten Zeitung abgedruckten Text «Das Interesse» formulieren Sie unter anderem: «Jede ungebetene Wahrheit bringt neue Vorladungen, jedem Schrei folgt ein peinliches Schweigen im jeweiligen Hinterzimmer.» Was wollten Sie mit dieser Formulierung ausdrükken?

Antwort: Diese Textpassage aus der Prosaarbeit «Das Interesse» bringt klar zum Ausdruck, welche künstlerischen Aussagen ich treffen wollte. Die Frage, was wollten Sie damit sagen, kann bei vorliegenden und schriftlich fixierten literarischen Arbeiten immer nur eine Antwort nach sich ziehen: Das, was dort geschrieben wurde.

Frage: An anderer Stelle heißt es: «Und meine Hände halten nicht mehr still, kein Grundpfeiler, kein Bollwerk aus Zement und zehn Geboten bringt sie zur Ruhe, der Ausverkauf beginnt, die Phrase verschluckt sich und schlägt zu. Warum hältst du nicht still, was bohrt da und regt sich? Der verfrühte Versuch vielleicht, einen Ekel loszuwerden, der noch wächst, wie die Akten wachsen, in die du beißen sollst, wenn der Spaß beginnt ...» Interpretieren Sie diese Passage unter Berücksichtigung der von Ihnen behandelten politischen Aspekte!

Antwort: Ich verweise auf die Lektüre der Prosaarbeit «Das Interesse».

Frage: Äußern Sie sich zu der von Ihnen bezweckten Grundaussage Ihres in der Zeitung «Deutsches Allgemeinen Sonntagsblatt» abgedruckten Textes «Die Wende»!

Antwort: Ich verweise auf die Lektüre dieser Prosaarbeit.

Frage: In diesem Text formulierten Sie bezugnehmend auf die Schulzeit: «... und dann diese schwarzen Hefte, jeden Abend Eintragungen, niemand durfte wissen, was du denkst, pack alles weg, wenn du aufstehst, nimm alles mit, wenn du weggehst.» An anderer Stelle heißt es bezugnehmend auf die Armeezeit: «Anfälle von Angst, was schreibst du auch auf, jetzt kommen sie und kontrollieren dich, jetzt bist du dran. In einer Nacht habe ich alles zerrissen und ins Klo geworfen ...» Weiter formulieren Sie in diesem Text: «Das macht dich kaputt und wirft dich zurück, da siehst du die Klobecken und die wachsamen Verlage, was wahr ist, wird zum Kinkerlitzchen, das keiner erkennt, du nicht und niemand. Aber das haben wir jetzt satt.» Nehmen Sie zu diesen Passagen aus dem von Ihnen geschriebenen Text «Die Wende» Stellung!

Antwort: Zur hier angeschnittenen Problematik habe ich eindeutig und unmißverständlich in meiner Prosaarbeit «Die Wende» Stellung genommen.

Frage: In diesem Text kommt zum Ausdruck, daß der Verfasser im Verlaufe seiner bisherigen Entwicklung in der DDR ständig in seiner politischen Meinungsäußerung unterdrückt wurde. Durch diese Gesamtaussage dieses Textes werden die gesellschaftlichen Verhältnisse in der DDR diskriminiert. Äußern Sie sich zu diesem Vorhalt!

Antwort: Den mir gemachten Vorhalt der Diskriminierung der politischen Verhältnisse der DDR durch meine Prosaarbeiten weise ich zurück und betrachte diesen Vorwurf als Diskriminierung meiner Person.

Frage: Sie werden aufgefordert, den Inhalt Ihres ebenfalls in der Ihnen in der heutigen Vernehmung vorgelegten Zeitung abgedruckten Textes «Die Vorladung» zu schildern.

Antwort: Ich verweise auf die Lektüre dieser meiner Arbeit.

Frage: In diesem Text formulieren Sie: «Und Vertrauen, haben Sie denn kein Vertrauen zu uns, das fragen sie allen Ernstes und nicht wie im Märchen, wo der Drache mit geöffnetem Rachen einen Untergebenen fragt, warum er zittert und kein freudiges Vertrauen zeigt zu Kirche und Staat. Wer kein Vertrauen zu uns hat, wird zur Rechenschaft gezogen ...» An anderer Stelle heißt es weiter: «Wer kein Vertrauen zu uns hat: Da sind immer ganze Mächte gemeint, Parteien, Regierungen, Körperschaften mit vielen Armen und Beinen, die sehr weit greifen und sehr tief treten können ...» Weiter heißt es in Ihrem Text: «Ist es denn besser dazuzugehören, nicht allein zu sein und ausgeliefert irgendwelchen zeitlosen Gehilfen, die dich beäugen und vielleicht ein Auge zudrükken, wenn du ihre Abzeichen trägst, ihre Halstücher, ihre Hemden, ihre Armbinden, ihre Erkennungsmarken und was es sonst noch gibt an Beweisen äußerer und möglichst auch innerer Zugehörigkeit. Und Folgsamkeit. Dazugehören – nur wozu? Es droht der Ausschluß, die Kündigung, das Verfahren, der Prozeß, das Urteil, die Strafe. Ich weiß es und er weiß es und wir schweigen schnell ...» Welche gesellschaftlichen Bezüge wollten Sie mit diesen Passagen zum gesellschaftlichen Leben in der DDR herstellen?

Antwort: In meiner literarischen Arbeit «Die Vorladung» versuchte ich auf künstlerische Weise zum Ausdruck zu bringen, was mich zur gegebenen Problematik bewegt. Darüber hinausgehende Interpretationen und Wertungen lehne ich ab.

Frage: Des weiteren ist auf der Ihnen vorgelegten Kopie der Ausgabe des «Deutschen Allgemeinen Sonntagsblattes» Nr. 38 der von Ihnen geschriebene Text «Die Fahne» enthalten. Welche Anliegen verfolgten Sie mit der Herstellung dieses Textes?

Antwort: Ich verweise auf die Lektüre dieser Prosaarbeit.

Frage: In diesem Text verwendeten Sie die Formulierung: «Niemand wollte den Dummen machen: Es wird sich schon einer finden. Vornweg marschieren und dann noch allein mit diesem Ding, da wirst du gesehen und verlacht ...» Weiter heißt es in diesem Text: «Das habe ich immer wieder erlebt: Irgendeine Lautsprecherstimme verkündete kreischend große Erfolge, und wir standen als bestellte Demonstranten in Nebenstraßen und warteten, bis sich einer fand, der die Fahne mitnahm, die am Zaun lehnte. Und es war die rote Fahne.» Nehmen Sie zu den Ihnen vorgehaltenen Passagen im einzelnen Stellung!

Antwort: Meine Stellungnahme zu dieser Problematik liegt bereits schriftlich vor, sie besteht im Schreiben dieser Prosaarbeit.

Frage: Neben den bereits genannten Texten wurde in der genannten Zeitung auch ein weiterer von Ihnen gefertigter und mit «1968» überschriebener Text abgedruckt. Äußern Sie sich zum Inhalt des Textes!

Antwort: Ich verweise auf die Lektüre dieser Prosaarbeit.

Frage: In diesem Text schrieben Sie: «Sie haben ihn eingelocht, und meine Mutter hat mich zittrig gefragt, ob ich auch so was machen würde in meiner Blödheit. Und ich habe nur geschluckt und nichts geantwortet, als seine Mutter im Treppenhaus vorbeischlich und mich jungen Kerl sah, so alt wie ihr Sohn, der in U-Haft saß, weil er ‹Dubček› an die Wände gepinselt und dann große Reden geführt hatte in der Milchbar, wo die Spitzel mit am Tisch saßen.» An anderer Stelle führten Sie aus: «… ich hab keinem erzählt, daß ich damals ‹Dubček› an ein Plakat geschrieben hatte aufm Bahnhof, ganz klein, mit Kuli, keiner wird es bemerkt haben, so winzig war das hingekritzelt worden. Er hat seine Sachen mit Pinsel und Farbe geschrieben und kam ausm Knast …» und «… Ich weiß nicht, wie es kam, die Panzer sind durch unser Viertel gerollt und alle haben gewußt, wohin sie fuhren. Ich stand an der Straße und habe sie gesehen.» Was wollten Sie mit diesen Textpassagen zum Ausdruck bringen?

Antwort: Mit dem Prosastück «1968» wollte ich zum Ausdruck bringen, was ich dort im einzelnen ausführte. Weitere Angaben habe ich nicht zu machen.

LITERARISCHE ARBEITEN, PROSA? Ich pochte verzweifelt auf Genre und Wert. Die Kunst sollte mir helfen. Ich wollte Schriftsteller sein, kein Untersuchungshäftling. Vorn auf dem ersten Blatt ihrer *Vernehmungsprotokolle* hatten sie vom ersten Tag an bei Beruf geschrieben: *Betriebs- und Verkehrseisenbahner, zuletzt ohne Beschäftigung*. Im ersten Druck- und Angsttaumel hatte ich es akzeptiert. Eisenbahnerlehrling war ich mit vierzehn gewesen, «zuletzt ohne Beschäftigung», was sollte denn das? Ich ließ es stehen, penetrant, stur kämpfte ich dann um «literarische Arbeiten» und «Prosa». Sie sollten diese Wörter mit ihren Stiften aufschreiben und in ihre Schreibmaschinen mit den entsprechenden Durchschlägen tippen müssen. Und was bin ich jetzt? Rechercheur? Fahnder? Herausfinder? Rächer? Der letzte Rest vom Bürgerkomitee, Arno und ich? Im Tonarchiv noch zwei andere vom Prenzlauer Berg, man kennt und grüßt sich.

Sie werden etwas schreiben, fragte Frau Schüler. Ja, antwortete ich. Über die Akten, hieß das, über die Stasi, nicht über hier und heute. Was soll ich schreiben? Ein Gutachten? Ein Sach- und Enthüllungsbuch, höchst zurückhaltend kommentiert? Protokolle schleppst du herein, bei einer Kontrolle werden sie fragen, woher du sie hast. Sie gehören mir. Auf dem Plakat dort an der Wand Wolf Biermann, der Freund. In ihrem Dienstzimmer soll er hängen und lachen. Die Beklemmung soll weg, das ständige Fragen, was erlaubt ist. Diese Gebäude sind verhext und verflucht. Hier wird man zum Schreibtischdackel, zum Behördendiener, zum Mitarbeiter. Farbbeutel draußen an die Wände, große Laserprojektionen, andere Landschaften, andere Gesichter, riesige Buchstaben, Brillengestelle, Schaufensterpuppen mit Militäruniformen, Mielkes schöne Kitschbilder aus *Haus 1* ... sehr laute Musik ... Miles Davis ... die «Ermutigung» ... Bob Dylan ... sehr laut und klar, jedes Wort muß zu hören sein, jeder Ton.

Frage: Interpretieren Sie den inhaltlichen Gehalt Ihres ebenfalls in der genannten Zeitung abgedruckten Textes «Für S. F.».
Antwort: Ich verweise auf die Lektüre dieses Stückes.
Frage: Sie formulierten in dem vorgenannten Text: «Wenn einer mit am Tisch sitzt, der gerade ausm Zuchthaus kommt ... kommst du dir wie ein Hänfling vor, wie einer, der bis jetzt rumsaß ... plötzlich bist du eine Null mit deinen Erzählchens von Rausschmissen und Vorladungen.» Weiter schreiben Sie: «Wenn du ihn fragst, wird er dir vielleicht zum Nachtisch erzählen, warum er drin war: Weil er einen Witz erzählte über Ulbricht oder Honecker oder sonstwen ...» Was war die mit diesem Text von Ihnen bezweckte Aussage?
Antwort: Im Prosastück «Für S. F.» habe ich in künstlerischer

Form versucht, die dort beschriebene Problematik darzustellen. Ich verweise nochmals auf die Lektüre dieser Prosaarbeit. Weitere Erklärungen habe ich zu diesem Text nicht abzugeben.

Frage: Die Ihnen im Verlaufe der heutigen Vernehmung vorgehaltenen Textpassagen sind in ihrer Gesamtheit objektiv geeignet, die politischen Verhältnisse in der DDR, insbesondere die Tätigkeit staatlicher Organe, zu diskriminieren, Bürger der DDR gegen ihren Staat aufzuwiegeln und das Ansehen der DDR im Ausland zu schädigen. Äußern Sie sich nochmals zum Inhalt dieser Texte!

Antwort: Die genannten Bewertungen sind in ihrer Gesamtheit geeignet, die künstlerische Tätigkeit eines Menschen, der literarisch tätig ist, zu diskriminieren. Ich weise die im Verlaufe dieser Untersuchung stattfindenden Versuche, meine künstlerischen Arbeiten und meine literarische Betätigung in den Bereich eines Staatsverbrechens zu setzen, zurück und bin der Ansicht, daß die strafrechtliche Verfolgung meiner künstlerischen Betätigung das Ansehen der DDR im In- und Ausland schädigt.

Frage: Zu welchem Zweck fertigten Sie die im Verlaufe der heutigen Vernehmung vorgehaltenen Texte?

Antwort: Ich verweise auf meine dazu gemachten Aussagen.

Frage: Sie wurden bisher noch nicht zum Zweck der Fertigung dieser Texte befragt, so daß Ihre vorgenannte Antwort keine hinreichende Stellungnahme zur vorstehenden Frage darstellt. Äußern Sie sich zu dieser Frage!

Antwort: Ich habe über die Gründe, warum ich schreibe, mehrfach Aussagen gemacht, die auch für die mir im Verlaufe der heutigen Vernehmung vorgehaltenen Texte zutreffen, so daß ich auf diese verweise.

Frage: Was wurde Ihnen über den Charakter der BRD-Zeitung «Deutsches Allgemeines Sonntagsblatt» bekannt?

Antwort: Ich habe dazu Aussagen gemacht und verweise auf sie.
Frage: Im Verlaufe Ihrer Vernehmung vom 22. 11. 1976 gaben
   Sie in diesem Zusammenhang zu Protokoll, daß Sie die vorgenannte Zeitung nicht einschätzen können, aber gehört
   haben, daß diese links-liberal einzustufen sei. Welche ergän-
   zenden Aussagen haben Sie zum Charakter dieser Zeitung
   zu machen?
Antwort: Ich habe diesen Aussagen nichts hinzuzufügen.

VIELLEICHT NACH DEM FÜNFZIGSTEN VERHÖR begann
das Schweigen. Sie holten mich weiter zu den Vernehmungen, ich mußte die Stunden absitzen und mir ihre Fragen anhören. Ab und zu kam Besuch – Vorgesetzte, man wollte wohl
sehen, was so einer «veranstaltet». Der Zellenspitzel machte
Druck. Während ich vor ihren Schreibtischen saß, wurde er instruiert. Dann kamen die Tierchen zurück in die gemeinsame
Zelle, Riegel zu, mal sehen, was passiert. Nach innen führt
ein seltsam gerader Weg, er hat Farben und Töne, es ist ein
Auf- und Abstieg. Schweigen und Zellenkrieg sind riskante
Waffengattungen ...
   Was steht im «Merkblatt für Rechercheure» der «Gauck-
Behörde» in der neuen, anderen Zeit? Halt dich fest, Häftling,
lies Satz für Satz, Seite zwölf unter «2.5. Untersuchungsvorgänge (UV)» ... Ganz langsam und genau lesen, nicht
überfliegen, nicht blättern, nicht genervt weglegen: «Untersuchungsvorgänge waren die in die Kompetenz des MfS fallenden
und von den Untersuchungsabteilungen des MfS, der Linie IX,
durchgeführten Ermittlungsverfahren, insbesondere zu Staatsverbrechen ...» Liest du das, du *Staatsverbrecher*, du *staatsfeindlicher Hetzer im verschärften Fall, Paragraph 106*? Haben Sie
schon Gruppenbildung dazubekommen, hatte Professor Doktor Vogel gefragt, nicht weit von hier, im gegenüberliegenden
Gebäude, im Besucherzimmer des Knastes Magdalenenstraße,

als anwaltlicher Vertreter im Rahmen eines *Untersuchungsvorgangs* ... Rolle wollte ein klein wenig davon wissen ... Ich habe ihm ein klein wenig gesagt ... Nein, hatte ich Vogel geantwortet, *Gruppenbildung* noch nicht ... *«staatsfeindliche Hetze»* ja, aber *Gruppenbildung* ...

In der Zelle hämmerte es: *Gruppenbildung, Gruppenbildung, Gruppenbildung*, hier kommst du nie wieder raus ... *Haben Sie schon Gruppenbildung dazubekommen?* Tolle Fragen stellte der Superanwalt und Stasimitarbeiter ... halt, das ahntest du nur, wußtest es aber nicht ... was sollte er sonst sein, der Staranwalt, wie sollte er sonst hier hereinkommen ... Tolle Fragen stellte er an den Untersuchungshäftling, Rätselfragen, Grübelfragen, nette Denkaufgaben.

Und jetzt dieses «Merkblatt», der Punkt über die «Untersuchungsvorgänge (UV)»: «Insbesondere zu Staatsverbrechen, Kriegsverbrechen, Verbrechen gegen die Menschlichkeit und gesellschaftsgefährdende Straftaten der allgemeinen Kriminalität. Die Führung eines UV richtete sich wie bei Ermittlungsverfahren durch andere staatliche Untersuchungsorgane nach den Bestimmungen der Strafprozeßordnung der DDR. Sie unterlag der Aufsicht des Staatsanwalts ...»

Es ist alles mit rechten Dingen zugegangen, auf gesetzlicher Grundlage. Objektiv betrachtet, wird Bäcker sagen, aus der Sicht dieses Ministeriums, werden Richter und Rolle bemüht hinzufügen. Aber du könntest schreien und kotzen. Diese Sprache! Sie leiten die «Nachfolger» an! Joachim Gauck im Fernsehen, fast täglich die Dokumente von der Erstürmung der Normannenstraße am 15. Januar 1990 in irgendeinem TV-Kanal, die Helden-Saga. Und hier, Jahre später?

«Untersuchungsmaterialien für einen UV konnten Ergebnisse von OPK und OV oder anderen Arbeitsergebnissen des MfS sein, aber auch Materialien anderer Sicherheits- und Justizorgane. Beim Verdacht einer Straftat der o.g. Art leitete die

Abt. IX durch entsprechende Verfügung ein Ermittlungsverfahren ein und informierte den Staatsanwalt … UV-Akten enthalten neben staatsanwaltschaftlichen, richterlichen und rechtsanwaltlichen Dokumenten die gesamten Ermittlungsergebnisse der Untersuchungsabteilung des MfS, insbesondere die strafrechtliche Einschätzung des Materials, die Untersuchungsplanung, Protokolle der Beschuldigtenvernehmungen sowie die Ergebnisse anderer Ermittlungshandlungen, Dokumente über politisch-operative Absprachen, Maßnahmen und Überprüfungen, ferner den Schlußbericht der Abt. IX und die Anklageschrift, sofern es zur Anklageerhebung kam …»

Da hast du die Zellenlandschaft, erklärt und parfümiert im neuen «Merkblatt»!

In dieses Jagen gehören die *Beschuldigtenvernehmungen … sowie die Ergebnisse anderer Ermittlungshandlungen* – hier sind wohl der Zellenspitzel gemeint und die «Ergebnisse» des Zellenkrieges, das Abhören und Abglotzen aller Bänder, Kassetten und laufenden Kameras? Und die «Ergebnisse» von *Operativen Vorgängen* gegen Familienangehörige und Freunde … Was sind *Dokumente über politisch-operative Absprachen?* Das zu fällende Urteil, die Inszenierung der Verhandlung? Die *rechtlich gestützte Maßnahme der Zersetzung*, wie die Prozesse gegen Robert Havemann in Stasi-Dokumenten genannt wurden? Die Zusammensetzung des «Publikums»? Die offiziellen Verlautbarungen, das feine Spiel der Einfluß-*IM* «draußen» und im Westen? Das «Einbeziehen» von Familienmitgliedern, das «Dämpfen des möglichen Protestpotentials»? Die Einteilung der Zeugen in *negativ* oder *positiv erfaßt*?

«Objektiv» und nach wie vor gültig kommt es daher im neuen «Merkblatt» …

Und auf Seite zwölf des Blattes unter Punkt «2.5.», hier dargeboten als Abrundung und letzte Verwirreinlage, steht geschrieben: «Archivkategorie für UV: AU».

Ist das klar, wen nehme ich jetzt, Peter Schneider? Dein Bruder Michael wird energisch den Kopf schütteln und weiterhin seine Kunststücke vollführen, aber du wirst mir doch glauben? Im Archiv der Stasi wurden *Untersuchungsvorgänge (UV)* unter der Abkürzung *AU (Archivierte Untersuchungsvorgänge)* abgelegt. Dieses «AU» ist nicht das «AU»-Auskunfts-Referat von Richter oder Rolle! Unbedingt auf die Feinheiten achten! Ihre Sprache und unsere Sprache und ihre fortgesetzte und Merkblattsprache und kursiv oder in Klammern oder mit An- und Ausführungszeichen, hui, dieser Wortmüll ...

Da sieht keiner mehr durch! Doch, einige schon, Bäcker und Hopfer, Mielke und Mittig, Fuchs und Wolf, Jäger und Sammler, Gauck und Geiger. Und auf Seite vierzehn unter Nummer «3» der Hinweis zur Recherche: «Bei allen personenbezogenen Recherchen ist eines unbedingt zu beachten: Wir geben keine Auskünfte über Menschen, sondern wir geben Auskünfte zu Akteninhalten.» Merk dir das, das steht im «Merkblatt»! Und bedenke: «Dem Rechercheur obliegt es, die in der Akte enthaltenen Aussagen über Menschen und Sachverhalte stets in Beziehung zu setzen zum Grund des Anlegens dieser Akte, zur Zielstellung des Vorgangs sowie zum jeweiligen Bearbeitungsstand.»

Das ist Stasi-Sprache pur, meine sehr verehrten Damen und Herren. Von wegen «Gauck-Behörde»! Bäcker-Behörde wäre zutreffender an dieser subtilen Stelle, Inhalt, Form und Name in Übereinstimmung, sogar mit Stabreim, zweimal B, tak tak ... Klopf nur, du Zelleninsasse! Was damals Rechtens war, kann heute nicht Unrecht sein ... Filbinger ...

Was blätterst du verlegen in deinen Mitbringseln, deinen Souvenirs, deinen Haft-Ikonen ... Du siehst doch, was sich durchsetzt, was oben schwimmt ... Hier ... Seite zweihundertfünfundsiebzig, etwas *zum jeweiligen Bearbeitungsstand* ...

AKTENVERMERK, Berlin, den 4. 3. 1977: «In der heutigen Vernehmung über die von ihm hergestellten und verbreiteten Schriften verweigerte der Beschuldigte ohne Angabe irgendwelcher Gründe dafür passiv jegliche Antwort. Nachdem der Beschuldigte durch den Unterzeichner mehrfach aufgefordert wurde, das ihm laut Strafprozeßordnung garantierte Recht der aktiven Mitwirkung am Strafverfahren durch umfassende und zusammenhängende Aussagen in den Vernehmungen wahrzunehmen und durch sein Schweigen nicht den Verlauf des gegen ihn geführten Verfahrens zu behindern, zeichnete er schweigend nach den ihm gestellten Fragen Schriftzeichen auf die Tischplatte, gab sein provozierendes Verhalten jedoch nicht auf. In vorangegangenen Vernehmungen hatte er dem Unterzeichner gegenüber mehrfach geäußert, ihn durch sein Verhalten in den Vernehmungen zu einer unkontrollierten, spontanen Äußerung provozieren zu wollen, damit er ‹endlich sein wahres Gesicht zeigt›. Die dem Beschuldigten gestellten Fragen wurden protokolliert, er verweigerte aber deren Kenntnisnahme.»

Das war der *jeweilige Bearbeitungsstand*! Es stand nicht gut um den *Beschuldigten*, er provozierte. Ab und zu kam ein Vorgesetzter herein, das ist jetzt mündlich, das steht nicht in den Akten, das wurde nur gehört, nur gesagt, nur gebrüllt oder herausgezischt: *Was soll der ganze Zirkus! Wir haben schon ganz andere kleingekriegt, ganz andere! Du willst wohl zur Prominenz gehörn? Nee, daraus wird nischt, gar nischt! Sooo klein, soooooo klein mit Hut, wir haben Zeit!* Ihr scheinheiligen Akten, ihr feigen Aktenvermerke, ihr widerlichen Fragensteller … *Garantiertes Recht auf aktive Mitgestaltung am Strafverfahren laut Strafprozeßordnung …* So drehten sie es um. Was daran Literatur ist? Der Hut, die Zeit, der Zirkus. Oder auch die Form. Ist das nicht ein Stück? Ich übernehme die Originalschreibweise des *Vernehmungsprotokolls vom 15. 3. 1977, Beginn 8.00 Uhr, Ende 15 Uhr.* In diesen Stunden wird einiges gesprochen:

Frage: Ihnen wird hiermit ein maschinenschriftlicher Text, überschrieben mit «Der Mustermai» vorgelegt. Ist Ihnen dieser Text bekannt?

Antwort: (Der Beschuldigte nimmt den ihm vorgelegten Text zur Kenntnis, äußert sich jedoch in keiner Weise dazu und malt mit dem Finger, wie bereits in vorangegangenen Vernehmungen, unausgesetzt Zeichen in die Luft und auf die Tischplatte)

Frage: Dem Untersuchungsorgan ist bekannt, daß Sie der Verfasser des vorliegendes Textes sind. Sie werden nochmals nachdrücklich aufgefordert, die Ihnen in der Vernehmung gestellten Fragen zu beantworten!

Antwort: (Der Beschuldigte reagiert nicht auf die ihm gestellte Frage)

Frage: Wann und unter welchen Umständen fertigten Sie den vorliegenden Text?

Antwort: (Der Beschuldigte reagiert nicht auf die ihm gestellte Frage)

Frage: Aus welchen Gründen fertigten Sie den Text «Der Mustermai»?

Antwort: (Der Beschuldigte reagiert nicht auf die ihm gestellte Frage)

Frage: Welchen weiteren Personen machten Sie den Text zugänglich?

Antwort: (Der Beschuldigte reagiert nicht auf die ihm gestellte Frage)

Frage: Dem Untersuchungsorgan ist bekannt, daß Sie den Text «Der Mustermai», wie auch die übrigen von Ihnen verfaßten Texte, die Ihnen in vorangegangenen Vernehmungen vorgelegt wurden, an mehrere Personen weitergaben. Welche Wirkung beabsichtigten Sie dadurch bei diesen Personen zu erzielen?

Antwort: (Der Beschuldigte reagiert nicht auf die ihm gestellte Frage)

Frage: Sie werden hiermit nochmals über die Ihnen laut Strafprozeßordnung der DDR, insbesondere gemäß § 61 StPO, zustehenden Rechte belehrt und gleichzeitig aufgefordert, sich umfassend, zusammenhängend und wahrheitsgemäß zu den Ihnen im Verlaufe des Ermittlungsverfahrens durch das Untersuchungsorgan gestellten Fragen zu äußern!

Antwort: (Der Beschuldigte reagiert nicht auf die ihm gestellte Frage)

Auf Grund der generellen Weigerung des Beschuldigten, auf die ihm gestellten Fragen zu reagieren, wurde die Vernehmung um 15 Uhr abgebrochen. Ebenfalls weigert sich der Beschuldigte, das ihm vorgelegte Vernehmungsprotokoll zur Kenntnis zu nehmen und zu unterschreiben.

Auf einer Bühne müßten Stunden damit gefüllt werden.

So ging es Tage, Wochen, Monate. Sie holten mich um acht Uhr aus der Zelle. Ein unfreiwilliges Theater. Solche «Varianten» kommen eher im Milgram-Experiment vor. Aber dort war es nur ein Labor-Versuch, die Teilnehmer konnten nach Hause gehen. Heute kann ich auch nach Hause gehen. Ich warte, habe mir Lektüre mitgebracht, Protokolle von Vernehmungen … Lese sie mit versuchter kalter Heiterkeit. Ob ich Rolle etwas zeige?

Was sollen diese Kopien, fragt die Knaststimme. Was willst du auf den Tisch dieser Leute legen? Dein Herz? Deinen Schmerz? Eine ironische, peinliche, kitschige Situation! Wen willst du beeindrucken, fragt sie. Ich brauche Verstärkung, sage ich. Da drüben ist die Magdalena, rede nicht abgebrüht, Stimme, drinnen hast du auch geflennt und geflattert. Du bist kein Gefangener mehr, ist die Antwort, tust aber so. Wirst wieder reingerissen. Fängst wieder an … Bist wohl zu nahe … Du sollst aber hören und sehen und was rausbekommen. Nicht reinrutschen ins alte Elend.

TAK TAK, Frau Schüler öffnet die Tür, bringt eine Akte. Lesen Sie und bereiten Sie eine «Interne Auskunft» vor, mal sehen, ob Sie das können, sagt sie. «Formblatt IIIa», frage ich. Genau, sie lacht, erraten! Ein Grenzfall, Auslandsreisen, mal sehen, was Sie sagen. *HVA*, frage ich. Könnte sein, steht aber nicht drin, kompliziert, sagt sie, etwas für den Experten, Sie untersuchen doch dieses Gebiet. Ihr Blick ist freundlich, ein wenig hart der Mund, ein kleiner Spott lauert irgendwo zwischen den Wörtern – wie sie es sagt, wie du es hörst. Ach, Herr Biermann! Sie betrachtet aufmerksam das Plakat, wie geht es ihm? Gut, sage ich. Das ist die Hauptsache, sagt sie, und er schreibt noch Lieder? Ja, er schreibt noch Lieder, Frau Schüler. Sie nickt, geht.

Der Rechercheur beginnt zu blättern. Er hat es plötzlich eilig, will etwas herausbekommen als «Experte». Ein Test, denkt er. Er kennt die Frau nicht, um die es in der Akte geht. Eine DDR-Bürgerin, die einen Ausländer heiratete, der zu ihr nach Ostberlin ziehen durfte und Arbeit bekam, ein Spanier, der dortigen KP nahestehend. Sie durfte irgendwann mitfahren zu den Schwiegereltern und sollte Berichte schreiben. Sie schrieb Berichte, der Ehemann auch. Irgendwann wollte er nicht mehr, aber die schönen Reisen und die kleinen Aufträge ...

Was liest du, denkt der Rechercheur, in welche Leben dringst du ein? War das die spürbare Härte, der kleine Spott der Arbeitsgruppenleiterin und stellvertretenden Referatsleiterin Schüler? Nun wühl mal rum, großer Held! Erstelle eine «Interne Auskunft III a» von 1. bis 17.: «Tagebuchnummer, Antrag von, Zweck des Antrages, überprüfte Person, Registrier- und Archivnummer, IM-Kategorie und Deckname, Abteilung bzw. Hauptabteilung und Führungsoffizier, Akte Teil I bis IV falls vorhanden, Vorlauf des IM-Vorgangs und Dauer der IM-Tätigkeit, persönliche Verpflichtung, Grund und Ziel der Werbung, Werbung auf Grundlage von, Grund der Beendigung, besondere Anträge, Art und Umfang der Berichte, Art und Umfang der Vergütung/Zuwendung, Auszeichnungen, Bemerkungen». Dazu noch «Anlagen zu 1.–17.» Knifflige Feinheiten, *HVA* oder nicht, in den Seiten steht fast nichts über *andere Diensteinheiten*.

Du bist ein Experte geworden, hast in Gera in der dortigen *Bezirksverwaltung* gelernt, die vom Bürgerkomitee besetzt war … Andreas I, Andreas II, Reinhard … wilde, freie Zeiten, keine Behörde, keine Verwaltung … Werden wir erschossen, fragte mich einmal, an einem lauen Sommerabend, das Fenster zum Innenhof stand offen, der Kaffee war ausgetrunken, Reinhard Keßler, ein Arbeiter … Er spielte gern Gitarre … Manchmal, sagte er, denke ich an sowas …

In Gera wurden die Türen geöffnet, ich sah diese Archive und Büros zum ersten Mal. Und ich begriff, was es bedeutete, daß der Runde Tisch, von Markus Wolf geschickt überredet, anordnete, alle *HVA*-Akten zu vernichten.

Von den *aktiven Maßnahmen der Zersetzung feindlich-negativer Personen in Abstimmung mit der Hauptverwaltung Aufklärung (HVA)* wird der große Täuscher nichts gesagt haben … Das war alles Mielke und sein Unterdrückungsapparat. Der *stellvertretende Minister für Staatssicherheit* wußte davon nichts. Und wenn er etwas wußte, billigte er es nicht. Und wenn eine gewisse Beteiligung vorlag, dann unfreiwillig … Als ich in Gera Akten über die verfolgte DDR-Opposition sah, wurde mir klar, welches Loch diese Aktenvernichtung gerissen hatte. Die Westseite wurde geschont.

In verdammte Kreise hat sich der Rechercheur begeben, 17 Punkte klärt er auf, ein Ehepaar, das reisen wollte. Will Frau Schüler wissen, wie man eine *HVA*-Beteiligung herausbekommt? Will sie wissen, ob es Möglichkeiten gibt? Warum kommen mir diese Gedanken? Paranoia?

Zu diesem Zeitpunkt weiß ich noch nichts von Rolles *IM*-Karriere bei der *HVA*. Die Aktenfetzen hat man noch nicht gefunden. Ich habe nur ein Gefühl, spüre ein Interesse, etwas Lauerndes, vielleicht sogar Angst: Hat Geiger einen Auskenner geschickt, einen Bürgerrechtsspion?

Etwas Mickriges macht sich in Kopf und Mund breit ... ich suche kolossale Untiefen mit langen, spitzen Stangen ... sind es Pfützen?

Rolle telefoniert mit Richter, Bäcker und Hopfer ... In der Mittagspause fährt er zwei Stationen mit der U-Bahn und trifft sich mit heimlichen Freunden. Gauck plaudert während der Fahrt nach Bonn mit seinem Fahrer, der in einer Pause, vor einem Ministerium, über Funktelefon kurz Bericht erstattet. Wir haben keinen Befehl, sagt Bäcker, und putzt seine Waffe. Wir treten für inneren Frieden, Dialog und Verständigung ein, sagt Hopfer und wühlt in meinem Panzerschrank. Spinnst du, fragt Lilo. Typisch, sagt Lili. Ich stelle mich dieser Herausforderung, sagt Richter, ohne Wenn und Aber, ich werde alles tun, um Roberts Akten zu finden, was weißt du vom *IM «Leitz»*? Nichts, antwortete ich, fast nichts Genaues, nur einige Hinweise auf die «Freunde» ... Ich bin hier fremd, bin kein Mitarbeiter der Stasi gewesen, ich war Häftling, sie hatten mich bis neunundachtzig am Wickel, nach der Haft. Bis neunundachtzig? Wie meinst du das, fragt mich Richter, wie meinen Sie das, fragen mich Bäcker und Hopfer, wie meinen Sie das, fragen mich Henke, Suckut und Geiger. Glauben Sie mir nicht? Hatte ich es im Westen bestens? War ich nur im KaDeWe? Habe ich gar nichts getan für die Opposition? Oder geht es bis heute? Wie meinst du das, wie meinen Sie das? Sie haben mich vor der Nase. Selbstgespräch. Antwort: Du wolltest es so. Du wolltest «in Berlin rein». Ja, stimmt, aber ich verfitze mich. In Berlin war ich schon mal drin. Der Knast kommt wieder hoch. Ich habe zu viel Macht, ich blättere wie ein beschissener *Hauptamtlicher* in einer zugeteilten

Akte und soll die siebzehn Punkte eines «Merkblattes» erfüllen, das wahrscheinlich von Bäcker und Hopfer verfaßt wurde, «Interne Auskunft IIIa». Wieso «III»? Wieso «a»? Alles hat seine Ordnung. Wir wollen kein Chaos, das wilde Wühlen selbsternannter Stasijäger von der Straße ist vorbei. Die Demonstranten von Leipzig machen Billigreisen in die Südsee, nehmen Kredite auf und rasen mit hundertsechzig von Halle nach Leipzig. Da sind Bäume, da kommen Kurven. Und du, Freundchen, wirst jetzt deine Aufgabe erfüllen. Sonst schimpft Frau Schüler. Sonst lächelt sie und denkt, daß jeder nur mit Wasser kocht. Willst du ihr dann deine Kopien zeigen, deine heldenhaften Dialoge? Brauchst du einen Bonus, ein Gefühl? Bist du ein Opfer? Hast du eine dünne Haut? Oder willst du einen roten Teppich?

Vor dem Fenster, im Innenhof, rangiert Borkmann seinen Campingbus in eine Parklücke. Die Parkplätze sind numeriert. Wahrscheinlich benötigt man eine Parkerlaubnis. Borkmann wird eine Parkerlaubnis haben. Ich will auch eine Parkerlaubnis haben. Vielleicht will ich auch DDR-Autos sammeln, kleine Trabis und Wartburg-Kombis. Oder Uhren.

BRAV ORDNETE ICH dem Ehepaar die siebzehn Punkte zu. Sie hatten gespitzelt, konnten reisen und wollten irgendwie weg von der geheimen Tour. In Bars ging er nicht gern, da saßen zwar Ausländer und schräge Typen, vielleicht Fluchthelfer und Spione, der Führungsoffizier drängte, aber er blieb lieber zu Hause. Die Frau war etwas flotter und williger. Scheidung? Therapeutische Gespräche mit der Stasi über den häuslichen Ehemann? In der Akte standen verpflichtende Sätze mit Unterschrift, andere *Diensteinheiten* bekundeten Interesse an dem Paar, auf den Karteikarten der *F 16* und *F 22* gibt es leicht rätselhafte und weiterzielende Eintragungen, aber keine Belege.

Was das *F* und die beiden Zahlen bedeuten? Form, Friedrich

Christian Delius. Deine Akte, oder das, was gefunden wurde, ist dünn, neulich kam ein Brief von dir mit einigen Kopien. Enttäuscht? *F* ist eine bürokratische *Karteikartenformvorgabe*! Auch der Deutsche Herbst, dessen Spezialist du bist, wird nicht ohne solche *Vorgaben* ausgekommen sein …

In der *F 16*, einer riesigen Handkartei in *Haus 8*, stehen die *erfaßten* Bürger mit Namen, Vornamen, Geburtsdatum und Adresse, dazu eine Registriernummer, oder zwei, oder drei. Diese Nummern können in der Kartei *F 22* entschlüsselt werden, im selben Haus, aber auf einer anderen Etage – alles säuberlich getrennt! Die Stasi separierte, zertrennte, verheimlichte, darin lag ein wichtiger Teil ihrer Macht … Auch «hausintern» ging man so vor …

Frau Schüler hat die beiden Karteiangaben der Akte fotokopiert beigegeben, es gibt «Anforderungs- und Bearbeitungswege» mit Anträgen, Vordrucken und «Bearbeitungshinweisen».

Wer macht die besten Karteirecherchen, frage ich Frau Schüler. Die ehemaligen Mitarbeiter, sagt sie, zum Beispiel Herr Werner, der ist schon älter und sehr erfahren. Er war also in der Stasi-Kartei als Offizier, frage ich. Richtig, sagt Frau Schüler, nehme ich wenigstens an. In anderen Archiven, in den Bezirksstädten zum Beispiel, waren die Karteien genauso aufgebaut, nur etwas kleiner. Er hat Erfahrung, das ist sicher. Und die stellt er zur Verfügung, sage ich, warum? Ich weiß nicht, sagt Frau Schüler, ein bezahlter Job ist besser als arbeitslos, nehme ich mal an … Sie sind mißtrauisch? Ich weiß noch nicht, wie ich bin. Es sind Millionen von Karteikarten, Millionen von Namen, dahinter stehen Menschen, jetzt wird erneut geblättert, sage ich. Im «Merkblatt» steht viel Stasi-Schnee, da wird einfach weitergeschrieben, bieder im Ton, «sachlich». Aber immerhin finde ich auch die Frage, hier, auf Seite fünfzehn: «Aus Verantwortungsbewußtsein muß sich jeder Rechercheur um der

Objektivität willen die Frage vorlegen: Könnte ich mit dem, was ich verfaßt habe, dem betreffenden Bürger offen gegenübertreten?» Das ist eine interessante Frage. Frau Schüler nickt. Darauf weise ich alle Mitarbeiter hin, sagt sie im Ton der Vorgesetzten. «Offen entgegentreten» – was ist hier offen für den Bürger, frage ich, in der Kartei arbeiten ehemalige Offiziere, es gibt unbeobachtete Augenblicke, nicht jede Karte muß gefunden werden und weiter existieren, sie kann «körperlich abwesend» sein, plötzlich, an einem Nachmittag. In Gera haben wir Karteikarten hinter den Panzerschränken gefunden, in hohem Bogen waren sie weggeflogen ... hatten Flügel bekommen, wann und unter welchen Umständen, konnte uns keiner sagen ... So etwas kann vorkommen, sagt Frau Schüler.

Im Handtuchzimmer stehen sich zwei erwachsene Menschen gegenüber. Es gibt eine kleine Pause.

Ohne ein gewisses Vertrauen in diese ... die Frau sucht nach Worten ... entstandene Lage hier, auch was das Personal betrifft, können wir einpacken und nach Hause gehen ... Dann ist alles falsch und Blödsinn ... Ich gehe davon aus, sagt sie, daß die Informationen einigermaßen stimmen. Wollen Sie denn *IM* in allen Verwaltungen? Die Bürgerrechtler haben doch harte Forderungen aufgestellt. Das stimmt, sage ich, aber was hier konkret abläuft, wer weiß denn das?

Frau Schüler sieht mich prüfend an. Sie will wissen, wie ich das meine. Ich frage sie nach den «Wegen», ob sie bei komplizierten Fällen selbst in den Karteien nachsehen kann. Eher nicht, sagt sie, nein. Sie berichtet von den «Dienstwegen», erwähnt Namen, unterteilt in solche und solche «Zeiten». Diese hören sich wie «Regentschaften» an , es geht um Glauben und Vertrauen, wer ist korrekt, wer loyal, wer geht fremd in diesem schillernden, papiernen Sinne, fast fällt mir das Wort «operativ» ein. Andreas Schmidt aus Gera hat einen MfS-Mitarbeiter gefragt bei der «Übergabe» der Akten, der schüttelte nur den

Kopf, «was Sie suchen, das finden Sie nicht, das waren alles Leiter-Informationen, das sind unbekannte Mitarbeiter, die liegen nicht einfach in den Karteien und im Magazin ein … nur im Panzerschrank des Leiters … und dann noch verschlüsselt in Sicherungsvorgängen, einer sehr allgemeinen Erfassungsart … Da sieht man jetzt bloß eine einzige Zahl für viele Leute … Da wurden die Unbekannten geparkt …» Auf die Frage, wo das Material ist: «Weg, vernichtet, mitgenommen, irgendwohin.» Auf die Frage, von wem, zuckte er die Achseln. Herr Albert hieß er, glaube ich, nicht Albers oder Albern …

Ich weiß nicht, wie offiziell Frau Schüler mit mir spricht. Unausgesprochenes und Verdrehtes, Verrücktes füllt den Raum.

Diese Akten stellen größte Nähe und absurdeste Distanzen her. Ehepaare geistern durch Europa, besuchen Verwandte, sitzen in Bars und Wohnzimmern, der Ehemann durfte es wissen oder nicht, wußte es oder wußte es nicht, eine Frau, ein Mann, eine Frau und zwei Männer, zwei Männer sagten nur ihre Vornamen, hinterließen eine Telefonnummer und fabrizierten heimliche Berichte, die sie weitergaben an Vorgesetzte, diese gaben sie weiter an Vorgesetzte. Zwei Männer und die Vorgesetzten und die Vorgesetzten der Vorgesetzten wußten fast alles über den Mann, über die Frau, die wenig oder fast nichts über die beiden Männer, die beiden Vornamen und die eine Telefonnummer wissen … Andere wußten wenig oder fast nichts über den Mann, über die Frau, über zwei Männer, zwei Vornamen, eine Telefonnummer und heimliche Berichte …

Nun nahm die Zahl der Wissenden wieder zu … Frau Schüler, energisch und einfallsreich: Bei komplizierten Fällen selbst in der Kartei nachsehen, warum nicht? Probieren wir es doch aus! Ich sehe die Notwendigkeit völlig ein! Sie haben ja einen Auftrag, sollen etwas herausfinden. Jetzt finden wir heraus, was geht und was nicht, mein Vorschlag: Archivleitung anrufen, Termin ausmachen, ich komme mit … Der Rechercheur sieht die Arbeitsgruppenleiterin verdutzt an. Sie lacht und fragt, ob ich einverstanden bin. Einverstanden. Sind das neue Wege für Sie, frage ich. Frau Schüler nickt, aber sie komme gern mit, die getrennten Arbeitsschritte seien bestimmt nicht optimal.

«Optima» hieß ein Betrieb für Büromaschinen. Meine erste Schreibmaschine hieß «Erika». Ihre Buchstaben, ihre unverwechselbare Schreibe wurde bald von einer *Dienststelle erfaßt* ... tak tak tak tak ... «D» wie *Desinformation, Diensthundeeinsatz, Dissident, Disziplin, Diversion, Dokumentenkartei, Doppelzüngler, Durchsuchung* ... wenn Originale gefunden wurden oder Durchschläge von *Machwerken* ... tak tak tak tak tak tak tak tak tak tak tak tak tak ... «M» wie *Manipulierung, Materialbeschaffung, Mißbrauch, Mittel* ... oder womöglich ein Gedicht von Biermann oder Kunze ... tak tak tak tak tak tak tak tak tak tak tak ... «K» wie *Kaderbedarf, Kaderreserve, Kampfführung, Katastrophen, Kirchen, Körperdurchsuchung, Kombination, Komplexauftrag, Kompromat, Konflikt, Konspiration, Kontakt, Kontaktierung, Konterrevolution, Kontrollegende, Koordinierung, Kräfte, Kunst und Kultur* ... Was, Kunst und Kultur? In ihrem Wörterbuch? Yes. Zwischen *Katastrophen* und *Körperdurchsuchung* klemmen die Kirchen ... Und nach *Koordinierung* und *Kräften* kommen Kunst und Kultur im *Wörterbuch der politisch-operativen Arbeit des MfS* ... Optima! Erika!

Ihre Assoziationen sind das eine, unsere wissenschaftlichen Definitionen das andere ...

Frau Schüler ist gegangen, sie will einen Termin mit dem Archiv vereinbaren. «Da sind wir mal gespannt», sagte sie.

Ich bin bei der Firma Memphis, zwischen HO und Konsum. Netter Job, höchstinteressante Aufgabe. Bäcker, Hopfer und ein Herr Werner begrüßen ihren neuen Kollegen. Er sieht etwas angespannt aus, will wohl gleich in alle Ecken spähen. Bäcker, Hopfer und Herr Werner lächeln. Am Anfang ging es uns auch so, mit der Zeit wird man ruhiger.

«Schwerpunkt meiner Forschungsarbeit am Institut für Zeitgeschichte in München war die Säuberung nach 45», sagte Dr. Henke bei seiner Einführung. Er kam einen Monat später, machte zuerst Urlaub mit seiner Familie, «das habe ich mit Joachim Gauck bei Vertragsabschluß vereinbart», sagte er, «man wechselt nicht alle Tage in eine so aufregende Tätigkeit». Säuberung hatte er gesagt. In Henkes Abwesenheit kontrollierte der Stellvertreter Suckut die Post, «alles läuft über meinen Schreibtisch, eine Weisung des Abteilungsleiters» ...

Daran dachte plötzlich der Rechercheur in seinem Zimmerchen ... bei «Z» wird der Knöchel wund ... Sie werden einfach sagen, du bist verrückt, sagt Hubertus Knabe am Telefon, Sonja Süß meinte kürzlich, der hat sein Trauma nicht überwunden ... tak tak tak tak tak tak tak tak tak tak tak tak tak tak tak tak tak tak tak tak tak tak tak tak tak tak ... *Zersetzung, Zionistische Organisation, Zuführung, Zusammenarbeit, Zusammenrottung, Zusammenschluß, Zusammenwirken, Zuziehende, Zwangsmaßnahmen* ... Sagte sie das, frage ich zurück. Ja! «J»? Da steht leider nur *Jahresplan der politisch-operativen Arbeit* ... ha ha ha ha ha ha ha ha ha ha ... Wühl schön weiter, du Spezialist für Haft und *Zersetzungsmaßnahmen*, moralisch angeblich recht anspruchsvoll, kein Verrat im Knast, kein Geständnis, kein Pardon?

Spüre ironische Blicke. Bin dabei, mir die Finger schmutzig zu machen. Hantiere im Dreck, im Staub, in der Druckerschwärze staatseigener Schreibmaschinenfarbbänder. Blättere in Durchschlägen, auf der Haut ein leicht schwärzlicher Film. Kann mir nicht immerzu die Hände waschen. Majakowski hatte einen Waschzwang. 1930 erschoß er sich mit einer kleinen Pistole.

KENNEN SIE JENS REICH, fragt mich Rolle, Professor Dr. Jens Reich, er will im Wissenschaftsbereich bleiben und wird von uns überprüft. Natürlich kenne ich ihn, warum? Rolle antwortet nicht gleich, er genießt die kleine Verzögerung. Er will mir etwas sagen oder andeuten. Eine ähnliche Situation wie am ersten Tag. Damals holte er mich aus dem Kämmerchen, wir eilten zwei Treppen hinauf zur «Aktenausgabe», er ging voran, redete leise mit zwei dort beschäftigten Frauen, die eine nickte. Ich hielt die *OPK «Faustan»* in der Hand.

Habe ich schon erklärt, was *OPK* heißt? Diese Dreibuchstaben-Abkürzung kann der erste Fußtritt für einen Andersdenkenden oder der Auftakt für eine *IM-Werbung* sein: *Operative Personenkontrolle ... operativ,* ihr Zauberwort. *Personenkontrolle,* meist ist es eine Person, die durchleuchtet wird.

Die Steigerungsform auf Stasideutsch ist der *OV,* der *Operative Vorgang* , der Schlag, die *aktive Maßnahme, das Zusammenwirken, Loyalisieren* oder *Ausschalten* des Gedichte-Schreibers, des Witze-Erzählers, des Öko-Freaks, des Kumpelkreis-Organisierers, des Diakons von der offenen Arbeit, des frei predigenden Pfarrers, des historisch interessierten Deutschlehrers, der mit seinen Schülern über den Hitler-Stalin-Pakt sprach in einem Vorbereitungskurs zum «Ablegen des Abzeichens für Gutes Wissen» ... Die Speerspitze im Kampf gegen das organisierte politische Verbrechen war der *ZOV,* der *Zentrale Operative Vorgang...* Berlin ist zuständig, *Haus 1* wacht und weist an, der Minister persönlich gibt den *Einsatzbefehl,* der Feind ist ein schlimmer Feind, es gibt *Teilvorgänge* und verschiedene Arten, den *ZOV* zu beenden ... Dafür gibt es Beweise, sogar lebende ...

Frage eins: wen interessierts?

Frage zwei: der lebende Beweis ist der Autor selbst? Schuldbewußtes Nicken. Er ist ein *ZOV,* Stasi-Deckname *«Opponent».* Mit siebzehn die ersten *Erfassungen,* danach recht lustige Namen: *«Revisionist», «Pegasus», «Spinne», «Querulant»* ... *Fiel* erstmals als Schüler *operativ an,* Aufsässigkeiten, Sympathien für den Prager Frühling. Anschließend wollte er uns sogar seine Rekrutenzeit bei der Armee, das deutsche Herumkriechen und

Strammstehen, literarisch als sogenannte lyrische Kurzprosa präsentieren ... Da wurde wahrscheinlich der *Kurze Prozeß* in Erwägung gezogen, von dem Mielke gern sprach, das *revolutionäre Vorgehen gegen Staatsfeinde* ... Rausschmisse folgten, Haft, die Ausbürgerung, die *Maßnahmen der Zersetzung*. Es begann mit Karteikarten, dann kam die Kontrolle, Vorgänge folgten.

OPK «Faustan» spielt in einem Ostberliner Krankenhaus. Ein junger Krankenpfleger deckt unfreiwillige «Sterbehilfe» und Organhandel auf, wendet sich vertrauensvoll an das *Sicherheitsorgan*, eine *IM-Registrierung* wird vorgenommen, die Sache ist klar, auch juristisch belegbar. Das Ende vom Sterbegesang? *Archivierung des Vorgangs*, der verantwortliche Chefarzt hatte gute Kontakte bis hinein ins Politbüro! Stasi wird ausgebremst, sie wollte das Gute, wurde aber am Durchgreifen gehindert. Wie auch im Produktionsbereich, wo die Mängel häufig hochgemeldet wurden, sagt Rolle.

Was das heißt? Tja, heißt das, immer beide Seiten betrachten, Herr Stasi-Auflöser! So einfach ist die Bewertung dieses Ministeriums nun auch wieder nicht ... Es wurden auch Morde aufgeklärt und echte Sauereien entdeckt ... Wenn natürlich die Partei- und Staatsführung ignorant oder korrupt reagiert ... Rolle eilt mit mir zwei Treppen hoch im Geschwindschritt, die beiden Frauen in der «Aktenausgabe» reden leise, man will mir etwas z e i g e n am ersten Tag, das müssen Sie a u c h wissen ... oder ist es Zufall?

Den ehemaligen Offizier Schreiber treffen wir in der Kartei *F 22*, als wir, Frau Schüler und ich, nach einigen Anläufen im Archiv landen. Er trägt einen blauen Kittel und ordnet *OV*s und *ZOV*s. Was machen Sie hier, frage ich ihn. Ich ordne OVs und ZOVs, sagt er, damit etwas Überblick reinkommt. Welche *ZOV*s haben Sie denn hier, frage ich. Welche Abteilung, fragt er. *Hauptabteilung XX*, sage ich. Er eilt zu einem Wandschrank, in einer Mappe liegen *Deckblätter* von *ZOV*s, herausgerissene.

Hier, er wedelt mit einem Blatt, hier, ZOV «Bestien», Ermittlungen des Untersuchungsorgans gegen SS-Angehörige! Tja, heißt das, diese eine Seite beachten, dieses Blatt, Antifaschismus, heißt das, Verbrechensbekämpfung! Erich Mielke war Kommunist und kämpfte im Spanischen Bürgerkieg! Er war ein Freund der Sowjetunion und ein Todfeind der Faschisten! Und du, heißt das, was willst du? Gegen staatsfeindliche Hetzer haben wir auch ermittelt, stimmt! Auch gegen den Rias und andere Feindsender und Feindorganisationen!

Im blauen Kittel der ehemaligen und der gegenwärtigen Mitarbeiter: Schreiber im Archiv der Gauckbehörde beim Empfang eines Gastes, Frau Schüler steht daneben. Wer hat diese Blätter in die Mappe gelegt, frage ich, wo sind die Akten?

Das wurde fünfundachtzig alles umgestellt mit den ZOVs und den Teilvorgängen, der Archivar hat die Blätter nur aufgehoben, Schreiber antwortet hastig und unwillig. Ich habe einen Feind vor mir, wird er vielleicht gedacht haben. Ging er so weit, in mir eine Bestie zu erblicken? Was ist in seinen Augen? Aufregung, Abwehr, «der hier» …

Etwas später wird Schreiber fristlos entlassen, weil er Mitarbeitern des Verfassungsschutzes Karteikarten anbot. Er wollte *die Bearbeitung beschleunigen*, soll er gesagt haben. Wo hatte er die Mitarbeiter getroffen? Außerhalb? Oder hatte ihn ein Herr Kramer um einen Gefallen gebeten?

Was ist mit Jens Reich? Rolle antwortet nicht gleich, es gibt eine kleine Verzögerung, einen Umweg wie in diesem Kapitel. Immer tauchen neue Bezüge auf … Werfen Sie doch mal einen Blick in seinen OV «Arm», lange SU-Aufenthalte, sagt Rolle, kleine Merkwürdigkeiten. In einer Politbüroanalyse wird er im September neunundachtzig positiv erwähnt als Mitbegründer des Neuen Forums. So, sage ich und blättere auftragsgemäß einige Tage später in fremden Leben … Öffentliche Leben heißt eine Feuerversicherung, das kam mir immer unverständlich vor, unheimlich. Als ich Jens Reich im Hinterhausgarten von Bärbel Bohley traf, zu ihrem Geburtstag, und im Stehen einiges erzählte, ein Glas Rotwein in der Hand, sah er mich schweigend und starr an. Ich fragte ihn, ob er schon Akteneinsicht hatte. Leicht gequältes, eher mißmutiges Kopfschütteln des späteren Bundespräsidentschaftskandidaten. (Ihn hatten die Grünen vorgeschlagen, mich, mehr im Scherz, Wolf Biermann.) Du hast in «Lettre» sehr gut über die Stasi geschrieben, sagte ich. Er nickte: zu DDR-Zeiten, unter Pseudonym. Ob sie es wußten, fragte ich. Davon gehe ich aus, antwortete er. Asperger! Wir lachten. Es gab einige unangenehme Dinge, sagte er, da habe ich mich falsch verhalten, sie wollten mich einwickeln. Ich werde was schreiben, sagte er. Unter richtigem Namen, fragte ich. Er winkte ab und sah mich prüfend an. Ich war ein Schnüffler. Du mußt sofort Akteneinsicht beantragen, sagte ich. Er nickte. Zwischen uns war Mißtrauen, zumindest ein Unbehagen: Ich weiß etwas, was du nicht weißt. Heute weiß ich: ist echt, kein IM.

DIE JURISTISCHE HOCHSCHULE in Potsdam, abgekürzt *JHS* - wo liegen die Dokumente, die Veröffentlichungen, die Diplomarbeiten und Dissertationen dieser hochwissenschaftlichen Einrichtung? In Berlin! Wer hat das Sagen? Die «Behördenleitung» ... und Dr. Jochen Hecht.

Den damals amtierenden Archivleiter Hecht traf ich neunzehnhunderteinundneunzig zum ersten Mal. Rudolf Tschäpe, der Potsdamer Mitbegründer des Neuen Forums, hatte sich in den Kopf gesetzt, die Machenschaften der Stasi-Kaderschmiede, die sich *Juristische Hochschule* nannte, aufzudecken. Ein Stadtjubiläum wollte er nutzen, um der geplanten Festschrift ein Aufklärungskapitel beizufügen über promovierte Kopfarbeiter der Unterdrückung in der schönen Stadt P ...

In *Haus 8* fragten wir Hecht nach den Hinterlassenschaften. In einem großen Zimmer sicherte er uns Unterstützung zu, ja,

Dr. Geiger habe angerufen, ja, er werde sein Möglichstes tun, gewiß, er sehe die Notwendigkeit der Aufarbeitung ein, sein Vater habe auch im Gefängnis gesessen – in den fünfziger Jahren. Dr. Hecht hatte gute Manieren, er bot uns Kaffee an, wir kamen ins Plaudern, ja, verreisen würde er meist allein … vielleicht war er Junggeselle, aber wen geht das etwas an, niemanden. Andererseits war Hecht ein Mensch, der an einer wichtigen Stelle in öffentlicher Funktion arbeitete, Bürgerkomitees hatten ein geheimes Imperium besetzt, wer sich an welchem Schreibtisch befand und warum, das interessierte schon. Rudolf T. und mich interessierte das schon. Hatte Hecht in der Opposition mitgearbeitet? Davon war keine Rede. Wie kam er ins Stasi-Archiv? Er hat sich bestimmt beworben, sagte Rudolf T. nach dem Gespräch, er wird aus einer Verwaltung kommen, einem Betrieb, in der Personalabteilung wird er einen guten Eindruck hinterlassen haben, vielleicht kannte er jemanden …

Ich kannte Girke, einen Stasi-Psychologen, letzter Dienstgrad Oberstleutnant, er studierte in derselben Seminargruppe an der Uni in Jena, sagte ich. Der Dozent und Psychoausbilder Girke …

Was die mit den Humanwissenschaften gemacht haben, das interessiert mich schon, sagte ich im Gespräch zu Hecht, ja, er werde sein Möglichstes tun. Wo denn die Unterlagen aus Potsdam seien, fragte Rudolf T. Im Archiv, sagte Hecht, die Karteikarten werden gerade geordnet … Wo, fragte mein Potsdamer Freund. Im Nebenzimmer, sagte Hecht leicht pikiert, Sie haben es eilig? Ja, sagte Rudolf T., wir haben es eilig. Ich habe schon oft bei Herrn Gauck und Dr. Geiger angerufen, endlich kam dieser Termin hier zustande, ich arbeite, sagte er, es müßte vorangehen … Können wir mal die Karten sehen? Rudolf T. war schon im anderen Raum, unterdrückt-unwillig folgte Hecht, eine junge Mitarbeiterin sagte Guten Tag. Hecht stellte sie vor, sie kam aus Westdeutschland, dunkle, kürzere Haare, strahlender Blick, wahrscheinlich behütet aufgewachsen, Steiner-Schule, viele gute Motive und Ziele, jetzt in irrer Lage ... eine Archivarin. Sie sind ausgebildet, fragte Rudolf T., sie nickte und erklärte die Kärtchen. Hier die Dissertationen, sagte sie, dort die anderen Forschungsarbeiten ... Hecht stand dabei und schwieg, ihm ging das alles zu schnell. Rudolf T. zog eine Karte nach der anderen heraus, zeigte mir tolle Titel: *Das aktuelle Erscheinungsbild politischer Untergrundtätigkeit in der DDR und wesentliche Tendenzen seiner Entwicklung – Dissertation (VVS JHS 0001–241/83) ... Grundorientierungen für die politisch-operative Arbeit des MfS zur Aufdeckung, vorbeugenden Verhinderung und Bekämpfung der Versuche des Feindes zum Mißbrauch der Kirchen für die Inspirierung und Organisierung politischer Untergrundtätigkeit und die Schaffung einer antisozialistischen Opposition in der DDR – Dissertation (VVS JHS 0001–241/83)* ... Und wo ist das Material, fragte Rudolf T., der als Physiker an einer Sternwarte gern genau hinsah. Hecht wehrte ab. Aber Dr. Hecht, sagte Rudolf T., das ist kein *personenbezogenes Material*, warum sollen wir uns das nicht ansehen können? Wir sind nun schon einmal hier, ich wohne in Potsdam, unsere Zeit ist knapp. Jaja, sagte Hecht, meine auch, aber so habe ich Dr. Geiger nicht verstanden, wir müssen etwas vereinbaren, eine Registriernummer muß vergeben werden für den Forschungsantrag, dann geht das schon ... aber heute? Wieso nicht heute, fragte Rudolf T. Sie sind von der schnellen Sorte, Hecht versuchte einen Scherz. Ich bin vom Neuen Forum, sagte Rudolf T. Ich kann Ihnen etwas zeigen, sagte die Archivarin. Hecht durchbohrte sie mit beiden Augen. Dann lenkte er ein, also gut, sehen Sie diese Karten durch, Herr Tschäpe, alles weitere müssen wir vereinbaren. Rudolf T. holte einen Schreibblock aus seiner alten Lederaktentasche und schrieb Nummern auf. Die könnte ich Ihnen auch kopieren, sagte die Archivarin. Wir sahen sie an, es war ein schöner, sonniger Tag, wir befanden uns fast über den Dächern von Lichtenberg, vielleicht im achten Stock oder im neunten. Hecht war in sein großes Zimmer zurückgegangen, hatte die Tür geschlossen. Oder die Archivarin hatte sie geschlossen. Sie wollen uns helfen, fragte Rudolf T. Die Archivarin nickte. Wo ist das Material, fragte er. Zwei Stockwerke tiefer, ganz in der Nähe, mit dem Fahrstuhl eine Minute oder dreißig Sekunden, wir können vorbeischauen, sagte sie. Sie verantworten das, fragte ich. Ja, sagte sie, ich denke, das hier ist die Auflösung der Stasi. Ich bin nach Berlin gekommen, um bei der Auflösung mitzuhelfen, sagte sie, die Bürgerkomitees haben mir gefallen. Rudolf T. und ich lächelten etwas gequält. Tja die Bürgerkomitees, sagte Rudolf T., wer hat hier das Sagen? Wenn das so weitergeht, sagte er, läßt sich bald nichts mehr bewegen. Wieder begann er wie wild in den Karten zu wühlen.

Die zweite Begegnung mit Dr. Hecht findet etwa ein Jahr später statt, während einer Suche.

Frau Schüler und ich stiefeln durch die Gänge von *Haus 8*. Es ist zwar das Archivgebäude, aber Akten und Karteikarten befinden sich hinter weiteren dicken Türen … Es ist der zweite oder dritte Anlauf, einen irgendwie gearteten Zugang durchzusetzen … Dr. Hecht muß gerade umgezogen sein … Frau Schüler und ich gehen vom Zimmer des «AL AR» – vorgelagert ein Sekretariat, die neue Abteilungsleiterin des Archivs, Frau Dr. Unverhau, hat selbstverständlich ein Vorzimmer – durch Etagen und Gänge … Wir suchen Hecht … «RL», Referatsleiter, ist er geworden, ein kleineres Zimmer dokumentiert den Statusverlust … Aber dort ist er nicht … Wir treffen ihn in der Nähe des Magazins, in einem fensterlosen Raum, über Kartons gebeugt. Ich begrüße ihn, stelle Frau Schüler vor, erkläre ihm kurz mein Anliegen … Sofort winkt er ab: Ich kann gar nichts entscheiden, überhaupt nichts! Sie müssen sich an Frau Dr. Unverhau wenden! Aber die *Hauptabteilung XX* liegt nach wie vor in Ihrem Bereich, sage ich. Gewiß, gewiß, aber ich kann nichts entscheiden … Was soll ich tun, frage ich. Habe ich doch gesagt! Hecht beugt sich über seine Kartons, er ist in schlechter Stimmung … Aus dem Potsdam-Projekt wurde bisher auch nichts, sage ich. Und füge hinzu: Ich bin Betroffener und Beiratsmitglied der Behörde … der Beirat steht als Kontroll- und Beratungsgremium im Stasi-Unterlagen-Gesetz … Das hieß: So geht das nicht, ich bin unter Umständen irgendwer, aber wer und wo, hier in diesem Abstellraum, who is who, Mr. Hecht? Stellungen zählen, die Weisungsbefugnis, die Position in diesem System. Sagen, hinzufügen, ausdrücken wollte ich etwas, aber was. Eine unbekannte Größe, eine Eminenz? Eine gewisse Maßgeblichkeit? Das betroffene Beiratsmitglied in einer Bittstellerrolle am Ende einer Diktatur und am Anfang einer neuen Zeit? Ein Erlebnis, eine Klarstellung!

Hecht zuckt mit den Schultern. Wir gehen. Na so was, sagt Frau Schüler. Und fügt hinzu: Da müssen Sie wirklich noch einmal mit der Behördenleitung sprechen. In der Kerblochkartei habe ich auch einen Termin machen wollen, überall Ablehnung, sagt sie, keine Zeit, was soll das, wir haben keine Weisung. Es müßte etwas durchgestellt werden von oben, sagt Frau Schüler. Der Bittsteller nickt, er werde telefonieren …

In der *Kerblochkartei* … wichtige Eintragungen zur Person, ringsherum Löcher, löchrige Botschaften, *Kategorien*, *Feinderfassungen* … in der *Kerblochkartei* … mein Gott, wo bin ich! Wo will ich hin …

Im Handtuchzimmer öffne ich sofort das Fenster und mache das Radio an. Hecht ist ein blödes Schwein, denke ich, Postengerangel und Kompetenzstreitigkeiten, Vorzimmer und Korridore, dazwischen *Hauptamtliche* in blauen Unschuldskitteln. Kuhnke anrufen? Abmelden?

Ich wähle Arnos Nummer. Du bist durch, sagt er, der Arbeitsvertrag ist gültig. Wie das, frage ich. Weiß nicht, sagt er, es gab keine Proteste mehr. Vielleicht hat Gauck etwas richtiggestellt oder der Personalrat des Innenministeriums hat entschieden, es gibt verschiedene Möglichkeiten, Genaueres weiß ich nicht … mit dir hat niemand gesprochen, fragt er. Nur du, sage ich. Er lacht. Das Telefongespräch ist beendet. Der nunmehr eingestellte Mitarbeiter sinkt schwer auf seinen drehbaren Bürostuhl. Die Nachricht löst keinen Freudentaumel aus. Ein Schleudersitz, eine Verhinderungsnummer, böse Wachheinis verhinderten Tätigwerden, wäre offenbar besser angekommen … oder war herbeigewünscht worden nach vergeblichen Rundgängen, Irrgängen und Abprallern in *Haus 8* … Hecht schlecht gelaunt und ohne Anweisung, Frau Schüler vorsichtig erstaunt, halb tröstend, halb registrierend, er kommt nicht rein … Arno mit seiner Nachricht …

Die aufsässige Archivarin vom ersten Besuch bei Hecht hatte Rudolf T. und mich tatsächlich noch ins Magazin geführt und uns die «eingelagerten Bestände» der Stasi-Hochschule gezeigt … Wir warfen bloß einen Blick auf die vollgepackten Regale … Meinen Vertrag will man nicht verlängern, sagte sie bei der Verabschiedung. Rudolf T. notierte sich ihren Namen und wollte mit Gauck telefonieren. Ob ihr Vertrag verlängert wurde? Kleiner Vorgriff: nicht verlängert.

SIE HABEN POST, sagt die Sekretärin Maczkowicz vom Vorzimmer Rolle/Schüler und hält mir eine rote Behördenmappe hin. Hauspost. Von wem, frage ich und bestaune die Sendung … Die Sekretärin lächelt gutgelaunt, jung ist sie, knapp über zwanzig, blond, dünne Goldrandbrille, ein Kumpel. In der Klasse wußte sie bestimmt immer, was der Lehrer aufgegeben hatte, paßt mal auf, wird sie den verschlafenen Banknachbarn gesagt haben, ganz einfach und klar, wir sollen das rechnen und das abschreiben, nicht mehr und nicht weniger … AU I.4 , antwortet sie, aus Haus 7, Referat Richter … Danke, sage ich. Rot bedeutet wichtig, fügt sie hinzu.

Frau Schüler kommt aus ihrem Zimmer und fragt, ob ich einen Kaffee gebrauchen kann. Ich nicke. Ist das die Richtlinie über Zelleninformatoren? Ich blättere, ja, sage ich, *Richtlinie Nr. 2/81 zur Arbeit mit Zelleninformatoren (ZI), Geheime Verschlußsache MfS 0008–4/81 ...* Davon hat mir Dr. Rolle erzählt, er ist heute nicht im Dienst, Sie hatten wohl Herrn Bäcker danach gefragt? Ich muß lachen. Warum lachen Sie, fragt Frau Schüler. Ach nichts, sage ich, zuerst überhaupt keine Ahnung von dieser *Richtlinie ...* jetzt ist sie da ... Dann werden sie vielleicht in der Dokumentenstelle nachgefragt haben, sagt Frau Schüler. Ist die auch in *Haus 8*? Sie nickt, Herr Sehl ist da und noch eine Frau, Namen habe ich jetzt vergessen. Ist Herr Sehl auch ... Frau Schüler unterbricht mich mit einem Kopfnicken, aber ja, sagt sie, die Offiziere sind unsere Freunde und Helfer. Es ist so ein Junger, Kleiner, wirkt schüchtern ... Vielleicht war er erst Feldwebel im Archiv, als die DDR zusammenbrach, Nachwuchskader ... Wir sollten mal hingehen, die haben interessante Sachen ...

Ich blätterte in der *Richtlinie: Die Arbeit mit ZI hat zur wirksamen Bearbeitung von Strafverfahren mit Haft und zur Gewährleistung von Ordnung und Sicherheit in den Untersuchungshaftanstalten (UHA) sowie im Haftkrankenhaus (HKH) des MfS beizutragen. Die Arbeit mit ZI ist in die Durchsetzung des sozialistischen Rechts und damit des Schutzes der sozialistischen Gesellschaftsordnung und ihrer Bürger einzuordnen. Sie hat der konsequenten, unvoreingenommenen und allseitigen Feststellung der Wahrheit zu dienen. Die Arbeit mit ZI hat dazu beigetragen, die politisch-operativen Gesamtaufgaben des MfS zu lösen ...* Hören Sie das, Frau Schüler. Sie schenkt Kaffee aus und nickt, die Sekretärin Maczkowicz hat sich hinter ihren Schreibtisch gesetzt und stützt den Kopf auf ... Hier, sage ich, sie sprechen ganz klar von *Zusammenarbeit*, ganz klar, hier steht: *1.2. Die grundsätzliche Aufgabenstellung der Zusammenarbeit mit ZI hat darin zu bestehen,*

zur Realisierung der dienstlichen Bestimmungen und Weisungen, ins-
besondere zur Durchsetzung der sozialistischen Gesetzlichkeit und der
politisch-operativen Ziel- und Aufgabenstellung der Untersuchungs-
tätigkeit beizutragen ... von Mithäftlingen möglichst frühzeitig In-
formationen zu erlangen ... die Persönlichkeit von Mithäftlingen,
ihr Aussage- und sonstiges Verhalten und deren Motivation weiter
aufzuklären, die Reaktion auf einzelne Untersuchungshandlungen,
besonders Beschuldigtenvernehmungen und Beweismittelvorhalte,
festzustellen, um u. a. auf dieser Grundlage ein wirksames ver-
nehmungstaktisches Vorgehen festlegen und realisieren zu können ...

Damit ist alles sanktioniert und freigegeben, sage ich. Solche Spitzel wurden meist erpreßt oder hörten Versprechungen,
früher raus und so weiter, sie setzten in der Zelle Themen, das
wurde abgehört ... Oder machten Druck, ein Zellenkrieg wurde
wirksam realisiert als *notwendige Maßnahme innerhalb der poli-*
tisch-operativen Gesamtaufgaben des MfS ... Das stelle ich mir
schrecklich vor, sagt die Sekretärin Maczkowicz. Der Rezitator
klappt seine behördeninterne Mappe zu. Trinken Sie mal Ihren
Kaffee, sagt Frau Schüler. Ihre Stimme klingt irgendwie mitlei-
dig. Ich sehe die beiden Frauen an, hinter dem Fenster dieses
Zimmers liegt die Magdalenenstraße. Am neunzehnten November neunzehnhundertsechsundsiebzig, dem Tag der Verhaftung, fuhren sie mich hierher, ließen mich aus dem PKW
aussteigen, drei Männer «sicherten ab», ich verschwand in einem Hausflur, dann verging ein wenig Zeit.

Wie lange waren Sie in Haft, fragt die Sekretärin Maczkowicz. Knapp ein Jahr, sage ich.

Die Situation ist überaus unangenehm. Wie es im Schlager
heißt: «zuviel Gefühl». Wem zeige ich meine Wunden?
Warum zeige ich sie? Weil ich Post erhalten habe, Amtspost
von Bäcker und Hopfer, behördeninterne wichtige Post? Ich
denke auch an Zellenspitzel, denen ich begegnet bin. Diese
Richtlinie möchte ich sofort Lilo zeigen und denen, die gesessen

haben, als Beweis in die Hand drücken. Die beiden Frauen spüren meine Entfernung. Die blöde, zutreffende Distanz ist jetzt in ihnen: der hat gesessen, wir nicht. Er weiß es, wir nicht. Die Sekretärin Maczkowicz beginnt etwas zu tippen.

Diese Richtlinie hätte ich auch gern, sagt Frau Schüler. Natürlich, sage ich, wo steht der Fotokopierer? Im ersten Stock, sagt sie, aber sie könne das in Auftrag geben, kein Problem.

Im Handtuchzimmer beschließe ich, diese *Geheime Verschlußsache* nicht geheim zu halten. Ich gehe zum Kopierer. Achtunddreißig Seiten für Frau Schüler, achtunddreißig Seiten für meine Aktentasche. Ich frage keinen, nur mich, nur «Nummer Zwo». Die Knaststimme schweigt. Der Alltag geht weiter, ein leises Tippen und Rattern der ausdruckenden Schreibmaschine, irgendwo Rhythmen, Wiederholungen, Techno-Musik, was war wirklich wichtig? Die Tochter wird diese kopierten Seiten nicht lesen, höchstens blättern. Angst, Ablehnung? Es soll zu Ende sein, es reicht. Die Erinnerung an die Diktatur nervt. Einer erzählt ständig vom Krieg, von der Zelle, vom Krankenhaus, von einem Unfall, von der Scheidung, von seinem leeren Konto, von seinem beschissenen Leben. Halt endlich deine Schnauze! Deine *Richtlinie* interessiert keinen! Doch, mich interessiert sie, der Rechercheur ist guter Dinge und verscheucht wohlbekannte Zweifel. Ein toller Fund, denkt er, Bäcker und Hopfer übermittelten dem mißtrauischen Knastbruder ein Bonbon! Eine Bezogenheit existiert, ein besonderes Verhältnis … Die Tochter könnte ich fragen, ob sie schon alles weiß, überall auf der Welt werden Gefangene schlecht behandelt … Wünschst du dir meine Inhaftierung, fragt Lili. Antwort: Nein. Frage: Immer nur du, immer nur du! «Mich interessieren die Akten, ich will es wissen!» Und ich, und wir? Frage: Was meinst du? Antwort: Wir haben auch dringesteckt, wir haben auch was erlebt! Antwort: Ja! Antwort: Nach der Maueröffnung die Angst, daß was passiert, die Ungewißheit. Dann schwarz auf weiß, daß sie all die Jahre rumgemacht haben gegen uns. Frage: Dann kam die Angst? Antwort: Sie wurde mir bewußt, ich war älter geworden. Der Druck, ich drehe noch durch! Antwort: Weil es nicht vorbei ist. Antwort: Ja, weil es immer weiter geht. Antwort: Es ist nicht vorbei. Es sind Phasen. Wir müssen aufpassen. Es ist gut, einiges zu wissen. Man fällt dann nicht aus allen Wolken. Antwort: Ich weiß einiges. Antwort: Ja. Antwort: Es geht nicht um Spaß und Spiel. Du weißt auch, was mit Alex los ist, wie ihn dieser Krieg belastet. Seine Mutter ist von dort. Antwort: Ja. Bosnien, Serbien, Jugoslawien, du schönes Urlaubsland an der Adria. Lili: Ich schreie gleich. Alles kotzt mich an. Alles ist zu viel. Ich will Friede, Freude, Eierkuchen. Antwort: Ich auch. Antwort: Kitsch ist schön. Antwort: Ja. Antwort: Alles soll gut sein. Antwort: Ja. Antwort: Ich kaufe Pullover. Antwort: Ja. Antwort: Und höre Musik. Antwort: Ja. Antwort: Es geht mich nichts an. Antwort: Nein. Frage: Warum sagst du das? Antwort: Man muß es erleben, erst dann. Antwort: Das ist schrecklich. Antwort: Ja. Frage: Hast du schon gegessen? Antwort: Nein. Antwort: Ich habe Fisch gekauft, Brathering, ganz frisch. Antwort: Wunderbar.

HIER MACZKOWICZ, EIN ANRUF FÜR SIE, ich stelle durch, kommt wahrscheinlich von der Wache Haus 7, redet etwas wirr … Wer, will ich wissen, aber der Anrufer beginnt sein Maschinengewehrfeuer: Hallo? Hallo? Hallo? Sind Sie der Schriftsteller, das dauert ja wieder! Mein Name ist Dr. Grabe, ich bin Zahnarzt, alle Examen abgelegt, alle, jetzt habe ich eine Frage nach den Akten … sind Sie noch dran, nach den Akten … ich beantrage und beantrage, was kommt raus? Nichts, gar nichts kommt raus. Ich soll mich wieder melden in zwei Jahren. In zwei Jahren, wie finden Sie das, in zwei Jahren! Sind Sie noch da? In der Wohnung, überall, es gibt Zusammenhänge, wissen

Sie das nicht? Hallo ... Sind Sie noch dran ... ich fahre in der U-Bahn unter dem Tempelhofer Damm lang, direkt unter Ihrer Wohnung durch ... Wohnen Sie noch da? Direkt unten durch ... Mit mir kann man das nicht machen, niemand kann das mit mir machen ... Helfen Sie mir, helfen Sie einem Opfer ... Hatten Sie Akteneinsicht, frage ich. Ja, ja, wie oft denn noch, ruft der Anrufer, ein paar Kopien, aber das ist nicht alles, das kann nicht alles sein, man verheimlicht mir etwas, alle stecken unter einer Decke, Stasi und CIA, BND sowieso! Das sage ich Ihnen ganz im Vertrauen, ich habe Beweise für weltweite Manipulationen ... helfen Sie mir! Ich kann Ihnen nicht helfen, sage ich. Nicht? Wieso nicht, was bilden Sie sich ein, wieso denn nicht? Ich denke, Sie sind Schriftsteller? Mit wem rede ich, mit wem wurde ich verbunden? Man hat mich bewußt falsch verbunden, unglaublich, ein neuer Beweis ... Aufgelegt.

Sie sind doch auch Psychologe, fragt mich die Sekretärin Maczkowicz am nächsten Tag. Ich nicke. Der Anrufer gestern, sagt sie, das ist der Grund, warum ich nicht mit Publikum arbeiten könnte. Da würde ich durchdrehen. Ich nicke. Mein Mann arbeitet im Bunker. In welchem Bunker? Auch Behörde, sagt sie, Außenstelle Berlin, Kowalkestraße, die Frankfurter Allee weiter, rechts, die Akten sind alle in einen Bunker gekommen, das sind Verhältnisse, sage ich Ihnen: kein Tageslicht, feucht, mit Entlüftung! Ich schüttle den Kopf, das ist die ehemalige *Bezirksverwaltung Berlin des MfS*? Stimmt, sagt sie, furchtbar. Und warum arbeitet er dann dort, frage ich. Na Sie stellen Fragen, er ist von der Bundeswehr! Ach so, sage ich und nehme an, man hat ihn abkommandiert zum Akten-Sortieren wie die Bundesgrenzschutzeinheiten, die in manchen Gängen zu finden sind, verschnürte Bündel öffnen, Säcke entleeren, erste Karteien anlegen für «teilvernichtetes Material».

Nach den Bürgerkomitees kam der BGS ... zu böse? Meist gut gelaunte jüngere Männer, der bayerische Dialekt klingt selbstsicher und beruhigend, sie scherzen gern ... Durch eine offene Tür hörte ich einen gutgenährten Schießsportler mehrere Anrufe tätigen ... Er wollte geschossene Enten loswerden für das Wochenende, wahrscheinlich mecklenburgische Seenplatte ... Er stellte sich mit Dienstgrad vor, führte Verhandlungen über den Preis ... Ein Besetzer der ersten Stunde, den ich bei «BF» traf, war versetzt worden, er mußte das Archiv verlassen, weil er offenbar nicht genügend kooperativ wirkte, als die kämpfende Truppe zum Akteneinsatz anrückte. Haben Sie etwas gegen diese sicherheitsüberprüften Helfer aus der Bundesrepublik Deutschland? Ob Frank Joestel, dem Versetzten, diese Frage so gestellt wurde, weiß ich nicht. Ein gewisses Fremdeln war erlaubt, weiteres Nachfragen wurde bereits aufmerksam registriert. Die Armee ist nicht die Stasi, die NVA hat ihre Fahne eingeholt und die Objekte übergeben. Was soll dann dieses Nörgeln? Wer sich an der Grenze schuldig machte, muß sich vor Gericht verantworten. Aber Sie mit Ihren Büchern, «Fassonschnitt», «Das Ende einer Feigheit», ist das nicht Kritikasterei? Kasernenalltag gibt es überall, der hat noch keinem geschadet. Ernst Jünger, nunmehr einhundert: «Wenn Kameraden kommen, soll man sie begrüßen und nicht in der Vergangenheit wühlen», sagte er im Fernsehen, der Jubilar mit den weißen Haaren und den Offiziersbewegungen, Helmut Kohl und François Mitterrand stehen auf dem Balkon seines Hauses ... Nicht eine einzige kritische Kasernenlesung hatte ich nach neunundachtzig, vielleicht gemeinsam mit Wallraff, nichts ... Alles wurde ruhig «abgewickelt». Uniform ausziehen, die neue anziehen oder mit Urkunde und Rente nach Hause ins Häuschen ... Was hat sich all die Jahre abgespielt an Drill, Kommandos und Rückgratbrechen, Bettenbauen, Raustreten, iiiim Gleichschriiiitt – Maaarsch! Halbjahr für Halbjahr! Lange wurde schon marschiert, Stiefel geputzt, Waffenkammer gesäubert, «laufen gelernt», ein Lied! Laut, du deutscher Schäferhund, gib Laut!

Als ich wenig später den Aktenbunker besichtige, ist es wirklich so, die Sekretärin Maczkowicz hat nicht übertrieben. Rolle hat für seine Abteilung einen Besichtigungstermin vereinbart und nimmt mich mit. Ich treffe Jürgen Tetzel, der diese Außenstelle leitet. Ihn habe ich während der Akteneinsicht im Januar zweiundneunzig kennengelernt, er suchte Katja Havemann, wollte ihr unbedingt etwas vom *IM «Chef»* erzählen, von dem er einige Seiten und Berichte gefunden hatte, dem Arzt von Robert Havemann, Dr. Landmann, einem Lungenspezialisten ... «Dieses Dreckschwein», sagte Jürgen Tetzel ... Hier im Bunker sehen wir uns wieder, plaudern ein wenig. Er war «Zehnender», zehn Jahre bei der Armee, bei der *NVA*, der *Nationalen Volksarmee* ... dann, neunundachtzig, Bürgerkomitee, Wache ... er überwachte die Vernichtung der *HVA*-Bestände, man holte ihn mit dem Wagen ab ... Beschluß des Runden Tisches, sagt er. Welchen Dienstgrad hattest du zuletzt, frage ich ihn. Stabsfeldwebel. Sein Stellvertreter im Bunker ist Herr Maczkowicz, ein kleiner freundlicher Flitzer, «zur Hand», fleißig und witzig.

Ich kenne Ihre Frau, sage ich. Er nickt, sie hat schon von Ihnen erzählt. Sie kommen von der Bundeswehr, frage ich. Na ja, sagt er, so heißt das ja heute, ich war Kampfhubschrauberpilot, in der Sowjetunion ausgebildet, durfte das dann nicht mehr machen, warum, weiß ich nicht, noch zu DDR-Zeiten ... *NVA*, sage ich, er nickt. Und Sie, fragt er. Achtzehn Monate, Gefreiter im Grundwehrdienst, das reichte. Mir hat es auch gereicht, sagt er. Wir stehen in einem Stasi-Bunker. Der eine diente länger, der andere kürzer. Der eine war Kampfhubschrauberpilot, ein anderer Stabsfeldwebel. Wahrscheinlich hatten beide zu einer unerkannten Widerstandsgruppe innerhalb der *bewaffneten Organe* gehört ...

Wie bist du zu einem Stasi-Auflöser geworden, frage ich Jürgen Tetzel. Hat sich so ergeben, sagt er, ich wollte mal gukken, was so ablief ... Und Sie, frage ich den Kampfflieger Maczkowicz mit den großen, lustigen Augen im schlechtdurchlüfteten Aktenbunker in Ostberlin. Rolle winkt, wir müssen gehen. Meine Frau, sagt er, hat in der Behörde Arbeit gefunden, da habe ich mich auch beworben ...

Drei Krieger stehen zusammen und mustern sich. Ein seltsames Zusammentreffen. Ist es nach einer Schlacht, wer ist Freund, wer Feind? Ist es eine Verbrüderung, eine Verarschung? Frieden und Freundschaft? Und die Antwort? Ich weiß keine.

Wenn die beiden eine *IM-Registrierung* hätten, wären sie nicht Außenstellenleiter und stellvertretender Außenstellenleiter in dieser Behörde ... Es gibt nicht nur *IM*, gewiß, ich kenne die Gegenargumente. Viele Militärakten wurden vernichtet, sogar noch in der Amtszeit des Ministers Eppelmann, «Kassation 2000» ... Auch der *ZOV «Opponent»* wurde wahrscheinlich kassiert, du hast ja mehrfach über die «Fahne» geschrieben ... Der neue Minister, die neue Zeit ... einiges mußte unbedingt noch weg ... 22 von 25 *Bänden* ... Rainer Eppelmann läßt vernichten, wahrscheinlich unwissentlich, ist das nicht witzig? Und die *IM*? Es gab Böhme, Schnur und all die anderen ... sie eilten nach vorn, stellten sich an die «Spitze der Bewegung» ... Ich kenne viele Gegenargumente. Als ich die beiden im stickigen Bunker stehen sehe, den Stabsfeldwebel a.D. und den Kampfflieger a.D., denke ich an Beuys, der war ja auch bei der Luftwaffe, Absturz, Zusammenbruch, Niederlage, Künstler. Der Hut. Ich zögere, ich weiß es nicht. Aber zum Lachen ist es auch. Es gibt wahrscheinlich überhaupt keine anderen Menschen für solche Aufgaben unter Tage. Nur diese beiden. Niemand sonst.

DAS WOLKIGE MUSS WEG. Bieneks «Zelle» besteht aus Schmerz, aus Qual und dreckigen Binden. Aus Verlorenheit und einem fremden Gefühl. Fremd für Außenstehende. Sie wollen Nachrichten, Beschreibungen, Schilderungen. Ich verstehe Bienek. Er wollte etwas zumuten und zeigen, vorzeigen, hinzeigen, vor die Füße werfen. Und etwas anderes wollte er verweigern. Er wollte nicht «informieren». Er wollte nicht nett sein. Er wollte das Leid stehenlassen. Eine starke Haltung … Aber die Bürosprache ist auch stark, ihre Dokumente kaum zu übertreffen. Sie zerfetzen jeden Text, jeden Ton, jedes Gedicht. Auch jede brave «Aufklärungsbemühung» in ganz besonders sachlichem, friedfertigem Ton. Nicht wahr, Friedrich Schorlemmer, ja keinen «Schaum vor dem Mund»? Die Bürosprache bleckt die schneeweißen Kronenzähne, da ist kein Schaum. Und Gesabber? Mielke, Mittig? Ein Biß ist drin, ein Gebell, eine Schläue und herrische Traute in der *Richtlinie Nr. 1/76 zur Entwicklung und Bearbeitung Operativer Vorgänge (OV)* … *2.6.2 Formen, Mittel und Methoden der Zersetzung* … *Die Festlegung der durchzuführenden Zersetzungsmaßnahmen hat auf der Grundlage der exakten Einschätzung der erreichten Ergebnisse der Bearbeitung des jeweiligen Operativen Vorgangs, insbesondere der erarbeiteten Ansatzpunkte sowie der Individualität der bearbeiteten Person zu erfolgen. Bewährte anzuwendende Formen der Zersetzung sind:*

– *systematische Diskreditierung des öffentlichen Rufes, des Ansehens und des Prestiges auf der Grundlage miteinander verbundener wahrer, überprüfbarer und diskreditierender sowie unwahrer, glaubhafter, nicht widerlegbarer und damit ebenfalls diskreditierender Angaben;*

– *systematische Organisierung beruflicher und gesellschaftlicher Mißerfolge zur Untergrabung des Selbstvertrauens einzelner Personen;*

– *zielstrebige Untergrabung von Überzeugungen im Zusammenhang mit bestimmten Idealen, Vorbildern usw. und die Erzeugung von Zweifeln an der persönlichen Perspektive;*

– *Erzeugen von Mißtrauen und gegenseitigen Verdächtigungen* …
So geht das seitenlang weiter.

Nach den Nazis wagten deutsche Offiziere, unter der Ziffer *2.6.2. Formen, Mittel und Methoden der Zersetzung* aufzuschreiben. War die DDR eine Diktatur? Gab es den Archipel Gulag, gab es die Lager und die Toten? Die Knäste? Wurde die *Richtlinie* über *Zersetzung* und *Operative Vorgänge* in deutscher Sprache geschrieben? Hatte sie Macht über Menschen? Erinnert sie an die Sprache der Nationalsozialisten?

Ich muß diese Dokumente zitieren. Sie gehören in diesen Bericht. Auch der folgende *Vermerk des MfS* aus dem Jahre 1978. Er bezieht sich auf die Untersuchungshaft und meine späteren Veröffentlichungen im «Spiegel» und bei Rowohlt.

Bis zum Auffinden dieses Dokuments bei der Akteneinsicht konnte ich nicht beweisen, daß ich die Wahrheit geschrieben hatte.

Instruierte *IM* wurden bei westlichen Verlagen vorbeigeschickt und erzählten aus ureigenem Erleben «Fakten», die meinen Schilderungen widersprachen. Tonlage: Der spinnt, lügt, dramatisiert, kann nicht schreiben. Über Havemann hat er Aussagen gemacht, in der U-Haft ging es ihm gut, seine «Vernehmungsprotokolle» hat ein anderer geschrieben, die Gedichte auch. Schon in Jena zeigten sich paranoide Züge, ihm wurden Brücken gebaut, er wollte aber leiden, um den Märtyrer zu spielen und im Westen mehr Erfolg zu haben. Havemann und Biermann brauchten ein Beispiel für Verfolgung der Jugend, er bot sich an. Brasch und Heiner Müller durchschauten das von Anfang an. Alles viel zu politisch. Ob er mit dem BND nichts zu tun hat, ist fraglich. So leicht behauptet die DDR nichts. Bahro mußte in den Strafvollzug, ihn ließ man ohne Prozeß raus. Wenn der mal keine Arien gesungen hat und vielleicht noch in Verbindung steht mit den verhaßten Feinden ...

Einiges davon wurde bestimmt von einigen geglaubt. Das ging über zehn Jahre so ... Zehn Jahre sind eine lange Zeit ... *Im Vermerk des Untersuchungsvorgangs 86/85, Band 2,*

S. 431–432, heißt es über F.: *Er macht in seiner publizierten Arti-kelserie «Du sollst zerbrechen» bezugnehmend auf seine Unterbrin-gung in der UHA des MfS mehrmals Angaben über einen angebli-chen ‹Spion› sowie über ‹Abhöranlagen›. Es entspricht den Tatsachen, daß er während des gegen ihn durchgeführten Ermittlungsverfahrens unter operativer Kontrolle durch Technik und ZI stand. Auf diese Weise gelang es von Dezember 1976 bis 30. 3. 1977 eine Reihe wert-voller Hinweise über Aktivitäten feindlich-negativer Kräfte und Gruppierungen in der DDR und deren Verbindungen zu Personen und Einrichtungen in der BRD und Westberlin sowie die dabei von Havemann, Biermann und Fuchs ausgeübte inspirierende und ko-ordinierende Rolle zu erarbeiten. Begünstigt durch vernehmungstak-tische Fehler des Untersuchungsführers entstand zum vorgenannten Zeitpunkt bei Fuchs der Verdacht, daß er ‹abgehört› wird. Eine ein-deutige Dekonspiration des ZI konnte jedoch nicht festgestellt werden. Bei dem ZI handelte es sich um einen im September 1976 wegen Ver-brechen des staatsfeindlichen Menschenhandels zu 8 Jahren Freiheits-entzug verurteilten Bürger der BRD, der mehrfach überprüft eine zuverlässige und gewissenhafte inoffizielle Arbeit leistete und durch die HA VIII für eine inoffizielle Nutzung im Operationsgebiet vorge-sehen ist. Die von Fuchs angeführten Angaben über dessen Person stimmen im wesentlichen mit der Legende des ZI überein und entspre-chen bis auf den Namen und seine Verwandtschaft den Tatsachen. Es muß jedoch eingeschätzt werden, daß im Ergebnis von Überprüfun-gen und Bildvorlagen durch den Verfassungsschutz der BRD der ZI eindeutig identifiziert werden kann.*

Eberl
Hauptmann

Eberl war mittelgroß, dünn und blond und konnte freundlich sein. Dieser *Vermerk* fand sich in Stasi-Akten, die ein zweites Ermittlungsverfahren gegen mich bewiesen, das ab neunzehn-hundertzweiundachtzig geführt wurde. Mit Haftbefehl. Mielkes geschwungene Unterschrift, jeder Buchstabe gut lesbar, prangte auf der Rückseite neben *bestätigt*.

Eine Transitfahrt hätte genügt. Jochen Schädlich wollte mich einmal als guter Freund überreden, komm, wir fahren gemeinsam durch, ich bin doch schon mal, warum nicht du, wir brechen diesen Bann! Er sah mich durch seine große Brille an. Nur eine Winzigkeit fehlte, und ich wäre in sein Auto eingestiegen ... Er hätte dann Gelegenheit gehabt, eine Verhaftung mitzuerleben, wahrscheinlich schon beim ersten Grenzkontrollpunkt.

Vernehmer Groth sollte zuständig sein. Was für ein Wiedersehen. Nur die Stimme innen, die des Häftlings, die von «Nummer Zwo», warnte – in hartem, scharfem Ton. Es ging um Augenblicke, wahrscheinlich ging es um alles in dieser kleinen Situation mit dem Freund. Eine Frage, eine Antwort. Die Knaststimme nahm es auf sich, Feigling genannt zu werden, er hat keine Ahnung, sagte sie. Er wird anders behandelt, er meint es gut. Überleg mal, was du veröffentlicht hast. Und was du tust, mit wem du in Warschau, Prag und Jena zu tun hast. Nein! sagte die Stimme.

Der Rechercheur schnappte nach Luft, als er den neuen Haftbefehl las. Jetzt hatte er Gewißheit. Der Druck aber blieb, wurde sogar größer. Warum?

Das Kind Lili mußte das Lauern und Warten dieser Jahre gespürt haben ... als Angst, als Last und Gefahr. Das Dokument war eine «Bestätigung». So wie Mielkes Unterschrift: *bestätigt* ... Der *Vermerk* von Eberl allerdings machte froh und munter. Eine Kopie schickte ich sofort an Ulrich Schwarz vom «Spiegel». Er hatte dem *ZI*, dessen Namen ich kenne, geglaubt. Der *ZI* war in Hamburg aufgetaucht, als «Zeuge»: Fuchs lügt, der «Spiegel» ist auf einen Spinner hereingefallen. Christa Schädlich, damals Lektorin bei Rowohlt, bekam ein Manuskript vom *ZI* ... Ihre Frage an mich am Telefon? Was tun? Wie ist das zu bewerten? Schwarz stellte mir skeptische Fragen.

Ich schrieb Heinz Brandt, er rief mich sofort an: Auf den Fakten bestehen, was du erlebt hast, hast du erlebt!

Und was ist mit mir, fragt Lili. Da zuckst du zusammen. Da ziehst du deinen Kopf ein. Da sagt die Knaststimme nix mehr, was? Sendepause. Du machst ein, zwei Leerzeilen und beginnst einen neuen Abschnitt. Wechselst das Terrain.

DASSELBE TERRAIN, nur noch einen Treppenabsatz weiter. Traust du dich? Was ist mit Annett, der ersten Tochter, die du lange nicht gekannt hast?

Später, wenn noch Zeit ist.

Du weichst aus? Ja, aber ich kurve zurück. Der Reihe nach, keiner treibt mich von einer Wunde in die andere, die Abschnitte bestimme ich. Was geschehen ist, ist geschehen. Ich nehme es an und, soweit möglich, auf mich. Fakten sind besser als Lügen, Schmerz ist erträglicher als Gewäsch. In einer Vernehmung grinste Groth, der Schöngeist: Hier, Post für Sie, er will das so! Ein Amtsschreiben schlitterte über den Schreibtisch zum schweigsamen Trotzköpfchen, der provozierte und ständig irgendwelche Schriftzeichen produzierte, wahrscheinlich wollte er Richtung Hölderlin aussteigen und lieber in der Haftpsychiatrie in Leipzig sein schuldiges Dasein fristen. Tja, lachte Groth, Sie bezahlen keine Alimente! Als Untersuchungshäftling haben Sie kein geregeltes Einkommen, es wird wohl Nachzahlungen geben müssen. Der neue Vater kümmert sich, es war ihm offenbar ein Anliegen, diese Klage anzustrengen. Wie finden Sie das? Der Angesprochene sah kurz auf das Schreiben und zeichnete weiter. Groth stocherte als heiterer Mensch, Schwein oder Ratte in einer Herzkammer herum.

Der andere hieß S., sein Name ist nicht wichtig. Spät, recht spät, findest du die Bestätigung. Viele Jahre später. Eine sinnlose, peinliche Bestätigung, die nicht hilft und nichts ändert und doch vorhanden ist. *IMB «Fischer»* betreute dein Kind, es ist ein

Dreigroschenroman, er verklagte einen bösen Buben, Alimente! Nix Politik! Im Namen des Kindes und der Mutter! Das Leben der Kinder, ihre Geburtstage und Spielsachen, ihre Kleidung, ihr Blick, ihre Suche, ihr Winken ... Du kannst keinen Schutz geben, keine Liebe, keine Freiheit, keinen Lutscher, keine Gutenachtgeschichte, du Feind des Staates! Aber wir. Wir können es. Wir und nicht Sie. Wir saßen nicht im Gefängnis, wir begingen keine Straftaten gegen unseren Staat. Wir wurden nicht ausgebürgert. Wir versuchen nicht, mit einer untergejubelten *IM*-Story eigene Schuldgefühle zu vertuschen. Wir denken an die Leidtragenden, an Mutter und Kind. Unsere Wahrheit ist konkret, unsere Überzeugung existiert real und moralisch sauber in einem gesicherten Rahmen.

Nach neunundachtzig kommt ein Brief. Ich lerne ein Kind kennen, das keines mehr ist. Sie spielt Geige.

Mußt du das aufnehmen, fragt Lili, müssen sie alles wissen? Alles nicht, höre ich mich sagen.

KEINER MUSS WISSEN, was mir Frau Schüler über ihre Schwiegertochter erzählt, über ihren Sohn. Über mich weiß sie allerhand. Ich bin noch nicht ganz durch Rolles Tür getreten – Guten Tag, nehmen Sie Platz – da höre ich schon als lockere, aufmunternde Botschaft das dienstliche Eingeständnis, man habe mich überprüft. *Überprüft*, Rückfrage. Einstellungsüberprüfung, *IM* ja oder nein, unser Referat macht das so, sagt Rolle. Frau Schüler nickt und lächelt, es war alles in Ordnung, sagt sie, wie war der Name Ihres OV? Opponent? Richtig, sage ich, *ZOV* ... die Steigerungsform ... ich gehöre zu den gefährlichsten Kunden ... Wieviele Akten ... da wird gern eine Zahl genannt, wieviele Seiten? Nennt man die Seitenzahl, dann kann schon ein einziger Band recht imposant klingen: 300 Seiten ... Viel vernichtet, sage ich, etwa zwanzig Bände fanden sich noch, haben Sie die «Kassationshinweise» gesehen? Die beiden schütteln den Kopf, das hat ein Kollege gemacht, an die Einzelheiten erinnern wir uns nicht ... Fünfundzwanzig Bände sind mit Sicherheit weg, sage ich, vielleicht findet sich noch was ...

Die *dienstliche Überprüfung* vor dem Kennenlernen wird als normal angesehen. Dieses Referat ist dafür zuständig, jemand will hier arbeiten, außerdem wird ja gerade die ganze Gesellschaft überprüft ... Oder gereinigt, gesäubert? Etwas Unangenehmes, Geheimdienstliches schwappt hoch. Gut, sage ich mir, das ist eben die Lage, so waren die Verhältnisse, so sind die Verhältnisse. Eine Gesellschaft wurde mit Heimlichkeiten, mit Spitzeln und *Offizieren im besonderen Einsatz*, Abkürzung *OibE*, überzogen. Man will raus und ihr Machtnetz aufdecken, das hat seinen Preis. Der Preis ist zum Beispiel, daß eine Frau Schüler und ein Dr. Rolle vielleicht Einzelheiten über mich wissen, die kein anderer weiß. Vielleicht haben sie Eintragungen gelesen oder lesen lassen, von denen ich bis heute annehme, kein anderer weiß davon.

Bei jeder Akteneinsicht findet eine «Vorbereitung» statt. Die Akte wird studiert, vielleicht werden Seiten abgedeckt ... «Rechte Dritter» ... bestimmte *IM-Hinweise* ... man kann schonen, zumuten, einteilen, erst soll er das lesen, dann das ... Jemand kann eventuell wissen, bevor ich es weiß mit meinem «Einsichtsantrag», wer mich verraten hat ... der Bruder, die Schwester, der Freund oder keiner aus der Familie oder dem Freundeskreis ... Nach den Stasi-Heimlichtuern ist wieder einer schneller. Ich gehe zum Termin, eine Mitarbeiterin oder ein Mitarbeiter kommt die Treppe herunter, man begrüßt sich. Es gibt ein Vorwissen, ein Mustern und Vergleichen. Am ersten Tag der Aktenöffnung hörte ich eine junge Frau mit rotem Haar zu Bürgerrechtlern sagen: Sie wissen doch gar nicht, was auf Sie zukommt! Sie wurde gefragt: Aber Sie? Ihre Antwort: Ja, ich mußte ja die Akten vorbereiten. Das ist ein heikler

Punkt. Einen «Aktenvorbereiter», der als Ingenieur gearbeitet und eine Kampfgruppenabteilung kommandiert hatte, «man konnte schwer Nein sagen in meiner Position», höre ich nach einem halben Jahr unter Kollegen Bilanz ziehen: Die Stasi erkannte den Menschen ganz gut. Wenn ich die Akten gelesen habe und der Betreffende kommt dann an, da erkenne ich viele Dinge wieder ... die stimmen einfach. Er sagt das anerkennend, in gewichtigem Ton, er ist ein wichtiger Mann, könnte man denken. Kommt «Publikum», dann komme ich. Engagiert und einsatzbereit ist er zur Stelle ... So schlimm war es nun auch wieder nicht ... gewisse Einschätzungen stimmen einfach ... manche Häftlinge saßen auch zu Recht ... einige Bürgerrechtler haben auch Dreck am Stecken ...

Dieser Wind weht in manchen Korridoren. Bäcker und Hopfer werden meist betont kollegial, als Sachverständige, behandelt. Ob sich so neue *Kampfkollektive* herausbilden? Ich höre die empörte Mitteilung einer Behördenangestellten – sie gehört zu den «Sonderrechercheuren» –, als der direkte Zugang zum Archiv, den die ehemalige *Hauptabteilung XX* hatte, mit einem neuen Schloß versehen wurde: Westdeutsche Sicherheitstechnik hat man eingebaut, sagt sie zu Bäcker. Der steht gerade und starr da, im Gesicht unbeweglich wie ein Indianerhäuptling, dem gerade jemand Meldungen über feindliche Späher überbringt. Westdeutsche Sicherheitstechnik ... unser direkter Zugang, eine Fußgängerbrücke zu Kartei und Archiv, ist versperrt ... Jetzt müssen auch wir jedes Mal die Wache benachrichtigen, daß sie die Türe öffnet ... Es gibt Kontrollen und Überprüfungsmöglichkeiten ...

Bäcker befindet sich auf seinem Heimatboden. Es gibt Eindringlinge, ich bin einer davon. Dieser Bericht hier beweist meine fortgesetzte Feindtätigkeit. Dieser angebliche Bericht, sein gehässiger, indiskreter Ton, der aus anderen, früheren Veröffentlichungen schon sattsam bekannt ist. Dieser sogenannte

Bericht wird weder Joachim Gauck noch Dr. Geiger gefallen können.

Wäre ich ein normaler Angestellter, der «auch nur in der Partei war und anständig seine Arbeit erledigte in der DDR», würde ich noch ganz andere «Dinger» hören und miterleben. Vielleicht auch mitmachen. Zum Beispiel Dissidenten ärgern: Wieviele Freundinnen hatte nun Herr Biermann? Bei wievielen hat es geklappt? Stimmte die Stasi-Liste? Wußte Herr Eppelmann wirklich nicht, daß seine amerikanischen Gesprächspartner CIA-Kontakte hatten? Wie wollte der eigentlich normale Gemeindearbeit machen mit den vielen Bluesmessen und dem Ansturm von Westreportern? Wieviel Geld hatte Havemann auf seinen Konten? Malt Frau Bohley nun noch Bilder oder nicht? Wie alt ist Frau Havemann? Ist sie die dritte oder die vierte Ehefrau? War nun Reiner Kunze mal glühender SED-Genosse oder nicht? Mußten Sie selbst nun gezwungenermaßen nach dem Westen oder stellten Sie im Gefängnis einen Ausreiseantrag?

Es darf gefragt und es darf gelacht werden. Artikel 5 der Verfassung ist in Kraft. Keine westdeutsche Sicherheitstechnik soll irgendeinen Mund verschließen. Immer raus mit der Sprache, wir lachen selbst gern mit! schrie in bösem Ton Chemielehrer Kreisel die Klasse 7c an, wenn sie wieder einmal «undiszipliniert» war. Das Kichern und Schwatzen nahm kein Ende. Ich habe in diesen behördlichen Gefilden noch keinen einzigen Mielke-Witz gehört. Auch keinen über Bäcker und Hopfer. Auch fast nichts «Negatives» über die PDS; die Ratgeber-Beilagen des *Neuen Deutschlands* über das Leben im Kapitalismus, Tips, Erläuterungen, Analysen liegen in manchen Zimmern. Über Gauck wird geschimpft, gut, er ist der «Chef», das ist immer so. Aber nichts läuft ohne Dr. Geiger. Dr. Geiger fragen, Dr. Geiger hat gesagt. Er ist die Eminenz, er ist der Mächtige. Einen Witz über ihn gehört? Über «Wessis» ja, über ihn nicht. Die Antennen sind «nach oben» gerichtet. Unten herrscht Alltag. Die Antennenanlagen auf den Gebäuden der ehemaligen Zentrale sind weithin sichtbar. Haben sie eine neue Funktion? Vielleicht, vielleicht nicht. Es ist eben so, daß sie noch auf diesen Dächern stehen oder weiterhin stehen werden. Diese Gebäude waren bis zur «Wende» Ministerium für Staatssicherheit, jetzt gibt es das Finanzamt, das Congreß-Centrum und die Gauck-Behörde.

Der gesetzliche Rahmen ist geregelt, wir müssen jede Akte vorher lesen und vorbereiten, behördeninterne Weisungen schreiben das vor. Jeder Bürger kann einen Antrag stellen oder keinen stellen. Wenn er einen stellt, gibt es gewisse Gegebenheiten.

DAS HANDTUCHZIMMER IST EIN VERSTECK, man kann «sehen, ohne gesehen zu werden» ... Immer wieder stoße ich auf Militärisches, auch in der eigenen Sprache. Diese Gebäude hier sind auch und vor allem Kasernen, Kommandostände ... Die Wärter im Gefängnis trugen Armeeuniformen ... In den Ausbildungslagern für Soldaten, besonders wenn sie an die Grenze sollen, wird das Töten von Menschen geübt, die Griffe, das Zielen mit der Waffe, das Feindbild ...

In fast allen Männern, die hier herumlaufen, ist das «drin».

Primo Levi kommt in seinen Schilderungen immer wieder auf die militärischen Rituale zurück, die im deutschen KZ bis in den Tod hinein abverlangt wurden: die gebrüllten Befehle, die befolgt werden mußten, wehe, einer verstand die Sprache nicht. Das Kahlscheren der Köpfe. Der groteske Bettenbau auf den verschmutzten, überfüllten Pritschen. Die Einkleidung und völlige Entkleidung. Das Marschieren. Das Antreten. Das Abzählen. Das Ordnung-Machen.

Es kann mit dem Erlernen der «Grußerweisung» beginnen, der harmlosen «Einberufung», dem Befolgen von ersten Marschbefehlen ...

Ich sitze am Schreibtisch, Akten, Merkblätter, Vordrucke umgeben das kleine Kofferradio, Klassik-Radio auf SFB 3 stellt gerade eine rettende Verbindung her zu Poppers «Welt 3», etwas klimpert gegen den Bürowust an, in dem die Revolution steckenblieb, Vivaldi oder Glenn Gould mit Bachs Goldberg-Variationen ... Wen sehe ich da plötzlich zwischen den Autos durchlaufen? Dürr, lange, wehende Haare: René Hübner aus Suhl! Besetzer der dortigen *Bezirksverwaltung* ... Was schleicht der hier herum? Er läuft langsam, wie immer sehr aufrecht, fast würdevoll, einen Gang hat der! Sein Jäckchen, die engen Jeans, die Haare im Wind, es ist Frühsommer, ein recht warmer Tag gegen elf, die Sonne scheint. Ich habe nur begrenzte Sicht, eine Mauer und Schluß, weg ist er. Soll ich rausgehen, ihn begrüßen?

Da kommt er schon zurück, jetzt eilig und gebeugt, er rollt zwei Autoräder vorbei! In Suhl brauchen sie Ersatzteile für ihre *Dienstfahrzeuge*, der kommissarisch eingesetzte «Außenstellenleiter» René ist auf Beschaffungstour! Hat er sie bestellt? Ist da hinten eine Werkstatt? Oder handelt es sich um einen «Organisierungsvorgang», schaut er deshalb so mißtrauisch nach allen Seiten? Mich sieht er nicht. Soll ich die Gardine wegziehen, das Fenster schnell aufreißen und «René» brüllen? Er würde vielleicht erschrecken ... So sehe ich ihn vorbeiturnen mit zwei kompletten Rädern, die wollen dirigiert sein, wahrscheinlich «Lada» ... Der Stasi-Besetzer René Hübner aus Suhl, vorher Lehrling und Geselle im dortigen Jagdwaffenwerk, «alle Größen bezogen ihre Büchsen von uns», sagte er mir einmal in Gera, in der Kantine beim Mittagessen, «die ballerten ja unheimlich gern auf Rehe und Hirsche ...» René eilt gebückt vorüber und ist schon verschwunden. Diese *Gebäudekomplexe* hier kommen ihm wohl doch etwas unheimlich und groß vor?

In Erfurt, Gera und Suhl sind sie schon im Dezember neun-

undachtzig in die heimlichen heiligen Hallen eingedrungen ...
In Gera hämmerten die Demonstranten mit Fäusten an die
großen Eisentore, bumm ... bumm ... bumm ... bumm ...
bumm ... dumpfe, laute Schläge, bis zum Bahnhof zu hören. Da
werden die Genossen der *Bezirksverwaltung Gera* in ihren
Dienstzimmern gesessen haben: Licht aus! Wurde scharfe Munition ausgegeben? Was kam über Telefon und Fernschreiber?
Aus Gera wurde ein Aufruf von Offizieren bekannt, sich gegen
die «Destabilisierung der DDR» zu wehren. Ich muß nachsehen, irgendwo liegt eine Kopie. Bumm ... bumm ... Tausende
von Demonstranten ... «Tor auf! Tor auf!» ... «Wir wollen
rein! Wir wollen rein!» Da wird selbst Seidel, der bullige *Stellvertreter Operativ*, geschluckt haben ...

Ich sitze jetzt in Berlin in einem Zimmer der *Hauptamtlichen*
hinter einer Gardine und beobachte, wie René Hübner in der
Zentrale, der *Hauptverwaltung*, Autoräder abholt oder mit-
nimmt oder organisiert oder klaut. Ein wenig früher hätte
Mielke, an seinem Fenster stehend in *Haus 1*, einen langhaari-
gen Staatsbürger bei einer *Handlung* beobachten können. Mehr
wollen wir vorerst aus der Ferne nicht sagen und bewerten: bei
einer *Handlung* ... Griff zum grauen Telefonhörer, tschüs, lang-
haariger Staatsbürger, jetzt löst du dich in Luft auf oder ver-
faulst auf Zementfußböden. Vor dem Stammeln im Pseudopar-
lament, vor dem Abgang des kleines Mannes, da war doch das
Fiepen der Angst und das Zähneklappern der Helden von
heute, oder?

Ob wohl ein Beamter aus dir wird, René? Ein richtiger
«Außenstellenleiter des Bundesbeauftragten»? Haare, Klamotten, Auftreten? Bald kommen die Verwaltungsleiter, die Dop-
pelstruktur entsteht, Herr Gauck und sein «Vertreter» Herr
Geiger haben immer weniger Zeit bei den Sitzungen, die Hierarchie wird installiert, Berlin gibt die Bestimmungen vor. Hinter Berlin steht Bonn. Wieviele «in den Ländern» wohnen?

Viele. Also viele Akten, viele Vorgänge, Fälle, Feinde, verfluchte Freunde, Gebäude, *Bezirksverwaltungen* und *Kreisdienststellen* ... Aber was soll im Zimmer des Außenstellenleiters Schmidt aus Gera ein Notenständer? Lieder? Songs? Da reckt der Vertreter den Kopf, sein Hals zeigt harte Konturen, sein Mund donnert eine Litanei, die fast keiner hört, die fast keiner glaubt, fast keiner hält diese Zähmung für möglich, verdammt! Erste Probezeit, zweite Probezeit, und noch eine dritte Probezeit? Der Wachschutz berichtet nach Berlin. Barbara Timm vom Berliner Bürgerkomitee wird als neue Behördenangestellte gefeuert, weil sie Tagebuchnotizen veröffentlicht, Guntolf Herzberg zieht bald Leine und fühlt sich an alte Zeiten erinnert, der ausgebürgerte Philosoph, Bahro-Freund und kurzzeitige «BF»ler ... das Administrative, Vorgesetzte nimmt zu, beklagt er gutwillig und fassungslos ... Roll deine Reifen schnell vorbei, René. Ich habe nichts gesehen. Es war alles völlig legal, völlig in Ordnung, von «ZV» angewiesen und mit «Dienstauftrag» und «Materialübergabeschein» bestätigt? Umso besser, René, es sind ja jetzt andere Zeiten.

In Gera haben wir mal in der Besetzer-Zeit Mittag gegessen, *Dienstkantine*, unweit von *Haus 3*, Ebene 2. Du warst auf der Rückfahrt von Berlin nach Suhl, hast eine kleine Biege gemacht, wenig gesagt ... An diesem Vormittag hatte ich im Aktenmagazin der dortigen *Bezirksverwaltung* einen umgefallenen Zementsack gefunden ... Tausende von Häftlingsfotos in Paßbildgröße, aufgenommen kurz nach der Verhaftung ... Ich kroch auf dem Beton herum ... Petra Falkenberg, Friedensgemeinschaft Jena, nach der Haft ausgebürgert, ihre Tochter heißt Lina ... Thomas Auerbach, Roland Jahn ... Einer vom Bürgerkomitee wollte Kehrschaufel und Besen holen ...

NEUN UHR IST MITARBEITERVERSAMMLUNG, Rolle lugt durch die halboffene Tür, kommen Sie mit? Ich komme mit.

In diesem verwinkelten Hinterhaus mit den schmalen Treppenaufgängen und den dunklen Ecken gibt es große Räume, fast Säle. Hier werden Schulungen stattgefunden haben, *Befehlsausgaben* und *Parteilehrjahre*. Der neue Gruppenleiter stellt sich vor, Herr Hirsch, ein älterer graumelierter Herr aus Wessiland, aus einem Ministerium; eine Versetzung kurz vor der Pensionierung, Innen, Justiz oder Verteidigung, man hatte schon allerhand Schiffchen den Rhein runter und rauf fahren sehen, lächelnd sitzt man am vorderen Tisch, betrachtet sich seine Schäfchen. Ich bin ganz nett, keinem tu ich was zuleide, warum auch? Wir sind hier, um zu helfen, um tätig zu werden für Demokratie und Rechtsstaat, Deutschland ist wiedervereinigt!

So etwa sitzt Gruppenleiter Hirsch im Schulungsraum von «AU II.4». Rolle begrüßt ihn, der Vorgesetzte hält eine kurze Rede, im Stehen. Rolle begrüßte ihn auch im Stehen; sagte er «Dr. Hirsch»? Nein, hätte ich gemerkt, auch der Vorname wurde nicht genannt, ein Doktor ist er nicht, er ist ein Beamter, ein treuer, im Dienste ergrauter Verwaltungsmensch, Bürohengst wäre unpassend, er kommt aus einer höheren Etage, nun noch dieser Einsatz. Hat er einen Dienstgrad? Zwischen seinen Sätzen sieht er mit breitem, lächelnden Mund auf die versammelte Mannschaft, na so was, hier bin ich gelandet, im Osten, bei der Stasi! Etwas beinahe Rührend-Ungelenkes geht von ihm aus.

Haben Sie noch Fragen?

Eine Frau meldet sich, etwas älter, schmales Gesicht, dunkelblondes Lockenhaar, ganz hoch hat sie ihren Arm gereckt. Ich freue mich, sagt sie, auch im Namen der anderen Mitarbeiter sage ich das, meinen Vorgesetzten kennenlernen zu dürfen. Man fragt sich natürlich, wie es weitergeht, was ist mit den «KW»-Stellen, was ist mit den Zeitverträgen? In der Zeitung immer wieder Angriffe gegen unsere Behörde. Ich wäre sehr froh, sagt die Frau, etwas von Ihnen, unserem Vorgesetzten, hören zu dürfen. Herr Hirsch nickt, beruhigt, keine Angst, wir werden alles klären, die Presse schreibt immer irgendwelches Zeug, da muß man gar nicht so viel drauf geben ... Auf keinen Fall aufregen, sagt Herr Hirsch, das schadet der Gesundheit. Das sage ich auch im Namen der Behördenleitung, Herr Gauck, Herr Dr. Geiger, wir kennen die Probleme. Wir werden uns kümmern und uns in Bonn einsetzen, auch was den Haushalt betrifft. Und die Presseschmarren, die sollten an Ihnen abperlen, verstehen Sie, kein Grund zur Beunruhigung! Für Sie ist das alles neu, ich verstehe das, sagt Herr Hirsch, aber bitte hören Sie auf einen alten Hasen ... Verhaltenes, beifälliges Lachen. Die Frau will in die Hände klatschen, schaut sich aber rasch um, unterläßt die Beifallskundgebung. Fix hat sie geschaut, einen Seitenblick hat sie eingesetzt. Anpassung war darin, ein wenig Unterwürfigkeit ... Immerhin hat sie eine Frage gestellt.

Rolle sitzt bewegungslos auf seinem Stuhl. Am Ende der Vorstellung stellt er mich, im Hinausgehen, vor. Hirsch gibt mir die Hand und starrt auf meinen dunkelblauen Rollkragenpullover. Ich trage so einen Pullover, denke ich, Reinhard Schult trägt auch so einen. In Gera wurde das Bürgerkomitee als «Pulloverbande» bezeichnet von Mitarbeitern der neuen sozialen Ämter und frisch gegründeten Firmen ringsherum ... So einer, denkt wohl Hirsch, ist das also. Falls er Reiner Kunze schon einmal im Fernsehen gesehen hat, der trug einen Anzug, ein ordentliches Hemd und einen Schlips, Hirsch lächelt und geht, Rolle eilt ihm nach. Die Mitarbeiter verschwinden in ihren Zimmern. Am nächsten Tag komme ich am Versammlungsraum vorbei, die Türe steht offen, auf einem Tisch liegen Akten, weit und breit niemand zu sehen. Hallo, rufe ich. Auch im Gang keine Menschenseele. Und, was machst du? Ich frage Frau Schüler, warum Akten herumliegen. Da wird geeilt und geräumt, ein Arbeitsgruppenleiter sucht mich auf, um den *Vor-*

gang zu erklären. Eine Mitarbeiterin ist eigenmächtig auf die Toilette gegangen. Man habe ihr deutlich gemacht, Akten könne man so nicht liegenlassen. Es käme nicht wieder vor. Ich nicke und winke ab im Handtuchzimmer.

Wirst du zum Anscheißer, fragt die Knaststimme amüsiert, hast du wenigstens hineingeschaut? Eine *IM-Akte*, Wirtschaft, irgendein Betrieb, uninteressant. Du hast also, gut. Kann man hier allerhand besorgen? Der Anscheißer zuckt mit den Schultern. Warum habe ich Frau Schüler etwas gesagt? Es war eine Mischung: Zuständigkeit für Akten, daß nichts wegkommt, Anliegen des Bürgerkomitees. Und: Vorbeischlendernder Mitarbeiter mit guten Drähten nach oben und irgendeiner nicht näher definierten Macht, man kennt ihn, erblickt eine unklare Lage ... Die Mitarbeiterin, hat der Arbeitsgruppenleiter gesagt, besitzt noch keinen eigenen Schreibtisch, werde aber dringend gebraucht, weil Tausende von Überprüfungsanträgen dringend bearbeitet werden müssen. Ich nicke, natürlich, dafür hat unsereiner Verständnis. Ein komisches Lauern, Spähen und Äugen. Ein Vergiftungsvorgang. Hirsch und Fuchs kauen an einem Köder. Alle Gänge, Räume und Zimmer, auch das Handtuchzimmer, riechen nach diesem ewigen Desinfektions- und Bohnermittel. Es muß Vorräte geben.

ZWEI BEGRÜSSEN DEN AUTOR: der eine aus dem Zimmer gegenüber, nach vier Wochen im Gang: Ich bin Lektor. Er nennt meinen Namen im Ton anerkennender Selbstverständlichkeit. Uns beide, heißt das, hat es hierher verschlagen. Mich, den Büchermacher, in ein 3-Mann-Zimmer mit Fenster zur Magdalenenstraße, wer hätte das gedacht, h i e r zu sein und mit Ihnen zu plaudern, Herr ... Fast nach jedem Satz wiederholt er meinen Namen. Sie sind da drin? Er zeigt auf das Handtuchzimmer. Ich nicke. Nachdenklich sieht er mich an, seine tiefe, wohlklingende Stimme vollführt Pirouetten, ich kann Texte schreiben, sagt er, für Bildungs- und Forschungsbereiche wäre ich bestimmt geeignet. Wie ist Ihr Name, frage ich, er wiederholt ihn. Der Autor soll sich einsetzen, er soll diesen Namen weitergeben und einen Verlagskollegen aus *Haus 6* herausholen in ein besseres Haus ...

Der andere schüttelt mir die Hand auf dem Treppenabsatz vor dem Schiebefenster des Wachmanns: Sie hier, sagt er, das ist eine Freude! Da sieht man doch, was sich verändert hat! Ich komme, sagt der lange dünne Mann mit dem ein wenig gelichteten Haupthaar, aus dem Gesamtdeutschen Institut. Wie Herr Borkmann, frage ich. Er nickt. Zuerst machten wir Recherche, sagt er, jetzt bin ich im Materiallager gelandet, na ja ... Herr Borkmann auch, sagt er.

Er kennt angeblich meine Bücher ... Sie suchen Jobs, bessere Positionen. Die Diktatur liegt am Boden und sie womöglich auch. Vereint in tiefer Bezogenheit? Der Autor schluckt. Kann er etwas tun? Wahrscheinlich nicht. Seine bisherigen Personalvorschläge sind fast alle abschlägig beschieden worden von Herrn Kuhnke und seinen Vorgesetzten. Der Autor ahnt eine Rutschbahn. Oder zwei. Die erste: Ihre Erzählungen, zum Beispiel aus der Haft, glaubt keiner. Gegenstrategie: Dokumente suchen und finden. Die zweite: Mit den Tätern gehen die Opfer unter. Zumindest werden sie uninteressant. Gegenstrategie: Öffentlichkeitsarbeit.

Öffentlichkeitsarbeit – was ist denn das für eine Phrase? So ähnlich wie Aufarbeitung. Das werktätige, fleißige Volk ... In Gängen mit ehemaligen Lektoren und ehemaligen Angestellten des Gesamtdeutschen Instituts herumstehen, sie kennen den Namen, den Fall ...

Haben sie eine Zeile, irgendeine einzige Zeile gelesen? Kaum. Höchstens «Spiegel», irgendwas über Stasi und Knast. Ein Gedicht? Nein. Sie sind Angestellte. Sie brauchen Jobs, Verbindungen! Du bist ein Politischer, man kennt ein wenig dein

Aufmucken gegen einen untergegangenen Staat. Havemann, da war was, Biermann! Systemkritiker! Krepieren die Systemkritiker mit dem untergegangenen System? Es sieht so aus. Sie schleichen hier herum und machen sich wichtig. Aber die Gefahr ist weg, Mielke ist in Haft. Ihr könnt abdanken, ihr komischen Dissidenten! Entweder Präsident wie Havel oder Nörgelchronisten als Auslaufmodell! Wen interessiert das alles noch? Keinen! Jetzt darf gelacht werden! Jetzt gibt es ja keine Diktatur mehr, jetzt ist die Stunde der Realisten und Pragmatiker. Wer nicht umschaltet, wird ausgeknipst. Fragen Sie doch mal im Rowohlt-Verlag nach den Verkaufszahlen. Hahaha. Aber Hermann Kant und Harry Thürk ... Und Castorf in der Volksbühne und daneben Gysi und Bisky und die Kommunistische Plattform in der Zentrale ... Jetzt redet man locker daher mit Heinz-Florian Oertel am Abend, long-talk auf Radio Brandenburg, die Maulhelden im Nachhinein, die funktionärsgefeierten Tabubrecher in den Zeiten der geduldigen Demokratie, jetzt dreschen sie ein mit ihrer ehrlichen Meinung auf Markt und Mischpoke ... Gerlinde Jänicke lieb und nett mit Superoldies und dem Besten von heute, dann kommt gleich der konspirative Kirchengeist Stolpe aus Potsdam ... Und im Nachtprogramm Castorf / Oertel, Sport und Schauspiel für die verzweifelte Oktoberclubklientel im kapitalistisch gewordenen Hauptstadtosten.

Nächste Zeile. Und immer quatschen sie weiter. Nächste Zeile. Wie aufs Tonband der Führungsoffiziere, so heute in die Mikrofone der Kulturredakteure. Alles egal, alles verstehbar, alles Reden hat Sinn und hat keinen Sinn, mein Gott, der arme Sascha.

KATJA HAVEMANN BESITZT IMMER NOCH die Videoanlage mit Kamera von ihrem verstorbenen Mann Robert Havemann, spricht der arme Sascha auf das Tonband von Major Heimann und Oberstleutnant Reuter.

Was heißt hier *immer noch?* Ich muß deine gewählten Worte kursiv setzen, auch wenn du siebenundachtzig als mein Geburtstagsgast ankamst und sogar ein Geschenk mitbrachtest, eine Zeichnung, Thema Kasernenhof, das ist doch dein Thema, hast du gesagt, ich habe genickt und mich bedankt. Du hast den ganzen Abend neben den Rubs gesessen, armer Sascha, den rausgeschmissenen Malern aus Jena, du warst ein Spitzel, ein *IMB*, ein *Inoffizieller Mitarbeiter der Abwehr mit Feindverbindung bzw. zur unmittelbaren Bearbeitung im Verdacht der Feindtätigkeit stehender Personen.* Decknamen hattest du, auch eine *Registriernummer: David Menzer, Fritz Müller, Peters* und die Zahl *XII 84/75.* Seit fünfundsiebzig im Dienst, ganz schön lange. Den Bericht über Katja und die Videoanlage hast du vierundachtzig abgeliefert, was heißt denn *immer noch?* Wolltest du andeuten, daß solche Gerätschaften «gar nichts bei der Havemann zu suchen haben»? War das eine Verwunderung, ein Erstaunen über die Schlampigkeit der *Organe?*

Der arme Sascha fährt in seinem Bericht so fort: *Die Kamera hatte sie für eine Weile ausgelagert aus Angst, daß sie ihr weggenommen würde, jetzt hat sie sie allerdings wieder zu Hause. Sie nutzt sie kaum ...* Soweit dieser Teil aus dem netten Bericht, es gibt viele Berichte vom armen Sascha. Rathenow fragte er, wie man «an die Katja rankommt». Der muß glucksend gelacht und es auch nicht gewußt haben. Dann taucht der dichtende Mitarbeiter aus dem Zirkel schreibender Tschekisten in Grünheide auf, sondiert ein wenig das Gelände, sichtet das wertvolle Ding und unterbreitet seinen flexiblen Pappis einen Plan, die stimmen zu, es wird ein Gelächter gegeben haben in der konspirativen Wohnung: Der Poet vom Prenzlauer Berg mit der runden Brille, den ausgesucht ungekämmten Haaren, den kunstvoll-kaputten Schuhen und dem aufreizenden, wissenden Bettelblick des treuen Hundes bekommt Vertrauen, leiht sich die Kamera aus und filmt die Szene. Reuter und seine Leute erhalten *operativ-*

visuellen Zugang zum Praxisfeld mit Hilfe der Havemannschen Heiligkeiten: An den Knöpfen hatte noch der Staatsfeind persönlich herumgefingert, seine junge lustige Witwe gab das Ding raus an *Menzer/Müller/Peters*! Katjaaaa! hätte Robert über die Terrasse geschrien, wie kannst du nur! Tja, fix war er schon, unser armer Sascha. Roland Jahn ausgehorcht und die Wohnung auskundschaftet, gegen ihn liefen gerade intensive *Zersetzungsmaßnahmen*; die Künstler-Freunde in Dresden in den Sack gehaun, mancher wurde verrückt und lebensmüde vom heimlichen, täglich-inszenierten Hin und Her. Der arme Sascha wirbelte geschickt herum im west-östlichen Gelände dissidentischer Küchen.

Ich mochte ihn nie. Kaum war er sechsundachtzig in Kreuzberg, begannen die Intrigen, der ist doof, der blöde, der unbegabt, der nur politisch, was soll das Gemache mit der polnischen Opposition, die sollen lieber Gedichtbände und Romane schreiben undsoweiter undsofort ... in Rubs Küche sitzen, maulen, fordern, besserwissen, konspirieren, telefonieren. Fehlte mal ein Adreßbuch, das hat bestimmt der Sascha, der steckt sowas unbewußt ein ... Darf einer sogar nach Jena reisen und den Umzug seiner Freundin mitmachen zum Erstaunen der Umwelt: Sascha kann das, darf das, hat sooo viel Einfluß, kennt Heiner Müller und Sarah Kirsch, auch Penck, hat Geld und internationale Kontakte mit seinen Malerbüchern. Den Sascha, sagte Frank Rub, möchte ich gerne zum Freund haben.

Den Stasibesetzern in Gera fiel auf, daß Anderson in den Akten nicht als *Feind* geführt wurde. Sie fragten mich, was das für einer wäre, voll in der Szene und kein *Operativer Vorgang* ? Es war vieles vernichtet, gewiß, aber wer etliche Jahre diesen Schmittchen-Schleicher-Job machte, hinterläßt Spuren. Wo? In der Nähe seiner Verarschungsopfer. Eines war Katja Havemann, ein anderes ich. So schlummerte der Bericht vom 24. 4. 1984 im «ungeordneten Material». Karteikarten fanden sich allerdings erst etwas später, weil unter «Sascha» gesucht wurde, der Kunde hieß aber Alexander. Gelächter vom anderen Ende des Ladentisches.

MITLEID HATTE ICH, sagt Frau Schüler, richtiges Mitleid mit dem Anderson! Den Biermann fand ich ungerecht und beleidigend, «Sascha Arschloch», also wissen Sie! Dann im Fernsehen die Szene, wo sich die beiden gegenüberstehen, Anderson spricht davon, daß ihm im Gefängnis die Nieren zerschlagen wurden wegen Biermann, dann dessen Antwort, «das werden deutsche Gerichte klären», keine Beweise und Argumente, da war ich auf der Seite von Anderson, der war der Angegriffene und Verleumdete!

Tja, sage ich, Schauspielerei – haben Sie Ihre Meinung geändert?

Frau Schüler nickt, es tauchten ja dann Beweise auf, notgedrungen. Wieso notgedrungen? Der Anderson war mir irgendwie sympathisch. Warum, frage ich. Schwer zu sagen, antwortet Frau Schüler, es war eben so. Biermann sollte Unrecht haben, sage ich. Vielleicht, sagt Frau Schüler. Sie mögen seine Lieder nicht, frage ich. Ooooch, wie soll ich sagen, sie zögert, ein Fan bin ich wahrscheinlich nicht … Protestierten Sie gegen seine Ausbürgerung? Frau Schüler steht jetzt still und gerade, fast wie im Stillgestanden, nein, sagt sie. Und im Weggehen: Die Helden sind doch Sie, Herr … Sie erwähnt meinen Namen. Brussigs «Helden wie wir» sind noch nicht erschienen im Verlag Volk & Welt, wichsende verklemmte Kleinkläuschen mit Allmachtswahn, der zielende Zorn eines DDR-Kindes, das als Offiziersanwärter angefangen hatte. Oder wollte es Kriminalist werden? Wollte Anderson Schriftsteller werden?

Er kam aus Dresden an der Elbe. Zweiundsiebzig bin ich ihm schon mal begegnet, er war der «junge Mann von Kahlau», eifrig, ängstlich-selbstsicher, solide Hornbrille, FDJ-Hemd, etwas dicklich, das Kind «positiver Eltern», eine prall gefüllte Mappe voller Gedichte, keines kürzer als drei A4 Seiten, er las und las ... Und ich? War auch von der FDJ eingeladen als «junger Poet», wenig später in Ungnade. Aber zu diesem Zeitpunkt noch Gnade? Ja. Zuerst nennst du heute die Ungnade? Ja. Das Aufmucken, den Widerstand? Ja. «Eine Einladung vom Zentralrat», das war was? Ja. Was? Eine freie Fahrt nach Dresden, ein Schutz in Jena, bei Nachfragen ... Aber in Dresden mitten auf dem Präsentierteller, Testfragen? Ja. Welche? Nach Biermann und Kunze. Was hast du gesagt? Nichts, nichts für sie, aber eben auch nichts gegen sie. Das genügte, es war die letzte Einladung dieser Art? Ja. Auch ein Stasi-Anwerbungsversuch? Ja, in Jena, im Gästehaus der Uni, dreiundsiebzig. Und? Abgelehnt. Mut? Viel Angst und Zitterei. Freunde? Zwei Namen fielen schon, dann noch Havemann. Und eine Kommilitonin, die vor dem Haus wartete, falls ich nicht wieder rauskomme. Es gab Hintertüren? Nehme ich an. Verhaftungsängste? Ja. Und bei Anderson Kahlau als erster, wichtiger Einfluß. Pech? Ja, wahrscheinlich viel Pech. Dann Druck. Dann Sauereien. Dann Spaß. Dann Macht. Dann ein Fall. Und dann? Die Zukunft ist offen. Asche gibts genug, der Phönix sitzt derweil am Computer eines Verlages in der Schliemannstraße. Klaus Staeck will noch einmal auf den Fall zurückkommen, sagte er auf einem Autorentreffen in Leipzig mit drohendem Unterton ... Gysi ist Bundestagsabgeordneter, Stolpe Ministerpräsident. Der Prozeß gegen die Havemann-Richter schleppt sich hin, die Stasi-Leute kommen als grinsende Zeugen, fast als Sachverständige ... Beträchtliche Silberstreifen am Horizont. Dr. Alexander Sorge im unermüdlichen Kampf gegen die Feinde der Deutschen Demokratischen, die im Jahre neunzehnhundertneunundachtzig aller Welt zeigten, daß sie nur die Abschaffung des sozialistischen Weltsystems im Sinne hatten, der einzigen Alternative im Kampf gegen Krieg und soziale Ungerechtigkeiten. Unser Genosse überstand heldenhaft und bescheiden in einem kleinen Verlag die Jahre des Terrors, der Demütigungen und Beleidigungen. Er hatte die Hoffnung nie aufgegeben. Die Verantwortlichen werden nunmehr ihrer gerechten Strafe zugeführt. Es leben die Genossen an der unsichtbaren Front, sie leben …

Befürchtungen?

Erfahrungen.

«Die nächste Wende kommt bestimmt …» Gerhard Zwerenz macht sich sicher auch seine Notizen …

«BRD, dein 3. 10. kommt», gut lesbar mit großen Buchstaben an einer Garage in der Nähe meines Hauses, die Garagenwand weiß, die Schrift schwarz, der Briefkasten gelb, kein roter Punkt, Nachtleerung anderswo.

IN AMTLICHEM TON schreibt der Rechercheur am fünfundzwanzigsten Oktober neunzehnhundertzweiundneunzig eine «Interne Mitteilung». Gefühle dürfen nicht vorkommen, es muß sachlich und knapp gesprochen werden. Gefühle könnten die Glaubwürdigkeit reduzieren. Etwas Häßliches, Hartes schimmert dennoch durch.

Sagt man es, sagt man es nicht?

Ein Blick ruht dann auf einem, wie bei Krankheiten: Sind die Zähne echt? Fallen die Haare aus? Ist das heilbar? Ist das ansteckend? Fühlst du dich gut, sagst du die Wahrheit? Hast du alles psychisch verkraftet? Gibt es Beweise, was sagen die Experten, kann es auch anders gewesen sein und so weiter und so fort bis zur Möglichkeit der Selbstinszenierung, Mitterrand hat auch mal einen Attentatsversuch behauptet, um besser dazustehen. Und stimmte Jelzins Version vom Sturz ins Wasser, oder war er nur besoffen? Und gibt es nicht Vergewaltigungen, die keine waren? Als die Posten durch den Spion in die Zelle von Marlies P. sahen, was wollten sie sehen? Eine junge Frau? Ihre blonden Haare? Ihre blauen Augen? Ihre Angst? Ihre Brüste?

Ihre Beine? Wie sie weint? Wie sie auf dem Klo sitzt? Wie sie sich wäscht? Wie sie ißt? Wie sie ihre Zunge Richtung Spion herausstreckt? Wie sie haßt? Wie sie sich liebt? Wie sie sich zeigt? Wie sie tanzt? Wie sie fleht? Wie sie brüllt? Wie sie zum Verhör geführt wird? Wie sie nach Luft schnappt am Glasziegelschacht? Wie sie singt? Wie sie klopft? Wie sie friert? Wie sie ihren Freund ruft? Wie sie raucht? Wie sie stolz ist? Wie sie nach Zigaretten bettelt? Wie sie einen Kaffee will? Wie sie Schlaftabletten fordert? Wie sie gleichgültig wird? Wie sie vor dem Spiegel steht? Wie sie lacht? Wie sie allein ist?

«Am Donnerstag, dem 22. 10. 92, verließ ich gegen 16 Uhr das Haus 7 in der Ruschestraße. Als ich meinen in der Magdalenenstraße abgestellten PKW besteigen will, bemerke ich, daß im linken Vorderreifen der Luftdruck reduziert ist, der rechte Reifen vorn ist platt. Nach Reifenwechsel und dem Begutachten in zwei Werkstätten stellte sich heraus, daß an der Vorderbremse rechts eine Sicherungsfeder fehlt und der Haltebolzen des Bremsbelages bereits die Radfelge erreicht hatte (Schleifspur). Eine akute Unfallgefahr war damit gegeben. Letzte Durchsicht und Überprüfung der Bremsen vor kurzer Zeit. Eine Manipulation (auch aus der Erfahrung im ZOV ‹Opponent›) liegt im Bereich des Wahrscheinlichen. Ich bitte darum, mir im Innenhof der Gebäude Rusche-Normannenstraße einen Parkplatz / eine Parkerlaubnis zur Verfügung zu stellen. Ich bitte darum, die Behördenleitung zu informieren.»

In den Innenhof willst du schlüpfen, dann kannst du ab und zu aus den Fenstern von *Haus* 7 und *Haus* 6 spähen, innen drin, im Herzen der Festung, fühlst du dich sicherer. Draußen sind die marodierenden Einheiten, um die Kirche herum, neben dem Gerichtsgebäude, an den Parkplätzen vor dem Gefängnistor, unter den Fenstern der Wohnhäuser ... Es ist ihr Gebiet, du warst auch hier, ja, bist durch das Tor gefahren, in die Zelle gesperrt, wieder nach Hohenschönhausen kutschiert worden, jetzt willst du selber aktiv sein und am Steuer sitzen? Da gibt es offenbar Einwände, wenn die Fakten stimmen, wenn du nicht selbst rumgemacht hast oder die Werkstatt oder das ermüdete Material ...

«Ich bitte darum, die Behördenleitung zu informieren» – hat die sich geregt? «BF AL» Dr. Henke am neunundzwanzigsten des selben Monats: Mit Entsetzen lese ich Ihre Mitteilung vom 25. 10. 1992. Anbei meine «amtliche Reaktion» in Kopie. Bitte rufen Sie mich bald an. Mit besten Wünschen ... Handschriftlicher Zusatz: sofort durch Kurier ... Die «amtliche Reaktion»: Herrn Gauck und Herrn Direktor Dr. Geiger ... anliegend eine außerordentlich alarmierende Mitteilung. Ich bitte darum, daraus Schlußfolgerungen zu ziehen und das von Ihnen für nötig Erachtete zu veranlassen. Nach meinem Dafürhalten sollte Herr Fuchs sehr bald Gelegenheit zu einem Gespräch bei Ihnen erhalten. Wenn mir das passierte, würde ich umgehend Anzeige gegen Unbekannt erstatten. Wie weit ist in solchen Fällen der Verfassungsschutz? Mit bestem Gruß ...

Eine Parkerlaubnis trifft ein: Ru 91, Hof 5. Stempel, Unterschrift.

Ru heißt Ruschestraße. Mit dem Auto also in den Mielke-Innenhof, die Wache mit ihren neuen Käppis winkt durch, wenn die frisch gestempelte Erlaubnis hochgehalten wird, Parkplatz-Nummer 91. Die Zahl steht exakt und groß, symmetrisch ausgerichtet, neben anderen Zahlen und Strichen auf den schwarzen Pflastersteinen. Und das Gespräch? Keine Ahnung. Und die Ermittlungen? Verlaufen offenbar im Sande ...

In was denn für einem Sande? Dem vom Sandemännchen? Hier ist kein Märkischer Sand, höchstens in meinem Getriebe, unter den Reifen sind Asphalt und Steine. «Steine, Steine, Steine, mein Lieb, und Steine», das Elbe-Lied ...

Etwas später, ich bin gerade in Köln, Vorstandssitzung der Böll-Stiftung, ein Anruf, Freya Klier, außer sich, am Telefon:

Sascha Anderson hat Selbstmord verübt, sich unter eine S-Bahn am Bahnhof Zoo geworfen, jemand habe sie angerufen, sich als Journalist vorgestellt, ob sie das bestätigen könne. Am Bahnhof Zoo war nichts bekannt von einem «Vorfall». Der Totgesagte machte Urlaub im Ausland. Der am Telefon, sagte Freya Klier, habe von einem Abschiedsbrief gesprochen, wir wären schuld, unsere Stasijagd. Was hast du dem Anrufer gesagt, frage ich am nächsten Tag. Nicht viel, sagt sie, ich war schockiert. Ich kannte ja den Anderson. Hatte ihm das lange nicht zugetraut, diese Spitzelei. Das andere hättest du ihm zugetraut, frage ich. Vielleicht, sagt sie, ich mochte ihn mal.

HABEN SIE EINE TAGEBUCHNUMMER, fragt Rolle im halbdunklen Flur. Ich schlage meinen Taschenkalender auf mit den Telefon- und Zimmernummern, Polzin, Richter und, hier, sage ich, sehen Sie, von «BF» erteilt: «106447/92 Z». Das amtliche Blatt habe ich auch, jetzt kann ich Akten bestellen, jetzt bin ich offiziell vorhanden, nicht wahr? Dr. Rolle nickt, wieder sein Lächeln. Kein Triumph, keine Häme. Ein kurzes Einverständnis, aha, da ist er jetzt, das weiß er jetzt auch, an dieser Kreuzung steht er jetzt. Irgend etwas Nahes ist ganz kurz im Blick. Eine Begegnung im Labyrinth, fast kollegial, ein Gruß. Gleichzeitig die Abwehr, die Analyse der neuen Lage: eine Tagebuchnummer hat er, darf er eigenständig Namen abfragen in der Kartei? Muß einer von «BF» gegenzeichnen? Bekommt er einen Sonderrechercheausweis? Will Geiger das, will er es nicht? In seinem Anruf klang eine gewisse Obacht, in alle Gänge und Verästelungen soll der Fuchs wohl nicht kriechen in diesem Dickicht. Auf behördliche Wege achten bei ihm. Aber, könnte Rolle in diesem Augenblick auch gedacht haben – diese Idee kam mir später – aber, könnte er gedacht haben, vielleicht stellt mich Geiger auch auf die Probe, schickt mir einen Dissidenten, der die Beziehung von *HV A* und *HA XX* erforschen soll … Frau

Schüler soll mitgehen, auch ins Archiv, mal sehen, was der macht, was der kann und darf ... Die offizielle Benachrichtigung über die «Vergabe» der hochwichtigen Nummer will er nicht sehen, der Blick in meinen Taschenkalender genügt ihm, aha, sagt er, na da kann es ja losgehen ...

Namen, Geburtsdaten, Wohnadressen schreibe ich auf Formulare und muß sie bei «BF» von Dr. Knabe gegenzeichnen lassen, der wahrscheinlich kein Referatsleiter wird, kein Pressesprecher, kein wohlgelittener Stasi-Forscher, Henke mag ihn nicht, zu vorlaut, zu antiautoritär, erste Generation der Grünen-Gründer ... Er sieht wie ein selbstbewußter Gymnasiast aus, der das Abitur sehr erfolgreich absolviert hat und sich anschickt, Forschungsminister zu werden. Ich habe auch einen *OV*, sagt er, wer von der Behördenleitung hat denn noch eine Stasi-Opfer-*Erfassung* außer Gauck? Henke nicht, Suckut nicht, Vollnhals nicht, Engelmann nicht ...

Wenn was rauskommt, sagst du's mir, fragt er. Ja, antworte ich, natürlich. Wir kennen uns, er kehrt nicht den Vorgesetzten heraus. Anfang zweiundneunzig saßen wir bei der «Akteneinsicht» zusammen, in der Behrenstraße. Am zweiten Tag brachte er eine Kaffeemaschine mit in den Leseraum, dazu Würfelzucker und Plastiklöffel ... eine Spende, sagte er.

«BF» ist in Mitte, ehemaliges Kulturministerium, weit weg von Lichtenberg, fast auf der anderen Seite der Stadt ... Mit der U-Bahn Alexanderplatz umsteigen, mit dem Auto über Strausberger Platz auf die Josef-Stalin-Karl-Marx-Allee, Frankfurter Tor. Staus, Baustellen, Ruschestraße, *Haus 7*, *Haus 6*, ins Handtuchzimmer. Das Auto auf Platz 91. Alles hat seinen Platz, seine Zeit.

Kommen Sie jetzt weiter, fragt Rolle.

Anfragen habe ich gestellt, sage ich, mal sehen, was zurückkommt. Ich müßte ins Archiv, ins «ungeordnete Material», in die «Bündel», in die Karteien, ich verliere Zeit.

Rolle nickt. Aufmerksam sieht er mich an. Frau Schüler soll Ihnen helfen, wir tun, was wir können. Ja, sage ich, danke. Ein Jahr bleiben Sie, fragt Rolle. Hat er mich das nicht schon mal gefragt? Ein Jahr, sage ich, mindestens. Rolle hakt nicht nach bei «mindestens». Ich habe es nur so hingesagt.

Ganz eng wird mir, die Tage vergehen, was ich alles schaffen will! Wenn noch Zeit bleibt.

Was suche ich denn? Sauereien suche ich, verschwundene Akten, Beweise. Freunde suche ich, eingeklemmt in Pappdekkel. Ein Befreier will ich sein, ein Zellenaufschließer, ein Aktenöffner. Und ein Rächer? Ein Eindringling, ein Türöffner, ein zurückkehrender Häftling? Ihre Ausreden sollen zu Ende sein. Ich will zeigen, was innen los ist. Aber dieses «Innen» hatte sich schon verändert.

In Hohenschönhausen, in der Haftanstalt, haben sie die Freizellen «verschönert», Wände abgerissen, Grünzeug aufgestellt, das Drahtgitter oben über dem Kopf wegmontiert ... Wann? Anfang neunzig, schätze ich. Als Mielke seine eigenen Gebäude kennenlernte. Ich nahm an einem «Rundgang» teil, Busse fuhren vor, Journalisten, Politiker ... wollten mal gucken. Ich bin mitgetrabt, ein Herr mit Schlüsselbund gab Erklärungen, ein Angestellter, ein Verwalter, kein ehemaliger Häftling. Kurz sah ich in meine Zellen hinein, 107, 106, 332, 306, 307, 117, sehr kurz, nur ein Blick. Ein Mann in blauem Kittel öffnete die Tür zum Vernehmertrakt, ich wollte, daß er sie aufschließt. Er sah mich kurz an, nur ein Lidschlag. Wieder dieses verhuschte Lächeln. Wir kannten uns nicht, aber erkannten einander. Du bist einer von der anderen Seite, dachten der eine, der andere.

Der blaue Kittel hatte durch den Spion gesehen und war Handwerker, Feldwebel bei den «Effekten» gewesen. Oder «Technischer Dienst». Es gibt diesen Blick von außen, das Lächeln, das Lachen, das Grinsen, das Witzeln, das Berichten über, das Aufschließen von, das Reinsehen in. Er hatte immer noch den Schlüssel in der Hand, den Schlüsselbund in der Kitteltasche. Ihr habt doch auch gebrüllt vor Lachen, gewiehert, Ball gespielt mit Klopapierklumpen, die Vernehmer nachgeäfft und euch selber auch, sagt die Knaststimme. Wir! Drinnen! Hinter der Tür! Chaplin ist einer von uns, ist selber der Blöde, der Häßliche, der Gemeine, kein Spanner! Kein Aufschließer mit blauem Kittel, der dienstlich an der Schwelle verweilt, grinst und wieder zuschließt. Oder lächelt und aufschließt, weil eine neue Zeit begann. Weil neue Leute kommen und die Stätten ihres Aufenthalts besichtigen wollen, alte neue Leute. Klar, da wird aufgeschlossen, da fahren Busse vor, da öffnen sich Stahltore. Und ich, du Komiker, ich Kittelmann, bin immer noch hier! Jetzt zwar ABM, aber unverzichtbar, verstehst du? Wer das sagt, wer so redet? Welcher Hörwurm? Die Knaststimme nicht.

Vielleicht die Postmoderne, die neuen «Variationen zum Thema die Post»? Feuilletonisten, Zuschauer, die bissigsten Satiriker Droste, Wiglaf und Henschel, Gerhard? Aus den Germanistikseminaren die «Konkret»-Leser mit dem «Junge Welt»-Abo, die einsteigen in den Reisebus mit WC und Klimaanlage? Jetzt, sagen sie, wissen wir es auch. Jetzt haben wir eine Vorstellung, sind durch die Gänge und Treppenhäuser der Haftanstalt gegangen, haben in die leeren Zellen geschaut. Na soooo schlimm war es nun auch wieder nicht, gell, Wiglaf? Doch, sagt Wiglaf, wie KZ war das, wie «Auschwitz der Seelen», hahaha! Schlimm, schlimm war das, Gerhard, schade, daß die noch so blöde sind und kein Hotel aus dem Laden hier machen wollen: Einzel-, Zwei- oder Dreimannzelle für zwanzig, dreißig, vierzig Mark! Zwanzig? Zweihundert! Dreihundert! Vierhundert! Keine dumping-Preise! Zweimann, ok, Gerhard? Oder Terror, huhu, jeder für sich allein und bloß klopfen gegen die harte, harte Wand, mit dem bloßen Knöchel der linken Hand! Jesus nagelt sich selbst ans Kreuz und hat durch die Augenwinkel das staunende Publikum im Visier, gibts da nich ne

Postkarte? Gerhard, lieber Gerhard! Ich bin ja sooo einsam und werde psychisch gefoltert, Hilfe, Gerhard, ruf bitte sofort bei amnesty international in London an, sofort! Oder ich hole den «Barbier von Bebra»!

Sie wollen dicht ran, wollen es spüren.

Ein Mann stand noch im Hof rum, hielt sich abseits. Du warst drin, fragte ich. Er nickte, wir kamen ins Gespräch. Detlef Grabert hieß er, saß nach neunundachtzig als Abgeordneter für das «Neue Forum» im Potsdamer Landtag ... Was hast du gemacht, fragte ich, er zögerte. Du bist der ... fragte er nach, als ich nickte, gab er sich einen Ruck: eine Scheune sollte ich angezündet haben als junger Kerl, Sabotage, Brandstiftung wurde mir unterstellt, was Kriminelles, du weißt, wie das geht, wie sie es machen ... Er sah mich prüfend und unsicher an. Ja, sagte ich. Hast du sie angesteckt? Nein, sagte er, sie mußten mich wieder rauslassen, aber Monate da drin, das reichte ... Ich war so ein Frecher, Kofferradio, laut Rias hören und nach Westberlin fahren, solange das ging ... die wollten mir paar verpassen, anderen aus dem Ort erging es ähnlich ... Wo kommst du her, fragte ich. Aus Strausberg.

Als der Bus wegfuhr, ging er zu seinem Wartburg. Ich bin eigentlich Kfz-Meister, sagte er, der hier hat schon den neuen Motor, einen Viertakter, eigentlich ein guter Wagen ... Ich nickte, der klimatisierte Reisebus kurvte leise an uns vorbei, federte über das Pflaster, entschwand. Wo saßen Gerhard und Wiglaf? Im Feuilleton? Mit einem Summton begann sich das große Tor zu schließen. In der Wache, hinter einer Glasscheibe, saß der Kittelmann, er lächelte, hielt das Tor kurz an, eine Katze wollte noch hinein ... Wir lieben euch alle und jetzt ist Schluß für heute, das Publikum ist weg, das Kätzchen drin, da stehen noch zwei Ehemalige. Klick, das Tor rastet ein, die Klappe ist zu, die Riegel liegen vor, weg war der Mann mit dem blauen Kittel.

Siehst du, sagte Grabert.

Sie wollen wieder belegen, sagte ich, Gedenkstätte wollen die nicht, höchstens einen «Industriepark» oder Autoverkaufstempel mit Fähnchen und Lämpchen ... Hast du den vorhin reden hören ... Senat oder Bezirksamt Hohenschönhausen, oder woher kam der? Grabert wußte es auch nicht. Er sah zum Tor hinüber, zur Spitze der Mauer. Sehr genau sah er hin. Sah er die «Freizellen», die «Verwahrräume»?

Nicht brennbar, sagte ich. Er zuckte, bemühte sich um ein Lächeln. Ich war es wirklich nicht, beteuerte er, wer brennt denn Scheunen an ... «Let us raze the prisons to the ground» heißt es im Billy-Rose-Song von Joan Baez. «Raze» ist ein starkes Verb, die Mauern sind hoch, das Tor ist aus Stahl. Dieses Lied fiel mir ein, als ich mit Detlef Grabert vor der ehemaligen Untersuchungshaftanstalt des MfS stand in Berlin-Hohenschönhausen, in der Nähe seines neuen Wartburgs, eines Viertakters. Wann? Nach der «Wende». Mit dem Kopf durch die Wand wäre womöglich der einzige richtige Weg gewesen. Da hätte der Mann mit dem Kittel gestaunt.

DAS LEID VERFLÜCHTIGT SICH, die Gefahr wird läppisch. Wo eine Mauer stand, wachsen Büsche und Gras, Straßen kreuzen den Todesstreifen, das Minenfeld, wenig passiert. Fast alles ist neu oder so wie früher. Die Ignoranten triumphieren, die Gleichgültigen bekommen recht, die Pragmatiker fahren ihre Ernte ein. Nun müßt nur noch ihr die Klappe halten und den Kopf einziehen! «Ach ihr!» schrie der Großvater in einem Gorki-Roman, in einer engen Stube vor der Stadt, die Wege schlammig, die Nachbarn betrunken oder mißgünstig, nur im Frühling sah das Kind zwei Bäume im Garten wunderbar grün und groß dastehen zwischen Erde und Sonne. «Ach ihr» ... Grabert hält aber nicht die Klappe, René rollt Autoräder vorbei, Reinhard, Andreas I und Andreas II aus Gera sitzen in ihren verrauchten Zimmerchen, trinken Kaffee und machen Witze, bevor sie wieder ausschwärmen in die *Kartei*, ins *Magazin* der ehemaligen *BV* des *MfS*. Personen gehen von *Haus 6* zu *Haus 7*, in *Haus 8* liegt das *operative Material* ... Was wollt ihr denn mit diesen Akten? brüllte ein Geist aus dem Prenzlauer Berg bei einer Podiumsdiskussion. Zu Hause schreibt er Gedichte und lebt «anarcho-sozial», wie er mehrfach betonte, neben seinen Verszeilen standen die Erklärungen der verwendeten eigenwilligen Wörter, das sah halb lustig aus und halb gestelzt, Rotwelsch, rief er, Rotwelsch, das klang fast wie der Großvater, fast wie sein «ach ihr!» auf halber Strecke, die Schnapsflasche zur Hälfte erst geleert ... Kommunismus ist Fleisch / Und Fleisch ist Kommunismus! Mehr Tiefsinn! Mehr Bemühung, bitte! Mein Stuhl und ich ... Na schön, rief er, ihr habt sie, na schön ... Gibt es Beweise, daß unsere Ästhetik vom Staat ferngesteuert wurde, von der Partei? Nichts gibt es, überhaupt nichts! Wir hatten und haben Erfolg, es gibt sichtbare und unsichtbare Fronten, na und? ... Sascha, komm rauf, du mußt dich nicht verstecken, sowieso alles Stasi außer Mutti! Du warst dabei, Bond, Sorge und Walt Disney waren auch dabei, hier hast du mein Adreßbuch! Verfluchte neue Schnüffler names Gauckbehörde und Bürgerkomitee!

Ich bestimme, rief der Dichter, ist das klar?

Papenfuß-Gorek und Anderson kontrollierten an diesem Abend die Bühne der Volksbühne, die Plebs lehnte am Türrahmen, lachte, winkte ab und schlenderte weiter, wenn sie sich an die Luft durchgekämpft hatte, Teilnehmer strömten herbei, Teilnehmerinnen und Teilnehmer, Töpferinnen und Töpfer, Journalistinnen und Journalisten, auch Thierse wurde gesehen, engagiert, präsent, der etwas verspätete Kritiker des real existierenden Soz., untergetaucht im Kulturministerium, war vorbeigekommen.

Akten sind auch mal interessant, sagte Reinhard aus einem

kleinen Ort bei Gera, sollten wir sie verbrennen? Die haben doch keine Ahnung, was drinsteht! Was aufgeschrieben und durchgeführt wurde … Am Anfang hatte ich Angst, sagte er, als das anfing im Herbst, meine Eltern bettelten, geh nicht hin, aber dann bin ich doch abgebogen, hab mal geguckt, na ja, so entstand das Bürgerkomitee, Tausende standen vor dem Tor, da ging denen drin wahrscheinlich die Düse mit ihren Papierbergen und Dossiers auf dem Schreibtisch und im Keller, lange lange Regale voller Spitzelei und Sauereien, warum sollte ich das anbrennen? Seh ich aus wie ein Pyromane? Außerdem sind Fotos dabei, Briefe von Gefangenen, von «Bearbeiteten» … Die sollen ihre Gedichte vorlesen, sagte Reinhard, aber nicht bestimmen. Über mich bestimmt keiner mehr.

Und die Behörde, fragte ich. Halb resigniert, halb belustigt schob er das Kinn vor, naja, sagte er, die Behörde. Aus den Augen war plötzlich der Prolo-Witz weg, der Schalk aus der Vorstadt, der den rasenden Poeten bestaunt und die Akten «ganz interessant» gefunden hatte … Die Frechheit der Straße war plötzlich weg. Gaucks Satz, man habe «in der Behörde auch hauptamtliche Stasimitarbeiter zu Demokraten erzogen», war noch nicht gesagt worden.

Siehst du einen Ausweg, fragte Reinhard. Ich sah keinen. Du weißt doch was, sagte er, du warst doch bei uns, hast viele Akten gesehen, *IM* und *Zersetzungsmaßnahmen*, du kannst doch schreiben und veröffentlichen, mach doch was!

Ich sollte und wollte was machen, wollte und sollte es. Fast war ein flehender Ton zu hören, ein Auftrag. Wir haben das Zeug erobert und denen weggekrallt, jetzt seid ihr dran.

«Ach ihr»! Ihr seid das Volk? Wir sind die Volksbühne!

Hör doch mal, Reinhard, was die reden. Das Parkett ist glatt, der «Spiegel» machte schon ne Serie, der bringt nicht zwei in zehn Jahren. Die ersten Bissen hat man durchgekaut, jetzt kommt das Nippen an anderen Speisen … immer tobt die

Schlacht an diversen kalten Büfetts ... dort liegen die abgenagten Knochen, es geht schnell, von einem Tanz zum anderen, news, Internet, weitere Agenturmeldungen, Kriege, Verträge, Revolutionen ... «Die Fälschung» schrieb Nicolas Born noch schnell zum Thema, dann starb er an Lungenkrebs, seine Frau telefonierte herum, riet allen Freunden vom Rauchen ab. Schlachtfeste in Afrika, Vietnam ist vorbei, Ost-Timor dauert an und die Tibet-Frage, Bosnien ist noch im Gange, Bärbel Bohley ist in Sarajevo, wieviele Tote in Tschetschenien, Goldhagens Buch von den «willigen Vollstreckern», Podiumsdebatten, tiefes, tiefes Erstaunen ... Reinhard? Wir sind in Deutschland, stimmts? Bei euch in Gera habe ich ihr Wörterbuch zuerst gesehen, ihr *Wörterbuch der politisch-operativen Arbeit*, weißt du noch? Wir haben über «LTI» gesprochen, Klemperer, und über Primo Levi, der die Sprache der deutschen KZs mit den Gulag-Ausdrücken verglich, die Solschenizyn zitierte ... «In all dem gab es eine Regie, und die war erkennbar ...» In den *Richtlinien* und *Dienstanweisungen* erkannten wir sie wieder, in ihrem «*Wörterbuch*», in ihren Begriffen und Satzkonstruktionen ... Die Regie, Reinhard, die erkennbare Haltung ... Armee, Heim, Gefängnis, Lager, Einweisung ... das Gebrüll, manchmal die Schläge, die Entkleidung, die Einkleidung, die Nummern ... dazu die heimlichen «Dienste», die Formulare, die Akten, die Unterschriften, die Stempel, das Schriftliche ... Erinnerst du dich, Reinhard? An unser Erschrecken? Als wir die durchgehaltene Regie erkannten, als wir ihre Pläne in die Finger bekamen? Wie wir starrten und eine Zigarette nach der anderen qualmten: «Das darf doch nicht wahr sein» ... Erinnerst du dich? War es so? Stimmt es? Und heute die neuen Formulare und Registriernummern ... Berlin, Reinhard, bleibt Berlin! Die Hauptstadt, die Zentrale! Die *Hauptabteilung*, dann erst die *Bezirksverwaltungen*! Dann erst! Das ist die Sache des Bundes, nicht der Länder! Wenn hier viele Kader herumspringen, dann ist das gewollt von der «Zentralen Verwaltung»! Und das, Reinhard, wollen sie nicht hören. Dann lieber alles Stasi außer Mutti. Vera Oelschlegel vom Theater des Ostens mit Ernst-Jünger-Porträt auf Tournee. Gestapo war was ganz anderes, vielleicht sogar in einem anderen Land, in einer nur vorgetäuschten deutschen Sprache. Die SS sprach irgendeine vorgetäuschte deutsche Sprache. Dieses Nahe, dieses Jetzt, dieses Bis-Heute, dieses Immer-Wieder und Immer-Weiter, das wollen sie nicht akzeptieren. Warum? Wer lebt schon gerne im Bewußtsein der Gefahr, einer Diagnose, einer Schuld? Das Schlimme soll vorbei sein.

«Ach ihr!» Und was ist mit der Schuld? Wer hat denn wieder mitgemacht? Bis zu dem Tag, als die Tausende vor dem Tor standen und du dann doch abgebogen bist, da haben wohl Millionen wieder Jahrzehnte mitgemacht? Und andere sind im Lande herumgereist als nun endlich wohlwollende Zeit-Zeugen, die neue «Zeit-Serie» im Verklärungsgepäck ... Wir dürfen nicht immer nur alles kritisieren? Hamburg? Gräfin Dönhoff? Liberal und ehrlich? Was ist mit der Schuld? Die Mauer und ihre Bogenlampen und ihr leeres weites Feld mit den Reitern und Sperren und Hasen – sah das nicht ausreichend deutlich aus? Konnte man gewisse Bilder und historische Figuren, gewisse Ein- und Ausgrenzungen, gewisse Zäune und Wachtürme nicht recht klar erkennen im Kontext? Explizit und implizit?

DIE STASI-BESETZER IN GERA dachten es sich so: Unterlagen finden und veröffentlichen, dann ist alles klar.

Planung von Internierungslagern, *Kz.* hieß die Stasi- Einteilung, *Kennziffer*, von *1.4.1.* bis *1.4.3.*, Tausende von Namen, *politische Unsicherheitsfaktoren im Spannungsfall* ... Dazu die Schicksale der politischen Häftlinge, die *Zersetzungsmaßnahmen*, die Einzelheiten des brutalen Regimes an der Grenze, das müßte doch genügen, oder? Vieles kann man nachlesen, besichtigen und in Beziehung setzen ...

Ja, ja, ja, liebe Freunde, kann man, natürlich, ist möglich. Fakten sind Fakten, Ziffern sind Ziffern, Buchstaben sind Buchstaben. Das «K» haben sie groß geschrieben, das «z» klein, dahinter steht ein Punkt. Aber die Buchstaben «K» und «z», klein und groß geschrieben oder groß und klein, die bedeuten schon was in Deutschland. Wie Gulag in der ehemaligen Sowjetunion, KGB, «Zone», wie «dochodjaga» auf russisch oder «Muselmann» auf deutsch, wie «Beziehungen» oder «Prominenz», Privilegien … «pridurki» hießen die privilegierten Häftlinge … Russisch lernten wir in der DDR ab der fünften Klasse und deutsch von klein auf, klein, kleiner, größer, groß … Mit jemandem deutsch reden, oh, das wissen wir doch, das haben wir doch gelernt! Primo Levi mußte einen Schnellkurs nehmen, ein anderer Häftling half ihm gegen Brot, diese Lektion zu lernen: «aufstellen», «aufstehen», «antreten zur Brotausgabe», «zu dritt», «zu fünft». Wer das nicht ganz schnell lernte, überlebte die ersten Tage nicht, schrieb er. In Büchern, Essays, in Vorträgen und Briefen berichtete er von Auschwitz und leistete jahrzehntelange Aufklärungsarbeit. Neunzehnhundertsiebenundachtzig nahm er sich das Leben. Kurz vorher stellte er die «dringendste Frage … die alle diejenigen beängstigt, die Gelegenheit hatten, unsere Berichte zu lesen: Wieviel von der Welt der Konzentrationslager ist tot und kehrt nicht mehr wieder? Wieviel ist wiedergekehrt oder ist dabei wiederzukehren? Was kann jeder einzelne von uns tun, damit in dieser von vielen Gefahren bedrohten Welt zumindest diese gebannt wird?»

Im Handtuchzimmer steht die Zeit still. Die Zentrale hier in Berlin wurde nicht wirklich gestürmt. Die dringendste Frage, was hier eigentlich los ist, beängstigt den Rechercheur. Er hat eine «Tagebuchnummer», er hat Anfragen gestellt.

Dann ruft Herr Ladwig von «BF» an: der Bundesbeauftragte plane eine Veranstaltungsreihe über Methoden und Arbeitsweisen des MfS, ob ich mich als Referent beteiligen wolle. Ich will und füge hinzu: Dann muß ich aber schnell vorankommen, schneller als bisher ... Ich rufe sofort Dr. Geiger an, antwortet er. Ja, sage ich, das wäre wichtig. Ob mir ein Titel für die erste Veranstaltung einfalle. Ja, sage ich, zum Beispiel «bearbeiten, zersetzen, liquidieren», diese drei Verben stehen auf Zetteln an der Wand, ich mußte nicht nachdenken. Ladwig notiert.

Ich habe ihn neunzehnhundertneunzig kennengelernt als Mitarbeiter im «Aufbaustab», ihn und David Gill, den späteren Pressesprecher der Behörde. Gauck wollte Ladwig zum Leiter der «BF»-Abteilung machen, bevor die Wissenschaftler die Bühne betraten. Beim Hungerstreik im Herbst neunzig, es ging um die Forderung nach sofortiger Akteneinsicht «fürs Volk», auch Wolf Biermann beteiligte sich am Matratzenlager im Flur von *Haus* 7, kamen beide in der Ruschestraße vorbei, «um zu vermitteln», wie sie sagten. Gill, klein, schmal, beweglich, mit Jackett und breitem Schlips, unkonventionell-konventionell, der junge Mitarbeiter, der besondere Referent, der einflußreiche Seiteneinsteiger – ich will später noch mal studieren, sagte er, wenn das hier vorbei ist, hieß das, wenn dieser Auftrag erfüllt ist ... Im Namen des Sonderbeauftragten Joachim Gauck sage ich das und das. In den Buchläden stand bald ein dickes Buch, Schröter/Gill, «Das Ministerium für Staatssicherheit», ein erstes Standardwerk. Gill konnte von einer bereits «amtlich» angehauchten Sprache übergangslos in den Alltag der Zuhörer und den Jargon der Bürgerrechtler wechseln und interessierten Pressekollegen behilflich sein ... Ich mochte ihn halb, kannte ihn aber nur wenig.

Christian Ladwigs Frau kümmerte sich um die «besonders schwierigen Fälle», um Immer-wieder-Kommer, um weinende Antragsteller, erpreßte *IM* und aktenlose Verfolgte, die es nicht mehr aushielten. Anderson ließ sich filmen, als er die Gauck-Behörde betrat, um «Klarheit zu schaffen», wenig später kam er wieder heraus, stellte sich vor die Fassade eines ehrwürdigen Hauses in der Behrenstraße – deutsche Beamte residierten hier seit Bismarck – und verkündete: «Frau Ladwig kennt keine Registriernummer von mir, alles ist falsch und eine Unterstellung.» Eine Nachrichtenmeldung für Stunden. Was Frau Ladwig mit ihrer lauten Stimme und der unverkennbaren Bereitschaft, zuständig zu sein und sich zu kümmern, wirklich gesagt hatte, weiß ich nicht, wahrscheinlich nicht viel. Woher sollte sie auch die Nummer kennen, die «Menzer/Müller/Peters» aus der Hosentasche holte, notiert auf einem Zettel, die Geisternummer aus der Presse, bevor in den Opferakten die *IM*-Berichte auftauchten: «7423/91». Christian Ladwig ist ein leiser dünner Mann mit riesiger Brille, er trägt Pullover, darüber breitschultrige, wattierte Jacken, im Auftreten eine Mischung aus Kumpel, Chef und Herrn Wichtig. Viele Gerüchte umschwirren ihn: Sicherheitsbeauftragter eines Ostberliner Theaters, Offizier im besonderen Einsatz mit Bonus bei Gauck, der bekehrte ehemalige Mitarbeiter mag, Wichtigtuer, Einschleicher, Karrierist, Postenjäger … Nichts davon wird er sein … Ich höre immer nur halb zu … Es gibt zu viele Stechmücken um die Leuchtbirnen dieser «Behörde im Aufbau», überall gibt es Arschlöcher und gute Leute, denke ich, Ladwig hat mich immer höflich behandelt, mitunter freundlich, ab und zu freundschaftlich, duzend, unter verschworenen Aufklärern und Ermittlern, denen es «sowieso viel zu langsam geht, aber was soll man machen?» – «Ich rufe sofort Dr. Geiger an», er hat einen Draht zu seinen Vorgesetzten, ist zu Diensten und spricht auch «seine Punkte» an, gewiß, das ja, er kümmert sich und kann auch eklig werden, wenn ein Journalist zu sehr drängt und er, Christian Ladwig, der amtierende Leiter des Aufbaustabes beim Sonderbeauftragten für die Unterlagen des Staatssicherheitsdienstes der ehemaligen DDR, bereits klar und deutlich Nein gesagt hat oder heute nicht mehr, erst mor-

gen ... So lernte ich ihn kennen, als Abteilungsleiter im Wartestand für Bildung und Forschung, er wurde Referatsleiter
beim Bundesbeauftragten, Ausstellungen, Veranstaltungen,
auch Kontakte zur Presse sind sein «Ressort», in dieser Funktion ruft er im Handtuchzimmer an, er sagt meinen Vornamen.

DEN STROHHALM ERGREIFEN, kommentiert die Knaststimme, schwimmen lernen, du benötigst Vollmachten. Ich bekomme einige Vollmachten und wühle in *Haus 8* bisher verschnürte Bündel durch. Übersichts-*AKG-Material* der *HA XX*,
Auswertungen, brisante Einzelfälle und Querverbindungen,
Bäcker und Hopfer waren *AKG*-Offiziere gewesen ...

Das Problem: Ich darf keine Fotokopien machen. Oder muß
jede einzeln beantragen, Dienstwege beschreiten, Klinken put-
zen, Gänge durchwandern, Häuser wechseln, Anträge ausfüllen, Termine vereinbaren ... Ladwig hat bestimmt «seine
Punkte» angesprochen, bei «Kopien» war ein Kopfschütteln
des Vorgesetzten im Hauptgebäude erfolgt ... Also mache ich
mir hastige Notizen, die «Quellenangaben» dazu, das in Gera
und bei der eigenen Akteneinsicht Erfahrene mixe ich unter,
rede wenig, verliere Zeit und nutze sie, so gut es eben geht. Da
sind Gauck, Geiger, Henke, Suckut, Ladwig, Knabe, Richter,
Rolle, Frau Schüler, Bäcker und Hopfer, Formulare und Telefone, Dienstzeiten und Zuständigkeiten ... mach los, mach
weiter!

Wenn noch Zeit ist.

Wie oft denn noch? Verschaff sie dir!

Die Erwartung der Freunde: «gibt's was Neues»?

Natürlich, aber was? Wem soll und kann ich meine Lage erklären? Wahrscheinlich bleibe ich stecken und notiere mir die
Finger wund. Und erlebe etwas Umwerfendes: die verwaltungstechnische, behördliche Zähmung einer Revolution! Die Ver-

wandlung von Widerstandskämpfern und Staatsfeinden in Angestellte und Sachbearbeiter. Das Eintauchen von Bürgerrechtlern und Stasi-Offizieren in das Heer «normaler DDR-Biografien», normaler Arbeitsplätze, normaler Auskunftsverfahren ... Dazu Kuhnke und Fahland von «ZV» ... Geiger und Gauck vorneweg, im Hintergrund die «Personaler», Juristen und Berater ... Geht es um die Erziehung der Ostpopulation? Das umfassende Vergeben von Registriernummern? Ist das Verfahren seelsorgerlich unterlegt, hat der Innenminister genickt, entspringt die Präambel einer «bürgerrechtlichen Haltung»? Müssen Relationen beachtet werden, Quoten gar? Die einen, die anderen, nicht zu viele, nicht zu wenige, Besen, Besen, seid's gewesen ... Und wer war der Meister? Die Geschichte? Die Straße? Die Bürgerkomitees? Die Volkskammer? Der Deutsche Bundestag? Die Dienstzimmer der Abteilungs- und Referatsleiter in enger Abstimmung mit der Behördenleitung, «BL», und den zuständigen Stellen in Bonn?

Wie mutig war Gauck vor neunundachtzig? Verpaßt er uns seine Kompromißwäsche aus dem Kirchenamt, formt er Menschen nach seinem Bilde? Will er Schmidt und Beleites aus Gera bescheidener erleben, wenn sie vor der Tür seines Büros aufkreuzen? Macht schmeckt mitunter. Da steht man vor dem Spiegel und legt die Orden an. Und telefoniert oder läßt telefonieren: mit oder ohne, was sagt der Herr Staatssekretär, mit oder ohne beim nächsten Empfang? Ohne. Der Herr Staatssekretär lächelt. Der Herr Bundespräsident läßt grüßen. Walter Schilling aus Dittrichshütte im Thüringer Wald, der sich um gefährdete Jugendliche kümmerte, um Wehrdienstverweigerer, Abhauer, Gehetzte und Lebensmüde, trägt noch immer Pullover und Sandalen. Er spielt als Morgendacht in der großen Aula der Jenaer Universität, wo ein Kongreß über «Linksopposition» stattfindet, Musik vom Tonband ab. Zwei Leute musizieren, der eine kommt aus Kambodscha und will nicht zurück, der andere kommt aus der Psychiatrie, verstummte dort. Der eine trommelt, der andere spielt Gitarre. Schilling sitzt auf einem Stuhl und hört beiden zu, den Kopf aufgestützt. Angst hat er nicht. Orden? Welches Gehalt?

Was schreibst du denn? Das ist doch alles ungerecht und furchtbar subjektiv! Na und. Warum soll Walter Schilling nicht auf einem Stuhl sitzen und zuhören?

Der Rechercheur spürt den Gegenwind. Er fühlt die Leine um den Hals, den Ring ums Hirn, das Geschirr, die Vorschriften, die Unter- und Überordnungen, die Last der Bündel, den Irrsinn ihrer «Verschriftungen». Wer soll das alles lesen? Wer hat es geschafft bis zu dieser Seite, durch Abkürzungen hindurch, an Kursivbegriffen vorbei? Herausfinden und hinzeigen, hier, lest das, schaut euch das an …

Du kannst nicht Tausende von Blättern herzeigen, Leute befragen, Betroffene ausfindig machen … Das Gähnen in den Verlagen und Redaktionskonferenzen … das dumme Gefühl stellt sich ein … Die Welt als Wille und Vorstellung? Mein Wahn als Beitrag zur Aufklärung, bevor das «System» wiederkehrt, das sich noch gar nicht verabschiedet hat … Zweifel …

Die komische Knaststimme aber will keine Zweifel. Ich soll handeln und die Fakten zeigen, die Steine, das Geröll, die Schachtelsätze. Ihre Sprache pur:

Kreisdienststelle   *Jena, 3. 4. 1986*
Ref. II   *wa-h*

Quelle: *IMB «J. Herold»*
<u>*erhalten:*</u> *Oltn. Walther*
           25. 3. 1986

Information zu Jürgen Fuchs – wh. Westberlin

Der Schwarz, Ullrich, «Spiegel»-Korrespondent in der DDR, er-
zählte der Quelle am 21. 3. 1986 folgenden Sachverhalt im Zusam-
menhang mit angeblicher Verfolgung durch die Staatssicherheit:

     «Den Jürgen Fuchs habe ich in Westberlin einmal aufgesucht. Ein
richtiges Gespräch kam nicht zustande, weil er bloß von Stasi-Spit-
zeln erzählte, die ihn auf Schritt und Tritt überwachen. Er führte
mich ans Fenster und sagte, ‹sehen Sie da unten im Auto, die Leute
dort, das sind welche vom SSD. Wenn ich auf der Straße gehe und
mich umdrehe, verschwinden Sie hinter Ecken und hinter Bäumen.›
     Das ganze kam mir doch recht merkwürdig vor. Ich sagte dem
Fuchs, daß ich das nicht glaube und fragte, ob er auch sicher sei. Er
darauf: ‹Freilich, ich habe es auch schon gemeldet, aber die glauben
mir nicht.› Ich beruhigte ihn und versprach, mich darum zu küm-
mern. Ich habe dann den Staatsschutz informiert und um Aufklä-
rung gebeten. Nach 4 Wochen bekam ich Bescheid, daß alles in Ord-
nung ist im Umfeld von Fuchs. Das habe ich ihm dann mitgeteilt,
aber er glaubte das ebenfalls nicht. Der Fuchs hat sich regelrecht in sei-
nem Verfolgungswahn hineingesteigert.»

                                  Walther
<u>*Verteiler*</u>   *Oberleutnant*
IM-Akte   *komm. Ref.-Leiter*
HA II / 13
HA XX / 9
Abt. II / Gera

Merci, Mr. Black. Im Einsatz waren, ich folge der Akteneinsicht im Januar 92, ca. 40 *IM*, auch die *HA VIII* und die *HA III* und die *HA XXII* und die *HVA*.

Das ergab dann vierzig Mal HAHAHA HV A, Toooor!

Der Feind zeigt Wirkung, er geht zum Fenster, hinter Ecken und Büschen verschwinden sie. Der reisende Journalist, nüchtern, freundlich und objektiv, fragt sogar beim Staatsschutz nach und bittet um Aufklärung: «Alles in Ordnung im Umfeld des Fuchs.» Der Staatsschutz residierte am Tempelhofer Damm, in Sichtweite ...

Der Oberleutnant Walther wird ein Lob bekommen haben für seine *IMB «J. Herold»-Information* ... Die *HA XX / 9* war im Verteiler, Reuter und Heimann machten gewiß schmunzelschmunzel. *Jetzt haben wir ihn, die Psychiatrie winkt.* Merci, Mr. Black. Nice to see you. Von ausgebürgerten Dissidenten hört man immer wieder tolle Geschichten. Wenn man unermüdlich in der DDR zu Gange ist, muß man schon ab und zu in Westberlin vorbeischauen bei den Opfern. Dann erlebt man was. Hat die Chefredaktion in Hamburg auch mit dem Kopf geschüttelt, mit den Köpfen? Drucken konnte man natürlich, beim besten Willen, nichts mehr von einem, der am Fenster steht ... *«Der Fuchs hat sich regelrecht in seinem Verfolgungswahn hineingesteigert.»* Das klingt doch lustig, nicht? «In einen Verfolgungswahn hineingesteigert» wäre schwächer, unbestimmter Artikel ... «In seinen Verfolgungswahn»? Grammatikalisch zwar richtig, aber der wirkliche Wahn auf der Zeile muß schon heißen: «*... in seinem Verfolgungswahn hineingesteigert.*» Da ist noch drin: «Der Fuchs in seinem Verfolgungswahn» vor Jägern und Hunden, vor Dackeln und Dachsen, vor Wölfen? Nee, der Wolf kommt ab und zu als Besucher und bringt sogar seine Gitarre mit, es handelt sich aller Wahrscheinlichkeit um Krankenbesuche ... Ist das richtig, *IMB «J. Herold»*?

Wer das ist?

Keine Ahnung. Mal nachfragen. Decknamenentschlüsselung.

Augstein lächelt, das sind diese Spitzelgeschichten, alles zu seiner Zeit. Kamen Sie nicht ausreichend zu Wort? Na also. Aust telefoniert, vierzig? Fünfzig ist die Zahl, der «Spiegel» wird fünfzig!

Wurde Primo Levi in der *HA XX* erfaßt? Immerhin erwähnte er in seinen Büchern Solschenizyn und den Archipel Gulag. Ich müßte nachfragen. Dann sucht Herr Werner nach einer entsprechenden Karteikarte, hinter der dann entsprechende Materialien stehen könnten, je nach eingetragenen möglichen Nummern. Bei Manès Sperber kam *ZMA 20570* zum Vorschein. *ZMA*, Anna Jonas, du wolltest das wissen, weil nur noch dort vernichtete *HVA*-Dokumente über die westdeutsche Schriftstellerszene zu erwarten sind, heißt *Zentrale Materialablage*. Hier bezieht sie sich auf die *HA XX* … Es gibt dazu weitere Karteien, zum Beispiel die *Kerblochkartei* dieser Abteilung … ringsherum kleine Löcher, die kann man ertasten und abzählen, Fachleute benutzen dazu einen speziellen Rechen … es gibt außerdem *operativ-relevante* Eintragungen, Hand- oder Maschinenschrift, «blindenschrift» wäre etwas anderes, «schatten sind meine werke» … Karteikarten, Akten sind ihre Werke. «Wir beißen geduldig / ins frische gras». Vielleicht ins alte Papier mit den neuen Eintragungen? Ins frische Gras. Ins Gras beißen wir, gewiß.

EINLADUNG ZU EINER LEKTÜRE, als Quelle ist die Rätselnummer *VVS JHS 0001–190/85/III* angegeben, «VV», das sieht nach zwei Ausrufezeichen aus, «Wau-Wau», wahrscheinlich «Vertraulich» und «Verschluß» … und «S»? Kann nur «Sache» oder «Sicherheit» heißen! Süßigkeiten bereitstellen, das Fenster öffnen, eine Biermann-CD, «ahh ja» oder «Chausseestraße 131», einlegen. Neu bei Zweitausendeins. Jetzt wird numeriert.

1. *Die Arbeit mit operativen Legenden*
2. *Die Arbeit mit operativen Kombinationen in der Bearbeitung Operativer Vorgänge*

- -

Die operative Kombination ist eine bewährte und wichtige Methode der politisch-operativen Arbeit, die bei zielstrebiger und qualifizierter Anwendung eine hohe Effektivität und Wirksamkeit beim Einsatz der operativen Kräfte, Mittel und Methoden garantiert. Das gilt insbesondere für die Bearbeitung Operativer Vorgänge.

2.1. *Wesen und Anwendungsbereiche operativer Kombinationen in der Bearbeitung Operativer Vorgänge*

- -

Zunächst sind die Fragen zu klären, was unter einer operativen Kombination in der Vorgangsbearbeitung zu verstehen ist und welches Ziel mit ihr angestrebt wird.

> *Die operative Kombination ist ein Komplex sich gegenseitig bedingender und ergänzender sowie aufeinander abgestimmter Maßnahmen zur Lösung einer bestimmten Aufgabe in der Bearbeitung Operativer Vorgänge.*

Das Ziel der Anwendung operativer Kombinationen ist die offensive, beschleunigte Bearbeitung Operativer Vorgänge, insbesondere um

– *die verdächtigten Personen zu Reaktionen zu veranlassen, die Rückschlüsse auf durchgeführte oder geplante feindliche Tätigkeit zulassen und die Sicherung bzw. Dokumentierung entsprechender Beweise ermöglichen;*

– *vorbeugend und schadensabwendend wirksam zu werden, begünstigende Bedingungen aufzudecken und zu beseitigen;*

– *andere komplizierte politisch-operative Aufgaben beschleunigt und effektiv zu lösen bei Wahrung der Konspiration der Ziele, Absichten und Maßnahmen, Kräfte, Mittel und Methoden des MfS.*

Aus dem Begriff und dem Ziel der Anwendung operativer Kombinationen ergeben sich folgende Wesensmerkmale:

– *Mit der operativen Kombination ist auf den Verdächtigen oder an-*

148

dere Zielpersonen(1) so einzuwirken, daß diese möglichst zwin-
gend zu Reaktionen veranlaßt werden, die eine Beweisführung
bzw. Verhinderung staatsfeindlicher Handlungen zulassen.

ATEMPAUSE ... Hinter *Zielpersonen* wurde in Klammern die
Zahl 1 plaziert. Auf derselben Seite, im unteren Teil, fein ein-
gerückt, kommt die Auflösung des numerischen Hinweises:
eine Definition. Wir sind im Märchenland Wissenschaft, viele
Köpfe haben mitgedacht, es wurde gegliedert und unterstrichen. JA, geht aus der Akkuratesse dieser Zeilen hervor: SO IST
ES. So und nicht anders. Und daran haben sich alle Mitarbeiter
zu halten. Und der Feind muß spüren, daß seine Stunde geschlagen hat, wenn wir meinen, daß er spüren soll, daß seine
Stunde geschlagen hat. Keinen Augenblick früher und keinen
später. Ist das klar, Genossen? Hummitzsch! Aufwachen,
schlafen kannst du zu Hause! Hier geht es um unser Überleben, Genossen, die Arbeiterklasse soll und wird überleben,
verstanden? Unser Arbeiter- und Bauernstaat, klar? Wenn wir
nicht gerade jetzt hier in der DDR wären, ich will auch das
ganz ehrlich sagen, wenn ich wäre so in der glücklichen Lage
wie die Sowjetunion, dann würde ich einige erschießen lassen,
revolutionäre Gesetzlichkeit, damit ihr wißt, nicht etwa nen
Prozeß machen (lacht) ... kurzen Prozeß machen, so meine ich
... Wer erkennt diesen Ton? Autorenrätsel! Frage an das interessierte Publikum: Wer ist der Autor? Kleiner Hinweis: Im
«Museum der modernen Poesie» fehlt er, vielleicht müßte ein
dritter Band gemacht werden, Arbeitstitel «Sprache der
Macht», Dilettanten, Rentner und Minister, Mörder auch, Offiziere im *besonderen Einsatz* ... Drei Punkte, dann die Definition: *Nachfolgend werden die Personen, auf die eine operative Kom-*
bination wirken soll, als Zielperson bezeichnet. In der Bearbeitung
Operativer Vorgänge wird das meist die verdächtige Person sein.
Aber auch andere Personen wie Bekannte, Verbindungen des Ver-

dächtigen, Zeugen usw. können Zielpersonen einer operativen Kombination sein. Was *wirken* heißt? Langsam, nicht so hastig, das ist gerade die gewählte Gangart, zuerst werden die *Wesensmerkmale der operativen Kombinationen* zitiert, ein *Merkmal* wurde mitgeteilt.

– *Die operative Kombination erfordert eine bestimmte, objektiv notwendige Anzahl sowie das komplexe und aufeinander abgestimmte Zusammenwirken verschiedener politisch-operativer Maßnahmen.*

– *Hauptbestandteil der operativen Kombination ist der zielgerichtete legendierte Einsatz zuverlässiger, operativ erfahrener und für die Lösung der Aufgabe geeigneter IM.*

– *Die operative Kombination ist weitgehend auf natürlichen Umständen und Bedingungen aufzubauen.*

Diese Wesensmerkmale sollen nachfolgend erläutert werden:

Mit der operativen Kombination ist auf den Verdächtigen oder andere Zielpersonen so einzuwirken, daß diese möglichst zwingend zu Reaktionen veranlaßt werden, die eine Beweisführung bzw. Verhinderung staatsfeindlicher Handlungen zulassen.

Das waren die Seiten fünfunddreißigsechsunddreißig eines dreiteiligen Werkes (dreiteilig, das könnte die verborgene Botschaft sein!) mit dem Titel «*Bearbeitung von OV*», welches im April neunzehnhundertsechsundachtzig von der *Juristischen Hochschule des MfS* herausgegeben wurde. Es handelt sich um *JHS-Studienmaterial* für Stasimitarbeiter, es sind Anleitungen für ihre *operative Praxis*, zitiert habe ich zwei Seiten von einhundertfünfundfünfzig. Das frische Gras mit den älteren, strammen Wurzeln, das hier ausgebreitet wird, beginnt in seinem römisch dritten Teil mit einem vierstrophigen Gesang, der nicht vorenthalten werden soll, läßt er sich doch mit monotoner oder erhobener Stimme recht wirkungsvoll rezitieren, hintereinanderweg:

*Die Arbeit mit operativen Legenden
in der Bearbeitung Operativer
Vorgänge*

*Das Wesen operativer Legenden in
der Bearbeitung Operativer
Vorgänge*

*Zur Ausarbeitung von operativen
Legenden in der Bearbeitung
Operativer Vorgänge*

*Die Arbeit mit operativen Kombina-
tionen in der Bearbeitung Operativer
Vorgänge*

*Wesen und Anwendungsbereiche operati-
ver Kombinationen in der Bearbeitung
Operativer Vorgänge*

*Die Ausarbeitung und Durchführung
operativer Kombinationen in der
Bearbeitung Operativer Vorgänge*

*Die Anwendung von Maßnahmen der
Zersetzung in der Bearbeitung Operativer
Vorgänge*

*Wesen und Zielsetzung der Zerset-
zungsmaßnahmen in der Bearbeitung
Operativer Vorgänge*

*Grundsätze der Anwendung von Maßnahmen
der Zersetzung in der Bearbeitung
Operativer Vorgänge*

*Formen, Mittel und Methoden der
Zersetzung in der Bearbeitung Operativer
Vorgänge*

*Die Ausarbeitung und Durchführung
von Zersetzungsmaßnahmen in der
Bearbeitung Operativer Vorgänge*

*Der Abschluß der Bearbeitung
Operativer Vorgänge*

*Ziel und wesentliche Aufgaben
des Abschlusses der Bearbeitung Operativer
Vorgänge*

*Politisch-operative und strafrecht-
liche Voraussetzungen für den Abschluß
der Bearbeitung Operativer Vorgänge*

*Die politisch-operative, strafrecht-
liche und strafprozessuale Einschätzung
Operativer Vorgänge, über deren
Abschluß entschieden werden soll*

*Die Arten des Abschlusses Operativer
Vorgänge*

*Zur Zusammenarbeit zwischen der
vorgangsbearbeitenden Diensteinheit
und der Untersuchungsabteilung in der
Bearbeitung Operativer Vorgänge und
bei ihrem Abschluß*

ICH VERZICHTE AUS RÜCKSICHTNAHME und Mitleid auf
weitere Kostproben deutscher Amtssprache aus Verwaltung,
Heer, Verkehr und Sicherheit … mein Mitleid: ein Verb, einge-

zwängt in *Vorgänge, Abschlüsse* und *Einschätzungen*, ein einziges Verb mit zwei Helfern, oder sind es Helfershelfer? Gebeugt, zugeordnet ... von wem? Das ist grammatikalisch unklar: *entschieden werden soll*. «Entscheiden» ist kein schlechtes Verb. *Über deren Abschluß entschieden werden soll.* Wer oder was soll entscheiden? Wer oder was wird entscheiden sollen? Es geht um die *politisch-operative, strafrechtliche und strafprozessuale Einschätzung Operativer Vorgänge, über deren Abschluß entschieden werden soll* ... Das nervt, nicht wahr? Da will man schnell drüber weg, da ist der Überbringer solcher Wörter der Arsch mit Stasiohren! Sartres «Wörter», die sind Literatur, *über deren Abschluß entschieden werden soll*, huch, ist das häßlich! Was Sartre in Nazi-Deutschland wollte? Warum er die stalinistische Diktatur verteidigte? Tja, mein Lieber, das war eben so, Autoren sind Zeitgenossen, wer kann sich schon ganz und gar verdünnisieren? Robert Walser? Psychiatrie! Schädlich zitiert den ständig, warum, ist klar, wir wollen aber diskret sein. Hölderlin? Bekannt. Borchert? Starb an Kriegsfolgen und Depressionen. Böll? Rauchte zu viel. *Entschieden werden soll*, was soll das? Ist hier Konspiration dabei? Entscheiden werden die Mitarbeiter, die *zuständigen operativen Kräfte*, die Vorgesetzten, wenn's ganz hochkommt der *Genosse Minister*, der *Genosse General in Abstimmung mit dem Genossen Generalsekretär* ...

Ach so, Sie sind jetzt wieder in Ihrem Text, das sind Ihre Kommentare?

Richtig kombiniert. *Entschieden werden soll* ... Die Hilfsverben gefallen mir nicht. «Werden» sitzt in der Klemme, hat nichts zu sagen, nur eine Zeit anzugeben ... und «sollen»? Das übererfüllte Soll von Adolf Hennecke? Da wird aus Passiv Aktiv, da wird fast befohlen, der Imperativ ist nah. «Soll» möchte Modalverb genannt werden, nicht «Hilfsverb», Hilfe, Hilfssheriff! Die Modalitäten klären wir, verstanden? Äffe uns hier nicht nach mit verschwiemelten grammatikalischen Spielereien ...

153

Das sind unsere Kommentare! Oder legen etwa Sie die Kriterien fest? Sie und Frau Bohley und Frau Havemann?

Woher diese Stimmen kommen? Die höre ich wie Scholem Alejchem die Stimme seiner Stiefmutter hörte, ihr Schimpfen und Drohen. Er schrieb die Geschichten aus Anatevka, viel wörtliche Rede ...

Ich hocke im Handtuchzimmer und spiele den Rechercheur. Was ich hier erlebe, kann sich draußen fast keiner vorstellen. Die Stimmen kommen und haben Macht, treten in Konkurrenz zu den leibhaftigen, leise und wichtig umhergehenden Originalen ... Was wichtig ist und was nicht, das wird man sehen. Falls etwas entschieden werden soll, dann von der Geschichte. Sie müssen sich doch nicht ständig die Gehirnwindungen verrenken, Pferde haben einen größeren Kopf ... Dabei geht es dann um anatomisch-phänomenologische, erkenntnistheoretische und erkenntnispraktische Einschätzung real existierender Lebensformen, über deren Kopfgröße entschieden werden soll, versteht sich ... Operativ, taktisch, wir sehen noch ein wenig zu ... Zu dunkel? Sind das Gespräche mit den Tätern? Sich verselbständigende innere Prozesse, posttraumatische Belastungssyndrome? Es gibt Abkürzungen für dieses Phänomen, es gibt diagnostische Kriterien, es gibt Mischformen, psychotische Unterfütterungen, fragen Sie mal einen Psychoanalytiker, was er von den Folgen der Vorführungen im Vernehmer- und im Zellentrakt weiß, gewiß wissen Sie alles, berichten Sie, locker und entspannt, jeder Analytiker hat einen Lehranalytiker, jeder Satellit einen Killersatelliten? Von wem das ist? Das Bild aus der Raumfahrt ist von Anderson, er kennt Treffs und Konspirative Wohnungen im All. Er weiß viel von Ihnen. Die *IM* wissen viel von Ihnen. Die vielen *IM* wissen viel von Ihnen und von uns und von sich. *IM* heißt *Inoffizieller Mitarbeiter*. Schau schnell nach, was sie in ihrem *Wörterbuch* unter solch einem Arbeiter verstehen ... nach *Innensicherung* und dem Hinweispfeil *Objekt, militärisches* wird auf siebenundzwanzig Seiten, von 177 bis 203, der *Inoffizielle Mitarbeiter* abgehandelt. Ganz oben, auf jedem Blatt, kommt die Seitenzahl, dann ihre immer gleiche *Signatur* des Gesamtwerkes *GVS JHS 001–400/81*. Einundachtzig bedeutet das Erscheinungsjahr ... Dann dreiundfünfzig Zwischenüberschriften, Fettdruckzeilen, die jeweils mit den beiden geflügelten Begriffen *Inoffizieller Mitarbeiter* beginnen, aber stets noch einen Zusatz enthalten, bevor die kürzeren oder längeren Erläuterungen einsetzen, zum Beispiel: *Inoffizieller Mitarbeiter; Abbruch der Verbindung: Situation, in der aus nicht gewollten Gründen die Verbindung zwischen dem IM und dem MfS abgebrochen ist ...* usw. Es geht um *Situationen, Maßnahmen, Aufträge ...* Du suchst wohl die Person, den Bürger, das Subjekt, den Menschen?

Na dann such mal. Ich liefere hier die wahre Ballade vom *Inoffiziellen Mitarbeiter* aus dem geheimen *Wörterbuch*. Gewisse Ähnlichkeiten mit der «Tragoballade vom Spitzel Winfried Schütze in platten Reimen» von Helga M. Novak können nicht ausgeschlossen werden. Dieses Werk vorzulesen dauert zirka drei Minuten, eine gewisse Rhythmisierung könnte das Tempo erhöhen und die akustische Verständlichkeit steigern. Das Entstehen von negativen Gefühlen bei freundlichen, humanistisch gebildeten Zuhörern bzw. Lesern ist unvermeidlich.

INOFFIZIELLER MITARBEITER

Abbruch der Verbindung

aus gewollten oder nichtgewollten Gründen

Inoffizieller Mitarbeiter

Abschreibung

Archivierung des Vorgangs

Inoffizieller Mitarbeiter

allmähliche Einbeziehung

schrittweises Vertrautmachen

Inoffizieller Mitarbeiter
Auftrag vom IM-führenden Mitarbeiter
an den IM zur Gewinnung von
Informationen

Inoffizieller Mitarbeiter
Auftragserteilung und Instruierung
sach- und personenbezogener
Aufgaben

Inoffizieller Mitarbeiter
Ausbildung zur Realisierung
im systematischen und plan-
mäßigen Prozeß

Inoffizieller Mitarbeiter
Auskunftsbericht
operatives Dokument

Inoffizieller Mitarbeiter
Ausrüstung zur Lösung
Gesamtheit der Mittel

Inoffizieller Mitarbeiter
Beendigung der Zusammenarbeit
bei nachweislichen Gründen

Inoffizieller Mitarbeiter
Berichterstattung
über erzielte Ergebnisse

Inoffizieller Mitarbeiter
Bestandsaufnahme
Einschätzung der Arbeit

Inoffizieller Mitarbeiter
Ehrlichkeit des IM als
Persönlichkeitseigenschaft

Inoffizieller Mitarbeiter
Einsatz- und Entwicklungskonzeption

für einen längeren Zeitraum

Inoffizieller Mitarbeiter
Einsatzrichtung
ein schwerpunktbezogener
Komplex

Inoffizieller Mitarbeiter
Einsatzrichtung, generelle
dienstliche Bestimmungen

Inoffizieller Mitarbeiter
Einsatzrichtung, individuelle
bei strikter Gewährleistung

Inoffizieller Mitarbeiter
Einschätzung des IM
Prozeß der Informations-
gewinnung über den IM

Inoffizieller Mitarbeiter
Einstufung und Bestimmung
der IM-Kategorie

Inoffizieller Mitarbeiter
Enttarnung durch feindliche Kräfte
Erkennen von Mitteln und
Methoden

Inoffizieller Mitarbeiter
Feindkontakt bei Einführung in
die Bearbeitung von Vorgängen

Inoffizieller Mitarbeiter
Gewinnung als Maßnahme der Ergänzung
und Erweiterung des IM-
Bestandes

Inoffizieller Mitarbeiter
Instruktion als Bestandteil
der Auftragserteilung

Inoffizieller Mitarbeiter

Nutzung, allseitige
                Ausschöpfen der Möglichkeiten

Inoffizieller Mitarbeiter
      Qualitätskriterien der Arbeit
            für die Zielstellung der
                  Zusammenarbeit

Inoffizieller Mitarbeiter
      Übergabe von IM zur Nutzung
            an andere Diensteinheiten

Inoffizieller Mitarbeiter
      Überprüfung der Zusammenarbeit
            der Ehrlichkeit und der
                Zuverlässigkeit
                  der IM

Inoffizieller Mitarbeiter
      Überzeugungsmotive
            als Werbungsgrundlage

Inoffizieller Mitarbeiter
      Unterbrechung der Zusammenarbeit
            als zeitweiliges Ruhen

Inoffizieller Mitarbeiter
      Verpflichtung zur Zusammenarbeit
            schriftlich, in Ausnahmefällen
                mündlich

Inoffizieller Mitarbeiter
      Vorgang als Bezeichnung
            für die Akte des IM

Inoffizieller Mitarbeiter
      Vorlauf im Prozeß der Gewinnung
            Registrierung des Kandidaten

Inoffizieller Mitarbeiter
      Werbung des IM-Kandidaten
            Herbeiführung der Entscheidung

Inoffizieller Mitarbeiter
        Werbungsart und Weise
                zur Erlangung der Bereitschaft
Inoffizieller Mitarbeiter
        Werbungsgrundlage, vorhandene
                und zu schaffende Bewußtseins-
                        erscheinung
Inoffizieller Mitarbeiter
        Wiedergutmachungs-
                und Rückversicherungsmotiv
Inoffizieller Mitarbeiter
        Zusammenarbeit, konspirative
                spezifische, politisch-operative
Inoffizieller Mitarbeiter
        hauptamtlicher, zuverlässiger
                und überprüfter IM, fortlaufend
                        finanziell und sozial versorgt
Inoffizieller Mitarbeiter
        hauptamtlicher, im legendierten
                Scheinarbeitsverhältnis
Inoffizieller Mitarbeiter
        der Abwehr mit Feindverbindung (IMB)
Inoffizieller Mitarbeiter
        der Kriminalpolizei des Arbeitsgebietes I
                in kameradschaftlichem Zusam-
                        menwirken
Inoffizieller Mitarbeiter
        für einen besonderen Einsatz (IME)
Inoffizieller Mitarbeiter
        zur Führung anderer IM (FIM)
                hauptamtlich oder ehrenamtlich
Inoffizieller Mitarbeiter
        zur politisch-operativen Durchdringung

und Sicherung des Verantwor-
tungsbereiches (IMS)

Inoffizieller Mitarbeiter
zur Sicherung der Konspiration
und des Verbindungswesens (IMK)

Freie Rhythmen aus überflogenen Seiten ihres *Wörterbuchs* mit knapp fünfzig Erörtungen zum *Inoffiziellen Mitarbeiter*, ein langer Sermon auf der Suche nach einem Menschen. Aber immerhin, da findet sich doch noch was.

Unter *Inoffizieller Mitarbeiter*
der Abwehr (IM)

und IM-Kandidat

deutet sich auf Seite einhundertsechsundneunzig der wortreichen *Geheimen Verschlußsache* ein Personenbezug an! Der vielzitierte IM ist demnach ein *Bürger der DDR oder Ausländer, der sich aus positiver gesellschaftlicher Überzeugung oder anderen Beweggründen bereiterklärt hat, konspirativ mit dem MfS zusammenzuarbeiten* ... Dies soll zur Feier des Tages und als gefundene Sicherheitsnadel im geheimen Heuhaufen des *IM-Bestandes* sogleich in eine würdige, herausgehobene Form gebracht werden: BÜRGER DER DDR ODER AUSLÄNDER. Schon der nächste Satz kehrt zurück zur Abkürzung und zum ungenierten Plural, der «das durch seine körperliche Beschaffenheit bedingt gesellschaftlich existierende, d. h. primär sein gesellschaftliches Dasein produzierende höchstentwickelte Lebewesen» (Meyers Neues Lexikon, VEB Bibliographisches Institut Leipzig) auf die staatlich gestutzten Bäume zurückverfrachtet: DIE IM SIND DIE HAUPTKRÄFTE DES MFS IM KAMPF GEGEN DEN FEIND.

IM-Bestand, das klingt doch reizend, nicht wahr, Sascha? In den Rinderoffenställen der Viehbestand, erinnerst du dich? Bei Kälte und Regen blieben die draußen, sollten abgehärtet werden. Nachts brüllten sie manchmal, es war ein dunkler, dann sehr hoher, langgezogener, klagender Ton. Und der verordnete Maisanbau, überall Mais. Man kommt auf seltsame Bezüge. Wo bist du denn, in welcher Realität? Im Handtuchzimmer. Morgen bekommen Sie einen Stahlschrank, leider gab es nur noch große, sagt Herr Borkmann mitfühlend.

Das Zimmer ist recht klein, sage ich.

Das stimmt, sagt er.

Am nächsten Morgen ist die halbe Bude von einem grauen, eckigen Ungetüm ausgefüllt. Frau Schüler fragt, ob ich noch weitere Hinweise zum Formblatt Interne Auskunft IIIa benötige. Ich verneine. Auf dem Schreibtisch liegen verschiedene Blätter und Stapel, auch Notizen, mit der Hauspost ist Material von «BF» gekommen, ich hatte eine Bestellung aufgegeben. Das ging schnell, sagt Frau Schüler, Sie beteiligen sich an der Veranstaltungsreihe der Behörde ... hat Geiger Druck gemacht? Vielleicht, sage ich, im Archiv geht es etwas voran, ich kann *AKG-Material* durchsehen, meist *ZOV*s der Opposition ... allerdings müßte ein Team daran arbeiten ... Ich bin hier gebunden, sagt Frau Schüler. Ihre Augen huschen über den Schreibtisch. Sie hat nach dem «Formblatt» gefragt. Ihre Augen fragen: Sie machen wohl gerade eine Externe Auskunft IVb daraus ... wie es Ihnen so gefällt?

Antwort: Vielleicht.

Frage von Lilo: Steht wirklich immer wieder *Inoffizieller Mitarbeiter* in ihrem *Wörterbuch?* Vor jedem Abschnitt? So oft? Antwort: Ja. Lies doch, hier. Du hast gedacht, das war die Kunscht? Antwort: Ja.

WEITER IM TEXT, es kommen noch schönere Stellen. Reden so Geheimdienste? Gliederungen, Definitionen – «Lyrik», höre ich Bäcker sagen. Glauben Sie doch nicht, erläutert er dem verhinderten Referatsleiter Knabe, dieses Wörterbuch der politisch-operativen Arbeit hat groß jemand gelesen von uns! Das war ein Auftragswerk, sagt er. Knabe erwidert, daß gerade diese Definitionen fast alles sagen. Bäcker schüttelt unentwegt den Kopf. Mit wehendem Mantel entschwindet Knabe Richtung Molkenmarkt, Richtung «BF», fünfhundertsechsunddreißig Blatt Stasi-Definitionen unter dem Arm, die er in seiner Aktentasche verstauen wird, hinter der Wache, nach der möglichen Kontrolle an der Glastür von *Haus* 7. Auf der U-Bahn-Fahrt in die Innenstadt hat er vielleicht noch ein wenig im *Material* geblättert.

Die Szene auf dem Gang habe ich miterlebt, ich sah Bäcker kämpfen, die Bedeutung des *Wörterbuches* wollte er schmälern, gegen die Publikation der *IM-Richtlinien* polemisierte er, nannte sie *eine von diesen überflüssigen Veröffentlichungen, die nur ein Feindbild bedienen, aber keine wirkliche Tätigkeitsbeschreibung des MfS liefern* ... Knabe wollte ihr Theorie- und Täterdeutsch rasch herauszerren ins Licht der Debatte, Bäcker hatte ein gegenteiliges Interesse ... Begriffe von *A* wie *Abschöpfung* bis *Z* wie *Zwangsmaßnahme* ... Das erste und das letzte Wort in ihrem *Wörterbuch*, ihrem Duden. Konrad Duden hatte achtzehnhundertachtzig sein «Vollständiges orthographisches Wörterbuch der deutschen Sprache» vorgelegt als Gymnasiallehrer, genau hundert Jahre später wollte wohl Erich Mielke das seinige vorlegen als verantwortlicher Meister und Wegweiser für eine einheitliche *politisch-operative* deutsche Sprache – nach dem Duden kommt der Mielke, vorerst noch *Geheime Verschlußsache*, aber im Zuge der Weltrevolution ... steht «Welt» im neuen richtungweisenden Werk drin? *Weisungsbefugnis*, das *Wer-kennt-wen-Schema (WkW) des MfS* ... Das wären dann, im Vollzuge eines Gelingens der umspannenden Absichten der Menschheitsbeglückung, die wichtigeren Worte ... Welt ... Welt ... Wir werden doch nicht Springers «Welt» in unser Wörterbuch aufnehmen ...

Knabe sitzt also in der U-Bahn Richtung Alexanderplatz, Magdalenenstraße ist er eingestiegen. Er kramt in seiner Aktentasche, fährt durch dunkle Gänge, Theo Wuttke, den alle Fonty nennen, sitzt ihm gegenüber, an der gelben Tür lehnt Hoftaller, Tallhover macht diesen Zirkus hier nicht mit, vom OV «*Schädling*» war schon die Rede, da setzt sich der Text fort, «wir vom Archiv» sind keine Kulturbundklapser, von der *Abteilung XII* hat der Meister keine Ahnung, er schreibt lieber Belletristik mit Zeichnungen, dazu Regen, Hüte, Gänge, Paternoster, lange Monologe, einige Seitenhiebe. Da steigt der Stasi-Spitzel Cambert ein und beginnt sein Vabanquespiel zwischen Persiflage und Anklage, zwischen Hastenichnemark und Meine Damen und Herren, entschuldigen Sie die Störung, mein Name ist Oberleutnant Feuerbach, ich war der Führungsoffizier von berühmten Schriftstellern, jetzt bin ich arbeitslos. Auf dieser U-Bahn-Linie muß ich vielleicht nicht erklären, welche tragischen Ereignisse zu diesem Abstieg führten. Bitte haben Sie Verständnis, wenn ich Sie um eine kleine Solidaritätsspende bitte, weil wir aus verständlichen Gründen gezwungen sind, einige bewährte Strukturen, streng rechtsstaatlich natürlich, zu rekonstruieren. An meiner Sprache erkennen Sie, daß mir als Arbeiterkind eine ausgezeichnete Bildung zuteil wurde in einem Staat, der jetzt pauschal verteufelt wird. Wenn, hoch gegriffen, fünfhunderttausend gelitten haben, dann wären das noch nicht einmal vier Prozent, verstehen Sie? Wir wollen nichts verdrängen und stellen uns allen Problemen, aber so sind die Relationen, noch nicht einmal vier Prozent! So ist die Lage. Andere profilieren sich und schreiben dicke Bücher, geben vor, daß sie in Kellergewölben herumrutschen mußten, aber, meine Damen und Herren, wir sehen sie in den Talk-Runden sitzen bei Erich Böhme und sich Literaturpreise abholen für bloße Behauptungen und Unterstellungen gemeinsam durchlebter Tätigkeit. Auch kleine Beiträge helfen uns weiter, schon Ihre wache Auf-

merksamkeit erhöhte meine Kampfmoral, vollkommen gewalt-
frei, versteht sich … Knabe blättert demonstrativ, ohne den
Blick zu heben, in seinen Papieren …

Ich beende den Gag und zitiere kommentarlos zwei Begriffe,
die schon erwähnt wurden und jetzt zeigen sollen, was kein
Konrad Duden und kein fortschrittlicher Demokrat und Hu-
manist namens Joseph Meyer je in bekannten auflagenstarken
Bänden zustande brachten: *Zersetzung, operative, operative Me-*
thode des MfS zur wirksamen Bekämpfung subversiver Tätigkeit,
insbesondere in der Vorgangsbearbeitung. Mit der Z. wird durch ver-
schiedene politisch-operative Aktivitäten Einfluß auf feindlich-nega-
tive Personen, insbesondere auf ihre feindlich-negativen Einstellungen
und Überzeugungen in der Weise genommen, daß diese erschüttert
oder allmählich verändert werden bzw. Widersprüche sowie Differen-
zen zwischen feindlich-negativen Kräften hervorgerufen, ausgenutzt
oder verstärkt werden. Ziel der Z. ist die Zersplitterung, Lähmung,
Desorganisierung und Isolierung feindlich-negativer Kräfte, um da-
durch feindlich-negative Handlungen einschließlich deren Auswir-
kungen vorbeugend zu verhindern, wesentlich einzuschränken oder
gänzlich zu unterbinden bzw. eine differenzierte politisch-ideologische
→ Rückgewinnung zu ermöglichen. Z. sind sowohl unmittelbarer
Bestandteil der Bearbeitung → Operativer Vorgänge als auch vor-
beugender Aktivitäten außerhalb der Vorgangsbearbeitung zur
Verhinderung feindlicher Zusammenschlüsse. Hauptkräfte der
Durchführung der Z. sind die IM. Die Z. setzt operativ bedeutsame
Informationen und Beweise über geplante, vorbereitete und durchge-
führte feindliche Aktivitäten sowie entsprechende Anknüpfungspunkte
für die wirksame Einleitung von Z.-Maßnahmen voraus. Die Z. hat
auf der Grundlage einer gründlichen Analyse des operativen Sachver-
halts sowie der exakten Festlegung der konkreten Zielsetzung zu er-
folgen. Die Durchführung der Z. ist einheitlich und straff zu leiten,
ihre Ergebnisse sind zu dokumentieren. Die politische Brisanz der Z.
stellt hohe Anforderungen hinsichtlich der Wahrung der Konspiration.

Kombination, operative, operative Methode, die sich darstellt als ein Komplex sich bedingender und ergänzender sowie aufeinander abgestimmter Maßnahmen mit dem Ziel, bei Wahrung der Konspiration der Absichten, Maßnahmen, Kräfte, Mittel und Methoden des MfS bestimmte Personen zwingend zu solchen Reaktionen zu veranlassen, die die Lösung operativer Aufgaben ermöglichen oder dafür günstige Voraussetzungen schaffen. Um die Reaktion offensiv, unter Einhaltung der Konspiration, auszulösen bzw. um zu erreichen, daß bestimmte Reaktionen nicht erfolgen, sind in der K. geeignete operative → Legenden notwendig. Hauptbestandteil der K. ist legendierter Einsatz zuverlässiger, operativ erfahrener und für die Lösung der Aufgaben geeigneter IM. K. sind weitgehend auf realen, vorgefundenen Umständen und Bedingungen aufzubauen. Voraussetzung für die Ausarbeitung von K. ist das Vorliegen ausreichender und qualifizierter Informationen über den Sachverhalt bzw. die Zielperson. Die Ausarbeitung von K. verlangt ein logisches Vorgehen und erfordert: die Erarbeitung der Zielstellung der operativen K.. und die Analyse der Ausgangssituation, die Erarbeitung des Grobentwurfs und die Vervollkommnung der operativen K., die Erarbeitung eines Plans der vorgesehenen operativen K. und Festlegungen sowie Vorbereitungen zum Einsatz der IM und weiterer operativer Kräfte, Mittel und Methoden. Die Durchführung der K. erfolgt auf der Grundlage eines konkreten schriftlichen Planes. Der Erfolg einer K. hängt maßgeblich von einer straffen einheitlichen Leitung ab, um auch eventuell auftretende Komplikationen rechtzeitig zu beseitigen. Alexanderplatz, alle aussteigen! Linie wechseln, Klosterstraße raus, hundert Meter bis zum Molkenmarkt, Dr. Henke wartet schon. Knabe ist außer Atem. Wo sind die *Pläne der operativen Kombinationen*? Vernichtet, weil – laut Vorschrift – in den Leiterbüros eingelagert und als «nasse Sachen» im Wege, als das Volk kam? Vielleicht. Die Bonbontüten in den Panzerschränken waren meist leer. Aber noch stehen in diversen Ecken die schnipselgefüllten Säcke des «vorvernichteten Materials» und auch verschnürte, «ungesichtete Bün-

165

del» … Und es gibt *Richtlinien*, das *Wörterbuch* und *Studienma-*
terialien … Studenten aller Länder, interessiert euch für diese
seltsamen *Materialien*! Aber Aufrufe perlen eher ab, solange das
«System» als fern und überwunden angesehen wird … und Ap-
pelle? Der WDR am Appellhofplatz hat «schon neulich eine
Sendung über die Gauck-Akten ausgestrahlt … berauschend
war die Einschaltquote nicht. Goldhagen läuft zur Zeit besser.»
Wer? Eine Frau am Telefon, eine Redaktionsangestellte. Willst
du aufhören, fragt eine schon eingeführte Stimme gewohnt
spöttisch. Der Verfasser antwortet nicht. Er blättert in den Unterlagen.

OPERATIVE KOMBINATIONEN *sind in hohem Maße geeignet,*
die Initiative in der Auseinandersetzung mit dem Feind zu ergreifen
und seine beschleunigte Entlarvung und Unschädlichmachung zu er-
reichen.

S. 37

Die zu bearbeitende Person darf unter keinen Umständen feststel-
len oder zu der Vermutung kommen, daß bestimmte Aktivitäten vom
MfS ausgehen oder durch das MfS ausgelöst sein können.

S. 38

<u>*Bewußt*</u> *vom MfS geschaffene Umstände, um Personen zu be-*
stimmten Handlungen zu veranlassen, können z. B. sein:
- *durch das MfS organisierte arbeitsmäßige oder andere Auseinan-*
  dersetzungen,
- *Dienstreisen oder Auslandsaufenthalte,*
- *Veröffentlichungen in Zeitungen, Zeitschriften,*
- *Kontrollmaßnahmen staatlicher Organe wie ABI-Hygieneinspek-*
  tion, Finanzrevision, Steuerprüfung,
- *fingierter Diebstahl oder der anderweitige Verlust von Dokumen-*
  ten,
- *«Eingriffe» in das persönliche Leben oder die berufliche Tätigkeit*
  der verdächtigen Person.

Diese bewußt geschaffenen Umstände müssen den vorhandenen Gegebenheiten weitestgehend angepaßt sein. Sie sollen auf ihnen aufbauen und so ausgestaltet sein, daß sie natürlich wirken und für die verdächtige Person kein Anlaß zum Mißtrauen sind oder gar Aktivitäten des MfS vermutet werden.

S. 45

Die weitestgehende Nutzung natürlicher Umstände bedingt zugleich eine zügige Erarbeitung und Anwendung einer operativen Kombination. Erfahrungsgemäß gibt es in der Bearbeitung operativer Vorgänge Situationen und Bedingungen, die für die Lösung einer Aufgabe sehr günstig sind und die ein schnelles Reagieren verlangen. So kann z. B. ein Unfall des Verdächtigen, die plötzliche Erkrankung eines Familienmitgliedes, ein bedeutsames politisches Ereignis, eine bestimmte Spannungssituation zur Grundlage genommen werden, um eine operative Kombination auszuarbeiten.

S. 45

Operative Kombinationen sind weiterhin anzuwenden:
- zur Gewährleistung konspirativer Zuführungen und Durchsuchungen z. B. um Wohnungsschlüssel oder Schlüssel zu anderen Räumen zeitweilig in Besitz zu nehmen, um die Abwesenheit von Wohnungsinhabern zu gewährleisten;
- bei der Durchführung von Zersetzungsmaßnahmen, um z. B.eine feindlich tätige Person zu kompromittieren oder unglaubwürdig zu machen, Widersprüche und Differenzen zu verstärken, Unsicherheit auszulösen;
- zur Desinformation des Gegners.

S. 48

Die analytische Arbeit muß auch bei der Erarbeitung einer operativen Kombination ... an erster Stelle stehen, da operative Kombinationen immer auf überprüften, gesicherten Feststellungen und Informationen entwickelt und aufgebaut werden müssen. Werden operative Kombinationen auf Vermutungen, unbegründeten Annahmen oder nicht überprüften Informationen errichtet oder im Ergebnis einer *oberflächlichen Analyse des Bearbeitungsgegenstandes ausgearbeitet, so kann das zur Dekonspiration der eingesetzten IM oder anderer operativer Kräfte bzw. des Operativen Vorgangs führen. Die verdächtige Person kann dadurch gewarnt werden und es ergeben sich falsche Schlüsse über ihre subversive Tätigkeit z. B. scheinbare Nichtschuld.*

S. 50

Durch unvorhergesehene Umstände kann die Zielperson anders reagieren als das von uns erwartet wurde. Das Aufstellen von Versionen zu möglichen Reaktionen des Verdächtigen ist deshalb gründlich und gewissenhaft durchzuführen.

S. 52

Auf der Grundlage der Analyse der Ausgangsmaterialien und der Zielsetzung kann die Grundidee für eine mögliche operative Kombination erarbeitet werden ... Zum Finden geeigneter Grundideen haben sich kollektive Beratungen bewährt. Dabei muß die Geheimhaltung gesichert sein.

S. 53

Zur Vervollkommnung der Grundidee ... ist vor allem zu prüfen und festzulegen, wie, durch welche Umstände und Bedingungen die verdächtige Person zu den operativ gewünschten Handlungen veranlaßt werden kann ... Das erfordert Überlegungen folgender Art:
- *Welche Umstände (sachlich, räumlich und zeitlich bezogen) zu schaffen bzw. können wie genutzt werden?*

S. 54

Um die Wahrscheinlichkeit einer erfolgreichen Durchführung der operativen Kombination zu erhöhen, können vor ihrer Durchführung oder bereits vor der detaillierten Ausarbeitung bestimmte «Tests» organisiert werden, um die Reaktion in einzelnen, für die Kombination wichtigen Details zu überprüfen. So kann z. B. getestet werden,
- *ob und unter welchen Umständen sich die verdächtige Person von ihren persönlichen Unterlagen trennt,*
- *ob sie bestimmte Fahrzeuge benutzt,*
- *ob sie bestimmte Gewohnheiten in ihrem Tagesablauf ändert,*

- *ob sie an bestimmten Informationen Interesse zeigt,*
- *wie sie auf berufliche Mißerfolge reagiert.*

S. 54

Welche psychologischen Einflüsse wirken eventuell und wie müssen sie berücksichtigt werden?

S. 55

Die Ausarbeitung eines exakten schriftlichen Planes der vorgesehenen operativen Kombination ist vor allem notwendig, um das systematische Wirken verschiedener Einzelmaßnahmen zu gewährleisten.

S. 55

Die Ausarbeitung des Planes ... erfordert ein schöpferisches Herangehen und die kritische Suche nach Detaillösungen. Das wird dadurch unterstrichen, ... daß der Verdächtigte eine individuell ausgestattete Persönlichkeit ist usw.

S. 56

Nehmen an der operativen Kombination mehrere Diensteinheiten teil, müssen im Plan die erforderlichen Maßnahmen der Koordinierung und ständigen Verbindung untereinander enthalten sein. Ebenso kann es notwendig sein, staatliche Leiter, Funktionäre gesellschaftlicher Organisationen, Experten anderer Bereiche oder Wirtschaftsfunktionäre über Vorschriften, Gepflogenheiten, Unterstellungsverhältnisse, Arbeitsabläufe, Verantwortungsbereiche, Funktionsmerkmale, dienstliche Pflichten u. ä. Probleme zu konsultieren und in die Kombination einzubeziehen.

S. 57

Die Bestätigung des Planes der operativen Kombination erfolgt durch die dafür zuständigen Leiter.

S. 57

WAS HEISST UNSCHÄDLICHMACHUNG? Auf der *Grundlage der Analyse* ... und der *Vervollkommnung der Grundidee* soll jemand aufhören zu stänkern, politisch, literarisch, ökologisch, kirchlich ... «ch» ist in manchen Landstrichen kaum aussprechbar ... *körschlisch* hörte ich einen *operativen Mitarbeiter* aus dem Vogtland sagen, *solche sogenannten Lesungen sind nichts anderes als staatsfeindliche Hetzveranstaltungen und damit ein Miß- brauch der Körsche* ... klingt das nicht reizend?

Zersetzungsmaßnahmen, operative Kombinationen haben viele von uns erlebt, denkt der Rechercheur in seinem Zimmer. Hier steht die Handlungsanleitung. Dazu die Akten der von *Operati- ven Vorgängen* betroffenen Freunde, mindestens zehn, zwanzig Beispiele, die ich gut kenne ... Erlebnisberichte, Zeugenaussa- gen, einige Stasidokumente über *bewußt vom MfS geschaffene Umstände, aufgestellte Versionen, die realisierte Grundidee der ope- rativen Kombination, dem Einsatz von IM*, der Durchführung von Zersetzungsmaßnahmen, das Vornehmen von Tests und die Bestätigung durch den zuständigen Leiter der Dienststelle ... Viele Beweise fehlen, aber ihre Planungen und *Durchführungs- bestimmungen* sind vorhanden. Ganze Passagen lesen sich wie Rechtfertigungen und «Freigabe»-Texte für die Stasi-Mitar- beiter, die *Führungsoffiziere* und *Einsatzleiter*: hier steht es, da ist der Stempel, das ist die gesetzliche Grundlage, das die Ein- schätzung durch die Führung der Partei und der ruhmreichen Sowjetunion, das ist angeordnet, so wird es durchgeführt und ist rechtens, ist korrekt, sachlich und parteilich richtig!

Als eine Journalistin den zu lebenslänglicher Haft verurteil- ten Ex-Kommandanten des KZ Treblinka, Franz Stangl, nach dem Sinn der ausgeklügelten Grausamkeiten und Demütigun- gen im Lager fragte, «da man sowieso die Absicht hatte, sie um- zubringen», antwortete er: «Um die, die diese ‹Maßnahme› ausführen mußten, vorzubereiten, um sie zu konditionieren. Um es ihnen zu ermöglichen, das zu tun, was sie dann taten.» Gab es nicht einige Jahre später *Richtlinien* und *Maßnahmepläne*, damit Menschen *zersetzt* und Andersdenkende in *Operativen Vorgängen bearbeitet* werden konnten mit dem ausgegebenen Ziel, *feindlich-negative Personenzusammenschlüsse zu liquidieren?*

170

Was auch immer das existentiell, sozial, politisch und persönlich heißen konnte ...

Wieder höre ich den Aufschrei! Keine Vergleiche! Das ist eine Schändung der Opfer! Aber der Häftling ist abgebrüht. Er denkt an seine Freunde Robert Havemann, Heinz Brandt und Manès Sperber. Und er denkt an das, was er selbst weiß. Es ist undenkbar, daß zwei Diktaturen in Deutschland nichts miteinander zu tun haben. Es ist undenkbar, daß Begründungszusammenhänge, auch *Mittel, Maßnahmen und Methoden*, auch mentale Strukturen, völlig getrennt voneinander existieren innerhalb einer räumlich und zeitlich nahen «Landschaft» ... Es wird eher so sein, daß die N ä h e den Aufschrei und das Tabu produziert. Eine «Bezogenheit» existiert ja und wird in *Überbau* und Ideologie reproduziert ...

Und was geisterte nicht schon in den Medien herum über «Informelle Mitarbeiter»! Broschüren über Akteneinsichten im Selbstverlag mit erschütternden Mitteilungen und Dokumenten liegen dagegen auf einigen Tagungstischen herum wie dumme Jungs, wie ungebetene Gäste ...

Falls es Reaktionen gibt, dann meist Aha, jaja, na und? Is was? Gibt's nichts Wichtigeres? Wie oft denn noch? Woher Mitleid, Mitgefühl nehmen, aus welcher Ecke, unter welcher zugepflasterten Straße hervorkramen? Fragen von Zeitgenossen, meist in einer chronischen Verteidigungshaltung ... wir haben a u c h Schlimmes erlebt, wann kommt u n s e r Elend zur Sprache ... Hat diese «Retourkutsche» nichts mit Diktatur, Krieg, Lager- und Verbrechen zu tun? Diese Kälte, Abgestumpftheit, Brutalität und Gleichgültigkeit? Diese Unfähigkeit, zuerst an die Opfer eigener Taten zu denken ... Oder auch die Fähigkeit, neue Gewaltanwendungen mit Auschwitz zu begründen und tatsächlich auszuführen, also fanatisch zu h a n d e l n, auch gegen Zivilisten ...

Wieder der Aufschrei, gellend.

Der Rechercheur schließt das Fenster des Handtuchzimmers. Draußen werden erhebliche Mengen an Müllsäcken abgeholt, ein Container quietscht, ein Problem wird «entsorgt». Ob Akten dabei sind? Das Paranoide dringt hier aus allen Ritzen, real und krankmachend. Aber der Aufschrei gilt den Mieten, der Arbeitslosigkeit, der Lohnfortzahlung im Krankheitsfall, den Renten, Kinderschändungen, Kriegen in anderen Staaten, Flugzeugabstürzen, Verkehrstoten ... Da kommst du, da kommt ihr mit euren Stasi-Wehwehchen, euren Kopien und angeblichen Beweisen! In die Akten wurde viel reingepinselt, womöglich nachträglich verändert von wem auch immer ...

Der Rechercheur kennt die Litanei. Der Verfasser gleichermaßen: Kommt der Patient zum Arzt und schildert sein Leiden, fragt der Arzt zurück, ob der Patient wisse, wieviele Menschen um ihn herum noch viel schlimmere Leiden haben und beginnt mit der ausführlichen Schilderung seiner eigenen Krankheiten. Stopp. Denken Sie an den Weltfrieden, an das gemeinsame Thema Abrüstung und den Kampf gegen die Feinde des Sozialismus! Gibt es nicht einige übereinstimmende Punkte? So fragte der eine oder andere Vernehmer in einer bestimmten Verhörsituation. Wir Gefangenen nannten das die «Friedensplatte», sie wurde ab und zu aufgelegt. Manchmal wurde sogar Che Guevara erwähnt oder die Pinochet-Junta. Es gab sogar richtige Songs vom Plattenspieler in spanischer Sprache hinter schwedischen Gardinen. Stopp.

Nach der Ausbürgerung stänkerte ich weiter. Da wurden *in konzentrierter Form spezielle Maßnahmen realisiert*. Welche? Wieder könnten Seiten gefüllt werden, alles kursiv, alles ihre Sprache, manches beweisbar und selbst erlebt, von Zeugen bestätigt. Stopp. Es kotzt mich an. Stopp. Haben Sie noch was Schlimmes, das im Westen passierte? Ein Maßnahmeplan? Ein Angriff? Etwas Anschauliches, Griffiges? Stopp.

Die Tochter stürzte, griff ins Leere, bei ihrem neuen Rad

hatte man den Bremsbowdenzug angesägt, auf einer bergigen Strecke riß er, sie stürzte, verletzte sich nur leicht. Die jüngere hielt eines schönen Tages den Lenker in der Hand. Die Räder standen im Keller, *IM «Genua»*, Inhaber eines Westberliner Schlüsseldienstes, hatte dem *Organ* die Nachschlüssel für Keller und Haus besorgt ...

Was? Wirklich? Ist das bewiesen? Ja. Der Herr stand inzwischen vor Gericht, aber dabei war ich nicht, als der Konus gelockert wurde. Vermutlich gelockert wurde. Gelockert worden sein könnte. Dabei war ich nicht. Ein Foto davon habe ich nicht. *Technik* konnte ich zur Beweisführung nicht einsetzen, *Technik* hatten sie, Nachschlüssel, *Grundideen und überprüfte Informationen* ... Man kann recht dumm vom Rad fallen, dann ist eine für die *Bearbeitung Operativer Vorgänge sehr günstige Situation und Bedingung gegeben, die ein schnelles Reagieren verlangt.* Man kann im Straßenverkehr verunglücken, vor der roten Ampel. Man kann aber auch, wie bei uns geschehen, das Rad aus dem Keller holen und im Hausflur aufsteigen wollen, schwuppdiwupp, den Lenker in der Hand, stolpern, straucheln, lachen, sich wundern, grübeln ...

Die zu bearbeitende Person – oder deren Kinder, füge ich hinzu – *darf unter keinen Umständen feststellen oder zu der Vermutung kommen, daß bestimmte Aktivitäten vom MfS ausgehen oder durch das MfS ausgelöst sein können.* Ich hatte Vermutungen, von wem solche *Aktivitäten* ausgingen, zeitgleich gab es ja noch andere *Maßnahmen*, etwas wurde in *konzentrierter Form realisiert* ... Anrufe, keiner meldete sich, tags, nachts. Bestellungen unter dem Namen des *Feindes*, Pornohefte, Nationalzeitung. Taxis und Notdienste rückten an, Schlüsselnotdienst, Abflußnotdienst, Abschleppdienst. Ferner Fensterputzer, Polstermöbelaufarbeiter, Abholer von Schmutzwäsche, Abholer von Autowracks, Wohnungsauflöser, Ungezieferbekämpfer ... *Operative Kombinationen sind in hohem Maße geeignet, die Initiative in der Ausein-*

andersetzung mit dem Feind zu ergreifen und seine beschleunigte Entlarvung und Unschädlichmachung zu erreichen. Es kamen auch Unschädlichmacher mit großen Flaschen und Sprühgeräten, Entlarver, Dienstleistungsunternehmen der Ungezieferbekämpfung, telefonisch unter dem Namen des *Feindes* bestellt. Und was ist, wenn einer immer noch nicht aufhört zu stänkern? *Unschädlichmachung* ist ein interpretierbares Substantiv, häßlich zwar, aber Stil und Ästhetik beiseite, etwas herausholen und schlußfolgern läßt sich schon aus diesem Terminus des *Studienmaterials der Juristischen Hochschule* ... Quellenangabe für die Schädlingsbekämpfung? *ZOV «Opponent», Zwischenbericht der HA XX/5, Berlin, den 29. 9. 1982, Registriernummer XV 15665/89.* Und das mit dem Rad der Tochter steht auch so drin? Nein, aber es werden *IM-Einsätze* beschrieben, die genau das nahelegen. Als Schlußfolgerung, als ein mögliches «Ereignis» in diesem Umkreis? Ja. Gibt es noch weitere «Ereignisse»? Ja. Welche? Warum soll ich sie nennen? Für die Öffentlichkeit! Für die Aufklärung! Für die Bildung und die Forschung! Für eine eventuelle strafrechtliche Verfolgung der mußmaßlichen Täter! Falls, ja, falls weitere Indizien gefunden werden und zwingend, rechtsstaatlich, die individuelle Schuld nachweisend, exakt feststeht, daß ... Das Wasser ist naß! Ich bin satt, mag kein Blatt, mäh, mäh, mäh! *K.* und *z.* oder *z.* und *K.*, der Weihnachtsmann ist da!

AUTOPRESSE ZECH, ABHOLER von Autowracks ...

Sind Sie sicher, daß das jemanden interessiert? Christhard Läpple vom ZDF rief an, wollte ein Interview, bekam es: Mielke, was würden Sie ihm sagen, er wird in diesen Tagen neunundachtzig ... Erich Mielke gehört nicht zu meinen Freunden. Er hat Menschen Leid zugefügt. Als politischer Häftling wäre ich nicht aufgestanden, wenn er ins Vernehmerzimmer gekommen wäre. Ich hätte auch nicht mit ihm gesprochen, warum sollte ich ihm zum Geburtstag gratulieren? Wann? Im «heute journal», KGB-Offiziere äußern sich, Krjutschkow, der letzte Minister, auch Markus Wolf wurde eine halbe Stunde im russischen Fernsehen gezeigt als Meisterspion … Freitag? Verschoben auf Montag, ein Tag vor Silvester, Belgrad-Berichterstattung geht vor, die Demonstrationen der Studenten. Also Montag, 21.45 Uhr. Nachrichten, Rechtschreibreform, Lehrer Denk contra, Kritiker Karasek pro, der neue Kinderkanal ab 1. 1., die Sendung mit der Maus, Sandmännchen, was Freundliches zum Jahresausklang … Läpple war in Moskau, machte Interviews, «das geht dort nicht gut», sagte er. Restauration, fragte ich. Er kam mit einer Baseballmütze in Moskau an, kaufte sich sofort eine Pudelmütze, so kalt war das. Weiß nicht, wie ich es nennen soll, sagte er beim Interview … Am Sendetag vor dem Fernseher: Kommt noch was, fragt Lili. Kommt noch was, fragt Jenka. Vorher ein Dokumentarfilm über Nowaja Semlja, das sowjetische Atomversuchsgelände, versenkte Atom-U-Boote, Eisbären, Zeugen mit Gruselgeschichten, gefälschte Arztberichte, eine elende Wüste der Technik, des Militärs und der Diktatur, dazwischen Frauen als «Zivilangestellte» und Kinder, die mit Ranzen in eine Schule gehen … Es kam nicht, sagt Lilo, hat Läpple angerufen? Er hätte eigentlich anrufen können. Ist mit neuen Details über Mielkes Vergangenheit aus Moskau zurückgekommen, sage ich. Über die Vergangenheit des Sandmännchens, wird gefragt. Gelächter. Der «heute»-Moderator N. hat gute Laune, in Deutschland sind die Wasserstraßen eingefroren, die Binnenschiffer müssen irgendwo vor Anker gehen, Silvester nicht zu Hause. Ein Eisbrecher bricht das Eis, aber rasch friert es wieder zu … Anschließend ein Krimi mit Unterhaltung, Telefonsex in der Badewanne, das Telefon klingelt, ein Gangster meldet sich … Einschaltquote? Mielke? Das ist doch Eis und Schnee von gestern … Man sollte sich nicht an jedem Scheiß beteiligen, im-

merzu solche Anfragen, immer ist alles wichtig und Gesprächs-
honorar keins, wird gesagt, gibt es noch irgendwo Schokolade
in der Wohnung? Telefon. Telefon!

Ich bin nicht da.

Weißt du, warum sie die Sendung geschoben haben? Weil es
der neunundachtzigste Geburtstag war, nicht der neunzigste,
darum! Fällt mir gerade ein, beim Schreiben. Lilo lacht, kann
sein. Aber wen interessiert das? Hast du wieder so grimmig geguckt? Ich hatte extra das rotkarierte Hemd an und frisch ge-
waschene Haare ...

Dann kommen wieder die Spaßmacher, sagt Lilo, die Spezialisten für technische Feinheiten an Bremsen, Benzinleitun-
gen und Reifen ... wo steht unser Auto? Das hört doch nie auf!
Wir sollen im Streß bleiben. Ein empörter ehemaliger *Mitarbeiter* findet sich, der die Adresse noch weiß, die *Gegebenheiten* ...

Kinder sind im Haus, Lili kam schon vor mit Rede-Gegen-
rede. Lili Brik, Lili Marleen – in der Klasse haben sie Liliput
zu mir gesagt, klagt die Tochter, das war schrecklich ...

Ab dreiundachtzig die *spezielle Maßnahmen in konzentrierter
Form*. Sechsundachtzig explodieren fünf Werfergranaten vor
dem Haus, Lili ist gerade auf dem Weg zum Briefkasten, in
dreißig Metern Entfernung fliegen Autoteile über die Hausdächer, eine zwanzig Meter hohe Stichflamme mit Rauchentwicklung ist recht weit zu sehen. Die Feuerwehr kam, die Täter
konnten nicht ermittelt werden. Neunzehnhundertfünfund-
achtzig wurde Jenka geboren, das Kind saß im Kinderwagen,
ihre Großmutter fuhr es spazieren, da flogen in etwa einhundert Metern Entfernung Autoteile über die Hausdächer, eine
zwanzig Meter hohe Stichflamme mit Rauchentwicklung ist
recht weit zu sehen. Die Feuerwehr kam, die Täter konnten
nicht ermittelt werden. Gegenüber ist ein Flugplatz, es ist aber
die andere Straßenseite, gegenüber, hundertfünfzig Meter ent-

fernt, ist das Tanklager, es ist aber die andere Straßenseite, vielleicht ein Versehen, vielleicht ein Fehler, vielleicht sind fünf Werfergranaten zu früh explodiert, gibt es denn irgendwelche Akten? Ja, irgendwas gibt es. *IMB «Mario»* geisterte umher und berichtete über die *Reaktionen auf ein Ereignis*, ein Arzt aus Südamerika, der in Jena lebte, jetzt ist er im Ausland, irgendwo im Ausland, es ist ja fast nichts passiert, und wenn etwas passiert sein sollte, war es ein Beitrag für den Weltfrieden, im übrigen kann es so oder so gewesen sein … Aber die Flamme hast du wirklich gesehen vor dem Fenster im dritten Stock, so hoch schlug das Feuer, bis zum dritten Stock, das hast du so gesagt, die Kinder waren nicht mehr zu sehen, nur Flammen und Rauch, war es so? Schock oder wie? Dann wollen Sie wohl einen Reha-Antrag stellen oder eine kleine Rente rausholen nach dem zweiten Unrechtsbereinigungsgesetz, posttraumatisches Belastungssyndrom, oder noch schlimmer? Verdammt lange Sätze schreiben Sie, das sind wohl «authentische Assoziationen eines Betroffenen», ja? Aufzeichnungen aus einem fast explodierenden, fast toten Haus? Dostojewski haben Sie gelesen, darunter geht es nicht, *Zersetzung, Maßnahmen*, Sie sind ein Scharfmacher, ein kalter Krieger! Das ist immer noch das beste Argument gegen Leute wie Sie. Da können Sie sich kaum wehren. Der Biermann paßt da ganz genau auf, ja kein Ton zu bitter … Lesen Sie Christoph Dieckmann in der «Zeit»: «Der wahre Osten ist ambivalent. Er steckt in gebrochenen und geflickten Biographien …» Und in der «Berliner Zeitung» das Interview mit Reinhard Höppner, Ministerpräsident, im Amt! Wen interessiert denn, ob es eine Karteikarte gibt über einen *IM «Mathematiker», Registriernummer XV 3492/78*! Alles Episode, alles schon behandelt im «Magdeburger Modell». Höppner ist doch Mathematiker, er hat doch gesagt, daß man ihn anwerben wollte, allerdings ohne Erfolg … Eine Karteikarte blieb übrig … Man steht, lächelt, talk-Runde bei Lea Rosh, ich hatte in der

DDR nie Angst vor dem Gefängnis, sagt der Ministerpräsident, warum auch? Es gab Grenzen, wer die überschritt ... Sie waren doch dann im Westen? Ja, sage ich. Ging es Ihnen da nicht gut? Doch.

Sehr kompliziert schreiben Sie, Jürgen, meint Frau Sperber aus Paris, alles ist so speziell, diese schrecklichen Akten ...

Und die Flamme vor dem Fenster, wie hoch war die? Über zwanzig Meter? Ja. Vorhin haben Sie zwanzig gesagt, eine zwanzig Meter hohe Stichflamme mit Rauchentwicklung ist recht weit zu sehen ... Ja. Was stimmt denn nun? Ich konnte Lili nicht mehr sehen und Kristina, ihre Freundin, sie gingen in eine Klasse. Flammen und Rauch, die Kinder. Der Briefkasten ist rechts, wenn man aus dem Fenster sieht, rechts, Richtung Süden. Wo waren die Kinder? Ich rannte ins Treppenhaus, wieder zurück, zog Jeans an, die Trainingshose hatte einen ausgeleierten Gummizug, ich rannte, war eigentlich krank, Fieber, wahrscheinlich Grippe, Turnschuhe an, zur Haustür runter. Da sah ich die beiden am Briefkasten stehen, brüllte: bleibt dort, bleibt dort! Das Auto brannte, der Tank konnte explodieren, ich winkte, ruderte mit den Armen: weg, weg! Wieder Ausrufezeichen, genügt denn kein Punkt? Oder meinetwegen drei Punkte, weil es ja schon eine emotionale Situation war? Wer das sagt, wer das bemerkt? Das Lektorat vielleicht. Oder der Zeitgeist, der bombige Zeitgeist.

Warum nimmst du das auf? Laß sie doch quatschen. Ich laß sie doch quatschen.

Und was ist mit der Distanz? Der nötigen Arbeit am Text? Fabrizierst du hier Betroffenheitsprosa, die sich einbildet, immer recht zu haben, weil es «stimmt», «weil es so gewesen ist»? Wer wird denn noch angepinkelt in diesem Katastrophen-Ton? Was soll das abenteuerliche Hin und Her?

Eine Zeitungsanzeige: «Dem Sonntagsläuten folgt stets ein

Sonntagsleuchten: Die Menschen sind sich selbst der einzige Schmuck.» Reiner Kunze. «Er lebte mehrere Wochen auf einer zur Steinwüste ausgetrockneten Wildfarm in Namibia und hat seine Erfahrungen in Notizen und Fotos von großer Ausdruckskraft festgehalten. Das daraus entstandene Buch läßt erkennen, mit welcher Vitalität, Phantasie und Humanität Menschen in harten Zeiten vor ihrem Schicksal bestehen.» Und vor Stichflammen. «Steine und Lieder» heißt sein Buch. Ihm haben sie in Passau die frisch gepflanzten Bäume zehn Zentimeter unter der Oberfläche durchgeschnitten und die Setzlinge wieder in die Erde gesteckt. Sonntagsleuchten? Schmuck?

Bei Primo Levi lese ich gerade, daß im Lager Ravensbrück für den Begriff «Muselmann», mit dem die hoffnungslos erschöpften, ausgehungerten Häftlinge bezeichnet wurden, die Wortverbindung «smistig» existierte: für «Schmutzstück» und «Schmuckstück» ... zwei fast gleichlautende Wörter, das eine als Parodie auf das andere ...

Ich schreibe Aufzeichnungen aus einem behördlichen Zimmer. Woran darf ich denken, woran nicht? Bettelheim verglich in seinen Therapien autistische Kinder, die aus der amerikanischen Mittelschicht kamen, mit KZ-Häftlingen, die sich aufgegeben hatten ... Sogar Celans «Todesfuge» zitierte er in diesem Zusammenhang ... Er durfte das, er war selbst im KZ ... Darf man Orte der Qual, der Folter, miteinander vergleichen?

Mein Gefühl: Viele wollen unsere Erfahrungen nicht wahrnehmen, nicht wahrhaben, sie ignorieren, parodieren, wegblödeln, sie wollen uns heimleuchten. Sie wollen Schmuckstücke ihres Hasses aus uns machen, Spinner, Schizophrene, der eine als Wildfarmer in Namibia, ich auf einem erinnerten Horrortrip, der staunende Mann am von außen erleuchteten Fenster zur frühen Nachmittagsstunde im Sommer eines zurückliegenden Jahres, die beiden Kinder unterwegs auf den Straßen von Berlin, eine Freundin kommt hinzu, zwei, drei. Hip-hop, klippklapp, bummbumm. Möchten Sie noch weitere Dokumente in Ihr lange erwartetes Manuskript aufnehmen? Das werden redundante Schläuche … Schon im Walther-Buch blättern viele bloß das Namensregister durch, schreiben neben die Stasi-Decknamen die «Klarnamen», wenn sie eifrig und genau sind … Und was wird Herr Gauck wohl sagen, der sehr auf seinen Ruf achtet? Haben Sie bedacht, welche Reaktionen bei Reiner Kunze ausgelöst werden könnten, er ist bekanntlich sehr sensibel? Was Kulturminister Hoffmann seinerzeit zu ihm gesagt hatte, wissen Sie doch. «Dann kann ich Sie auch nicht mehr vor einem Autounfall schützen!» Wer hatte denn einen Autounfall wenig später? Sie mit Frau und Kind im Trabant-Kombi von Frau Havemann, nicht wahr? Kurz hinter Michendorf auf der Autobahn, Sie wollten nach Jena und nach Reichenbach, Ihr Herr Vater hatte Geburtstag. Dann machte es klack, Sie konnten nicht mehr lenken, ja? Überschlagen, das Dach wurde abgerissen, das Kind unverletzt, Ihre Frau fast unverletzt, ein Wunder. Sie hatten Wunden im Gesicht, Gehirnerschütterung, bekamen eins auf die Nase, aufs Nasenbein. Ursache? Tja, die Werkstatt schwieg, die Polizei fragte beim Fahrer nach: «Können Sie es sich erklären?» Vielleicht ein Stein auf der Fahrbahn, sagten Sie, was war mit der Lenkung, fragte Herr Havemann im privaten Kreis. Und im Gefängnis äußerte einer Ihrer Vernehmer lachend und empört: *Sie unterstellen uns wohl …*

Ist Reiner Kunze aus Afrika zurück?

Im gerade von Ihnen zitierten Anzeigentext steht sehr klar, daß er nur mehrere Wochen auf einer zur Steinwüste ausgetrockneten Wildfarm in Namibia lebte und seine Erfahrungen in Notizen und Fotos von großer Ausdruckskraft festgehalten hat. Das daraus entstandene Buch läßt erkennen, mit welcher Vitalität, Phantasie und Humanität Menschen in harten Zeiten vor ihrem Schicksal bestehen.

Danke, alles klar. Ich werde das Buch bestimmt lesen. Ich

habe alle bisher erschienen Bücher von ihm gelesen, dort im Regal stehen sie.

Wenn er diese Einlassungen liest, wird er Ihnen bestimmt kein einziges Buch mehr zuschicken.

Ich habe gar nichts gesagt.

Er wird mir das Buch bestimmt schicken.

Er kommt aus Oelsnitz, ich aus Reichenbach, er lebte dann in Greiz, ich in Jena. Er ist ein Freund. Sein *OV* heißt *«Lyrik»*, die Veröffentlichung dazu «Deckname Lyrik». Ich komme auch vor. Viele Exemplare habe ich mitgenommen und bei Lesungen verteilt. Er wird nicht böse sein, wenn er das liest. Er wird wissen, warum ich Primo Levi zitiere und sein «smistig». Wie ich darauf komme. Auf dem Kasernenhof ist ein «Schmuckstück» entweder ein frisch eingezogener Rekrut, mit dem man Spaß machen kann, oder ein in Ausgangsuniform bereitstehender Soldat mit «Ausgangserlaubnis», in vollem «Wichs», mit Schirmmütze, schwarzen glänzenden Halbschuhen und Lederkoppel, dazu die eventuell vorhandenen Auszeichnungen an der Brust. Oder ein besonders verhaßter Offizier, der viel Wert auf «Ordnung» und Spindkontrollen legt, nachts auf leisen Sohlen durch die Gänge schleicht und überraschend die Stubentüren aufreißt ... Der lyrische Ton ist schön, aber wir dürfen auch lustig lachen. Biermann legte bei einem Besuch in Greiz ein gehäkeltes Tischdeckchen auf seinen eigenen Kopf und sprach sehr ernst weiter: Treten Sie ein, ziehen Sie Ihre / Schuhe aus, hier / ist frisch gebohnert.

FRÜHER ODER SPÄTER wirst du in Konflikt geraten. Am achtzehnten September neunzehnhundertsechsundneunzig zum Beispiel. In einer Sitzung des «Beirates», der die Gauck-Behörde beraten und kontrollieren soll, wirst du als Mitglied sitzen. Auf dem Tisch stehen Cola-Dosen, Gläser, Tassen. Der Landesbeauftragte für die Stasiunterlagen aus Mecklenburg-

181

Vorpommern, Sense, wird seinen Bericht erstatten und bekannt-geben, daß er nicht gern ins Archiv nach Schwerin fährt, weil dort immer noch, Jahre nach neunundachtzig, der ehemalige MfS-Offizier Albrecht sein «Ansprechpartner» ist. Das ginge ganz automatisch, Moment, werde gesagt, Herr Albrecht kommt gleich ... Du wirst zum wiederholten Male die anwe-sende Macht der ehemaligen Offiziere in ihren ehemaligen Dienstgebäuden kritisieren. Und dann wirst du sagen: Ich kenne das Stasi-Unterlagengesetz, ich kenne den Paragraphen neun-unddreißig, ich weiß, was ein Mitglied des Beirates darf, soll und muß, ich bin zur Verschwiegenheit verpflichtet über die mir be-kanntgewordenen Tatsachen im Verlaufe dieser Tätigkeit, ich gebe hiermit bekannt, daß ich Öffentlichkeit herstellen werde, wenn keine grundlegenden Veränderungen eintreten, ich er-trage diesen Zustand nicht mehr, ich kann bezeugen, daß Bäcker und Hopfer allein im Archiv waren, im Eingangsbuch standen ihre Namen, es sollten immer zwei zusammen gehen, sie waren zu zweit ... Ich habe Fragen, alarmierende Indizien existieren, bisher tat sich nichts ... Da werden das Lächeln und die Zähne von Herrn Direktor Busse zu sehen sein, Herr Direktor Geiger befindet sich in München und leitet inzwischen den Bundes-nachrichtendienst, Herr Gauck ist krank, andere Beiratsmitglie-der stimmen deinen Bedenken zu. Spätestens in diesem Augen-blick wird früher oder später sein.

Es gibt Mitbürger mit leuchtenden Augen, die Forderungen stellen. Ich bin Chef einer Bundesbehörde und muß abwägen, zu Kompromissen fähig sein. Joachim Gauck.

Zitat? Fast, sinngemäß. Hat er «leuchtend» gesagt? Oder stechend ... Einer versteckt sich tags im Wald, in Höhlen, in der Dämmerung kommt er heraus ... der kleine oder der große Fleckenfalter? Flügelspanne vier bis fünf oder sechs bis sie-ben, Hinterflügel blaugefleckt? Eher der aus der Raubtierfa-milie, weltweit verbreitet, klein bis mittelgroß, meist schlank, nicht sehr hochbeinig, mit verlängerter spitzer Schnauze, fast immer großen bis sehr großen zugespitzten Ohren und buschigem Schwanz, Kleintierjäger, der gelegentlich auch Aas und, brav, Pflanzen frißt ... Und die Augen? Tja. An der Autobahn, wenn die Scheinwerfer sie erwischen, leuchten sie gelb, rot ... bleib stehen, Füchschen, warte, bis die Raser vorüber sind, auch die blauen Mercedes-Schlitten halten nicht an, auch die Fahrbereitschaft für Bundesbedienstete fährt weiter, gib dich keinen Illusionen hin, egal wie du guckst am Rande der Böschung ...

Im Handtuchzimmer liegen Kopien der *Juristischen Hochschule*, die Archivmitarbeiterin Sabrowske begleitete dich ins Magazin, ein Mann mit blauem Kittel bedient die Hebel, du kniest vor vielen Bündeln, zerrst dies heraus und das, erflehst von recht weit oben einen Riecher, etwas Glück, einen Zufall ... Zurück in den Text, lieber Freund, *bearbeiten, zersetzen, liquidieren* ... der Behördenirrsinn und seine aktuellen Spielarten sind das eine, sie zeigen fast alles. Und das andere, lieber Freund, Rechercheur und «*Opponent*», das mußt du finden, zeigen und erläutern, pur und gemixt, früher oder später. Es ist später. Dann beeil dich! Ich will nicht hetzen. Dann langsam! Das dauert dann wieder ... Leben wie die Dachdecker, nicht nach unten sehen, die Zukunft ist der nächste Tag, kleine Schritte, Kurs halten, Ironie bewahren, viel lachen ... Von wem? Jenka Sperber, Anruf, abends. Rückfrage: War Manès Sperber vorsichtig? Antwort: Er reiste nie nach Jugoslawien, obwohl Einladungen vorlagen. Er wußte zuviel, hatte «realistische Phantasie» ...

DIE ZERSETZUNG UNTERSTÜTZT in spezifischer Weise die Politik von Partei und Staatsführung.

S. 68

Aus politischen Gründen ist es oft nicht zweckmäßig und gesell-

schaftlich nützlich, auf verschiedene Straftaten mit Maßnahmen der strafrechtlichen Verantwortlichkeit zu reagieren.

S. 68

Feindlich tätige Personen ... sind – zur Untätigkeit gezwungen und in Freiheit befindlich – weit weniger gefährlich als inhaftierte «Märthyrer» (Originalschreibweise).

S. 68

Es kann besser sein, «lautlos» vorzugehen und konspirativ die Feindtätigkeit zu verhindern.

S. 69

Wird von feindlichen Kräften erkannt, daß gegen sie Maßnahmen der Zersetzung angewandt werden ... besteht die Gefahr großer politischer Schäden, u. a. in Form der Verleumdung und Diskriminierung des MfS durch westliche Massenmedien.

S. 69

Deshalb muß vor allem durch die Leiter gesichert werden, daß die Einleitung und Durchführung von Zersetzungsmaßnahmen stets unter strengster Wahrung der Konspiration erfolgt.

S. 69

Die Zersetzung trägt Prozeßcharakter.

S. 76

Wie bereits herausgearbeitet, wird die mit der Zersetzung angestrebte Zersplitterung, Lähmung, Desorganisation oder Isolierung feindlich-negativer Kräfte vor allem durch die Einflußnahme auf die inneren Bedingungen von Menschen erreicht.

S. 76

Zitate, Zitate. Sie wuchern und zersetzen den Text. Telefon: Sie möchten sich bitte am kommenden Dienstag bei BF einfinden zur Mitarbeiterbesprechung, Dr. Knabe läßt grüßen ... Wurde er wieder gerügt? Gibt es neue Anweisungen und Bestimmungen, Vermerke und Formulare, sind behördliche Ereignisse eingetreten und dringend auszuwerten? Telefonate, das Wort *Zer-*

setzung ... Dr. Rolle ist im Urlaub, Frau Schüler hat frei oder einen Lehrgang, Klaus Richter fragt nach dem Befinden, der Lektor gegenüber grüßt immer noch freundlich, Herr Borkmann läuft durch die Gänge, ein Wachmann kontrolliert mich zweimal, er ist groß, mürrisch, uniformiert, in blauen Stoff gehüllt, ein helleres Blau als die Eisenbahnerkluft ... Er trägt eine Brille, will in die Aktentasche sehen, findet nichts, zeigt eine gewisse Enttäuschung ... *Zersetzung* wird geplant und erfolgt *unter strengster Wahrung der Konspiration.* Tückisch ist das Verabredete, Lauernde, Langfristige, Hartnäckige. Aber gerade dieses Planen und Durchkonstruieren erzeugt oft etwas Steifes, Gewolltes. Man fühlt die Fäden, die Regie im Hintergrund und das Unechte, Nachplappernde bei einigen eingesetzten Helfern, die nach «innen» vordringen wollen. Oft ist es nur ein Gefühl.

MENSCHEN SIND ABWESEND. *Kräfte* kommen vor, *feindlich tätige Personen.* Aber halt, wenn es zu Werke geht, wenn *Zersetzung* wirken soll, wenn *Zersplitterung, Lähmung, Desorganisation oder Isolierung* tatsächlich erreicht werden sollen, dann kommen andere Töne in ihren häßlichen Text: Dann ist von der *Einflußnahme auf die inneren Bedingungen von Menschen* die Rede. Ein etwas gehobener, fast sentimentaler Ton. Ich höre Girke reden: *Es war für mich zunehmend feststellbar, daß ich mich für Menschen interessiere ... Ich wollte etwas mit wissenschaftlichen Methoden verändern. Das, was Menschen sagen, das, was Menschen aufgeschrieben haben, das, was sie tun, das gibt alles Informationen her und da muß man sich sehr solider und sauberer wissenschaftlicher Erkenntnismethoden bedienen und mir war klar, viele Genossen, die operativ arbeiten, beherrschen diese Mittel nicht. Hier ist viel mit Stereotypen, mit Vorurteilen gehandelt worden. Und hier muß mehr Psychologie rein, damit diese Arbeit solider gemacht wird.*

Alles gibt Informationen her, stimmt.

Wir haben mit Menschen gearbeitet, für Menschen und auch gegen Menschen ... Sehr «griffig», sehr einprägsam formuliert. *Die operative Psychologie ist einzusetzen, um anhand von Vorgängen, Vernehmungen und anderen operativen Unterlagen in die inneren Regungen des Feindes einzudringen. Damit entstehen Erkenntnisse über Gedanken und Gefühle, typische Verhaltensweisen und psychische Eigenschaften des Gegners, die wertvolle Hinweise auf seine Entlarvung und Liquidierung, Beeinflussung, Zersetzung und Anwerbung enthalten* ... Das klingt etwas gröber, das hätte der Kommilitone so nicht öffentlich gesagt ... In der *VVS MfS JHS 106/68* wurde es aber so ausgedrückt als *Richtlinie* und *Befehl* ...

Der schöne Jochen Girke in der Seminargruppe, der heimliche Girke. Er ist Partei, hat einen Armeedienstgrad, ist künstlerisch interessiert und gehört zum *Erich-Weinert-Ensemble der Nationalen Volksarmee*, einen Bart hat er zwischen Nase und Mund, einen dicken, dichten Bart, schlank ist er, nahe beieinander setzt er seine Füße, als wolle er auf einer Linie laufen, möglichst wenig Spuren hinterlassen, spuren will Jochen Girke, parieren, er trippelt fast, ein wenig Laufsteg ist dabei, Auftritt, seine Augen wissen mehr, sie blitzen, sie zwinkern jungen Frauen zu und wissen, was sie wollen. Die schmalen Finger schreiben schnell mit in den Vorlesungen, was schreiben sie sonst noch, welche Berichte? Der schöne Girke ist «dabei», aber wie tief, wo genau? Was will er später tun, was macht ein Student der Psychologie an der Friedrich-Schiller-Universität in seiner Freizeit? Ist er frei? Hat er Führung und Paten?

Im Studienjahr tappen noch andere Offiziere herum, Stasi, auch gewöhnliche Truppe, Innenministerium, wer weiß. Wiegand, Lehmann, Mehner, Dambowski ... Girke ist anders, er kann reden, beeindrucken, lachen, flirten, untertauchen im Gewimmel der Mensa ... Seine Familie kommt aus Thüringen, der Vater staatlicher Leiter, mit Professor Vorwerg, einem «führenden» DDR-Sozialpsychologen, verwandt, auch Vorwerg ist verbandelt mit der Familie des Großen Bruders. Genauer! *IM*? Yes, Mr. Orwell, seit 1974, nicht erst seit «1984». Seit wann weißt du das? Seit 1994, die Geschichte entwickelt sich in Zehner-Sprüngen, während des Studiums war fast alles Mußmaßung, Möglichkeit, Genaueres wußte man nicht, ahnte aber das Wichtige: die sind «dabei» ...

Girke lächelte, gab keine konkrete Auskunft, warum soll ich Auskunft geben? Wer will denn etwas über mich wissen und wa r u m? Er schaute interessiert und genau in Richtung Frager oder Fragerin, suchte ein wenig, taxierte, machte ein Witzchen, faßte jemand am Arm, schlenderte davon.

Zuletzt war er Oberstleutnant, ein *Operativer Psychologe*, ein Herr Doktor dazu, Dozent, Wissenschaftler ... Wo? An der *Juristischen Hochschule des MfS* in Potsdam ... Gleich nach der «Wende» kam er in meine Lesung, das dortige Bürgerkomitee hatte sie organisiert, *Jürgen*, sagte er, *wie geht es Lilo?* Da haben wir den Salat: Die eigenen Namen sprechen sie aus. Muß ich die dann kursiv schreiben als «ihre Sprache»? So nahe sind sie uns gekommen, so dicht hocken wir ihnen auf der Pelle. Der schöne Girke wollte immer zum Film, also willigte er ein und zog noch mal die Uniform an vor laufender Kamera, Tamara Trampe unterhielt sich mit ihm, Johann Feindt filmte den Vor-gang, danach, nach dem Zusammenbruch, in den ersten Wir-ren: *Es war für mich zunehmend feststellbar, daß ich mich für Men-schen interessiere* ...

Hast du ihnen auch Tips gegeben, als ich im Gefängnis saß? Über unseren Polterabend hast du entzückend berichtet, über Lilos Kellerwohnung, über das Trinken ihres Vaters, den Tod ihrer Mutter nach einem Stasi-Verhör. Weißt du mehr? Hast du mitgemischt? Jetzt hast du Angst, dein Blick sucht, du willst re-den, ich wäre dein Freund, sagst du auf einer *PDS*-Veranstal-tung. Ist das *solide* und *sauber*? Vielleicht hätte ich mehr mit dir reden sollen, oder Lilo? Wir hätten dich aushorchen sollen, vielleicht wäre einiges herausgekommen? Aber wir sind keine Horcher, Jochen Girke. Benutzen, anstreben, erreichen ... das sind eher eure Verben. Die habt ihr in Beschlag genommen. Wer sollte bohren und pressen?

Dein Bart war ab, deine Uniform hattest du ausgezogen, der lange Dienst war zu Ende, die Filmszene stand noch bevor. Steht noch etwas anderes bevor, geht der Dienst weiter? Als Opfer, als Verfolgter, als Sachverständiger? *Mich verfolgen meine Kommilitonen und Freunde Lilo und Jürgen. Sie nennen mein Bemühen, etwas im Bereich des MfS mit wissenschaftlichen Methoden zu verändern, Psychologie in die Arbeit einzubeziehen, ein Verbrechen.* Friedensbewegte und auf Ausgleich bedachte Kolleginnen und Kollegen protestieren, es muß eine niederlagenlose Konfliktbewältigung geben ... Eine Mutter weint um ihren Jungen, alles hatte doch so vielversprechend begonnen und war erfolgreich verlaufen, der Staat stand dahinter mit seinen Gesetzen, wer hätte an solche Veränderungen gedacht? Jetzt hacken alle auf dem Jochen rum, manche geben gar keine Ruhe,das ist furchtbar. Das kann doch nicht ein ganzes Leben so gehen ...

In einer Gaststätte, das Essen kam nicht gleich, der Kellner, darauf angesprochen, redete irgendwelches Zeug, der Kellner war der König. Da ließ der Student Jochen Girke das Gästebuch kommen. Da hatte einer plötzlich eine Kraft und einen Blick. Der Küchenchef las einen Familiennamen. Den seines höchsten staatlichen Leiters auf Bezirksebene, Girke hatte einen Pappi. Da eilten die Kellner, klapperten die Teller, da wurde serviert und gewienert. Da staunten die jugendlichen Begleiter des plötzlich veränderten Kommilitonen. Da ließ einer etwas blitzen. Da gelang etwas, da veränderte sich ein Geschehen. Respekt? Frösteln? Die Feier im «Paradiescafé» Jena ging weiter, es wurde getanzt und gelacht. Der Sohn von dem G. ist hier, wir müssen aufpassen. Der Sohn von G. wurde ein Aufpasser, mehr noch, ein Ausbilder der Aufpasser, ein Dozent, ein Oberstleutnant. Jetzt geht alles durcheinander. Irgendwelche Kellner und Gäste verbreiten Chaos, kommt wieder *Ordnung*? Kommen *solidere* Zeiten? Wer weiß. In der Frühspitzelphase liest sich das so:

Kreisdienststelle Jena   *Jena, den 17. 4. 73*
Referat Universität
Quelle: Gen. Girke
erb.:   Gen. Würbach
                     Tonbandbericht
Information zu Lieselotte Uschkoreit, genannt «Lilo» stud. psych. II. Stj.   2. 3. 53 Jena
Jena, Tatzendpromenade 30

«Lilo» ist Jenenserin. Es ist wichtig zu wissen, daß Lilo ein sehr schwieriges Elternhaus hat. Mir persönlich wie auch wenigen anderen in der Gruppe hat sie mal darüber etwas erzählt. Wir wissen z. B., daß der Vater sehr stark trinkt und daß es da oft zu Hause sehr große Zerwürfnisse gibt ... Lilo Uschkoreit ist emotional sehr stark beeinflußbar. Das zeigte sich auch während des Besuchs der Spartakusgruppe, die ich betreut habe. Sie (Lilo) war im Gegensatz zu anderen Studenten sehr stark um persönliche Kontakte bemüht, ja sie wurde sogar in manchen Fällen fast aufdringlich. Diese Einschätzung wurde getroffen durch das Mitglied der FDJ-Kreisleitung Jena, durch den Jugendfreund Gustav, Wolfgang, wie aber auch durch Mitglieder der Spartakusgruppe selbst. In den politischen Diskussionen mit den Spartakusmitgliedern zeigte sich, daß, während wir über unsere Probleme diskutierten, sie sich immer wieder dazu berufen fühlte, unbedingt hinzuzufügen, daß eben vieles noch nicht so gut sei und daß es hier und dort noch entscheidende Mängel gibt. Ein Spartakusmitglied kritisierte das mal an einer Stelle wie folgt, indem er sagte «immer hat die Lilo etwas herumzunörgeln». In den Diskussionen zeigte sich weiterhin, daß Lilo öfters durch Mitglieder der Spartakusgruppe politisch auf richtige Linie gebracht werden

mußte, was sie dann immer wieder selbst verwunderte, daß die
Spartakisten sich so für den Marxismus einsetzten. Lilo versuchte
immer wieder, Kontakt zur Gruppe zu bekommen. Sie war auch
mitgetrampt (allein, privat) nach Buchenwald, wohin die Delegation
gefahren war und blieb bis zur letzten Minute bei der Gruppe bis
zur Abfahrt der Spartakusmitglieder und war auch bei der Abreise
sehr traurig.

Lilo hatte im Ergebnis dieser Kontakte eine Adresse erhalten von
einem Mitglied der Spartakusgruppe, einer gewissen Eva ... der
Nachname ist mir nicht bekannt. In den letzten Wochen hat sich Lilo
U. mir gegenüber des öfteren sehr betrübt darüber geäußert, daß sie
bislang noch keine Antwort auf ihren Brief erhalten habe. Sie habe
einen zweiten Brief mit entsprechenden Vorwürfen abgeschickt. L.
Uschkoreit spricht aber die Vermutung aus, daß ihre Post höchst-
wahrscheinlich abgefangen wird. Die U. fährt am 28. 4. 73 nach Ber-
lin, der Grund ist mir zur Zeit noch nicht bekannt ...

gesprochen J. Girke

F.d.R.d.A.:
Würbach / Unterschrift
Jena, den 18. 4. 73

Später berichtete die *Quelle «Jochen»*, ein *hauptamtlicher Mitar-*
beiter des MfS und Psychologiestudent in Jena:
Am 1. Juni 73 zeigte sie mir einen Brief dieser Eva ... (Studentin an
der Fachhochschule München, Sozialpädagogik) ...
– <u>*Wesentliches aus dem Inhalt:*</u>
1. *Ich schreibe, obgleich es uns verboten wurde*
2. *konnte zu Ostern nicht nach Gera kommen, da in München viel*
    Wichtiges los war
3. *Die 2 Schallplatten (der Münchner Songgruppe – politisches Lied*
    von Spartakus und DKP), die für dich und Jochen bestimmt sind,
    habe ich einer Freundin mit nach Gera gegeben. Diese hat sie bei
    Ulli (FDJ-Funktionärin der BL Gera der FDJ, möglicherweise

der Verantwortliche für den Kontakt zu Jugendorganisationen der
BRD) abgegeben.
4. *Sage Jochen lieber nicht, daß wir uns schreiben.*

An Würbach über Eva, Lilo und Ulli, lieber Jochen. Girke. Der
Thrakier Spartacus führte den Sklavenaufstand von 73–71 v.
Chr. in Italien. Er wurde niedergeschlagen. Für die Veranstaltung ist das alles zu weitschweifig. Es müßten Namen und Zusammenhänge mitgeteilt werden. Aber was bleibt übrig, wenn
ich verkürze? Was sagt das dann noch? Lilo fand Eva gut, Girke
lieferte Berichte. Eine versunkene, verratene Welt, seltsam privat. Es war 1973, nicht 73 v. Chr. Dann kam neunzehnhundertneunundachtzig, da staunte der Berichterstatter, da grämte sich
eine Quelle. Ins Handtuchzimmer zieht ein neuer Mitarbeiter
ein. Er quält sich. War wieder ein Sklavenaufstand fehlgeschla-
gen? Du ordnest Papier und verlierst den Überblick. Was ist
mit deinen großartigen Recherchen?

Woher hast du die Berichte?

Aus Gera, aus Lilos dünner Akte: *AOPK 1055/75.* Ein Fund
des Bürgerkomitees, einundfünfzig plombierte Seiten, in der
Abverfügung zur Archivierung steht: *Die operative Personenkon-*
trolle wird eingestellt. Zu politischen Höhepunkten erfolgen weiterhin
operative Kontrollen im Rahmen der laufenden Maßnahmen im OV
«Pegasus», Reg.-Nr. X/66/75. Das war der entscheidende Hinweis. Diese Registriernummer führte weiter. Akten kamen zum
Vorschein. Der Trip begann. Die Fahrt auf der Achterbahn, die
Goldsuche, das Fieber.

Es fehlen lebende Menschen.

Kein Mangel an Papier, an säuischen, technokratischen
Satzkonstruktionen, auszubreiten wie schmutzige Wäsche, Pla-
stikleinen voll neugelber Schlüpfer einer tyrannischen Bürokratie. Ihre Pißflecken, ihre abgeriebenen Schamhaare, ihre
Schreibmaschinen- und Formblätter ...

Das sind deine Zwischenbemerkungen? Deine Notizen ins grüne Heft? Daß du bei Goldhagens Hinweis auf die Polizeibataillone an die Hilfspolizisten und «Betriebskampfgruppen der Arbeiterklasse» und das Spitzelheer denken mußt ... Und daß Töten wiederkommen kann, weil *Zersetzung* weiterging und heute abgetan wird als Gerede von gestern ... Die Mauer als KZ-Zaun, erdacht von ehemaligen Häftlingen, die zur Macht kamen und etwas wiederholten ... Sowas hast du dir notiert. Spielen Gedichte Versteck in der Lüge, in Andersons runden Brillengläsern? Und daß ganze Theaterbelegschaften «Dialogpartner des Systems» feiern, die angeblich alles verstehen und durchschauen, weil sie klug sind und denken können ... Und warum Camus seinen «Fremden» schrieb ... Er wollte brechen. Dazwischen *Registriernummern* und ihre Wörter ... Was sagt der hellblau ausstaffierte Kontrolleur an der Tür? Weiß deine Mutti, daß du Gedichte schreibst? Frage des späteren Musikers Kornatz an den späteren Lyriker Ullmann in der elterlichen Gartenlaube, Greiz, Beethovenstraße vierundfünfzig, Mitte der sechziger Jahre.

Lilos Paßbild auf der zweiten Seite. Plötzlich sah sie mich an.

Eingeklemmt zwischen Pappdeckeln und Girkes Berichten.

Eine Akte, liebe Leser, hat einen Beginn und ein Beendet. Eingestempelt auf dem kartonierten Umschlag stehen zwei Daten, auf Grabsteinen stehen auch zwei Daten. Was lebt denn und zuckt?

Für das Bürgerkomitee war es nur eine Akte von vielen und ein Hinweisgeber, der Fund einer wichtigen Nummer, die einen Gast interessieren mußte, weil womöglich *Material* dahinterstand ... Andreas Schmidt rannte gleich an einen anderen Wagen der Hebelschubanlage, suchte *OV «Pegasus»*, wühlte den gesamten Jahrgang fünfundsiebzig durch, fand ihn, vier Bände mit je dreihundert Blatt ...

In einer Akte, liebe Leser, kommen zuerst Abkürzungen, *Op.* und *OPK* oder *OV, MfS, BV, Ref. XII* … Im Inneren, im Inneren der Akte, hinter dem *Inhaltsverzeichnis*, hinter der *Inhaltsangabe*, hinter der *Blatt-Nr.*, hinter den *Bemerkungen*, auf einem *Übersichtsbogen*, steht der *Name der Zielperson, Vorname, geboren am, in, wohnhaft, beschäftigt*. So viele Wörter zerren sie in ihre Bögen, den Namen, das Geburtsdatum. Und rechts daneben eingeklebt Lilos Foto. Ihr Gesicht.

Was will dein Gesicht hier? Wie kommt es da hinein? Woher haben sie das Foto? Von einem Fotografen, aus der Kaderakte, der Studienbewerbung, von der polizeilichen Meldestelle, aus der eigenen Brieftasche, aus der Holzschatulle, die auf dem Bücherbrett steht über dem eigenen Bett. Es ist leicht, ein Foto zu bekommen …

Ich komme gleich, Andreas, hatte ich gerufen.

Ja, Frau Schüler, das mache ich so.

Gewiß, Christian Ladwig, einen Beitrag zur Veranstaltung kann ich schon liefern.

Nein, ich verletze nicht die Schweigepflicht, Dr. Geiger.

Natürlich, ich suche weiter, Wolf, ich finde schon noch die fehlenden Akten …

Ein Foto bekommen … Man verschenkt auch Paßbilder, gibt Laufpässe … «Willst'n Paßbild?» konnte heißen «glotz nich so romantisch». Brecht hat so was im Plural im Theater aufhängen lassen. Er glotzte dann wahrscheinlich selbst recht wichtig, wissenschaftlich-poetisch-politisch, seine Schauspieler sprachen sehr deutlich und akzentuiert auf der Bühne, Nachhilfeunterricht von Nachhilfelehrerinnen und Nachhilfelehrern fürs begeisterte Publikum und fürs blöde braun-rotgetünchte Volk, das begeistert und in Scharen zur heiligen Stätte pilgerte in kleinen, größer werdenden Gruppen … Dann schimpfte auch noch die Partei, ihre Führungsfressen hingen groß an Straßen und Plätzen, sie wurden an Tribünen vorbeigetragen, Paßbilder sind kleiner. Welches klebte in der Brecht-Akte? Vor den McCarthy-Ausschuß wurde er geladen, etwas Schriftliches wird es geben in den dortigen Dossiers … und im Vaterland der Werktätigen? Welche *Diensteinheit* war zuständig?

Wer bekommt ein Foto? Der Schulfreund. Der smarte Tanzstundenpartner, der später Armeefotos schickte, Uniform mit Schäferhund. Du hast auch welche verschickt in Briefen und Paketen, sogar nach Kanada, wo Verwandte wohnten.

Guten Tag, Lilo. Soll ich dich wieder ins Regal zurücklegen? Griffbereit für eine neue «Behördenauskunft»? Erst das *Organ*, dann ein *Amt für Nationale Sicherheit*, die unvermeidliche Abkürzung *AfNS*, Kontinuität, Genosse Modrow, jungenhaft und bescheiden, ein Freund der Sowjetunion, wohnte nicht in Wandlitz, sondern in einer Neubauwohnung unter normalen Menschen … Dann kamen Bürger, Reinhard ist abgebogen, wollte mal gucken … «wir wollen rein …» Soll ich dich wieder reinlegen, Lilo? Das kann ich nicht, reingelegt hätte ich dich dann, verraten … Ich komme gleich, Andreas!

Du lächelst.

Im *Aufnahmejahr 1970*, die Zahl steht, handschriftlich eingetragen, darunter. Abiturzeit? Bewerbung zum Studium an der Friedrich-Schiller-Universität.

Nimm doch alles mit ins Büro hoch, ruft Andreas.

Ja, ich komme gleich.

Ich will meine Akte! Das steht an einer Häuserwand in der Normannenstraße. Vielleicht wäre es die einzig richtige Lösung gewesen: Jedem die eigene Akte, soweit vorhanden, «physisch anwesend», zu übergeben … Und die *Hauptamtlichen*, die *IMs*? Da beginnen schon wieder die Gegenfragen …

Ich kann dich da nicht wieder eingliedern, Lilo. Später wird vielleicht erneut eine *Ordnung* herrschen, es wird vielleicht erneut *Abläufe* geben, *Vorgänge* … Die deutsche Verwaltung kaut klein, millimeterweise, mit vielen guten Gründen …

So dünn ist diese Akte. Gesäubert? Gefleddert? Die paar Seiten ins Geraer Archiv, das andere wanderte mit nach Berlin zu den *operativen Mitarbeitern ... Zielstellung erfüllt* steht auf der letzten Seite, halt, falsch, nicht «erfüllt», sondern *realisiert!* Nicht ihre Verben verwechseln. *Gründe für die Archivierung: Die unter operative Personenkontrolle gestellte Person steht unter starkem politisch-ideologischen Einfluß ihres Ehemannes Jürgen Fuchs, dessen revisionistisches Gedankengut sie zu ihrem eigenen gemacht hat. Sie tritt damit nicht öffentlich in Erscheinung und ist zur Zeit als Hausfrau tätig. Jena, den 24. 9. 75.*

Im Mai wurde Lili geboren. *Zielstellung realisiert?* Der Ehemann ist schuld, das *revisionistische Gedankengut* des Ehemanns. *Nowack / Major, stellv. Leiter der KD.*

Ich muß sie sofort anrufen, wenn ich durchkomme.

Du lächelst auf dem Foto. Seit neunzehnhundertfünfundsiebzig lächelst du in diese Akte hinein. Ein verplombtes, inhaftiertes Lächeln, das der Ehemann, der an allem schuld ist (sie haben uns Weiber immer unterschätzt, Zitat Bärbel Bohley), eines schönen Tages herauszerrt. Was mache ich jetzt?

Genannte unterhält enge Verbindungen: zu mir. Als ich vom Westbahnhof kam, sah ich sie an Schaufenstern vorbeigehen in einem dunkelblauen Mantel, den Kragen hochgeschlagen, die Haare lang, lachend im Gespräch mit einem Physikstudenten, den ich aus der Mensa kannte, ein Studienjahr weiter ... Später, gegen eins oder zwei, wolltest du noch nach Hause, einen gepflasterten Weg hoch, der Saulauf hieß, nur für Fußgänger und Nachtwandler, am Kinderheim vorbei, zwei Fenster sind hell erleuchtet. Der Hausmeister soll Mädchen auf sein Zimmer gerufen haben, er wurde entlassen, sagte Lilo.

Beim Sprecher im Gefängnis brachtest du Kaffee mit und Kuchen, der Blonde sagte, das ist kein Kaffeekränzchen hier. Ficken haben wir nie gesagt. Die Fotos der Tochter neben dem Kuchen, auch Zeichnungen mit Wasserfarben, nun ist sie zwei

Jahre alt ... Is er das, wird sie später fragen. Nachts, in der Zelle, der wiederkehrende Traum von einer MPi und dreißig Schuß Munition, bis der Weg frei ist.

Ist der Weg jetzt frei?

Ist das ein Weg? Oder ein Labyrinth, eine Falle?

Ganz von vorn beginnen. Die Akten vergessen, sie erdrücken dich. Du kannst sie nicht vergessen. Gelesen ist gelesen. Soll ich Lilo zurückstellen in das Regal, hinwerfen auf diesen Berg von Papieren? Und das hier ist nicht bloß ein Text, ein Manuskript.

Das ist das Problem. Es wird zu schwer. Zu wahr. Man hat den peinlichen Eindruck, daß sich alles wirklich zugetragen hat. Biermann zitiert gern Thomas Mann. Aber gesehen ist gesehen, gewußt ist gewußt. Was weißt du schon! Zipfel sind es, Zettel, archivierte Fetzen. Aber so viel Papier, so viele *Berichte* und *Pläne* und *Maßnahmen*. Schon wieder bist du bei ihrer Sprache ...

Ich komme gleich, Andreas! Jetzt ist er der mutige Mann. Später wird ein anderer Bundesbeauftragter und will «keine Landesfürsten» ... «Na Schmidt», wird er sagen, «Gedichte schreiben genügt nicht, verpennen und saufen ...» Noch bist du der mutige Mann, Andreas, bald kommt die Mühle, die Angst, die Hierarchie. Irgendwann wird Frau Ladwig aus Berlin anrufen und sich aufregen, wie lange das dauert, bis jemand ans Telefon kommt, wenn Berlin anruft. Noch ist ein Zittern und Zagen im Land, noch bist du der Mutige, dann werden die anderen mutig sein, sehr mutig. «Loyalität kann und muß erwartet werden gegenüber der Behördenleitung, Herr Schmidt!»

Gleich, Andreas!

Du wirst versuchen, «Berlin» nicht allzu wichtig zu nehmen, eigene Vorträge zu halten, eigene Wege zu gehen ... «wieso ist die Revolution zu Ende?» Manchmal wirst du weinen, schreien, down gehen in Unruhe und Zweifel am neuen

«Amt» … Und die Kräfte, die «Leitung», der Schlaf, der Feierabend, die Freunde, der Schluck, das Akkordeon, Dinescu, Ratschläge, Behördenbriefe, Statistiken … «na Schmidt», wird ein «Personaler» sagen, «wieder Probleme? Unpünktlichkeit? Außentermine? Wo waren Sie denn? Und der Dienstauftrag?»

Andreas!

Diese Fabrikhalle hier, Regale, Hebel, alle zeigen in eine Richtung, sind ausgerichtet, stehen stramm und stehen bereit. Hebelschubanlagen. Ihre Wörter und Taten wuchern, ihr Ton. Ihre Räume sind jetzt still und vergiftet. Das Gefühl von Leere, von Sterben und Gefahr. Hier verfitzt du dich, alter Freund.

Lilo, was machen wir?

Wie kommen wir hier raus?

Drei Raben sitzen auf der Straßenlampe vor meinem Fenster in Berlin, es ist spät, einiges ist passiert. Eine Bogenlampe vor dem Fenster, links ein Kopf, rechts ein Kopf, nein, keine Peitschenlampe. Nicht direkt eine Peitschenlampe. Auf den Grenzübergängen, an den Gefängnismauern, da sind Peitschenlampen. Auch die kann man austauschen, smart machen, retuschieren. Peitschenlampen haben etwas Herrisches. Ich erkenne sie sofort. Zwei strahlende, milchige Schlangenköpfe plötzlich vor dem Fenster, gebeugt, abwesend, zwischen nackten Novemberbäumen, darauf Vögel. Vier Raben sitzen jetzt auf zwei hohen Hälsen, einer ist hinzugekommen. Unten fortwährend Autos, der Damm. Hält der Damm, bricht er? Vier Raben sitzen da, schwarz, schwindelfrei, bewegen die Köpfe in verschiedene Richtungen, die Flügel, die Schnäbel. Einer nickt dem anderen zu, sie starren herein, sehen wohl alles, fliegen weg. Wohin? In den Himmel? Ins Sachbuch, in die Sachinformation, in den Auskunftsbericht? Ins Objektive fliegen sie. Lilo hat eine dünne Akte. Auf einem Foto lächelt sie, auf anderen Seiten kommen noch andere Fotos. Sie hat zugenommen, sieht man. Sie wollte nicht zunehmen. Würbach und Nowack sahen: sie hat zugenommen. Dazu Männerbemerkungen, Finger, Blicke. Die dünne Akte und das dicke Mädchen. *OPK «Mond»*? Geh nicht zu weit mit deinen Raben vor dem Fenster.

Sie haben uns angefaßt.

Nackt gesehen.

Ja, aber breite das nicht aus. Führe es nicht fort.

Lilo, zuerst kommen die Zensuren, nachher rufe ich in Berlin an: «Gesamtverhalten sehr gut, Ordnung sehr gut, Fleiß sehr gut, Mitarbeit sehr gut». Was ist denn geschehen? Kameradschaftlich war sie, hilfsbereit, offen und parteilich, große Anerkennung verdiente ihre stete Einsatzbereitschaft als Mitglied des Schulchors.

Schlechter Einfluß? Lachen! Eins, eins, eins ... Ich habe gelacht. Oder, genauer, zuerst gegrinst, dann fast hämisch gelacht in Gera, in der Halle mit den Hebelschubanlagen. Wir waren gute Schüler, sehr gute Schüler, Musterschüler! Was ist denn geschehen, es war doch alles bereitet, was kam denn dazwischen? Der Havemann, der Biermann, der Kunze, die Verhetzer? Gesamtverhalten sehr gut! Was ist denn passiert?

«Am 2. März 1953 wurde ich in Jena geboren. Mein Vater arbeitet als Schlosser im VEB Carl Zeiss und meine Mutter ist Hausfrau. 1959 kam ich in die Johann-Gottlieb-Fichte Schule I und hatte von Anfang an beim Lernen keine Schwierigkeiten, so daß es mir Spaß machte.»

Da gähnt das werte Publikum, da amüsieren sich Leserinnen und Leser, da schmunzelten Würbach und Nowack.

Schlag wieder zu, laß es, stell sie nicht aus und bloß, du warst doch auch ein «sehr gut»-Abiturient! Kritische Fragen ja, keine Spitzeleien, das nicht, aber lange den Bogen gekriegt, recht lange den Konflikt vermieden. Das Fallen. Das Stürzen. Fliegen konnte jeder schnell. Flügel hatte keiner. Mit Ballons segelten einige Verrückte über das Minenfeld, Kinder dabei. Wir wollten durchkommen, wollten studieren. Diktatur ist ganz angenehm im Alltag. Man darf nur keine falsche Bewegung machen.

Das steht alles hier drin:

Gesamtverhalten, Ordnung, Fleiß, Mitarbeit.

Raben sitzen vor deinem Fenster. Manchmal Raben. Häufiger Tauben. Sie bauen auch Nester in die Lindenbäume, gurren und brüten. Wir waren Tauben im Taubenschlag, fast gezähmte Tauben. Vorgesehen als Nachwuchs der Taubenzüchter im Taubenzüchterverein ...

Was dazwischenkam? Wahrscheinlich ein einziges Biermannlied in der vierten oder fünften Tonbandüberspielung.

Bei dir vielleicht, sagt Lilo, bei mir nicht. Ich war ja in der Jungen Gemeinde, Kirchenwanderungen, Pfarrer Zollmann ganz in der Nähe. Aber dann, das habe ich dir doch erzählt, habe ich umgeschwenkt. In der elften Klasse, glaube ich, als wir Philosophie hatten, die Gesetze der Dialektik, die kamen mir so einleuchtend, so wissenschaftlich, so modern vor, da habe ich gedacht, das stimmt. Ich kam mir ganz wichtig vor, höre mich noch reden, höre noch meinen Ton. Kirchenwanderungen, das war dann nichts mehr ... Erst später, als die Jungs aus meiner Klasse auf Armeeurlaub kamen und erzählten, was so los ist, da habe ich aufgehorcht ... Ich schwenkte um, meine Mutter dann auch, Religion belächelte ich zu dieser Zeit, ich kam mir überlegen vor ... Vor allem schlecht für meine Mutter. Als später die Stasiverhöre anfingen, als sie von *operativen Mitarbeitern unter Legende* angesprochen und *bearbeitet* wurde ... *was ist denn mit Ihren Kindern ...?* war der Kontakt zum Pfarrer abgerissen. Die Gesetze der Dialektik halfen nicht, als das Zähneklappern begann. Pfarrer Zollmann war kein Kirchen-*IM*, von ihm hätte Hilfe kommen können, auch von Pfarrer Friedrich. Dann würde sie vielleicht heute noch leben.

Vielleicht, denke ich im Handtuchzimmer, sind die Akten gar kein Beweis. Zumindest nicht der Beweis. Hat auch keiner gesagt, erwidert die Knaststimme, aufgeben ist sowieso immer die wahrscheinlichere Variante. Also weiter. Nach dem Fund der dünnen Akte, hast du da Lilo angerufen? Ja. Und? Ich habe es ihr erzählt, zumindest angedeutet. Was hast du gesagt? Gesamtverhalten eins, habe ich gesagt. Und sie? Hat gelacht. Die Halle mit den Hebelschubanlagen kannte sie nicht? Nein, kannte sie nicht, sie wußte nicht genau, wo ich war. Den Betonfußboden, den Papiersack mit den Häftlingsfotos, das Grau ihrer Stahlschränke, das kannte sie nicht. Nur aus anderen Zusammenhängen, daher schon. Aber Gera kannte sie nicht. Nein. Und für dich? War es Grauen, Sterben. Hölle. Ich betrat Diensträume des Bösen.

Das klingt recht lyrisch.

Lyrisch?

Etwas sachlicher bitte! Biermann sagt, du würdest so wunderbar untertreiben. Was ist denn das? So dick aufgetragen? Vielleicht noch «Auschwitz der Seelen»? Etwas sachlicher!

Sachlicher?

GUT, SACHLICHER. Die Frau des F. wird vom *MfS* ebenfalls *bearbeitet*. Ihre jüngere Schwester Gisela wird schon als Schülerin bespitzelt und zurückgesetzt, nach ihrem Abitur werden Studienbewerbungen *operativ verhindert*. Sie wollte Puppenspielerin werden. Die *BV Gera* schreibt an die *KD Jena* betreffs *Beschaffung von Unterlagen: Entsprechend einer persönlichen Rücksprache mit Gen. Stülpner Ihrer DE bitten wir Sie um Beschaffung und Übersendung der in der Abteilung Volksbildung des Rates der Stadt archivierten Schülerakten der U. einschließlich der durch sie angefertigten «Darstellung der eigenen Entwicklung» zur Einsichtnahme und operativen Auswertung. Leiter der Abteilung: Müller, Oberstleutnant.* Wenig später übersendet der *Leiter der Kreisdienststelle, Oberstleutnant Nowack*, die gewünschten Unterlagen. Zahlreiche *IM* sind im Einsatz. Der Leiter des Pantomimestudios der Stadt, wo sie besonders gern und erfolgreich mitwirkt, wird – *nach Einflußnahme des MfS* – durch staatliche Stellen *auf einen Ausschluß der U. orientiert.* Sie wird ausgeschlossen. Begründung: Teilnahme am Begräbnis von Robert Havemann.

Im Sommer neunzehnhundertzweiundachtzig erkrankt die Frau des F. schwer, wird mit unklarer Diagnose und hohem Fieber ins Krankenhaus eingeliefert. In den Stasi-Akten heißt das: *Ende August 1982 besuchte die Mutter der F. ihre ältere Tochter in Westberlin. Die Besuchsreise wurde durch die Leitung der HA XX in Abstimmung mit der Leitung der BV Gera auf Grund der Vorlage eines ärztlichen Attests mit «Verdacht auf Lebensgefahr» genehmigt ... Am 22. 10. 82 gegen 17 Uhr beging die Mutter der F. Suizid durch Gasvergiftung.* In einer *Information der HA XX / 5 vom 23. Oktober 1982* wird mitgeteilt, daß nach der Reise, am 22. September 1982, mit der Mutter eine *Aussprache durchgeführt wurde unter der Legende Mitarbeiter der Abteilung Inneres. In diesem Gespräch zeigte sich, daß diese die feindselige Handlung ihres Schwiegersohnes und ihrer Tochter gegen die DDR billigte und deren Argumente gebrauchte.* Zeugen bestätigten, daß die Mutter nach der Reise, am Tag ihres Todes, erneut vorgeladen war. Beide Termine verschwieg sie der Familie, möglicherweise, weil eine *Schweigeverpflichtung* erpreßt worden war. Kurz vor ihrem Tod äußerte sie am Telefon, man wolle Informationen von ihr und rede schlecht über ihre Kinder. Die näheren Umstände des Todes sind noch ungeklärt. Das *MfS* schrieb: *Aus den bisherigen Ermittlungsergebnissen ist einzuschätzen, daß die Ursachen für den Selbstmord wesentlich in der massiven feindlichen Beeinflussung des F. zu suchen sind.* Und man fügte den Schachtelsatz hinzu, daß dem F. im Falle seiner *Antragstellung zur Einreise in die DDR anläßlich der Beerdigung seiner Schwiegermutter angesichts seiner massiven Feindtätigkeit gegen die DDR die Einreise nicht zu gestatten ist. Gegen F. ist ein Festnahmeersuchen der Generalstaatsanwaltschaft eingeleitet.* Zum Begräbnis wollte man ihn also nicht verhaften.

Noch sachlicher: Er stellte keinen Antrag auf Einreise. Begründung, leider emotional: Er fühlte die Gefahr. Sachlicher Kommentar: Er wäre zu diesem Zeitpunkt nicht verhaftet worden, weil die Einreise nicht gestattet worden wäre. Zu einem anderen Zeitpunkt wäre eine andere Konstellation vorhanden gewesen. Aber F. fuhr nicht Transit von Westberlin nach Westdeutschland, er flog. Begründung, leider emotional: Er fühlte die Gefahr. Sachlicher Kommentar: Das verursachte erhebliche Kosten, wenn keine entsprechenden Einladungen und Reisekostenerstattungen vorlagen. Während der Schulferien ermöglichten die Fluggesellschaften einen Familien-Spartarif. Sachlicher Hinweis: Es gab noch andere Faktoren. Frage: Welche? Anwort im amtlichen Ton: Die Eltern des F., wohnhaft in Reichenbach im Vogtland, Altersrentner, beabsichtigten zu dem erwähnten Zeitpunkt, eine ständige Ausreise nach Westberlin zu realisieren. In der Folge operativer Entscheidungen war die Möglichkeit gewährt worden, genehmigte Besuchsreisen zu ihrem Sohn durchzuführen. Dem Vater wurden zwei Reisen gestattet, danach erhielt er und auch seine Frau die jeweilige Ablehnung. Eine besondere Begründung wurde nicht gegeben. Aus der Gesamtsituation ergab sich aber eine Verantwortlichkeit des Sohnes wegen fortgesetzter massiver Feindtätigkeit. Daraufhin stellten beide Personen Anträge auf eine ständige Ausreise aus der Deutschen Demokratischen Republik. Dieser Vorgang beschäftigte die Familie der Frau des F. in Jena erheblich. Aus bestimmten Äußerungen der verstorbenen U. konnte geschlossen werden, daß sie selbst ebenfalls ausreisen wollte, aber auf ihren Mann und die jüngere Tochter Rücksicht nehmen mußte. Diese Konfliktlage kann zu einer Zuspitzung beigetragen haben. Noch sachlicher: *Als am geeignetsten sollten jene Zersetzungsmaßnahmen klassifiziert werden, die im Detail an ganz konkreten, oft sogar momentanen Situationen im feindlich-negativen Personenzusammenschluß anknüpfen und geeignet sind, die Entwick-*

lung des Ereignisses/der Situation in die von uns gewünschte Zuspitzung zu bringen. Wo? Quellenangabe: *Die politisch-operative Bearbeitung von feindlich-negativen Personenzusammenschlüssen, die im Sinne politischer Untergrundtätigkeit wirken, in Operativen Vorgängen.* Eine Dissertation? Ja, *Juristische Hochschule des MfS, VVS 0001–231/89, Seite 277. Verfasser: Major Gerd Paulitz, Hauptmann Detlef Jäger und andere Führungsoffiziere und Zersetzungsspezialisten der Hauptabteilung XX des MfS.* Insgesamt neun wollten noch Doktoren werden im Jahre neunzehnhundertneunundachtzig. Frage: Unterstellt wird also eine *Zersetzungsabsicht?* Antwort: Ja. Der Begriff *Zuspitzung* wird also auf den Suizid bezogen? Antwort: Ja. Bei den Eltern des F. brannte der Hausbriefkasten, als dieser im Radio Gedichte las, fast zeitgleich. Frage: Sie vermuten einen Zusammenhang, eine Demonstrativhandlung? Ja. Was löste das in Ihnen aus? Wut. Sachlicher: Trauer. Sachlicher: Ohnmacht. Sachlicher: Eine Stärkung des Vorsatzes, nicht aufzugeben. Und ihre Angehörigen? Keine Antwort. Möchten Sie ausnahmsweise emotional antworten, «Wut» war ja auch schon eine Affektäußerung wie auch «Trauer» und «Ohnmacht». Lilo spielte Klavier, als ich nach Hause kam und sie vom Tod ihrer Mutter telefonisch erfahren hatte. Sie weinte. Lili, die Siebenjährige, lag auf dem Bett, das Gesicht ins Kissen gepreßt. Sie weinte nicht. Als ich mit ihr sprechen wollte, wollte sie mit keinem sprechen. Einige Tage zuvor hatte sie ihre Oma nach Jahren wiedergesehen. Am letzten Morgen war sie früh in ihr Bett gekrochen und hatte sich an sie gekuschelt. Frage: Die Frau des F. war wieder aus dem Krankenhaus entlassen worden? Ja, sie war schon wieder zu Hause, als ihre Mutter eintraf. Sie hatte eine Viruserkrankung mit untypischem Verlauf. Frage: Hatten Sie Bedenken, daß die zuständigen DDR-Stellen von einer fingierten «lebensgefährlichen Erkrankung» ausgingen? Ja, vor allem befürchteten wir, daß Lilos Mutter von einer verheimlichten schlimmen

Diagnose ausging ... Wir versuchten mit aller Kraft, diese Bedenken auszuräumen. Frage: Bereuten Sie, die Ärzte um eine Bescheinigung der «Lebensgefährlichkeit» gebeten zu haben? Ja. Frage: Wie war das Wiedersehen? Freude, Fremdheit und Angst, verzweifelte Nähe, Bangigkeit und Ungewißheit, die Ausbürgerung lag fünf Jahre zurück. Lilos Mutter Thea wollte wahrscheinlich bleiben. Als sie mit der U-Bahn Richtung Friedrichstraße zurückfuhr, legte sich ein Schatten über uns. Frage: Der U-Bahn-Tunnel ist dunkel? Antwort: Er ist dunkel wie die Nacht und gräßlich wie diese Frage und hinterhältig wie ihre Dissertation und sachlich richtig bestand die Möglichkeit, sich nicht mehr wiederzusehen in diesem Leben. Ich hätte sie schützen müssen. Ich hätte sie nicht fahren lassen dürfen. Frage: Und ihr Mann und ihre jüngere Tochter? Keine Antwort. Sonstige Anmerkungen? Sie haben das gar nicht haßerfüllt geschildert. Auf Fotos sehen Sie manchmal so grimmig aus. Aber zur Sache: Was für eine schicksalhafte Dramatik! Und Sie meinen wirklich, die Stasi ...

Keine Antwort.

Hilbig hat einen sehr guten Roman geschrieben. Romanstoffe gibt es ja genug, nicht wahr? Sie hören böse Stimmen? Nachts rennen Pferde in hohem Tempo Abhänge hinunter, unten ein Zaun, sie müssen die Kurve kriegen, ein Kopf ist mein Kopf ... U-Bahn-Fahrten, Gespräche mit Freunden, eine lange Fahrt, wo sind wir? In der Fahrerkabine sitzen Jugendliche und spielen Skat, lachen, reden Türkisch und Deutsch, fragen nach Zigaretten, sind höflich, richten Grüße aus an Lilo. Sie träumen schlecht? Sie sind eine Person der Zeitgeschichte, Herr F., was mit Ihrer Schwiegermutter geschah, muß menschlich bedauert werden, ohne Zweifel. All das, auch die Zusammenhänge und Hintergründe, wird bestimmt eines Tages in einer neuen Sprache benannt werden. Eines Tages wird man darüber sprechen können, ganz leicht und frei. Es ist noch zu früh. Man kann sich nicht einfach hinsetzen an einen Tisch, unter eine Lampe, das Papier zurechtrücken, den Stift nehmen und anfangen. Was bleibt? Ein Computer ist auf jeden Fall besser. Und lassen Sie sich Zeit, du lieber Himmel, erst müssen die Wunden vernarbt sein, das geht nicht so schnell. In zwanzig, dreißig Jahren wird eine ruhige Prosa kommen, wenn bis dahin noch Romane geschrieben werden, Llosa ist ja optimistisch, fordert eine Art künstlerisch-literarische Gegenwehr, andere favorisieren andere Medien, Enzensberger denkt über alten und neuen Luxus nach, «von der Ware Luxus zum wahren Luxus», so ein ausgefeilter und bestellter Essay ist wichtig, auch wenn das Anzeigengeschäft des «Spiegel» schlechter geworden ist, es werden einfach höhere Sphären berührt, Augstein wohnt ganz oben im Bürohochhaus, Aust unter ihm. Man muß die Treppe benutzen, zu ihm gibt es keinen Fahrstuhl. Der schiefe Turm ist ein interessantes Bauwerk, Sie bevorzugen doch auch dieses Nachrichtenmagazin, sind wir da richtig informiert? Wußten Sie wirklich nicht, was passieren konnte? Gleich nach Ihrer Ausbürgerung, in der FAZ, standen warnende Sätze: Sie wurden vor der Helden- und Opferrolle gewarnt, die ist ja verführerisch, siehe Jesus Christus. Wir drücken nur in der ersten Person Plural das öffentliche Meinungsspektrum aus. Sie verhandeln ja Ihrerseits weiß Gott sehr persönliche Angelegenheiten auf dem Medienmarkt. Verstehen Sie uns also bitte nicht falsch.

Nein, ich verstehe euch nicht falsch.

Woher die *Information* der *HA XX/5 vom 23. Oktober 1982* kam, wer sie wo fand? Ein Zögern ... Aus *AKG-Material* kam sie, aus Bündeln ... In *Haus* 7, auf dem Gang, vor Klaus Richters Zimmer, stand Bäcker, er hielt einige Blätter in der Hand. Ich denke, sagte er, das ist für Sie. Ich nahm die Blätter, er verschwand in seinem Zimmer.

Haben Sie sich bedankt? Ja. Möchten Sie noch einmal erklären, was es mit dieser *Information* auf sich hat? Nein. Und *AKG-*

Material? Irgendwann wurde es erläutert in diesem Manuskript, aber wo ... Und wer war Bäcker? Ach so, der Offizier. Tja, Herr F., was machen wir denn da? Fußnoten? Einen Anhang? Geheimdienst ist kompliziert! Schlapphutprosa! Joachim Walther dagegen schildert und erläutert, hat klare Erklärungslinien, liefert Dokumente, der Ch. Links-Verlag macht eine ganze Reihe mit diesen Themen, ein grauer Strich läuft von links unten nach rechts oben, Links ist nur der Name des Verlegers, nicht die politische Richtung ... Der Einband ist fest, abwaschbar, strapazierfähig ...

Ich sah Walther in seinem Zimmer in der Behörde sitzen. Im Gebäude des ehemaligen Kulturministeriums der DDR. Er rauchte Pfeife. Gesine von Prittwitz half ihm als Sachbearbeiterin. Er ging systematisch vor, fragte die Namen ab, eine *IM*-Akte kam nach der anderen. Leise, fast still, fast ohne erkennbare Regungen ging er vor. Erfahren im Durchschlängeln, vermied er Reibungen und ernstere Konflikte. Das Gebäude am Molkenmarkt hat hohe, helle Zimmer, das DDR-Kulturministerium ist etwas anderes als *Haus 6*. Du wolltest in die Normannenstraße! Ja, ich wollte. Aber ich wollte nicht kaputtgehen. Ich wollte nicht, daß Bäcker mir einige Blätter auf dem Gang gibt. Er hatte an mich gedacht ... es ging um ernste Themen. *Ich denke, das ist für Sie* war doch nicht beleidigend? Nein, das nicht. In diesem Augenblick war er mir nahe. Er brachte mir ein Todesdokument. In seinen Augen Mitgefühl und die Scheu eines Mannes, der dabei war, der die *operative Bearbeitung* mitgemacht hatte. Aber diese Nähe wollte ich nicht, diese Hilfe, dieses «offizielle» Angestellt- und Anwesend-Sein ... Er unterlief etwas, ich mußte danke sagen für etwas, was er zu verantworten hatte. Wer hat denn die Verantwortung? Dieses Dokument hatte er gefunden und mir gegeben, was war mit anderen Beweisen? Ich mußte vertrauen. Er verschwand in seinem Zimmer. Was hatte er noch im Schrank? Ich mußte freundlich sein, ich fühlte Dankbarkeit. Aber was war geschehen? Ein Karussell drehte sich. Eine Runde nach der anderen, noch eine, noch eine. Es sollte anhalten. Es sollte aufhören. Es sollte vorbei sein. Bäcker sollte nicht mehr an den Schaltern und Knöpfen stehen. Aber er stand dort und kooperierte. Klaus Richter flitzte vorbei, Frau Schwark, die Sekretärin, fragte überaus nett, ob ich einen Kaffee mittrinken will. Ich trank einen Kaffee mit, er schmeckte gut. Die Blätter hielt ich in der Hand. Worüber regte ich mich auf? Es ist schön, in Frieden und Einklang zu leben.

Sie lullen dich ein, sagt die Knaststimme. Ich verderbe es mir mit allen, ist die Antwort. Sie verderben dich, sie mästen dich mit «Leckerbissen», mit guten Dokumenten ... Mit einigem von dem, was du suchst und willst ... Ich will nicht mißtrauisch sein und paranoid wirken. Erzwungenes Vertrauen ist keines, du hast keine Wahl, du sollst funktionieren. Wenn es eine Lehre gibt, dann die, Leuten wie Bäcker und Hopfer nicht zu vertrauen. Nicht mehr vertrauen zu müssen. Nicht mehr von ihnen abhängig zu sein. Warum lassen Gauck und Geiger das zu? Sie können nicht mehr zurück. Sie benötigen Beweise für «Fehlverhalten». Ansonsten: öffentlicher Dienst, Kolleginnen und Kollegen, der Betriebsrat sagt, im Arbeitsvertrag steht. D i e s e Rechnung ging auf. Und was der Herr F. für Gefühle hat, ist letztlich Affentheater, wenn's ums Arbeitsrecht geht. Gewerkschaftliches Denken hat schon manchen Angriff überstanden. Die Mitglieder des Bürgerkomitees Berlin jedenfalls schätzten unsere Kooperationsgemeinschaft der ersten Stunde. Da war noch vieles offen und ungewiß, es hätte auch anders kommen können. Wir wollten immer eine politische Lösung, andere Mitarbeiter nicht. Außerdem haben wir das Gefühl, daß die Behördenleitung unsere Analysen schätzt und auf eine gewisse Erfahrung positiv reagiert. Was Sie wissen, weiß Herr Gauck vielleicht nicht, aber wir können Lücken füllen, S i e muß er dann nicht fragen, e r ist der Behördenleiter ...

Von wem stammt der letzte Satz? Von Bäcker? Hat er den ausgesprochen?

Seine Augen, seine Brillengläser haben ihn ausgesprochen. *Meine Kooperationsbereitschaft, die Sie nicht schätzen, Herr F., ist überprüft und zuverlässig. Auf dem Hintergrund Ihrer Biografie ist mir ihr Verhalten aber durchaus verständlich.*

Auf dem Hintergrund welcher Biografie?

Esel rennen durch Feuer. Raben sitzen auf Schlangenköpfen. Stimmen reden auf mich ein. Schlafen Sie auch genug? Wir müssen uns doch keine Sorgen machen? Kooperationsbereite Helfer stehen bereit. Sie müssen sich keine Sorgen machen. Na, Künstler sind sensibel … Und wieder Bäckers Blick zwischen Süßholz, Unschuld und Zyne. Das bilden Sie sich alles bloß ein! Die Knaststimme kichert therapieresistent. Das beruhigt den Patienten aus dem Handtuchzimmer, und frohgemut wendet er sich seinen Papieren zu. Die *Information* kann er gut gebrauchen, thank you, Mr. Baker! It's nice to see you!

IN DER ZEITUNG STEHT, daß die Frankfurter Buchmesse Geheimdienstmethoden außer Kraft setzen kann. In der Welt der Erscheinungen, ist zu lesen, handelt es sich dabei um gewissermaßen achsensymmetrische Gegensätze. Geheimnisse sind Informationen, die irgendwann einmal herauskommen. Die DDR mußte untergehen, steht da, um ihre Geheimnisse preiszugeben. Auf der Buchmesse, jetzt kommt die Pointe, das andere war bloß der Vorspann, Joachim Walthers Vorstellung «Sicherungsbereich Literatur» der Anlaß, werden Geheimnisse meist nur eine halbe Stunde alt. Die Buchmesse ist der Unsicherheitsbereich der Literatur. Zersetzung tritt dort nur in der Form des Tratsches auf. Jeder operative Vorgang wird dort durch zehn andere sogleich durchkreuzt, meint der Kommentator. Millionen von Akten zeigten auch ein Panorama der Vergeblichkeit von Unterdrückung, Überwachung und Zersetzung. Die Buchmesse könne gar nicht vergeblich sein, denn ihr Zersetzungsprinzip richte sich auch gegen die Zersetzung. Die beste Abwicklung der Staatssicherheit sei das Prinzip Buchmesse: Laßt alle über alles reden ... So schlaue Sätze stehen in der Zeitung. Da hast du die Lösung des Kreuzworträtsels: Laßt alle über alles reden. Sascha liefert sofort einen Bericht über die letzte Geburtstagsfeier, die restlichen Gäste und der einladende Nachgeborene können ja auch allen über alles berichten. Sind das dann die Gesänge über die finsteren Zeiten in den finsteren Zeiten? Mit wem hat der arme b. b. geplaudert? Im Jahre 1984 schritten Oberzensor Höpcke und zwei, drei Sicherheitsleute des Arbeiter- und Bauernstaates selbstsicher grinsend durch die gefüllten Gänge des Unsicherheitsbereichs, an zahlreichen Ständen mit Plakaten, berühmten und berüchtigten, unbekannten und unerkannten Leuten vorbei, Schädlich und ich kreuzten zufällig den Weg Höpckes und seiner Begleiter. Das Prinzip Buchmesse. Ich vertippe mich ständig, Buchmesser, Beckmesser? Besserwisser? Landvermesser? Handlungsreisender?

IM schlichen herum, Verlagsleiter Marquardt von Reclam Leipzig hatte an einem Stand ein Buch von Bernd Jentzsch in der Hand, andere ausgebürgerte Verbrecher tranken Kaffee aus Plastikbechern, ein fixer Kleinverleger bediente die Bande, *IMB* *«Hans»* Marquardt (bis zuletzt «tätig», deshalb eine Archivnummer der neuen Behörde: BStU/ZA/AIM 9203/91) blätterte und äugte, horchte und schaute desinteressiert drein, wohl wissend, in welcher Nähe er sich befand. Erich Loest wartete auf einem hohen Hocker auf Gäste seines Verlages, wir redeten rasch ein paar freundliche Sätze, Ralph Giordano gab ein Interview. In einem anderen Gang vollführte ein Indianer, sehr groß, fast nackt, hart, abwesend, diszipliniert – Tänze. Wahrscheinlich gegen die weiße Welt und ihre Macht. All das geschah an verschiedenen Orten des Unsicherheitsbereiches, mit guter, womöglich bester Absicht.

Die Buchmesse, steht in der Zeitung, und das ist wahr, hat tausend Themen, von denen keines geheim bleibt. Stellte sich einer in den Weg, als Höpcke vorbeikam? Überlegenes, mitleidiges Lachen aus den Feuilletons. Das hat man doch gar nicht nötig! Die DDR mußte untergehen, um ihre Geheimnisse preiszugeben! Auf der Frankfurter Buchmesse, steht in der Zeitung, wurde jeder *Operative Vorgang* durch zehn andere sogleich durchkreuzt ... Davon hatte ich gar nichts bemerkt. Das war vielleicht das große Geheimnis, das den *Zersetzten*, Drangsalierten und Ermordeten seinerzeit entgangen war. Vielleicht lag es daran, daß sie die Frankfurter Buchmesse in der Nähe des Hauptbahnhofes – man kann laufen oder bequem mit der Straßenbahn fahren – nicht besuchen konnten. Matthias Domaschk war tot, Lilos Mutter auch. Beide lasen gern. Am Eingang hätten sie allerdings den vollen Besucherpreis bezahlen müssen, sie waren keine Autoren und hießen auch nicht Höpcke oder Schirrmacher. Aus anderen Diktaturen hätte man mit dem Flugzeug oder dem Schiff anreisen müssen. In Argentinien dachten vielleicht einige Verschwundene, bevor sie gefesselt aus dem Flugzeug ins Meer geworfen wurden, es ginge in die Freiheit und man könne vielleicht noch einmal in Ruhe ein Buch lesen. Oder herumschlendern zwischen Verlegern, Buchhändlern, Lesern und Autoren an einem schönen, geschäftigen Ort dieser Erde. Mit Witz, Oberfläche, Tiefe, Kunst und Kommerz, einem Gedicht von Wisława Szymborska und einem Roman von Llosa. Die Abgeknallten, Verscharrten und Weggeschafften hätten schon gern einen kleinen Rundgang gemacht, denke ich. Man muß kein schlechtes Gewissen haben, steht in der Zeitung, weil die Buchmesse die beste Abwicklung des Verbrechens ist. Und was ist mit dem Leid, dem Terror, dem Mut und dem Geheimnis jedes einzelnen in seinem einen, einzigen Leben? Oh, ihr flotten, schlauen Kommentatoren! Ihr wollt uns besiegen und immer im Trend liegen, gut gekleidet, gut formuliert, mein Pferd habe ich mit nach Hamburg genommen bei dem Streß, in Ruhe reiten vor der Redaktionskonferenz. Wer? Kein Klarname, ein guter Redakteur. Spielverderber, Spielverderber! Ein Pferd ist doch nicht schlimm, ist ein Lebewesen, ein Begleiter des Menschen, man kommt an die frische Luft. Wie soll man denn sonst den Terror in den Etagen aushalten? Ständige TV-Neuigkeiten schrecklichster Art aus aller Welt, wir sind eben Zuschauer! Und wenn wir an der Reihe sind? Waren wir Zuschauer. Dann schauen andere zu. Und dann? Tja. Dann laßt alle über alles reden.

HAST DU DEINE BEISPIELE für die Veranstaltung schon zusammen, fragt Ladwig am Telefon. Ich sammle noch, antworte ich. Wie lange soll jeder reden? Höchstens zehn, fünfzehn Minuten, es soll ja noch diskutiert werden, sagt er, als Referenten sind noch Fricke dabei, «Sieben Thesen zum MfS», Grasemann von der Ermittlungsstelle Salzgitter, und Knabe, Titel bei ihm ist «Kz 4.1.3. – die geplanten Isolierungslager der Staatssicherheit». Hallo, ruft Ladwig, bist du noch dran?

Telefongespräche im Handtuchzimmer. Ich wollte sein Du umgehen. Dienstbeginn war zwischen sieben und halb acht. Was zu essen hatte ich mit, zwei geschmierte Brote. Du wolltest Ladwig nicht duzen? Nein. Hast du ihn gesiezt? Nein. Bist du bei der Aktensuche systematisch vorgegangen? Eher nicht. Warum nicht? Ich konnte nicht. Es ging dir zu nahe? Ja. Hat das einer gemerkt? Ich weiß nicht. Du wolltest herumstöbern, deinen Spuren folgen und die überführen, die dir auf den Fersen waren? Ja. Das ging nicht? Schleppend. Wieso? Vorschriften, Dienstwege. Vor mir Rolle, Richter, die neue Archivleiterin, sie schrieb ein Buch über Hexenprozesse im Mittelalter, eine Dissertation, Frau Dr. Unverhau, regte sich auf, wenn in der Mittagspause Einkäufe gemacht wurden, viele Frauen schleppten große Tüten vorbei. Du auch? Selten, ich aß schnell was Warmes, Eile, Eile ...

Und wir? Und was ist mit uns? Und wann kann ich meinen Spuren folgen? Fragen aus der Bevölkerung.

Antworten aus einem Zimmer: Ich will durchblicken, um ihnen auf die Schliche zu kommen. Das nützt allen, die verfolgt wurden ...

Allen! Und ich? Und was ist mit mir? Fragen aus der arbeitenden Bevölkerung. Aus der arbeitenden, *bearbeiteten*, mißtrauisch gemachten, mißtrauisch gewordenen Bevölkerung.

Antworten aus einem Zimmer: Ich bin nicht die Stasi. Ich will Öffnung, Einsicht für alle, ich will ihre Methoden erkennen ...

Du, du, wer bist denn du! Warst weg, während wir hier waren, jetzt kommst du und willst rein. Was ist mit uns? Wir wollen nicht mehr warten, nicht mehr vertrauen, nicht mehr irgendwas und irgendwen gutfinden, das ist vorbei, das ist alles vorbei, endgültig alles vorbei, Schluß, Sense, Feierabend! Lieber Streichhölzer!

Wer kräht denn da, fragt die Knaststimme. Warst du drin? Antwort! Warst du drin? Keine Antwort. Ach so, sagt die Knaststimme, die arbeitende Bevölkerung schweigt.

Weiter.

Wonach sehnst du dich? Nach Offenheit. Nach einem echten Bürgerkomitee ohne Spitzel und Lügner. Nach Freiheit. Nach Wärme. Wärme? Noch Wünsche in der Informationsgesellschaft, noch ganz besondere subjektive Anliegen in der Nähe der Magdalenenstraße? «Magdalena war so schwarz / und hatte große Hände / wen sie liebte / streichelte sie in die Wände / ... Tausend Leben hat sie wohl / zu Tod gedrückt / manchmal glaubt sie selbst / sie wird verrückt / weil sie immer wieder lieben muß / dabei tötet jeden schon ihr Kuß / ... Nimm nie ihre Hand, die sie dir gibt / ach, sonst hat dich Magdalena totgeliebt. / Magdalena». Bettina Wegner, sie war inhaftiert. Ich will über die Haft reden ... Aber mit wem? Mit wem ... Ich werde wieder reingerissen ... Das Auffinden der *Zersetzungs-*Dokumente verschärft die Wirkung ihrer *Maßnahmen*, belebt sie im Nachhinein? Was heißt im Nachhinein? In Anwesenheit von Bäcker und Hopfer, in unmittelbarer Nähe einer Haftanstalt, im Dickicht von «Merkblättern» und neuen «Dienstabläufen» ... Gauck und Geiger ...

Probleme mit Vorgesetzten? Mit Eitelkeiten.

Und selber?

Kein Amt.

Aber Würde, Würde, wer ein Würstchen war? Gauck trägt gern Seidenhemden, na und? Feine Anzüge, na und? War nicht im Knast, redet gern, will gewinnen und vorne dran, na und? Es gibt schlechtere.

Er wiederholt sich. Er verblaßt. Er verbeamtet. Er ist nicht ganz ehrlich in Kleinigkeiten ...

Ist er Gott?

Er spielt sich auf.

Nicht von Anfang an, erst nach einer Weile.

Erst nach einer Weile, leise, nach innen, nah.

Er kommt zu nah?

Ja.

Moment mal, die Freiwilligkeit beachten: Du mußtest nicht in *Haus 6*! Du wurdest nicht hingeführt in Handschellen. Stimmt, aber *Haus 6* existiert ... In *Haus 6* sitzt «Personal» und bearbeitet *Vorgänge*, ob ich dabei bin oder nicht ... Du wolltest doch «Akteneinsicht»! Ja, aber nicht so, «Registriernummern», geschwärzte Namen, verdeckte Seiten, Bewachung, Personalausweise abgeben ... *LEITFADEN für die Bearbeitung der Anträge von Bürgern auf Auskunft, Einsicht in und Herausgabe von Unterlagen ... 2.0 Arbeitsauflauf 2.1. Nachweisführung und Ablaufkontrolle: Die Erledigung eines Behördenvorgangs geschieht in meh-*

reren Bearbeitungsstufen. Nach der Karteirecherche und der Akten-
anforderung erfolgt die Vorbereitung der Akteneinsicht, anschließend
werden die Anträge auf Herausgabe von Kopien und auf Decknamen-
entschlüsselung bearbeitet. Alle Arbeitsschritte an einem einzelnen
Behördenvorgang müssen nachvollziehbar dokumentiert werden. So
sind z. B. Notizen über eine Rücksprache mit dem Antragsteller oder
über wichtige Telefonate in den Vorgang aufzunehmen. Der Sachbe-
arbeiter hat dafür zu sorgen, daß der aktuelle Bearbeitungsstand des
einzelnen Behördenvorgangs jederzeit abrufbar ist und die Erledi-
gung einzelner Arbeitsschritte kontrolliert werden kann, vor allem
bei solchen, die von extremer Zuarbeit abhängen (z. B. Karteirecher-
che, Aktenanforderung, Decknamenentschlüsselung). Ihm steht dafür
das Formular «Interne Vorgangsverfolgung» zur Verfügung, das als
Bestandteil des Behördenvorgangs geführt wird und auf dem die Da-
ten sämtlicher Bearbeitungsschritte – von der Übernahme des Vor-
gangs durch den Sachbearbeiter bis zur Abgabe des erledigten Vorgan-
ges an die Zentralregistratur – einzutragen sind. Daneben muß der
Sachbearbeiter die Bearbeitung sämtlicher Behördenvorgänge, die
sich jeweils in seiner Hand befinden, überwachen und in sinnvoller
Reihenfolge organisieren. Die Vorgänge müssen so bearbeitet werden,
daß auf jeder Bearbeitungsstufe eine ausreichende Zahl von Vorgän-
gen vorhanden ist. Auf jeder Stufe muß ein kleiner Überhang gebil-
det werden. Verzögerungen auf einer Bearbeitungsstufe dürfen den
Sachbearbeiter nicht an der Weiterarbeit hindern. Der Sachbearbei-
ter organisiert die Übersicht zu seinem Gesamtbestand an Behörden-
vorgängen und den Ablauf der Arbeitsgänge selbständig. Da alle Vor-
gänge – auf verschiedenen Bearbeitungsstufen – gleichzeitig bearbei-
tet und die Ausführung der eingeleiteten Arbeitsschritte überwacht
werden müssen, sind Bestandspflege sowie die Kontrolle des Arbeitsab-
laufs unbedingt erforderlich. Als Hilfsmittel sind Terminnotierungen,
Reiter auf Vorgängen, Sortierung der Behördenakten, Karteikarten
oder Listen geeignet. Die Auswahl der Hilfsmittel trifft der Bearbei-
ter … Na, du Bearbeiter? Hast du genügend Formulare der In-

ternen Vorgangsverfolgung für Einsicht in und Herausgabe von Unterlagen? Du hast den Leitfaden kursiv geschrieben im Manuskript, du Bürosprachenkünstler, du Leitfadenpublizist, ist das nun von heute, von danach?

Nach dem «Kurzen Lehrgang» der systematische «Leitfaden»? Meine Behörde ist keine Dissidentenbehörde, soll der Meister gesagt habt. Wohl wahr! Meiner mir mich. Joachim Gauck for Dissident? No. War keiner, ist keiner. Bei Ärger schreibt er mitunter Briefe an alle Mitarbeiter: «... Dazu kam eine kritische Fernsehsendung, die uns wegen ihrer Unsachlichkeit nicht allzu sehr beunruhigen sollte, auch wenn wir uns darüber sicher ärgern müssen.» Vom Ich zum Wir – pluralis majestatis, Exzellenz! ... Plötzlich redet einer aus Rostock keß im Fernsehen, wer ist denn das? Wo kommt denn der her? Wie konnte der sich denn halten bei dieser oberkessen Lippe in Rostock an der Ostsee? Oder hat der so und so gesprochen? Leitfaden und Fadennudel im Zweikampf? Schreihals und Angsthase? Zwei Seelen, ach? Wie wir alle alle alle?

Woll, sagen sie im Ruhrgebiet. Ein Lektor formulierte mit vom Aufbau-Verlag, heute «AU I.2». Leitfaden! Und Mr. Baker? Wird seinen Beitrag dazu geleistet haben, auch Klaus Richter, «RL».

Was ist denn mit der Bestandspflege? Hast du genügend Reiter auf den Vorgängen, genügend Karteikarten und Listen? Liegen der BStU-Stempel (rot) und der BStU-Stempel (schwarz) bereit für die anonymisierten und geschwärzten Erstkopien und Zweitkopien für Antragsteller und Behörde? Hat die «Gruppe Braun» den «Einsatz staatlicher Mechanismen der BRD» empfohlen, auch den späteren Aufbau einer Bundesbehörde, um die «extremistischen Kräfte der ehemaligen Angehörigen der Bürgerkomitees zurückzudrängen»? Generalmajor Edgar Braun, Leiter der *MfS-Hauptabteilung XIX* für die *Sicherung des Verkehrswesens*, neunzehnhundertneunzig Berater von

Innenminister Diestel ... Und die Berater aus Bonn, zum Beispiel Eckart Werthebach aus dem Innenministerium?

Was redest, was fragst du.

Rede von den Reitern auf den Vorgängen. War das der große Wechsel der Zeiten, du Vorreiter? Die Demokratie als Interne Vorgangsverfolgung mit Nachweisführung und Ablaufkontrolle? Ist das die Befreiung? Man wird wieder ein Wicht, ein Antragsteller. Und n a c h der erkämpften «Akteneinsicht», wenn man einige *IM* kennt und sie zur Rede stellt, während andere als Ministerpräsidenten und Bundestagsabgeordnete aus der Zeitung und den Fernsehnachrichten grinsen? Was ist dann? Dann winken die ab, erinnern sich nicht und setzen die staatlichen Mechanismen der BRD ein ...

Was denn, was willst du denn ... Michael Kohlhaas, armes, bescheuertes deutsches Schwein, was willst d u denn?

Die Fakten. Realität gefällt mir besser als Nebel, Weihrauch, Konspiration und Lüge. Nebel, Weihrauch, Konspiration und Lüge haben auch eine Realität. Ja, aber keine eigene. Nur eine gemeinsame. Keine, die Macht hat über andere für alle Zeiten. Auf die Knie! Ihr verfluchter Wille soll baden gehen, in Pfützen liegen die Fotos ihrer Führer, wenn Kohlhaas es will, frech, lachend, tanzend, telefonierend, hupend, singend, witzelnd, als trojanisches Pferd, als Volk, als harte amerikanische Enthüllungskanaille, die beißen und beweisen kann. Und die Gefühle? Hollywood? Britisch-amerikanische Koproduktion über Vera Lengsfeld? Besser als Babelsberg bei Potsdam ... Die Studenten von Belgrad, jeden Tag Demo ... Das ist später, viel später, das weißt du noch gar nicht! Der Erzähler konjugiert auf Zukunft, will doch noch gewinnen, als Hellseher, der den «Größenwahnsinn des jeweiligen Augenblicks» (Sperber) aushebelt ...

Gefühle bestimmen die nächste Zeile.

Du reihst bestimmte Wörter ...

Na und. Manche beten.

Du springst.

Ich springe nicht. Ich tauche. Suche mein Versteck.

IM HERBST EINUNDNEUNZIG stellte ich mich vor das Tor der Haftanstalt in der Magdalenenstraße, ein Rechercheur war ich noch nicht, aber gestöbert hatte ich schon, war schon in Gera gewesen, Andreas I und ich hatten Lilos dünne Akte schon gefunden und Jochen Girkes versierte Psychoberichte, *hier muß mehr Psychologie rein, damit diese Arbeit solider gemacht wird* ... Andreas I hieß Andreas Schmidt und überraschte gern. Er öffnete zum Beispiel von innen die Eingangstür im ersten Stock rechts und sagte nichts. Sah den Ankömmling aus Berlin nur still von seinen zwei Metern herab an. Diese kleine, rätselhafte Verzögerung zwischen dem Blick durch die runden Nikkelbrillengläser und dem Gruß, den zwei, drei Worten aus dem Mund, dem Zeichen also, daß man sich sieht oder kennt, kurz oder lang, womöglich in einer Freundschaft, diese Verzögerung fällt mir ein. So wurden wohl auch die geheimen Herren überrascht im ereignisreichen Winter des bekannten Jahres, der in die Weltgeschichte einging. Schmidt und dann Bley und Keßler stehen vor dem Tor der Macht im Provinznest G. und begehren Einlaß. Viel geredet wird nicht, weil Tausende hinter ihnen stehen in diesem Augenblick und rhythmisch brüllen, was ihr Anliegen ist ... Ich habe eine Frage, ich habe einen Wunsch ... Darf ich Sie auf diesen Sachverhalt aufmerksam machen?

Nein.

Und begehrten Einlaß. Ohne Probe und Rhetorikunterricht bei Professor Jens oder dem antiken Redner, der gern Steine in den Mund nahm, um seine Aussprache zu verbessern, formulierten die Demonstranten ihren Text. Schmidt wird seinen fernen Blick gehabt haben, als der *Offizier vom Dienst* auftauchte in

Uniform, mit umgeschnallter Pistole. Uniformen kannte Schmidt gut, ein Leben lang, sein Vater war Polizeioffizier gewesen, wäre gern Musiker geworden, ein großer Musiker, also lernte der Sohn Klavier, er spielte gut Klavier und las Bücher und sang Lieder. Uniformen also kannte Schmidt, er trug selbst eine nach der Einberufung, und später wollte man ihn als heimlichen *Mitarbeiter* verpflichten. Aber da hatte Schmidt wohl nach den ersten Gesprächen im Auto am Stadtrand bereits diesen plötzlichen, distanzierten, fremden Blick, nein, Spitzel nicht, Lehrer wollte er sein, sprechen und singen und rechnen wollte er, mit geistig behinderten Schülern, denen wollte er Käfer aufmalen, riesige bunte Schmetterlinge ...

Gesprochen habe ich trotzdem, zweimal auch Sätze zu viel, sagte er.

Es werden lange Minuten gewesen sein vor dem Tor der Macht im berühmten Jahr, dann durften sie den ersten Rundgang machen durch das *Objekt*. Menschenmassen, erheblich in Fahrt und tatsächlich vorhanden in diesem trüben, fast mutlosen G. am vorläufigen Ende einer Lügengeschichte von der besseren Welt, so ne Masse Menschen läßt man nicht warten im Dezember, im Januar, bei Kältegraden, bald dürfen drei herein, vier, Michael Beleites noch, fünf, Pfarrer Geipel. Und das vermauerte Land ist offen. Auch für solche wie mich. Also können etwas später Besucher klingeln und eintreten in ein Büro, falls Schmidt öffnet. Das macht er mitunter in seiner Art, ein wenig Spiel ist dabei, Spaß, ich öffne gern, das soll alles ans Licht hier, sagt er nach dieser kleinen, rätselhaften Verzögerung.

Augstein und fünfzig Jahre «Spiegel».

Was ist mit der «Zeit»? Gräfin Dönhoff?

Man redet, kritisiert, hat die Fotos parat, demonstriert diese Distanz, mal freundlich, mal zupackend, mal zynisch, mal gelangweilt ... Die Redakteure hören zu, wenn der Chef spricht, es ist auch ein Spiel, mit mir ging er essen siebenundsiebzig, der von der Serie hatte in seinem Zimmer gewartet, hätte auch gern mitgehen wollen, aber man habe ihn nicht angerufen, unten die Fotografen und Grafiker, das Titelbild, vor oder hinter dem Gitter, mit oder ohne Lederjacke … Augstein war nett, redete wenig, fragte nach ein, zwei Details, zwei Untersuchungshäftlinge im Gespräch.

Aus dem Titel wurde nichts, die Schleyer-Entführung kam dazwischen. Du warst neu im Westen, warst irritiert, wußtest nicht, was es heißt, mit dem Herausgeber zu essen … Redakteure sind erwachsene Männer, eine gewisse Unterwürfigkeit bemerkte ich, ein wenig Offizierskantine, es gab unsichtbare Dienstgrade, Rangabzeichen, Orden …

Was ist daran so schlimm? Is doch überall so …

Den kurz erwähnen, den noch kürzer. Da sieht man weg, da geht man essen. Deutsche Offiziere können nette Kerle sein … auch Helmut Schmidt, da ist noch Zack und Zuck dahinter … Merk dir das, du Rekrut, du Proletensohn vom Anger, aus der unteren Stadt, vom Mühlgraben … MRR war Opfer, dann polnischer Offizier, jetzt sitzt er im Fersehapparat, redet seine Sätze. Und du? Was bist denn du für einer? Borchert schrieb was, erlebte was, schrieb schnell noch was und aus. Aus. Wurde nicht Bundeskanzler. Trug auch zu lange Haare. War krank. Erzählte Witze, Strafbataillon neunneunundneunzig, dann Frieden, neue Zeit, schnell, schnell, kurze Erzählungen, ein Stück, schnell, Rundfunk, ein Ton …

Am elften Oktober neunzehnhundertsechsundneunzig wirst du in der Dresdener Fußgängerzone zwei Männer treffen: Der eine verkauft die «Rote Fahne» und redet vom Kommunismus, der andere klärt auf über *die Verräter Gorbatschow und Modrow, über Stalins gute Seiten, über die Millionenopfer der Sowjetunion und was ein anderer Genosse ihm neulich sagte: die Demonstranten in Dresden für angebliche Demokratie, in Wahrheit Zuschauer- oder*

Stimmungsdemokratie, mit denen hätte man fertig werden können: ein Befehl: Straße säubern! In Griechenland und Chile hat der Kapitalismus auch Gewalt angewendet ... Das hörst du dir interessiert an und staunst, Sie sind in der PDS? Ja, der nette Mann auf der Straße ist in der PDS, sogleich zitiert er lobend den Genossen Gysi ... Na Prost Mahlzeit! Bei Hertie hast du was gegessen im schönen Kaufhausrestaurant, Richtung Bahnhof sang einer zur Gitarre Dylan-Lieder und alte Songs der Beatles, allerhand Fans hörten zu, gaben auch paar Groschen, zwei junge Frauen mit hohen Absätzen lachten und klatschten laut, der Zeitungsverkäufer drehte emsig seine Runde, zwei, drei graumelierte Herren blieben stehen und nickten, einer schüttelte dem *Straßensäuberer* die Hand am hellichten Tag, nicht heimlich, so war es nicht, offen, ehrlich, in irgendeinem Aufwind am hellichten, sonnigen Tag stellte ich mich im Herbst einundneunzig vor das Tor der Haftanstalt in der Magdalenenstraße, etwas Gras wuchs aus dem Pflaster, Häftlingstransporte fuhren wohl zu dieser Zeit nicht ein und aus, ein Fotograf machte Fotos für den «Spiegel», am Tor, klick, unter dem Straßenschild, klick, dann meine Idee: Wir könnten doch mal reingehen, an der Pforte klingeln, Einlaß begehren, es ist doch später, danach, es lebe die demokratische Revolution! Klingeln, klopfen an der Tür neben dem Tor, ein Summton, zwei Uniformierte hinter einer Glasscheibe im Hochparterre, sie sahen von oben herab auf die beiden Gäste, was, sagten sie, nee, sagten sie, ohne Erlaubnis vom Berliner Senat, einfach so, nee, sagten sie, geht nicht. Ich war hier Häftling, sage ich. Da ist einen Moment lang Pause, ein Taxieren auf halber Treppe, dann das Schütteln uniformierter Köpfe. Ich drehe mich um, gehe zwei, drei Schritte zur Eingangstür, der Fotograf folgt. Die Tür ist verschlossen. Ich drehe mich zur Glasscheibe im Hochparterre ... ein Grinsen, dann der Summton, dann läßt sich die Tür öffnen. Zwei ungebetene, abgewiesene Gäste verlassen den Vorraum eines Gefängnisses, sie haben verstanden. Ich komme auch aus der DDR, sagt der Fotograf, bin ausgereist, wollte nichts mehr wissen von denen, arbeitete in vielen Staaten der Welt, kümmerte mich nicht mehr um die. Hast du es gemerkt, fragte ich. Ja, sagte er.

SIE SAGEN DIE NEUEN WÖRTER : Senat, Bundeswehr, Behörde, Polizeipräsident, Personalrat. Sie tragen die neuen Uniformen, passen sich ein, passen sich an, bleiben am Drücker, am Knopf für den Türöffner. Zwischen Daumen und Zeigefinger die neue alte Entscheidung: Was will der? Wer ist das? Von wem kommt er? Angemeldet? Abgemeldet? Wurde angerufen, hingewiesen, benachrichtigt? Ausweis? Berechtigungsschein? Stempel? Unterschrift? Nein? Ja? Ach so einer ist das! Ach auf die Tour kommt der! Ach rein gar nichts kann der vorweisen und machen und tun! Kopfschütteln, abwinken, Abgang, verpiß dich! Saß hier?

Sei froh, daß du wieder rauskommst mit deinem Fotografen, daß die Tür wieder aufgeht. Kürzlich wäre das nicht passiert … Naja, mal hören, was noch kommt.

Rechercheur, du träumst? Es sind Tagträume, tak tak, wer geht im Gang? Hast du deine Fälle zusammen?

Noch nicht.

Mittags gehe ich zur Kaufhalle hinüber, die Treppen hinunter zur U-Bahn, oben die Frankfurter Allee, achtspurig, unten die U-Bahn, ab und zu ein Luftzug, das Dröhnen der Stahlräder auf den Stahlschienen … Und der stählerne Blick? Hat sich versteckt. Ein Zeitungsverkäufer wedelt mit dem «Berliner Kurier». An der Treppe steht eine junge Vietnamesin mit einer Tragetasche, wahrscheinlich voller Zigaretten. Auf der anderen Straßenseite die Hochhäuser und die Straßennamen: Schulze-Boysen-Straße! Harnack-Straße! Coppi-Straße! Was, die Damen und Herren kennen diese Namen nicht? Nun, die Gestapo kannte sie. Es sind unsere Helden aus dem antifaschistischen

Kampf, sagen die Straßenschilder und die Hochhausfenster und die Brillen der älteren Männer, die herumschlendern, keine Eile haben, die schauen und äugen. Mal sehen, was wird. Am Eingang der Kaufhalle, Backwaren und Kaffee werden verkauft, sitzen junge Leute. Ein Mädchen hockt auf diesen Tischen, wo Waren eingepackt werden, hat die Füße mit den Schuhen nach oben gezogen, sitzt da und raucht, zeigt ihre Ringe, ihre Jugend, ihren Mut. Lange und provozierend sieht sie die Käuferinnen und Käufer an, die vorbeikommen, einen kurzen Blick werfen, nicht stehenbleiben. Der neue Name über dem Eingang der Halle, dahinter die Plattenbauten, die Straßenschilder, eine Holzbank, ein Betrunkener, zwei Hunde an einer Leine, Kaffeeduft, nicht weit entfernt, gedämpft, viele Autos, dazwischen grüne Hecken. Und die herausfordernde Einsamkeit und Suche dieser jungen Frau, ihr Sitzen und Schauen und Rauchen. Ein Kastenwagen nähert sich langsam, Lieferung.

Willst du noch einen Fotografen bestellen? Einen Maler? Van Gogh? Frank Rub?

Ja. Nicht nur Felder und Brücken, diese Kaufhalle.

Unten in der U-Bahn gibt es keine Werbung, dafür Gemälde an der Wand, dunkle, bedrohliche Farben, Magdalenenstraße.

Wer weiß, wie lange noch. Dann kommen die strahlend weißen Zähne und die lockeren Ladies. Der Rechercheur kauft zwei Stückchen Kuchen, trinkt einen Kaffee und schlendert zurück. Unterwegs sieht er von ferne drei Frauen, die er aus dem Archiv kennt, vom Sehen. Sie laufen schnell und zielgerichtet, wollen etwas erledigen, wahrscheinlich den Familieneinkauf. Ganz in der Nähe muß Bäcker wohnen. Hat er Kinder? Vielleicht eine Tochter, die raucht, jung ist und gern auf Tischen sitzt?

Gehöre ich etwa dazu?

Recht nahe bin ich gekommen.

Draußen, nicht drin.

Und drin?

Zeige ich meinen Ausweis vor und darf passieren. Im Gang von *Haus 8* kommt mir eine junge Frau mit Baskenmütze entgegen, ein blau gekleideter Wachmann begleitet sie. Sie lächelt, vielleicht eine Journalistin, irgendwo habe ich sie schon mal gesehen, französischer Name, FAZ, glaube ich. Schummrige Beleuchtung, Nummer Zwo muß sich nicht zur Wand drehen, er geht ganz allein in diesem Labyrinth umher. Die junge Frau war keine Gefangene, keine Leidensgefährtin, sie ist ein Gast und wird zum Ausgang geführt. Der Wachmann zeigt ihr den Weg. Hier kann man sich nämlich verirren. Außerdem gibt es Vorschriften. Sie lächelt, ein wenig lächelt sie doch wie eine Gefangene, eine Ab- oder Zugeführte. Und wer, dachte sie, lief da in diesem Gang an ihr vorbei? Hauptmann Eberl? In ihren Augen war eine Freiheit, sie gehörten nicht in dieses Gebäude.

REITER
AUF
VORGÄNGEN

UTE KÄMPF steht vor der großen Tür des ehemaligen Kulturministeriums der DDR am Molkenmarkt. Sie betrachtet die
neuen Schilder der Adenauer-Stiftung und der Abteilung «Bildung und Forschung» des Bundesbeauftragten für die Stasi-
Unterlagen ... Als sie mich von der U-Bahn kommen sieht,
winkt sie.

Was willst du hier, frage ich.

Es läßt mir keine Ruhe, was ich über Leipzig erfahren habe,
über die Gruppe, sagt sie. Ich war schon drin, sie deutet mit
dem Kopf auf die verzierte Holztüre, der Pförtner oder wer das
da ist, hat mir einen Antrag auf Akteneinsicht gegeben, was soll
ich damit! Und jetzt, frage ich. Ich will wissen, was los ist, was
sie mit unserer Gruppe gemacht haben, sagt sie, du hast neulich
in der Luxemburgstraße Andeutungen gemacht, im Büro des
Neuen Forums, über einen *Teilvorgang* ... Du willst nicht mehr
warten? Nein. Hast du alle Anträge gestellt? Ja. Schon länger?
Ja. Und in Leipzig? Sagen sie in der «Außenstelle», man könne
nichts finden, du hast aber was gefunden. Ja, sage ich, in *AKG-
Materialien*, in Übersichten der *Hauptabteilung XX*, Hinweise
auf einen Leipziger *Teilvorgang des ZOV «Wespen»*, «Frauen für
den Frieden» ... Sie nickt. Und jetzt, frage ich. Wo sind die Akten, fragt sie. In der Normannenstraße, im Archiv, *Haus 8*, in
«Bündel 41» ... Bündel 41, wiederholt sie. Sie hat kurzes,
schwarzes Haar, ich heiße jetzt Leukert, sagt sie, wenn gefragt
wird. Eigentlich wollte ich nerven und nicht weggehen hier. Du
hast am Telefon zu Roland Brauckmann gesagt, ich soll nerven
und mich nicht abweisen lassen. Stimmt, sage ich, aber die Akten müssen erst erfaßt werden, paginiert. Wie bitte, fragt sie.

Wieder eine achtspurige Straße, eine Kreuzung, Ampeln, abbiegende Fahrzeugströme, da geht's zum Alex, da zum Roten Rathaus, da Richtung Ostbahnhof. Und da hinten ist die Brücke mit den Hochhäusern, Fischerinsel, Leipziger Straße, Sarah Kirsch hat dort gewohnt, Bettina Wegner, Klaus Schlesinger und etliche Funktionäre und auch Spitzel, hoch hinauf, auf engstem Raum, in einer verhexten kleinen Familie, die groß tat, überlegen, ewig. Martin Gutzeit wohnt immer noch dort, Pfarrer, dann SDP, heute SPD, ein guter Freund, «Landesbeauftragter für die Unterlagen des Staatssicherheitsdienstes der ehemaligen DDR», das sind Berufe ... Büro in der Scharrenstraße, gar nicht weit, nur über den Damm. Dämme auf, Schleusen zu, verfluchtes Bündel 41 ...

Recherchen, Anträge, Wichtigtuereien, «die eigenen Leute rausholen aus den Akten», jaja, gesagt hast du es ihr, aber was jetzt? Jetzt stehst du stadtmittig, und grübelst, sollst eine Veranstaltung vorbereiten, Fälle präsentieren, drei ihrer häßlichen Verben «mit Leben füllen» ... «anschaulich machen» ...

Mittig hieß der Oberheini der *Hauptabteilung XX,* im Fernsehen hast du ihn mal gesehen, ein Männel, Brille, dieses Mielke-Gehabe, hart wie er, *IM* wurden *disloziert,* dozierte er, *ja, Anderson,* den kenne er, *ja.*

Armer Sascha, solche haben Macht über dich, kennen dich. *Dislozieren* ... Was heißt das? Laut Fremdwörterbuch: 1. (veraltet) Truppen räumlich verteilen; 2. (schweiz.) umziehen ... Räumlich verteilt wurde Anderson als Truppenteil, stimmt. Umgezogen ist er auch, nach Westberlin, um besser *dislozieren* und *spionieren* zu können ...

Zu Ute: Ich weiß auch nicht weiter.

Ute: Ob meine Ehe zerstört wurde, das will ich wissen.

Der Pförtner hat sie abgewiesen und ihr einen Antrag in die Hand gedrückt. Wäre es besser gewesen, wenn ich nichts gesagt hätte, frage ich. Nein, außerdem hättest du kein Recht gehabt, es mir nicht zu sagen. Ich finde es gut, daß ich es weiß und daß du was gesagt hast, nicht nur heimlich gelesen. Aber hier komme ich nicht weiter. Was machst du jetzt, frage ich. Nach Leipzig zurückfahren, sagt sie, die Registriernummern habe ich. Und daß ich mal in das Bündel reinsehe? Geht wohl nicht?

Ich schüttle den Kopf.

Na gut, sagt sie.

Warum bin ich nicht in die Normannenstraße gefahren, habe was unter den Pullover gesteckt? Weil du nicht blöd bist, sagt die Knaststimme, sie bekommt es in Kürze, hat die Angaben, willst du den tollen Kerl spielen? Ja. Sollen wir bloß Auskunftsbeamte sein? Sachbuchautoren? BF-Spezies? Sollen wir bloß wiederkäuen, was hinterlassen wurde? Ihre Abschlußberichte zu Ende schreiben, ihre IM-Einschätzungen vervollständigen? Mit Merkblatt, Leitfaden und Interner Auskunft IIIa? Ute steht an der Kreuzung, Rot. Bevor Gelb kommt, geht sie los. «Man möchte sie alle beim Namen nennen.» Anna Achmatova.

GEGEN ABEND BEI PINO, dem sympathischen Italiener in der Moabiter Waldstraße ... Utz Rachowski, der Freund, ißt Lasagne, Nummer dreiundvierzig, sagt er. Wer gerade aus Lichtenberg kommt, am Molkenmarkt herumkurvte und eine Veranstaltung vorbereiten soll, zuckt bei gewissen Zahlen zusammen: Einundvierzig? Die Bündel ...

In Reichenbach sehe ich seit vier Jahren aus einem Fenster in dieses Städtchen hinein, sagt er, rede mit keinem, mit wem auch? Achtzehn Uhr ist Schluß, dann sind die Straßen leer, alle verkriechen sich in ihre Wohnungen und Häuschen, von denen viele zerfallen oder saniert werden. Was will ich, wo bin ich zu Hause, wo will ich noch hin? In Dresden die Zeitschrift für Kunst und Kultur, ich bin der Herr ABM-Redakteur, der staatsfeindliche Hetzer ... In Berlin noch die Wohnung und die Jahre nach dem Gefängnis ... bis neunundachtzig ... die schönen, fremden, traurigen Jahre im Wartestand ... Was hast du gemacht? Gedichte geschrieben und welche verteilt, auch von Kunze ... im unteren Vogtland ... Ach so.

Dieser Alltag jetzt verschwimmt, zerfließt, ist plötzlich Nebel, Brei ... sagt Utz. An die letzten Jahre kann ich mich nicht mehr genau erinnern ... was wann geschah, das habe ich doch immer gewußt, sagt er bei Pino, ißt Nudeln und trinkt Mineralwasser ... Wir sind doch Langstrafer, sage ich, das hört nie auf! Zwei Knastrologen lachen kurz auf.

Der Ort der Kindheit zerfrißt dich, sage ich, will dich wiederhaben und plattmachen mit Haut und Haaren. Rede nicht so, sagt Utz, sonst geschieht es wirklich ... Du bist hier in Sicherheit, aber ich? Väter sterben, Mütter warten, Kinder kommen, der Blick aus dem Bodenfenster ... Jeden Tag räume ich auf, sagt er, wohne bei Karin, ihr Sohn bei der Bundeswehr, lese Manuskripte für die Zeitschrift, dreiviertel Schrott, der Vertrieb klemmt, nur zweihundert Abonnenten ...

Sehr gute Beiträge, sage ich, «Ostragehege» ist ein fast geheimer Titel für eine Zeitschrift ... was willst du machen?

Gute Frage.

Nach einer Weile: Es gibt Parabelbögen, in denen sich Himmel und Erde begegnen ... Caspar David Friedrich malte «Das Große Gehege bei Dresden» ... Kurt Vonnegut schrieb das «Schlachthaus Nr. 5». Er war als Amerikaner in Kriegsgefangenschaft, und als fünfundvierzig die Bomber kamen, mußte er im Dresdener Schlachthof arbeiten, auf dem Gelände des Ostrageheges ...

Interessant, sage ich, muß man erklären ...

Utz Rachowski nickt und fragt, ob ich das «Geleitwort» gelesen hätte in der Startnummer, immerhin sei auch ein langer Beitrag von mir gedruckt worden. Jaja, sage ich, natürlich, klar, aber der Name ist der Name, Geleitworte stehen im Kleingedruckten ... Hast du es wirklich gelesen, da steht alles drin mit dem Titel ... Bestimmt, sage ich.

Hinter ihm, an der Wand, der Schnabel einer ausgestopften Ente, daneben eine übergroße Flasche Rotwein, vor dem Fenster, auf der anderen Straßenseite, die Gaststätte «Holzwurm» und das Wappen der Schultheiss-Brauerei. Prost Mahlzeit!

Was fehlt denn, frage ich. Er sieht mich an.

Am Kleiderständer hängen unsere Winterjacken. Auf dem geschwungenen Haken über seinem Kragen thront eine kleine feine Mütze, die er in Italien einem afrikanischen Bauchladenhändler abgekauft hat ... Das Schöne, die Begeisterung, die Zuneigung, die Liebe ... Dort oben wohnt der Dichter, der die Welt kennenlernte ... Aus diesem Fenster blickt er über die Dächer der vogtländischen Stadt zu den großen Brücken in den Tälern, Göltzschtalbrücke, Elstertalbrücke ...

Die Leute gehen einkaufen, sagt Utz Rachowski, Geld ist wichtig, Arbeit, klar, eine Busreise nach Venedig übers Wochenende ... «Schreiben Gedichte und haben Maschinenpistolen im Keller», so redeten sie, als wir jung waren. Wir hatten keine Maschinenpistolen im Keller, sage ich. Sie sind gegen uns, sagt er. Ich rauche nicht mehr.

Dein Pullover riecht nach Qualm, denke ich. Die Mütze hat einen verstärkten, aufgenähten Rand, sie behält ihre Form und bewahrt Haltung. Wir sprechen gerade über die «Gauck-Behörde», über Akten und *Zersetzung*, da bewegt die ausgestopfte Ente an der Wand ihr offenes Auge und schlägt mit den Flügeln, will Köpfe und Augen treffen ... Sie zielt auf Heiligenscheine über ernüchterten grauen Zellen, die gedacht hatten, jemand schlösse sie auf in einem freundlichen, geneigten Gespräch nach der Not, der reichen Fremde und der Annäherung an einen eigenen peinlichen Ort großer Nähe und größter, belangloser Scham und Kinderfreude ...

Das ist unverständlich, gewiß.

Wo wohnt denn die Mütze? Im Höhenflug, im Hausbrief-kasten? In der Korrespondenz mit Hans Sahl, der Rachowskis Prosa mochte? Der alte Emigrant ging in den fünfziger Jahren zurück in die Staaten, kam erst wieder, um zu sterben und letzte Sätze zu sagen in schöner, junger, mutiger Sprache, fast blind, fast zu Hause zwischen Stühlen, Ideologien und Erdteilen. Utz, sage ich, AOL ist das richtige System, in Zehntelsekunden er-reiche ich Aguinis in Argentinien oder Peter Horn in Kapstadt. Ich habe kein Modem, sagt er. Ein Notebook wäre gut für un-terwegs, sage ich. Er nickt.

Die Mütze residiert hochmütig auf ihrem Haken, unter ihr zwei Winterjacken und aktuelle Schicksale, essend, plaudernd: Vorfrühling? Kleine Ermutigung, Ermutigung, Große Ermuti-gung, bitte zahlen! Wolfs Faxe hast du gesehen? Shakespeare-Sonette. Ringelnatz war einmal kurz auf dem Reichenbacher Bahnhof, schrieb was, freie Rhythmen über die Gaststube des Hotels «Adler», ich weiß ... Gibt es noch Wernesgrüner? Ja, Utz muß es wissen, er weiß es. Regression ist gefährlich, Herr Doktor, scherzt der Psychologe über den Freund, der in der Heimat wohnt und ein Zuhause sucht. Aufs Arbeitsamt gehe ich dort nicht, sagt er, bald wird das akut, dort nicht, hier ja, im Millionenversteck, haha ... Fährst du heute noch zurück, frage ich ihn. Er fährt.

ANRUF AM SPÄTEN ABEND. Die ganze Zugfahrt habe er noch an diese Akten denken müssen, sagt er, wie hältst du das nur aus ... Ich halte es vielleicht nicht aus, sage ich. Wann gehst du früh los? Halb sieben, sage ich, über Heinrich-Heine-Straße zum Strausberger Platz, dann nach Lichtenberg, oder mit der U-Bahn über Alexanderplatz ...

Utz will noch etwas über Anderson wissen ... In seinen Be-richten, sage ich, schlägt er einen ganz bestimmten objektiven Ton an, fast wie eine Nachrichtenagentur ... hattest du mit ihm zu tun, frage ich. Nicht viel, kurz nach neunundachtzig bei einer Buchausstellung ... er war abweisend, überheblich ... Hielt Vorträge über Poststrukturalisten, die Welt als Konstrukt der Strukturen, Dualitäten wie Wahrheit und Wirklichkeit sind sinnlos, es gehe um Spiel, Codes müsse man knacken, Fehlerroutinen einbauen, Viren streuen ... Lüge und Leid als altmodische Wörter ohne Relevanz ... Wart mal, sage ich, hör dir das mal an, hab ich mir rausgeschrieben, hörst du? *Information zu einem Empfang an der Bonner Vertretung, Chausseestraße, am 17. 12. 1981, anläßlich der Beuysausstellung in der Vertretung, im Gartenhaus der Vertretung: Zu diesem Empfang waren nicht, wie zur Eröffnung, haupsächlich Maler und bildende Künstler eingeladen, sondern Musiker und Schriftsteller. Die mir bekannten Schriftsteller waren ...*

Jetzt die Namen ... sieben Namen, dazu ihre Wohnorte ... Rachowski will die Namen wissen. Ich nenne Neumann und Elke Erb, Wagner, Pietraß ... Er hat auf Band gesprochen, sage ich, *Tonbandabschrift* steht meist über seinen Berichten ... Er dachte, alles ist vernichtet ... Seine *IM-Akte* ist vernichtet, aber in den *Operativen Vorgängen* der Bespitzelten sind die Berichte drin ... Oder hier, das ist nicht Anderson, ein Satz, hörst du? Aus *ZOV «Wespen»*, «Frauen für den Frieden» ... steht in meinem Stenoblock ... Von Ute Kämpf habe ich dir heute erzählt, sage ich und lege auf, wähle neu ... Das sollst du lassen, werde ich angeherrscht, so viel habe ich noch im Portemonnaie ...! Schon gut ... hör jetzt mal zu, Utz, der Satz lautet so: *Eindringen in das Verbindungssystem zwischen den Führungskräften der Gruppe «Frauen für den Frieden» Leipzig und den Organisatoren und Inspiratoren «alternativer Zusammenschlüsse» in der Berliner Gruppe sowie feindlichen Einzelpersonen, Zentren und Einrichtungen im Operationsgebiet mit dem Ziel, Hinweise und Beweise auf organisatorische und inspirierende Wirkungen dieser Personen und Einrichtungen im Sinne von «blockübergreifender Friedensbewegung» rechtzeitig zu erkennen und zu verhindern ...* Hast du das gehört? Und sie hat noch nichts gesehen, fragt er, nein sage ich, nur von mir gehört ...

Wir reden noch ein wenig über Schreibstocksätze, Ästhetik und das gute Essen bei Pino.

Gute Nacht!

IN DER GUTEN NACHT kommt der *Genosse Führungsoffizier*, kommen Sätze, loyale, läppische Sätze, und folgen dem einen und dem anderen aus traurigen, absurden, nichtästhetischen Gründen, schmiegen sich an, lassen nicht los und nicht locker, beißen sich fest wie Reißwölfe an den Metallverstärkungen der Aktenordner, die übrigbleiben und den Gully verstopfen. Aufgerissene, bissige Schlünde, durchgebrannte Elektromotoren, Haufen von Aktendeckeln, herausgefetzte Papierblätter, von Hand energisch zerrissen, einmal, zweimal, das geht schwer bei fünf, bei zehn, bei zwanzig dünnen Blättern, das macht Arbeit und schluckt Zeit und gefährdet das geordnete Ende eines Organs ... Das Bürgerkomitee biegt um die Ecke, erkennt die Lage, den verfluchten Widerstand von lächerlichen schwachen Papierseiten, die als Stapel, Packen oder Bündel beachtliche Gegenkräfte entwickeln, obwohl gelocht und betippt von oben bis unten mit höchstwichtigen Traktaten staatlicher Schreibmaschinenmacht. Fast lustig sieht es aus, dieses anscheinend unerwartete Ende, bizarr, verlassen-phantasievoll, fast weich ... Beuys auf einer Pressekonferenz, natürlich mit Hut. Und wer erstattet den Bericht? Anderson ist längst enttarnt, ich soll an der Reihe sein ... Eine Rückfrage aus dem Publikum: Ist dieser Rachowski Pole oder der Freund von Ute Kämpf? Schriftsteller? Ach so, jetzt noch die Werke, ISBN-Nummern und die Preise, falls welche vergeben worden sein sollten ... Am besten, man trägt Namensschilder, bei Tagungen ist das üblich, und hat Belegexemplare in der Tasche oder einige Werke in Fotokopie dabei. Ist das mein Gespräch, hast du angerufen? Laß jetzt, hör auf mit dem Unsinn! Computerfreaks ohne Modem und PC beginnen ihre Kommunikation … Ein anständiger, informierter, gut gekleideter Beamter im öffentlichen Dienst einer Stadt in einem Bundesland winkt sympathisierend herüber, Lesungen könne er aber leider nicht mehr vermitteln … Ein freundlicher, dünner Schüler aus einem Weimarer Gymnasium, vor oder nach dem Hausaufsatz mit gesamtdeutscher Themenstellung: Der Herr Rachowski ist Ihr Freund? Ja, ist die Antwort, etwas jünger, wir besuchten die Goethe-Oberschule und lasen Bobrowski und Lenin. Er trug eine schwarze Baskenmütze und besuchte gern Gaststätten, um über Bücher, Philosophie und Politik zu reden. Als Schüler, wird zurückgefragt. Ja, zum Beispiel die Bahnhofs-Mitropa. Dazu Spaziergänge, Richtung «Schwarze Katze» oder durch den Alten Friedhof. Und noch eine letzte Frage: Was soll das, was soll das hier? Sie wollen und sollen eine Veranstaltung der Gauck-Behörde vorbereiten, «*Bearbeiten, zersetzen, liquidieren*» soll sie überschrieben sein, was ist nun die Absicht, die Struktur, die Funktion? Der Schaffner eines IC blättert im Manuskript und ist nicht entflammt, er sagt ein anderes Verb, diese moderne Prosa, sagt er, Stasi, sagt er, und dann noch was drumherum … bumm, bumm: Ein Krimi muß übersichtlicher angelegt sein. Ihre Fahrkarten bitte! Ist noch jemand zugestiegen? Mit vierzehn Notizen in schwarze Hefte, schwarze Katze, schwarzer Hund … Angst. Aufsässigkeit … Bei der Armee, mit achtzehn im Dreck, am Zaun, im Joch … Ein Ton, heimliche Karten an Bobrowski, der Briefträger, laut: Was ich anderen verschwieg. Seine Augen starr, aufgerissen, von Gräben umzogen, ausgeweitet bis an die Grenzen, auf daß gesehen werde die Welt … Am Tisch bei Pino: *Der Beschuldigte Rachowski steht in dringendem Verdacht, mit dem Ziel der Aufwiegelung gegen die sozialistische Staats- und Gesellschaftsordnung der DDR seit mehreren Jahren staatsfeindliche Hetze betrieben zu haben, indem er selbst Hetzschriften in Versform herstellte … BV Karl-*

Marx-Stadt, Abt. IX, Vertrauliche Dienstsache! Brecht wegen der
«Hauspostille» in Hohenschönhausen. Die Haare sehr kurz,
kein subalterner Augenausdruck auf dem Häftlingsfoto, eher
ein Staunen. Die Partei beleidigt. Hat der IC-Schaffner mehr
erwartet von den *Gründen der Inhaftierung?* Waren ihm ähnliche Sätze von anderen Fällen bereits bekannt? Aus der Presse?
Begann schon auf der ersten Zeile ein gewisses inneres Gähnen? Klingelt das Telefon?

RACHOWSKIS MUTTER, IN ANGST, übergab dem Klassenlehrer, der zu ihr nach Hause kam, Briefe eines schreibenden
Soldaten, der älter war, an den lesenden Sohn, der jünger war,
die Post stellte zu, die Kaserne ließ passieren, der Lehrer sollte
selbst entscheiden und den guten Willen sehen. Legte der IC-
Schaffner aus der Guten Nacht das Abitur ab? Studierte er?
Wurde er verhaftet und ausgebürgert? Stören diese Fragen? Ist
die Struktur unklar? Der *Strafausspruch? 2 Jahre 3 Monate.* Ist
das eine große oder eine kleine Zahl? Hatte man mehr erwartet? Eine Mutter, in Angst, das sind vier Wörter, zwei Kommas.
Mutter, naja, Angst, naja, in der taz-Redaktion ging ein Aufjau-
len durch die Reihen der vielbeschäftigten RedakteurInnen …
Was willst du zur Veranstaltung berichten? Seinen ersten Anruf
nach der Haftentlassung und der Ankunft in Gießen? Der Ton
in der Stimme, das Glück, der Schrei, die Angst, was läßt sich
davon verschriften und berichten? Gibts noch irgendwas?
Die Freundin, Monika hieß sie, wurde Ende neunundsiebzig
aus der Haft entlassen, schwanger, hatte Kunze- und Ra-
chowski-Gedichte abgeschrieben und verbreitet als Buchhänd-
lerin und Laienschauspielerin. Entlassen, immerhin. Erneute
Festnahme jederzeit möglich. Als er ausgebürgert wurde, durfte
sie ausreisen, das klingt doch nett: ausreisen. Ein Kind im Gepäck, da wird der Onkel Vater aber staunen.

Utz wohnte in den ersten Westwochen bei uns.

Er weinte, als Sarah Kirsch zu Besuch kam und ich ihn nicht weckte. Er war eingeschlafen, hatte am Nachmittag ein Schläfchen gemacht in der Freiheit. Oder lag wach im Nebenzimmer, hörte Stimmen, traute sich nicht herüberzukommen. Vorhin rief er an, kritisierte das zu häufige Erwähnen des Namens Enzensberger im Manuskript. So gut habe er dessen Gedichte nie gefunden. Fünfzig Seiten müßten mindestens dazwischenliegen. Fünfzig, frage ich, mir gefallen seine Gedichte ... mit fünfzehn war ich auf der Suche nach einzelnen Zeilen, Bücher von ihm gab es ja nicht, «Lochstreifen flattern vom Himmel», in einem Verriß der «ndl», ganz hinten, kleingedruckt ... Wir lachen. Ich tüte gerade «Ostragehege» ein, sagt er, das neue Heft ist gut geworden. Nummer sieben beginnt mit einem Text über Warlam Schalamow, der 1972 in der «Literaturnaja gasjeta» den idiotischen Satz schrieb, seine «Erzählungen aus Kolyma» wären längst durch das Leben gegenstandslos geworden ... Kannst du dir das vorstellen, Schalamow!

Schalamow?

«Wie fing alles an? An welchem Wintertag drehte sich der Wind, und wann wurde alles so schrecklich? Wie fing es an? Kljujews Brigade wurde bei der Arbeit zurückgehalten. Aufseher umringten den Schacht.» In den ersten Wochen rief Utz im Handtuchzimmer an, Lilo hatte ihm die Telefonnummer gegeben. Er hatte noch keine Akteneinsicht. Ich ersticke in *Vorgängen*, sagte ich und fragte, hast du beantragt? Ja, sagte er, das Urteil bekam ich schneller als die Akten heute, hast du was von mir gesehen? Ja, sagte ich, einiges aus der Schulzeit, du müßtest sofort herkommen. Würden sie mich reinlassen? Nein, sagte ich.

EHRLICHER WERDEN, GENAUER, sagt die Knaststimme. Wieso? Weil du hier an der Quelle sitzt, am Schweinetrog ihrer Mitschriften.

«Eine Mutter, in Angst, übergab dem Klassenlehrer, der nach Hause kam, Briefe eines schreibenden Soldaten, der älter war, an den lesenden Sohn, der jünger war», das ist dein Stil, dein Handtuchzimmersound, der Soldat warst du? Ja. Und der Sohn war Utz? Ja. Und wie ging es weiter? Rückfrage: Jetzt beginnen wohl die anderen Recherchen? Antwort: Ja.

Nach der Armee kein Studium in Jena, fast keins, um ein Haar keins, die Uni hatte schon abgeschrieben, ich sollte die Unterlagen zurückschicken. Du hast dich beschwert? Ja. Auch bei der Partei? Ja. Und konntest studieren? Ja. Hast du einen Rückzieher gemacht? Ja und nein. Ich habe gesagt, ich bin kritisch, aber für den Sozialismus. Utz flog von der Schule? Ja. Warum? *Wegen Beleidigung eines Offiziers der Nationalen Volksarmee in der Öffentlichkeit*, der Direktor war Biologielehrer und Major der Reserve, Utz hatte dessen fachliche Fähigkeiten angezweifelt. Und du konntest studieren? Ja, es war der Wechsel von Ulbricht zu Honecker, die Losung hieß «jeden gewinnen, keinen zurücklassen». Du wurdest nicht zurückgelassen? Nein, ich konnte in Jena Psychologie studieren. Im Studienjahr mehrere Offiziere der Stasi, wenig später begann das ganze Theater von vorn. Du hattest dich nicht gebessert? Nicht wie gewünscht. Du wurdest ein Junges Talent, ein Junger Lyriker? Ich veröffentlichte erste Gedichte, keine Verrätereien, Zyklen wie «Schriftprobe» und «Nicht hinauslehnen» ... Margret und Edwin Kratschmer, die Kontakte zu Verlagen in Berlin hatten, förderten mich. Die Parteischnüffler in Reichenbach mußten «oben» nachfragen, wenn sie eine *Maßnahme* planten ... Und «oben» begann man erst, sich eine amtliche Meinung zu bilden ... Talent hat er, vielleicht biegen wir ihn noch hin ...

Und Utz? Erlernte einen Beruf, Elektromonteur, konnte später das Abitur machen, in Freiberg die Oberschule beenden, an der «ABF», der Arbeiter-und-Bauern-Fakultät, Hermann Kants Schule ... Elektromonteur ... Kabelgräben ausheben und parieren? Wahrscheinlich. Es wird schwer für ihn gewesen sein. Mußtet ihr euch voneinander distanzieren? Nicht direkt, ich habe aber gesagt, daß ich das mögliche Beleidigen von Offizieren und Schuldirektoren falsch finde. Was hast du gesagt? Daß ich das mögliche Beleidigen von Offizieren und Schuldirektoren falsch finde. Wann und wem gegenüber? Bei einem Gespräch in der Schule, die Schule hatte sich an die Uni in Jena gewandt und mitgeteilt, ich sei ein Staatsfeind geworden ... Und in Karl-Marx-Stadt. Wo? Karl-Marx-Stadt, heute Chemnitz, in der Bezirksleitung der SED ... ich hatte eine Eingabe geschrieben, mich beschwert ... Kritisch, aber für den Sozialismus, diese Haltung bezog ich. Du wolltest durchkommen? Ja. Mit Distanzierung von Utz? In gewisser Weise schon, zumindest trat ich nicht offen für ihn ein. Außerdem wurde ich auch massiv beschuldigt, mußte mich verteidigen. Und retten? Ja. Hat sich Utz distanziert? Ich weiß nicht. Habt ihr nie darüber gesprochen? Doch, aber dieser Punkt ... Ich hatte Schuldgefühle, war ja der Ältere und hatte mein Abitur in der Tasche ... Hielt eure Freundschaft? Es gab eine Sendepause. Sie zogen Utz zur Armee ein. Bei mir begannen wenig später die offenen Konflikte mit der Stasi. Als er mich sechsundsiebzig auf dem Grundstück von Havemann besuchte, sagte ich: Jetzt sind wir quitt, jetzt sind wir wieder zusammen. Dann der Knast, erst ich, dann er. Im Text hätte es aber heißen müssen: «Eine Mutter, in Angst, ein Sohn, in Angst, ein Freund des Sohnes, in Angst.» Ja, sagte ich.

Ist das ein Verhör? Keine Antwort.

Nacksch in der Wahrheitsfalle?

Nackig am Ende der Zeile?

Nackt steht im Duden.

Hochd. oder ugs., Angerspolackenslang muß vielleicht nicht auch noch sein zwischen Stasimüll und Verwaltungsgewäsch in diesem seltsamen Skript hier ... Nackisch, so war die Aussprache in der unteren Stadt, am Anger, wo nach Meinung der Oberstadt die «Angerspolacken» wohnten ...

Heute ist Fasching. Verkleidet, mit Cowboyhut und einer Pistole am Gürtel, springe ich der Mutter entgegen, die über die Brücke der Schießgasse von der Arbeit kommt. Bist du nicht aus diesem Alter raus, ihre Frage ... Wie alt? Elf, zwölf. Der Stich ist noch heute spürbar, als jähes Ende der Kindheit, der Verkleidung, des übermütigen Sprungs auf jemanden zu mit Pistole und Cowboyhut unten im DDR-deutschen Vogtland, zwischen Thüringen, Sachsen und Böhmen, im Faschingsmonat Februar und ziemlich weit von Köln.

BÜNDEL EINUNDVIERZIG liegt in *Haus 8*, du mußt noch einmal genau nachsehen und dir mehr Notizen machen, Notizen darfst du dir ja machen, Notizen sind keine Kopien, du könntest auch Kopien anfertigen lassen, aber die dauern. Du willst nicht lange fragen, hast deinen Stolz, haßt diese Wege ... Die Sachgebietsleiterin fragen, die fragt den Referatsleiter, der fragt noch einen anderen. Vorige Woche wollte ich von der jungen, dünnen Frau Sabrowske, die sich Mühe gab und ein winziges Lauern verbarg, zwei Kopien, dringend wollte ich zwei Kopien. Ich sagte ihr: Bitte rasch diese beiden Blätter! Für BF, fragte sie, ja, sagte ich, für eine öffentliche Veranstaltung der Behörde ...

Sie nahm die Blätter und eilte davon, morgen, sagte sie, morgen, ganz bestimmt. Am nächsten Morgen zum Auftraggeber: Mir ist ein Mißgeschick passiert, ich habe das Original geschwärzt, aus Versehen in den Kopierer eingelegt ... Sie hielt ein kohlrabenschwarzes Blatt in die Höhe. Ich sah sie erstaunt an, fragte, wie denn das passiert wäre, rein technisch, ich könnte mir den Vorgang gar nicht vorstellen ... Sie zuckte mit den Schultern, ihre Schultern waren schmal und hoch oben, ich saß auf einem Stuhl und schüttelte den Kopf. Frau S. schwenkte die

240

Kopie eines Umschlags, «ZK, per Bote» war zu lesen. Aber der Brief ist weg, fragte ich, geschwärzt?

Die ungeschickte Kopiererin nickte. So hatte also eine Vervielfältigungsmaschine Heiner Müllers Brief behandelt: geschwärzt, geschluckt, vernichtet. Hatte die Maschine damit eine diskrete, gute Tat vollbracht oder ein Werk der Weltliteratur schnöde, per Toner oder Papierstau oder sonstwie, vernichtet? Dies soll jetzt nicht weiter behandelt werden. Es könnte geschehen sein und wird hier eingeflochten als Episode. Zum Glück hatte der Berichterstatter Notizen mit einem gewöhnlichen Bleistift gefertigt. «Ich habe die Anfrage zu Wolf Biermanns Ausbürgerung mitunterzeichnet, weil ich das internationale Ansehen der DDR, für das ich mich als Schriftsteller mitverantwortlich fühle, dadurch geschädigt sah ... Ich distanziere mich von der Umfälschung der Meinungsverschiedenheiten über die Lösung eines ideologischen Problems in eine Konfrontation durch die kapitalistischen Medien. Der Versuch, den Vorgang zur Hetze gegen die DDR und den Sozialismus zu mißbrauchen, war vom Klassengegner zu erwarten, das Gesetz unseres Handelns bestimmt er nicht ... Die wirklichen Probleme in unserem Land, um die es mir bei der Unterschrift ging, werden nirgendwo anders bewältigt als in unserem Land, von niemandem anders als von uns selbst und mit Sicherheit ohne den Beifall unserer Feinde». So wird das gemacht, Germanen! Wir schweigen aus Grabesgründen. Der Kopierer wußte, was er tat.

Ich verlasse das Handtuchzimmer, verschließe die Tür, stecke den Schlüssel in die Hosentasche, zeige beim Pförtner von *Haus 6* meinen grünen Ausweis mit Paßbild, ich habe einen Ausweis, zeige ihn vor, darf in dieses Haus, aus diesem Haus heraus, ich wechsle das Gebäude, gehe die paar Schritte über den Hinterhof ins Archiv, zu den Bündeln, Ute, zu den Geheimnissen, die du wissen willst. Die Tür wird sich öffnen: Person auf dem Bildschirm bekannt, Außen-Kamera läuft, Dienstausweis vorhanden, Summton … Jetzt zieh an der Tür, geh hinein, im achten Stock warten die Bündel … Vor der Tür am Molkenmarkt wartet eine Frau, der Pförtner hat sie abgewiesen und ihr ein Antragsformular gegeben.

Ich will die *Maßnahmepläne* finden, falls welche vorhanden sind. Einiges ist vorhanden: *Förderung von Unruhen und Auseinandersetzungen innerhalb der Gruppe durch die zielgerichtete Nutzung sich zeigender Differenzen zwischen einzelnen Mitgliedern durch geeignete politisch-operative Maßnahmen. Stärkung und Nutzung gesellschaftlicher Positionen und offensiver politisch-ideologischer Auseinandersetzungen mit Mitgliedern der Gruppe «Frauen für den Frieden» Leipzig in staatlichen und gesellschaftlichen Einrichtungen, Organisationen, Betrieben und Verbänden. Konsequente Unterbindung aller Versuche, mit Aktivitäten der Gruppe Öffentlichkeitswirksamkeit zu erreichen. In diesem Prozeß sind kirchenleitende Personen einzubeziehen und die erforderlichen Mittel zur Gewährleistung der sozialistischen Gesetzlichkeit anzuwenden, mit dem Ziel, einen Mißbrauch der Kirche zu verhindern oder zur Erreichung einer Trennung der Kirche von der Gruppe beizutragen. Inspirierung der politischen Untergrundtätigkeit zur Formierung einer inneren Opposition durch Verbindungspersonen und Einrichtungen aus dem OG …*

Mittags treffe ich Frau Schüler auf dem Weg zum Essen. Wir plaudern über *AKG* und «ungeordnetes Material». Sie sind jetzt mehr in Haus 8, sagt sie, kommen Sie wieder mal vorbei auf eine Tasse Kaffee … Ganz bestimmt, sage ich.

HELGA M. NOVAK ERZÄHLTE, als sie an ihrem Roman «Die Eisheiligen» schrieb, habe sie sich einen Zettel hingelegt: «nichts erklären». Das gefiel mir, als ich es hörte. Dabei hätte sie schon einiges erklären können bei Gelegenheit, denke ich jetzt.

Und was will ich erklären? Abkürzungen? *OG?* Nicht Obergeschoß, sondern *Operativgruppe* oder *Operationsgebiet*, Westen, Feindesland. Wurde schon einmal entschlüsselt, aber der Verfasser möchte den Leser nicht blättern lassen. Oder wurden die Vokabeln bereits gelernt? Entwickelte sich bereits ein Expertenwissen? Der eine zückt sein A6-Kärtchen mit Fotografie und Klarsichthülle, der andere wühlt sich durch diese Seiten ... Und *kirchenleitende Personen einbeziehen?* Und *Nutzung gesellschaftlicher Positionen?* Es wird Druck gemacht, die Arbeitsstelle nervt, der Meister, die Kaderabteilung, der Vermieter, der instruierte Pförtner, der instruierte Pfarrer oder Superintendent ...

Stopp! So kann es achthundertachtundachtzig Seiten weitergehn, mit Personen- und Decknamenregister, alles wird zum Plural, zum Verzeichnis, zur Reihe, herausgegeben von, Redaktion: es folgen die Namen der doctores, meist aus Wessiland, die Bundeszentrale für politische Bildung prüft eine Übernahme ...

Da wären wir in der wissenschaftlichen Dokumentation, viele Spitzel, viele Namen, viele Fälle, arme arme Zone! 1968 bis 1983 Lektor und Herausgeber im Buchverlag Der Morgen, das sind einige Jährchen, Joachim Walther, einmal kam ein Text von Schädlich, Hans Joachim, Anfang der siebziger, Bernd Jentzsch vermittelte, für eine Anthologie ... Schädlich, Schädlich, was war da ... Absage? Anstoß an der Sprachform? Eingegangen in der Brieform? Gehörte einer zum Betrieb? Zum Establishment der Verlage? Wandel? Wie Wulf Kirsten, «die feige Sau»: Gruß einer berühmten Lyrikerin? Streichen, unbedingt streichen, ungerecht und falsch? Und der Oberlektor vom Buchverlag Zum guten Morgen? Böse Reden, beste Dokumente, sehr wichtige beste Dokumente aus dem Schweinestall der Nomenklatur, geschrieben von anderen Leute über andere Leute und auch über Dich, Joachim Walther ...

Sicherung der Literatur sowie Kontrolle und Bearbeitung von Schriftstellern und Sicherung des Verlagswesens, nannten sie es.

Manche kamen gar nicht in die Nähe des «Verlagswesens», wurden aussortiert, abgestoßen, abgetrieben, weggemacht … Kleine Besprechung in der Behrenstraße bei Hubertus Knabe: Joachim Walther komme auch, hieß es, er habe starkes Interesse an der Aufarbeitung der Schriftsteller … Wer, wurde gefragt. Knabe: Er hatte in der DDR auch Schwierigkeiten … Kennt den Schriftstellerverband und die Verlage von innen … Ach so.

Sympathisches, bescheidenes Auftreten, ich war kein Held, habe auch Kompromisse gemacht, Pfeife, Pfeifenbesteck, ein schwarzes Täschchen, wer war schon ein Held? Hoffentlich wird der Antrag genehmigt … Mitläufer? Kritiker? Verlagsfritze und Auskenner? Oppositioneller? Dazwischen? Mitunter auf der richtigen Seite? Keine Fragerei! Alle an einen Tisch! Das blöde Mißtrauen muß weg! Bei der Gegenfront müssen wenigstens wir zusammenhalten!

In seinem Buch «Sicherungsbereich Literatur» wird er dann auf Seite achthundertneunundzwanzig schreiben: «Zuerst ist den Betroffenen für das Vertrauen zu danken, ihre Akten einsehen und aus ihnen zitieren zu dürfen. Insbesondere aber auch jenen ehemals für das MfS Tätigen, die dieses Projekt trotz der für sie unangenehmen Fakten für notwendig hielten.» Insbesondere, insbesondere aber auch jenen?

Stopp.

Welche «Selbstvorwürfe mangelnden eigenen Mutes», Seite vierzehn, meldeten sich, und wo stehen sie auf den vielen folgenden Seiten voller Zitate?

Lilo: Daß bloß kein falscher Eindruck entsteht, wenn du das schreibst.

Kratschmer: Er ist einer von uns, ist geblieben und hat sich geduckt, das macht ihn mir sympathisch. Es gibt einige lesbare

Bücher. Gut, er konnte Germanistik studieren und wurde von einem Verlag angestellt, vielleicht hatte er Beziehungen, familiäre Möglichkeiten. Vielleicht mußte er sich nicht schmutzig hochdienen. Und er war kein IM!

Germanistin: Die Überschrift lautet doch: «Nutzung gesellschaftlicher Positionen»... Kann man ihm wirklich vorwerfen, daß er in Herausgebergremien saß? Daß er im Verlag blieb oder bleiben konnte, während andere fielen?

Behördenmitarbeiter: Walther hat selbst einen dicken OV «Verleger»! Er wurde selbst reglementiert!

Schriftstellerin: Konkurrenzen?

Insbesondere aber auch jenen.

Insbesondere aber auch.

Insbesondere aber.

Insbesondere.

Lieber Jürgen,   16. 2. 97
den ablehnenden Bescheid von Joachim Walther (vom 11. 12. 1972) habe ich gefunden. Es handelt sich um meinen Text «Unstet und flüchtig». Ich hatte ihm auch noch andere Texte gegeben, z. B. «Himly & Himly». An das Manuskript dieses Textes hat Walther eine handschriftliche Notiz geheftet, die folgendermaßen lautet: «geht nicht: zu finster und etwas unappetitlich, Tragödie von Alten: was solls?» Beide Texte stehen in «Versuchte Nähe».

Herzlich: Jochen

Lieber Hans Joachim Schädlich,   11. 12. 72
daß ich so lange nichts von mir hören ließ, zeigt wie wenig sympathisch mir die folgende Erklärung ist. Die Geschichte «Unstet und flüchtig» hat leider keine Aufnahme in den Band gefunden. Ich habe sie hineingetan (Wie auch Bernds Plauen-Epistel), aber sie blieb nicht drin: ich konnte mich den Argu-

menten nicht völlig verschließen, die dahin gingen, daß die Sprachbehandlung von den anderen Geschichten zu sehr divergierte. Ich halte sie nach wie vor für gut. Auch würde ich mich freuen, wenn Sie

1. nicht vergnatzt wären
2. wir doch in Verbindung blieben – vielleicht machen wir doch einmal etwas zusammen. Mir hat die Zusammenarbeit mit Ihnen jedenfalls gefallen. Alles Gute und

> freundliche Grüße
> Ihr
> Joachim Walther

Anlage

PS: Einen Vorteil hatte die Sache: Sie bekommen einige sauber abgeschriebene Duplikate.

> D. O.

Ist er ein Witzbold? Ist er insbesondere aber auch ein Witzbold?

Ich weiß nicht recht, sagte ein befreundeter Autor, der seinerzeit einige sauber abgeschriebene Duplikate erhalten hatte.

ES GAB HERAUSGEBERGREMIEN. Er gehörte zu Herausgebergremien. «Die Vergangenheit ist Gegenwart, nicht wahr? Wir versuchen uns da herauszulügen, aber das Leben läßt uns nicht.» Eugene O'Neill. Das Leben läßt uns. Das Leben ist ein grauer Strich, von links unten nach rechts oben. Man kann hinaufklettern und herunterrutschen. Einige fallen. Einige sind fein raus. Die fein raus sind, müssen aufpassen. Sie passen auf. Die fallen, sind abseits. Im Flug fühlen sie sich wie prächtige Vögel, voller Sinn und Glück, die Geschichte bewegt sich auf sie zu, die Prophezeiungen treten ein, die Nadelstiche ihrer Ironie bringen die Bollwerke zum Einsturz. In der Luft der Veränderung jauchzen sie, und eine Antwort nähert sich, eine Hektik, eine Dialektik, diametral, fast schräg, als banale Überraschung, als Lektion. Daß der Sieg fast nichts ist, daß der Weg oft in die Irre führt, daß der Dank hohl klingen kann, wie die Sprache von Kinkel, war bekannt aus Büchern, Filmen, Weisheiten und Witzen. Auch aus Nachrichtenmagazinen. Und doch kam Hoffnung und Freude auf, das scharfe Gefühl des Richtigen, unerwartet Erfolgreichen. Die fallen, tragen starke Brillen, Mützen, bunte Jacken, glatte rötliche, kurze schwarze Haare. Sie erhalten von Pförtnern Antragsformulare. Sie liegen unter Betten und sind befreundet mit dieser und jener Fliege. Sie spielen Gitarre, Akkordeon, und singen Lieder. Sind es viele? Nicht so viele. Die fein raus sind, sind fleißig. Die fein raus sind, haben ein Ziel. Die fein raus sind, wollen auch fallen. Die fein raus sind, wollen fallen und landen. Die fein raus sind, sind gute Kerle, man kann ihnen nichts vorwerfen, sonst wird es peinlich und schrill. Sie schieben sich an die «Versuchte Nähe» heran, an das «Drachensteigen», den «Preußischen Ikarus», «Die wunderbaren Jahre», und sind nett. Nun sind sie auch Dissidenten. Nun bekommen sie auch Drohbriefe. Insbesondere aber auch Drohbriefe. Bäcker und Hopfer auch, insbesondere aber auch jene ehemals für das MfS Tätigen bekommen Drohbriefe. Bekommen Sie Drohbriefe? Immer noch oder schon wieder? Ich bekomme nie und bekam nie und werde nie einen einzigen bekommen oder bekommen haben oder bekommen haben werden. Warum nicht? Weil ich fein raus bin. Weil ich brav bin, brav werde, verbrave. Nettes Verb neben verunsichern, loyalisieren, fertigmachen, zersetzen ... verbraven.

ZEIGT DOCH EURE AKTEN VOR, Dietmar Linke, Barbe Linke ... Es fehlen noch Fälle, eine Veranstaltung findet statt ... Wollen wir wieder zur Sache kommen?

Zeigt doch die Pläne, die Praxis des Fertigmachens, des Vertreibens, des versuchten Kaputtmachens, schickt Kopien an die

Kirchenleitung, ersucht um Rehabilitierung. Ihr werdet sehen. Ihr werdet eine Antwort erhalten, einen Brief oder zwei. Sagt die Details, die Feinheiten des *IM*-Einsatzes, der *konspirativen Wohnungsdurchsuchungen* und des *Realisierens der Maßnahme 26 B*, ihr werdet eine Antwort erhalten. Die zu Fall gebracht werden sollten, werden eine Antwort erhalten. Der Fall L. wird endgültig entschieden werden.

Die fallen, möchten aufgefangen werden. Sie möchten weinen und von der Gefahr berichten, der Gewalt, dem Schmerz. Sie möchten umarmt werden, gedrückt und gelobt: Daß ihr am Leben seid! Ihr guten, mutigen Leute habt richtig gehandelt, habt die Kinder gerettet und euch dazu, habt von vorn begonnen und die Arbeit fortgesetzt an einem anderen Ort! Die fallen, argumentieren und glauben an das Gute. Sie bemühen sich, daß ihre Stimmen ruhig klingen, nicht fordernd oder vorwurfsvoll. In ruhigem, friedlich-freundlichem Ton wollen sie sprechen und diverse Sauereien und Schändlichkeiten, die an ihnen begangen wurden, zur Diskussion stellen. So sagen sie es: zur Diskussion stellen.

Im freien Fall, in der Schwebe, in der Freiheit des Fluges und der erneuten Abfuhr, zwischen Diktatur und Demokratie, dieser Rutschpartie, dieser Schlammschlacht, wird ein Halt gesucht. Ein Boden. Ein Fallschirm. Sucht nur, Dietmar, Barbe, ihr seid zwei neue Personen im Manuskript. Maßnahmepläne aus dem *OV «Kreuz»* würden in die Veranstaltung passen, man wird dann von «eurem schweren Schicksal» sprechen. Es wird eine Formulierung sein neben anderen Formulierungen. In Normbriefen der Schreibcomputer ist diese Wortwahl möglicherweise bereits abgespeichert. Wenn ihr von eurem schweren Schicksal hört oder lest, ist dennoch ein Gefühl da. Falls ihr die Briefe zerreißt, macht vorher eine Kopie für den im Handtuchzimmer. Oberst Wiegand sagte in einer Besprechung (es wurde protokolliert und in die *Vorgangsakten* aufgenommen): *den L. kaputt-*

machen. Es gibt für diese Bemerkung ein Datum, eine Unterschrift, ein Stück Papier, mit Schreibmaschine geschrieben.

Aber das ist ein Vorgriff.

Ich sitze im Handtuchzimmer, bereite etwas vor, suche Beispiele. Dietmar und Barbe sind *OV «Kreuz»*, das wissen sie, viel mehr wissen sie noch nicht. Ich auch nicht. Es gibt *Registriernummern* und *Querverweise*, Zersetzungspläne muß es geben, gedreht wurde mit allen Kräften. Ab und zu kommen Spuren zum Vorschein, es muß fies zugegangen sein in diesem *Vorgang.* Wiegand von der *HA XX/4* forcierte, erhöhte das Tempo, vor allem nach neunundsiebzig, Bluesmessen, Friedensseminare, Gruppen entstehen. Ein Ehepaar soll raus, weg: Feierabend mit oppositionellen Geschichten. Die nette A 4-Seite mit dem Verb *kaputtmachen* schlummert noch irgendwo in einem Bündel, einem Sack, einem Papierberg im Heizungskeller ... Ich finde sie nicht. Vermute nur, daß es so etwas geben muß ...

Es ist eine Frage des Zeitpunkts und des «Erschließungsgrades», würde der Behördensprecher sagen.

Bei allen subjektiven Bemühungen um Objektivität erschweren «Tricks der Erinnerung» einen selbstkritischen Umgang mit der Vergangenheit ... Hört ihr diesen Satz, ihr Betroffenen? Ihr Subjektiv-Bemühten? Ich fand ihn in einem Buch über Schriftsteller, Politik und Moral. Das Erlebte ist das eine, das Archiv das andere. Woran erinnert sich wer und warum? «Alles ist viel komplizierter», sagte Dieter Lattmann auf dem Schriftstellerkongreß dreiundachtzig in Mainz, so leitete er seine Gegenrede ein, um mich zu widerlegen. Ich hatte von der Kollaboration westdeutscher Intellektueller mit dem stalininistischen Kommunismus gesprochen und Beispiele genannt, eigene Erlebnisse angeführt nach Haft und Ausbürgerung ... Tricks der Erinnerung ... viel komplizierter ...

Komplizierter auch als dieses Manuskript hier und seine subjektive Methode, nicht wahr? Was hat Dieter Lattmann möglicherweise in Ostberlin über Anna Jonas gesagt, als sie Vorsitzende des westdeutschen Schriftstellerverbandes wurde? Daß sie für mehrere westliche Dienste arbeite? Gab es einen internen Text, der das so aussprach oder behauptete oder unterstellte unter dem Siegel der Verschwiegenheit? Konnte das und anderes in Akten kommen und für *Analysen*, für *Maßnahmen* verwendet werden?

Windmühlenartige Abwehrbewegungen? War Dieter Lattmann in Ostberlin unter Brüdern bei seinen «Vermittlungsbemühungen», seinem «kritischen Dialog»? War seine *IM-Erfassung* nur eine bürokratische Farce? Hat es ihn beschäftigt, daß Kollegen ausgebürgert und *zersetzt* wurden, zeitgleich? Seine ernste Miene kann ich mir vorstellen, auch das zurückgelehnte Lächeln von Hermann Kant, der davon natürlich auch nichts oder alles wußte. Mein Gott, diese Lappalien, diese kleinkarierten wiederholten Anfragen von Leuten aus Jena und Umgebung ...

Ist das alles zu nebulös und legt Verdächtigungen nahe?

Gut, dann einige Dokumente.

HA XX / 9   *29. 6. 88*
                                                             Gen. Lohr
                                                             Gen. Heimann
                                                             Gen. Scholz

Über die Aktivitäten von Feindpersonen zur Störung der Kulturpolitik der Partei
Dem MfS liegen streng vertrauliche Hinweise vor, wonach Feinde der DDR versuchen, ihre antisozialistische Tätigkeit weiter zu forcieren. Hervorzuheben ist hierbei das zielgerichtete Vorgehen des ehemaligen DDR-Bürgers

Fuchs, Jürgen

In Zusammenarbeit, vor allem mit reaktionären Kräften im Verband Deutscher Schriftsteller (VS) in der IG Druck und Papier der BRD ist

Fuchs bestrebt, seine Positionen weiter zu stabilisieren und Einfluß-möglichkeiten auf literarisch tätige DDR-Bürger auszudehnen. Zur Erreichung seiner Zielstellungen sieht Fuchs die in Abständen statt-findenden Treffen zwischen den Leitungen des genannten Verbandes der BRD und des Schriftstellerverbandes der DDR als geeignet an. Äußerungen von ihm zufolge gelte es dabei, das zwischen der DDR und der BRD geschlossene Kulturabkommen noch stärker zu nutzen, um für sich und andere ehemalige DDR-Bürger die Möglichkeiten für Reisen in die DDR zu erwirken.

Von zuverlässigen Quellen des MfS wird darüber berichtet, daß Fuchs zum «Vertrauenskreis» der Vorsitzenden des VS der BRD, Anna Jonas, gehört und aufgrund der gemeinsamen Arbeit mit die-ser im VS von Berlin (West) über entsprechende Einflußmöglichkei-ten verfügt. Ausgehend von annähernd gleichen oder ähnlichen poli-tischen Grundpositionen zwischen der Jonas und dem Feind der DDR, Fuchs, wird dieser von realistisch denkenden Kräften als Drahtzieher antisozialistischer Aktivitäten bezeichnet, der sich unter Leitung der Jonas besonders um den sogenannten «Ost-West-Dia-log» kümmert. In diesem Zusammenhang sind auch die Vorgehens-weisen der Mitglieder einer Delegation des VS der BRD während einer Zusammenkunft mit führenden Funktionären des Schriftstel-lerverbandes der DDR am 18./19. 6. 1988 zu bewerten. So äußerte der bekannte BRD-Schriftsteller Günter Grass unter anderem, daß es seiner Meinung nach auch mit den Beziehungen zwischen «Kolle-gen» in beiden deutschen Staaten nicht gut bestellt ist. Als Beispiel führte er einen im ND veröffentlichten Artikel zu Fuchs an. Die Jo-nas äußerte dazu, daß sie auch in diesen Fragen ihren Mitgliedern im VS gegenüber rechenschaftspflichtig sind, unter denen sich nicht we-nige ehemalige DDR-Bürger befinden.

Entgegen der Wertung des Treffens durch die Leitung des Schrift-stellerverbandes der DDR intensivieren einerseits solche Feinde wie Fuchs ihre Kontakte zu negativen und feindlichen Personen in der DDR, um bei diesen eine besonders hohe Erwartungshaltung hin-

sichtlich bevorstehender Lesungen von ehemaligen DDR-Bürgern in der DDR zu erzeugen und andererseits wird gleichlaufend damit durch BRD-Medien in entstellender und verleumderischer Art und Weise verbreitet, daß angeblich wieder

> *«Ex-DDR-Autoren zu Lesungen in die*
> *alte Heimat fahren dürfen».*

Im internsten Kreis verbreitet Fuchs in diesem Zusammenhang, daß sich die DDR-Delegation auf so eine Festlegung «eingelassen» habe. Dabei unterstellt er gleichzeitig dem Präsidenten des Schriftstellerverbandes der DDR, Gen. Hermann Kant, die Absicht, daß sich dieser in einem Brief an das «Neue Deutschland» wenden wolle, um sich für Fuchs zu verwenden. Gegenüber seinen Kontaktpersonen in der DDR, wie den sich schriftstellerisch betätigenden Rathenow, gibt er sogar zu verstehen, daß er angeblich wisse, daß sich Kant gegen den «Rufmord» an Fuchs aussprechen wird, ohne jedoch seine politische Meinung zu unterstützen oder zu billigen. Er sei außerdem darüber informiert, daß der Präsident des SV der DDR, Gen. Kant, beabsichtigt, einen Durchschlag dieses Schreibens an die bereits genannte «Anna Jonas» zu übergeben. Überprüfungen ergaben, daß sich H. Kant in keiner Weise für Fuchs verwenden will.

Im Zusammenhang mit den genannten Presseveröffentlichungen in der BRD und den während des Treffens gezeigten Verhaltensweisen wie der Forderung von Grass und Jonas, «die Verleumdungen der DDR im ND gegen ihr Verbandsmitglied», dem Feind der DDR, Jürgen Fuchs, zurückzunehmen bzw. öffentlich zu korrigieren, ist davon auszugehen, daß sich Jonas, Fuchs und Grass vorher abgestimmt haben.

Nach der Ablehnung dieser Forderungen durch den Präsidenten des SV der DDR, Hermann Kant, der den Fuchs als militanten Feind der DDR charakterisierte, der für ihn keinen Gesprächsgegenstand darstellt, wandte sich die Jonas, ihre Absichten nicht aufgebend, an den Sekretär des SV der DDR, Genn. Carla Dyck. Bestrebt, dem Gespräch mit der Genn. Dyck einen nichtoffiziellen

*Charakter zu geben, äußerte die Jonas ihre Unzufriedenheit dar-
über, daß sie nunmehr aufgrund der starren Haltung der Verbands-
funktionäre der DDR nicht wisse, was sie am nächsten Morgen ihrem
Verbandsfreund Fuchs, «wenn er bei mir in der Türe steht», sagen
soll und von ihr Rechenschaft über das Treffen verlangt. So könne sie
gegenüber Fuchs weder darüber berichten, daß Fuchs rehabilitiert
wird, daß der SV der DDR Einreisen ehemaliger DDR-Bürger zu-
stimmt noch Unterstützung bei familiären Problemen dieser Personen gewährt.*

*Im Zusammenhang mit den dargestellten Aktivitäten der Vorsit-
zenden des VS der BRD, Anna Jonas, hat der BRD-Schriftsteller
Dieter Lattmann während seines Aufenthaltes in der DDR, anläßlich des Internationalen Treffens für kernwaffenfreie Zonen die Leitung des SV vor der Jonas gewarnt. Er äußerte, sie sollen vorsichtig
sein in ihren Beziehungen zur Anna Jonas, ohne es schwarz auf weiß
geben zu können, könne er sagen, daß sie für mehrere «Dienste» der
NATO arbeitet.*

Quellenschutz ist unbedingt erforderlich.

Anna Jonas erhält Einreiseverbot. Es soll unter anderem verhindert werden, daß sie *Einreisen in die Hauptstadt der DDR dazu
mißbraucht, an illegalen Lesungen in der Wohnung des operativ bekannten DDR-Bürgers*

> *Mehlhorn, Ludwig
> Pförtner in der Stephanus-Stiftung
> der Evangelischen Kirche Berlin-
> Weißensee*

teilzunehmen.

HV A-IM berichten ausführlich *Zur Situation um Anna Jonas im
VS*, eine Expertise durchforscht ihre Biografie und die Veröffentlichungen im List- und Rotbuch-Verlag. *Herausgearbeitet*
wird ihr Einkommen und in welcher Weise sie *von der Kritik zur
Kenntnis genommen wird.* Auf fast zwei Stasi-Seiten werden Aus-

züge aus ihren Gedichten vorgestellt, mit korrekten Zeilenbrü-
chen ...

Nächstes Blatt im Bündel, rein zufällig.

Ich befinde mich in *Haus 8* vor verschnürten Papierpacken,
«Material» aus den Schreibtischen und Panzerschränken
der *Mitarbeiter*, vom Bürgerkomitee aufgefunden und «gesichert» ...

An die
SED Parteiorganisation
des Bezirksverbandes Berlin
des Schriftstellerverbandes
der DDR
Ich war für diesen Staat schon, als er gegründet wurde. Ich bin für die
Partei und ihr Politbüro und für die Politik des VIII. und IX. Partei-
tages, und ich möchte, daß diese Politik nahtlos weitergeht. Die Par-
tei- und Staatsführung haben Bedingungen geschaffen, die die Situa-
tion für jeden einzelnen von uns verbessert haben. Ich möchte, daß
keinerlei Kluft entsteht, daß alle Schriftsteller sich um unsere Partei
und Regierung scharen. Es war mein Fehler, die Information auch an
AFP zu geben. Ich halte die Erklärung von Cremer, die er gemeinsam
mit Balden und Sandberg unterzeichnet hat, für konstruktiv. Mit
dem Klassengegner will ich nichts zu tun haben. Deshalb protestierte
ich gegen die Hetzkampagne, die von der BRD aus gegen die Deutsche
Demokratische Republik und gegen das bewährte Bündnis der Arbei-
terklasse, der Genossenschaftsbauern und der Intelligenz in unserem
Staate entfacht wurde.
Berlin, den 4. 12. 1976   *gez. Stephan Hermlin*

Darf an dieser Stelle, unpassend, gefragt werden, wo ich mich
am 4. 12. 1976 befand?

Nächstes Blatt, zufällig:

«Friedensgemeinschaft Jena   3. 7. 83
Wir sind eine kleine Gruppe junger Menschen aus der Stadt
Jena in der DDR, die stellvertretend für viele ähnlich denkende
Menschen in unserem Lande steht. Wir haben uns zusammen-
gefunden aus dem Gefühl der Angst vor einem Krieg, der Angst
vor Ungerechtigkeit und persönlicher Vereinsamung ... Darum
melden wir immer wieder unsere Bedenken gegen die wach-
sende Militarisierung des Lebens in unserem Land an und wenden uns entschieden gegen die staatliche Willkür, die Freunde
pazifistischer Gesinnung ausgesetzt sind ... Wir wünschen den
Teilnehmern des A & H-Bomben-Kongresses in Nagasaki
einen fruchtbaren Gedankenaustausch ...

                    Schwerter zu Pflugscharen»

Was geschah mit der «kleinen Gruppe», die eine Demonstra-
tion in Jena wagte? Haft, Ausbürgerung ... Nächstes Blatt:

Bezirksverwaltung   *Berlin, 2. Mai 1983*
für Staatssicherheit   *gir-kä -220-*
Abteilung XX/7
Information
über die «2. Berliner Begegnung» der Schriftsteller am 22. und 23. 4.
1983 in Westberlin

Eine zuverlässige Quelle konnte ein erstes Gespräch mit dem Autor
                    Heiner Müller
über die «2. Berliner Begegnung» der Schriftsteller am 22. und 23. 4.
83 in Westberlin führen.

*   Heiner Müller hat, entgegen seiner Zusicherung gegenüber Ste-*
phan Hermlin, am offiziellen Teil dieser «2. Berliner Begegnung»
nicht teilgenommen. Er nahm lediglich an der öffentlichen Diskussion
am 23. 4. abends in der Akademie der Künste in Westberlin teil. Als
Grund gab er eine künstlerische Mitarbeit an seiner Uraufführung in
Bochum am 22. 4. 83 an.

255

Nach Ansicht von Müller war diese «2. Berliner Begegnung» durch eine Vielzahl von Querelen unterschiedlichster Art und Qualität belastet. Letzte Belastungen wollten die aus der DDR stammenden Schriftsteller Jürgen Fuchs und Hans Joachim Schädlich einerseits sowie Sarah Kirsch andererseits durch offene Briefe schaffen. In diesen offenen Briefen, die in den westlichen Medien am 21. bzw. 22. 4. 83 veröffentlicht wurden, stellten sie die Behauptung auf, daß es für sie nicht vertretbar sei, mit den «Funktionären» aus der DDR zu diskutieren, die an ihrer «Unterdrückung» teilgenommen haben und jetzt weiterhin Andersdenkende «unterdrücken».

Durch diese Aktion sowie durch das Auftreten von Günter Grass und Prof. Robert Jungk wurde die Zielstellung der Konferenz, eine gemeinsame Plattform gegen die zunehmende Gefahr eines Krieges durch die forcierte Rüstung der USA zu erreichen, erfolgreich torpediert.

Durch die Unterstellung der Verletzung der Menschenrechte durch die UdSSR und die DDR und die Kopplung der Diskussion über diese Probleme mit den Fragen des Friedenskampfes war es nicht möglich, einen wirklichen Beitrag im Kampf gegen die Stationierungsabsichten von «Erstschlagwaffen» durch die USA in Westeuropa zu leisten.

Nach Ansicht von Heiner Müller sind die DDR-Schriftsteller, insbesondere die sogenannten «Zementmänner» Wogatzki, Neutsch, Baierl und teilweise Kant nicht ausreichend flexibel aufgetreten und sind teilweise in aufgestellte «Fallen» getappt. Ein Führen von scholastischen Wortgefechten bringt nach seiner Meinung für die Sache keinen Gewinn, sondern nützt nur den sensationslüsternen Journalisten. Diese Form von Konferenzen gäbe lediglich die Möglichkeit, grundsätzliche Erklärungen wirkungsvoll abzugeben. Gespräche mit Schriftstellern könnten nur im gemütlichen Rahmen unter Ausschluß der Öffentlichkeit geführt werden. Im Rahmen der Öffentlichkeit müßten sie ständig ihr Image pflegen bzw. auf Aspekte ihres «Marktwertes» achten.

Heiner Müller überlegt, ob er sein Interview mit der BRD-Illu-

256

strierten «Spiegel» aus Anlaß der Uraufführung eines Stückes ... in Bochum dazu nutzen soll, etwas zu der «2. Berliner Begegnung» zu sagen. Er neigt jedoch nicht sehr dazu. Sinnvoller erscheint ihm, nach Absprache mit Stephan Hermlin eine Möglichkeit zu suchen, eine überzeugende grundsätzliche Stellungnahme zu geben.

Die Form der «1. und 2. Berliner Begegnung» der Schriftsteller sei für die Zielstellung einer sinnvollen Unterstützung des Friedenskampfes erschöpft. Jede weitere Begegnung würde nach Meinung von Heiner Müller wieder nur im kleinlichen Streit der Aufrechnung von angeblichen oder eventuell tatsächlich vorgekommenen falschen staatlichen Maßnahmen enden ...

Girod
Hauptmann

Verteiler
1x Leiter der BV
1x Leiter der HA XX
1x HA XX/AKG
1x Abt. XX/7
1x Akte Müller + Ref. A
1x IM-Akte

Enormes Bündel!

Auf einem kleinen Zettel: *Informationen anderer DE/AKG XX/1988*, darunter: *Gen. Klein nach Kenntnisnahme Rückgabe.* Mein Name wurde mit gelbem Textmarker jeweils hervorgehoben ... Befinde ich mich in heimischen Gefilden? Hat jemand an einem Schreibtisch mitgedacht, an mich gedacht? *Querverbindungen* hergestellt, das Aktuelle im Auge, aber auch die Jahre davor? Unter Aufsicht von Dr. Hecht und Frau Sabrowske begegne ich ... ja, wem? Mir selbst? Gemeint bin wohl ich, hier steht ja mein Name, noch dazu gelb hervorgehoben ...

Sofort, verfluchte Behörde, meldet sich: D a r f ich das? Darf ich das sehen, finden, lesen? Bekomme ich Kopien? Was wird geschwärzt? Was wird man wo und bei wem «zuordnen»? Wo versinken diese Blätter auf dem «Paginierungsweg» ...

Hastige Notizen in einen Stenoblock.

Aufzeichnungen eines Diebes.

SECHS JAHRE NACH DEM MAUERFALL, das ist ein Vorgriff, wird mich Dietmar L. besuchen und die inzwischen aufgefundenen Neuigkeiten präsentieren. Präsentieren? Er wird Kopien aus Akten auf den Tisch legen, in einen Leitz-Ordner geheftet, ich soll bei Gelegenheit einmal reinschauen, dann könne man sich darüber unterhalten. Im Zimmer, wo jetzt ein Ordner auf dem Tisch liegt, ist Hektik, Kinder springen herum, is gut, sage ich, machen wir. Und sonst? Ach ja, sagt er, ganz gut, und will sich eine Pfeife anstecken. Hier bitte nicht, sage ich, er hat Verständnis. Ich rufe an, sage ich. Tagelang liegen die Kopien herum, dann blättere ich, lese, finde die Passagen. Sie sind farbig hervorgehoben, wollen etwas zeigen, etwas unbedingt anschaulich machen..

Wie wichtig diese Beweise sind, die ich im Handtuchzimmer nicht fand!

Da! Wiegand: *Den Linke kaputtmachen!* Schwarz auf weiß, mit «BStU»-Stempel ... Gute Behörde, guter Bernd Eisenfeld, der beim Suchen und Ausfüllen der Formulare half, wie ich von den Linkes hörte ...

Nunmehr ist es belegt, das organisierte Hinausdrängen aus dem Staat ... «Freiwillig» sind die nicht gegangen – «abgehaun», «ohne Rücksicht auf ihre Gemeinde» ... Das sollte als Eindruck entstehen, es war Teil der Zersetzungs- und Entwertungsstrategie ... Nun ist es bewiesen, das Nerven, Pressen, Beschäftigen, Demütigen, Täuschen, Ängstigen ... Neue Bekannte? Zwei Spitzel dabei ... Bautätigkeit? Kriminelle Handlungen unterschieben ... Auslandsreisen? Diskreditieren, Schwachpunkte finden ... Gruppenarbeit? Abhören ... Kinder in der Schule? Lehrer instruieren ... Gemeindearbeit? Mängel hervorheben, Ortsbewohner aufhetzen ... Post? Anonyme, verletzende Briefe schreiben ... Glauben? Gottlose, geheime Bräuche unterstellen, Teufelskult ... Urlaub? Zu Hause brennt Licht, Unruhe verbreiten, nicht zur Ruhe kommen lassen ... Auto? Fahrerlaubnis entziehen. Der Ausreiseantrag soll, muß gestellt werden! Es soll der «Ausweg» sein und der selbst vollzogene Verrat, Ordination weg, Bruchlandung im Westen, Gemeinde verlassen, Grenze verrammelt. War was?

Was war denn, Bruder Linke?

Bruder Linke ist aufgeregt, desorientiert, er entwickelt womöglich phantastische Geschichten ... Druck auf Kirchenvertreter ist nichts Besonderes ... Wo ist denn die Strafverfolgung, wird gefragt. Ja, wo ist sie denn, ja was haben wir denn da, ja worum handelt es sich hier? Um *Zersetzung*, die leise Methode des Terrors, gerade um die offene Konfrontation zu vermeiden und alle Schuld an den Querulanten weiterzugeben, der *kaputtgemacht* werden soll, ihr Kirchenheinis!

Wer es erlebte, fühlte die Regie. Mit diesen Dokumenten wird sie sichtbar. Und die Zuschauer, und die Mittäter, und die *kirchenleitenden IM*? Zucken die Achseln. Der Bischof? Der liebe Gott? Die restliche Welt?

Schön, diese Fragezeichen.

Die eingerückten Zeilen, die Gestaltung.

Endlich mal ein richtiger überlieferter *Zersetzungsplan* mit der Forderung: *kaputtmachen*. Sagt das nicht alles? Der Psychoanalytiker Behnke will ihn sofort haben! Primo Levi warnte aber vor Psychoanalytikern und ihrem krralligen Eifer. Falsch? Zu mißtrauisch? Vielleicht. Im übrigen sagt ein *Kaputtmach*-Plan nicht alles. Warum nicht? Weil L. lebt, umhergeht, diesen Lärm schlägt, einen Ordner auf den Tisch legt, Jahre später. L. will immer noch Zoff. Er bekommt Drohanrufe aus Schweden, die ihn als Satanspriester beschimpfen. Aber L. ist nicht kaputt, nicht verbrannt wie Brüsewitz, nicht ermordet wie Popieluszko. Das ist der Haken. Aber er tut so. Seine Frau auch. Sie schreibt Gedichte.

Und psychisch? L. hat eine Frau und Kinder.

Ach.

Wie?

Wiegand hat sich entschuldigt, es täte ihm leid. Es wäre kalter Krieg gewesen. *Kaputtmachen?* Habe ich das gesagt, fragte Wiegand im Pfarrhaus der Weddinger Kapernaum-Gemeinde, er sei zu einem *seelsorgerlichen Gespräch gekommen, nicht zu einem Tribunal … ansonsten müsse er wieder gehen …* Auf das Thema Zersetzung angesprochen: *Man redet viel in solchen Dienstbesprechungen. Was dann schriftlich erscheint, ist wieder etwas anderes.* Auch bei ihm die beliebteste Wendung: *Aus heutiger Sicht.* Sagte Wiegand, Sie sehen doch aber gut aus, Frau Linke?

Nicht ganz, aber fast, sagte sie.

Wiegand, Roßberg und Stolpe bereiteten mitunter in einer *Konspirativen Wohnung* rasch ein Essen zu … Fleisch wurde gebrutzelt … Protokollvermerk Untersuchungsausschuß Potsdamer Landtag. Villon dichtete einen Vers, in dem die Worte Eisenhämmer und Fressen vorkommen. Jetzt mußt du aufpassen, sagt die Knaststimme, das gutbürgerliche Publikum beginnt unruhig zu werden.

POST, DIE PASST. Ein Brief von Andreas Schmidt, eine Kopie als Anlage, gefunden im Dresdener Stasi-Archiv, zwischen Schreibtischutensilien eines Hauptamtlichen, die Namen sind wahrscheinlich echt:

Gutschrift

über 1 (eine) Festnahme mit der Auflage

1. *Die Personen* GAUBIG *und* KADANIK *auf den OV «Brücke» zu registrieren.*

2. *Den* GAUBIG *am 3. 9. 1986 in der Abt. XIV einliefern zu lassen.*

3. *Nach Absprache mit der Untersuchungsabteilung Maßnahmen*
   zur Überprüfung des KADANIK *einzuleiten.*
Im übrigen herzlichen Glückwunsch zum
                    Geburtstag

                              Das Kollektiv der
                              Untersuchungsabteilung
2. September 1986

HERRN KRAMER TREFFE ICH ab und zu im Gang, zweimal
auch in *Haus 8*. Einen ehemaligen hauptamtlichen Mitarbeiter,
der bekittelt vor ihm steht, schnauzt er an, fragt, wo die Unterlagen seien. Der ehemalige Mitarbeiter verspricht willig, wenn
auch ein ganz klein wenig genervt, *die Erledigung bis morgen.*
Herr Kramer, in braunem Anzug, nickt fordernd. Wer Herr
Kramer ist? «Kramen in Fächern» ist ein schöner Titel von
Kunert. In zurückliegenden Seiten kramen? Querverweise machen? Personenregister anlegen? Herr Kramer sieht aus, wie
Herr Kramer aussehen muß. Er hat das Durchschnittsgesicht
einer Maus, eines grauen Strichs, eines handlichen Stempels.
Er hat das harte, vernutzte Gesicht eines Büttels und Beamten
der heimlichen Sorte. Er sieht aus, wie du und ich in der Be-
hörde, wie jedermann in der Mache, bei der Erfüllung einer
Aufgabe, im Vollzug der behördlichen Aufarbeitung. Unsere
Feinde lächeln, sie wissen von diesen Dingen. Sarah Kirsch ver-
sorgt ihre Schafe, das Wasser steigt, das Moor gerät in Bewegung. Faxe und Briefe lassen auf sich warten. Es gab ein falsches
Wort. Und jetzt? Betteln? Weinen wie Utz im Nebenzimmer?
Bin ich verloren? Keiner weiß, wo ich sitze. Die Freunde in der
Ferne sehen klar und retten sich. Ich turne in ihrer Mechanik.
In Wer-Wen-Magazinen. Zwischen Lochern, Büroklammern
und Rollkarteien. Bin nahe dran, drehe mich um, spüre das Er-
starren, wehre mich. Weiß von der Salzsäule, wehre mich. Auch
das noch?

Selbstverfreilich!

Warum auch nicht? Siege haben ihren Preis. Rolle geht essen. Tak tak, die Schuhe der Arbeitsgruppenleiterin. Die alten Geschichten stimmen. Oh je, sie stimmen. Auch das noch.

DAS HABE ICH NOCH GEFUNDEN, ich pinsle es ab für Ute Kämpf, damit sie zumindest einige Formulierungen kennt. Wer weiß, wann es zur «Akteneinsicht» kommt und was ihr dann gezeigt wird. Behördenmitarbeiter müssen Seitenzahlen vergeben, neue Archivnummern, die Blätter müssen einem Namen zugeordnet werden, diese Namen und die dazugehörigen Blätter müssen in Karteien und auf Bildschirmen erscheinen ...

Es ist auch die Geschichte einer Spaltung.

Ich möchte, daß «draußen» gelesen wird, was fabriziert wurde. Diese Sprache und die dazugehörigen Handlungen sollen nicht untergehen im Wust der Blätter und Broschüren. Ich möchte, daß diese Tätersprache in den USA zu lesen ist, ich möchte, daß sich Herr Goldhagen und Frau Rosenberg mit ihr beschäftigen. Ein Bild könnte vervollständigt werden. Der zehnte Juli neunzehnhundertsiebenundachtzig, das *Bearbeitungs*-Datum dieses *Vorgangs*, liegt nicht so weit zurück in der Geschichte ... Es gibt Verantwortliche, Unterschriften, Namen, Unterstellungsverhältnisse, Befehlsgeber und Ausführende. Und « Betroffene », dieses merkwürdige Wort ... der mit der Armbrust wird den Apfel schon schon treffen ... oder haben diese Schützen andere *Zielobjekte?*

Die «Köpfe» selber?

Meine Notizen über die gesichtete Korrespondenz zwischen der *Bezirksverwaltung, BV* ... wie oft denn noch! *BV, BV,* ja, so nannten sie ihren verfluchten Schuppen am Dittrichring, ihre beschissene Bezirkskanzlei in Leipzig, bis die Leute aus den Straßenbahnen stiegen und einen Kreis zogen, bis «Schnürchen» (Spitzname der Oppositionsszene für den «Kirchenanwalt» Wolfgang Schnur, einen der wichtigsten und erfolgreich-sten *Inoffiziellen Mitarbeiter* des Mielke-Ministeriums) am Fen-ster stand und die Demonstranten beruhigen mußte ... Da war er noch der Verteidiger und künftige Politiker an der Seite von Helmut Kohl ... Noch nicht der Widerling mit seinen Horche-reien, der servile, wendige Wichtigtuer ...

Meine Notizen ... zwischen der *BV* und der *Hauptabteilung* in Berlin ... es geht um den *Zentralen Operativen Vorgang* «*Wes-pen*» und den dazugehörigen *Teilvorgang* in Sachsen: *Im Ergebnis der weiteren Kontrolle der Gruppenarbeit durch die bereits einge-führten drei IM* ...

Ute, wir sprechen schon wie sie. Sie drängen uns ihren Jar-gon auf. Durch ihre Formulierungen sind sie anwesend, ich schreibe diesen Müll eigenhändig ab und tippe ihn ins Manu-skript ... Stimmen schwirren ins Hirn, sie sprechen schriftlich, dieses gestelzte Kommißdeutsch, ihre Organkotze breitet sich aus ... Wie Schätze servieren wir solche Funde ...

Unter diesem Müll sollten welche kaputtgehen, erwidert die Knaststimme, weiterschaufeln, nicht matt und rührselig wer-den! Nein nein, sage ich, der blöde Bürgerrechtler bleibt im Joch, bei Lawinen verwenden sie Bernhardiner. Anhaltendes Jaulen einer Hunderasse. Ich heiße aber Fuchs. Weiter: ... *Prä-zisierung der Personeneinschätzungen ... Welche thematischen Pro-bleme können als Begründung für eine Spaltung der Gruppe genutzt werden? Welche Anlässe, welcher Zeitpunkt erscheint dafür geeignet? Durch welchen IM soll die Auseinandersetzung und die Spaltung in-itiiert werden? Welcher IM soll aufgrund des Verhältnisses zu den Verdächtigen weiterhin zu deren Bearbeitung eingesetzt werden und in der Gruppe verbleiben? Welche IM sollen mit welchen Aufgaben-stellungen die Tätigkeit der geplanten Gruppe organisieren? Inwie-weit sollen Mitglieder der jetzigen Gruppe gezielt für die Mitwir-kung in der neuen Gruppe gewonnen werden? ... Gewährleistung persönlicher Kontakte einzelner eingeführter IM zu geeigneten kirch-*

lichen Amtsträgern in Leipzig ... In Abstimmung mit der HA XX die Entwicklung ausbaufähiger Kontakte zu überörtlich wirkenden Kräften vorbereiten und schrittweise realisieren ... Forcierung des Differenzierungsprozesses: Einsatz der IM «Mario», «Elfi» und «Elisa» ... Schüren von Differenzen und Meinungsverschiedenheiten zwischen den Führungskräften des Zusammenschlusses durch Einsatz der IM und anderer spezifischer Mittel des MfS ... Schaffung der Voraussetzungen für die Abspaltung einer eigenständigen Frauengruppe unter inoffizieller Führung bei Gewährleistung der weiteren inoffiziellen Kontrolle der feindlich-negativen Kräfte der jetzigen Gruppierung zur Duchsetzung loyaler Positionen in der kirchlichen «Basisgruppenarbeit» für 1988 ... gezeichnet: Hauptmann Queitsch; Hauptmann Zeitschel, Referatsleiter XX/9; Oberstleutnant Wallner, Leiter der Abt. XX.

In Leipzig gehen ein paar Frauen durch die Stadt ... Oder fliegen: Als Wespen benötigen sie ja keine Straßen und öffentlichen Verkehrsmittel ... Wie hoch können Wespen fliegen? Höher als Bienen? ZOV «Bienen» wurden sie ja nicht genannt. Bienen sind fleißig und produzieren Honig. Wespen nicht, sie stechen, es gibt Nester, die man ausräuchern muß ... Hans Joachim Schädlich hieß *OV «Schädling»*, sein Spitzel-Bruder *IM «Schäfer»* ...

IMB «Elfi» leitete Prozeß der Verunsicherung und Disziplinierung ein ... IMS «Mario» schied planmäßig aus dem Arbeitskreis aus ... Er warf eine fehlende Bereitschaft der Verdächtigen zu tatsächlicher christlicher Friedensarbeit vor, außerdem politische Uninformiertheit und Desinteressiertheit ... Auftragsgemäß wandte sich IMS an loyale Arbeitskreis-Mitglieder ... Die Kämpf wäre für die Leitung der Gruppe völlig ungeeignet ... Vorwurf der konzeptionslosen Arbeit und Niveaulosigkeit ... keine greifbaren Ergebnisse des Arbeitskreises als Vorwurf ... Auftragsgemäß: gleichlautende Schreiben an Landesbischof der Landeskirche Hempel und zuständigen Superintendenten Leipzig-Ost, Magirius: Arbeitskreis wird in keiner

Weise christlichem Friedensauftrag gerecht, sondern durch die Ver-
dächtigen und weitere Mitglieder des Arbeitskreises werden persön-
liche Frustrationen zum Inhalt der Arbeit der Gruppe gemacht. Die
kirchlichen Amtsträger werden aufgefordert, seelsorgerlichen Bei-
stand geltend zu machen ... Offensives Vorgehen des IMS innerhalb
des Arbeitskreises und Herbeiführen von persönlichen Auseinander-
setzungen ... Es gibt persönliche Probleme (Ehescheidung) ... Kämpf
schränkt Aktivitäten ein. Das sind nur Stichpunkte, Ute, ich weiß
keine Hintergründe, kenne die Beteiligten in Leipzig nicht. Ihr
werdet die IM entschlüsseln können, schätze ich. So lief es in
vielen Städten, das ist das Strickmuster. Man zweifelt dann an
sich. Ohne die IM wäre es nicht gegangen. Du warst im Recht,
Ute, du hast gut gehandelt. Sie haben dich hart bekämpft und
wollten dich verwirren. Du warst eine Gefahr für ihre Diktatur.
Jetzt stehst du vor den Türen und Toren einer Behörde, die sich
«auf das Erbe der friedlichen Revolution» beruft – in Faltblät-
tern und wichtigen Verlautbarungen des Leitungsbüros, mit
Schlips, Kragen und Anspruch.

Das ist ein Gruß, Ute. Ich hoffe, du hattest inzwischen
«Einsicht» und bekamst Kopien, möglichst ungeschwärzte ...
Oder mußten Wespen die «Außenstelle» umschwirren? Einige
helfen, ich weiß. Noch gibt es das Gesetz. Und nicht alle der
glorreichen Dreitausend kamen über das Arbeitsamt und aus
dem Staatsapparat, nicht alle waren Mitläufer. Renate Ellmenreich und Andreas Schmidt waren keine Mitläufer. Auf Bäcker
und Hopfer trifft dieser Begriff auch nicht zu. Mitläufer waren
sie nicht.

Brav und still ist es geworden, man möchte Arbeit und Sicherheit. Millionenzahlen machen die Runde. Was geschieht
mit den Kolleginnen Freudenberg und Arnst? Sind die Intrigen
schon vorangekommen? Was mit Bernd Eisenfeld und Hubertus Knabe?

Abwarten.

Abwarten? Welche Teesorte, wird gefragt. Belgrad im Winter, Studentencocktail? Wieder ein Vorgriff. Und «Einladung zu einer Tasse Jasmintee»? Ein Rückgriff? Ein Rätsel?

Sehr sicher fühlt sich der heutige Tag.

Na warte.

REINHARD SCHULT WARTET im Innenhof der Ruschestraße auf mich. Er trägt Sandalen, seine grüne, abgewetzte Jacke und die obligatorische Umhängetasche. Er fragt nach einem aus Magdeburg, der beim Bürgerkomitee mitgemischt hat. Ich weiß nichts, will mir aber den Namen merken. Kommst du in die Karteien, fragt er mich. Ich antworte ausweichend. Wir gehen einen Kaffee trinken in Mielkes Ministerkantine, es ist Mittag.

Klaus Richter kommt durch die Tür, sucht ein Telefon, ist in Eile. Warum kommt er durch die Tür, sucht ein Telefon, ist in Eile? Vielleicht sind andere Telefone kaputt. Vielleicht ist ein Mangel an Telefonen in diesem Terrain.

Essen wir was, fragt Reinhard Schult. Hab schon, sage ich. Hungerstreik, fragt er. Ihr habt gehungert, antworte ich. Und wofür, fragt er, damit Richter uns hinterherspitzelt und den Referatsleiter mimt? An nichts kommt man mehr ran ... Vielleicht Zufall, daß er hereinkam, sage ich. Schult kramt in seiner Umhängetasche und sieht mich an. Ich erwarte eine Schachtel Karo, es erscheint aber das Camel-Kamel.

Was dieser Absatz bedeutet?

Die Begegnung hat stattgefunden. Der Hungerstreik im Herbst neunzig begann unangekündigt. Schult hatte einen Volkskammerausweis und öffnete die Türen zu *Haus* 7 ... Ein Ergebnis der anfangs sehr umstrittenen Aktion, auch Joachim Gauck hatte «seine Zweifel»: Die Stasi-Unterlagen blieben in den «neuen Bundesländern», jeder Bürger sollte Einsicht in «seine Akte» erhalten ... Die 30-Jahre-Sperrfrist wurde gekippt ...

WAS MACHE ICH MIT DER ZAHL, der Quantität, dem Plural? Fragen an Wolf Biermann auf dem Plattenposter an der Wand. Er lächelt nur. Viele *Vorgänge*, viele Spitzel, viele Akten, viele wollen Gedichte schreiben, viele wollen Geheimnisse lüften, viele versacken im Nebel, im Haß, im guten Willen, in der engagierten Aufklärung, in der Andeutung, im amtlichen lyrischen Kram, im Wust der zitierten Dokumente, im geschäftigen Suchen, du vielleicht auch.

Er entwertet deine Arbeit, schreibt Sarah, wenn er im «Spiegel» so über Frau Maron redet. Nein, schreibe ich, er lächelt nur im Handtuchzimmer vom Plattenposter an der Wand und ist mein Freund. Ich fahre mit seinem alten Ford-Granada herum, der ist wie ein großes Schiff. Großes Schiff, große Freundschaft, große Tapferkeit vor dem Freund und dem Fax vom Deich und der Stille im Zimmer.

Wißt ihr, wie viele Karteikarten es gibt? Weiß einer, was ich hier will?

Kennt jemand «*Coja*»? Einer der eingesetzten *IM* hieß «*Coja*». Woran denkt man? An eine tropische Pflanze, einen Mann, eine Frau? Ein tödliches Pfeilgift, einen exclusiven Spitznamen, bekannt in Kumpelkreisen der Uniszene? Richtung Maja oder Maya? Indisch, indianisch, fremd, weit weg ...

«Wir sagen ja», stand in der Jenaer Mensa, Dean Read auf einem großen Plakat, später tot, ertrunken beim Baden, oder ermordet, wie Gerüchte besagten, abgegluckert im Unterwerfungsfrust einer Depression irgendwo in einem Baggersee? Eßt mal schön weiter eure Einheitsportionen, anschließend noch nen Kaffee und das Stück Kuchen, Bienenstich oder Quark. Lachen, quatschen und horchen, wer will denn Böses, wir sind doch Studenten, im Tran, im Trott, gehen zu Vorlesungen und Seminaren, Freitag nach Hause, ab mit dem Zug, Saalbahnhof oder Westbahnhof, ermäßigt, mit Reisetaschen ... Wer will denn wirklich was im Ernst? Eigenes, Abweichendes ...

«*Coja*» war der tolle Hecht mit Leinenhemd und rotem Bart, roten Haaren, im Winter Pelzjacke, Frauen im Arm, zuletzt die Frau eines Oberarztes, der alles ziemlich toll fand, jugendlich, aufregend und harmlos. «*Coja*» der Theologiestudent, der Hauptdarsteller im «Nackten König» von Jewgenij Schwarz zum Theologenball … im weißen Schlüpfer stand er – der Handlung entsprechend – am Ende auf der Bühne, viele Augen, viel Beifall, plötzlich wölbte sich der Baumwollstoff, es kam vertikale Bewegung in die Region, der Saal tobte.

Der nackte König spricht auf das Tonband dieser Scheißer? *Oberleutnant Würbach, Referat Universität der Kreisdienststelle Jena*, hat Macht über dich, Conrad Jahr? «*Coja*»?

Kinderheim wie Böhme und Inge Viett? Später den Spitzeldienst quittiert und selbst Schwierigkeiten bekommen?

In der Mensa, Anfang der Siebziger, hast du gelacht, Gesicht und Löffel nahe am Teller, es gab Fleischnudeln. Wie geht es Lilo, was macht das Buch bei Wagenbach, hast du gefragt. Ich habe ausweichend geantwortet. Wagenbach klang gut, aber der tollkühne Kritiker wollte den nackten König nicht unterrichten über seine ersten Kurven auf dem Eis und hielt sich bedeckt. Es gab keinerlei Verträge, nur Hoffnungen und Gerüchte, im Gepäck einige kurze Prosastücke, die Biermann, Kunert und Kunze gefielen, mehr nicht.

Mein Gott, Wagenbach!

«Waba»?

Ich versichere an Eides Statt, einen solchen Decknamen nie gelesen oder gehört zu haben. Er wurde hier erwähnt als blöder Scherz. Mit dieser Erklärung sollen Mißverständnisse und Verdächtigungen ausgeschlossen werden.

BLATT FÜR BLATT, das Datum notieren, die Seitenzahl, die Abteilung … kurz vorm Durchdrehen in *Haus 8*, «überanstrengt», gewiß … ach, die Lesung!

Hamburger Bahnhof, eine Lesung mit Anderson, wir machen paar Gedichte, sagte er, oder? Vielleicht, sagte ich, habe auch Prosa mit. Politisch? Er lächelte. Klar, sagte ich, Hetze! Muß das sein, fragte Anderson. Vielleicht, sagte ich. Er las einige Gedichte und ich über den kleinen Pionierfeldwebel, den Werner, der gut war zu seinen Leuten und die Minen legte vorn am Zaun, «nicht böse, aber dann doch, mit Decken wird das weggeschafft. Und ohne Vergebung, Werner, ohne Vergebung.» Vor der Tür die Mauer, noch recht intakt, kurz vor neunundachtzig, *Grenzkontrollpunkt* Invalidenstraße. Eine Lektorin, die wir kannten, lange tätig für westdeutsche Verlage, verabschiedete sich, hatte einen Blumenstrauß in der Hand, lächelte, winkte, ging Richtung Ostberlin und durfte durch. Anderson diktierte wenig später seinen Bericht. Die Straße sehe ich vor mir, dieses Lächeln, das fast freundschaftliche Gesicht von Anderson mit Brille, er war immer recht nett, der Blumenstrauß, die Brücke, unten das Wasser. Da sank mein Vertrauen. In den Akten irgendwelche Eintragungen, Anderson trug verschiedene Namen, es gibt *Erfassungen* ... Tauchen noch andere Namen und Details auf? Ich soll etwas herausfinden, etwas dokumentieren und vortragen, will etwas schreiben ... Diese Straße, die Bogenlampen der Grenze, der Blumenstrauß, dahinter die Posten und die Wachtürme ... Ich bin erschöpft.

Was darf ich sagen, wissen, schreiben? Dies umkurven, das nur andeuten, dies recherchieren, das beweisen ... Ich zeige Wirkung.

«*COJA*» – KEIN SCHLECHTER NAME. Die Geschichte vom nackten König aus Jena.

Aber ich kenne ein Blatt, es trägt die Seitenzahl 136, auf dem der Satz steht: *Anbieten der Suche des IMV nach einer «passenden» Freundin für A.*, einen Kommilitonen. Unterzeichnet von *Würbach, Oberleutnant*.

Mensa, Theologenball, Seminare, Essensmarken, das Kauen, Lachen, Kommen und Gehen, das Scheppern und Jung-Sein, das Knutschen und Besuchen, Wegfahren, Wiederkommen, die Prüfungen, die Zensuren und Scheine, das Durchfallen und Feiern, die Kumpelkreise und Wanderungen, die abgetippten Hetzschriften und Orgelkonzerte mittwochs abends in der Stadtkirche.

Und dann noch diese andere Wirklichkeit. Ich kann sie übersehen, ich kann überlegen tun, desinteressiert, informierend, ich kann Texte darüberlegen. Aber sie ist da. Dann entstehen dunkle Stücke für vier Personen:

A., Student (Technologie)

F., Student (Psychologie)

«*Coja*», Student (Theologie)

Würbach, Oberleutnant

(A. und F. «kümmern sich um Lehrlinge», fast zweitausend wohnen in den Neubauten von Jena-Neulobeda, im «größten Lehrlingskombinat Europas». Sie organisieren Lesungen, ich veranstalte einen «bunten Lyrik-Abend» ... das Motiv, studentisch-revolutionär: «die Verbindung zur Basis stärken». «*Coja*» bespitzelt uns und soll *zersetzend* wirken.)

Kreisdienststelle Jena   *Jena, 15. 01. 1975*

Auftrag / Verhaltenslinie für den IMV «Coja» für das Gespräch mit A. am 19. 01. 1975 ab 16.00 Uhr

(Wohnung des IMV)

Das Gespräch baut auf dem Tonbandbericht vom 14. 01. 1975 über sein Zusammentreffen mit A. am 13. 01. 1975 und dessen Information über ein Gespräch mit F. am 11. 01. 1975 auf.

Folgende Probleme soll der IMV gezielt ansprechen bzw. klären:

     – Einflußnahme auf A. zugunsten eines Zu-
        sammenwirkens mit F.;

– *Was weiß A. über die Zielstellung des F.;*
  Was wissen die Lehrlinge darüber?

– *Was war der Grund, daß A. Silvester*
  nicht mit F. feierte;
      wo hat sich F. aufgehalten, mit wem
          war er zusammen;

– *F. bietet dem A. eine Arbeit*
  an, die dem A. liegt; dieser lehnt sie jedoch
  ab – welche Gründe dafür;

– *IMV stellt A. gegenüber die Vertrauensfrage;*
  A. soll offen sagen, warum er allein mit F.
  gesprochen hat entgegen der Abmachung;
      nochmals Herausarbeitung eines
          Katalogs von Sachfragen für Gespräch im 4-er
          oder 5-er Gremium der «Lehrlingsarbeit»;
      welche Rolle spielt der Status des
          IMV beim A., ist er hinderlich;

– *Hat A. die taktische Vorgehensweise des F.*
  begriffen;
      A. könnte wichtigster Mann bei F.
      sein, wenn er sich anpaßt;

– *Wann gab es Diskussionen zu Bewußtseins-*
  veränderungen, bei denen F. sich nicht
  äußerte, warum;

– *Orientierung auf ein klärendes Gespräch mit*
  F. unter dem Aspekt der Anpassung des A.
  an die Methoden und Zielvorstellungen des F.;
– *Klärung der Gründe der Trennung des A. von*
  seiner Freundin;
      was ist dieser über die Tätigkeit

des A. und die «Lehrlingsarbeit» be-
kannt; (kann sie «Verrat» üben?)
Anbieten der Suche des IMV nach
einer «passenden» Freundin für A.;
                        Würbach
                        Oberleutnant

Mögliche Titel für den unverständlichen Einakter: «Der Auftrag», «Die Verhaltenslinie», «Das Zusammenwirken», «Die
Abmachung», «Der Verrat», «Das Herausarbeiten», «Orientierung auf ein klärendes Gespräch», «Anbieten der Suche
nach einer Freundin». Das Stück könnte auch «*Coja*» heißen.
Würbach instruiert, «*Coja*» hört zu, A. und F. auf der anderen
Seite der Bühne bei ihrem Studentenleben. Oder «*Coja*» spielt
alle Rollen. Vorn links Einar Schleef, schweigend. Vorn rechts
Heiner Müller, rauchend, redend, trinkend, eine CD läuft. Akten, Tonbandgeräte, intelligente Stasioffiziere betreten den
Raum. Abwinkende, schlafende oder lachende Zuschauer, etwa
zehn still und aufmerksam, dazwischen Rufe und Weinen. Kameras werden auf- und abgebaut. Das Literarische Quartett
übernimmt die Initiative, MRR natürlich als Führungsoffizier.
Plötzliche Inhaftierung aller Beteiligten. Versteckte Kamera?
Versteckte Kamera!

Ein Mann in der Uniform eines Leutnants der Nationalen
Volksarmee mit lauter, leicht schuldbewußter Stimme:
Ich heiße Steffen Lippoldt und gehörte der Kreisdienststelle Jena des
MfS an. 1980 war ich Leutnant. Im Rahmen des 6. Fachschul-Fern-
studienlehrgangs schrieb ich unter der Registriernummer JHS
1165/79 eine Fachschulabschlußarbeit. Sie beschäftigte sich mit einem
Operativen Vorgang. Aus heutiger Sicht muß man sagen, daß der
Ort der Handlung die damalige Sektion Psychologie der Friedrich-
Schiller-Universität war, auch die Zusammenarbeit mit Lehrlingen

in Lobeda auf kulturellem Gebiet, der Uni-Filmclub, die Jazztage. Überall dort entdeckte das MfS, da eine falsche Sicherheitsdoktrin vorlag, Gefahren. Themen wie Demokratie, Prager Frühling, Biermann, Havemann, Kunze, die Grünen, Eurokommunismus, Sozialdemokratie und anderes riefen die Sicherheitskräfte auf den Plan.

Ich distanziere mich von diesem damaligen Treiben und bitte alle Betroffenen um Vergebung.

Der Titel meiner Fachschulabschlußarbeit lautete: «*Die Organisierung einer wirkungsvollen politisch-operativen Abwehrarbeit bei der offensiven Bekämpfung politische Untergrundarbeit betreibender Kräfte unter dem Aspekt des ständigen operativ-taktischen Reagierens auf vorgetragene Feindangriffe durch kontinuierliche Einleitung und Durchführung geeigneter effektiver Verunsicherungs-, Zersetzungs- und Zurückdrängungsmaßnahmen, dargestellt an Hand des OV ‹Revisionist›, Reg.-Nr. X 39/74*»

Auszug aus Seite 25:

«*Voraussetzung zur Einleitung wirkungsvoller Maßnahmen ist die inoffizielle Dokumentierung, welche berufliche Entwicklung der jeweilige Exponent der Gruppierung zu gehen beabsichtigt. Anschließend ist in Übereinstimmung mit dem gesellschaftlichen Interesse bzw. im Zusammenhang mit sicherheitspolitischen Erwägungen festzulegen, bis zu welchem Stadium diese Entwicklung gesellschaftlich vertretbar ist.*

Als markante Entwicklungsstadien sollen beispielhaft genannt werden:

Diplom-Abschluß, anschließend keine weitere Beschäftigung an der Universität; oder Beschäftigung an der Universität, aber keine Promotion; oder Einsatz in der Industrie, aber in keiner leitenden Funktion oder nicht als Geheimnisträger usw.

Waren diese jeweiligen, gesellschaftlich vertretbaren Entwicklungsstadien erreicht, wurde über IM in Schlüsselpositionen gewährleistet, daß keine weitere Entwicklung der Exponenten der Gruppierung möglich war bzw. es wurde verhindert, daß von ihnen angestrebte Positionen oder Funktionen besetzt wurden. Ziel dieser operativen Maßnahmen besteht in der Verhinderung des von den Exponenten der Gruppierung angestrebten ‹Marsches durch die Institutionen›. Zu keinem auch nicht späteren Zeitpunkt dürfen diese Maßnahmen als Aktivitäten des MfS erkannt werden.»

Gestatten Sie mir noch eine abschließende persönliche Erklärung. In der durch Herrn Fuchs leicht verfremdeten Verhaltenslinie des IMV «Coja» vom 15. Januar 1975 wird eine Person F. erwähnt. Hierbei handelt es sich nicht um Herrn Fuchs selbst, was vielleicht einige dachten, da er zum Freundeskreis gehörte und auch gegen ihn Maßnahmen unseres Organs zum Tragen kamen, sondern um Herrn Anton Jochen Friedel, bei dem u. a. eine Promotion operativ verhindert wurde. In dreiundzwanzig Abarbeitungsgesprächen gelang es dem MfS, ihn zu verunsichern. Er stellte einen Ausreiseantrag und wurde ausgebürgert. Heute lebt Dr. Friedel als Kinderpsychologe in Aachen. Auf diesem Wege meine herzliche Gratulation zu seinem doch noch erfolgreich erlangten Doktortitel. Um Vergebung hatte ich schon gebeten.

Nunmehr werde ich auch die Uniform ablegen, die ich aus Demonstrationsgründen heute noch einmal übergestreift habe. Ich weiche meiner Vergangenheit nicht aus, sehe aber nach vorn. Ermutigt wurde ich von Dr. Jochen Girke, der als Angehöriger des MfS ebenfalls bereit war, in die Öffentlichkeit zu gehen. Über ihn wurde bereits ein Film gedreht.

Ich beginne jetzt, meine Uniform abzulegen.

ANRUF im Handtuchzimmer. Lilo. Ich soll einkaufen gehen: Butter, Milch, Schnittkäse, löslichen Kaffee, Zwieback, etwas Wurst. Also gehe ich einkaufen, oben im Supermarkt, im Neubau der Festung. Dienstnähe. Einkaufnähe, Verkäuferinnen, Kassen, eine gemeinsame Währung. Unauffälliger Alltag. Das ist ganz leicht. Auch das andere muß ganz leicht gewesen sein. Der Einarmige im Gehölz ist das eine, die Normalität ist das andere. Fehlt Ihnen was, ist Ihnen ein Leid geschehen? Vater! Vater!

Das Stück könnte auch «Verrücktwerden» heißen oder «Untergang in Akten und Verhaltenslinien beim Einkauf von Milch und Butter im Supermarkt Normannenstraße».

Knaststimme: Erst mal nach Hause fahren, Feierabend für heute.

Zu Befehl.

AM NÄCHSTEN MORGEN soll ich zur «Aktenausgabe» kommen, eine Nachfrage von mir habe «Material erbracht». Wenig später sitze ich im Zimmerchen und blättere in den Akten meines Zellenspitzels, *Zelleninformators, ZI,* genannt, der von den *Hauptabteilungen VIII und IX* als *ehrlich, diszipliniert, mit einem hohen Maß an Eigeninitiative und Ideenreichtum* beschrieben wurde. *Mehrfache Überprüfungen ergaben,* steht da, *daß er sich in keinem Fall dekonspiriert hat ...* Im September 1976 wurde er, selbst inhaftiert und zu diesem Zeitpunkt bereits verurteilt, *auf der Basis der Wiedergutmachung* angeworben und in Haftanstalten eingesetzt. Bilanzierend heißt es: *Er trug in der Arbeit am Ermittlungsverfahren gegen* FUCHS, *Jürgen wesentlich zur Aufdeckung von Umständen und Hintergründen feindlicher Aktivitäten von Personengruppen um Havemann und Biermann bei. Weiterhin arbeitete er an 9 Personen der DDR, welche von den Bezirksverwaltungen Dresden, Erfurt und Gera bearbeitet wurden.* Fleißiger Junge, denke ich, und will mit spitzen Fingern durchblättern, von der ersten Minute an hatte ich ihm mißtraut. Neunzehnhunderteinundneunzig fand ich in Stasi-Akten einen ersten Hinweis auf diese «Zuarbeit» ... Aber dann stoße ich auf seine Handschrift, seine überraschend braven, schülerhaften Buchstaben, und beginne zu lesen.

Der *am Feind arbeitende ZI* und Mithäftling füllte am 14. 6. 1978 in einer Zelle oder im Büro eines Vernehmers, der als Führungsoffizier agierte, eine beträchtliche Zahl von Blättern. Es wird Kaffee gegeben haben und Zigaretten, auf dem Tisch lagen die Fotokopien eines Textes. Der Häftling und *Informator* schrieb mit Kuli in einen liniierten A4-Block:

Anmerkungen zu Fuchs' «Du sollst zerbrechen!» (Spiegel-Serie): Ist er nicht zerbrochen? Ich denke ja! Was sich Fuchs da zusammengeschmiert hat, ist ein Hohn. Was das Zusammensein mit mir betrifft, so hat er es so dargestellt, wie er es darstellen mußte (verfälscht), oder wie er es noch konnte. Ich glaube eher, wie er es noch konnte, weil, wie er das nennt, die «psychologische Kriegsführung» gewirkt hat. Merkwürdigerweise, eigentlich aber doch nicht merkwürdig, sondern logisch, geht er nur näher auf die Phasen des Mißtrauens ein (Einführungsgespräch, Zellenkrieg). Warum? Nun, weil ihm aus der Phase des Vertrauens wenig erinnerlich ist. Weil er während der Phase des Vertrauens auch mehr an die Vernehmer, Vernehmungen und das oder die Vernehmungszimmer gebunden war. Als diese Bindungen aufhörten (seine Schweigezeit begann), begann der Zellenkrieg. Er mußte einer psychischen Belastung ausgesetzt werden, um von selbst wieder den Weg zu den Vernehmungen zu suchen und zu finden. Und er hat ihn ja am Ende gesucht und gefunden, nachdem er diesen Zellenkrieg durch Kapitulation beendet hat.

Verloren hat er – damals, heute und er wird auch morgen verlieren.

Nach dem Zellenkrieg kam wieder eine Phase des Vertrauens und meine These findet Bestätigung, denn diese Zeit erwähnt er kaum.

Fuchs und seine Äußerungen sind und können nie gefährlich für mich werden. Warum? – nun, ich darf doch wohl wieder in die DDR zurück, oder? –.

> *PS.: Schade, daß ich so wenig Zeit habe. Wie könnte man anhand von Fuchs' Geschmiere eine wunderbare Konterarbeit schreiben.*

Was spricht aus Fuchs' Serie für mich? Daß Fuchs' Vernehmer diesen auf käufliche Leute, also Spitzel, aufmerksam gemacht hat (siehe meine Legende und was mein Vernehmer mit mir gemacht hat).

Und dann liefert er etwas:

Legenden, die bei einer Entlassung zu gebrauchen sind!? Ich bin der Meinung, daß nur eine Legende zu gebrauchen ist, und zwar die folgende:

Verhaftung (so wie tatsächlich erfolgt, dazu ausführliche Beschreibung, wie es bei der Verhaftung vor sich ging). Vernehmungen, danach: Viele Personen in Zivil erscheinen. Leibesvisitation usw., dann Handschellen und dann ab in eine furchtbar enge Kabine eines Kleintransporters. Ich schlafe sofort ein und wache erst wieder auf, als der Kleintransporter mit einem Ruck stehenbleibt. Die Tür geht auf – Komm Se, komm Se, machen Se hin –, ich stehe in einem Korridor auf einem langen, roten Teppich. Hoffnung klimmt auf in mir – komm Se, komm Se – schrumm, schrumm, quietsch – Hoffnung erlischt – ein langer Gang mit vielen Zellen, ich bin im Gefängnis. Was dann geschieht, nehme ich nicht richtig wahr. Ausziehen, anziehen, Geschirr in Empfang nehmen, mit meinem Bündel hinter einer Uniform herlaufen, ein, zwei Treppen hoch, wieder langer Gang, links herum, noch ein langer Gang, 313, 312, 311, 310, 309, 308, 307, 306, schrumm, schrumm, klack, klack und ich verschwinde in der Zelle 306. Ab jetzt bin ich nicht mehr ich, sondern 306/1. Da stehe ich nun, links neben mir das WC, dann ein Waschbecken, darüber zwei Wasserhähne, einer für Kalt- und einer für Warmwasser. Rechts an der Wand eine Holzpritsche mit drei Matratzen und dicken Decken. An der Stirnwand ein Glasbausteinfenster mit einer hölzernen Luftklappe. Von außen ist das Glasbausteinfenster mit einem Gitter gesichert. Unter dem Fenster ist die Heizung hinter einem engmaschigen Gitter untergebracht. Die Heizung hat 13 Rippen. Rechts an der Wand steht ein kleiner Tisch mit gelbem Kunststoffbelag. Davor ein Holzhocker, dessen ebenfalls gelber Kunststoffbelag schon ramponiert ist. Die Zelle ist etwa 2.20 m breit und 4.30 m lang usw. usf. (Diese

Seite soll nur ein Beispiel sein, wie man durch geschickte und gewitzte Erzählweise – und dabei ist es noch nicht einmal meine geschickteste und gewitzteste Art, einfach deshalb, weil mir die Zeit fehlt –, die Geschichte dem Leser leserlich machen kann und muß. Sie muß besser und überzeugter werden als die des Fuchs. Und sie wird es, wenn Sie der Meinung sind, daß diese Legende Verwendung finden kann.)

Du wurdest auch verhaftet, hast geschluckt, geheult. Da ist keiner *geschickt* und *gewitzt,* da ist man drin … in diesen ersten Stunden und Tagen … Dieses Gefühl kam wieder hoch, als du meine Zeilen sahst … Der Haß: Der ist draußen, ich drin …

Jetzt raffe ich, weil ich sonst nicht fertig werde.

1 Stunde nach meiner Einlieferung in die Zelle 306 werde ich hier zur Vernehmung geholt. Sie findet in dem Vernehmungszimmer (Zimmernummer nennen, beschreiben, wie die Vernehmung verlaufen ist, wer die Vernehmer waren) statt.

Drei Tage später (Datum nennen) heißt es auf einmal: Sachen packen! Man bringt mich in die Zelle 324. Dort befinden sich bereits drei Gefangene (Personenbeschreibung und Tathergang). Einer verschwindet nach 14 Tagen, nach 6 Wochen der andere (Namen nennen), ich bin jetzt nur noch mit einem in der Zelle. Im (Monat nennen) werden wir beide in die Zelle 328 verlegt. Hier bleiben wir vierzehn Tage. Umzug in eine Umkleidezelle – hocken dort etliche Stunden – danach werden wir in die vollkommen verdreckte Zelle 105 verlegt. Nach einem Tag erfahren wir durch Klopfzeichen – die hier übliche Methode, um sich über mehrere Zellen zu unterhalten –, daß über uns (Namen der beiden Frauen nennen) liegen.

– Wird unsere Klopferei abgehört? (Zu diesem Zeitpunkt während der Vernehmungen bösartigste Anschuldigungen. Man ist offensichtlich der Meinung, daß ich mehr auf dem Kerbholz habe … Anschließend wechselnde Zellenbewohner, genau beschreiben, auch was an ihnen komisch war) Prozeß beschreiben. Urteil, Zahl der Jahre nennen. Denken, die Zeit der Befragungen ist vorbei – denkste –, es geht weiter (beschreiben, warum es weitergeht): wichtig!

Anschließend mehrere Mitgefangene, darunter welche, die mich aushorchen und wahrscheinlich falsche Namen haben. Die Vernehmungen werden intensiver geführt. Es wird mit Nachschlag gedroht, wenn ich nicht endlich auspacke. Allmählich kann ich mir immer besser vorstellen, woher das MfS die guten Informationen erhält. Mit einem Gefangenen verstehe ich mich gut (Namen nennen), mit ihm warte ich auf neue Anschläge ähnlicher Art. Was wird kommen? Vernehmer spricht von «heimschicken» bis «Nachschlag». Was wollen die bloß von mir? Mein Zellengenosse wird zum Anstaltsleiter gerufen, kurz darauf kommt der Läufer und schreit: Sachen packen! Na endlich, jetzt komme ich sicher in eine Strafanstalt. Denkste, der Läufer schleppt mich in die Zelle 333. Eine Viermannzelle und ganz für mich allein? Was soll denn das nun wieder? Kurz darauf werde ich zum Vernehmer geholt, der mir eine Art Paket von meiner Frau aushändigt. Ich werde zurückgeführt in die Zelle 333 und harre der Dinge, die da kommen sollen. Wollen sie mir wieder eine Type a la (Namen von ehemaligen Mithäftlingen nennen) oder weiß der Teufel aufhalsen?

Für alle Fälle lege ich mir einen Schlachtplan zurecht, mit dem ich hoffe, den nächsten Typ schnell entlarven zu können. Sollten sie mir wieder Leute auf die Zelle legen, so nenne ich mich einfach anders. Warum soll ich dem MfS nicht von vornherein einen Streich spielen können? Durch diesen Plan nehme ich einem Spitzel jegliche Möglichkeit, nach alten Dingen zu fragen usw. usf.

Spätabends – wie sonderbar – geht die Tür auf und in Begleitung des Anstaltsleiters (!) – um diese Zeit?! – wird ein sonderbarer Geselle hereingeführt. Er nennt sich Jürgen Fuchs (Personenbeschreibung und Tatschilderung), Schriftsteller aus Grünheide und Jena. Jürgen Fuchs, Jürgen Fuchs, der Name ist doch schon mal von (Namen des letzten Mitgefangenen nennen, der Kontakte zum Kern hatte) genannt worden. – Denke nach, denke nach! Wie sagte doch (Name des Mitgefangenen): nicht allzu groß, dicklich, dunkle Haare. Na gut, du nennst dich Fuchs und ich mich Hase. Nein, diese verängstigte Type

*dort mit den wäßrig-verwaschenen Augen, die ausdruckslos, leer, ir-
gendwo hinstarren, und dir nicht offen ins Gesicht blicken können, das
kann nicht der Fuchs sein, den mir (Name des Mitgefangenen) geschildert hat.*

Nun gut, das Spiel kann beginnen.

*Ich bin ich – wie die Augen flackern, wie die Hände zittern. Willst
du einen Kaffee? – Gib deinen Trinkbecher, ich mach dir einen. – Ich
mache ihm Kaffee, ich lächle und möchte ihm am liebsten die Fresse
einschlagen.*

*Fuchs: Ich bin mit Prof. Havemann und dem bekanntesten Lie-
dermacher der DDR, Wolf Biermann, sehr eng befreundet. Merk dir
eins, ich sage hier nichts, was meinen Fall betrifft. Ganz klar, sonst
würdest du dich ruckzuck verhaspeln (ähnlich stellten sich zwei andere
Zellenspitzel vor, Namen nennen).*

*Aber Donnerwetter, er redet und redet. Wie er verhaftet wurde,
was sie am Tage der Verhaftung in Berlin wollten ...*

*Fuchs: Kennst du Prof. Havemann und Wolf Biermann? Ich:
Nein, woher sollte ich. Kennst du Wehner? Siehst du, das ist Ver-
wandtschaft, und mein Vater hat eine riesengroße Firma und mein
Onkel ist Chefmanager beim Bayer-Konzern. Was sagst du nun?
Fuchs: Aber daß du Havemann und Biermann nicht kennst?*

Stimmt! Da horchte ich sofort auf ...

*Und dann erzählt und erzählt er, was die beiden nun sind und was
sie geleistet haben.*

*Fuchs ist ziemlich unsicher und gehemmt. Ich hatte gehofft, sie
schicken mir eine größere Leuchte in die Zelle – ich bin von Fuchs enttäuscht.*

*Mit großer Unternehmer, Chefmanager, Wehner und mit mei-
nem sonstigen Auftreten habe ich F. ganz schön verunsichert. Ich habe
das Heft in der Hand und bin gewillt, es niemals wieder aus der Hand
zu geben. Wie ich mir gedacht habe, wird mir am nächsten Tag das
Zellengespräch fast wortwörtlich wiedergegeben. (Mein Vernehmer:
So, so, einen neuen Namen haben Sie sich auch zugelegt?)*

Da warst du schon Zellen-IM!

Fuchs ist doch gewiefter, als ich gedacht habe – wahrscheinlich hat er erfahren, wer ich wirklich bin – bis auf paar Versprecher und daß er nicht einhält, was er am Anfang geschworen hat: Nämlich nichts über seinen Fall zu erzählen. Aber muß er ja, er muß ja mich aus der Reserve locken, mich ins Gespräch bringen, in Gespräche verwickeln, um mich zu überführen.

Es ist Abwechslung in der Zelle und das Spiel beginnt mir Spaß zu machen. Ich bin in der Defensive und kann aus dieser Position genau verfolgen, welchen Mühen sich F. unterzieht, um seinen Brotgeber zufriedenzustellen.

Und doch so traurig, so traurig! Warum verrät mich dieser Mensch? Ich habe ihm doch nichts getan! Er kennt mich doch gar nicht, wir sind uns doch früher nicht begegnet! Ob er wohl weiß, daß ich der Vater zweier kleiner Kinder bin? Weiß er, welche Sorgen er mir noch zusätzlich aufhalst? Er weiß es sicherlich, doch er macht sich nichts daraus. Was man ihm wohl versprochen hat?

An deine Kinder dachtest du oft, das merkte ich. Hier ist es, in der Formulierung, Taktik und «Spiel», du sitzt bei ihnen «oben» und bist lange «eingeknickt» und ihnen zu Diensten. Du weißt nur nicht, ob es sich lohnt, ob du einen Tag eher rauskommst ...

14 Tage später erhalte ich eine neue Einkaufskarte mit meinem angenommenen Namen – grinsend reicht mir der Effektenoberleutnant diese zur Unterschrift, ich unterschreibe mit meinem richtigen Namen – der Oberleutnant zieht ab, sichtlich mit meiner Reaktion zufrieden.

Legende! Du hattest schon einen Decknamen! Dein Nachname ähnelte meinem Vornamen, war gewollt, sollte den Sympathiewert erhöhen ...

Es vergehen Wochen und Monate.

Während der Vernehmungen werde ich mit immer neuen Namen und Bildern konfrontiert.

Vernehmer: Sie müssen doch diese Leute kennen, sie waren doch mit Ihnen bekannt, reden Sie endlich, machen Sie sich Luft oder es kommen noch böse Dinge auf Sie zu.

Ich: Ich kann nicht reden, weil ich nichts weiß.

Vernehmer: Lüge, Lüge, aber wir kriegen Sie schon noch, wir schaffen Sie.

Im Januar 77 werden Fuchs und ich von Zelle 333 in Zelle 306 verlegt.

Eine deutliche Verschlechterung, eng, stickig!

Sie versuchen wirklich alles, um mich fertigzumachen, oder wollen sie uns beide vor die Hunde gehen lassen? Manchmal kommen mir Zweifel, doch dann wieder – nein, er muß ein Spitzel sein, er will dich ja immer wieder aus der Reserve locken. Umkehrung der Situation! Du bist täglich stundenlang «angeleitet» worden, um mich «aus der Reserve zu locken» ...

Jedesmal, wenn ich von der Vernehmung komme, will er ganz genau wissen, was los war.

Du wolltest ganz genau wissen ... geht jetzt der Zellenkrieg weiter? Keine Kommentare mehr ...

Ich schreibe an die Vertretung, schreibe immer wieder, doch sie lassen meine Briefe nicht durch. Im (Monatsangabe) werde ich in die Magdalena gefahren, dort in ein Zimmer geführt und stehe meinem Vernehmer gegenüber. Was soll denn das nun schon wieder bedeuten?

Vernehmer: Tja (nennt meinen richtigen Namen und fragt, ob er meinen falschen sagen soll), leider war es uns nicht möglich, Sie eher zu holen und ihr Onkel konnte auch nicht länger warten. Tja, so ein Chefmanager hat doch sehr viel zu tun und ist immer in Eile, Sie verstehen? Ein bedauerliches Mißverständnis. Aber plaudern wir doch ein bißchen. Ach ja, ehe ich es vergesse, Ihr Onkel hat hier einen Beutel für Sie dagelassen.

War mein Onkel wirklich da? Es ist Messezeit und er besucht häufig die Leipziger Messe. Aber sie haben mich schon einmal abgeholt, weil meine Frau angeblich kommen sollte. Einen ganzen Tag saß ich damals hier in der Magdalena und wartete und wartete. Vorsicht, Vorsicht! Sie haben hier eine angenehme Umgebung, in der es sich – finde ich – besser plaudern läßt als in einem Vernehmerraum. Rauchen Sie? Möchten Sie einen Kaffee? Ein Stück Torte oder Kuchen? Bitte äußern Sie Ihre Wünsche.

Ich bitte Sie, mich sofort wieder nach Hohenschönhausen bringen zu lassen – ich habe nichts zu sagen. Nun, wie Sie wollen. In Zelle 306 angekommen, fragt mich Fuchs sofort, was denn war. Ich erzähle ihm, daß mich mein Onkel besucht hat und mächtig vom Leder abgezogen hat. Fuchs fragt und fragt und weiß doch alles.

Mich verwundert nur, daß mein Geduldsfaden noch hält. Ende März beginnen sie mit einer neuen Marschroute

– Schweigen –.

Fuchs redet nicht mehr. Ein paar Tage sehe ich mir das gelassen an, dann ergreife ich die Gegeninitiative. Ich darf mir das Heft nicht aus der Hand nehmen lassen. Jetzt muß ich mit ihm einen bedingungslosen Krieg führen. Muß erreichen, daß er aus der Zelle rauskommt. Darf ihn aber nicht rausprügeln, denn das wollen sie doch nur. Sie suchen krampfhaft Gelegenheiten, um mich bestrafen zu können. Ich laufe dauernd in dieser engen Zelle auf und ab, wedele dabei so mit den Armen, daß ich entweder irgend etwas von dem Fuchs treffe, oder kurz vorbeiwedele. Lasse den Wasserhahn laufen, klopfe auf den Tisch, pfeife, singe – tagelang, wochenlang, monatelang. Fuchs wird immer mehr verängstigt. Ich nehme mir vor, ihn bis zum Wahnsinn zu treiben. Komischerweise werden während dieser Phase die Vernehmungen nur noch schleppend fortgesetzt. Will man auch Fuchs kaputtgehenlassen?

Aber solche Gedanken muß ich jetzt von mir weisen. Ich muß überleben, ich werde noch gebraucht – diese Ratte nicht mehr. Kein Mitleid aufkommen lassen. Ich muß meinen Weg weitergehen.

In dieser Phase habe ich Sprecher mit der Vertretung. Ich werde wieder in die Magdalena transportiert, in ein Zimmer geführt und stehe einem mir fremden Mann gegenüber. Wo ist Herr Staar? Ist dieser Kerl vom MfS? Ich wechsle nur wenige Worte mit ihm, lasse mir 50 Mark und einen Beutel geben und verabschiede mich. Meine Gedanken beim Verlassen des Zimmers: Mich legt ihr nicht rein, jetzt nicht mehr.

Eine Woche nach dem angeblichen Vertreterbesuch bricht Fuchs das Schweigen.

Er erzählt mir, daß er Ende März auf dem Tisch seines Vernehmers ein Haar und Zigarettenkippen entdeckt hätte, die nur von mir stammen könnten.

Jetzt langt's mir aber. – Hör doch auf, Fuchs, oder wie du heißt und versuch nicht, mir die Spitzelrolle unterzujubeln. Wer hier der Spitzel ist, ist doch wohl klar. Laß mir meine Ruhe und sieh zu, daß du aus dieser Zelle verschwindest, ehe ich dich rausprügele.

Wieder Sendepause, aber Sendepause mit Pausenton. Ich möchte damit sagen, daß ab und zu doch ein paar Worte gefallen sind. In diesem, wiederum neuen Klima, verstreicht Woche um Woche. Dann kommen wir wieder in eine andere, aber mir schon von früher her bekannte Zelle, in die 328!? Es ist mittlerweile (Zeitangabe), ich bin schon viele Monate in diesem gastlichen Haus und es ist noch kein Ende abzusehen. Wollen sie dich ganz und gar erledigen?

Es zeigen sich erste, aber doch ernste Verschleißerscheinungen. Während einer Vernehmung bekomme ich einen Herzanfall.

Werde in eine Krankenzelle verlegt.

Nach 8 Tagen sagt mir der Arzt, daß ich wieder in meine Zelle verlegt werden kann. Ich soll aber unnötige Aufregung vermeiden. Ich bitte ihn, daß er dafür sorgen soll, daß der Mitbewohner der Zelle 328 verschwindet. Er notiert sich das.

Als ich wieder in die Zelle 328 komme, ist Fuchs immer noch da. Aber er ist wie ausgewechselt. Sehr freundlich und zuvorkommend. Und er erzählt und erzählt in der Folgezeit, wie er es noch nie getan hat. Da kommt er mir mit Bett- und Bumsgeschichten von Havemann und Biermann, und wie er mal bumsen konnte, aber nicht wollte usw. usf. Mein Herz macht sich wieder bemerkbar. Mensch, ist das eine elende

Ratte. *Anfang (Zeitangabe) bekommen wir einen dritten Mann auf die Zelle (Personen- und Tatschilderung). Jetzt passiert das für mich Erstaunliche. Fuchs sucht sofort engeren Kontakt zu mir. Will einer ihm den Posten streitig machen? Nach knapp 14 Tagen gesteht mir der Neue, daß er für das MfS arbeitet. Das habe ich mir gedacht, aber warum sagst du das nicht auch deinem Freund und Kollegen Fuchs? Antwort: Dem traue ich nicht, ich habe den Auftrag, dich zu bespitzeln.*

Dein Freund Fuchs hat diesen Auftrag seit 8 Monaten. Kurz darauf wird der Neue (Namensangaben) abgezogen. Was ist hier los? Ist Fuchs doch kein Spitzel? Wer wird mir die Frage einmal beantworten können?

Die nächsten Wochen plätschern so vor sich hin. Zwischen Fuchs und mir hat sich auf einer gewissen Ebene fast ein kameradschaftliches Verhältnis herausgebildet. Ich bin der Meinung, wenn du den Gegner kennst, ist er kein Gegner mehr, obwohl du ihn weiter hassen mußt, obwohl du weiter höllisch aufpassen mußt, denn du mußt immer in der Lage sein, zuerst zuzuschlagen.

Der Vernehmer läßt nicht locker: Wieder neue Namen sind aufgetaucht, Namen, die immer neue Befragungen nach sich ziehen.

Fuchs spricht von baldiger Entlassung. Haben er und sie jetzt aufgegeben? Im August kommt er angeblich von Vogel und sagt, daß er in drei Tagen entlassen wird. Er soll entlassen werden und hockt immer noch hier in der Zelle und mit mir zusammen! Welche Vorwände werden sie jetzt ausprobieren?

An einem Donnerstag im August verschwindet Fuchs endlich. Ich habe meine Ruhe, denke ich – dachte ich aber eben nur ...

Fortsetzung: Was geschah bis Oktober?
       Aufenthalt in Bautzen
       Juni 78 in Hohenschönhausen

Ein paar Worte noch dazu:

Dies scheint mir die beste Legende. Selbstverständlich muß sie noch ausgefeilt werden, vor allem was die Vernehmungsführungen meinerseits betrifft. Hier müssen noch Fakten und Namen gebracht werden, die mein langes Verweilen in Hohenschönhausen rechtfertigen. Von dieser Seite muß das stichhaltige Alibi für meine 18 Monate U-Haft kommen. Aber wir dürfen nicht zu lange warten. Dieser Bericht muß vor Erscheinen eines Fuchs-Buches erscheinen, damit die ganze Sache nicht wie eine gemachte Rechtfertigung aussieht. Fuchs muß aller Wind aus den Segeln genommen werden. Ich bin fast sicher, daß dieser Bericht mir Eingang auch in die Kreise des Fuchs verschaffen wird.

Es gibt noch ein belastendes Moment aus der Zeit mit Fuchs: Daß ich erwähnt habe, daß ich gute Verbindungen zum Kern habe. Das hat er mir jedoch nicht abgenommen, da ich weder Havemann noch Biermann kannte.

Erst war die Mine des einen Kugelschreibers leer, jetzt fehlt es mir an Schreibpapier. Wären diese Umstände auch nicht aufgetreten, wäre ich keinesfalls fertig geworden. Für die übriggebliebene Thematik sind bei guter Arbeit noch mindestens 30 DIN A4 Seiten vonnöten, also zwei volle Arbeitstage, um alles gut durchdacht, und das ist nötig, zu Papier zu bringen.

AN EINEM ANDEREN MORGEN ein anderer Anruf, Ladwig berichtet von einer Stellungnahme, jemand habe mich kritisiert, meine geäußerten Auffassungen über politisch-operatives Zusammenwirken und aktive Maßnahmen seien Quatsch, ich sei ein sogenannter Schriftsteller und voller Haß gegen das MfS. Wenn ich zum Beispiel über einen schikanierten und ausgebürgerten Pfarrer spräche, müßte ich dessen Verhalten insgesamt nennen und mit den DDR-Gesetzen vergleichen.

Ach so, sage ich.

Ist kein ehemaliger Mitarbeiter, so Ladwig, sitzt bei AU II.4, er rede ab und zu mit ihm, hole verschiedene Meinungen ein zu diesem und jenem Problem, es gebe bekanntlich unterschiedliche Auffassungen, auch innerhalb der Behörde …

Ladwig (nach einer Pause): Du sagst gar nichts?

Was soll ich sagen. Wirst du dich wehren?

Was für Fragen. Vielleicht, sage ich, vielleicht werde ich mich wehren. Wieder hat er mich geduzt ... Aber ist das wichtig? Ich versinke in behördlichem Kram. Während der Arbeitszeit hat eine Mitarbeiterin/ein Mitarbeiter den Hörer abzunehmen, wenn ein Signalzeichen ertönt, und das entsprechende Gespräch zu führen. Dabei sollte man sich angemessen kurz fassen. Privatgespräche sind grundsätzlich untersagt.

Wo das steht? Im Leifaden? Seitenzahl? Habe ich mir soeben ausgedacht.

VON DIESEM KERL in der Zelle hast du mir noch gar nichts gezeigt, sagte Lilo kürzlich, es gibt doch Beweise? Ja, sagte ich, eine *IM*-Akte, Deckname «*Karl Wolf*». Auch das noch, sagte sie, Karl Wolf Biermann. Vielleicht, sagte ich, sie scherzten gern, Karl Wolf war ein Antifaschist aus Hamburg, ein Freund der Biermann-Familie, ermordet. Warum hast du mir noch nichts gezeigt? Weiß nicht, sagte ich, es ist hart, eine harte, verdammte Zeit war das. Ich will es sehen, sagte Lilo, und las, hinter mir stehend, die kursiv gedruckte *Legende* auf dem kleinen Schirm des Macintosh.

Schweine! rief sie.

Im Handtuchzimmer, als die Akte auf dem Tisch lag, sind plötzlich alle Geräusche wieder da, die Schritte des Postens auf dem Gang ... der Mithäftling, der Geruch seines Pfeifentabaks, wie seine Brille aussah, sein Oberkörper, das Knastunterhemd, der Trainingsanzug, er trug einen Trainingsanzug ... Ich kämpfte um die eigenen Klamotten, wusch die Jeans mit Leitungswasser ... wie er seine Hände bewegte, den Kopf hielt, die gelichteten Haare kämmte vor dem Spiegel ... An einem warmen, sonnigen Tag, die Zelle war ein schweigender Käfig voller Gewalt und Instruktionen, wollte ich töten. Ich setzte mich auf, legte ein Buch weg, stützte mich auf die Pritsche, sah ihn an. Da sah ich die Angst in seinen Augen. Die Angst war ein leerer Augapfel an einem starken Stamm. Die Angst würde kämpfen und auf den mächtigen Freund bauen und die eigenen Fäuste. Aber die Fäuste und der Freund waren nicht der Tod. Der Tod war in die Zelle gekommen. Da erschrak er. Da erschrak ich.

Vor diesem warmen, sonnigen Tag habe ich Angst.

Es ist ein Tag aus dem Kapitel «Der sich und andere tötende Mensch» von Dörner/Plog. Etwas ist sehr nahe. Etwas sehr Nahes kam ins Handtuchzimmer. Davon wußten andere nichts. Von diesem Haß voller Quatsch wußten nur der sogenannte Schriftsteller, der sogenannte Mithäftling und das sogenannte Ministerium für Staatssicherheit. Und andere sogenannte politische Häftlinge, die es vielleicht gar nicht gab, wenn man ihr Verhalten insgesamt mit den DDR-Gesetzen verglich. Und sogenannte Angehörige von sogenannten politischen Häftlingen wußten davon, spürten es, fühlten es. Wenn sie die Augen sahen beim Sprecher, wenn sie die Stimme hörten, wenn sie den Mund betrachteten, beim ersten Wort, beim letzten, bevor der im Anzug sagte, *die Zeit ist um*.

Und sein Name?

Karl Wolf hieß er nicht. Er war ein Mithäftling. Wenn der Läufer die Riegel zurückschob und die Zelle aufschloß, ertönte eine Zahl. Bei *Eins* mußte er mitkommen, bei *Zwei* oder *Zwo* war ich an der Reihe. Er war an der Reihe, ich war an der Reihe. Er zuerst oder ich zuerst. Zusammen haben wir die Zelle nur zum Hofgang verlassen, wenn es in den Zementstall ging. Immer mußte aufgeriegelt und aufgeschlossen werden, immer wurde zugeschlossen und zugeriegelt. Das Fenster war kein Fenster, sondern ein Glasziegelschacht. Der Spiegel über dem Waschbecken zeigte das eigene Gesicht, für das jeder seine eigene Verantwortung hatte. Jeder einzeln, jeder für sich, jeder für sich und den anderen. Und der andere für sich und den nächsten, den nächsten anderen, *usw. usf.* hatte er geschrieben in seiner *Legende*. Ich bin ich, ich war ich, mein Name ist, mein Name war *usw. usf.* Er war ein Mithäftling. Sie hatten uns beide in der Mache. Jeder hatte Angst. Jeder wollte raus. Keiner kommt besser raus. Manche kommen nie mehr raus. Matthias Domaschk kommt nie mehr raus.

An einem warmen, sonnigen Tag wollte ich töten.

SIE MACHEN TEMPO, MATTHIAS. *Wer ist im Zug? Domaschk und Rösch aus Jena? Negativ erfaßt! Wohin? «Kampfkurs X» läuft, wer weiß, was die in der Hauptstadt wollen zum Parteitag … Wie Delegierte sehen die nicht gerade aus! Einlauf machen! Fahrziel bestätigt? Jawoll! Nachfrage bei der Fahrkartenausgabe: Man konnte sich an die beiden erinnern, Berlin!*

So könnte sich die erste Meldung angehört haben.

Mal nach Berlin am Wochenende, ein leeres Abteil finden, bißchen schlafen, man kommt von der Arbeit, ist Arbeiterklasse, Handwerker, Zugluft her, der Mief muß weg, hast du Zigaretten mit, Blase? Deine verdammten Karo, rauch allein, das Gequarze in der JG macht mich schon fertig, mach wenigstens das Fenster auf. Hunger hab ich. Aber Blase, sagt Matz, verhungert siehst du gar nicht aus, haha.

In Jüterbog werdet ihr rausgeholt, noch zwei Mädchen dazu, denen ihr in Jena zugewinkt habt, Tramperkreise, jeder kennt jeden ein wenig, zu Hause halten wirs nicht aus, weg, raus, unterwegs sein …

Jüterbog sieht zuerst nur nach Nerverei aus und Kontrolle, nicht nach U-Haft und Tod. Transportpolizei, Trapo, über die haben wir immer gelacht. Scharwenzeln uniformiert auf den Bahnsteigen herum, wenn die Transitzüge kommen. Wollen auch mal Jacobs-Kaffee schnuppern durchs halboffene Abteilfenster, mit verschlungenen Händen auf dem Hintern dastehen und wippen, lässig tun, überlegen. Wehe, einer will winken oder erkennt den Vater, die Mutter, das Kind im vorbeifahrenden Interzonenzug.

Trapo hat euch rausgeholt. Aber es war schon auf Befehl der Stasi. In Gera, wie in allen Bezirksstädten, gab es *Einsatzstäbe*, in Berlin einen *ZOS*, einen *Zentralen Operativen Stab*. Sie waren die Kings.

Da steigt ihr einfach in Jena ein und wollt nach Berlin, zu einer Feier, einer Fete, einer Wohnungseinweihung ...

Und die *Abteilung VIII* ackerte auf dem Bahnsteig, *wo wollen die Chaoten hin, das fette, behaarte Schwein und der lange Rowdy, sind das nicht Zielpersonen? OV «Qualle»! Fotografieren! Meldung machen!* Lange geisterten *8 feindliche Personen* in den Fernschreiben herum. Konnten die nicht zählen? War jeder verdächtig? Die konnten zählen und jeder war verdächtig. Die konnten auch Züge stoppen und Typen rausholen und sitzen lassen, Fragen stellen, *Personalien erfassen*.

In Gera *koordiniert* Seidel, der *Stellvertreter Operativ*, ein Scharfer. Etwas braute sich zusammen, *Kampfkurs X war* in Kraft. Was die *X* bedeutete? *X. Parteitag!* Welche Partei? Solche Fragen werden nicht beantwortet. Die Zahlen vor ihren großen Inszenierungen schrieben sie römisch. Es ist einundachtzig, hattet ihr etwa den Parteitag vergessen? Habt euch wohl nicht alle Daten der obersten Genossen merken können oder wollen ... Oder wollen! Hattet ihr Berlin-Verbot? Listen wurden verglichen und Fernschreiben übermittelt, Fotoalben gewälzt. Ein *IM* berichtete üble Dinge über euch: *Provokationen geplant, Demonstrativhandlungen in der Hauptstadt der Deutschen Demokratischen Republik*. Sogar Gewalt wurde unterstellt.

Negativ Erfaßte bewegen sich in Richtung operativ abzusicherndes Territorium, vielleicht vermuteten sie Flugblätter oder Handgranaten in euren Stoff-Umhängetaschen ...

IM «Klaus Steiner» brauchte Geld und eine Wohnung, der *Führungsoffizier* brauchte eine wichtige Meldung, eine mit der

Zensur 1 für den Informationsgehalt beim Rapport, die durchstartete bis ins Ministerium, wo dann der *Genosse Minister* mit hoher Dringlichkeit (*«Flugzeug»*) anruft unten an der Basis mit anerkennend-belegter Stimme, ein Lob erteilt: *Gutes Ergebnis wurde erzielt, von dir,*

Genosse Nowack

Genosse Weigelt

Genosse Geithner

Genosse Lehmann

Genosse Seidel

Genosse Münch

Genosse Hermann

Genosse Benndorf

Genosse Meier

Genosse Würbach

Genosse Weber

Genosse Schaller

Genosse Petzold

Genosse Herzog

Genosse Köhler, aber der hat noch etwas Zeit, *Strakerjahn, Peißker, Hagner* und *Köhler* kommen noch.

Das sind nur Namen und Behauptungen, beweist doch was! Wir haben heute Firmen, sind übernommen, ihr seid die Arschlöcher, damals und heute, die Verleumder! Die SED ist Opposition und heißt PDS, Basisarbeit, Jugendweihe, 1000 kleine Probleme lösen, wieder Fuß fassen, wir und nicht ihr, wir sind wieder wer! Ordnung war doch vorhanden und Sicherheit, oder?

Oder?

Steig nicht ein, Matthias.

Sie machen Tempo und planen was.

Sie lassen euch in Jüterbog sitzen, es ist 20.30 Uhr, am zehnten April. April, April, der weiß nicht, was er will! Sie wußten, was sie wollten, *Seidel* wußte, was er wollte, er hatte die Vollmachten, *zwei gefährliche Elemente sind aufgetaucht*, jetzt bekamen sie ihre Abreibung!

Jahre sind vergangen, aber diese Zugfahrt dauert. Diese Geschichte, diese Haft, meine Damen und Herren, liebe Freunde. Schlußstrich, Amnestie, wie lange noch dieses Thema? «Die Zeit» in Hamburg ist nicht interessiert an Jena und Domaschk im April sechsundneunzig, als eine Trauerfeier stattfand. Christoph Dieckmann berichtet über einen Besuch bei Sarah Wagenknecht von der «Kommunistischen Plattform», es lebe die Liberalität, es leben die Moden, der neue schreibkundige Opportunismus. Es lebe die alte Ignoranz: wer, bitte? Wann ist das passiert? Och, das tut uns aber leid, liegt schon länger zurück, jaja, schon länger, wir berichten mehr aktuell … Wissen Sie, wie viele Themen wöchentlich anfallen? Was alles wichtig ist und sein könnte?

Du bist eingestiegen, Matthias.

Kampfkurs X läuft, sie haben Vollmachten. Hattet ihr einen «Hilfsausweis» *PM 12*, an dem euch jeder Kontrolleur erkennen konnte? Biermann ausgebürgert, viele aus Jena weg … Wir sind die vorletzten Indianer? Was wollen die schon mit uns machen? Alle möglichen haben Ausreiseanträge nach Wessiland, aber wir nicht! Höchstens nach Polen oder Ungarn! Wir fahren freitags in der Republik rum!

Vorsicht, vergeßt nicht den Haß, es gibt Zusammenhänge und heimliche Rechnungen. Das ist keine Neurose und keine Paranoia, es gibt Befehle und Weisungen. Ihr kennt die Abkürzungen noch nicht, *OV, OPK, IM*, das Wort *Zersetzung* steht in ihren *Richtlinien*, auch *Untersuchungsvorgang*, auch *Liquidierung*.

Sie machen Tempo, lassen euch in Jüterbog sitzen von Freitag abend acht bis Samstag nachmittag. Ihr wißt nicht, was sie wollen, seid hungrig und müde und sauer und irgendwie beunruhigt. Es ist nicht wie sonst, bißchen nerven, drohen und dann die Auflage, sich *an die Gesetze der Deutschen Demokratischen Re-*

publik zu halten. Ihr wißt nicht, daß schon Autos unterwegs sind, zwei «B 1000», eines blieb liegen, Motorschaden, heißt es später. Ein anderes wird geschickt, es gibt eine Zeitverzögerung, Stunden vergehen. Bei ihrem Wagenpark Zufall? Absicht? Ihr hockt da und seid aufgeregt, gelähmt, kaputt, auf dem Sprung.

Peter Rösch: Ich sagte, du zitterst ja, Matz, ist dir kalt? Es wird schon, Matz, sagte ich. Er saß auf seinen Händen, starrte geradeaus, was wollen die, was wollen die nur ...

Die Ahnung: Vielleicht wollen sie mehr? Polen? Solidarność? Treffen auf dem Zeltplatz im Bruderland mit früheren Freunden, die inzwischen im Westen lebten, ausgebürgert oder ausgereist ... Oder ist noch was über 76/77? Prag? Da sage ich nichts, Blase. Du weißt doch gar nichts. Doch, ich weiß was. Was denn? Ach nichts. Einer brüllt: Ruhe da hinten!

Eine Beunruhigung kroch den Hals hoch, leg das Buch weg, versuch zu schlafen, Matthias, du brauchst deine Kräfte. Ich kann nicht schlafen, innen rast alles, wie bei der Armee. Werde ich zum Lumpen, zum Lappen, zur Asche, zum Schwein mit Knarre und Uniform? Was wird Walter Schilling sagen? Jetzt beginnt dieser Eiertanz von vorn. Nicht noch das, Kaserne genügte schon, nicht noch Knast. Bitte nicht noch Knast, lieber Gott, nicht noch das.

Es wird schon, Matz, sagte Blase.

Was wird denn aus uns, verdammte Scheiße?

Weiß nicht, weiß nicht, was wird, Matz.

Der Eiertanz beginnt von vorn, ich rieche das.

Ruhe da hinten! Mundhalten!

Zeit verging.

Blase, wie spät? Er döst, ist blaß, zerknautscht. Was wollen die? Grüble nicht, Matthias, wenn du schon nicht schläfst, verlang Essen und Auskunft, trink was. Verlange eine Erklärung und einen Anwalt, eine Benachrichtigung. An wen soll die gehen? Renate ist weg, meine Eltern? Mein Vater! Wenn der das wüßte! Die Mutter würde weinen ... Walter Schilling, aber der ist kein Angehöriger ... Sinnlos.

Nein, Matthias, hoch, nicht hängenlassen, worauf wartet ihr? Sie lassen euch zappeln auf diesem scheinbar harmlosen Reichsbahn-Gelände. Vielleicht haben sie was vor.

Wie lange soll das noch dauern?

Richtig, frag sie.

Der Uniformierte zuckte mit den Schultern und gähnte. Dann Dienstwechsel, nach Hause, ein anderer kam. Der zwischendurch auftauchte, der fragte und telefonierte, war gefährlich, der war keine Trapo. Vielleicht geht was los. Warten.

Wir sollen mit? Wohin?

Aber hoch! Hoch!

Was ist los? Wohin geht es?

Ins Schlaraffenland! Mitkommen!

Eine längere Fahrt im Auto. Autobahn? Nach Berlin? Ein Transport, eine Zuführung, eine Überstellung. Es ist Samstag und später Abend, andere sind beim Tanz. Eine Polka beginnt. Konzentrieren. Erkennt ihr Geräusche? Brücken, Tunnel? Eine Bahnstrecke? Jetzt hält der Wagen, ein Hof?

Aber raus! Aber dalli! Ärsche hoch! Knochen bewegen! Handschellen! Die treten mich mit Stiefeln!

Rennen, los, los!

Hell ist der Hof, Scheinwerfer.

Name!

Rösch, Peter Rösch!

Ach der Blase! Du sollst flitzen, flitzen!

Ich hab nichts gemacht, bin unschuldig, Matz, wo bist du? Matz! Ist schon weg, anderer Eingang, anderes Zimmer, anderer Gang, andere Zelle!

Zelle?

Das ist Knast! Wir sind im Knast!

Sie machen Tempo, das ist ihre Begrüßung, ihr müßt brems-en, zur Ruhe kommen. Aber wie? Wie? Hof, Tür, Gang, die treten und brüllen, jetzt ist es aus. Sie haben was gefunden, wie auf der Rampe ist das, aber leise, keine Vergleiche, alles alles ist anders, versteht ihr? Alles alles. Sonst rächt sich der Genosse Erich Honecker, ja keine Vergleiche innerhalb Deutschlands! Blase? Der ist schon weg. Sie trennen uns.

Knast! Eine Zelle! Sie tun uns was an!

Die Riegel! Der Keller! Türe zu, Türe auf!

Komm Se!

Sie zaubern, sie zeigen dir das Schlaraffenland, Matthias. Laß sie, Tempo raus, umsehen, gehen, nicht rennen, nichts fra-gen, beobachten, jetzt greifen sie an. Dumm stellen, nichts sa-gen, fertig sein, müde, hängenlassen, Matthias. Keine *Mitarbeit im Verfahren.* Die krummsten Hunde – na grad die! / Fordern Aufrichtigkeit / von uns Aufrichtigkeit / aah-ja!

Kennst du? Biermann.

Ich bin hier, ich ich, nicht der Biermann, ich!

Viele sind hier, Matthias. Du bist nicht der erste und nicht der letzte. Jetzt greifen sie an. Ein Büroraum, vergittert, ein Mann mit Anzug.

Sie haben uns angepöbelt, berichtet Peter Rösch, sie waren echt fies. Freundlicher wurden sie bei mir erst später ... die ver-suchten alle Tricks ...

Herr Domaschk? Sie sind Herr Domaschk?

Du mußt nichts sagen, Matthias, laß ihn fragen.

Jetzt lernen wir uns kennen. Sie sind Herr Domaschk, ist das richtig? Nicht daß wir den falschen. Matz ... Da staunste, was? Knast? Wir können auch anders! Du mieser Bruder, du kleines Licht! Er brüllt gleich, sie machen Tempo, es ist Nacht. Das steht nicht im Vernehmungsprotokoll.

Domaschk! Oder soll ich Matz sagen, Matzilein? «Vernehmungs-protokolle», die hat der Fuchs geschrieben, zusammengeschmiert, wol-

len wir mal sagen, der Rowohlt-Verlag hat's auch noch gedruckt, als JG-Gänger werden Sie doch solche Hetzschriften kennen, nehme ich mal an ... Was, Matz, du bist doch westverseucht, du bist doch eine Sumpfpflanze, sagt der Vernehmer. *Du hast doch mit dem Auerbach gequatscht, mit Klingenberg, und kennst die Groß gut, ausgereist, ist in Sicherheit, in relativer, sagen wir mal,* der Vernehmer grinst, *aber du bist hier bei nächtlicher Stunde, wie gefällt das dem jungen Herrn? Gut? Matz, Schatz, gut? Im Protokoll steht Anfang und Ende, Anfang 23 Uhr mitteleuropäischer Zeit. Ende? Offen, Matz, offen, sehr offen! Vielleicht zehn Jahre. Man wird heimisch in der Zelle mit der Zeit, mit den Tagen, den Wochen, den Monaten, den Jahren, verstanden? Wir sind Gott, Matz, das hört keiner, das steht nirgends. Walter wird das nicht rausfinden, nur ahnen, sonst nichts, nur ahnen werden das die anderen. Und zittern,* sagt der Vernehmer. *Wir machen dich rund, Matz, Salzgitter ist weit, die Großmäuler und Abhauer im Westen helfen nicht, die Groß fickt doch mit jedem Schwein, auch mit dir, Domaschk! Nun mal raus mit der Sprache: Name? Geboren? Beruf?*

Halten Sie den Mund!

Ach, wie war das jetzt, Domaschk, haben Sie was gesagt? Geruhten Sie etwas zu sagen in nächtlicher Stunde? Fiel Ihnen eine Widerstandshandlung ein auf meine gepflegte, sachliche Rede und höfliche Ansprache? Diensthabender! Der Beschuldigte wird frech, er hat mich bedroht, hat unflätige Ausdrücke gegen das Organ geäußert in der Öffentlichkeit! Wir sind das von der Staatsanwaltschaft und den Gerichten der DDR laut Gesetz mit der Untersuchung beauftragte Organ! Hoch, Domaschk, hoch! Den Blase blasen wir auf wie einen Ochsenfrosch! Bis er platzt! Und Sie, wir sind höflich, und Sie kriechen noch vor uns, küssen unsere Schuhspitzen! Wir können Sie verknacken für den Rest Ihres Lebens, warum? Wegen Spionage, wegen staatsfeindlicher Hetze, wegen Verbrechen gegen unseren sozialistischen Staat! Wissen Sie, wo Sie sind? In der Untersuchungshaftanstalt Gera des Ministeriums für Staatssicherheit! Nicht weit nach

Hause, was? Ihr Ausweis ist hier im Panzerschrank, soll ich ihn mal rausholen? Wollen Sie mal einen Blick auf ihn werfen? Man kann nie wissen, wenn Sie Einsicht zeigen, gehts hier vielleicht ganz schnell. Da glotzt du, was Matz? Warum ich laut spreche? Weils mir Spaß macht, du grüner Vogel! Weil ihr uns nicht schlafen laßt! Weil ihr schwerhörig und kriminell seid, ihr Nazikinder! Mit euch machen wir, was notwendig ist, da sagen auch die westlichen Alliierten nix, Domaschk, gar nix! Wirst du sehen, sind Erfahrungswerte, du kleines konterrevolutionäres Dreckschwein! Dich wollten wir immer schon mal in aller Ruhe besichtigen und einen Einlauf starten! Seit dem Biermann-Rausschmiß! Da ging es ja noch mal glimpflich ab. Aber da dachten wir schon, naja, der Domaschk. Blase, der Rösch, klar der auch. Aber der Domaschk hat es hinter den Ohren. Motorradfahrten wohin? Domaschk! Wohin? Laß ihn, Matthias, er stichelt, bohrt. Peißker mußt du nicht antworten, seinen Namen kennst du nicht. Sie gehen in die Knie! Die DDR bricht zusammen! Massendemos in Leipzig, Besetzung der Stasi, Entlassung der politischen Häftlinge, Bürgerkomitees, Akteneinsicht ... *Was ist los,* sagt der Vernehmer, *keine Aussagebereitschaft? Der Blase singt schon, trällert wie ne Lerche. Und Sie, heldenhaft oder wie?*

War es so, Matthias?

Wer Verhöre kennt und Haft, hört den Ton, spürt die Lautstärke, leise, laut, fies, freundlich. Wer in der «Gauck-Behörde» Veranstaltungen vorbereitet, wühlt in Dokumenten und hört Stimmen im Zimmerchen. Die Akten werden wach und erobern deine grauen Zellen, du kannst nicht nur lesen, du mußt fühlen und erleben. *Alles verlief korrekt und sachlich, Druck wurde nicht ausgeübt,* werden sie sagen. *Was heißt hier Folter? Das sind Übertreibungen von extremen Elementen, die sich im Westen wichtig machen wollen, um ihre Straftaten zu verschleiern. Auch die Westjustiz hat ihre Methoden, was glauben Sie denn! Auch der tolle Rechtsstaat braucht Beweise und unterschriebene Vernehmungsprotokolle, klaro? Keine Unterstellungen, was ich hier rede, kann niemand miß-*

verstehen, verstanden? Außerdem bewege ich mich im gesetzlichen Rahmen. Meine vernehmungstaktischen Methoden bestimme ich, sagt der Vernehmer, *Sie sind der Beschuldigte, hier saß noch keiner unschuldig! Wir sind Diplomjuristen, können auch als Anwälte arbeiten wie Schnur oder Vogel, haben alle Diplome und Scheine! Und wenn ein Weg für dich rausführen soll, Domaschk, dann nur mit unserer Hilfe, da müssen Sie auspacken! Da mußt du mitziehen, Matz. Und nicht noch frech werden wie vorhin, sonst gibt es Nachschlag. Die Lage ist ohnehin ernst. Du mußt dich trennen von deinen falschen Freunden hier und drüben. Du mußt reinen Tisch machen, Matthias, sofort kannst du beginnen, jetzt sofort. Dann dauert es vielleicht nicht lange, überleg dir das gut. Macht teilen wie in Polen? Kontrolle von unten, Opposition wie bei den Tschechen? Nee, daraus wird nischt, nicht hier! Hier nicht! Dafür sind wir da! Hier bestimmen wir, sonst keiner! Bist du hier, Matz? Bei uns? Ist das der Knast? Bin ich die Stasi? Siehst du meine Fresse, wie der Biermann sagen würde? Schönre Löcher gibt es als das Loch von Bautzen, wohl wahr! Charta 81? Alternative JG? Ihr spinnt wohl, ihr kleinen ängstlichen Wichser, der Blase mußte schon viermal scheißen, bitte, wir sind höflich, aber ja, zur Toilette, hier entlang. So, Herr Domaschk, jetzt beginnt die Vernehmung, Name, geboren, wohnhaft, erlernter Beruf, ausgeübte Tätigkeit? Sie sollen antworten! Das ist eine Befragung! Der Haftbefehl ist noch nicht ausgestellt, aber wenn es so weitergeht, die Zelle wartet schon, ja, so ist es gut!*

Matthias Richard Domaschk, geboren am 12. 6. 1957, Am Rähmen 3, die Wohnadresse.

Gut, so ist es sehr gut, Am Rähmen 3. Da war Zaramba im November 76, Biermannunterstützung, ein berühmtes, aktenkundiges Objekt, aber darauf kommen wir noch ausführlich zurück, Herr Domaschk. Belüftungsschlosser? Und dann große Politik? Wenn ich mir die bescheidene Frage erlauben darf? Mit dem Motorrad wohin? Keine Antwort! Nach Prag! Prag! Praha! Belüftungsschlosser! Soll ich dir dein Gedächtnis auslüften? Immer krank oder wie? Arbeits-

scheues Element? Auch bei der Armee nix dazugelernt? Herr Do-
maschk, Frage: Aus welchem Grund beabsichtigten Sie am 10. 4. 1981
gemeinsam mit Rösch, Peter, wohnhaft Jena, Spitzweidenweg
11/411, in die Hauptstadt der DDR, Berlin, zu reisen?

Wenn du antworten willst, Matthias, dann knapp, keine Namen, Zeit gewinnen, den Schock überwinden, möglichst keinen
Kaffee trinken, der dreht auf, vielleicht ist was drin. Essen schon
eher, schlafen, den Kopf auf die Tischplatte legen. Trau dich,
mit dir können sie nichts anfangen, laß sie brüllen, du mußt gar
nichts, du kannst die Aussage verweigern, verstell dich. Zelle ist
besser als Vernehmerzimmer. Irgendwelche Besucherräume
sind auch gefährlich. Das sind Zwischenstationen, Hoffnungs-
und Angstmacher, ihre Spielräume. Da wird abgehört und beobachtet. Zelle, vor der du so große Angst hast, ist besser. Da
wird auch abgehört und beobachtet, aber da ist zu, abgeriegelt,
da kannst du dich etwas verkriechen, wenn sie dich lassen. Das
Tempo muß weg, das Rasen. Die Angstmache wird bleiben. Bei
Mitgefangenen aufpassen, meistens Zellenspitzel, auch mal
einen durchgedrehten Prügler legen sie zu dir rein. Oder dich
zu ihm in der Nacht, der denkt, du bist der Spitzel und rastet
aus. Damit mußt du rechnen. Oder er spürt, daß du weg sollst,
er hat so ein Gefühl, daß er es darf und soll und muß. Vorsicht,
große Gefahr. Sie sagen später Unfall, haben alle Vertuschungs-
möglichkeiten. Greift dich ein Gefangener an, mußt du dich
wehren, sofort, mit aller Kraft. In den Vernehmungen wollen
sie etwas von dir. Aussagen. Du sollst dich und andere belasten.
Du sollst etwas tun für dich, für dich ganz allein, sagen sie. Das
ist der Abgrund, die Falle. Du mußt gar nichts tun für sie. Sag
zu dir: ich bin richtig hier, es kann etwas dauern. Sei kein Besucher, kein Spanner, der winselnd raus will, sei stolz, laß dir Zeit,
sei Häftling, sei die *feindlich-negative Person*, nimm es an! Laß es
laufen, spurte nicht mit. Der Lebenswille rast, will raus. Er soll
die Klappe halten, dreh dich zum Glasziegelschacht, weine, flu-

che, schreie, lache. Wenn du was gesagt hast, macht nichts, keine Schuldgefühle, du kannst alles widerrufen, Aussagen unter Druck, keinen Anwalt, nichts gegessen, zu wenig Schlaf. Auch Unterschriften dürfen keine Macht haben über dich. Nichts unterschreiben ist besser, aber wenn es passiert ist, laß! Halte den Text, die Vereinbarung, nicht ein. Verarsch sie, sei nicht ehrlich zu ihnen. Es ist Krieg, du mußt dich retten. Einer kommt immer mal rein, Strakerjahn, ein Hauptmann, sagt dir nicht seinen Namen. Einer brüllt, ein anderer ist freundlich. Köhler pirscht sich an, der *operative* Köhler will dich nutzen, will eine *Sofortwerbung aus Gründen der Wiedergutmachung*, will dir Petr Uhl in Prag um die Ohren haun, Anna Šabatová. Du hast sie getroffen zusammen mit Renate. *Das ist Konterrevolution*, wird Köhler leise sagen, *aber wenn Sie mit uns, aber wenn du mit uns, aber wenn du mit mir, Matthias,* sagt Köhler, *reinen Tisch machst, dann gibt es keinen Haftbefehl. Dann, aber nur dann. Hat die Renate heute nicht Geburtstag? Ausgerechnet! So ein Zufall,* sagt Köhler. *Vielleicht ist das ein gutes Zeichen, vielleicht soll es dann so sein,* sagt Köhler. *Sie war auch immer gesprächsbereit. Bißchen stur schon, aber wer Christ ist … Es ist ein Dialog. Und was die Freunde im Westen machen, welche Dienste sich da reingehängt haben, muß keiner von euch wissen, vielleicht wissen die es selber nicht, schon möglich. Aber wir wissen es. Es geht um Gefahrenabwehr, nicht um Bespitzeln oder Anzinken,* sagt Köhler. *Und wenn der Auerbach eben objektiv kein Feind ist, wenn sich das durch gemeinsame Bemühungen als Ergebnis herausstellt, gut, dann ist das geklärt. Auch dazu können Sie beitragen oder hatten wir uns geduzt? Matthias, Matz? Du sagst gar nichts? Man war wohl vorhin etwas zu ruppig gewesen? Das ist eine Frage des Temperaments. Auch hier gibt es Frust. Wir wollen mal sehen, ich werde mit den vorgesetzten Genossen sprechen. Falls die Bereitschaft ehrlich vorliegt, uns bei unseren schwierigen Aufgaben zu helfen. Der Frieden in der Welt kommt nicht von alleine. Es gibt persönliche Härten, man kann auch irgendwo reingeraten oder rein-*

gezogen werden. Unmenschen sind wir nicht, falls eine Entwicklung sichtbar wird. Es gehört natürlich ein Beweis dazu, nicht bloß Absichtserklärungen. Sonst komme ich hier nicht durch mit einem Entlassungsvorschlag. Also: nach Bautzen oder in die Heimat. Das Besucherzimmer ist das Symbol. Wo warst du? In der 121, nehme ich an. Da ist die normale Tür zum Flur. Oder das vergitterte Fenster und die Holztür mit Gitter zum Hof. Da wartet dann die beschissene Zukunft. Sessel, Schrankwand oder Gitter und Pritsche, das ist die Entscheidung. Dahin oder dorthin, sagt Köhler. *Du willst doch hier raus, Matthias, der Blase ist schon längst zu Hause und trinkt Kaffee. Und du willst wohl den Märtyrer spielen,* sagt Köhler. Sagte Köhler. Könnte Köhler gesagt haben.

Hast du ihn wiedererkannt von sechsundsiebzig?

Vorsicht, Matthias, du bist übermüdet, angeknockt, sauer auf dich selbst, Vorsicht. Nicht verhandeln, nicht zuhören. Köhler spielt eine Platte ab, Knast ist besser, als der Freund von Köhler zu sein. Köhler ist kein Freund. Du wirst niemals der Freund von Köhler sein. Er redet. Er will dich haben. Er oder ein anderer. Köhler oder ein anderer von ihnen. Auf diese Tour oder auf eine andere. So, genau so oder so ungefähr. Er will dich brechen. Sag zu ihm: Ich will in die Zelle, den Haftbefehl her, macht euren Mist allein, ich habe das Recht auf Aussageverweigerung. Dann wirst du Köhler erleben. Dann wird Köhler einen Gesichtsausdruck haben. Dann wird er so, genau so oder so ungefähr aussehen wie alle von ihnen, dann ist der nette Verführerton weg. Wehre ihn ab. Sie sind dicht dran, sind sehr nahe. Sie greifen die Familien an. Lilos Mutter trieben sie in die Enge. Rolands Mutter wurde bestellt. «*Peter Paul*» sollst du heißen? Peter, Paul und Marie? Peter Paul Zahl? Schau dir ihre Fressen an. An der Wand das Honeckerbild, seine Brille, der harte Mund, der Häftling, der jetzt Knastdirektor spielt. Spiel nicht, Matthias, verzweifle nicht. Kannst du klopfen? Die Heizungsrohre tragen weit. Das Alphabet, A ist tak, ein Schlag, B tak tak, zwei. Bei Z brauchst du länger. Aber Z ist nicht so häufig, man kann abkürzen und andeuten. Du bist in einer Haftanstalt, vielleicht hören dich Gefangene im ersten, zweiten Stock. Versuch dich zu orientieren. Hier sind nicht nur Vernehmer. Schau aus dem Fenster, wenn du kannst. Suche die Lüftungsklappe. Wie spät wird es sein? Was ist hinter dem Gitter? Kundschafte das aus. Oder versuche zu schlafen, dich etwas auszuruhen. Die Angst, Matthias, wir alle kennen die Angst. Sie ist der kleine Freund, der durchdreht. Sie nervt und schwächt. Die Angst will es erzwingen. Aber sie kann nichts erzwingen. Sie kann dich niederzwingen, du wirst zum Heuler, zum Bettler, zum Opfer. Passen, atmen, beruhigen. Klopfe deinen Namen, versuch es, vielleicht hört dich jemand. Das Anfangssignal, der Lockruf, geht so: Tak, taktak, taktaktaktak. Das ist unser Rhythmus, unser Tanz, Matthias. Wie Radio London im zweiten Weltkieg, darauf stand die Todesstrafe. Bum bum bum b u m. Thomas Mann hat gesprochen, Orwell hat für die BBC gearbeitet, bevor er «1984» schrieb. Es sind nur noch drei Jahre. Kennst du Gedichte? Lieder? Blase ist noch da, sie lügen. Untersuche die Wände, findest du Einritzungen? Klopfen probieren! Wenn sie es dir verbieten, aufhören. Etwas später wieder beginnen. Orientieren, ablenken, einstecken lernen. Denk an die Armee, da wurde auch rumgeschrien, das juckte dann keinen mehr. Tricksen, abducken. Das Tempo raus, die Angst weg! Egal alle Unterschriften, egal alle Aussagen! Du hast dich belastet? Na und! Jeder macht Fehler. Niemand ist immer stark. Dann wirst du verurteilt, es gibt Öffentlichkeit, verlaß dich drauf. Du sitzt nicht so lange, wie sie sagen. Sie haben dich gedemütigt. Du bist nicht *«Peter Paul»*. Im Glas des Honeckerbildes spiegelt sich dein Gesicht. Lenk dich ab, heule, schreie, aber verminderte Lautstärke, hörbar schon, mit aller Kraft, aber mit dem Rücken zum Spion. Du bist der alte. Du bist keine neue Person. Frank Rub sollte

«*Klaus Koch*» heißen, seine Frau hat getobt, als sie mit Bohnen-kaffee ankamen: Eve. Sie haben einen Sinn für Stabreim: «*P.P.*» und «*K.K.*». Sing was, du hast Kraft, zerre an den Git-terstäben, mach Liegestütze, brüll den Wachhabenden an, widerrufe deine Erklärung oder laß sie ihnen, später, später: Da lügst du, zeigst ihnen, daß man nichts anfangen kann mit dir! Erzählst es Walter oder Renate am Telefon. Oder wurde die Unterschrift gefälscht und nachträglich zu den Akten gelegt? Wurdest du geschlagen? Haben sie dich rumgezerrt?

Antworte! Du mußt klopfen! Durch Wände kann keiner sehen!

Du bist hier nicht allein, denk an die anderen Häftlinge, denk an uns! Weit weg ist der Bahnhof nicht, den kennst du doch. Das war eine Lokomotive, hast du gehört? Weinen ist besser, dreh dich zur Wand, leg dich einfach hin, sollen sie to-ben. Sie haben dir wehgetan, weinen hilft, aber nicht vor ihnen. Havemann saß in der Todeszelle, war auch manchmal schwach, er hat es mir erzählt. Solschenizyn zehn Jahre im Gulag. Sie werden die Vernehmer befördern und mit Orden dekorieren wie Stolpe, Karrieren bauen wie bei Gysi und Schnur. Ein Westjournalist für den Beschwichtigungsartikel wird sich schon finden, *von nichts gewußt, das Gute gewollt, Menschen geholfen, alles nach Recht und Gesetz, wir waren ein Untersuchungsorgan wie VP und Zoll auch, keinen neuen kalten Krieg* ... Peißker, Köhler und Seidel wurden befragt, «keine Anhaltspunkte für ein Fehlver-halten»? Sie werden lügen und lächeln, dein Vater wird ihnen vielleicht glauben oder sich unterwerfen. Es kommt auf dich an, Matthias, du mußt das hier überstehen, du hast Freunde, ich bin kein Zellenspitzel, wir haben uns doch gesehen bei Lesungen in Jena, du weißt doch, wer ich bin, mußt nicht mißtrauisch sein. Wir sind recht viele, vergiß das nicht.

Antworte! Bitte!

Hämmere an die Heizungsrohre, mach dich bemerkbar!

Wenn's sein muß, werde laut. Nimm den verdammten blauen Sessel, zerschlag ihn an der Wand, was ist los? Hast du Köhler erkannt? Die Frauenschreie im Nebenraum, nachts, sechsundsiebzig? Renate war aber schon entlassen worden ... Ein Tonband?

Matthias!

Was haben sie mit dir gemacht? Schläfst du?

Haben sie dich verlegt? Gehst du auf Transport?

Haben sie getrickst, haben sie gesagt, es geht heimwärts, hier der Ausweis, anschließend Handschellen und ab? Haben sie gespielt? Oder bist du schon in Jena, läufst am Holzmarkt rum? Jetzt muß Dezember 89 sein, jetzt, nicht später, sofort müssen wir dich rausholen, jetzt sofort! Und ohne Vergebung, Matthias, du Freund, du Häftling im Besucherzimmer 121.

Oder im Vernehmerzimmer 523.

Oder in einer Zelle.

Oder irgendwo

sonst,

du

kannst ihnen vergeben, niemand sonst, Matthias, wir können ihnen nicht vergeben, verstehst du?

Antworte!

Warum antwortest du nicht

KEIN PUNKT und kein Fragezeichen. Diese Frage bleibt offen.

Seit dem sechsten Januar neunzehnhundertneunzig versuchten Mitglieder des Bürgerkomitees Gera, die Auflösung der Stasi zu kontrollieren. Es handelte sich formal um eine «Selbstauflösung».

Am siebten Februar wurde die Todesakte Matthias Domaschk, zusammen mit anderen Akten, vom Leiter der *MfS-Archivabteilung XII der BV*, Major Albert, an die DDR-Staatsanwältin Birgit Wolf übergeben. Als Grund wurde auf dem

Übergabeprotokoll von Frau Wolf angegeben: *Bürgerbeschwerde*. Auf diesem Weg verließen viele Stasi-Akten das besetzte MfS-Archiv.

Renate Ellmenreich, die Mutter von Domaschks Tochter Julia, erstattete am dreizehnten September neunzehnhundertneunzig Anzeige gegen Unbekannt wegen des Verdachts der Tötung und zur Klärung der Todesumstände. Nach mehrmaliger Mahnung antwortete Staatsanwältin Wolf am fünfzehnten Januar einundneunzig dem Rechtsanwalt der Betroffenen, «daß sich die Ermittlungen äußerst schwierig und umfangreich gestalten.» Im Februar desselben Jahres wurde Frau Wolf von ihrer Funktion entbunden und Staatsanwalt Schmengler aus Koblenz übernahm den Fall. In Fernsehbeiträgen wurden beteiligte MfS-Mitarbeiter und Spitzel befragt, die Versionen, die sie gaben, widersprachen sich oder wichen stark voneinander ab.

Am achten September neunzehnhundertvierundneunzig wird das Verfahren eingestellt. Staatsanwalt Kern aus Erfurt begründet den Einstellungsbescheid in siebzehn Punkten, die «insbesondere auf der Einsichtnahme in die Altakte (Vorgang AP 1097/81) sowie auf der Vernehmung einer Vielzahl von Zeugen und der Einholung verschiedener Gutachten» beruhen. Er zeigt Verständnis für die «nicht widerlegbaren und nachvollziehbaren Angaben der Zeugen, insbesondere der Vernehmer».

Insbesondere.

Insbesondere der.

Insbesondere der Vernehmer.

Insbesondere erinnert an etwas.

Insbesondere der Vernehmer erinnert an etwas.

Insbesondere aber auch jenen.

Insbesondere aber auch.

Insbesondere aber.

Insbesondere.

Verschiedenen Hinweisen über nachträglich aufgefundenes Material und weitere beteiligte Personen wird nicht nachgegangen. Renate Ellmenreich beschwert sich am einundzwanzigsten September neunzehnhundertvierundneunzig über den Einstellungsbescheid und zeigt in zweiundvierzig Anmerkungen Fehler und Mängel im Ermittlungsergebnis auf.

Herr Möller, leitender Oberstaatsanwalt der Thüringer Generalstaatsanwaltschaft, wird mit Schreiben vom neunzehnten Januar neunzehnhundertfünfundneunzig die Beschwerde verwerfen: «Ein näheres Eingehen auf die insgesamt 42 Anmerkungen ist entbehrlich», wird er schreiben.

Am einundzwanzigsten März fünfundneunzig reicht Renate Ellmenreich eine förmliche Dienstaufsichtsbeschwerde gegen die Generalstaatsanwaltschaft beim Justizministerium des Landes Thüringen ein.

Der Eingang wird am siebenten April neunzehnhundertfünfundneunzig bestätigt und im November wird eine Einsicht in die inzwischen entstandenen Akten abgelehnt mit dem Hinweis, daß die eingegangene Beschwerde vor Ende neunzehnhundertfünfundneunzig nicht geprüft werden muß.

Diese selbstherrliche Sprache kommt auf uns zu ... Ein näheres Eingehen auf die insgesamt zweiundvierzig Anmerkungen ist entbehrlich, wird Herr Möller schreiben, seiner Funktion nach leitender Oberstaatsanwalt der Thüringer Generalstaatsanwaltschaft.

Jetzt wäre noch die Frage, was das für «42 Anmerkungen» sind. Hinweise auf Widersprüche und Ermittlungslücken? Wer ermittelt denn in Gera und Erfurt? Etwa die Jungs von der *K I*, die in den neuen Staatsdienst übernommen wurden? Die Kripo-Abteilung der Stasi?

Am zwölften April neunzehnhunderteinundachtzig um zwölf Uhr dreißig wurde, laut *Ereignisprotokoll* des *MfS*, Oberleutnant Horst Köhler aus Jena hinzugezogen, um Matthias

Domaschk als *IM anzuwerben*. Neunzig Minuten sind die beiden, laut Protokoll, allein.

Gegen 14.15 Uhr stellte der Wachhabende der Abt. XIV in der Bezirkshaftanstalt der Bezirksverwaltung Gera im Besucherzimmer (Raum Nr. 121) den Domaschk, Matthias stranguliert mittels seines zusammengedrehten Oberhemdes am unterhalb der Zimmerdecke verlaufenden Heizungsrohr hängend fest.

Dieser Satz steht in der Akte *AP 1097/81* auf Seite vierundneunzig. Einen Tag später bestätigt der *Stellvertreter Operativ, Oberst Weigelt*, eine *Konzeption*, in der es heißt:

Erarbeitung einer einheitlichen Argumentation zum Vorkommnis.

Und in der Akte *AOV 449/84* ist auf Seite einhundertzweiundfünfzig zu lesen: *Durch über verschiedene Ebenen bis zur Thüringer Kirchenleitung gesteuerte Informationen konnte inzwischen die Entwicklung in unserem Sinne positiv beeinflußt werden, alle verantwortlichen Mitarbeiter ... akzeptieren die offizielle Darstellung des Suicid des Domaschk.*

Darum werde ich keinen Punkt und kein Fragezeichen setzen. Ich werde *die offizielle Darstellung* nicht akzeptieren.

WAS IST WIRKLICH PASSIERT an diesem zwölften April neunzehnhunderteinundachtzig? Warum das heute noch so wichtig ist, werde ich gefragt, gelangweilte Blicke gibt es und ahnungslose, abwinkende Gesten: das wird man nur überblättern, beim besten Willen ...

Bei welchem besten Willen denn? Stammheim wurde untersucht. Andere Tötungsfälle minutiös rekapituliert ... Und Gera? Und die vielen anderen Politknäste, Jugendwerkhöfe, Kinderheime und geschlossenen Anstalten? Wie viele steckten drin in diesem kleinen deutschen Stall mit den bekannten drei Großbuchstaben ... Und rund um die Welt, in zugeriegelten, hoffnungslosen Räumen ... Euch frage ich, für euch schreibe ich. Für dich, Matthias Domaschk, für dich politischen Häftling. Und für deine Tochter Julia. Und für Renate.

«Wahrscheinlich», schreibt Schädlich, «werden sich viele brave Eingeborene erschrecken ... ihre hilflose oder boshafte Reaktion äußert sich dann in der Forderung nach Akten-Objektivität, nach kühlem Untersuchungston etc. ...»

DAS KOMPLIZIERTE, der Papier- und Datenwust, nimmt zu. Juristische Schreiben, die keiner versteht, die aber wichtig sind, spreizen sich.

Wie elegant schlendert die Bundesrepublik vorbei.

Aber auch das ist falsch.

Jürgen Manthey, den Lyrik-Herausgeber, sehe ich noch stehen mit seinem blassen Gesicht und dem Bärtchen, als er schnöde zurückgewiesen wurde an der Grenze, ich glaube, er wollte nach Dresden. Dann kann ich aufhören, sagte er, wenn ich meine Autoren nicht mehr besuchen kann, ist Feierabend ...

An seinem Gesicht war abzulesen, was für einen schweren Stand er nach dieser Entscheidung bei Rowohlt haben würde ... Ein paar Wochen vorher hatten wir in meiner Wohnung am Tempelhofer Damm gesessen, Biermann war noch gekommen, hatte «zufällig» seine Gitarre dabei ... ein schöner Abend.

In den Akten? MANTHEY, Jürgen, *Verbindungsperson*, peinlich erwähnt in staatsfeindlicher Nähe ...

Freimut Duve wollte zu Havemann, hatte einen Blumenstrauß dabei, sie sperrten ihn in ein Räumchen unter die Friedrichstraße. Er klopfte, hämmerte:«Machen Sie diesen Raum nicht zur Zelle, ich bin Abgeordneter des Deutschen Bundestages, hier ist mein Ausweis!» Herausgeber der rororo-aktuell-Reihe, ein mutiger Mann, viele Grenzen hatte er kennengelernt in Südamerika und Nordafrika, Waldorfschüler, Sozialdemokrat, Menschenrechtler, da hämmerte und klopfte er unter der

Friedrichstraße, wollte raus, kam nicht rein ins gelobte Land, rief mich danach an, war sympathisch aufgeregt, verfluchte die Stasi. Willy Brandt kam im Bundestag demonstrativ auf ihn zu, gab ihm die Hand, dpa hatte den Vorfall gemeldet.

Fanden Erziehungsprozesse statt? Wollte die Stasi einen *Differenzierungsprozeß* in Gang setzen, die einen entmutigen, beschädigen, *dämpfen?* Und die *realistisch denkenden Kräfte* stärken?

Keine Zurückweisung dieser Art war zufällig. Da wurde lange beraten und getüftelt, Akten entstanden, *Operative Personenkontrollen*, Gutachten wurden angefertigt. *Andere Diensteinheiten*, die sich mit dem *Operationsgebiet* beschäftigten, dem Westen, wurden zu Rate gezogen ... Es gab einen Blick für Feinheiten und Delikatesse im Einzelfall ...

Und heute?

Kein Thema? Das Gezerre sein lassen? Weil es unappetitlich ist, vergangen, kalter Kaffee, kalter Krieg, egal was der Schädlich säuselt in seinen Faxen ... Ökonomie zählt, Rente, Steuer, Euro ... Menschenrechte? Ja doch! Kultur? Natürlich! Querdenker brauchen wir! Die was riskieren, was unternehmen ...

Bloß was.

Noch Wünsche?

Ja! Wenn überhaupt, werden objektive Analysen gebraucht, Dokumente, zuverlässige, geprüfte Informationen aus sauberen Quellen. Was sollen denn Mischungen und Montagen?

Gute Frage, kleine Geschichte. Havemann hatte einen Hund Rolli, eine «Promenadenmischung». Der Hundezüchter, wachsam-freundliche *IM* und Nachbar von gegenüber in Grünheide auf der Burgwallstraße lehnte eines Abends am Gartenzaun und verkündete in einen warmen Sommerabend hinein, daß es *so etwas eigentlich lieber gar nicht geben dürfte*. Er sah mit einem bestimmten Blick auf den Hund Rolli. Havemann lacht kurz auf, winkte ab und ging ins Haus. Und der Hund? Folgte ihm. Und der Nachbar? Sah ihnen nach. Und die Berichte? Schrieb er. Und die Reue? Ist ein Film von Abuladse. Sie feixen, giften, streiten ab oder schweigen goldig. So ein Goldjunge, ein Hundezüchter, lehnte am Zaun.

Der Goldjunge heute: Und der Robert, was war denn der Robert? Was war denn mit ihm? Was habe ich gehört? Stimmt das, hallo, ihr da drüben in der berühmten Hausnummer vier, stimmt das? Hat er es euch erzählt? Das mit den Freunden, das mit dem Decknamen «Leitz»? Hallo, Frau Havemann, hallo, Katja!

NOCH EINE ZWISCHENFRAGE: Hat denn während der gesamten Zeit in der Behörde niemand geholfen, gab es denn keinerlei Unterstützung, waren alles ehemalige Offiziere, Mitläufer und höhere Chargen aus dem alten kommunistischen Staatsapparat?

Antwort, leicht schuldbewußt: Mir wurde geholfen, es gab Unterstützung, nicht alle waren ehemalige Offiziere, Mitläufer und höhere Chargen aus dem alten kommunistischen Staatsapparat, ich danke Frau Freuden ...

Keine Namen! Das Personifizieren bringt gar nichts. Wir haben uns ehrlich bemüht, das war auch ein Stück Wiedergutmachung, das kann doch nicht übersehen werden ... Das ehrliche Bemühen, auch von der Behördenleitung persönlich, aus Diktaturbewohnern Demokraten zu entwickeln, bei allen Schwierigkeiten und Fehlern, das kann doch nicht einfach übersehen werden! Da wäre man schon enttäuscht nach all den Jahren! Es gibt leider, wohlbemerkt, l e i d e r, der Tendenz nach anschuldigende Reden über diese Behörde und ihre dreitausend Mitarbeiter.

Im übrigen war nicht jeder ein Fundamentaloppositioneller, das muß auch einmal festgestellt werden. Außerdem gibt es zahlreiche Adressen von Therapeuten in der Stadt, falls jemand immer wieder alte und neue Seilschaften erblickt. Die Analyse von Zersetzungsmethoden des ehemaligen Staatssicherheitsdienstes der ehemaligen Deutschen Demokratischen Republik benötigen Ruhe, Sachlichkeit, Fachkompetenz und vor allem unaufgeregte, souveräne Distanz, eventuelle Kritik muß die konkreten Punkte benennen und keine pauschalen Wertungen enthalten, die dem Rechtsstaat und dem Anliegen des Jahres neunzehnhundertneunundachtzig abträglich sind, abträglich sind, und nur den Ewiggestrigen nützen! Nennen Sie endlich Roß und Reiter!

Hüh! Raus aus dem Handtuchzimmer! Rein in die nächste Runde, es gibt ungeduldige Fragen, ein Galopp deutet sich an, die Jahre flitzen, das Universum beginnt zurückzuschlagen, was ist denn nun? Kommen Sie endlich mal zu Potte, es gibt doch ausführliche Begründungen, zum «Az 91-05034 cs» gehört die «Geschäfts-Nr. 570 UJs 12133/93» der Staatsanwaltschaft Erfurt vom 8. September 1994 !

Eine ruft zweiundvierzigmal dazwischen.

« DAS TODESERMITTLUNGSVERFAHREN zum Nachteil des Belüftungsschlossers Matthias Domaschk – Strafanzeige der Frau Julia Ellmenreich in Frankfurt a. M. vom 13. 9. 1990, vertreten durch ihre Mutter Renate Ellmenreich – wird eingestellt (§ 170 Abs. II StPO).

Die nachfolgenden Feststellungen beruhen auf der Einsichtnahme in die Altakte (Vorgang des MfS, Allg. P. 1079/81) sowie die Vernehmung einer Vielzahl von Zeugen und die Einholung verschiedener Gutachten. Danach stellt sich der Sachverhalt wie folgt dar:

I. Anfang der 70er Jahre bildet sich in Jena eine Opposition, die Staat und Gesellschaft der ehemaligen DDR kritisch gegenüberstand; Jena war in den darauffolgenden Jahren bis zum Ende der DDR ein ständiger Unruheherd.» Erster Zwischenruf: Eine DDR-kritische politische Opposition in Jena «bildete» sich nicht erst Anfang der 70er Jahre. Auch in den 50er und 60er Jahren war Jena ein Zentrum des politisch-oppositionellen Verhaltens in der DDR. Wir standen nicht allein, sondern in einer Tradition. Die Verwendung des Wortes «Unruheherd» für eine sehr lebendige Stadt läßt vermuten, daß der Benutzer dem MfS und seiner Wertung der Realität folgt.

und Donnerstag abend Uni-Filmclub im Capitol / erinnerst du dich an die Wajda-Filme, Renate? / und an diesen georgischen, «Setzlinge» / wie das klingt: Todesermittlungsverfahren zum Nachteil des Belüftungsschlossers / zum Nachteil / und wer hat den Vorteil? / diese Sprache ist schrecklich

«Ebenso kritisch eingestellt waren Mitglieder der Jungen Gemeinde Jena-Mitte, einer Gruppierung innerhalb der evangelischen Kirche.» Zweiter Zwischenruf: In jeder evangelischen Kirchengemeinde in der DDR war die Jugend in einer «Jungen Gemeinde» (JG) organisiert. Seit dem – später zurückgenommenen – Verbot der Jungen Gemeinden 1953 durch die SED, waren diese fast ausnahmslos Beobachtungsobjekt des MfS.

im ersten Studienjahr bin ich mal in der JG vorbeigegangen / ein Vierpfundbrot lag auf einem flachen Tischchen in der Mitte des Raumes / man konnte einfach was abschneiden / das gefiel mir / Thomas Auerbach war da, ich wußte damals nicht seinen Namen / Sechsundsiebzig hab ich dort drei Prosatexte gelesen / die Stasi vor dem Haus / dann die Lesung in der Wohnung Am Rähmen 3 / Matthias war dabei und dreißig, vierzig andere

«Aus diesem Grund wurde die Junge Gemeinde Jena-Mitte von Mitarbeitern des Ministeriums für Staatssicherheit (MfS) der ehemaligen DDR beobachtet und mehrere Mitglieder operativ bearbeitet. Der Belüftungsschlosser Matthias Domaschk, geboren am 12. Juni 1957, gestorben am 12. April 1981, war Mitglied der Jungen Gemeinde Jena-Mitte, ohne jedoch innerhalb der Gemeinde eine führende Rolle zu spielen. Insbesondere trat er nicht als Initiator von Aktionen, die gegen die Verhältnisse in der ehemaligen DDR gerichtet waren, in Erscheinung. Die Beobachtungen des MfS konzentrierten sich namentlich auf andere, leitende Mitglieder der Jungen Gemeinde, von denen eher die Initiative zu Aktionen und Störungen vermutet wurden. Eines dieser Mitglieder war der Zeuge Peter Rösch. Zur Absicherung des am 11. April 1981 in Ost-Berlin stattfindenden X. Parteitages der SED, des XI. Parlaments der FDJ und der Volkskammerwahlen wurde vom MfS die Aktion ‹Kampfkurs X› durchgeführt.» D r i t t e r Zwischenruf: Der X. Parteitag der SED fand vom 8.–12. 4. 81 statt.

JG war eine gute Adresse / auch die ESG in der Ebertstraße / ab 1942 gab es in dieser Straße ein «Judenhaus» / den steilen Berg hoch / Spitzel hin oder her, sie waren dabei, konnten uns aber das gute Gefühl nicht nehmen / es gab noch eine andere Welt / nicht nur diese Parolen, Losungen und Parteitage / der VIII. war seltsamerweise eine Hoffnung / sollte, mußte eine sein / immer hofften wir, daß sich was ändert, wie Kinder / es war ein starkes Gefühl / ausgerechnet Honecker ein Hoffnungsträger! / er hatte dreiundfünfzig gegen die Jungen Gemeinden gehetzt / sie sollten *liquidiert* werden / es gab Rundschreiben der FDJ / ich kannte einen von der Engen Gasse / er trug das Zeichen der Jungen Gemeinde an der Jacke / ein kleines Kreuz, unten ein halber Kreis / Brille / die Haare glatt nach hinten gekämmt / weigerte sich / es abzumachen / ging

wohl später weg / Berlin war noch offen / mit einem Ranzen
ging ich zur Altstadtschule, Blumengasse, rechts die Enge
Gasse / sehr steil / im Winter war immer gestreut / man konnte
nicht Schlitten fahren / da kam er den Berg herunter schnellen Schrittes / die Haare rötlich / drei, vier Jahre älter / er sah
«anständig» aus, prügelte sich wahrscheinlich nie / war dann
verschwunden

«Ziel der Aktion war es, jede feindselige Aktion oder Störung
der Veranstaltungen bereits im Vorfeld zu erkennen und wirksam zu verhindern.» Vierter Zwischenruf: Das Verwenden
dieser MfS-Begrifflichkeit ohne Anführungszeichen unterschlägt, daß zur Erreichung dieses Zieles Menschen zerstört
wurden.

in den Bergen des Saaletals gibt es schöne schmale Wege / man
kann die Dreckwolke sehen unten im Tal über den Schorn-
steinen / das Fußballstadion / die Flutlichtanlage / den
häßlichen hohen Turm / die Fensterchen / wir haben viel gelacht / einmal kam eine Medizinstudentin, Lisa, glaube ich,
vom Neutor, und brachte ein Rotbuch mit / Dokumente
über die Streiks in Polen Anfang der siebziger Jahre / und
Miklos Haraszti, «Stücklohn» / ich lernte ihn später in
Westberlin kennen / er kam mit einem Trabi aus Budapest,
durfte reisen / ich konnte ihn gut leiden / auch seine Frau
Wera, ihr Baby, gerade in England geboren, hatte die englische
Staatsbürgerschaft: beide lachten wie erfahrene Flüchtlinge
/ ihr könnt zurück, sagte ich

«Am 10. März 1981 berichtete der IMS (Inoffizielle Mitarbeiter
zur politisch-operativen Durchdringung und Sicherung des
Verantwortungsbereiches) Klaus Steiner, dessen Aufgabe die
Beobachtung der Jungen Gemeinde Jena-Mitte, insbesondere
des Zeugen Siegfried Reiprich, war, seinem Führungsoffizier

Mähler unter anderem, er habe bei Renovierungsarbeiten in der Wohnung des Zeugen Reiprich eine Person mit dem Spitznamen ‹Matz› (Matthias Domaschk) kennengelernt.» Fünfter Zwischenruf: «Klaus Steiner» ist ein Deckname und gehört als solcher gekennzeichnet. Seine Aufgabe war nicht die Beobachtung der JG, zu der auch Siegfried Reiprich nicht gehörte.

einmal kam ein ganz Junger mit schwarzen, kurzen Haaren / sie hatten ihn im Jugendknast angeworben / dann machte er einen Rückzieher, schrieb einen tollen Brief an die Stasi, der jetzt, bei der Akteneinsicht, zutage kam / in der Lutherstraße drückte er sich herum / kam auch oft bei mir an / hatte Thomas Auerbach und Walter Schilling, dem Pfarrer aus Braunsdorf, davon erzählt / konnte man ihm glauben? / Thomas Kretschmer, so hieß er, wurde später erneut inhaftiert, saß Jahre als «staatsfeindlicher Hetzer» / die Kirche distanzierte sich / er wurde nie mehr Spitzel, überstand auch die schwere Haft / in Jena, da war er sechzehn, zweifelten wir / er hatte ein hartes, hübsches Gesicht / sehr jung, etwas hinter sich, etwas vor sich / allein / auf dem Sprung / er ging in die JG / kannte Matz und Renate / Schilling und Auerbach vertrauten ihm / und Gott

«Bei den Arbeiten sei es manchmal auch zu politischen Gesprächen gekommen, bei denen – so der Bericht – der Geschädigte Domaschk die Meinung vertreten habe, daß terroristische Handlungen wie die der ‹Roten Brigaden› der ‹einzigste Lösungsweg› in der Gesellschaft zur Beseitigung der herrschenden Mißstände sei. Wörtlich habe Domaschk geäußert: ‹Wenn ich die Möglichkeit hätte, eine solche Gruppe aufzumachen, würde ich es tun.› IMS Steiner äußerte weiter die Vermutung, daß Domaschk einer Gruppe mit DDR-feindlicher Zielsetzung angehörte. Am 7. April 1981 arbeitete der Zeuge Mähler eine ‹Auftrags-/Verhaltenslinie› für den IMS Steiner aus mit dem Ziel,

‹den im letzten Bericht genannten Domaschk umfassend aufzuklären und über den Zeitraum gesellschaftlicher Höhepunkte
inoffiziell abzusichern.› Die konkrete Erörterung dieses Auftra-
ges mit dem IMS Steiner erfolgte am 10. April 81. Zu einer weiteren Kontaktaufnahme des IMS Steiner mit Domaschk kam es
indes nicht mehr.» Sechster Zwischenruf: Der IMS «Klaus
Steiner», der nach mehrmaligem Namenswechsel Thomas R.
heißt, erklärt heute, daß er Matthias Domaschk nicht kannte
und auch nicht einen solchen Bericht gegeben habe. Er vermute, daß sein Führungsoffizier Mähler sich das ausgedacht
habe. Mähler wiederum behauptet, den «Bericht» von «Steiner» so empfangen zu haben, bestreitet aber die Erteilung der
Verhaltenslinie an «Steiner», da Matthias Domaschk nicht von
ihm, sondern seit 1976 von einem seiner Kollegen, nämlich
Köhler, Horst bearbeitet worden sei. Beide, Mähler und «Steiner», sind zu einer Gegenüberstellung bereit. Bemerkenswert
ist, daß dieser Bericht – falls er echt ist – in dem Befragungspro-
tokoll von Matthias Domaschk – falls es echt ist – überhaupt
nicht vorkommt.

Utz Rachowski sollte ein Flugblatt schreiben / er studierte in
Leipzig Medizin / einer kam aufgeregt an, den er nur flüchtig
kannte / fluchte auf den Staat / werft ne Handgranate in ihren
Palast der Republik / «Palatzo di Protzo», wie der Biermann
sagt / schreib was, rief er / laß uns ne Aktion machen / Utz
lehnte ab / es war ein Provokateur / sie wollten immer gern,
daß wir Waffenlager anlegen / da wäre dann alles leicht
gewesen: Terroristen sind das, Verbrecher / auch amnesty
adoptiert nur gewaltfreie Häftlinge

«Durch operative Kontrollmaßnahmen wurde am Freitag, dem
10. April 1981, bekannt, daß Peter Rösch sowie weitere, zu diesem Zeitpunkt namentlich nicht bekannte Personen, unter denen Matthias Domaschk vermutet wurde, in Gera um 18.19 Uhr

in einen D-Zug in Richtung Leipzig / Berlin eingestiegen waren. Die KD Jena bildete umgehend einen Einsatzstab, der die Aufgabe hatte, diese Personen festzustellen und alles zu unternehmen, um eine Ankunft der gesuchten Personen in Berlin zu verhindern, da Störungen der Veranstaltungen in Berlin erwartet wurden. Was die Mitarbeiter der Staatssicherheit zu diesem Zeitpunkt nicht wußten, was jedoch die Vernehmungen von Domaschk und Rösch durch das MfS in Gera später erbrachten, war, daß beide zufälligerweise an diesem Wochenende eine Geburtstagsfeier besuchen wollten. Noch am gleichen Tag wurden die Gesuchten, der Zeuge und der Geschädigte Domaschk sowie die Zeuginnen Harder und Göbel, gegen 21.00 Uhr in Jüterbog von der Transportpolizei ‹festgestellt, durchsucht und zugeführt›. Mitarbeiter des MfS Jüterbog befragten erstmals die Festgenommenen zwischen 00.00 und 3.30 Uhr in einem Raum der Transportpolizei im Bahnhof.» Siebenter Zwischenruf: Der Lagefilm und der nachträglich vom MfS erstellte «zeitliche Ablauf» der folgenden Ereignisse, die ständigen zeitlichen Verzögerungen sowie das Kompetenzgerangel um den Zuführungsort sind hier offenbar überhaupt nicht ausgewertet worden.

vom Holzmarkt fährt die Straßenbahn nach Jena-Zwätzen / es gibt den Westbahnhof / den Paradiesbahnhof / den Saalbahnhof / vom Westbahnhof fuhr ich nach Weimar, Erfurt oder Gotha / vom Paradies nach Saalfeld, zur Familie der Schwester / vom Saalbahnhof nach Leipzig und Berlin / der Saalbahnhof roch nach Urin / das Paradies nach Fabrik, dicken Heizungsrohren und Maxhütte / der Westbahnhof nach Kindheit / Heimat und Jenapharm / überall waren glänzende Schienen / wir sagten: Hier fuhren die Güterwagen vorbei / Buchenwald mußte nicht erwähnt werden / Sempruns «große Reise» hatte ich gelesen / Güterwagen reichte aus / zurücktreten von der Bahnsteigkante! / etwas Nahes, Trauriges, Böses war vorhanden /

Unberechenbares / was wird mit uns? / diese Schienen sehen
haltbar aus / mach mit oder krepier / dazwischen sind Bahn-
steige, Unterführungen / Auswege? / über die Landstraßen,
sagte einmal Frank Rub / ich verstecke mich in Wäldern / wir
wohnten in Jena / ich fühlte mich sicher, sagte Lilo, warum? weiß
nicht / dann erst die Angst, als die Bewachung anfing, die Um-
zingelung / und der Hausarrest von Robert / Katja und mich behandelten sie ja ähnlich / das war schrecklich / hätte ich mir
niemals vorgestellt / ich als Schülerin, im Chor, in der FDJ

«Gegen 14.00 Uhr des gleichen Tages wurden sie an das VPKA
Jüterbog überstellt. Nach weiteren Ermittlungen wurde festge-
legt, daß die vier zugeführten Personen durch die Volkspolizei
nach Gera rückgeführt werden sollen. Am Morgen des 11. April
1981 (Samstag) gegen 8.00 Uhr fuhr ein Kraftfahrzeug der Be-
zirksbehörde der Deutschen Volkspolizei von Gera nach Jüterbog, um die zugeführten Personen zurückzuholen. Das Kraftfahrzeug blieb jedoch mit Motorenschaden liegen, so daß ein
Ersatzfahrzeug um 15.30 Uhr von Gera losfahren mußte. Zwischen 19.30 Uhr und 19.50 Uhr erfolgte die Rückfahrt von Jüterbog nach Gera, wo die vier Festgenommenen zwischen 22.00
und 23.00 Uhr ankamen. Nach ihrer Rückführung wurden sie in
den Räumen der Untersuchungshaftanstalt des MfS in Gera
von verschiedenen Mitarbeitern des MfS vernommen, wobei
der Zeuge Peißker die Vernehmung des Domaschk und der
Zeuge Seidel die Vernehmung des Zeugen Rösch leitete. Die
Vernehmungszeiten von Domaschk sind auf dem Vernehmungsprotokoll vom 11. April mit 23.05 Uhr bis 12. April 3.00
Uhr, 3.30 Uhr bis 6.00 Uhr und 6.30 Uhr bis 12.15 Uhr angegeben. Domaschk konnte – ebenso wie den anderen Personen –
keine beabsichtigte, gegen die Durchführung des X. Parteitages
der SED gerichtete Straftat nachgewiesen werden, weshalb zunächst die Zeuginnen Harder und Göbel entlassen wurden.

Später sollten Domaschk und Rösch nach Jena zurückgefahren werden. Da Domaschk bei seinen Vernehmungen operativ verwertbare Angaben gemacht und detailliert über die Junge Gemeinde und über Thomas Auerbach, einen in die Bundesrepublik übergesiedelten Dissidenten aus Jena, berichtet hatte, bot es sich nach Angaben des Zeugen Strakerjahn an, Domaschk für eine Mitarbeit bei dem MfS zu werben.» Achter Zwischenruf: Ich kann mir nicht vorstellen, was der Staatsanwalt hier unter «operativ verwertbaren Angaben» versteht. Ich muß aber betonen, daß in der vorliegenden Niederschrift des Vernehmungsprotokolls nicht eine einzige Aussage oder Information enthalten ist, die dem MfS zuvor unbekannt gewesen wäre. So ist z. B. überhaupt nicht nachvollziehbar, warum Matthias Domaschk ohne äußeren Druck die Reise nach Prag von sich aus angegeben haben soll, vier Jahre danach. Wir sind immer davon ausgegangen, daß diese Reise geheim geblieben ist, weil die wenigen Eingeweihten nicht dazu vernommen worden waren. Auch ich wurde in mehreren Verhören durch das MfS, die ich bis 1980 noch hatte, nicht ein Mal auf diese Reise und andere Zusammenarbeit mit der Charta 77 angesprochen. Dabei war dem MfS schon 1977 jede Einzelheit der Reise durch einen eingeschleusten Spitzel bekannt geworden, wie ich jetzt aus meiner Stasi-Akte weiß. Ich wiederhole: Eine solche Selbstbezichtigung durch Matthias Domaschk, die ihm als Strafmaß immerhin bis zu 12 Jahre Haft hätte einbringen können, ist absolut nicht nachvollziehbar. Dagegen scheint es vielmehr wahrscheinlich, daß solcherart Aussagen in einem Protokoll festgehalten wurden, weil man glaubte, damit die Legende: Straftat – Werbung unter Druck (Wiedergutmachung) – schlechtes Gewissen – Suizid untermauern zu können.

am Anfang ist der Druck sehr mächtig, weil das Schockerlebnis der Inhaftierung verarbeitet werden muß / am Anfang fallen fast alle Würfel / in den ersten drei Minuten / den ersten drei Stunden / den ersten drei Tagen / den ersten drei Wochen / Sie werden *Vorhaltungen* gemacht haben / echte oder behauptete Aussagen von anderen / es ging um das *Offizialisieren*, unterschriebene Protokolle wollten sie haben / Geständnisse / wie die zustande kamen, das ist der Punkt / da gab es «Spielräume» und Methoden

«Domaschk wurde von den Zeugen Strakerjahn und Peißker entsprechend befragt und willigte nach deren Angaben in die Zusammenarbeit ein. Danach verließen die Zeugen das Vernehmungszimmer.» Neunter Zwischenruf: Wann? Die genaue Uhrzeit wird in mehreren Dokumenten und Aussagen sehr unterschiedlich angegeben.

zuerst nehmen sie den Ausweis ab / das Geld / die Uhr / es gibt eine genaue Zeit für das, was geschehen ist / Köhler und die anderen werden sie wissen / Matthias konnte nicht mehr auf die Uhr sehen / Köhler verkauft heute Immobilien / er sagt, ich war Offizier, Ausbilder / er ist zugänglich und verträglich / der Vater eines Kindes, das mit Daniel auf dem Spielplatz rutscht und buddelt, erkannte ihn im Fernsehen / in einem Beitrag von «Kontraste» / der nette Kollege vom Ku-Damm

«Nach Überprüfung der operativen Nutzbarkeit besprach der Zeuge Köhler (KD Jena) in dem Vernehmungszimmer mit Domaschk die Einzelheiten der Zusammenarbeit. Dieser schrieb anschließend im Beisein des Zeugen Köhler eine Verpflichtungserklärung zur Zusammenarbeit mit dem MfS.» Zehnter Zwischenruf: Die Zumutung dieses Satzes ist eine Anzeige gegen die Staatsanwaltschaft wegen Beleidigung, übler Nachrede und Herabwürdigens des Ansehens Verstorbener wert.

vielleicht schrieb er eine solche Erklärung / vielleicht wurde sie gefälscht / vielleicht schrieb er sie und widerrief dann / viel-

leicht wurde psychische und physische Gewalt angewendet / ein
«Durchdrehen» provoziert, anschließend kam das Rollkom-
mando in die Zelle / oder ein Prügler / vielleicht wollte er nicht
mehr leben / als IM jedenfalls schlich er nicht durch Jena /
Matthias Domaschk nicht

«Gegen 13.30 Uhr teilte der Zeuge Peißker Domaschk mit, daß
er anschließend, sobald ein PKW aus Jena eingetroffen sei,
dorthin gebracht werde und er sich so lange im Besucherzimmer (Raum 121) aufhalten soll. In dieses Zimmer wurde Domaschk von dem Zeugen geführt.» Elfter Zwischenruf: Schaller gab an, daß er um 13.45 Uhr Matthias Domaschk auf Weisung von Strakerjahn in den Raum 121 brachte.

ist schon lange her / können uns nicht mehr so genau erinnern /
es gab noch andere Häftlinge und Begebenheiten, sagen die
Zeugen bemüht und sachlich / bestimmt «sachlich»! / Wie das
klingt: Der Zeuge Peißker / der Zeuge Seidel / der Zeuge
Schaller / der Zeuge Strakerjahn / der Zeuge Köhler: Zeugen
des Jahrhunderts

«Zur gleichen Zeit hielt sich der Zeuge Rösch im Staatsan-
waltszimmer (Raum 119) auf. Gegen 13.50 Uhr reichte der
Zeuge Schaller Domaschk dessen Anorak / Parka in das Besu-
cherzimmer und unterrichtete ihn ebenfalls davon, daß er in
Kürze nach Hause gefahren werde. Er war der letzte Zeuge, der
Matthias Domaschk lebend gesehen hat.»

hoppla, so gesprächig? / ein Schließer unterrichtet einen Gefangenen, warum er seine Klamotten bekommt? / das wäre
ganz was Neues! / und dann noch «in Kürze nach Hause» / das
klingt merkwürdig / so ging es eigentlich nicht zu im Inneren der Firma / sie bevorzugten Tricks und Überraschungen /
der Gefangene sollte im Ungewissen bleiben bis zuletzt

«Nachdem der PKW aus Jena gegen 14.10 Uhr eingetroffen war, wurde zunächst der Zeuge Rösch zum Fahrzeug gebracht. Der Zeuge Rösch hörte noch, wie plötzlich jemand nach einem Arzt rief. Gegen 14.15 Uhr hatte der Zeuge Schaller das Besucherzimmer betreten, um Domaschk abzuholen. Er fand Domaschk mittels eines zusammengedrehten Oberhemdes stranguliert an einem unterhalb der Decke verlaufenden Heizungsrohr und nahm ihn ab, wobei ihm der hinzugeeilte Zeuge Strakerjahn half.» Zwölfter Zwischenruf: Laut Angaben von Schaller soll ein Hemdsärmel um den Kopf von Matthias Domaschk, der andere um ein Heizungsrohr geschlungen gewesen sein. Auch mit großer Phantasie ist nicht vorstellbar, wie ein 186 cm großer Mann in einem 295 cm hohen Raum 40 cm mit den Füßen über dem Boden hängen kann, wenn da noch etwa 1 m Hemdlänge zwischen den Ärmeln hinzugerechnet werden muß. Wo ist das Hemd geblieben? Wer hat es begutachtet?

du kämpfst, Renate / rechnest nach / willst es wissen / der Oberstaatsanwalt in Erfurt nahm dich nicht ernst, du wärest eine Betroffene und deshalb nicht objektiv / du willst eindringen, willst nahe sein / Lilo zog wochenlang die Bettwäsche nicht ab, als sie mich geholt hatten / vielleicht dachte sie, ich komme nicht wieder / Lili klein / wie Julia

«Sofort eingeleitete Wiederbelebungsmaßnahmen brachten keinen Erfolg, da Domaschk offensichtlich bereits verstorben war. Der Tod wurde gegen 14.30 Uhr von dem Anstaltsarzt Dr. Hagner festgestellt. Gegen 15.05 Uhr nahm die Untersuchungsabteilung der Bezirksverwaltung für Staatssicherheit die Ermittlungen auf. Die Zeugen Barth und Petzold führten eine erste Leichenbesichtigung durch. Nach erfolgter Spurensicherung wurde der Leichnam nach Jena in das Institut für gerichtliche Medizin und Kriminalistik der Friedrich-Schiller-Universität zur Obduktion verbracht. Die Sektion erfolgte am

13. April 1981 um 10.00 Uhr. Als Todesursache wurde Strangulation festgestellt. Am 16. April 81 fand die Trauerfeier für Domaschk auf dem Nordfriedhof in Jena statt.»

AUF DEM WEG ZUM ESSEN, zum Zeitschriftenladen, zum Supermarkt, zur Sparda-Bank, zum Congress-Centrum, zum Finanzamt, zum Parkplatz, zur U-Bahn Magdalenenstraße, zur S-Bahn Frankfurter Tor gingen ab neunzehnhundertneunzig viele an einunddreißig großen, weißen, aufgesprühten Buchstaben vorbei. Viele, auch Dr. Rolle, Klaus Richter, Frau Schüler, auch Bäcker und Hopfer. Auch andere. Nie hörte ich Protest oder entdeckte Gegenstriche an dieser Stelle.

Über den vergitterten Kellerfenstern und den vergitterten länglichen Bürofensterkreuzen des Erdgeschosses von Mielkes ehemaligem *Haus 1* war bis neunzehnhundertvierundneunzig zu lesen: IHR HABT MATTHIAS DOMASCHK ERMORDET. Dann war die Schrift an der grauen Wand über Nacht weg.

Protest hörte ich nicht, entdeckte auch keine neu gesprühten Buchstaben. Die Mitarbeiter und Mitarbeiterinnen der Deutschen Bahn gingen weiter geschäftig vorbei, zum Essen, zum Zeitschriftenladen, zum Supermarkt, zur Sparda-Bank, zum Congress-Centrum, zum Finanzamt, zum Parkplatz, zur U-Bahn Magdalenstraße, zur S-Bahn Frankfurter Tor. Andere gingen auch weiter geschäftig vorbei. Andere gingen auch weiter vorbei. Andere gingen vorbei. Im Fernsehen war erwähnt worden, die Staatsanwaltschaft habe das Verfahren gegen die Stasi-Mitarbeiter aus Gera eingestellt. Man hatte also gewartet und dann gehandelt. Es gab ein Timing und eine Aufmerksamkeit.

Jetzt wird das gemacht, muß einer gesagt haben. Bestellt mal die Firma, um die Fassade zu reinigen. Wir hatten lange genug Geduld, könnte einer gesagt haben.

«II. Unmittelbar nach dem Ableben von Domaschk wurden Zweifel – insbesondere aus den Reihen der Jungen Gemeinde – an der durch das MfS gegebenen Darstellung, Domaschk habe sich selbst erhängt, laut.

Soweit begründete Zweifel an der Todesursache des Domaschk bestanden, sind diese nach Abschluß der Ermittlungen nicht weiter aufrecht zu erhalten.

1. Nach dem Ergebnis der Ermittlungen ergeben sich keine hinreichenden Anhaltspunkte dafür, daß der Selbstmord von Domaschk auf Übermüdung und / oder auf psychischen Druck, der Domaschk zu einem Selbstmord getrieben hätte, zurückzuführen und dies von den damaligen Vernehmern erkannt sowie die Folge für sie voraussehbar gewesen wäre. Dies wäre aber die Mindestforderung für ihre strafrechtliche Verfolgbarkeit. Domaschk wurde mehrfach die ganze Nacht hindurch vernommen, jedoch können sichere Feststellungen zum Grad einer möglichen Übermüdung mangels objektiver Zeugen nicht mehr getroffen werden.» Dreizehnter Zwischenruf: Der im Gegensatz zu den MfS-Offizieren durchaus objektive Zeuge Peter Rösch sagt aus, daß Matthias Domaschk vor dem vermuteten Zeitpunkt seines Todes 58 Stunden nicht geschlafen hatte! Wo ist das medizinische Gutachten, das diesen Umstand berücksichtigt?

auch an die Möglichkeit von Drogen denken und Psychopharmaka / Angst wurde gemacht, schon bei der nächtlichen Ankunft, Peter Rösch hat ja berichtet / wie die Gefängniswärter johlten und eine Gasse bildeten / andere Gefangene haben es gehört

«Die von ihm verfaßten handschriftlichen Änderungen und Ergänzungen seiner handschriftlichen Vernehmungsniederschrift sind solcherart ausgefeilt, sie erscheinen wohlüberlegt und sind auf Detailgenauigkeit aus, daß es eher unwahrscheinlich erscheint, daß Domaschk zum Zeitpunkt der Vernehmungen in einer die freie Willensentschließung einschränkenden Weise übermüdet gewesen sein könnte. So änderte er u. a. die Wortwahl ‹harter Kern› (der Jungen Gemeinde) in ‹Vorbereitungsteam› oder ‹Kampf› in ‹Auseinandersetzung›.» Vierzehnter Zwischenruf: In unseren Übungen zur Vorbereitung auf Verhöre gehörte es u. a. zum ständigen Repertoire, niemals unkorrigierte Protokolle zu unterschreiben. Das ist uns so in Fleisch und Blut übergegangen, daß das auch in großen Streßsituationen funktionierte. Ein Vergleich mit Vernehmungsprotokollen von Personen desselben Kreises belegt das.

wie voraussehbar ist, was «auf Übermüdung und / oder psychischen Druck» folgt in Fleisch und Blut und Seele? / wie voraussehbar ist, was auf einen möglichen Zusammenbruch oder das «Durchdrehen» eines Häftlings folgt, der innerhalb weniger Stunden mit vielen Haftjahren und der kurz bevorstehenden Entlassung konfrontiert wird? / und dann kommt Köhler ins Zimmer / den er aus den Verhören von sechsundsiebzig in fieser Erinnerung hat

«2. Auch die nach Angaben der Zeugen Seidel und Peißker unkorrekte Niederschrift der Vernehmungszeiten lassen nicht den Schluß auf eine Manipulation oder falsche Sachdarstellung hinsichtlich der Selbsttötung zu. Hierfür gibt es keine Anhaltspunkte. So würden nach Angaben der Zeugen die in dem Vernehmungsprotokoll des Domaschk angegebenen Vernehmungszeiten nicht genau den tatsächlichen zeitlichen Ablauf der Vernehmungen wiedergeben und seien ‹gerundet› worden.» Fünfzehnter Zwischenruf: Nach Angaben von Peter Rösch sind dessen Vernehmungszeiten im Protokoll korrekt wiedergegeben. Es ist nicht nachvollziehbar, warum andere Angaben durch die MfS-Offiziere jetzt glaubhafter sein sollten.

am zwanzigsten November neunzehnhundertsechsundsiebzig
werden Matthias Domaschk und Renate Ellmenreich verhaftet / am Anger dreizehn in Jena, im Stasigebäude, werden
sie in zwei benachbarte Räume gebracht / Renate Ellmenreich ist hochschwanger und wird nach einer Weile wieder
entlassen / zur Vermeidung einer «Schweinerei» in der
Dienststelle, wird ihr gesagt / Matthias Domaschk muß über
Nacht bleiben / ihm wird ihre Freilassung verheimlicht /
Matthias Domaschk hört Frauenschreie / läßt Köhler im
Nebenraum ein Tonband ablaufen?

«Der Zeuge Peißker gab weiter an, daß vermutlich hinsichtlich
des Befragungsendes am Sonntagvormittag (12. April, 12.15
Uhr) nicht der Zeitpunkt des Endes der Befragung durch den
Vernehmer, sondern das Ende der Befragung durch die operative Diensteinheit angegeben ist. Dies wurde jedoch nach den
glaubhaften Angaben des Zeugen deshalb gemacht, um die
Festgenommenen nicht unmittelbar nach Abschluß der Vernehmung entlassen zu müssen.

3. Es konnte im Zuge der Ermittlungen nicht zweifelsfrei
geklärt werden, wer am 12. April 1981 zwischen 13.50 und 14.15
Uhr über einen Schlüssel zu dem Besucherraum, in dem sich
Domaschk aufhielt, verfügte. Für diesen Raum waren insgesamt zwei Schlüssel vorhanden. Einer der Schlüssel befand sich
im Panzerschrank des Leiters der Abt. XIV und den anderen
Schlüssel hatte wahrscheinlich der Zeuge Schaller. Dieser
reichte Domaschk zunächst den Anorak/Parka in das Besucherzimmer und holte ihn später zum Transport ab. Hierzu
mußte er jeweils den Raum aufschließen. Im übrigen entspricht
dies nach Angaben der Zeugen Seidel und Hermann auch dem
üblichen Ablauf bei der Befragung zugeführter Personen.

Ungeachtet der Klärung des Verbleibs der Schlüssel kann
aus diesem Umstand heraus jedoch nicht darauf geschlossen

werden, daß eine Fremdtötung vorliegt: Daß nach Ausschöpfung der Ermittlungsmöglichkeiten heute nicht mehr festgestellt werden kann, wo sich welcher Schlüssel befand, läßt einen solchen Schluß, für den es keine weiteren Anhaltspunkte gibt, nicht zu.

4. Die wiederholt geäußerten Zweifel an der Authentizität des Sektionsprotokolls sind nach dem Ergebnis der Ermittlungen nicht begründet:

Die Einsichtnahme in Vergleichsprotokolle, die Anfang des Jahres 1981 erstellt wurden, ergab keine Abweichungen in Form und Aufbau zu dem vorliegenden Protokoll.» Sechzehnter Zwischenruf: Offensichtlich wurde der Umstand nicht gewürdigt, daß die Sektion unter Aufsicht eines MfS-Offiziers der Abt. IX/SK der BV Gera stattfand. Beachtenswert bleibt ferner, daß im Sektionsprotokoll die Angabe «akuter Tod mit Strangmarke in Kehlkopfhöhe» trotz der Anwesenheit des MfS eben gerade nicht die vorschnell gemachte Angabe «Selbstmord durch Erhängen» auf dem Totenschein (Punkt 7) bestätigt.

in Hohenschönhausen brachte der Zellenspitzel ein Glas Nescafé mit / als es leer war, fragte er mich: *brauchst du es?* / mitten im Zellenkrieg eine interessante Frage / wie weit bist du / wie geht es deinen Pulsadern? / die Treppenhäuser voller Gitter und Gatter / kein Sprung soll gelingen / kein Strick / kein Haken zu sehen / und der Staatsfeind bekommt stabiles Glas angeboten vom Organ / wochenlang steht es bereit / *brauchst du es?* / diese Frage stand nicht in den *Vernehmungsprotokollen* für den Staatsanwalt, das wurde ja im Zellentrakt gefragt / *damit hatten wir nichts zu tun / das ist doch alles gar nicht beweisbar / das ist doch alles bloß Spekulatius*

«Ferner ergab eine Einsichtnahme in das Journal des Instituts für gerichtliche Medizin Jena durch den ermittelnden Staatsanwalt die Vollständigkeit der Sektionsnummern und daß die

Sektion Domaschk unter der Nr. 283 eingetragen ist. Insoweit ergab auch die Vernehmung des damaligen 2. Obduzenten, Rommeiß, keinen Hinweis, daß das Sektionsprotokoll gefälscht oder nicht authentisch wäre. Der Zeuge hat angegeben, sich an die Obduktion nicht mehr erinnern zu können. Die Feststellungen des Sektionsprotokolls, das nach den Angaben des Zeugen in der damals üblichen Form abgefaßt ist und als Doppel noch im Institut für gerichtliche Medizin in Jena einliegt, sind nach seinen Angaben widerspruchsfrei. Die Unterschrift hat er als eigene erkannt. In Bezug auf die Aussagen des Zeugen Rösch, dieser habe erfahren, daß der Arzt, der die Obduktion durchgeführt habe, sich geweigert haben soll, als Todesursache ‹Selbsttötung durch Erhängen› zu bestätigen, gab der Zeuge Rommeiß an, er könne sich an die Vorgänge während der Obduktion nicht erinnern, wies jedoch darauf hin, daß insoweit ‹Strangulation› festgestellt worden sei. Der Tod durch Erhängen sei dadurch weder bestätigt noch ausgeschlossen worden.»

UND JAHRE SPÄTER wirst du in Bonn sitzen, im Fraktionsraum der Bündnisgrünen. Eine Anhörung zum Thema «Aufarbeitung vor dem Ende?» findet statt. Fragezeichen, gewiß, da steht ein Fragezeichen. Du hast Unterlagen mit über den anhaltenden Telefonterror gegen Barbe und Dietmar Linke aus Berlin-Wedding, vorher Neuenhagen. Auch über den letzten Bescheid der Staatsanwaltschaft, Brief an den Anwalt von Renate Ellmenreich vom Januar 97 … «der Tod von Matthias Domaschk konnte letztendlich nicht widerspruchsfrei geklärt werden. Gleichwohl stimme ich mit Ihnen überein, daß bei genauer Betrachtung des Sachverhalts die von Ihnen zu Recht dargestellten Unstimmigkeiten bestehen.» Weitere Ermittlungen wird es aber nicht geben, «da auch die möglicherweise – entsprechend Ihrer Anregung – noch zu gewinnenden Erkenntnisse zwar den Sachverhalt erhellen, nicht jedoch einen hinreichend konkreten Tatverdacht gegen eine bestimmte Person ergeben können.» Die Vernehmer, sagte Renate am Telefon, reden nicht. Man kann sie deshalb nicht packen. So hätte es eine Staatsanwältin ausgedrückt, die noch einmal mit dem Fall beschäftigt war. Von ihr habe sie einen guten Eindruck gehabt, sagte Renate am Telefon.

Ein Bundesbeauftragter, der Bundesbeauftragte spricht inzwischen über unsere Ostdeutschen, über den antitotalitären Konsens, über bürgerrechtliche und menschenrechtliche Politikgestaltung, über eine Koalition der Vernunft, über Opfer einer längst vergangenen Diktatur, die aber an dritter Stelle beachtet werden müßten, aktuelles Problem eins, aktuelles Problem zwei, und dann. Wer streitet, sagt er, ist gesund und normal, wer nicht streitet und keine Gefühle hat oder zeigt, ist krank oder korrupt. Behinderten, sagt er, darf man auch nicht begegnen, als seien sie nicht behindert, so kann man ihnen nicht helfen. Wir, sagt er, entwickeln die Demokratie nach den Jahren der Diktatur, es gebe Deformationen. Von der Gefühligkeit müsse man sich verabschieden, es gebe ein hartes und notwendiges Politikgeschäft, klarer Fall.

Ja, seine Behörde sei bürokratisch, gewiß, weil sie demokratisch ist.

Wie er das aushalte, was er mache? Nun, er habe die Hilfe von Freunden. Er müsse auch nicht jeden Tag diese Akten lesen wie viele seiner Mitarbeiter, er fahre viel im Lande herum und erkläre, was wichtig sei. Die Medien, sagt er, habe man nicht steuern können, da seien Fälle aufgebauscht worden, das wäre falsch und kontraproduktiv gewesen.

Der Gesetzgeber, sagt er, das Gesetz, der Staat. Einmal verwendet er auch den Begriff Zivilgesellschaft und den Satz: Wir, die wir mit dem Volk gegangen sind.

Und vor diesem Satz: Er sehe keinen Grund, sich kritisch in die Augen zu schauen, das Stasi-Unterlagen-Gesetz müsse nicht

329

verändert werden, kleine Novellierungen könne es seinetwegen geben, niemand müsse aber Befürchtungen haben oder in Panik geraten, bestimmt nicht. Ich weiche von meinem Manuskript ab, sagte er vor diesem Satz, er streue das ein, leider gehe sein Flugzeug schon um zwölf Uhr fünfzehn, Diskussion könne es damit leider – er blickte auf seine Uhr – nicht mehr geben.

Wir danken dem Bundesbeauftragten ganz herzlich für sein Kommen und haben volles Verständnis für seine Terminlage, die uns schon vorher bekannt war, sagte der Abgeordnete Häfner, nur an diesem Tag konnten der Bundesjustizminister und der Bundesbeauftragte kommen. Amerikanische Besucher warten in Berlin, leider eben in Berlin, sagte der Bundesbeauftragte. Die ehemaligen politischen Häftlinge im Raum klatschten Beifall, zwei bedauerten das Fehlen einer Diskussion. Man habe geglaubt, das sei eine Anhörung. Man habe geglaubt, sie wären eingeladen worden, damit man ihre Probleme anhört. Ich komme vom Bautzen-II-Häftlingskomitee, sagte ein alter Mann. Am Nachmittag, kündigte der Abgeordnete Häfner an, wird der Bundesjustizminister persönlich anwesend sein, es sei nicht üblich, daß ein Minister persönlich zu einer Anhörung kommt, ein Vertreter seines Ministeriums sei aber den ganzen Tag im Saal, Herr Lehmann, vielen Dank, Herr Lehmann, daß Sie gekommen sind.

Die Tür ging auf, der Bundesbeauftragte sprang in den Raum zurück, rannte zu einem Stuhl, einem Tisch, einem Mikrofon, er hatte seine Brille vergessen. Der Stuhl, der Tisch, das Mikrofon erinnerten sich, wurden für diesen Augenblick wieder sein Stuhl, sein Tisch, sein Mikrofon, die Brille nahm er mit, den Stuhl, den Tisch, das Mikrofon ließ er zurück, rannte zur Tür, der Schal wehte, den nahm er auch mit, den Schal auch, den hellen Wollschal auch. Den hellen Wollschal und den dunklen Mantel. Und das Mäppchen, das schwarze lederne Kollegmäppchen. Der Bundesbeauftragte winkte freundlich in die verbleibende Runde, die verbleibende Runde winkte freundlich zurück. Der Stuhl, der Tisch und das Mikrofon winkten nicht zurück. Die Brille hat er mitgenommen, sie war liegengeblieben. Die Brille wußte, was kommen mußte. Er oder ein Helfer würden kommen, eine Helferin oder er. Jetzt oder gleich oder etwas später.

Er!

Sehr nahe das Wasser des Rheins an diesem siebzehnten März neunzehnhundertsiebenundneunzig. Scher dich in dein Handtuchzimmer, du Mitarbeiter AU II.4! Gleich, sofort, nur noch dieser eine, nur noch diese eine etwas längere Begründung und die Anmerkungen dazu, wo waren wir stehengeblieben? Noch ein wenig Geduld, keine Tränen, keine Trauer, meine Damen und Herren, wer wird denn. Sie sind in Eile, es ist später, danach, der Umzug ist in vollem Gange, es gibt viele aktuelle Sorgen und Probleme, das erste Problem, das zweite Problem, das dritte Problem. Aber dieser eine. Einer, eine. Immer nur einer, immer nur eine. Nicht alle. Einer, eine.

Es gibt eine Pietät.

Gewiß, aber auch einundachtzig geschah das eine und das andere. Draußen fuhren Autos vorbei, Fußgänger schleppten Taschen und Koffer zum Bahnhof, ein Kind schleckte ein Eis, zwei Mädchen trugen zum ersten Mal Stöckelschuhe, hatten Pflaster eingesteckt, hörten das stolze Klicken ihrer Absätze. Und welche saßen drin. Dazwischen Mauern. Abgeteilte Wirklichkeiten. Die Gerichtsmedizin in Jena ist mitten in der Stadt, es gibt Straßen und Plätze. Lilos Mutter lebte noch, ein Jahr später wird sie nicht mehr leben. Dann ist sie fern und anderen nahe. Auch sie wurde vernommen und auf einen Heimweg geschickt.

«Die Vernehmung des damaligen 1. Obduzenten, Dr. Disse, hat ergeben, daß sich der Zeuge hinsichtlich des tatsächlichen Geschehens noch daran erinnert, daß der Leichnam des Domaschk mit einem grauen Barkas B 1000 zu dem Institut für gerichtliche Medizin gebracht wurde. Nach Angaben des Zeugen bestehen jedoch keine Zweifel an der Authentizität des Sektionsprotokolls und an den Feststellungen. Ferner habe die Sektion keine Anhaltspunkte für ein Würgen ergeben. Merkmale wiesen eher auf einen Tod durch Erhängen als durch Erdrosseln hin. So würde beim Erdrosseln in der Regel die Marke horizontal zum Hals verlaufen, beim Erhängen in der Vielzahl der Fälle an der Halsseite ansteigen. Auch würden nach gerichtsmedizinischer Erfahrung beim Erdrosseln deutlichere Befunde des Erstickungstodes als beim Erhängen auftreten wie Blutungen in der Gesichtshaut, der Augenbindehäute sowie der Mundschleimhaut.

Anläßlich seiner Vernehmung teilte Dr. Disse am 31. August 1990 der Staatsanwältin Wolf vertraulich mit, daß es noch ein zweites Sektionsgutachten zu Domaschk geben könne. Auf Grund dieser Angaben wurde Dr. Disse nochmals richterlich vernommen. Der Zeuge gab nunmehr an, es habe ihn niemand aufgefordert, das Gutachten abzuändern. Gerüchteweise habe er jedoch gehört, daß ein Zusatz- oder Ergänzungsgutachten erstellt worden sein soll und schränkte weiter ein: ‹Es kann sein, daß ich dies aus einer Spiegel-Veröffentlichung entnommen habe›.» Siebzehnter Zwischenruf: Woher hatte der «Spiegel» diese Information?

das Karussell dreht sich / Michael Blumhagen bekommt Anfang dreiundachtzig eine Vorladung zum Polizeipräsidenten von Berlin (West) / er kam aus der Haft Unterwellenborn, hatte den Reservedienst bei der Armee verweigert / ausgebürgert / eine Plastik hatte er aufgestellt für Matthias / am ersten Todestag / in Jena / sie wurde weggeschafft vom MfS / als er im Knast saß, riß man das alte Bauernhaus ab, in dem er wohnte /

es gibt Fotos / was wollen die von mir, fragte er, als die Vorladung kam / war etwas aufgeregt, zeigte mir die Karte / da
standen ein Tag / eine Uhrzeit / ein Zimmer / soll ich hingehen, fragte er / er ging hin / am Tempelhofer Damm, gar nicht
weit von mir, fragte ein Beamter nach Matthias Domaschk /
man wisse, er sei ein Freund und habe eine Plastik aufgestellt /
und dann sagte der Beamte: es gebe Zweifel und einen Hinweis

«Der Zeuge Dr. Pitzler erklärte am 24. Februar 1982 gegenüber
dem Bundesnachrichtendienst unter Bezug auf einen Bericht
des Nachrichtenmagazins ‹Der Spiegel› (Vorgang AR-ZE
160/83 der Zentralen Erfassungs- und Dokumentationsstelle
Salzgitter), der 1. Obduzent Dr. Disse habe ihm erzählt, er
(Dr. Disse) habe Würgemale am Hals festgestellt. Daher sei ein
Tod durch Erhängen ausgeschlossen. Ferner sei er (Dr. Disse)
durch MfS-Angehörige aufgefordert worden, den Obduktions-
bericht in ‹Tod durch Selbstmord› abzuändern und es sei ihm
nach seiner Weigerung der Vorgang entzogen worden. Dagegen erklärt der Zeuge Dr. Disse, niemals gegenüber dem Zeugen Pitzler solche Erklärungen abgegeben zu haben und schon
gar nicht gesagt zu haben, der Tod sei auf Erwürgen zurückzuführen. In diesem Zusammenhang hat Dr. Pitzler am 18. Mai
1983 gegenüber Oberstaatsanwalt Retemeyer (Zentrale Erfas-
sungsstelle Salzgitter) sinngemäß erklärt: «Meine Angaben gegenüber dem Bundesnachrichtendienst sind unrichtig, ich muß
sie zurücknehmen.» In seiner Vernehmung am 23. September
1991 gab der Zeuge Dr. Pitzler an, keine genaue Erinnerung
mehr daran zu haben, was Dr. Disse ihm gesagt haben soll. Er
könne nur auf seine Angaben gegenüber dem Bundesnachrichtendienst verweisen.» Achtzehnter Zwischenruf: Was waren
die Hintergründe für eine solche «sinngemäße» Meinungs-
änderung?

wir befinden uns auf heißem Pflaster, Renate / auf kaltem
Betonboden / Matthias lag auf dem Fußboden / du mußtest
die Fotos identifizieren? / ja, am siebzehnten Mai neunzehnhunderteinundneunzig / da wußte ich, daß er wirklich tot
ist / bis zu diesem Tag hast du gezweifelt? / ja / keiner von uns
hatte ihn mehr gesehen / dann sah ich ihn liegen

«Die von dem Zeugen Dr. Pitzler zunächst gegenüber dem
Bundesnachrichtendienst aufgestellte Behauptung hält einer
Überprüfung nicht stand.» Neunzehnter Zwischenruf: Was
wurde überprüft? Was geschah in der Zeit zwischen dem 24. 2.
82 und dem 18. 5. 83 mit Dr. Pitzler? Wo befand sich in dieser
Zeit der Untersuchungsvorgang?

im Himmel und auf Erden / du bist mutig, Renate / nach der
«Kontraste»-Sendung im Fernsehen, als die «Ungereimhei-
ten» zur Sprache kamen / ein Spitzel zu sehen war, der fast alles
abstritt / wollten sie dich foppen / bestellten dich nach Michendorf / auf die Autobahn / ein dicker, fremder Mann übergab dir eine Videokassette mit «Beweisen» / sie war leer /
und gefüllt mit grauem Flimmern / mit Gefahr / Lauern, Spä-
ßen und Angst / oder ein Wichtigtuer, ein Aufspringer? / ein
Fernsehzuschauer?

«Das Verhalten des Zeugen läßt große Zweifel an dem Wahr-
heitsgehalt der Aussagen aufkommen, insbesondere, da der
Zeuge die Aussage gegenüber dem ermittelnden Oberstaatsanwalt zurücknahm, in seinen Aussagen wechselt und diese
durch den Zeugen Dr. Disse nicht bestätigt wurden. Darüber-
hinaus wich er in seiner letzten Vernehmung einer konkreten
Antwort aus und berief sich auf Erinnerungslücken. Diese sind
ihrerseits wiederum in Anbetracht der Einmaligkeit und
Außergewöhnlichkeit der angeblichen Mitteilung des Dr.
Disse nicht glaubhaft. Soweit der Totenschein unter Ziffer 11.

als Todesursache ‹Erhängen› angibt, steht dies nicht im Widerspruch zu der in dem Sektionsprotokoll gewählten Formulierung ‹Strangulation›, ist jedoch sachlich als Antwort auf die Ziffer 11.I. des Totenscheins zu verstehen, wonach ‹die direkt zum Tode führende Krankheit, vorausgegangene Ursachen›, festgestellt werden sollte.» Zwanzigster Zwischenruf: Unter 10.I. mit Unterschrift Dr. Hagner wird als Todesursache «Traumatische Strangulation» angegeben. Was veranlaßte Dr. Disse nach dem Protokoll zur Sektion («akuter Tod mit Strangmarke») auf den Totenschein als Todesursache «Erhängen» zu unterschreiben?

Ziffern analysierst du, Renate / durch die kleine Stadt schlich ich mit fünfzehn, sechzehn / frei sein / leben oder nicht leben / ich entscheide / ich schreibe in schwarze Hefte / Bücher besuchten mich / Dostojewski, Semprun / da schmeckte ich das andere / da spuckte ich die Watte aus / löste die Strangulation / widersprach / befreite die Zunge von der Lüge / die Stones auf Band / Dylan / Karin / Eva / erst später las ich Canettis «gerettete Zunge»

«Das Sektionsprotokoll war auch Gegenstand des Gutachtens von Prof. Janssen vom 28. Oktober 1991 mit folgendem Ergebnis:
- das Sektionsprotokoll ist schlüssig;
- das strickartig zusammengedrehte Herrenoberhemd ‹Olymp› kommt als Strangwerkzeug in Frage und konnte die Strangulationsfurche am Hals des Domaschk verursachen;
- die Totenflecke waren dem Geschehensverlauf entsprechend lagegerecht;
- ob die Strangulationsmerkmale am Hals postmortal beigebracht worden sein können, kann nicht begutachtet werden, da die Lichtbilder hierfür nicht ausreichen.»

Einundzwanzigster Zwischenruf: Wer untersuchte das Oberhemd? Wo ist es abgeblieben?

nach dem Tod das Hemd um den Hals gelegt? / Solche Gedanken gibt es da / reichen die Lichtbilder nicht aus / die Lichtbilder solcher Gedanken sind Schatten der Gewalt und des Verbrechens / zeigst du Julia solche amtlichen Schreiben? / und deine Anfragen? / Daniel steht neben mir, / was schreibst du, fragt er / das Handtuchzimmer, sage ich / was? / was für ein Zimmer? / dann überlegt er / das Computerzimmer, sagt er / das Pupszimmer! / lacht und rennt weg / Ritter spielen mit Justus, seinem Freund / zusammen sind sie zehn Jahre / Matthias wuchs in Görlitz auf, dann in Jena

LILOS MUTTER hatte Schnittspuren am linken Handgelenk, es gab Blutspuren auf Tisch und Boden, bis zum Waschbecken. Sie saß an diesem zweiundzwanzigsten Oktober neunzehnhundertzweiundachtzig reglos am Küchentisch, alle Gashähne des Herdes waren geöffnet. Nach einer Westberlin-Reise war sie am zweiundzwanzigsten September neunzehnhundertzweiundachtzig um zehn Uhr ins Volkspolizeikreisamt Jena bestellt worden, Zimmer fünfundfünfzig, zu einem Herrn Hühne. Auf der Bestellkarte hatte sie notiert: «Mitarbeiter des Ministeriums des Inneren, Koll. Hühne (od. Höhne), 40–45 Jahre alt, braune listige Augen: ‹Wie geht es Ihrer Tochter? Reisegenehmigung war humanitäre Geste, im normalen Falle für später machen Sie sich keine Hoffnung – soll Einfluß auf meinen Schwiegersohn nehmen, damit er die Beschimpfungen gegen die DDR unterläßt – er soll sich dort einmischen, wo er jetzt lebt, sich der Kommunistischen Partei in Westdeutschland anschließen – das wäre für die Angehörigen und für seine eigene Familie zum Vorteil in Bezug auf Reisen – sie brauchten keine Fürsprecher, könnten alleine ihren Kommunismus aufbauen –

Reiseanträge und Sonderfälle werden von Fall zu Fall bearbeitet – ich möchte nicht zu hoffnungsvoll sein – wenn sich Ihr Schwiegersohn nicht ändert und ruhig ist, dann weiß ich nicht – wünsche nicht, daß das Gespräch im Blätterwald der dortigen Medien rauscht und erscheint.»» Das Gespräch dauerte eine Stunde, Zimmer fünfundfünfzig befand sich im ersten Stock, war ein kleiner Sitzungsraum, der vor und nach dem Gespräch verschlossen wurde. Am elften Oktober telefonierte sie mit der Familie ihrer Tochter in Westberlin und informierte sie über das Gespräch. Am einundzwanzigsten Oktober stellte sie als Rentnerin einen Reiseantrag für November zu ihrer in Peine lebenden Schwester, eine Notiz fand sich im Papierkorb auf einem zerknüllten Zettel. Nachbarn bezeugten, daß sie am nächsten Tag gegen vierzehn Uhr im Volkspolizeikreisamt gewesen war. Zwei Frauen trafen sie am Bus und haben sie zuletzt lebend gesehen. Lilos Vater findet seine Frau gegen achtzehn Uhr tot in der Küche. Die Kriminalpolizei kommt zur Spurensicherung. Sie beschlagnahmen als Abschiedsbrief eine Briefkarte, einen Zettel (hing im Hausflur: «Vorsicht, Gas strömt aus, bitte kein Licht machen») und die letzte Seite ihres Tagebuchs. Lilos jüngere Schwester Gisela fragt bei der Gerichtsmedizin nach, Antwort: Die Untersuchung habe keine Besonderheiten ergeben. Sie erhielt keine Einsicht in die Unterlagen. Bei nochmaliger Nachfrage wird eine Besonderheit mitgeteilt: rötlich/braune kleine Stellen im Brustbereich, Herkunft unklar. Vom Messer? Ende Januar neunzehnhundertdreiundachtzig, an einem späten Freitag nachmittag, erscheinen bei der jüngeren Tochter zwei Herren, um zwei beschlagnahmte Gegenstände auszuhändigen, das Messer und den Abschiedsbrief. Sie hatte den zwingenden Eindruck, daß es sich bei dem Abschiedsbrief um eine primitive Fälschung handelt. Dies wurde von den beiden Herren in Zivil zurückgewiesen. Sie verschwanden schnell. Der überreichte Abschiedsbrief: «Lieber

Walter! Liebe Gisela! Mein zerrüttetes Leben ist zu Ende, ich schaffe es nicht mehr, mit dieser Welt fertig zu werden. Ein letzter Gruß u. ein Wiedersehen auf einer anderen Welt. Eure Thea und Mutti. Mein Entschluß kam ganz plötzlich.» Die Tochter erinnerte sich an ein anderes Schreiben, dem Sinn nach: Mein Leben ist zu Ende. Ich hielt es nicht mehr aus. Verlaßt dieses Land so schnell es geht. Auf Wiedersehen in einer anderen Welt.

Eine Hausbewohnerin, die der Ehemann gerufen hatte, noch bevor Notarzt und Polizei eintrafen, bestätigt die Erinnerung der Tochter: Ja, so habe ich es gelesen und Ihnen übermittelt, als Sie hinzukamen …

Nach neunzehnhundertneunundachtzig fordern zwei Töchter und ein Schwiegersohn die Aufklärung des Todes der Mutter. Eine Staatsanwältin Wolf aus Gera ermittelt. Sie findet keine Unregelmäßigkeiten. Es gibt kein Verfahren, keine neuen Untersuchungen. Eine Staatsanwältin Wolf aus Gera kam in diesem Text schon vor. Bestätigt ein Zeuge diese Erinnerung? Man kann blättern und nachschauen.

Und wo ist die Belletristik, Herr Fuchs? Erinnern Sie sich an die Wörter Literatur und Langeweile? Wurde Ihnen schon einmal von irgendeiner Person mitgeteilt, daß Kunst vielleicht nichts mit dem gerichtsmedizinischen Institut der schönen Stadt Jena zu tun hat? Wenn nicht, fragen Sie doch Herrn Karasek vom «Tagesspiegel», ihn oder einen anderen. Sein Bruder Horst! Ich meine seinen Bruder Horst aus der schönen Stadt Frankfurt am Main, gestorben an Nierenversagen. Er war Anarchist, schrieb unter anderem das Buch «Blutwäsche», suchte eine passende Spenderniere, fand keine. Nur Sterben und Tod oder wie? Was hat das mit diesem Manuskript zu tun? Erinnert sich einer, was das mit diesem Manuskript zu tun hat? Kannten Sie Horst K.? Ja. Können Sie Aufschluß geben? Geben Sie Aufschluß! Warum? Der Logik wegen: Warum kommen sie auf

ihn? Weil ich ihn mochte. Weil er starb. Weil er um sein Leben kämpfte. Weil Guillevic die Zeilen schrieb:
«Das Blut ist eine komplizierte Flüssigkeit, / die kreist ... // Das Blut vergießt sich leicht, / eine Öffnung genügt ihm. // Das Blut eines Toten durch Unfall / ist nicht das gleiche, auf der Chaussee, // wie das eines Toten für die Freiheit, / auch vergossen auf der Chaussee. // Sie haben, jedes von ihnen, eine andere Art, / rot zu sein und zu schreien.» Wie kommen Sie auf Guillevic? Weil mir der Vernehmer am siebenten Dezember neunzehnhundertsechsundsiebzig sagte: In der Zelle führen Sie Selbstgespräche, kritzeln auf der Tischplatte herum, bitte schön, warum nicht. Aber ob das, was Sie da unten vor sich hin murmeln, eine wirkliche Hilfe für Sie ist, glaube ich nicht. Wenn Sie beispielsweise an der Heizung lehnen, ja, dort wohl, und Gedichte aufsagen, wie war das gleich – blättert –, ach ja: «Was da nicht ist im Stein / nicht ist in der Mauer aus Stein und Erde / nicht einmal in den Bäumen / was immer ein wenig zittert / also, das ist dann in uns» ... Ist das von Ihnen?

Von Guillevic.

So, kenn ich nicht, ist auch egal, aber so was hilft Ihnen nicht.

Sie wollen mir zu verstehen geben, daß ich abgehört werde. Abgehört? Wieso?

wer war dieser Hühne oder Höhne? / ein Stasimitarbeiter / in einem gefundenen Dokument steht: sie wurde *angesprochen unter Legende* / Deckname? / habe es bisher nicht herausbekommen / ich bereite eine Veranstaltung vor / das sind nur Details unter vielen anderen Details

ALLE VERANSTALTUNGEN erscheinen mir sinnlos und eitel. Jede Form, auch die Anordnung dieser Zeilen, ein Frevel.

Auf wen schielst du denn, fragt die Knaststimme, alle, jede, was soll das? Zweiundvierzig Anmerkungen sind zuzumuten, bring Renate nach vorn, zitiere sie!

«In seiner zeugenschaftlichen Vernehmung hat der Anstaltsarzt Dr. Hagner, der als erster Arzt Domaschk noch am Ereignisort untersuchte ...» halt! / Ereignisort, solche Wörter schreiben sie / jetzt kommen meine Zwischenrufe, Renate

«... und den Eintritt des Todes feststellte, angegeben, daß die von ihm festgestellten Befunde für die Verwendung eines Oberhemdes als Strangwerkzeug sprachen. Weitere Verletzungen habe er nicht festgestellt. Der Tod des Domaschk sei bereits ca. eine halbe Stunde vor dem Zeitpunkt der Untersuchung eingetreten.»

warum soll man ihnen glauben / nach all den Tricksereien und *operativen* Lügengeschichten? / *Anstaltsarzt Dr. Hagner* ist ein Büttel / ein gefügiger Unterschreiber / Vorsicht, du kennst ihn nicht / Ich kenne dienstbare Geister und harte, willige Augen / du kennst ihn nicht / Kettenidentifikationen sind auch totalitär / aber er war Anstaltsarzt, Stasimann! / du kennst seine Augen nicht / Unterschiede sind wichtig

«Gleichlautend äußerte sich auch der mit der kriminalistischen Untersuchung beauftragte Zeuge Petzold. Für diesen ergab sich auf Grund der Spurenlage kein Zweifel am Vorliegen eines Suizids. Auch der Zeuge Barth, der als Kriminalist ebenfalls mit der Untersuchung des Geschehens befaßt war, bestätigt die Angaben des Zeugen Petzold, daß von keiner Seite auf die von ihnen erstellten Berichte oder Untersuchungen Einfluß genommen worden sei.»

da lachen ja die *operativen* Hühner! / Zeugen und Kriminalisten sind am Werke / das waren Stasi-Leute oder *K I*, Kripo unter Stasi-Befehl! / wer von denen hätte damals und heute gewagt, gegen die *einheitliche Argumentation* und die *offizielle Darstellung* / aufzumucken?

Zweiundzwanzigster Zwischenruf: Widerspricht dem Hinweis in der vom Stellvertreter Operativ, Oberst Weigel, bestätigten «Konzeption», Punkt 7: «Erarbeitung einer einheitlichen Argumentation zum Vorkommnis» …

wer verfaßte diesen Text der Staatsanwaltschaft Erfurt? / ein Herr Kern / der Zeuge Barth, der Kriminalist / und der Zeuge Petzold bestätigen die Angaben / warum sollen sie die Angaben nicht bestätigen?

«5. Auch steht einer Selbsttötung nicht entgegen, daß Domaschk heiraten wollte und von verschiedenen Personen als lebenslustig beschrieben wurde. Nach dem Ergebnis der Ermittlungen ist nicht auszuschließen, daß Domaschk mit der Möglichkeit der Selbsttötung gelebt hat und es für ihn eine – zumindest für besondere Lebenslagen – vertraute Vorstellung gewesen sein könnte. Hierfür ergaben die Ermittlungen eine Reihe von Anhaltspunkten.»

und wenn es stimmt für besondere Lebenslagen? / bleiben noch der Knast / ihre *Methoden* / bleibt noch Köhler und ein Gefühl, daß sie immer weiter lügen / bei der Armee erlebte ich Selbsttötungen / Besäufnisse / Drohungen / Zusammenbrüche / Manchmal genügte ein verweigerter Urlaubsschein / oder eine bestimmte Kränkung an einem bestimmten Tag / ein Brief, der nicht ankam oder drei Tage Wache schieben als Posten am Zaun mit MPi und dem Blick ins Freie / im Gefängnis die Erschöpfung, die Angst / der Haß / das erfinderische Nachdenken über das einzige Leben / was könnte ein Strick sein / was ein Seil / eine Schnur / ein Faden / ein Halm, der trägt? / ein Halt / vielleicht die Holzpritsche hochkant an die Wand stellen / oder beten / singen

«Der Jugenddiakon Christ wird in einem IM-Bericht zitiert, wonach er unter Berufung auf ‹Blase› (Peter Rösch) und ‹Kaktus› (Thomas Grund) gesagt haben soll, ‹Matz› (Matthias Domaschk) habe nach einer früheren Vernehmung durch das MfS geäußert, wenn er da noch einmal hin müsse, hänge er sich auf.» Dreiundzwanzigster Zwischenruf: Matthias Domaschk hat sich mir gegenüber am 20./21. 11. 1976 ganz anders geäußert.

er mußte hin, wo er noch nicht war / dort ist es schwer, sich das
Leben zu nehmen / denn das Leben soll weitergehen: in
einer Zelle / einer Verpflichtung / einer Unterwerfung / das
eigene Leben soll ein anderes werden / ein Leben anderer
Leute soll das eine einzige Leben werden / *überprüft und zuver-*
lässig / oder zugeschlossen und verriegelt: Zoo / *aber das ist*
dann Ihre Schuld!

«Gleichlautend wird Gerhard Domaschk, der Vater von Matthias Domaschk, in einem Bericht des MfS zitiert. Der Zeuge Gerhard Domaschk bestätigte in seiner zeugenschaftlichen Vernehmung, daß sein Sohn noch 14 Tage vor seinem Tod gesagt habe, er wisse, wie man sich erhängen könne. Gleichzeitig schloß er jedoch auf Grund der lebensbejahenden Einstellung seines Sohnes einen Selbstmord aus. Hinsichtlich der Beziehung zu Kerstin Herkert gab der Zeuge Gerhard Domaschk an, daß Matthias Domaschk insoweit eine Art Bewährungshelfer gewesen sei. Sein Sohn habe aus seinem sozialen Ansinnen heraus Kerstin Herkert heiraten wollen, um ihr die Verbüßung einer Gefängnisstrafe zu ersparen.» Vierundzwanzigster Zwischenruf: Was sagt Kerstin dazu? «Das Nachrichtenmagazin ‹Der Spiegel› zitiert Kerstin Herkert: ‹Manchmal haben wir nächtelang geheult, weil alles irgendwie ziemlich beschissen war.› Den Frust habe ‹Matz›, wie viele andere im Osten auch, mit Alkohol bekämpft und dabei ‹ziemlich gebechert› (Der

Spiegel Nr. 20 vom 17. Mai 1993, S. 117)». Fünfundzwanzig-
ster Zwischenruf: Was soll denn mit ausgerechnet diesem
Zitat bezweckt werden?

das sind Assis und Alkis / das soll bezweckt werden! / wer nächtelang heult, tickt nicht richtig / Und dann noch *Rote Brigaden* und *Gewalt*! / da wird einer im Westen auch mal in U-Haft
genommen, stimmt's? / das soll bezweckt werden: Sympa-
thisantenkreise! / zumindest Spinner

«6. Zweifel am Selbstmord können auch nicht daraus abgelei-
tet werden, daß der Leichnam sehr schnell verbrannt beziehungsweise bestattet worden sei. Die Überprüfung des Zeitab-
laufs hat keine Hinweise – wie auch vom stellvertr. Leiter der
Abteilung Städtische Friedhöfe der Stadt Jena bestätigt worden ist – auf eine besondere Eile ergeben; zwischen Todestag
(12. April 1981) und Trauerfeier (16. April 1981) und zwischen
Trauerfeier und Einäscherung (20. April 1981) liegen jeweils
vier Tage.

7. Die Selbsttötung kann auch nicht deshalb in Frage gestellt werden, weil etwa das Heizungsrohr, an dem Domaschk
erhängt aufgefunden wurde, durch das Gewicht des Körpers
eine stärkere Verformung hätte aufweisen müssen. Der Sachverständige Prof. Dr. Mann kommt in seinem Gutachten vom
28. Mai 1991 über das Tragverhalten des Heizungsrohrs (bau-
liche Veränderungen an der Heizanlage wurden nach dem Tode
von Domaschk nicht vorgenommen) zu dem Ergebnis, daß bei
einem Hineingleiten des Domaschk in das zu einer Schlinge
zusammengedrehte Hemd keine oder eine gerade beginnende
Verformung am Heizungsrohr hätte auftreten müssen».

das Tragverhalten eines Heizungsrohres / das Tragverhalten
eines Rückgrates / das Tragverhalten eines Häftlings / das
Tragverhalten eines Kindes / das Tragverhalten der Freunde /

die Verformung eines Heizungsrohres / die beginnende Verformung eines Heizungsrohres / die starke, bleibende Verformung eines Heizungsrohres / die gemessene und die verursachte Verformung eines Heizungsrohres / der Sprung und die Schlinge / das Gewicht und die Last eines Lebens in Not / eines Todes in der offiziellen Darstellung einer einheitlichen Argumentation

«Bei einem Sprung in die Schlinge hätten starke, bleibende Verformungen entstehen müssen, was den Schluß zuläßt, daß die am Rohr gemessene Verformung durch ein Hineingleiten in die Schlinge verursacht worden sein kann.» Sechsundzwanzigster Zwischenruf: Die Zulassung einer solchen Schlußfolgerung macht nur Sinn, wenn man die MfS-Version des Todes decken will. Ein langsames Hineingleiten in eine Schlinge, die auch noch sehr tief hängt (zwei Oberhemdärmel lang), entspricht sicher nicht einer «Kurzschlußhandlung».

nach harten, schlimmen Stunden ist rasches, rigoroses und aggressives Handeln, auch gegen sich selbst, eher die Ausnahme / noch dazu in der U-Haft / sie passen auf / oder sie wollen nicht aufpassen / sie reden von Entlassung und geben gleichzeitig gegenteilige Signale / oder plötzlich öffnet sich eine Tür / plötzlich ist keiner dabei / es geht dann schnell / ein kurzer Schluß

«8. Auch die Überprüfung der Schriftstücke des Domaschk, insbesondere der Verpflichtungserklärung, durch die Einholung eines Schriftgutachtens, ergab keine Hinweise auf eine Fälschung. Vielmehr kommt Prof. Dr. Michel zu dem Ergebnis, daß die ‹persönliche› und die Verpflichtungserklärung mit an Sicherheit grenzender Wahrscheinlichkeit von Domaschk stammen.» Siebenundzwanzigster Zwischenruf: Warum wurden nicht die Hinweise auf Funde in der Schriftenvergleichskartei des MfS in die Ermittlungen einbezogen? Warum wurde im Gutachten nicht berücksichtigt, daß besagtes Schriftstück nach 58 (!) Stunden Schlaflosigkeit verfaßt worden sein soll? Welche Versuche wurden gemacht, um herauszufinden, ob ein Mensch nach derart langem Schlafentzug überhaupt noch so gerade schreiben kann? Warum wurde mein Hinweis an das LKA vom März 1994, daß zu diesem Sachverhalt neues Material aufgefunden worden ist, nicht berücksichtigt?

IN DER SCHRIFTENVERGLEICHSKARTEI meiner Seele liegen zwei Verpflichtungen. Eine aus dem Frühjahr neunzehnhundertachtundsechzig, ich war siebzehn und wurde aus dem Unterricht zum Direktor gerufen. An der Tür des Sekretariats stand der alte, dünne, große Herr Hora, der Stellvertreter. Seine Augen hinter der Brille begrüßten mich kurz, lächelten und sagten, es ist nicht so schlimm, komm bitte herein, im Nebenzimmer wartet ein Herr. Der Herr im Nebenzimmer war klein und hatte vorstehende Schneidezähne, die weiß leuchteten, als er einen kleinen, grauen Ausweis aufklappte und «Ministerium für Staatssicherheit» sagte. Herr Hora, der Stellvertreter, der an der Tür des Sekretariats gestanden hatte, war nicht mit hereingekommen. Er hatte die Türe geöffnet, vorher hatten seine Augen, oder auch sein Mund, ich weiß nicht mehr genau, etwas gesagt. Etwas Freundliches und Leises. Wenn er mit seinem Namen unterschrieb, stand daneben «V.L.d.V.», das hieß «Verdienter Lehrer des Volkes». Der Verdiente Lehrer des Volkes hatte die Türe geöffnet, der Schüler der elften Klasse war in das Direktorenzimmer hineingegangen, kein Direktor, aber ein fremder Herr.

Hora unterrichtete Chemie und grüßte gern, Gu-ten Tagg! Vielleicht kam er aus Böhmen oder Schlesien? Er wirkte wie ein «Lehrer der alten Schule», war Mitglied einer dienenden Blockpartei, gern gab er Schülerinnen die Hand, Madame! Geduldig schrieb er Formeln an die Tafel und unterhielt sich zwischendurch mit einigen Schülern. Die anderen unterhielten sich leise oder erledigten Aufgaben anderer Fächer, Hora ließ es geschehen. In Chemie lernten wir fast nichts, das war im Abitur zu merken. Einmal fragte Hora die Klasse mit vielsagender, aufmunternder Miene, wie denn der Flug der Amerikaner zum Mond betrachtet werde ...

Einige lachten, eine Schülerin aus Lengenfeld fand die Aktion sehr gelungen. Hora fragte sie, ob ihre tiefschwarzen, glänzenden Haare etwa gefärbt wären. Sie verneinte. Man könne das chemisch prüfen, sagte Hora freundlich, die Schülerin, sie hieß Angelika, ich mochte sie, schüttelte lachend ihr schönes schwarzes Haar. Andere wollten wissen, wie Hora den Flug der Amerikaner zum Mond fand. Hora fragte nach der Sicherheit und deutete an, daß unbemannte Flüge risikoärmer wären. Zumindest, fügte er hinzu, gefährden sie keine Menschenleben. Wer keine Menschenleben gefährde, fragte Hora und wollte hören: die Sowjetunion. Einer sagte: die Sowjetunion. Hora hatte gehört, was er hören wollte. Er nickte befriedigt und freundlich, diese Auskünfte würde er berichten, berichten wollen und berichten müssen. Er setzte seinen Unterricht fort. Wenige hörten zu. Es ging vielleicht um das spezifische Gewicht von Elementen, Rechnungen wurden angestellt, zwei Mathematiktalente bekritzelten die Tafel, einer von ihnen wurde Armeeoffizier, der andere Mathematiker und Mitglied der evangelischen Kirche in Erfurt, beide rechneten erfolgreich und emsig. Der Verdiente Lehrer des Volkes hatte mich in Empfang genommen und zugeführt. Der Stasi-Hase wollte etwas über meinen Deutschlehrer wissen, er sei ein *Dubček-Freund und man könne nie wissen* ... Ich wußte nicht, was los war. Die Zähne des kleinen Mannes fuchtelten wie Säbel vor meinem Gesicht herum, er sprach leise und kam dicht heran. Ich war kein Kind mehr, hatte aber große Angst. Füchse haben eigentlich keine große Angst vor Hasen, aber ich hatte große Angst. Später sah ich ihn mit einem Trabant in der Stadt herumfahren, den Kopf hielt er kerzengerade, stur blickte er geradeaus. Im Rückspiegel registrierte er meinen Blick, nahm ich an, meinen Blick hinter dem Auto und dem Fahrer her, meinen langen Blick, der sich die Autonummer einprägte. Im Gespräch hatte ich wenig gesagt, aber mitgeteilt, daß ich meinen Deutschlehrer sehr gut fände, er sei ein Brecht-Freund. Einen anderen Namen nannte ich nicht, den von Brecht mit Sicherheit. Brecht kam mir bedeutsam und rettend vor.

Der Hase grinste. Nach einer halben Stunde zückte er ein Blatt Papier und diktierte mir eine *Schweigeverpflichtung*. Ich schrieb sie. Als ich in die Klasse zurückging, war der Verdiente Lehrer des Volkes verschwunden. Nach dem Unterricht raste ich mit meinem Diamant-Rad und der Vierer-Gangschaltung in Richtung Friedensstraße, zu meinem Lehrer Hieke, und erzählte. Er wurde blaß. Ich darf eigentlich nichts sagen, sagte ich. Er bedankte sich. Wir tranken Tee. Seine Frau bot mir Salamiwurst an.

Dekonspiriert!

Vorerst gerettet.

Der Lehrer lieh dem Schüler «Das Prinzip Hoffnung» aus. Bloch galt in diesen Jahren als Feind. Der Lehrer hatte ihn noch in Seminaren an der Leipziger Universität kennengelernt. Der Schüler war jung, der Lehrer nicht mehr ganz jung. Beide waren in Gefahr und riskierten Vertrauen.

Erste Prüfung bestanden. Aber nicht zu früh freuen.

Beim zweiten Mal kamen sie über die Universität, Termin bei der Gewerkschaftsleitung, kulturelle Fragen. Zwei Herren standen im Zimmer und grinsten. *Woher wir kommen, werden Sie wissen*, sagten die Herren betont locker, *Sie interessieren uns, Sie sind kritisch, wir wollen Sie gewinnen. Es geht um Kunst und Kultur, auch um Ihr Psychologiestudium, auch um Biermann und Have-*

mann, sie sind ja befreundet, die Partei sucht nach einer Linie, Ihre Meinung ist gefragt. Sie veröffentlichen Gedichte, sind begabt, das hat auch eine Bedeutung für Jena. Es gibt auch Stimmen, die vor Ihnen warnen, wissen Sie das? Ja, sagte ich. So ging es zehn Minuten. *Wären Sie bereit zu einer Unterhaltung, einer Diskussion?* Worüber? *Wir haben Ihnen doch gesagt, was für uns relevant ist. Die Partei sucht nach einer Linie. Ihre Meinung hat Gewicht. Also?* Nur auf dem Boden der Uni. *Einverstanden, Sie hören von uns.* Vor der Tür der Gewerkschaftsleitung, auf dem Gang mit den Gemälden der altehrwürdigen Professoren, wartete ein Dozent der Psychologie. Wollte er auch zur Gewerkschaft? Kurzes, wissendes Grüßen. Zufall? *Unvorsichtige Treffbestellung*, eine *Zersetzungsmaßnahme?* Wollte man einen Spitzel-Geruch erzeugen? Sollte der Dozent abwinken im Kollegenkreis und über den Studenten F. sagen: Der tut kritisch, ist aber «dabei»? Oder sollte ausgedrückt werden, daß sich die Staatssicherheit um einen Psychologie-Studenten kümmern muß, schon wieder die Psychologie, die auffällt? Oder sollte der Dozent *verunsichert* werden? War er die Hauptperson?

Seltsame, lähmende, ambivalente Gefühle blieben zurück.

Vier Wochen später, über die Sekretärin der Sektion Psychologie, eine Karte: *Gästehaus der Universität*, vormittags. Genaue Uhrzeit? Weiß nicht mehr. Ich bat eine Kommilitonin, der ich vertraute und die meine Gedichte kannte, auf der Straße zu warten. Wenn ich nach einer Stunde nicht komme, heißt das, ich werde festgehalten. Du willst aber hingehen, fragte sie. Ich nickte. Warum, fragte sie, du bist doch gegen die Stasi. Ich gehe hin und sage es ihnen. Warum, fragte sie. Ich weiß nicht, sagte ich. Nach zwanzig Minuten war die Audienz im Gästehaus beendet. Ich trat auf die Straße und hatte zwei Dinge gleichzeitig getan, ihnen erstens gesagt: Ich stehe zu meinen Freunden Biermann, Havemann und Kunze. Und zweitens: Ich rede nicht mit Ihnen. Sie müssen mich verhaften oder eine Zeugenvorladung schicken. Nirgends steht, daß ein Psychologiestudent oder einer, der Gedichte schreibt, mit der Staatssicherheit Gespräche führen muß.

Dann stand ich auf und wollte gehen.

Die Tür ist abgeschlossen, sagte der mit der Brille, *wir wollten ungestört mit Ihnen reden.* Dann schließen Sie wieder auf. *Gewiß, das werden wir tun. Aber noch etwas möchten wir Ihnen nach diesem Gesprächsverlauf sagen. Wenn Sie im späteren Leben einmal Schwierigkeiten haben sollten, dann sagen Sie nicht, wir wären Schuld gewesen. Und noch etwas. Wir benötigen von Ihnen eine Bestätigung, daß Sie sich an die DDR-Gesetze halten werden.* Ich halte mich an sie.

Der mit der Brille zückte ein Blatt Papier und diktierte mir eine *Schweigeverpflichtung*. Ich schrieb sie und erhob mich. Ich schrieb sie! Das war zweitens, und erhob mich ... Der andere zog einen recht großen Schlüssel aus der Jackentasche und schloß die Türe auf. Draußen erwartete mich Bärbel. Ich erzählte ihr, was geschehen war und fertigte zu Hause ein Gedächtnisprotokoll, das ich herumreichte. Es enthielt fast alle Fakten. Die *Schweigeverpflichtung* erwähnte ich nicht. Bei der Akteneinsicht Anfang zweiundneunzig wurde mir unter anderem der *Operativvorgang «Spinne»* vorgelegt, der mit meiner Verhaftung endete im November neunzehnhundertsechsundsiebzig, *Registriernummer 3477/78.* Auf Seite einundzwanzig prangte eine Handschrift, schwungvoll: Schweigeverpflichtung: Hiermit verpflichte ich mich, alle mir bekannt gewordenen Fakten, Tatsachen und Umstände, die ich in Gesprächen mit Mitarbeitern des MfS in Erfahrung brachte, gegenüber jeder 3. Person geheim zu halten. Bei der Verletzung ist mir klar, daß ich strafrechtlich zur Verantwortung gezogen werden kann. Jena, 8. XI. 73.

Im *Auskunftsbericht* an die Zentrale in Berlin wird diese Zeit vom *MfS* so beschrieben: *Operativer Sachverhalt: Am 1. 11. 1971*

wurde durch die KD Jena die OPK Fuchs angelegt. Und systematisch, mit gliedernden Strichen und Punkten, wird der *Sachverhalt* entwickelt, werden die *Gründe* genannt:

- *nach seiner Entlassung aus der Erweiterten Oberschule und während seines Wehrdienstes versuchte er verstärkten Einfluß auf
  Schüler seiner ehemaligen Schule zu nehmen.*
- *Er scharrte* (Originalschreibweise) *eine Gruppe von Schülern
  um sich, und machte sich zum geistigen Zentrum.*
- *In diesem Kreis wurden unter dem Vorwand, den Marxismus-Leninismus auf seine Richtigkeit zu überprüfen, Diskussionen geführt, die an die Grenze staatsfeindlicher Äußerungen und Handlungen führten.*
- *Sein Auftreten an der Friedrich-Schiller-Universität deutete darauf hin, daß er unter Studenten politisch Gleichgesinnte um sich
  sammelte.*

Das Ziel der OPK bestand in der:
- *Erarbeitung eines umfassenden Persönlichkeitsbildes.*
- *Feststellung des konkreten Freundes- und Umgangskreises.*
- *Klärung der politisch-ideologischen Einstellung des Fuchs sowie
  seiner Zielstellung.*

*Im Jahre 1972 wurde ein solcher Bearbeitungsstand der OPK erreicht,
daß es zum Vorschlag kam, Genannten als IM zu werben. Am 8. 11.
1973 schrieb Fuchs eine Schweigeverpflichtung. Der weitere Verlauf
der Gewinnung verlief erfolglos. Auf Grund der immer negativeren
politischen Entwicklung des Fuchs wurde die Bearbeitung der OPK
eingestellt. Fuchs wurde im OV «Revisionist» weiter bearbeitet und
mit der Eröffnung des OV «Pegasus» im Schwerpunktbereich «Mißbrauch der Lyrik» als einer der Vorgangspersonen in diesem registriert. Die Weiterbearbeitung des Fuchs im OV «Pegasus» erfolgte
auf Grund seiner lyrischen Tätigkeit, wobei er in diesem Rahmen als
Hintermann der Zielpersonen in Erscheinung trat.*

    Dekonspiriert und zum Gegenangriff übergegangen!

    Vorerst gerettet.

Der *als Hintermann der Zielpersonen lyrisch Tätige* hörte in voller Lautstärke Biermann-Lieder und beherbergte den *Staatsfeind*, wenn er nach Jena kam. Beide waren in Gefahr und riskierten Vertrauen.

Zweite Prüfung bestanden. Aber nicht zu früh freuen. Biermann verdächtigte den *als Hintermann der Zielpersonen lyrisch Tätigen*, also mich, nicht echt zu sein. Wann? Im Herbst neunzehnhundertdreiundsiebzig. Wo? In Grünheide. Und? Robert Havemann verteidigte ihn und riskierte Vertrauen. Lilo wurde fast ohnmächtig. Biermann meinte, es käme ihm seltsam vor, wie wenig Schwierigkeiten ich hätte, andere säßen im Gefängnis bei solchen Kontakten ... Der *als Hintermann der Zielpersonen lyrisch Tätige* ging auf der Burgwallstraße spazieren. Nun wollte er die Konfrontation und beweisen, daß Vertrauen zu Recht bestand. Er las bereits geschriebene kurze Prosa über seine Kasernenhoferlebnisse öffentlich vor. Bekannte sich zu Borchert, Böll und Biermann. Wollte die «kritischen Themen fortschreiben», die «alten schmutzigen Themen» aufgreifen: Kaserne, Heim, Knast, Krankenhaus, Psychiatrie ...

Das dritte Mal war im Gefängnis. Erst machten sie Druck, dann lockten sie mit Entlassung *bei einem gewissen Entgegenkommen*. Da war es schon zu spät.

Verhaftet!

Vorerst verloren.

Der Häftling wollte den Bruch und sein Prinzip Wahrheit durchhalten. Er war in Gefahr und riskierte Mißtrauen und Schweigen. Dritte Prüfung bestanden. Aber nicht zu früh freuen. Kurz vor der Ausbürgerung diktierte er ihnen seine Ansichten in den Schreibblock. Er argumentierte in seiner Weise, aber der Druck war weg. Sie spielten Eckermann und er spielte sich auf, diktierte ihnen seine Ketzereien in den Kugelschreiber. Es war richtig und falsch, es war mutig und ein Einlenken.

Ich wollte raus.

Raus aus dem Direktorenzimmer, raus aus dem abgeschlossenen Raum im Uni-Gästehaus, raus aus dem Knast. Leben wollte ich, herumlaufen, verreisen, lachen, schreiben, ich wollte Kinder, Glück, gute Laune, Erfolg, mit Lilo auf einem Feldweg spazierengehen, Traktoren hätten kommen können, Mähdrescher, Kuhherden, selbst Schäferhunde. Mein Schulfreund Siegfried Bill hatte einen Blick, da winselten die großen Köter, er nahm sie mit nach Hause wie Meerschweinchen. Vielleicht kommt Siegfried Bill von der Bergstraße gerade vorbei, wenn sich Schäferhunde nähern.

Auf einem Feldweg mit Lilo, große, tiefe Pfützen, wir balancieren, hüpfen, wählen schmale Wiesenwege, kommen mit verdreckten Schuhen davon. Hinter uns Spuren von Kinderwagen, Schlitten und Fahrrädern. Irgendwo in der Ferne, hinter ihren Mauern, das Vernehmer- und das Spitzelpack. Sie *konspirieren, instruieren, zersetzen*, aber kommen nicht ran! Kommen nicht mehr an uns ran!

Jetzt ist nirgendwo mehr Ferne, ihre Mauern sind weg. Unser Schutz auch. Den es nie gab? Nie?

Auf offenem Feld stehen wir. Siegfried Bill ist nicht in Sicht. Der Osten hat uns wieder. Wohin abhaun? Daniel spielt Ritter und hat Schwerter aus Holz und Plaste. Und eine echte Zündplättchenpistole ohne Zündplättchen. Wir müssen ihm von Burgen und Waffen erzählen. Er sagt: Ich kann sehr schnell rennen und sehr gut Fahrrad fahren. Sein Fahrrad ist klein, erst kürzlich wurden die Stützräder abmontiert. Er wird fünf. Als Matthias Domaschk starb, war seine Tochter Julia so alt wie er.

«9. Gegen eine Tötung des Domaschk durch dritte Personen spricht jedoch insbesondere, daß der Zeuge Rösch die gesamte Zeit, in der Domaschk in dem Besucherzimmer (Raum 121) war, in einem Nebenraum, dem sogenannten Staatsanwaltszimmer (Raum 119), verbrachte und während dieser Zeit keine verdächtigen Geräusche oder Aktivitäten, die er auf Grund der räumlichen Nähe hätte wahrnehmen müssen, bemerkte.» Achtundzwanzigster Zwischenruf: Peter Rösch hier als Zeugen der Verteidigung der MfS-Version anzuführen, ist eine üble Verdrehung und Manipulation des Zusammenhangs.

«Eine Fremdtötung wäre mit entsprechenden Geräuschen – insbesondere des Opfers – einhergegangen und ist daher nicht wahrscheinlich.»

wenn der Zeitpunkt des Todes stimmt und der Ort, an dem er eintrat: Der Tod war mit dabei in Gera / auch ihr Zugriff / ihr Hohn / ihre Verdrehungen und Lügen / auch die Hoffnung war dabei und das Zittern / der Tod wäre ein wichtiger Zeuge / Er sah ihre Methoden mit fachmännischem Blick / der Tod wäre zu fragen, was er weiß / wir verrecken letztlich alle ohne Solidarität

«Darüber hinaus hat der Zeuge Dr. Hagner bei der Leichenschau Domaschk am Oberkörper untersucht und, ebenso wie die Obduzenten, keine weiteren Verletzungen, die auf eine Auseinandersetzung hindeuten könnten, festgestellt.»

Hagner war ein Stasimann, zumindest ihr Vertrauensarzt! / Hier wird er als Kronzeuge zitiert / die Diktatur wird ein Rechtsstaat / die Stasi eine Polizeibehörde wie viele andere auf der Welt / Ihr verarscht uns schon wieder / ihr habt rechtschaffene, rasierte Männergesichter / ihr kotzt mich an / ich sehe die Vernehmer, ihre Wohlangezogenheit und Brutalität

«Auch auf dem Lichtbild, das den Toten am Rücken unbekleidet zeigt, sind keine Verletzungen sichtbar.»

die Verletzungen, ihr juristischen Formulierer, befinden sich nicht sichtbar am Rücken des Toten / und das wißt ihr auch /

wonach sucht ihr mit euren Augen? / nach der Unschuld von
Köhler und Peißker?

«In diesem Zusammenhang spricht auch gegen eine Fremdtötung, daß der Zeuge Rösch noch – bereits im Fahrzeug sitzend –
bemerkte, daß nach einem Arzt gerufen wurde und die entste-
hende Aufregung und Hektik mitbekam. Es handelt sich bei
den Rufen nach dem Arzt um eine spontane, nachvollziehbare
Reaktion auf die plötzliche Entdeckung eines Erhängten.»

was, Staatsanwalt Kern in Erfurt, ist in einem Stasi-Knast, hin-
terher und von außen, «spontan und nachvollziehbar»? /
welcher Mut der Formulierung liegt in Ihrem Falle vor? / hat
der Zeuge Rösch Aussagen gemacht, welche? / war der
Zeuge Rösch, bereits im Fahrzeug sitzend, in der Lage, die
Spielchen in Gera zu durchschauen? / konnte er getäuscht
werden? / wenn ja, wie

Neunundzwanzigster Zwischenruf: Wäre bei einer anderen Todesart der Ruf nach einem Arzt nicht nachvollziehbar?
   «10. Soweit in einem Vorschlag zur Auszeichnung des Zeugen Seidel vermerkt ist, dieser habe ‹3 OPK liquidiert›, haben
die Ermittlungen ergeben, daß es sich hierbei nicht um eine
Umschreibung für eine Tötungshandlung handelt, sondern
vielmehr zum Ausdruck gebracht werden sollte, daß der Zeuge
sich um die Belange des MfS verdient gemacht hat, indem er
operative Personenkontrollen (in Form zentralregistrierter Akten) abschloß.»

das ist ein toller Satz / das Verb *liquidieren* bedankt sich / die
zentralregistrierten Akten lächeln / so viel Verständnis
konnte fast nicht erwartet werden

Dreißigster Zwischenruf: Die verständnisvolle Anerkennung
der selbstverständlichen MfS-Arbeit unterschlägt hier die psy-

chischen und existentiellen Folgen für die Opfer solcher Vorgänge. Im übrigen lohnt ein Blick auf die Auszeichnungspraxis des MfS im allgemeinen und dann im besonderen des Jahres 1981, um festzustellen, daß alle mit dem Tode von Matthias Domaschk in Zusammenhang stehenden MfS-Mitarbeiter herausragend belobigt wurden.

neueste Nachrichten des Senders Jerewan: Die werten Zeugen wurden herausragend belobigt, weil sie *Vorgänge abschlossen*, darunter den einer Feindperson, die tatsächlich unter ungeklärten Umständen verstarb, was sie sich selbst zuzuschreiben hat aus naheliegenden Gründen / was redest du denn, störst die Totenruhe! / Renates Kommentar reicht, «herausragend belobigt» reicht / sagt alles / alles? / Stille? Andacht? / und die Täter grillen im Garten? / Und das Scheißhausbecken in der Zelle wird geputzt von neuen Gefangenen / vielleicht «gewöhnlichen Kriminellen» oder Abschiebehäftlingen / und das Bürgerkomitee Gera hat die Neubelegung zahm abgenickt / «man brauche gute Gefängnisse», hätten «staatliche Stellen glaubhaft versichert» / man werde die Freizellen vergrößern und begrünen

«Nach dem Ergebnis der Ermittlungen ist auch nicht ersichtlich, welches begründete Interesse staatlicher Stellen oder des MfS vorgelegen haben soll, Domaschk zu töten ...» Einunddreißigster Zwischenruf: Niemand hat behauptet, daß staatliche Stellen in der DDR eine Tötungsabsicht hatten. Meine Anzeige im Falle Matthias Domaschk resultierte aus dem verständlichen Interesse, die Todesumstände aufzuklären. Dies ist seitens der ermittelnden Behörden bisher nicht erfolgt. ...

«... zumal er noch kurz vorher eine Verpflichtungserklärung zur Zusammenarbeit mit dem MfS unterschrieben hatte.» Zweiunddreißigster Zwischenruf: Ich beschuldige den Staatsanwalt, mit dieser Tatsachenbehauptung das Andenken eines Verstorbenen zu schänden.

«Ein Motiv für die Fremdtötung ist nicht erkennbar, da insbesondere die Aktivitäten Domaschks in der Jungen Gemeinde, was näherungsweise in Frage käme, eher von untergeordneter Bedeutung waren und er eine Randfigur war.» Dreiunddreißigster Zwischenruf: Es ist absolut absurd, in Aktivitäten der JG ein Motiv für Fremdtötung sehen zu wollen. Vierunddreißigster Zwischenruf: Randfigur ist ein diskriminierender Begriff.

«Von Domaschk ging keine Gefahr oder aufwieglerische Tendenz aus. Dies wurde offensichtlich auch vom MfS so gesehen, da Domaschk – im Gegensatz zu Rösch – nicht operativ bearbeitet wurde.» Fünfunddreißigster Zwischenruf: Diese Behauptung entspricht nicht den Tatsachen, wie schon das bisher aufgefundene Aktenmaterial belegt.

in Berlin stand seit November sechsundsiebzig eine «aktive» *Kerblochkarteikarte* in der *Hauptabteilung XX / 4 und XX / 5 /* Eintragungen zum *Biermannprotest* in Jena zur Charta 77 / Domaschk, Matthias / zahlreiche *operative* Erwähnungen in Akten von anderen kommen hinzu / und was war bei der Armee? / im November siebenundsiebzig eingezogen / Eggesin an der Ostsee war berüchtigt und achtzehn Monate sind lang / vielleicht hat Köhler gewartet? / lag vielleicht etwas in seinem Schreibtisch aus den Verhören sechsundsiebzig? / etwas Schriftliches, Renate? / eine Erklärung, von Matthias, unter Druck geschrieben? / ein *Faustpfand?*

«Die Ermittlungen haben vielmehr ergeben, daß das MfS die von Domaschk ausgehende Gefahr offensichtlich zunächst nicht allzu hoch einschätzte. In einer Lageeinschätzung der Jungen Gemeinde noch vom 20. März 1981 ist er nicht erwähnt. Ferner wurde der Bericht, den der Führungsoffizier Mähler von dem IMS Steiner bereits am 10. März 1981 erhalten hat, erst am

23. März 1981 als Tonbandabschrift gefertigt und der IMS Steiner erhielt erst am 10. April Anweisungen durch den Führungsoffizier. Dabei ist noch von Bedeutung, daß Domaschk zumindest bereits seit 1976 u. a. wegen einer Petition gegen die Ausweisung des Künstlers Biermann dem MfS (KD Jena) namentlich als Mitunterzeichner bekannt war.» Sechsunddreißigster Zwischenruf: Matthias Domaschk war nicht nur als Mitunterzeichner bekannt. Er wurde mehrmals, davon mindestens einmal unter Anwendung von Folter durch den MfS-Offizier Köhler, Horst (KD Jena), beim MfS verhört (siehe meine Zeugenaussage).

«Auch wurde der ‹Maßnahmeplan zur operativen Kontrolle ausgewählter Personen› (hier Domaschk und Rösch) in der Aktion ‹Kampfkurs› auf Grund der Information des IMS Steiner erst am 9. April 1981 erstellt. Hierbei wurde u. a. eine Funküberprüfung und eine Überprüfung des Domaschk in den Speichern der VP angeordnet, was darauf schließen läßt, daß nunmehr erstmals vollständig und umfassend aufgeklärt werden sollte.» Siebenunddreißigster Zwischenruf: Die Überprüfung in den Speichern war Dienstvorschrift für Operative Vorgänge.

«Die von Domaschk ausgehende Gefahr wurde offensichtlich als gering eingeschätzt. Dem steht weder der Bericht zu einem Vorkommnis in der Untersuchungshaftanstalt der Bezirksverwaltung für Staatssicherheit Gera vom 12. 4. 81 entgegen noch der Auskunftsbericht der ‹Objektdienststelle› vom 13. April 1981 über den Vater und die Mutter von Matthias Domaschk. Im ersten Bericht wird ausgeführt, daß Domaschk bereits seit mehreren Jahren durch die KD Jena wegen bestehender Kontakte zum politisch-negativen Untergrund in Jena unter operativer Kontrolle gehalten wurde. Letzterer Bericht führt aus, daß durch Informationen der KD Jena bekannt wurde, daß Matthias Domaschk zum ‹engsten Umgangskreis

357

von Exponenten der politischen Untergrundtätigkeit in Jena›
gehört, an konterrevolutionären Ausschreitungen (November
1976) und an einer ‹negativ-feindlichen Unterschriftensamm-
lung› teilnahm sowie ‹umfangreiche Kontakte zu negativen
und feindlichen Kräften innerhalb und außerhalb der Republik›
unterhielt. Domaschk sei auf einer Kerblochkartei des MfS erfaßt.» Achtunddreißigster Zwischenruf: Warum ist diese
verschwunden?

«Die Einschätzungen und Bemerkungen über Domaschk hinsichtlich seiner politischen Zuverlässigkeit in den vorgenannten
Berichten sind jedoch eher als Sammlung von Fakten, vielleicht
auch als Versuch zur nachträglichen Rechtfertigung der Vorgehensweise gegen Domaschk zu werten, da auf Grund des außer-
gewöhnlichen Todesfalls in der Untersuchungshaftanstalt des
MfS eine Erklärung gefunden werden mußte, weshalb Domaschk und Rösch überhaupt festgenommen worden waren.»
Neununddreißigster Zwischenruf: Die Auskunftsberichte
tragen zwar das Datum 13. 4. 81, sind aber nicht nach dem Tode
von Matthias Domaschk erstellt worden. Der Vater Gerhard
Domaschk wurde wie alle entsprechenden Kader von der OD
Zeiß in einem Sicherungsvorgang geführt, in dem alle anfallen-
den Informationen gesammelt wurden, u. a. um Auskünfte an
andere DE des MfS erteilen zu können. Daß diese Auskunftsberichte das Datum 13. 4. 81 tragen, erscheint als nachträgliche
Manipulation, denn nach bisherigen Erkenntnissen vergingen
Monate zwischen der Antragstellung durch die ersuchende DE
und dem Erhalt des Auskunftsberichtes.

du kennst dich gut aus, Renate / arbeitest jetzt in der «Außenstelle Gera» der «Gauck-Behörde» / auch wir sagen es so /
bist aus Frankfurt am Main nach Thüringen zurückgekommen
/ willst mithelfen, willst etwas klären / willst auf eine Spur
kommen / Vorsicht? / hat die etwa ein Motiv? / die hat ein Mo-

tiv, gewiß / sie will loskommen, will Abschied nehmen / in der Zelle gab es Augenblicke, da wollte ich singen und tanzen / nicht im Vernehmerzimmer / in der Zelle / allein wenn der Zellenspitzel weg war / wenn er seine Instruktionen bekam / plötzlich das scharfe Bedürfnis nach Leichtigkeit / Trunkenheit / Schönheit / nicht immer den alten gleichen Scheiß erleben / eine Revolution / ein Aufbäumen / eine Antwort auf Kuschen und jahrzehntelanges Schweigen / und jetzt? / der Staat / die Staatsanwaltschaft / die Behörde, ihre Bescheide / Formulare / Normbriefe / Dazu bemerke ich abschließend / Bezugnehmend auf Ihr Schreiben von / da kommt er schon wieder um die Ecke / der alte Scheiß / und wir, Renate, mit in der ersten Reihe / die *Feindlich-Negativen* als Positive! / «wir haben auch Bürgerrechtler unter uns»

Waren es nicht zweiundvierzig Anmerkungen, fragt die Knaststimme.

«Im übrigen entspricht dieser Bericht auch dem tatsächlichen Geschehen und steht mit dem Vorgeschilderten insoweit in Einklang, als Domaschk Kontakte zum offiziell so bezeichneten ‹politisch-negativen› Untergrund in Jena unterhielt, in dem er Mitglied der Jungen Gemeinde in Jena war.» Vierzigster Zwischenruf: Dies ist eine völlige Verkennung und Verdrehung der Tatsachen. Nur weil einige Mitglieder der JG auch Kontakte zu Vertretern der politischen Opposition, zu der Matthias Domaschk gehörte, hatten, wurde diese JG besonders beobachtet und bearbeitet. Matthias Domaschk und einige andere haben ihre politische Arbeit so gut konspiriert, daß das MfS eben nicht über alles im Bilde war, was getan wurde. Daraus zu schließen, daß er deshalb nur geringe Bedeutung gehabt habe und eine Randfigur gewesen sei, ist reine MfS-Sichtweise.

«Diese Junge Gemeinde Jena-Mitte wurde als politisch-negativer Untergrund von Mitarbeitern des MfS überwacht. Damit wurden aber auch alle Mitglieder entsprechend beobachtet, so daß man – wie in den Berichten – von einer operativen Kontrolle des Domaschk im weiteren Sinne durchaus sprechen kann und insoweit kein Widerspruch zur Feststellung besteht, die von Domaschk ausgehende Gefahr sei eher als gering angesehen worden.»

eine Randfigur ist über den Rand gegangen / die als eher gering eingeschätzte Gefahr war größer / ein Staatsanwalt geht keine Gefahr ein, wenn er das Verfahren gegen eine Randfigur einstellt, die sich selbst das Leben nahm / Herr Kern, was nun? / jetzt kommt das wieder hoch / im Mittelpunkt ein Getöteter / im Mittelpunkt ihre *Methoden* / im Mittelpunkt Gefangene und *Zersetzte*

«12. Auch soweit durch das MfS erst am 9. November 1981 eine Karteikarte der Form ‹F 16› angelegt wurde, obwohl Domaschk der Jungen Gemeinde Jena-Mitte angehörte, die durch das MfS operativ bearbeitet wurde, kann hieraus nicht der Schluß auf eine Fälschung der Unterlagen und der Untersuchungen gezogen werden.» Einundvierzigster Zwischenruf: Doch, man muß geradezu auf Fälschung schließen, denn eine solche Manipulation an Karteikarten, dem wichtigsten Findhilfsmittel des MfS, war nicht nur unüblich, sie war nach der internen Organisationsstruktur eigentlich nicht möglich. Es bleibt völlig unverständlich, warum die Rechercheergebnisse und Informationen zum Bereich Karteiwesen, die der ehemalige Leiter der Außenstelle Gera des BStU, Andreas Schmidt, zu den Akten gegeben hat, nicht berücksichtigt worden sind.

«Vielmehr liegt der Schluß nahe, da es sich bei Domaschk eher um eine Randfigur der Jungen Gemeinde Jena-Mitte gehandelt hat und es deshalb aus Sicht des MfS nicht unbedingt erforderlich war, Domaschk zu einem früheren Zeitpunkt in der üblicherweise (für Personen, von denen eine ‹Gefahr› ausgehen könnte) zur Datensammlung verwendeten VSH-Kartei (Vorverdichtungs-Such- und Hinweiskartei) zu erfassen.» Zweiundvierzigster Zwischenruf: Die ‹Sicht des MfS› ist mir bekannt. Ich erwarte von der Staatsanwaltschaft die Ermittlung der Tatsachen. Deshalb kann ich die unter III. resümierte Zusammenfassung nur als Heuchelei verstehen.

«Auch soweit die Erfassung von Domaschk, ebenso wie die des Zeugen Rösch, in der gewöhnlich aus roten Karteikarten bestehenden VSH-Kartei auf einer gelben Karteikarte erfolgte, ist dieser Umstand aus heutiger Sicht ebensowenig zu erklären wie der Umstand, daß auf der Karteikarte des Zeugen Rösch der Tag der Befragungen in der Untersuchungshaftanstalt als Tag der Anlegung der Karteikarte vermerkt ist, während dies bei Domaschk nicht der Fall ist. Wahrscheinlich ist nur, daß die Karteikarte des Domaschk im Rahmen der Archivierung des Todesermittlungsverfahrens (2. Oktober 1981) angelegt wurde und zuvor keine Notwendigkeit dafür gesehen wurde.»

ein Witz / nach Verhören und *operativen Maßnahmen* über Jahre soll keine Karteikarte vorhanden sein in der Registrieranstalt / in Berlin fanden sich mehrere / ausgerechnet keine Karteikarte! / als ob es daran gemangelt hätte / in der Viergroschenoper müßte es heißen: Was ist das Legen eines Brandes gegen das Anlegen einer Karteikarte

«Nach den nicht widerlegbaren und nachvollziehbaren Angaben der Zeugen, insbesondere der Vernehmer, gab es keinerlei Hinweise auf einen drohenden Selbstmord des Domaschk, weshalb eine entsprechende Überwachung auch nicht erforderlich war.

III. Die umfangreichen Ermittlungen haben keinen Hinweis erbracht, daß es sich im Fall des Matthias Domaschk nicht um eine Selbsttötung gehandelt hat. Die Ermittlungen haben die wiederholt geäußerten und zumeist auf Hörensagen gegründeten Zweifel an der Selbsttötung nicht bestätigt und insbesondere keine Beweise für ein strafrechtlich faßbares Fremdverschulden erbracht.

unser Wort! / insbesondere keine / insbesondere keine Beweise / insbesondere keine Beweise für ein strafrechtlich faßbares Fremdverschulden / das mußt du fassen, Renate! / damit du es weißt, Matthias, du Randfigur! Du Selbstmörder! Du Unterzeichner von Erklärungen! / Du-Selbst-Schuldiger! / tot bist du

«Ob Domaschk auf Grund der Vernehmungsmethoden in der MfS-Haft und der von ihm – aus welchen Gründen auch immer – geschriebenen Verpflichtungserklärung den Entschluß zur Selbsttötung gefaßt hat, läßt sich mangels der dafür erforderlichen Beweismittel nicht mehr aufklären. Natürlich sind die Machenschaften der Machthaber des SED-Regimes, deren Unterdrückungs- und Bespitzelungsapparat nicht zuletzt das MfS war, in keiner Weise billigenswert und auch der Abschluß dieses Verfahrens ohne Tatnachweis bedeutet nicht, daß hier die Opferperspektive verkannt würde. Das Gegenteil ist der Fall. Natürlich war Matthias Domaschk das Opfer der damals in der DDR Herrschenden, er war das Opfer der Machenschaften des MfS. Streng hiervon zu trennen ist jedoch die Frage der strafrechtlichen Verantwortlichkeit, die aus heutiger rechtsstaatlicher Sicht nicht nachgewiesen werden konnte, weshalb das Ermittlungsverfahren einzustellen war.

Kern

Staatsanwalt

Für ein Gespräch steht der Unterzeichner nach vorheriger Terminabsprache gerne zur Verfügung. Zu den Akten gereichte schriftliche Unterlagen werden Ihnen in diesem Termin ausgehändigt oder andernfalls zu einem späteren Zeitpunkt übersandt werden.»

AUSGEHÄNDIGT ODER ÜBERSANDT, aus welchen Gründen auch immer, nach vorheriger telefonischer Terminabsprache oder zu einem späteren Zeitpunkt.

Matthias, solltest du es wirklich selbst getan haben gegen dich oder «Peter Paul», gegen die Mauern und gegen den Druck und die Angst, gegen Köhler und seine leise Stimme, gegen das Nachgeben, die Ungewißheit und die Schwäche, solltest du es wirklich in diesem Raum 121 getan haben, dann warst du allein. Dann war es dein Recht, aber du warst allein. Wir haben dich nicht gewarnt oder bewahrt oder rausgeholt.

Und jetzt, im Nachhinein, kommen die nachfolgenden Feststellungen, stellt sich der Sachverhalt wie folgt dar, werden Ihnen die zu den Akten gereichten schriftlichen Unterlagen zu diesem Termin ausgehändigt oder andernfalls zu einem späteren Zeitpunkt übersandt werden. Darum schreien wir, Matthias, darum können wir keine Ruhe geben, darum sind wir starr, wenn Julia mit ihrem kurzen, blonden Haar an einem blauen Straßenschild mit weißer Schrift steht in Jena-Neulobeda … über ihr dein Name.

ICH SITZE IM SCHMALEN ZIMMER und gehe an einer Leine in verfluchten Gebäuden umher. Will es erzwingen, will die Tatsachen herausfinden und die *offizielle Version* widerlegen. Auch die der neuen Staatsanwaltschaft. Aufmerksame und wachsame Helfer umgeben mich.

Eine *Kerblochkarteikarte* finde ich von der *Hauptabteilung XX/4* über Domaschk, Matthias. Auf der Rückseite Vermerke der *HA XX/5/Analyse*, vom *14. 12. 1977: In Realisierung mit dem Vorsitzenden des «Schutzkomitee Freiheit und Sozialismus» in Westberlin, Hans-Erich Schwenger, abgestimmten Vorhabens nahmen die Renate Gross und der D. Pfingsten 1977 erste Kontakte zu dem Mitinitiator der «Charta 77», Petr. Uhl, geb. 8. 10. 41, wh.: Prag, Angelická Ulica 8, auf. Uhl gehört zu den führenden Kräften der*

«*Charta* 77»-*Bewegung. Er unterhält Verbindungen zu «Bürger-rechts»-Bewegungen in Polen, Ungarn und der SU – Verbindung zu dem im OV «Qualle» bearbeiteten Personenkreis-KD Jena (EB v. 23. 5. 80). In UHA Gera Selbstmord begangen («Stern» v. 18. 6. 81). Im Zusammenhang mit Biermann Verbindung zu dem Inhaftierten Auerbach und zu Pfarrer Wagner, Meerane.*

Die Kontakte wird Renate Ellmenreich hergestellt haben ... Ob sie Schuldgefühle hat?

Es folgt ein handschriftlicher Vermerk, der sich auf Roßberg bezieht, den Mann mit dem biederen Gesicht, der als Führungs-offizier von Stolpe zusammen mit Wiegand Pfarrer Linke *ka-puttmachen* wollte, was letzterer in schönstem Deutsch wort-wörtlich in seinen Akten fand, wenn sich der geneigte Leser dunkel erinnert. Vor zirka hundert Seiten und zirka fünfzehn Jahren. Ladwig ruft wieder an:

Steht die Veranstaltung? Aber ja, antworte ich. Zehn, fünf-zehn Minuten hast du, sagt Ladwig in seiner unnahbaren, fast kumpelhaften Art. Joachim Gauck wird persönlich anwesend sein, wir erwarten drei-, vierhundert Gäste, von wegen kein In-teresse, fügt er hinzu. «Joachim Gauck wird persönlich anwe-send sein», sagt er in einem Ton, der schriftlich nicht wiederzu-geben ist. Es soll vielleicht ironisch klingen, aber es klang nicht ironisch.

Wie klang es denn, fragt die Knaststimme. Es klang wie Christian Ladwig, sage ich.

Und was war von Roßberg auf der *Kerblochkarteikarte?*

Handschriftlich: *23. 04. 1981 – Hinweis Gen. Roßberg – wurde innerhalb der Aktion «Kampfkurs X» (X. PT 1981) als «im Ver-dacht stehend, an terroristischen Handlungen in Berlin teilnehmen zu wollen» zwecks Befragung zur BV-Gera geholt; strangulierte sich im Besucherzimmer der BV (keine Wache anwesend); hatte lose Bin-dungen zur «Jungen Gemeinde»; Kirche möchte Suizit* (Original-schreibweise) *als «Unmenschlichkeit des MfS» hochspielen.*

Von wegen keine *Erfassung* und keine *operative Bearbeitung* durch das *MfS*! Bei solchen Eintragungen! Charta 77!

Standen die großen weißen Buchstaben noch an *Haus 1*? «Ihr habt Matthias Domaschk ermordet» ... Zu diesem Zeitpunkt ja. Vor dem Anbringen der Schrift, nach dem Anbringen der Schrift, nach dem Entfernen der Schrift. Ist das unsere Zeitrechnung? Siehst du die Schrift nicht an der Wand? Doch, ich sehe sie, ich sah sie, viele sahen und sehen sie, die Schrift und die weggemachte Schrift an der Wand. Die unbesiegliche Inschrift? Ein Schlager von Donovan über die «Schrift an der Wand». Ein Gedicht von Brecht. Jetzt entfernt die Mauer! Na schön, die Mauer wurde entfernt, *Haus 1* steht. Und der Gefangene? War eine Randfigur, sagt Staatsanwalt Kern, war ein Opfer von Machenschaften. Die strafrechtliche Verantwortlichkeit, sagt er, kann aus heutiger rechtsstaatlicher Sicht nicht nachgewiesen werden.

Ist das nicht Kitsch? Hohn? Heuchelei?

Ja doch, sagt die Knaststimme, aber wie geht es weiter? Du hast nicht endlos Zeit.

Hoch Lenin! stand bei Brecht an der Wand. «Zur Zeit des Weltkrieges / In einer Zelle des italienischen Gefängnisses San Carlo / Voll von verhafteten Soldaten, Betrunkenen und Dieben / Kratzte ein sozialistischer Soldat mit Kopierstift in die Wand:» Und dann kam: H. L.! Und der sozialistische Soldat? Brecht als Häftling und Randfigur? Dieser Napf ging an ihm vorbei, diese Karteikarte. Lieber Betrunkene und Diebe als Heilige und Agitatoren? Auch wieder übertrieben. «Zur Zeit von Solidarność / Isoliert / In einem Raum des deutschen demokratischen Gefängnisses der Stasi in Gera / Voll von politischen Häftlingen, zwei Mördern und einem Kinderschänder / Soll ein oppositioneller Arbeiter sein Hemd an ein Heizungsrohr geknotet haben» ...

Du spielst, sagt die Knaststimme.

Ich dichte, äffe nach! Als Matthias Domaschk starb, hat das weltberühmte Brecht-Archiv seine Arbeit nicht unterbrochen. Auch das weltberühmte Berliner Ensemble absolvierte selbstverständlich seine Vorstellung. Nicht ein Satz, nicht eine Bemerkung vor oder hinter dem Vorhang, darauf möchte ich wetten. Gera? Mein Gott Gera! Stasi-Offiziere, das nur anbei, sind in der Regel informierter und klüger als der Rest, außerdem ist in Deutschland die Revolution der Verrat, richtig zitiert? Na schön. Und heute? Ein beleidigtes Witwen-Kopfschütteln oder ein tiefsinniger Heiner-Müller-Satz von der CD oder eine andere selbstbewußte Kaltschnäuzigkeit: Woher sollten wir denn so etwas wissen? Stimmt, woher solltet ihr so etwas wissen.

MEIN ZELLENSPITZEL, ihr Zersetzungswerkzeug, hatte recht: es gab «Phasen des Vertrauens». Ich spürte, daß er doppelt spielte. Daß er ein Schwein war, ein Zuträger und Runtermacher. Aber er war auch ein Häftling und nicht ganz bescheuert. Er wollte raus und konnte sich schon denken, daß «drüben» irgendwelche Aufmerksamkeiten existierten. Wenn er eine vorzeitige Entlassung bekäme, mußte er auch an sich denken.

Ein leiser Satz im «Zellenkrieg» ist mir in Erinnerung: «Die machen dich fertig, paß auf, sei nicht zu stur.» Ich hörte die Angst mitschwingen und den Druck, der auf ihm lag. Aber auch Respekt. Es war schon ein guter Rat, nicht zu stur zu sein. Der Baum Grien vor dem Fenster des jungen Brecht überstand den Sturm mit Schwankungen. «Sie haben den bittersten Kampf Ihres Lebens gekämpft. / Es interessierten sich Geier für Sie. / Und ich weiß jetzt: einzig durch Ihre unerbittliche / Nachgiebigkeit stehen Sie heute morgen noch gerade.» Als ich aus der Magdalenenstraße zurückkam, von Vogel, von der Mitteilung im Besucherzimmer, und die Ausbürgerungsvariante klarer wurde, sollte der *Zelleninformator* meine Reaktion testen. «In drei Tagen raus», das stand plötzlich im zugeriegelten Raum mit den häßlichen Ölsockelwänden, dem Spion und den Holzpritschen. Da fühlte er, der kommt raus, ich nicht. Der Böse kommt früher raus, der, den ich bespitzeln und beeinflussen und stören, kaputtspielen sollte, kommt eher raus. Bin ich an den gekoppelt, muß er sich gefragt haben, soll ich im Westen bezeugen, daß er lügt? Komme ich auch raus, bald oder jetzt, vielleicht sogar heute noch? Oder später, als länger gequälter Häftling, damit glaubwürdiger? Wirst du was machen, fragte er mich. Ich sah ihn an und schüttelte den Kopf, nein, ich bin fertig, muß mich erholen, will keinen neuen Ärger. Dabei hatte ich die «Vernehmungsprotokolle» im Kopf. Ich täuschte ihn und die Abhöranlage. Er wird gefühlt haben, daß meine Rede nicht stimmte. Vielleicht dachte er auch, der rächt sich, das ist gut, dann muß ich früher in den Ring und Gegenbeweise bringen, soll er draufhauen! Soll ich etwas für dich tun, fragte ich. Er schüttelte den Kopf, halt dich raus, ist besser für mich. Und dein Onkel, deine Verwandtschaft, soll ich etwas ausrichten? Nein, das wehrte er energisch ab, keine Namen, keine Nähe, raushalten! Gut, sagte ich. Was wird aus mir? war in seinem Blick. Was macht der aus mir? Die hier haben totale Macht über mich, jetzt noch der, wird er gedacht haben. Und dann kam die Wut, der Haß. Diese Augenblicke hatte ich mehrmals erlebt. Wurde er selbst erwischt, dann war der andere egal. Dann war er das brutale, fiese Werkzeug. Dann machte er alle Intrigen mit. Auch die folgende, es wird etwas schwierig:

Der Zellenspitzel sagt zum Mitgefangenen: Wenn mein Onkel, der Wirtschaftsboß, draußen aktiv ist und über mich an dich Zeichen gibt, bekommst du Rothändle in die Zelle. Das ist mit der Ständigen Vertretung abgesprochen, das haben wir vorher ausgemacht für den Verhaftungsfall ...

Es gab keinen «aktiven Onkel», keinen «Wirtschaftsboß» ... Nur die anderen Onkels ...

Was sagten die Vernehmer zu meiner Frau, nach dem Sprecher in der Magdalena, als sie mich schon wieder abgeführt hatten? Wissen Sie, was Ihr Mann jetzt raucht? Rothändle! Darüber würde er sich am meisten freuen, aber das sagt er ihnen nicht. Er will ja den Starken und Gesunden herausstellen. Aber freuen würde er sich ...

Lilo brachte zum Glück nie Zigaretten mit, nur Obst, Kuchen, Kaffee in einer Thermoskanne, Fotos von Lili, bunte Zeichnungen des Kindes. Der Trick klappte nicht, das Zeichen wurde nicht gegeben. Ich wäre nur angesprungen, vielleicht, vielleicht, eigentlich nicht, aber wer weiß ... nur dann, wenn die Rothändle überraschend von Lilo selbst gekommen wären. Das wußten sie. So weit gingen sie. So tief wollten sie rein. So raffiniert planten sie ihre Spielchen. Der andere sollte die Führung übernehmen ... «sein Onkel ist draußen aktiv» ...

Dann kommen Weisungen «von draußen»: Verfahren schnell beenden, Aussagen machen, es ist sowieso alles egal ... nur raus! Vorher muß das Verfahren abgeschlossen werden ... rasch rasch ... diktier denen, was sie hören wollen ... ist doch egal ...

Oder: «Mein Onkel» hat den Buchstaben «A» aufgezeichnet, das kann nur «Antrag» heißen ... also einen Ausreiseantrag stellen, diesen miesen Staat verlassen ...

Oder andere Regieanweisungen.

Die «Onkels» probierten Umwege, wenn es sein mußte. Der Erfolgt zählt, nicht wahr? Es ist egal, durch wen und wodurch das Verhalten eines sturen Untersuchungsgefangenen verändert wird. Die Hauptsache ist, es wird verändert! Die Aussagen werden gemacht! Dann haben wir es schwarz auf weiß und können das Verfahren planmäßig fortsetzen bzw. beenden. Und der Kerl ist runter von seinem hohen Roß! Und die Staatsanwaltschaft hat ihre Beweise!

ALS ICH DICH AM LETZTEN TAG in der Zelle stehen sah, warst du fertig und benommen. Wolltest auch raus. Tu mir nichts, sagte sein Blick. Ich leide, mich kennt keiner, Havemann und Biermann sind nicht meine Freunde, ich bin ein kleiner Fisch für sie, mich lassen sie hier vermodern. Da war er mir nahe in seinem grauen Trainingsanzug mit der braunen Intellektuellenbrille auf der Nase.

Als er neunundsiebzig nach Hamburg geschickt wurde und bei Rowohlt und im «Spiegel»-Hochhaus falsch Zeugnis gegen mich ablegen sollte, hat er es getan.

Heinz Brandt schrieb mir, als Verlag und Nachrichtenmagazin irritiert nachfragten: Ein armer Teufel, aufpassen, nicht überreagieren, will sich vielleicht wichtig machen, benötigt Geld oder hat einen Auftrag. Beachte, sagte mir Heinz am Telefon, er war drin, war Häftling. Wenn er aber noch frecher wird, greifen wir an.

Er wurde nicht noch frecher, kündigte, wenn die Akten stimmen, die *Zusammenarbeit* als «freier» Westspion auf, kam nicht zu Treffs in die Tschechoslowakei, ließ sich am Telefon verleugnen. Oder wurde auf die Warteschleife geschickt und erst mal *archiviert* von den Tricksern.

Und es gab diese Phasen des Vertrauens in der Zelle, das stimmt schon. So fest hatten sie uns nicht im Griff, uns Tierchen im Stall, unterm Rad, auf der Intensivstation, so fest nicht, auch nicht ihre *Zelleninformatoren*. Es gab Blicke und leise Zwischentöne, auch unbewußte Gesten und Versprecher, die sie nicht mitbekamen. Oder die sich nicht planen und verhindern ließen. Oder die sie planen und verhindern konnten, aber nicht wollten. Oder die querschlugen. Oder die anders wirkten, zufällig oder *planmäßig* oder *auftragsgemäß*. Dann rutschte doch irgendein Satz, ein Wort raus in dieser Enge, dieser übergroßen, tristen und erzwungenen Nähe. Irgendein Satz oder ein Wort, ein Blick. Der Spitzel war nicht nur ein schwitziges Schwein und ein Runtermacher, er war auch ein Kamerad, ein Leidensgenosse, ein Betroffener. Versuchte zu tricksen und davonzukommen. Aber ihre Waffe und ihr Quäler, Hartmut, warst du. Ich wollte dich töten. Und fast hätte ich es getan, nachts, nach einem langen, lauernden Wachen, mit dem Holzhocker. Fast, Gott, wäre ich zum Mörder geworden. Ohne Reue, Hartmut, zum Mörder. Aufatmend und verloren. Oder du.

WAS SOLL ICH ROLLE SAGEN ? Und Ladwig? Und in dieser Veranstaltung? Es werden Häftlinge dabeisein. Aber was soll ich sagen? Und Frau Schüler, tak tak, was? Und Klaus Richter? In sein breites, bebrilltes, bemühtes, kameradschaftliches Gesicht hinein? Seine Brille erinnert mich an eine andere. «Handtuchzimmer»? Schlechter Titel für ein Buch, Jenka Sperber lachte am Telefon, klingt nach Handtuch, ich bitte Sie! Wir haben immer zusammen Titel gesucht, das war wie Lotto, auch mit Malraux, ich war immer dabei, sagte sie, unbedingt ein anderer Titel, das müssen Sie mir versprechen, ich rufe nächsten Sonntag wieder an!

Und? Hörst du?

Natürlich höre ich.

GANZ IN RUHE, UND OPTIMISTISCH ... die Weltgeschichte setzt sich bald in Bewegung, das Jahr neunundachtzig nähert sich, 1984 ist schon vorbei ... kann noch ein «Fund» erwähnt werden.

Er bezieht sich auf das Jahr neunzehnhundertsiebenundachtzig.

Das «persönliche» Bündel mit dem kleinen Zettel *Informationen anderer DE/AKG XX/1988* spuckte ihn aus ... wollte aber Blatt für Blatt in die Hand genommen werden ... Im letzten Drittel fand ich die *Vorschläge* ... Bei den Verfassern wird es sich wohl um «Reformer» gehandelt haben ... Ob schon die Umbenennung der SED in PDS ins Auge gefaßt war, geht aus dem neunzehnseitigen Papier nicht hervor.

Eine gewisse Torschlußpanik ist spürbar, kesse Töne, solche und solche, kommen dennoch vor. Erörterungen zu *Personellen Schwerpunkten*, viele meiner Freunde darunter, beschließen den Reigen ... Der erste Abschnitt beginnt mit dem sympathischen Wort «objektiv», aber ein abgehärtetes «Einlesen» ist dennoch nötig, erst kommen die weltanschaulichen Gesänge ... Dann allerdings wird es happig. Ich zitiere in Auszügen:

Hauptabteilung XX　　　　　　　　　　*Berlin, 20. 08. 1987*
Vorschläge
zur weiteren politischen, ideologischen und operativen Bekämpfung
politischer Untergrundtätigkeit
Objektiv begründet durch Erfordernisse der weiteren Erhöhung der
internationalen Ausstrahlungskraft der sozialistischen Friedenspolitik
und Prozesse der weiteren Entfaltung der sozialistischen Demokratie
nimmt der Stellenwert politischer, ideologischer und operativer Mittel
und Methoden bei der Bekämpfung politischer Untergrundtätigkeit
weiter zu.

Mit dem Ziel, auch bei weitgehendem Verzicht auf eine strafrecht-
liche Verfolgung von Personen, die Aktivitäten im Sinne politischer
Untergrundtätigkeit entwickeln, alle Versuche einer Destabilisierung
sicher zu verhindern und die Formierung und das Wirksamwerden
oppositioneller Kräfte weiter zu beschränken, sind unter diesen Bedin-
gungen insbesondere
– der offensive Einsatz staatlicher und gesellschaftlicher Kräfte auf
einer noch breiteren Basis zu organisieren
– qualitativ neue Schritte zur Erhöhung der Wirksamkeit der ideo-
logischen Arbeit der Partei im allgemeinen und speziell in diffe-
renzierten Formen und Bereichen einzuleiten
– bewährte Mittel und Methoden der politisch-operativen Arbeit
weiter anzuwenden und in ihrer Wirksamkeit zu erhöhen bei

*noch konsequenterer Orientierung auf Schwerpunkte und länger-
fristige Zielstellungen*

- *der Handlungsrahmen des MfS und anderer staatlicher Organe
  bei der Anwendung rechtlicher Bestimmungen zur Bekämpfung
  politischer Untergrundtätigkeit exakt festzulegen, um einerseits
  Störungen der Gesamtpolitik der Partei auszuschließen und andererseits Staatsautorität und Rechtssicherheit sowie die Einheitlich-
  keit der Rechtsanwendung zu wahren.*

Sie dürfen nicht mehr ohne weiteres inhaftieren und ausbür-
gern, das könnte der *internationalen Ausstrahlungskraft der sozialistischen Friedenspolitik* schaden, aber es muß mehr getan werden
gegen die *feindlichen Kräfte*, die werden immer frecher ...

*1. Weiterer offensiver Einsatz staatlicher und gesellschaftlicher
   Kräfte*
*Der offensive Einsatz staatlicher und gesellschaftlicher Kräfte unter
Führung der Partei hat sich bei der Bekämpfung politischer Unter-
grundtätigkeit in folgenden Richtungen bewährt:*

- *Einsatz von Gruppen ausgewählter geeigneter gesellschaftlicher
  Kräfte zur Teilnahme an politisch-operativ bedeutsamen Veran-
  staltungen besonders in kirchlichen Räumen und deren gezielte
  Vorbereitung und abgestimmtes Auftreten (Mitglieder der
  «Christlichen Friedenskonferenz» – CFK –, CDU, des DFD, Di-
  rektstudenten des MfS an zivilen Bildungseinrichtungen u. a.)*

- *Auftreten von Experten verschiedenster Fachrichtungen (Schwerpunkt: Umweltschutz, Atomsicherheit) vor kirchlichen Personenkreisen einschließlich Gruppierungen im Sinne politischer
  Untergrundtätigkeit bzw. Einladung solcher Personenkreise zu
  offiziellen Veranstaltungen mit solchen Experten*

- *Organisierung einer kontinuierlichen «Betreuung» von unter
  den Einfluß von Gruppierungen, die im Sinne politischer Untergrundtätigkeit wirken, geratenen Personen, vorrangig durch geeignete Partei- und Staatsfunktionäre der jeweiligen Arbeitsstel-*

*len, deren Einweisung und Anleitung durch die Bezirks- bzw.
Kreisleitungen der SED*

– *gezielte Instruierung staatlicher und gesellschaftlicher Kräfte im
Rahmen ihrer funktionellen Pflichten in Vorbereitung auf Kon-
frontationen mit Organisatoren und Initiatoren politischer Unter-
grundtätigkeit, vor allem durch deren Teilnahme an öffentlichen
Veranstaltungen, im Zusammenhang mit der Beantwortung von
Eingaben oder zur Beauflagung kirchlicher Amtsträger …*

Bündnispartner nach vorn, Experten in den Kampf, positive
Kräfte heran an die Gruppierungen! Langsam geht es um die
Wurst …

2. Erhöhung der Wirksamkeit der ideologischen Arbeit
2.1. Allgemeine Erfordernisse zur Erhöhung der Wirksamkeit der ideologischen Arbeit

*Angesichts der immer stärkeren Orientierung von Aktivitäten politi-
scher Untergrundtätigkeit an den Hauptrichtungen der imperialisti-
schen Propaganda gegen die DDR und die anderen sozialistischen
Staaten, der zunehmend inspirierenden Rolle von Korrespondenten
westlicher Medien und Presseorgane im Zusammenhang mit oppositionellen Auffassungen sowie Aktivitäten politischer Untergrundtätigkeit und deren wachsenden Publizierung in westlichen Medien
sowie dem zunehmenden Drängen von Inspiratoren / Organisatoren
politischer Untergrundtätigkeit auf öffentlichkeitswirksame Aktionen
machen sich grundlegende Überlegungen zur Erhöhung der Wirksamkeit der ideologischen Arbeit der Partei im allgemeinen und der
Medien und Presseorgane einschließlich der Informationspolitik im
besonderen erforderlich. Dabei ist davon auszugehen, daß die Gesellschaft der DDR durch die derzeitige ideologische Arbeit nicht ausreichend auf die Auseinandersetzung mit feindlich-negativen Kräften
und deren Auffassungen vorbereitet wird und eine Reihe von Mängeln die Wirksamkeit der ideologischen Arbeit behindern. Das betrifft
insbesondere solche Erscheinungen, daß*

- eine Reihe von Problemen, Mängeln und Schwierigkeiten der so-zialistischen Gesellschaft faktisch tabuisiert werden, was wiederum zur Folge hat, daß auf diesen Gebieten ideologische Zersetzungs-versuche des Gegners ungehindert wirken können,
- unzureichend schöpferische Diskussionen zur Suche nach Lösun-gen für offene Probleme geführt werden und dadurch Engagement und Interesse der Leser/Zuschauer nicht optimal entwickelt wer-den,
- Tendenzen der Schönfärberei die Glaubwürdigkeit untergraben,
- Polemiken – wenn überhaupt – nicht selten anonym geführt wer-den und dadurch nur für «Eingeweihte» oder aus den Westme-dien Informierte verständlich werden,
- aus außenpolitischen, außenwirtschaftlichen und anderen Rück-sichtnahmen notwendige Auseinandersetzungen nicht geführt werden und z. B. die Konzeptionen der «Grünen» in der BRD bisher nicht umfassend aus marxistisch-leninistischer Sicht analy-siert wurden,
- auf Falschmeldungen und entstellende Darstellungen westlicher Medien/Presseorgane nur in Ausnahmefällen öffentlich reagiert wird,
- eine unzureichende Forschung zu den tatsächlichen Wirkungen unserer ideologischen Arbeit erfolgt und dadurch zum Beispiel psy-chologische und soziologische Wirkungsfaktoren ungenügend be-achtet werden.

Wir sind auch kritisch, wir haben auch Verbesserungsvor-schläge! Glasnost? Aber ja!

Nicht zu übersehen ist auch, daß breite Kreise der Bevölkerung, dar-unter viele fest mit unserem Staat verbundene Bürger, die offene und kritische Art der sowjetischen Informationspolitik als Maßstab für an-zustrebende Veränderungen auf diesem Gebiet ansehen. Gerade in diesen Fragen finden gegnerische Zersetzungsversuche und Spekula-tionen auf tiefgreifende Widersprüche zwischen KPdSU und SED *ihren spezifischen Nährboden. Bedenklich erscheint vor allem, daß durch die derzeitigen Mittel und Methoden der ideologischen Arbeit große Teile der progressiven Kräfte der sozialistischen Gesellschaft*

– *vom Vorhandensein innerer Feinde und deren ideologischen Konzeptionen keine Kenntnis haben und bei deren Auftreten überrascht werden*

– *in der Auseinandersetzung mit Andersdenkenden nicht geübt und nicht ausreichend mit überzeugenden und differenzierten Argumenten ausgestattet sind sowie nicht selten hilflos reagieren*

– *in ihrer politischen Wachsamkeit gegenüber ideologischen Zersetzungsversuchen nachlassen, da sie diese als solche nicht erkennen.*

Unter den vorgenannten Aspekten ergibt sich die Notwendigkeit, die Wirksamkeit der ideologischen Arbeit einer kritischen Analyse zu unterziehen und nach Lösungswegen zu suchen, die qualitative Veränderungen möglich machen.

Die vom Generalsekretär des ZK der SED, Genossen Honecker, auf der Beratung mit den 1. Kreissekretären (Febr. 1987) festgelegten Schwerpunkte der ideologischen Arbeit bilden hierfür einen wichtigen Ausgangspunkt, bedürfen aber des weiteren Ausbaus und der Vertiefung durch neue Überlegungen, besonders was die konkrete Umsetzung anlangt.

Sogar eine Kritik am Generalsekretär, ist das nichts? Das paßt wohl nicht ins Stasi-Feindbild? Auch wir waren für eine Veränderung der Medien! Schon während Ihrer Untersuchungshaft versuchte ein Genosse Vernehmer anzudeuten, daß innerhalb des Organs durchaus die Probleme gesehen werden ... Aber Sie, Herr Fuchs, starrten ja aus dem Fenster, spielten den Märtyrer und lehnten jede Form des Dialoges ab! Gorbatschow kam auch von innen!

2.2. Spezifische Probleme der Erhöhung der Wirksamkeit der politisch-ideologischen Arbeit

Unabhängig von grundsätzlichen Veränderungen von Inhalten, Mitteln und Methoden der ideologischen Arbeit der Partei wird vorgeschlagen, kurzfristig in differenzierter Form einzelne Presseorgane und periodische Publikationen der DDR in Übereinstimmung mit ihrem Profil und Leserkreis stärker auf die offensive ideologische Auseinandersetzung mit feindlich-negativen Konzeptionen und Auffassungen auszurichten, vor allem

- *die Bezirkspresse der SED im Zusammenhang mit örtlichen Erscheinungen und Vorkommnissen,*
- *die Publikationen des Kulturbundes der DDR (kulturpolitische Wochenzeitung «Sonntag» und Periodikum «Uhu») zu Problemen der «alternativen» Kulturszene und Fragen des Umweltschutzes,*
- *«Junge Welt» zu Versuchen der ideologischen Zersetzung unter jugendlichen Personenkreisen,*
- *gesellschafts- und rechtswissenschaftliche Publikationen zu Fragen der Entwicklung der sozialistischen Demokratie und des Rechtssystems der DDR,*
- *«Horizont» zu politischen Konzeptionen von Parteien und Organisationen in der BRD und den Versuchen ihrer Einmischung in die inneren Angelegenheiten der DDR,*
- *Presseorgane der CDU und «Weißenseer Blätter» zur Auseinandersetzung mit reaktionären kirchlichen Auffassungen und Erscheinungen des politischen Mißbrauchs der Kirche,*
- *gesundheitspolitische Publikationen zu Problemen Homosexueller,*
- *interne Parteiinformationen als Basis für die mündliche Agitation.*

Darüber hinaus wird vorgeschlagen, ein spezielles periodisch erscheinendes Publikationsorgan zu schaffen, mit dem eine direkte ideologische Auseinandersetzung mit feindlich-negativen ideologischen Konzeptionen und deren Trägern in der DDR geführt wird. Dieses Publikati-

onsorgan soll durch einen Sonderstatus abgesichert werden, um zu ver-
meiden, daß die in ihm geführten Polemiken regierungsoffiziellen
Charakter annehmen und damit auf außenpolitische, außenwirt-
schaftliche und andere staatliche Interessen der DDR «durchschlagen».

Eine derartige Zeitschrift und ihr besonderer Status könnte ent-
stehen durch

− *Umprofilierung der «Weltbühne» ...*

Ossietzky! KZ Sonnenburg, später Bürgermoor, Papenburg-
Esterwegen ... Friedensnobelpreis neunzehnhundertsechsund-
dreißig ... daraufhin Entlassung des Schwerkranken ... bis zu
seinem Tode neunzehnhundertachtunddreißig unter Gestapo-
aufsicht ... Ossietzky!

... als Organ eines neu zu bildenden gesellschaftlichen Beratergremi-
ums beim Staatsrat oder Ministerrat der DDR

− *als Organ eines wissenschaftlichen Instituts der Akademie der*
Wissenschaften oder des Instituts für Internationale Politik und
Wirtschaft

− *als Zeitschrift einer exklusiven Gruppe von Gesellschaftswissen-*
schaftlern (z. B. mit Prof. Kuczynski).

... Diese Zeitschrift soll darüber hinaus eine Funktion im Differen-
zierungsprozeß unter oppositionellen und kirchlichen Kreisen erhal-
ten.

Von den anderen Presseorganen der DDR soll sie sich vor allem da-
durch unterscheiden, daß ...

− *im Interesse einer wirksamen Polemik auch Veröffentlichungen*
westlicher Medien original wiedergegeben und kommentiert wer-
den ...

− *eine auch kontroverse Diskussion um ungelöste Fragen und Pro-*
bleme geführt wird,

Jetzt wird es witzig! Jetzt kommt das pressefreie, kontroverse
Kätzchen aus dem Sack:

– Informationen des MfS in geeigneter Weise und in relativ großer Breite verwertet und z. T. durch eigene Informationsquellen abgedeckt werden ...

Hat der «antifaschistische, linksbürgerliche Publizist und Kämpfer für die Völkerverständigung, der dem polnischen Adel entstammende Angestelltensohn, welcher schon vor 1914 offen gegen den Militarismus und die Mißstände im Wilhelminischen Staat kämpfte», verstanden? Aus der «Weltbühne» sollte eine Stasibühne werden!

Moment mal, «werden»? Wer durfte denn dort schreiben zu DDR-Zeiten?

Und wer gestattete die Übernahme des guten Namens? Wurde jemand gefragt?

Weiterhin wird vorgeschlagen, daß parallel zu dem Projekt von Organisatoren politischer Untergrundtätigkeit, eine umfangreiche Dokumentation über die Entwicklung der «unabhängigen Friedensbewegung» in der DDR zu erstellen, ein langjährig in diese Prozesse integrierter IM ausgewählt wird, der sich zu gegebener Zeit von den politischen Untergrund-Organisatoren lossagt und eine entsprechende (langfristig vorzubereitende) Gegendarstellung veröffentlicht.

An wen war denn gedacht? An Böhme? Schnur? Vielleicht was über Wehrdienstverweigerer? Oder Kirchner? Arbeitete er schon an seinem «Brief aus Weimar»? An der Großen Koalition CDU-SED, um den Machtverlust der Genossen abzuwehren in dramatischer Stunde?

Aber zurück zur Realität: Bis hierher die neue Fassade der, zugegeben, «effektiveren Variante» ...

Aber wie bei den Spielfiguren von Daniel, wo sich der finster ausgerüstete Power-Ranger mittels einer «Transforming Action» in einen friedlichen Teenager verwandelt und umgekehrt ... Wie das geht? Den unteren Teil des Rückens hineindrükken: schwupp di wupp wechseln die Köpfe … und die *Bekämpfung* geht weiter:

3. *Weitere Gestaltung der politisch-operativen Arbeit zur Bekämpfung politischer Untergrundtätigkeit*

3.1. Hauptrichtungen der politisch-operativen Arbeit gemäß Dienstanweisung (DA) 2/85

Es ist davon auszugehen, daß die Grundrichtungen der derzeitigen politisch-operativen Bekämpfung politischer Untergrundtätigkeit beibehalten werden mit den Schwerpunkten:

– *inoffizielles Durchdringen und Beeinflussen feindlich-negativer Zusammenschlüsse,*
– *Maßnahmen der politisch-operativen Zersetzung,*
– *Informationstätigkeit an die Partei, staatliche und gesellschaftliche Organe,*
– *beweismäßige Dokumentierung von Rechtsverstößen als Basis von rechtlichen Maßnahmen unter veränderten Lagebedingungen,*

Nicht überlesen: *unter veränderten Lagebedingungen* – wird's was geben! Wenn in Moskau *die Ergebnisse der Großen Sozialistischen Oktoberrevolution erfolgreich gesichert wurden* … Dann könnt ihr wieder *rechtliche Maßnahmen* erleben …

– *Anwendung von Ein- und Ausreisesperren zur Einschränkung des Handlungsraumes feindlich-negativer Kräfte.*

Darüber hinaus wird vorgeschlagen, in folgenden Richtungen die Wirksamkeit der politisch-operativen Bekämpfung politischer Untergrundtätigkeit zu erhöhen:

– *Durchführung konspirativer Aktionen zur Zerstörung/Beeinträchtigung der materiell-technischen Basis für die Herstellung von Untergrundzeitschriften (Vervielfältigungstechnik, Papiervorräte, Druckfarben, Verteilungssystem u. a.)*
– *Formierung und Bindung oppositioneller Kräfte auf Nebenkriegsschauplätzen der ideologischen Auseinandersetzung, insbesondere durch Förderung der sogenannten 2/3-Weltgruppen.*

379

- *Kompromittierung von extremen Vertretern politischer Unter-grundtätigkeit durch Herstellung von Beziehungen zu rechtsex-tremen neofaschistischen und anderen dubiosen Gruppierungen.*
- *Schaffung einer breiten ablehnenden Front unter kirchlichen Amtsträgern, Synodalen, Gemeindekirchenräten und Gläubigen gegen die Bewegung «Kirche von unten» bei weiterer Verstärkung anarchistischer und chaotischer Tendenzen in dieser Bewegung.*
- *Umfassende Nutzung der Möglichkeiten der Öffentlichkeitsarbeit des MfS für die Bekämpfung politischer Untergrundtätigkeit und ihrer Wirkungserscheinungen.*

3.3. Personelle Schwerpunkte

Auch weiter ist die Feststellung zutreffend, daß die bedeutendsten Ak-tivitäten politischer Untergrundtätigkeit und die entsprechenden Ver-bindungen zu Feinden im Operationsgebiet von einer überschaubaren Anzahl, vorwiegend im Raum Berlin konzentrierter Personen ausge-hen.

Diese hartnäckigen Feinde, die mit hoher Intensität und Fanatis-mus wirken, zu isolieren bzw. einzuschränken, muß deshalb in den Mittelpunkt der Bekämpfung politischer Untergrundtätigkeit gestellt werden. Zu den wichtigsten dieser Personen sind langfristig angelegte Bearbeitungsziele festzulegen und durch koordinierten Einsatz aller verfügbaren operativen Mittel und Möglichkeiten zu realisieren.

Jetzt wird es persönlich und konkret, jetzt fallen Namen. Jetzt müßte klar werden, was wirklich gemeint ist mit Glasnost und Perestroijka in Lichtenberg ... Ob Girke und seine *operativen Psychologen* an der «Erstellung» der reformerischen *Schwer-punkte* beteiligt wurden? Im Rahmen des *politisch-operativen Zu-sammenwirkens?*

JAHN, *Roland*

Konzentrierter Nachweis einer möglichen geheimdienstlichen Steue-rung über seine finanziellen Quellen.

380

TEMPLIN, Wolfgang
Zielstrebige glaubhafte Verbreitung von Indizien für eine Zusammenarbeit mit dem MfS, wofür die bekannte Unzuverlässigkeit, der sporadische Arbeitsstil und die relativ häufige Wirkungslosigkeit des T. und seine unklaren Einkünfte (ohne Arbeitsrechtsverhältnis) günstige Anhaltspunkte bieten.

POPPE, Gerd
Unterstützung vorhandener Resignationserscheinungen mit dem Ziel der Motivierung für eine Übersiedlung in die BRD.

BOHLEY, Bärbel
Inspirierung und Genehmigung eines längerfristigen Aufenthaltes im NSW (England, Frankreich), eventl. verbunden mit künstlerischen Aufträgen, die sie arbeitsmäßig binden.

BÖTTGER, Martin
Heranziehung durch leitende kirchliche Amtsträger für ein stärkeres Engagement in der Kirche, eventl. zur Bekämpfung der kirchlichen Interessen abträglichen Bewegung «Kirche von unten».

FISCHER, Werner
Bestärkung in seinem Projekt, eine eigene Untergrundzeitschrift herauszugeben und Beeinflussung der entsprechenden Aktivitäten in einer Weise, die zu einem Fiasko führen und die offenkundigen intellektuellen und psychischen Mängel bestätigen.

EPPELMANN, Rainer / HIRSCH, Ralph
Forcierung der angebahnten Kontakte zu CDU-Kreisen und eventl. Ausdehnung auf noch rechter stehende politische Kräfte in der BRD mit dem Ziel einer perspektivischen Abspaltung von der «links» orientierten Mehrheit der PUT (Politische Untergrundtätigkeit)-Kräfte.

RATHENOW, Lutz
Nutzung der ausgeprägten Geschäftstüchtigkeit des Rathenow zur Anbahnung geschäftlicher Beziehungen zu rechtsextremen Kräften als Ausgangspunkt seiner Kompromittierung, eventl. auch Verleihung entsprechender Preise, Ehrenmitgliedschaften u. ä.

KRAWCZYK, Stephan / KLIER, Freya
Unterbreitung von offiziellen Arbeitsangeboten mit Möglichkeiten der Einflußnahme auf den Inhalt und Rahmen ihrer «künstlerischen» Tätigkeit.

GRIMM, Peter und weitere Herausgeber des «Grenzfall»
Organisierung von «Pannen» in der inhaltlichen Gestaltung, Herstellung und Verteilung des «Grenzfall», die ihre Unfähigkeit hinsichtlich einer journalistischen wie auch konspirativen Arbeit nachdrücklich beweisen.

HAVEMANN, Annedore («Katja»)
Zielgerichtete Fortsetzung einer Sonderbehandlung bei Reiseanträgen und anderen privaten Vorhaben, die sie von ihrem Umgangskreis abhebt und langfristig als Ausgangspunkt für Zersetzungsmaßnahmen genutzt werden kann.

In analoger Weise sind Bearbeitungsziele zu folgenden weiteren Personen festzulegen: LIETZ, Heiko; MECKEL, Markus; TSCHICHE, Jochen; RICHTER, Edelbert; BELEITES, Johannes; EIGENFELD, Kathrin; SCHULT, Reinhard; KULISCH, Uwe u.a ....

Anruf von BF, man habe von einem interessanten neuen Dokument gehört, eine Glasnost-Fraktion in der Abteilung XX ...

Interne Kurzmitteilung: Lasse Kopien anfertigen, sie kommen auf dem Dienstweg.

Wie schnell sich etwas herumspricht.

Personelle Schwerpunkte ... sehr subtil, Katja mit Sonderbehandlung, Bärbel außer Landes, Roland Jahn ein Agent ... Die Reformer! Ihr weiterer Ausbau der festgelegten Schwerpunkte, ihre Vertiefung, ihre neuen Überlegungen, ihre Umsetzung ...

Gott bewahre.

BROCKEN AUS
NICHTS

IN EINEM ZIMMER in *Haus 8* lerne ich Herrn Kaiser kennen, einen lächelnden, grauhaarigen, vorsichtigen Archivmitarbeiter, dessen Frau ebenfalls Archivmitarbeiterin ist. Manchmal kommt sie kurz herein und wartet auf ihn, sie gehen dann schnell was essen. Beide sind froh, Arbeit zu haben, auch ihre Kinder haben Arbeit, in Westdeutschland, in einer Firma und in einer Bank. Gottseidank, sagt Frau Kaiser, das ist ja das Wichtigste heutzutage, sein Einkommen zu haben. Diese Veränderungen nach so vielen Berufsjahren, das ist ja schwierig, sagt sie. Meinen Mann habe ich hier untergebracht.

Herr Kaiser bearbeitet die «Kirchenstrecke», von der er anfangs keine Ahnung hatte, so seine Auskunft. Er stellt Listen zusammen, Begriffe, Oberbegriffe, Findhilfsmittel. Ein Stasi-Offizier hatte eine Übersicht erarbeitet «über die Kirche», Herr Kaiser konnte sie gut nutzen. Woher soll ich das alles wissen, sagt er entschuldigend, Synoden und so weiter, was das genau ist, welche Vertreter da zusammenkommen, das weiß ich nicht. Er arbeitet leise, fast still und mit freundlicher Miene.

Ich war Reisekader, sagt er. Sie bearbeiten doch auch diese Strecke, nicht wahr, Herr Fuchs?

In den Bündeln kommen immer mal wieder *Reisekader* vor, Einschätzungen, Bestätigungen, das stimmt. Aber ich suche Oppositionelle, *bearbeitete Feinde* … in diesen verschnürten *AKG-Bündeln* der *HA XX* …

Vielleicht, sagt Herr Kaiser, finden Sie auch mich. Ach nein, will ich ihn trösten, Sie bestimmt nicht, Herr Kaiser … Vielleicht finde ich etwas, denke ich.

Emsig ordnet er seine Kirchenmappen. Ab und zu sieht er

aus dem Fenster … Da unten, sagt er mit freundlich-schmerz-verzerrtem Gesicht … ein Kunststück, das er irgendwie fertig-brachte … da unten liegen Robotron-Geräte, alle auf einem Haufen, dazwischen neuere Modelle … Die rangieren alles aus, machen alles neu … Er verstehe das, neue Technik sei immer gut … Ich war bei Robotron, habe das Unternehmen auch im Ausland vertreten, sagt er, wir waren immer Schritte zurück, objektiv gesehen … Aber nicht alles war Schrott, wir hatten auch gute Geräte … Da unten liegen welche.

Wir befinden uns in *Haus 8*, im achten Stock.

Ob ich mir eine Tastatur mitnehme, fragt er eines Tages, eine Tastatur ist leicht, die schmeißen alles weg, hat mir ein Arbeiter unten gesagt … Er nimmt sich eine Tastatur mit, vom Schrott, sagt er, vom großen Haufen unten …

Robotron hat die Stasi beliefert, sage ich. Er sieht mich überrascht an. Die Stasi? Ja, sagt er dann, sieht so aus. Wenn ich den Haufen da unten sehe, die hatten allerhand Geräte, darunter die modernsten. Mag schon sein, sagt er nach einer Weile, wir haben alle beliefert, Interflug, die großen Kombinate … Es gab ja nur eine Firma …

Sie waren Techniker, frage ich. Diplomingenieur, sagt Herr Kaiser. Er lächelt freundlich und verlegen. Vielleicht lächelte er schon immer so, bei Robotron und auf Reisen, vielleicht schon in der Kindheit, in der Jugend … Manchmal wird er nicht lächeln, nicht freundlich sein, nicht verlegen … Dieser nette, ältere, fremde Mann würde bei technischen Problemen bestimmt helfen … Mühen auf sich nehmen … Überstunden machen …

Es berührt mich, wie er aus dem Fenster sieht.

Ich finde nichts über ihn. Habe ich gesucht?

Nein. Warum nicht? Ich wollte nicht suchen. Ich weiß, wie es ist und wie es geht, wenn man nicht suchen will. Zwei *Reise-kader* aus Jena huschten als *Vorgang* über den Tisch, ihre *politische Zuverlässigkeit* … Ich kannte sie, mochte sie, das nächste

Blatt bitte. So geht das, es ist mitunter ganz einfach, es gibt viele Blätter, Mappen und Ablagen. Schrecklich, in ihren kleinen Zimmern zu sitzen und ausgeweidete, durchwühlte Biographien zu berühren. Durch die Stasi-Brille *operativ bedeutsame Ereignisse* zu erfahren und diverse *Erfassungsverhältnisse*.

Du sollst unsere Leute rausholen aus diesen Papieren, sagt die Knaststimme. Es war ein Auftrag. Und eine Anmeldung im Irrenhaus, ein Eindringen in diese Büros aus *Berichten*, *Plänen* und strukturierten, «versachlichten», selbstgenehmigten Gemeinheiten.

Ich rauche, trinke Kaffee, lutsche Pfefferminzbonbons.

Wollen Sie an dieser Stelle über Krankheiten und etwaige Diagnosen berichten, Herr Fuchs? Volker Braun schrieb ein Gedicht über Rudolf Bahro ...

No. Abgang ist überall und Unkraut vergeht nicht. Strenge Lehrer wollen *Ruhe* haben, aber einer quasselt bestimmt weiter. «... Die das Scheinwerferlicht überfährt, / Als wären vom Nichts sie durchwebt, Brocken / Aus Nichts, sie sind gleichwohl Unseresgleichen. / Vielleicht gibt es nicht mehr die Sonne. / Vielleicht bleibt es dunkel für immer ... / ... Vielleicht ist dies die Ewigkeit, die uns erwartet: / Nicht der Schoß des Vaters, sondern Kupplung, den ersten Gang einlegen. / Vielleicht sind Ampeln die Ewigkeit.» Primo Levi, der schon zitierte, schrieb auch Gedichte. Dieses hier am 2. Februar 1973. Er ist ein Bruder, ein Kamerad. Darf ich das sagen? Ich, ein Deutscher, der nicht im KZ saß? Ja.

Wer sagt ja?

Ein Ich. Ein untergegangenes und gerettetes Ich.

Fortsetzung folgt? In Kürze. Wer hat denn die Macht? Grau ist die Bürotür wie das Telefon und der Himmel an einem verregneten Tag.

LYRISCH wird *der Beschuldigte* bei seinen Recherchen in *Haus 6*, im neuen Hinterhof des Beauftragten, wenn ihm die Akten, *Richtlinien* und der «BStU-Leitfaden» aus den Augen hängen und der Stahlschrank wächst, in die Seele hinein, in das Danach hinein, in sein Leben hinein, und das kleine Zimmer füllt und füllt sich ... *Der Beschuldigte* – wie oft er diese Formulierung hörte im *Ermittlungsverfahren* ...

Es ist eigentlich die Zeit der Hoffnungen, der Sachbücher, Bescheide, Kündigungen, Zusammenbrüche, Bilanzen, Pleiten und sehr hohen Gewinne. Auf welcher Seite steht der Nachbar? Was sagt der Freund? Welche Träume träumst du?

Daniel, der fünfjährige Sohn, trägt ein Fußballtrikot, die kleinste Größe, «Bayern gegen München», sagt er stolz und will immerzu Fußball spielen. Aber im April gibt es Schauer und Stürme, nicht jeden Tag scheint die Sonne. Warum, fragt er, scheint nicht jeden Tag die Sonne? Er will draußen Fußball spielen in seinem neuen Trikot, jeder soll es sehen.

Viele Erwachsene sind in der Normannenstraße unterwegs. Vielleicht sollte ich flüchten und auch diese Stadt verlassen. Jetzt lebe ich ja in der Stadt, die mich inhaftierte. Der Ostteil kam hinzu ... Hier, aus diesen Gebäuden heraus wurden zehn Jahre lang Aktionen gestartet, die *Feinde* wie mich stören, beeinträchtigen sollten. Durch die ersehnte Öffnung der Grenze bin ich in einer neuen, vielleicht prekären Situation. Und ich gehe immer näher ran ... warum? Wo führt das hin?

Fiktive Fragen an vorbeigehende Mitbürger (das läuft innen ab, automatisch): Auf welcher Seite stehen Sie? Fast wie im Lied von Hartmut König, «Sag mir, wo du stehst ...» Habe ich jetzt die Angst, den *Wer ist wer?*-Sortierwahn? In der «Aufarbeitungs»-Variante *Wer war wer?* Was war der Mann vom Wachschutz, was der Filialleiter der neuen Kaufhalle, was der Bürgermeister, was der «erste demokratisch gewählte Rektor» der Jenaer Universität, die nach einem benannt ist, der flüchten mußte, Stücke schrieb, aufsässig war und auch mal ein Haus haben wollte mit Frau, Kindern und einigen Ruhm bei angeschlagener Gesundheit. Goethe in Weimar war älter, stabiler. Konkurrenz ja, Feindschaft nein, also doch Freundschaft, später als Denkmal in trauter Nähe, Schulbuchautoren beide, Klassiker.

Es darf gelacht und gehöhnt werden, wo sind denn die Enthüllungen? Kommen die noch? Muß die Geschichte nun umgeschrieben werden oder nicht ...

... Dafür ironische Sätze, merkwürdige Vergleiche: Zwischen Weimar und Jena konnte es nur im Feudalismus so zugehen, bei Fürsten und Dichtern am Hofe. Die *Hauptabteilungen XX*/7 oder *8* oder *9* oder *4* oder *5* hätten ganz anders Schicksal gespielt per Telefon und *Kurierdienst*, viel *effizienter*, nach *Maßnahmeplan* und *politisch-operativer Einschätzung* ...

Sie müssen viel mehr erläutern und beschreiben, Goethe und Schiller sind klar, aber worauf wollen Sie jetzt hinaus? Auf Bürgerkomitees? Auf diese wunderbaren, tollen Menschen? Bisher gibt es einige Broschüren und Zeitungsberichte, immerhin. Die Frage ist allerdings, ob diese wunderbaren und tollen Menschen irgendeinen Leser interessieren, der Absatz ist zur Zeit sooo schlecht, aus Osteuropa ist kaum etwas zu verkaufen, obwohl überzeugende Autoren gedruckt werden müßten. Vielleicht muß man einfach auf die nachrückende Generation warten, die momentan mit Computern beschäftigt ist. Oder auf deren Kinder ...

Warten? Beckett müßte doch auch eine Karteikarte haben? Oder steht gar *Material* dahinter? War er nicht ein *dekadenter bürgerlich-reaktionärer Autor?* Ob sie «Autor» geschrieben haben? Im Handtuchzimmer kann ich mich nicht auswechseln, ich kenne eben «Murphy» und «Molloy», ich weiß eben, daß «Malone stirbt» und «Glückliche Tage» bevorstehen, ich habe eben «Boehlendorff und Mäusefest im Kopf» vom anderen

Herrn mit B. wie Bobrowski, wenn ich vor diesen Akten sitze oder durch ihre Hinterhöfe schlendere ...

Soll ich «Beckett, Samuel» in ein Formular schreiben? Das Geburtsdatum ... neunzehnhundertfünf oder sechs, aber das genaue Datum ... Ohne das Geburtsdatum kann Ihr Antrag nicht bearbeitet werden, es könnte zu Verwechslungen kommen. Ist die Person Engländer? Geburtsort wissen Sie? Dublin.

Ich lasse es bleiben.

Zu Hause schlage ich im «Lexikon der Weltliteratur» nach, DDR-Ausgabe von 1963, der Zeit nach dem Mauerbau ... da war es im Inneren etwas freier ... dann das *11. Plenum der SED*, fünfundsechzig, Biermann und Havemann am Pranger ...

23. 4. 1906! Und was schreiben sie? «... Beckett, Samuel ... irischer Erzähler und Dramatiker ... Seine Romane und Dramen spiegeln Leere, Auflösung und Verfall der spätbürgerlichen Gesellschaft und ein enthumanisiertes Menschenbild. Die Romane geben Bewußtseinsschilderungen und Reflexionen entwurzelter Charaktere. Mit seinen Dramen ist B. führender Vertreter des sich avantgardistisch gebenden ‹absurden› Theaters. Er ist ein Exponent der bürgerlich-dekadenten Literatur.» Ach: *dekadent* ... auch das Wort *Exponent* kommt vor ... Das hatten wir doch schon: *Exponent des feindlich-negativen Untergrundes zur Bildung einer sogenannten «inneren Opposition»* ... Und was erklärt dazu der Große Duden? Ich nehme die 15. Auflage von 1964, VEB Bibliographisches Institut Leipzig, Seite 117: «dekadent (heruntergekommen, entartet) ‹lat.› / Dekadenz, die, Wesf – (allgemeiner kultureller Verfall)». Na also, jetzt haben wir doch noch eine Kostbarkeit gefunden. Im «Glossar Nr. 4» des Europäischen Übersetzer-Kollegiums von 1988 wird «NS-Deutsch» analysiert, bei *entartet* steht zu lesen: «nicht den offiziellen Vorstellungen von der nordischen Rasse und Wesensart entsprechend; aus der Art (Rasse) geschlagen; *entartete Kunst:* entsprach nicht den nationalsozialistischen Kunstvorstellungen, weil sie

die *arteigenen, in der rassebedingten deutschen Seele liegenden Werte* nicht zum Ausdruck bringe; *geschlechtlich Entarteter:* jemand, der eines Sittlichkeitsverbrechens beschuldigt wurde.»

Becketts Warten.

Was war der Mann vom Wachschutz, was der «Einarmige im Gehölz», den Brecht nach seiner Rückkehr aus dem Exil sah … «Vor acht Jahren/ Da war eine Zeit / Da war alles hier anders. / Die Metzgerfrau weiß es. / Der Postbote hat einen zu aufrechten Gang. / Und was war der Elektriker?» Vor acht Jahren, sogar die Zahl stimmt … Nach einer grossen Zeit: Brecht mit seinen lyrischen Notizen war dann wohl auch paranoid und nachtragend? Nicht ausreichend versöhnungsbereit? Brachte immer wieder Fünf-, Sechs- und Siebenzeiler auf den Tisch der Heimat?

«Uns-re Hei-mat», singen, «das sind nicht nur die Städ-te und Dör-fer», singen! Peinlich?

Ist nicht von Brecht.

Gern wurde dieses Lied gesungen, sogar von den Rabauken im Musikunterricht … der ziehende, leise Ton, «Hei-mat» … Biermanns «Polizeimat» kurz nach der Ausbürgerung in einem Lied, war verboten, fremd und fern. Aber «Uns-re Hei-mat sind auch all die Bäu-me im Wald. / Uns-re Hei-mat ist das Gras auf der Wie-se, / das Korn auf dem Feld und die Vö-gel in der Luft / und die Tie-re der Er-de und die Fi-sche im Fluß / sind die Hei-mat.» … Wenn die Melodie so aufsteigt, sagt Lilo, dieses Lied habe sie mit Begeisterung gesungen …

Die kitschige Melodei suchen, in Ranzen kramen, «Frisch auf singt all ihr Musici», Lilo Uschkoreit, Klasse 7b, Volk und Wissen Berlin, 1965, Seite 56: «Junge Pioniere lieben die Natur», für «Solo, Chor (bei der Wiederholung ‹Uns-re …›), Akkordeon und andere Instrumente … Worte: Herbert Keller (geb. 1922), Musik: Hans Naumilkat (geb. 1919).»

Was war der Texter? Was der Komponist?

UND DER ELEKTRIKER? Mein Vater, Jahrgang sechzehn, ist gelernter Elektriker. Alle beim Namen nennen? ...

Warum soll ich meinen Vater nicht beim Namen nennen? Weil er mein Vater ist? Weil er alt ist und wenig spricht? Weil ich Angst habe? Weil er lebt und vielleicht erschrickt oder nicht will, daß ich etwas schreibe?

Robert Havemanns Vater ergriff mit über neunzig einen Lehnstuhl und wollte den Sohn erschlagen: Wieder hast du einen politisch verführt und ins Unglück gebracht, schrie der Ältere den Jüngeren an. Ich saß im Gefängnis und wurde verhört, na was is mit dem Havemann, bumst der gerade Ihre Frau, wolln Se nicht doch Aussagen machen, vielleicht komm Se raus, bevor der nächste Geschlechtsverkehr beginnt. Da schüttelte ich den Kopf, und ein Haß kam mir rasch zu Hilfe, ein heller, hilfloser Haß.

Havemanns Vater war in der NSDAP? Und Ihrer? Nicht. Aber Soldat war er? Ja. Letzter Dienstgrad? Oberfeldwebel, Nachrichteneinheit, Funker, zuerst Luftwaffe, dann am Ladogasee, verschüttet, ausgegraben, auf einem Schlitten zum letzten Flugzeug gezerrt, einer JU 52. Eine kleine JU 52 steht bis heute auf seinem Schrank. Ohne diese JU 52 hätte es mich nicht gegeben, seltsam, nicht? Was wollte er am Ladogasee? Er war ein Eindringling, ein Angreifer. War er ein Kriegsverbrecher? Welcher Kriegsteilnehmer war kein Kriegsverbrecher? Welcher angreifende Kriegsteilnehmer macht den verteidigenden Kriegsteilnehmer nicht zum Kriegsverbrecher? Ein Ring, ein Kessel, ein Sog entsteht. Zeigt doch eure Fotos, ohne Schonung, ohne Beschwichtigung, ohne Lüge! Hört doch den Ton von Borchert und Remarque.

Ihr habt angefangen.

Ich war Lehrling im Elektrogeschäft Kluge, dann Geselle, dann Soldat. Ich war im Krieg, sagt mein Vater, zurück kam ich auf Krücken. Mein jüngerer Bruder kam nicht, er blieb in

Afrika, mit zwanzig Jahren, mit zerschossener Brust, seine Brieftasche liegt im Stubenschrank. Hans, der ältere, wollte nicht an die Front, hörte heimlich Sender ab, schrieb Gedichte, arbeitete in einer Textilfabrik. Vierundvierzig mußte er noch raus, vermißt ... Erzähl weiter, sage ich. Ich kann nicht weitererzählen, sagt mein Vater.

Wir waren jung, wir haben nichts gewußt. Als ich nach Berlin kam, meine Schulfreundin Margot besuchte, auf die bis fünfundvierzig ein KZ gewartet hatte, sah ich die U-Bahn-Schächte ... Mit Wasser hat er sie vollaufen lassen, von wegen Führer, dieser Verbrecher, sagt meine Mutter. Das zerquälte Schweigen am Abendbrottisch, wenn ich fragte: wieso nichts gewußt? Ach ihr, was wißt denn ihr! Dein Blauhemd ist gewaschen und hängt im Schrank! Ach ihr!

Zeigt eure Briefe, eure Fotos ... wer ist kein Kriegsverbrecher, wenn die Grenzpfähle weggedrückt werden und die Panzer vorrücken und die Feldpostbriefe geschrieben werden? Wer ist kein Verbrecher, kein Mörder, wenn er an der Grenze steht mit einer MPi und Flüchtende kommen? Was soll da noch abgestritten und herumgeredet werden?

«Ich habe ein anderes Verhältnis zum Tod», Ernst Jünger. Und was ist mit den anderen? Mit dem Sohn? Heldengrab? «Stahlgewitter»? Im Garten umhergehen, große Leute kommen zu Besuch, die Schmetterlingssammlung. Oder Käfer?

Hast du geschossen, frage ich am Abendbrottisch meinen Vater. Er hat geschossen, er ist mein Vater, ich bin der Sohn. Die Bahnstrecke führte durch Polen. Das Sterben im Lazarett, er trank flaschenweise Lebertran, schickte den Pfarrer weg. Biermanns Vater hatte keinen Lebertran, keine Waffe, keinen Besuch und keinen «Rücktransport in die Heimat». Hätte er doch zumindest eine Waffe gehabt und Munition ...

Wie verlief die Bahnstrecke? Kamen Güterzüge vorbei, waren die Luken mit Stacheldraht verschlossen? Schrie jemand, zeigte sich eine Hand? Soldaten in Militärtransporten waren bewaffnet, oft von der Zahl her den SS-Bewachern überlegen, hätte man nicht handeln müssen? Waren alle kuschig und verhetzt?

Wolf Biermann übersetzt Katzenelson. Ich bin für Widerstand gegen Verbrecher, auch für bewaffneten. Aber wohin führt der Weg?

Ein Schweigen ist da, ein höfliches Aussparen und Übergehen, etwas Peinliches. War mein Hohenschönhausen die Strafe? War die *operative Zersetzung* von Familien, von Freundeskreisen, das Einmauern der DDR-Bevölkerung die Strafe für die Nazi-Verbrechen? Mußten wir stillhalten? War die Stasi ein historisch berechtigtes *Vollzugsorgan?*

Lehnt euch auf, sagte Havemann, auch Manès Sperber, ihr müßt keine Diktatur ertragen. Da riß ich mich los.

Wenn einer aus dem Zuchthaus kommt, er kann in der Todeszelle gesessen haben, und seine Kinder quält, sie schlägt, ist er ein mieser Kerl, sagte Havemann. Laßt euch nicht beherrschen, sie wollen, daß ihr kuscht. So kann man auch aus dem Krieg kommen, als mieser Kerl, der nichts begriffen hat, nichts bereut, der weiter Sprüche klopft. Man kann aus dem KZ kommen und zur Stasi gehen oder die eigenen Kinder hinschicken, um der «Sache zu dienen», um ein «Vermächtnis zu erfüllen». Das Heldenleben beginnt, die neue Macht.

NACHEINERGROSSENZEIT kann es tückisch zugehen.

Und heute?

Maja Wiens, die einige Jahre als *IM* tätig war, ihr Vater hieß «*Dichter*», auf dem Gang der Behörde für die Unterlagen des Staatssicherheitsdienstes der ehemaligen Deutschen Demokratischen Republik zu einer Mitarbeiterin: Paßt bloß auf, was ihr hier macht, ich habe anfangs auch alles richtig gefunden, dann stak ich drin ...

ICH SOLL MICH mit Reich-Ranicki versöhnen, sagt Biermann am Telefon. Aber der hat mich belogen, will sich nicht entschuldigen, ich soll mich entschuldigen, weil ich ihn zuerst öffentlich verteidigte und dann öffentlich angriff ...

Hast du noch deinen Artikel aus der «taz», fragt er, ich finde ihn nicht ... Jurek Becker rief an.

Ich habe ihn noch, klar ... du hast dich doch auf ihn bezogen im «Spiegel» ... Ja, sagt Biermann, stimmt, irgendwie ist er weg, fax ihn bitte noch mal, nachher kommt Besuch ...

Er ist der Ältere, sage ich, ein Vater ...

Na ja, ist die Antwort, ich habe ja auch einen, mein heutiger ist Arno Lustiger, den kennst du ja ...

Vater bist du auch, sage ich, wir sind nicht mehr Vorschule. Keine Unterwerfungsrituale ...

Warum auch, sagt Biermann. Fehleranzeige, was ist mit deinem Gerät, fragt er. Mit meinem? Bei mir ist alles ok ... Reich-Ranicki will herrschen, sage ich, er hat so einen Ton ... Vielleicht, sagt Biermann, also dein Gerät ist in Ordnung ... dann ist es die neue Telefonanlage, wir haben ja eine neue Anlage, die Faxnummer stimmt? Stimmt, sage ich, mit der einundsechzig hinten. Ja, stimmt, ich habe doch angerufen, fragt er. Ja. Sind noch neue Details aufgetaucht, Akten? Nicht daß ich wüßte, sage ich.

Hast du den Artikel hier, fragt er. Ja. Lies mal, wenn das mit dem Faxen jetzt nicht klappt ...

Warte ... den ganzen Text?

So lang war er ja nicht, sagt Biermann, du hast doch auch Reich-Ranicki zitiert, *Neues Deutschland* war das, oder? Ein Gespräch ... und «Spiegel», sage ich, Interview ... also, hier der Text.

Das ist ein Trick, du willst ihn so ins Manuskript bugsieren.

Das Telefongespräch hat stattgefunden.

Auf den Punkt kommen.

Das ist der Punkt.

Welcher?

Zuerst eine Revolution, dann eine Behörde, und jetzt rennen wir unseren eigenen Texten nach, um zu sehen, was falsch und richtig war. Vielleicht doch falsch, zu scharf, zu schroff ...

Lies!

«Die verfluchten guten Gründe. Es ist bedrückend, wenn ein Mann, der viel weiß, der Schlimmes erlebt hat und der die Kunst liebt, in einer wichtigen Situation heute anfängt, eine Phrase, eine Beschwichtigung nach der anderen zu äußern. Hauptmann des Geheimdienstes? ‹Hauptmann hatte eher einen humoristischen Anstrich. Es war nur ein Aktenvermerk. Denn eine Uniform trug ich natürlich nicht.› Jemandem geschadet? ‹Es waren eher harmlose Berichte ... Nein, ich bedauere nicht, was ich getan habe. Meine ganze Tätigkeit hat niemandem geschadet. Ich habe so und nicht anders gehandelt, weil ich damals an den Kommunismus geglaubt habe.› Warum bis heute geschwiegen? ‹Ich mußte eine Erklärung unterzeichnen – das war so üblich –, niemals ein Wort über Dinge zu sagen, die mit dem Geheimdienst zusammenhingen. Ich habe diese Erklärung sehr ernst genommen, was ich nicht bedaure: Ich hielt es für ein Gebot der Loyalität, für eine Anstandspflicht, nichts über diese Angelegenheiten ...›»

Hat er wirklich Anstandspflicht gesagt?

Ja.

Weiter.

«‹... nichts über diese Angelegenheiten zu sagen ... Ich wollte auf keinen Fall in einen Konflikt mit dem polnischen Staat geraten, ich wollte loyal sein ... Ich war nicht bereit zu liefern, was die Redakteure in Frankfurt von mir wollten ... Man hoffte, daß ich auspacken, daß ich also Enthüllungsstorys über das kommunistische Polen schreiben werde ... Und bis heute gibt es nichts von mir gegen Polen – keinen Artikel, geschweige denn ein Buch.› Geheimdienst eine kriminelle Organisation? «Diese Bezeichnung trifft alles in allem zu ... Ob auch die Arbeit des Departments, das sich mit dem Ausland beschäftigte, kriminell war, kann ich nicht beurteilen. Ich ...»»

Wie?

Was denn?

Den letzten Halbsatz, das Verb. Er ist ironisch ...

««... kann ich nicht beurteilen. Ich weiß aber bestimmt, daß in England in der Zeit, in der ich dort war, vom Geheimdienst des Sicherheitsministeriums nichts getan wurde, was sich dem Kriminellen auch nur annähern würde.› Decknamen? ‹Ein erst im Entstehen begriffener Geheimdienst liebt natürlich das konspirative Spiel mit den Decknamen. Ich hatte mehrere in zwei Gruppen. Adam, Albert und Albin sowie Lessing, Büchner und Heine. Und Fontane.›»

Ist das ein Scherz? Scherzt der?

Er spielt. Auch wenn die Namen stimmen sollten ...

Noch was von ihm, Zitate?

Frage an ihn: «Wen bespitzelt? Wie viele Agenten geführt?» Antwort: ««Ich fürchte, Sie wissen nicht, was das Wort Agent bedeutet ... Ich bekam Informationsmaterial von zehn bis zwölf Leuten. Sie informierten über die politischen Strömungen innerhalb der polnischen Emigration in England ... über politisch interessante Personen.› Warum erst jetzt geredet? ‹Eine polnische Instanz hat vor einigen Tagen angeblich unzugängliche entliehene Materialien über den polnischen Geheimdienst veröffentlicht, unter anderem meinen Dienstablauf. Nachdem die polnischen Behörden das zugelassen oder ermöglicht haben, ist meine Verpflichtungserklärung von Januar 1950 null und nichtig.›»

Soweit seine Zitate. Wolf, bist du noch dran?

Ja.

Dann habe ich noch ein wenig kommentiert ... Hast du das

gehört: «Nachdem die polnischen Behörden das zugelassen oder ermöglicht haben ...» Er ist sauer, der Staat hätte die Veröffentlichungen verbieten müssen, auf die polnische KP war mehr Verlaß ... Kannst du dir vorstellen, was der die ganze Zeit über die Besetzung der Stasi-Archive dachte, die Veröffentlichungen ...

Kann ich, oh ja. Danke. Ich melde mich.

Ende des Telefongesprächs. Ratschlag von irgendwoher: jetzt keine Rollenspiele fortsetzen, den Text vollständig zitieren. Verwunderlich, daß Wolf Biermann so lange zugehört hat.

Keine Gehässigkeiten! Der hier vor sich hin pinselnde ... Noch mit Hand? ... tippende ... Schreibmaschine? ... den Computer bedienende Autor ist durchaus in der Lage, einen eigenen Text, auch wenn er bereits in einer kleinen Zeitung stand, wichtig zu finden. Neunzehnhundertvierundachtzig, zur Buchmesse, traf ich Marcel Reich-Ranicki in den Wandelgängen des ZDF, zum Glück war noch Herta Müller dabei. Mir gefiel sein Führungsanspruch nicht, herrisch kam er mir vor, recht unduldsam. Etwas gesprochen wurde nicht. Was sollte gesprochen werden? Ich war der illoyale Autor einer Enthüllungsstory mit dem merkwürdigen Titel «Fassonschnitt», ich hatte Artikel gegen die kommunistische DDR veröffentlicht, sogar ein Buch, sogar Bücher, hatte ausgepackt! Da war ich doch Pack, nicht wahr? Achtundachtzig kam plötzlich die Nachricht von einem Preis für Literatur des Deutschen Kritikerverbandes ins Haus, ich wußte gar nichts von einem Deutschen Kritikerverband, mußte nachfragen, es gab einen Termin in der Akademie der Künste, andere Sparten wurden auch geehrt, Geld gab es nicht, aber eine Urkunde mit Begründung, unterzeichnet von drei Namen, der des ehemaligen Hauptmanns war auch darunter. Er habe sich bei der Entscheidung der Stimme enthalten und wäre auch nicht nach Berlin gekommen, hörte ich. Na schön, dann freute sich der Autor auch ohne ihn über den unerwarteten, ihm bis dahin unbekannten Preis, für den er sich nichts kaufen konnte.

Einmal hatte Erich Loest eine Entscheidung getroffen: halbehalbe, Sascha A. und ich, Lob für Literatur im geteilten Land, der *inoffizielle Mitarbeiter* war gekommen und hatte sich die Hälfte abgeholt, ich war auch gekommen und hatte mir die Hälfte abgeholt, zehntausend, nicht schlecht.

Der andere, etwas später, enthielt sich der Stimme und kam nicht. Warum hätte er kommen sollen? Sascha A. mußte einen *Bericht* liefern und das *Operativgeld* abrechnen, ohne Kohle wurde er nie gesehen in diesen fetten, aufregenden, geheimnisvollen Jahren, und der andere? Mußte wohl keinen Bericht mehr liefern, wenn stimmen sollte, was bekannt wurde. Aber loyal sein wollte er. Der ungewollte Preisträger erwähnte bei der Übergabe der Urkunde tatsächlich verfolgte polnische Schriftstellerfreunde und wies auf die miese Lage seines Kollegen Havel in Prag hin ... Was hätte denn da der ehemalige Hauptmann gemacht, der sich zu diesem Zeitpunkt ja noch loyal an seine *Verpflichtungserklärung* aus dem Jahre neunzehnhundertfünfzig hielt? Also enthielt er sich der Stimme und kam nicht nach Berlin in den Hanseatenweg. Na wenn schon, dann kam er eben nicht. Dafür kommt jetzt der Schluß meines kleinen, schnell geschriebenen Zeitungstextes, Seite zehn des täglichen Spontiblattes, die verfluchten guten Gründe, letzter Slogan der taz-Abo-Werbung: «alles wird gut!»

«Nun sind wir in den neunziger Jahres des zwanzigsten Jahrhunderts. Viele MfS-Offiziere, darunter üble Häscher, höre ich heute ähnlich argumentieren, wenn man den wichtigen historischen und persönlichen Kontext ein wenig variiert. Immer wieder werden auch der Antifaschismus, das Schicksal von Familienangehörigen und die deutsche Geschichte erwähnt. Es gibt immer Gründe, loyal zu sein, auf keinen Fall einen Konflikt mit dem Staat zu riskieren, nicht a u s z u p a c k e n in der Fremde über Menschenrechtsverletzungen zu Hause, über mögliche eigene Anteile dabei. Niemandem geschadet, nur harmlose Berichte? Woher will man das wissen, wenn es Jahre so ging, wenn man Hauptmann war und ein Geheimdienst kooperierte mit Stalins Häschern? Und die Decknamen … Wir dachten voreilig, *IM ‹Hölderlin›* wäre es gewesen als Gipfel konspirativer Phantasie und kleiner Verabredungen in Autos und Hinterzimmern. Nun kommen noch ‹*Lessing*›, ‹*Büchner*›, ‹*Heine*› und ‹*Fontane*› hinzu. Ein westdeutscher Redakteur des Feuilletons fragte mich neulich etwas spitz, wo denn nun die neuen Enthüllungen der ‹inoffiziellen Literaturgeschichte› bleiben würden. Es ging ihm nicht schnell genug, selbst wollte er offenbar nicht ins Archiv gehen, das ist dann staubig und dreckig, man sitzt lieber in Pressehäusern und guten Stellungen. Nun gibt es etwas Neues. Oder doch nicht? Alles schon wieder okay und erklärt und verklickert mit Witz und Verve? Vielleicht. Die Alten, auch die wir mögen, reden was und wann sie wollen. Sie haben Heft, Buch und Urteil fest in der Hand, in ihrem Kopf. Das kann enorm sein und brillant im Ton der Gewißheit bei so vielen Zweifeln und Fragen heute. Und klein könnte es werden, wenn die reden und sich erinnern oder Akteneinsicht erhalten, über die berichtet wurde, die ‹politisch-operativ interessanten Personen› … Wenn etwas vorbei ist, das kann Todesnähe, Lager, Knast oder Einmauerung sein, muß man offenbar aufpassen. Die verfluchten guten Gründe, der verfluchte Augenblick der moralischen Überlegenheit.»

DEIN VATER ist deutsch, er war in der Wehrmacht, er war nicht im Widerstand, wo ist dein Recht, Fritz? Fritz ist ein Radiosender, den ich selten höre. Jan Philipp Reemtsma referiert über die Verbrechen der Wehrmacht, anstatt Zigaretten zu rauchen, so muß es sein. Sein Vater kam hinkend aus dem 1. Weltkrieg, holte den Sohn nicht ein beim Treppensteigen, das kann dann passieren. Bezüge zwischen Deutscher Wehrmacht und Nationaler Volksarmee, ihrem Drill, ihren Schüssen an der Grenze, ihren *Maßnahmen gegen den inneren Feind* unterbleiben bei Vorträgen zu militärischen Themen … Brav, kein Antikommunismus, keine neuen Feindbilder! Habe ich etwas überlesen, eine Andeutung übersehen? Hat das Hocken eines entführten Menschen in einem Keller, sein bewunderungswürdiger Widerstand gegen die Opferrolle, überhaupt nichts mit dem Häftling im Gestapo- oder Stasi-Knast zu tun, der nicht aufgeben will?

Schuldbewußt? Umerzogen?

Die Gleichverteilung der Schuld? Die Weitergabe? «Mein Vati informierte die Partei und geheime Besucher, die in unsere Wohnung kamen, als ich Kind war», sagte sie.

Später verwandelte sich Gabriele Eckart in Gabriele *«Hölderlin»* aus dem oberen Vogtland, die Gedichte und Berichte schrieb … *«Hölderlin»*! Nichts von wegen Obdach im Turm, gepflegt vom Tischlerehepaar Zimmer: *KW! Konspirative Wohnung!*

Wie bitte? D i e s e n furchtbaren Begriff habe ich nie gehört, nur Klaus, Peter und Heinz, nur Vornamen hörte ich, sagte die Autorin. Oder Bernd, Wolfgang? Sie sprachen im Auto mit mir. Dann wollte ich nicht mehr, dann stieg ich aus, sagte sie, Journalisten haben mich nur als *IM*-Fall behandelt und meinen Ruf zerstört, besonders einer, sagte sie. Heißt du jetzt *«Katharina Blum»*, fragte ich, auch sie hatte kein Recht. Warum hatte sie kein Recht? Das steht im Buch von Heinrich Böll, und in der Bibel. Sind andere schuld, fragte ich. Ja, sagte sie.

Ansonsten in vollstem Selbstbewußtsein der historischen Schuld, aber ja, die Lektion wurde gelernt und mit Note Eins abgeschlossen. Zweifel? Wieso? Selbstzweifel? Aber ja, wachsam und kritisch gegenüber Staat und Gesellschaft, aufpassen! Ich? «Ich»? Wen meint Hilbig? Ichduersieeswirihrsie?

Schuld und Sühne als Soll und Leistung, mit der man dann über den anderen steht? Raskolnikow? Wer? Ein Beil? Wie bitte? Das ist alles wirr und erschreckt Frau Schüler und auch Frau Maczkowicz, wenn sie es hören … Frau Sabrowske sowieso, und erst Dr. Hecht! Bäcker und Hopfer lächeln vielleicht, sie sind einiges gewöhnt von *sich schriftstellerisch betätigenden feindlich-negativen Personen* …

Jedenfalls auf der richtigen Seite, so muß es sein. Aus Fehlern lernen, Fehler nie wiederholen, die Verbrechen der Väter ächten, «klarkriegen», ich bin klein, mein Herz ist rein, bin kein Nazi, kein Wehrmachtssoldat, kein Antikommunist, kein Deutsch-Nationaler, kein Stasi, kein Bösewicht, kein Mitläufer, ich bin anders ganz und gar. Die anderen: Wir sind keine Gammler, keine Sympathisanten, keine Autonomen, keine Genossen, keine Spinner, keine Kiffer, keine Rotweintrinker, keine Verweigerer, keine Aussteiger, keine Körnerfresser. Wo geht's lang? Was ist zu denken? Welche richtigen Fragen sind zu stellen? Welche richtigen Antworten sind zu geben? Wohin gehört mein Mitleid, mein Interesse, meine Solidarität? Und wohin nicht? Und wo was nicht hingehört, da gehört es nicht hin. Da sehe ich weg, da antworte ich gar nicht. Da gebe ich kein Zeichen, keinen Laut. Kein Muckser kommt über meine Lippen. Kein einziges Gefühl ist im Brustkorb, gar keins. Da ist es aus. Da geh ich vorbei. Nix für mich, nix für niemand. Davon absehen, das abtrennen, das zurückweisen, das bekämpfen. Mit ganzer Kraft. Mit allen Mitteln. Gemeinsam und vereint.

Hörn Sie mal, Reich-Ranicki war als Jude im Warschauer Ghetto, und Sie?

Ich war nicht im Warschauer Ghetto.

RENÉ ROLLTE SEINE RÄDER VORBEI in Mielkes Reich, Fassbinder lief nackt durch seine Wohnung in «Deutschland im Herbst». Ein Film von mehreren Regisseuren. Das war neunzehnhundertsiebenundsiebzig.

Wir kamen aus dem Stasiknast. Wer kommt denn da, wie unpassend, aus dem Stasiknast, wo gerade von Stammheim die Rede ist, nicht von Hohenschönhausen? Ein ausgebürgerter Jenaer Bühnenarbeiter erkennt sich auf einem Fahndungsplakat wieder ... könnte ich das nicht sein? Er hat eine gewisse Ähnlichkeit mit Jan Carl Raspe, stimmt. Ich habe meinen Ausweis immer in der Tasche, sagt er, man weiß nie bei der nächsten Verkehrskontrolle ... Die stehen ja da mit MPi und kugelsicherer Weste ...

Die Liedermacher Pannach & Kunert gehen zum Treffen eines «Soli-Komitees», wollen sich für den Autor Peter-Paul Zahl einsetzen, ein Konzert anbieten ... Sie werden angestarrt: Was wollt ihr, wer seid ihr, seid ihr vom Staatsschutz? Wer von unseren Genossen hat euch durchgecheckt? Woher kommt ihr? Aus DDR-Haft?

Ein Vernehmer in der «Schweige-Phase» zu mir: Die linksradikale Welle schlägt wohl durch, was? Sie sollten sich überlegen, gegen wen der Kampf zu richten ist ...

Marianne Herzog besuchte Astrid Proll in England, im Gefängnis. Sie schenkt ihr meine «Vernehmungsprotokolle».

Rudi Dutschke beim Teetrinken: Wäre ich nicht runtergeschossen worden, hätte ich mit Ulrike Meinhof diskutiert ... Diesen Gewalt-Weg hätte ich ihr ausgeredet ...

Erich Fried ruft an, erkundigt sich nach Havemann, er kenne ihn aus den sechziger Jahren, ich als Korrespondent für die BBC, er fiel gerade im Osten in Ungnade ... «Dialektik ohne Dogma», Fried lacht.

Helmut Gollwitzer will wissen, ob der ganze Sozialismus so sei, wie ich es sage. Oder ob nur eine bestimmte Clique in der SED das Ruder zeitweise an sich gerissen habe, er suche nach Hoffnungszeichen … Fragt nach Kant, Hermlin, Christa Wolf …

Aus Ostberlin ist zu hören, einige hätten sich abgesetzt in die Vergangenheit, in ein historisch überlebtes System …

Wohin, fragt Sarah Kirsch.

Wer oder was ist wichtig, wer ist in, wer out? Was ist Zukunft, was Vergangenheit? Der Schreiber mit dem Philosophennamen, wofür der Philosoph aus Königsberg nichts kann, trug ein Parteiabzeichen und beanspruchte die Einteilung der Zeit, dieser Hänfling mit der leicht verzögerten Sprechtechnik, dieser brave Büttel mit der großen, schwarzen Brille redete von Vergangenheit und Zukunft im Fernsehen, den Generalsekretär mit dem Parteiabzeichen in seiner Nähe. Ausgerechnet im Deutschen Herbst ließen uns die Jungs laufen, in diesen Herbst hinein ließen sie uns laufen im Sommer, bei heißem Wetter. In diesen Herbst hinein, in RAF und Gegenaktion hinein ließen sie uns laufen.

Hast du was zu bieten unter Antifa bei solchen Themen? Bei solchen Vergleichen? Familie? Freunde? Biermann, ohje, Havemann, Hilfe, Heinz Brandt, wie bitte, Manès Sperber, nie gehört! Renegaten werden präsentiert!

Auf diese Tour kommst du nicht vom Bösen weg, Nazis und Renegaten säumen den Weg. Dein Vater war Wehrmacht, Schädlichs Vater war Wollhändler und PG, na so was … In einem Film über Reichenbach im Vogtland und seine Geistesgrößen wird das so abgedreht … der ärmste. Und Utz? War sein Vater nicht Schutzstaffel? Falsch? Schweigen? Schweigen die tollen Wessi-Kinder eleganter als die Zonis? Und Loest, Erich, Jahrgang sechsundzwanzig? Alt genug? Lieber das andere sagen? Was ist denn das andere? Was könnte denn das andere sein? Sollen wir kuschen, den Schwanz einziehen, diese schuldbewußte leere deutsche Nachkriegsfresse ziehen?

Hier abbrechen, an die Verbrechen denken.

Hier nicht abbrechen, an die Verbrechen denken. Wir wurden gezwiebelt, runtergedrückt, eingespannt. Muckten auf, nicht gleich, erst nach einigem Zaudern und Zagen, als die Angst nachließ, muckten wir auf. Nach dem Schuheputzen, dem Haareschneiden, dem Radio-leiser-Machen, dem Gleichschritt, dem Schrank-Aufräumen muckten wir auf. Gegen das Kuschen und brave Mitmachen. Gegen die Härte. Gegen Diktaturen und Kriege. Gegen solche Allgemeinbegriffe, gegen das Kapern der eigenen Person durch Staaten, Mächte und Erziehungsberechtigte. Friseure, Stellvertreter und Unteroffiziere, Hausmeister und Polizisten, Kundschafter des Volkes und Kontaktpersonen, Parteigenossen und die Straße der Besten, Panzer und Gesänge, Verpflichtungen, Betragensnoten und Gesamtverhalten mochten wir nicht mehr. Marschieren und neues Jawoll, Zubefehl mochten wir nicht mehr. Als wir die Dimension von «Lager» begriffen, auch von KZ und Pionierlager, als Solschenizyn das Wort Gulag aussprach, als Pinochet seine dunkle Brille aufsetzte, später Jaruzelski … Am Abendbrottisch schlugen wir zu, kauend. Das Eigene griffen wir an, schluckend. Die zweite Diktatur kam ins Wackeln, wir auch: Die Kraft zerkaut, die Leichtigkeit geschluckt, die Freundlichkeit weg, das Jung-Sein, die Lässigkeit, das gute Gefühl.

Aber wo die Achillessehne der Diktatur war, wußten wir, und wo das Blatt lag, das verwundbar machte.

Dennoch: gefangen im Dagegen.

Das erkannten die Spitzel gut, kamen sie doch aus ihren Hinterzimmern, gestriezt und beauftragt. Gut erkannten die Spitzel das gemeinsame Problem der Bezogenheit auf den Aggressor. Ihre Zugabe: subtil warfen sie das den Opfern der Zersetzung vor: seht mal, wie oft die oder der an die Stasi denkt! Ist das gesund? Ist das künstlerisch produktiv? Ist das politisch klug? Gut beherrschten sie diese tückische, richtige Analyse.

Die plötzliche Sehnsucht nach sehr lauter Musik unter freiem Himmel, nach Bühnen, Leinwänden, Woodstock, Woody Allen, Waldbühne, Sarajevo im Winter, der Schnee weiß, kein Schuß, Programmhinweise im world wide web, Arte überträgt live ... Eine freundlich-ironische Jazzer-Stimme: «Hey Germany, was ist los ...»

Leise Lieder von Biermann.

DAS THEMA! Was ist denn das Thema? Was soll denn das hier? Fast alle NS-Akten bei der Stasi?

Die *Hauptabteilung IX*, das *Untersuchungsorgan*, hatte nicht nur eine *Abteilung 2 – Ermittlungsverfahren bei politischer Untergrundtätigkeit (PUT)*, sondern auch noch eine *Abteilung 11 ...*

Bitte, bitte, stellen wir uns dieser Frage! Benötigen Sie diese Angaben für eine Veröffentlichung? Ich antworte, selbstverständlich, warum nicht? Ich habe nichts zu verbergen, gar nichts. Mein ganzes Leben habe ich mich an die Gesetze gehalten, nun gut, bei Hitler nicht, aber in der Deutschen Demokratischen Republik schon. Wir stehen Rede und Antwort, wenn anständig gefragt wird ohne Vorverurteilung. Wer spricht? Bäcker, Hopfer? Zu jung. Der Verkäufer aus dem Zeitungskiosk in der Ruschestraße, links unten, neben dem Eingang, der bestimmt nicht nur Karteikarten beschriftete, ein alter Genosse? Sächsischer Ton? Oder rollendes R? Oder scharfes S? *Jawohl, wir hatten eine Abteilung 11: Nachweisführung zu Personen und Sachverhalten, Beschaffung, Aufbereitung sowie Werterhaltung von Dokumenten und Filmmaterialien aus der faschistischen Zeit, jawohl, Führen eines eigenen Informationsspeichers, natürlich. Warum sollten wir das abstreiten? Es ging um Nazi- und Kriegsverbrechen, jawohl. Auch Materialien des antifaschistischen Widerstands haben wir archiviert und bearbeitet, unter dem Dach der Hauptabteilung römisch neun, das ist richtig. Es ging nicht nur um aktuelle Taten, politische Untergrundtätigkeit oder politisch-ideologische Diversion, nein, es ging auch um Vergangenheit. Das*

Problem des Neofaschismus werden Sie kennen ... sächsischer Ton, «sachlich», auf einer Veranstaltung über «Vergangenheitsklärung» in Berlin-Mitte nach der «Wende», aufgeregt, bemüht, die jüngeren Genossen an der Türe nickten.

Der andere Ton im Gefängnis: Was wißt denn ihr Grünschnäbel, ihr verführten Säuglinge? Gar nichts! Der Robert, na ja, wir kennen ihn. Brandt, Heinz, von wegen guter Kommunist ... in Auschwitz war er, das stimmt. Aber sonst stimmt bei dem fast nichts.

Der wieder andere Ton am Rande einer Kranzniederlegung unter SED-PDS-Genossen, ein holländischer Journalist nickte verständnisvoll: Das Nazivolk hatten wir im Griff, nichts von wegen «Wir sind das Volk»! Sieht man ja heute, was da hervorgekrochen kommt. Bei uns herrschte Ruhe! Erst durch Gorbatschow ging die Sicherheit verloren.

Akteneinsicht? Die hatten wir! Wir und niemand sonst! Operativ wirken, aber keine Panik erzeugen wie heute. Guter Informationsspeicher, gute Materialien! Dosiert und klug anwenden! War das schlecht? War alles schlecht? Unter dem Dach der Sicherheitsorgane, griffbereit, in jeder Situation einsatzbereit, kein Nazi konnte sicher sein, an keinem Ort der Welt, war das falsch? Einverstanden, wer zusammenarbeitete, wurde differenziert behandelt, einverstanden! Aber das machen alle, oder? Oder etwa nicht? Und heute? Alles durcheinander! Völlig willkürlich! Wo gibt's denn sowas, Akten gehören unter Verschluß! Kein Staat kann sich das leisten. Bürgerrechtler! Bürgerrechtler! Bärte! Große Klappe! Aber langsam kehrt wieder Vernunft ein. Die Bevölkerung erinnert sich an ihre Mieten und Arbeitsplätze.

Die Bevölkerung erinnert sich auch an Autobahnen, «schlagartige» Vollbeschäftigung, «Arbeitsdienst» ... Der Jude, nicht wahr? Die Itaker, der Neger, der Franzmann. Tief sitzt das, unerreichbar, eingeimpft, überlebt Kommunismus und Demokratie, duckt sich, nickt, schweigt, lächelt, paßt sich an, plappert nach, am ersten Feiertag ist es wieder da, plötzlich, bei einer Fernsehnachricht, in der U-Bahn, zur Geburtstagsfeier ... Der Fremde, das andere Haar, die andere Haut, die andere Sprache, das andere Volk, die andere Sippe, plötzlich, wenn die Angst kommt und man «unter sich» ist, wenn die Freude kommt, die Macht, und man unter sich sein will, ist es da, kommt es wieder. Jung, frisch, gerade geboren. Wir hängen in den Seilen mit unseren Menschenrechten und Lesungen, unserem Multi-Kulti-Miteinander, unseren Appellen und Podiumsgesprächen. Die Diktatur kippte, wir halfen mit und löffelten historische Scheiße aus, und jetzt? Jetzt schlackern die Ohren, zu hören ist ein leiser, steinalter Ton. Ein harter, böser, herrischer Ton. Er will Vorschriften machen. Er sortiert Vater und Sohn, Gott und Teufel. Er lebt tausend Jahre.

Wir sollen wieder eingefangen werden. Trennen ist schwer. Von den Pappis trennen ist schwer. Nach der Rebellion zurück? Winkt ein Schoß, eine Geborgenheit? Die Bestimmer warten und wollen verzeihen.

Wir sollten pfeifen, brüllen, trompeten. Miles Davis hören. Im Handtuchzimmer wartet eine Wut. Sie möchte weinen, heulen, beschimpfen oder lachen und weggehen. Sofort und für immer weggehen. Sie füllt aber Formulare aus, bereitet eine Veranstaltung vor und liest Akten.

Ernst Klee liest im Bundesarchiv KZ-Akten.

Frau Schüler: Träume hat jeder.

Frau Maczkowicz: Mein Mann suchte Arbeit.

Herr Kaiser: Meine Frau arbeitet auch hier im Haus.

John Lennon: You wanna revolution, you wanna change the world ...

Ich? Wie bitte, ich? Was möchten Sie wissen? Mich hat das Arbeitsamt vermittelt ...

GELAUFEN, VERLOREN, GEWONNEN, rauf und runter, vor und zurück. Freude? Ja. Aufatmen? Gewiß. Trubel? Und wie. Die anderen leben statistisch trotzdem länger, weniger Gezerre. Trotzdem gelang der Wechsel, der «Hüpfer» weg von Honecker, vom alten Unterjocher, vom alten Knastkommandeur. Und vom neuen?

Revolution? Ha! Sklaven! Ha! Wolf Biermann und Erich Weinert! Haha! Ich Adolf Endler! Adolf? Ich Adolf Endler! Prenzlauer Berg! Poesie! Und Sascha A.? Poesiealbum! Und Papenfuß-Gorek? Posiebum! Moderne Lyrik! Moderne Prosa! &&&& iiicccchhhhh? Ginsberg weg, Brinkmann weg, alle weg weg weg.

Bärbel Bohley ist in Sarajevo.

Bärbel Bohley, haha, Bärbel Bohley.

Deckt Dächer, dort war Krieg, deckt Dächer.

Dächer? Erbrecher! Bärbel Bohley, Sarajevo! Wo?

Vor den Vätern, das kann schon sein, Brasch, sterben die Söhne, die Töchter. Also wir? Und was ist mit dir? Und dem gelangweilten Blick?

Harte Mächte können zugreifen, es gibt nicht nur Politik, Geld, Diktatur, Stasi ... Es gibt versteckte Gegenden, «danach», in einer großen Freiheit, sehr weit innen der Feind, der Spaß, der hochmütige Freund, die Peitsche, der Kutscher, der Stoff, der Kick, das Klo ... Da geht es auch um alles.

Und «Fototermin» im Knast? «Sitzbäder» im Haftkrankenhaus? Strahlen aus leisen Kanonen? Radioaktive Sächelchen im Essen, im Trinken? Spinne? Mielkes «revolutionäre Verurteilungen» auf dem neuesten Stand von Wissenschaft und Technik? Diese Möglichkeiten ausblenden, verdrängen?

Wie denn?

Abschlußbericht zum Forschungsthema «Untersuchungen zu chemischen Substanzen mit besonderer kriminalistischer Relevanz» vom 5. Oktober 1987, Auftraggeber: Humboldt-Universität zu Berlin, Sektion Kriminalistik, Prof. E. Stelzer, Sektionsdirektor, Dr. W. Katzung, wiss. Mitarbeiter ... eine «Sektion» an der Stasi-Leine ...

Kostprobe:

2.3.2. Schädigung durch Beibringung radioaktiver Stoffe
– *Charakterisierung*:
  – *kombinierte Schädigung, da der resultierende biologische Effekt aus einer chemischen (Gift) und einer physikalischen (Energie) Wirkung resultiert.*
  – *bestimmte Größen sind die Aktivität (spezifische u. absolute), Energie und Art der Strahlung, die Halbwertszeit (physikalische, biologische, effektive), die Art der Aufnahme (Inhalation, Ingestion, Wunden/Injektionen), Anreicherung im Organismus (kritisches Organ) die Radiotoxicität (I–IV) sowie die Art und Weise des Vorliegens (fest, flüssig, Gas; Einzelnuklid/Isotopen bzw. Spaltproduktengemisch).*
  Der besonderen Kombinationswirkung trägt die Radiotoxicitätsgruppe Rechnung (I = niedrigste, d. h. ungefährlichste Einstufung).
  – *juristisch erfolgt die Einordnung nach Strahlenschutzordnung und Giftgesetz mit Dominanz der Strahlenschutzverordnung;*
– *Radionuklide hoher Gefährlichkeit (Radiotoxicität) sind u. a.:*
  – *Uran 235 u. 238, Radium 226;*
  – *Strontium 90, Cäsium 137, Kobalt 60;*
  – *Neptunium 237, Plutonium 238 u. 239, Americum 241 u. 243, Curium 242 u. 249, Californium 252;*
  – *Spaltproduktengemische, z. B. durch Auflösung von Mikromengen abgebrannter Brennstäbe erhalten;*
– *Kriminalistik*
  – *hohe kriminalistische Relevanz durch Fehlen eines Sinnesorgans für die Wahrnehmung, Manifestierung irreversibler Schäden be-*

reits während der langen Latenzzeit und effektive Dosen bereits im Mikro- bis Milligrammbereich!

– hohes Verschleierungspotential durch spät einsetzende unspezifische Initialsymptomatik sowie komplizierter Analytik;

– Verdacht ist maßgebend!

– Limitierungen (für kriminelle Einzeltäter):

– Beschaffbarkeit, Preis, strenge nationale/internationale Kontrollen in Kernanlagen;

– sehr gute Eignung als Terrorgifte!

– zu Siechtum führende Blut/Knochenmarkschäden und Krebs entsprechend der kritischen (Ziel-)Organe.

– Beschaffung durch

> *– Diebstahl/illegalen Erwerb aus kerntechnischen Anlagen bzw. Forschung/Entwicklung-Bereichen (ug – mg ausreichend!)*

> *– Diebstahl von radioaktiven Präparaten (offen/geschlossen);*

> *– Havarien an medizinischen/technischen Bestrahlungsanlagen (z. T. tragbar, dann Diebstahl möglich, z. B. polnische kleine Gammagrafie-Geräte mit Cf-Isotop und Uran-Abschirmung!);*

Was das hier soll?

Ein Dokument, zitiert ist Seite vierzig ... Inhaltsverzeichnis und Literaturangaben sind vorhanden ...

Was beweist das im Einzelfall?

Fast nichts.

Also was?

Sie haben mitgedacht.

SEIT DEM GEFÄNGNIS sprach ich kürzlich das erste Mal mit Gerulf Pannach, echt, ohne Gequatsche. Nach einer schweren Operation, in einem schaukelnden Boot, recht spät, das erste Mal. Wir sprachen über die Haft, die Verhöre, die Westzeit, über Medizin und eigene Rezepte. Über Drogen. Ich bin dage-

411

gen, sagte ich, er nickte, lächelte. Besuch mich wieder, sagte er, hast du meine neue CD schon gehört? Sie gefällt mir, sagte ich.

«Wir waren Freunde, kein Problem, solange jemand ehrlich ist.» Der Musik-Manager Horst Liepolt in einem Gespräch auf Jazz-Radio, das ich so gerne höre …

Andere Stimmen in die Räume holen.

«You know, aus Berlin ging ick weg, gleich nach dem Krieg, als ganz junger Kerl, weg nach Australien … hätte auch woandershin sein können … organisierte dort einen Jazz-Club, mochte die Musik … Musik-Center 44, forty four», sagte er, «das war die Hausnummer, die Nummer konnte ich einbauen in die Werbung, you know, manche Hausnummern sind schlecht, aber forty four war großartig! Wie soll ich das Label nennen? Fragte Musikerfreunde, als sie vom Flugzeug kamen. Forty four, sagten die, ganz klar, wie denn sonst? Dann hatte ick den Namen, you know, so geht das! Australien ist ein großes freies Land, you know, freundlich, nicht so steif wie Deutschland, hat mir gleich gefallen, gleich, als ick die Arbeiter sah, wie die was aßen im Freien, halbes Hühnchen, und so lachten, auch gern Musik hörten, wenn ein Festival war, stell dir vor, Jazz, Weltmusik, wo findest du das? Aber ehrlich muß es sein, kein Wasser in die Musik rein, you know, hab ich nie gemacht. Verdünnt oder drugs, nie, da wird man blöde im Kopf. Klar, ehrlich, creativity, nix anders, det schwöre ick als alter Berliner, Ende der Vierziger weg, weg, weg. Nie bereut, nie.»

DIE FIRMA FASOLD UND KUSCH ist in die Mielke-Kantine eingezogen, daneben der Gebäude- und Betriebstechnik-Service, GeBe. Ist das nicht ein schöner, klangvoller Name? Fasold und Kusch! Was faselst du, Nummer Zwo, kusch! Jetzt kommt die Gebäude- und Betriebstechnik, die kann sogenannte Inschriften entsorgen, aber ja, ganz blöde waren und sind wir auch nicht, Partner. Die Domaschk-Inschrift nahm den Mund zu voll, der Rechtsstaat stellte das Verfahren ein. Wir haben Spritzgeräte. Und anschließend gleich neue Farbe drüber, das verwendete Braun deckt gut. Der Untergrund muß aber sauber sein, sonst nützt das alles nichts. Graffiti wird überall bekämpft, versaut nämlich die Wände.

Hitlers Kinder, sagte Zwerenz als Hitlers Kind und Polizeioffizier, sollen in Deckung bleiben, nicht noch frech werden, sonst is was los, sagte Zwerenz, oder meinte es. Zwerenz?

Bücher? Listen? *Erfassungen*? Erziehung? Hauehaue? Haß? *Maßnahmen*? Lacht schon wieder einer? Nehmt ihr den Gysi nicht ernst als Helfer und Helfershelfer? Seid ihr nicht durchgängig begeistert von Gerhards allerneuesten Gedichten im Feuilleton des Neuen Deutschland? Fassbinder suchte und fand Charakterköpfe für Nebenrollen. Rainer Maria! Rainer Maria! Bitte noch einen Film über Fasold und Kusch, über Richter und Rolle, über Bäcker und Hopfer, über Fuchs und Wolf ...

Alexanderplatz hat er gedreht.

Und Magdalenenstraße?

Normannenstraße?

Ruschestraße?

Mit Gerhard! Welcher Gerhard? Ok, Gerhard, you know, Gerhard! Welcher Gerhard? Zwerenz! Hey, welcher Gerhard? Manfred? Gregor? Lothar? Wolfgang? You know, Wolfgang? Welcher Wolfgang? Wolfgang Wer? Eddie Harris, my name is Eddie Harris! Eddie Harris? Eddie Murphy? Eddie Harris! Harris! Who? Eddie Who? Harris! My name is Eddie Harris! Eddie Who?

Du hörst zuviel Radio. Diesen Song kennt keiner.

Und was ist mit Gerhard, Gregor, Lothar, Wolfgang? Wolfgang Neuss? Nein, Wolfgang Schnur! Schnürchen! *«Torsten»*! Wollte den Minister persönlich sprechen.

Aber Gerhard nicht.

Der nicht. Gerhard? Moment mal, Gerhard? Ich überlege,

413

Gerhard? Wen meinst du, sag mal, Gerhard, Gerhard, kam der schon vor? Klarname, Deckname? Welche Seite, verdammt, welche Seite? Gerhard?

BEARBEITEN, ZERSETZEN, LIQUIDIEREN soll eine möglichst sachlich verlaufende, öffentlichkeitswirksame Auftaktveranstaltung der Abteilung BF werden, höre ich einen Behördenmitarbeiter sagen. Es ist der kleine Bernd Eisenfeld, der im Herbst achtundsechzig in der Leipziger Innenstadt Flugblätter verteilte, gegen den Einmarsch der Truppen in Prag. Bis auf den letzten Tag hatte er die mehrjährige Gefängnisstrafe absitzen müssen. Wie du redest, sage ich. Wie rede ich denn? So behördlich-sachlich, öffentlichkeitswirksam ... Er lacht: Ich war nach der Ausbürgerung in Behörden, das stimmt, es rutscht einem so raus, aber geredet wird so, das ist der Sprachgebrauch ...

Was wählt man aus, sage ich, der Kopf wie ein Karussell, alles kommt hoch ... Auch die eigene Haftzeit, die Ausbürgerung, der Westen ... das Lauern um einen herum, ich fühlte ihre *Maßnahmen* ... Ich will nicht Versteckspielen, verstehst du, oder nur versachlicht zitieren, vorher mit dem Dienstvorgesetzten den Entwurf besprechen ... und alle Gefühle müssen raus ... Referatsleiter setzen ihren Stil, ihren Stiefel durch ... das will ich nicht ...

Wer verlangt denn das von dir, fragt Eisenfeld. Der sachliche, öffentlichkeitswirksame Verlauf der Auftaktveranstaltung der Abteilung BF verlangt das ... Übertreibst du nicht? Dich läßt man doch sehr in Ruhe ...

Er sieht mich durch seine runden Brillengläser an, die Haare etwas gelichtet und zerzaust. Mein Bruder, sagt er, fängt jetzt beim Landesbeauftragten an. Ihr seid Zwillinge? Er nickt. In der gleichen Zelle? Wo denkst du hin, Bernd Eisenfeld lacht wieder sein brüderliches, großfamiliäres Lachen, ich wurde verhaftet, er nicht. So weit ging die Gleichheit keinesfalls, obwohl mein Bruder viel gemacht hat … *differenzierende Maßnahmen* nannten sie das … Meinen älteren Bruder, er lacht, ich habe noch einen Bruder, den kennst du nicht … den ließen sie sogar weiter beim DDR-Rundfunk arbeiten, in der Musikabteilung … Mein Bruder, meine Brüder, meine Schwester, mir gefiel, wie er von seiner Familie sprach. Böll hat in seinem «Lesebuch» als letzten Text einen Aufsatz von Werner von Trott zu Solz plaziert, der die heutige «Freundschaftslosigkeit» beklagt und eine zu starke Beteiligung «an dem Schwindelunternehmen dieser ‹christlichen› Gesellschaft», die es unmöglich macht, «noch von ihrer Verlogenheit ins Herz getroffen werden zu können».

In Bernd Eisenfelds «übertreibst du nicht» war auch ein prüfender Seitenblick: Denkst du an die anderen, die Akteneinsicht wollen und zu den Veranstaltungen kommen, oft von weit her? Machst du dich zu wichtig? Es war der Seitenblick des erfahrenen Häftlings, der sich nicht bei Kleinigkeiten aufhielt und irgendwelchen Marotten. Der nicht aus einer Laune heraus einen Hungerstreik begann oder «laut wurde» in einer schlimmen Stunde. Der warten konnte, der sich zurückhielt, der durchkommen wollte. Der auch nicht blind provozierte oder «sich märtyrerisch selbst ins Fadenkreuz hängte», zum Beispiel mit solchen Texten … aus der letzten Post … Der Schweigepflichten einhielt, der auch ein guter Beamter sein konnte und sein wollte im Rechtsstaat. Schritt für Schritt dicke Bretter bohren …

Morgen zehn Uhr kommt ein wichtiger Mann ins Referat, sagt Rolle am Telefon, wollen Sie kommen? Es ist der, an den wir Straftaten melden, wir unterhielten uns schon … «gelegentlich der Erfüllung von Dienstaufgaben», wenn etwas auffällt beim Aktenstudium … Wann, frage ich. Morgen vormittag, in meinem Zimmer.

WENN DAS SO DASTEHT, Kriegsverbrechen, Kriegsverbrecher, dann wird einem ganz anders, Krieg, Front, über Grenzen gehen, ich weiß schon, auch die Bahnstrecke durch Polen, der eine Vater und der andere, ich weiß schon, aber diese Stelle ist hart, sagt die Schwester am Telefon, wenn man es liest, so dasteht sieht, es stimmt alles, aber dann sieht man es stehen im Text, dann steht es da, sagt die Schwester am Telefon. Es soll weg? Nein, nein, das meine ich nicht, auf keinen Fall. Was meinst du denn? Ach, weiß nicht, laß es, sagt sie.

So weit, wie die Stasi gegangen ist, muß man mindestens auch gehen, sonst fällt etwas unter den Tisch ... andererseits muß man gegenüber dem Vater eine weise (nicht feige) Rücksicht walten lassen, schreibt Schädlich in einem abendlichen Fax, er hat einen neuen PC, die Schrift ist klein, aber gut lesbar. Unter Thema steht Guten Morgen.

Weise Rücksicht, nicht feige Rücksicht, wie soll das gehen? Er ist mein Vater, ich habe ihn gern. Aber da ist das Schweigen. Ich werde ihn, wenn es sein muß, die Treppe hochschleppen, egal, was er sagt und denkt, wenn Fremde durch eine große Stadt gehen, in der U-Bahn sitzen, am Mietshaus vorbeikommen, die nicht sprechen wie er, nicht aussehen wie er, nicht herkommen, woher er kam: aus einer kleinen deutschen Textilarbeiterstadt, aus den Häusern neben den Fabriken, aus salpeterzerfressenen Hausfluren kam er nach Berlin ... Hier redet keiner vogtländisch, sagt er, diese vielen Menschen, Autos, Straßen ... den Mehringdamm runter, das flimmert alles ... Der Sohn ein Feind des Staates, der Vater ein Rentner, der bis zuletzt gearbeitet hatte und nicht reisen durfte wie andere Rentner, die Mutter eine Rentnerin, die bis zuletzt gearbeitet hatte und nicht reisen durfte wie andere Rentnerinnen, also verließen sie Stadt und Staat, reisten aus, wurden ausgebürgert. Dann begann das Antragsspiel: Die Tochter in Saalfeld stellte Einreiseanträge, eine Ablehnung nach der anderen. Uns-re Heimat ... Wer raus darf, bestimmen wir, wer rein kann, bestimmen wir. Und eine alte Angst kam wieder. Eines Tages lag die Nationalzeitung auf dem Stubentisch. Was lest ihr, fragte ich. Du liest doch auch viele Zeitungen, war die Antwort. Ja, ich las auch viele Zeitungen. Sollte ich nur eine lesen, sollte es nur eine geben, müßte Einheit sein und nicht Durcheinander, mehr Ordnung, Führung? Dürfte kein Papier auf den Straßen liegen, müßte das Laub der Bäume immer sofort weggekehrt werden, dürften keine Zeichnungen an Häuserwänden sein?

«Einheit» hieß die Parteizeitschrift der SED, «Einheit Reichenbach» der Sportclub am Wasserturm, in dem ich in der 2. Schülermannschaft Fußball spielte ...

Was wird nur, fragt die Mutter, in den Nachrichten die Schreckensmeldungen ...

Warum betonst du, daß bis zuletzt gearbeitet wurde? Hätten ihnen Rentnerpässe zugestanden, weil sie bis zuletzt gearbeitet hatten in der Energieversorgung und im sozialistischen Handel mit Schuhen und Kleidungsstücken? Ihnen ja, anderen nicht? Macht Arbeit frei, diese zynischsten drei Wörter aus dem Arsenal der Mörder? Ist Freiheit, sind Menschenrechte ein Lohn für Leistung, muß man sie sich verdienen? Was kostet ein Paß?

Wie kommt jemand los von der Diktatur, vom Dienen und Kuschen, vom Funktionieren und Dirigieren, wie kommt jemand los von der Tradition, der Geschichte, vom Alltag des Büros, der Kaserne, von den Vor- und Hinterzimmern, der Umzäunung, den Kontrollen, den Rampen und sortierenden Handbewegungen, Augenbewegungen, Mundwinkelbewegungen? Auch davon, daß man «gar nichts gemacht hat», unschuldig ist, nur dabei war, nur dazugehörte, nur dort wohnte, aufwuchs, lebte und arbeitete, nur «ein Leben lang hart und anständig gearbeitet hat»? Wie kommt man los von diesem Nur? Und davon, daß jedes Wort falsch und eine Falle ist? Ein neues Schweigen nach sich zieht, ein neues beleidigtes Gesicht erzeugt, ein neues Drohen oder Unterwerfen, einen neuen Fassonschnitt, neue Glatzen vor dem Leipziger Völkerschlachtdenkmal? Und nicht die Glatzen der kahlgeschorenen Häftlinge der Lager, der KZ, des Gulag standen da vor dem Leipziger Völkerschlachtdenkmal am ersten Mai neunzehnhundertsiebenundneunzig, vereinzelt, junge Polizisten als Gegenüber. Und andere Glatzen, andere Köpfe? Andere autonome Kapuzen am Prenzlauer Berg? Andere? Ihre? Unsere? Kinder welcher Eltern? Welchen Landes? An welchen Lippen gehangen? Was wollen grüne Bomberjacken und geschnürte Stiefel am Leipziger Völkerschlachtdenkmal? Eine Schlacht? Wollt ihr euch und uns eine Schlacht liefern?

Da kommen die Touristen und die Fernsehteams. Nicht daran rühren? Ist die Soße braun? Rot? Grün? Wo ist Faradj Sarkuhi? Welche Farbe bevorzugen seine Peiniger? Woher kommt die herrische Härte in den jungen Gesichtern am Völkerschlachtdenkmal? Und bei Le Pen, bei Schönhuber, Haider der gutgelaunte, auftrumpfende Offizierston ... Lebed, Karadžić, Harnisch ... Rotzigkeit gemixt mit Medienwissen und talkshow ... Nicht nur in Deutschland, ruft Frau Sperber am Telefon, bedenken Sie, nicht nur in Deutschland!

Nach den Führern und Paten diese Leute? Die Erben des Wandels, der «Wende»?

Wie kommt man los vom Haß, von der Angst? Von der Strafe? Du warst nicht dabei und maßt dir ein Urteil an, riskierst eine Lippe! Ich war dabei, ich maße mir ein Urteil an, ich riskiere eine Lippe, wo soll ich denn gewesen sein die ganze Zeit? Ich war doch hier dabei, wo soll ich denn gewesen sein, wenn nicht im deutschen demokratischen Deutschland, in China hinter der Mauer, wo? Von welchen Lippen habe ich denn gelesen, welche Urteile habe ich denn vernommen? Welche Last hockt denn auf welchen Schultern? Wie lange und warum? Für immer? Gibt es keinen Ausweg, kein Aufatmen? Nur das Sterben, das Nachfolgen, das Auch-Wegsein? Das Folgen in den Tod? Weil die Tat größer ist, die Vergangenheit unerreichbar und gegenwärtig? Bleibt nur das Nichts und der Fluch? Oder der Trotz, der Haß, die Identifikation, der Hinweis auf die Taten der anderen, dieser Kreislauf, dieses Rädchen im Käfig?

«Tschechei», sagten einige, und: «Wir haben den Krieg verloren, unsere Gebiete sind weg.» Welche Gebiete, fragte ich Großmutter Olga in Gotha, in den Sommerferien. Sie wurden aufgezählt. Das ist die Strafe, sagte sie, die Bauersfrau mit sieben Klassen, Christin der bekennenden Kirche, ihre Bibel habe ich noch, ihre Eintragungen. Neben den Psalmen aus dem Alten Testament stehen Daten und Jahreszahlen, mit Bleistift hingeschrieben: «Verflucht sind, die von deinen Geboten abirren» … «Wende von mir Schmach und Verachtung; denn ich halte deine Zeugnisse», 119. Psalm, daneben «2. 9. 42». In Stalingrad tobte eine Schlacht, kurz vorher war der «Reichsprotektor von Böhmen und Mähren», Heydrich, an den Folgen eines Attentats des tschechischen Widerstandes gestorben. Sie hörte im Dorf Gospiteroda Radio London und fürchtete sich vor einer Denunziation aus den Reihen der eigenen Familie. Sie unterstützte auch eine in Berlin untergetauchte jüdische Familie mit Lebensmitteln.

Hitler, dieser österreichische Sauhund, alle rannten dem nach … jetzt haben wir den Salat … Solche Sätze, auch über die deutsche Teilung, von ihr durchaus als «Sünde» verurteilt, hörte der Enkel. In der Küche saß Frau Appelt, eine kleine krumme Frau mit riesigen Ohren, die Großmutter hatte sie bei sich aufgenommen. Frau Appelt stammte aus Gablonz an der Neiße, aus Jablonec, Nordböhmen, mit zwei Töchtern und einem Handwagen war sie im Thüringer Wald angekommen, «nicht einmal Hausschuhe» habe sie dabeigehabt, sagte sie lächelnd. Solche Einquartierungen setzte die Hausherrin durch gegen die protestierenden «jungen Leute» der Familie, die eigene Kinder hatten und geschlagen aus einem Krieg gekommen waren. Wir helfen, entschied sie und war der Meinung, daß die Gebiete durch eigene Schuld verloren wurden. Übergriffe und Greuel während der Flucht und bei Vertreibungen verurteilte sie allerdings heftig. Alle brechen die Gebote, hörte ich sie im Keller rufen. Als ich nachsah, war sie allein dort unten und sortierte Kartoffeln. Lachend wies sie mir ein Stück Kuchen zu, die großen Bleche standen im Waschhaus. Gegen Haß, Intoleranz und Besitzgier lebte sie an. Eines allerdings konnte sie nicht «verknusen», sie kam aus dem Erzgebirge, aus Oberschlema: die Lüge. Ihr Vergeben und Verzeihen war eng gekoppelt an das Eingestehen von Missetaten. Ihr Bezug war also die Realität und einer da oben, der keine weltlichen Götter, Führer und Generalsekretäre neben sich duldete. Lügner und Spitzel haßte sie. Plappernde Politiker, Gewalt und Werbegags im Fernsehen lehnte sie als modernes Teufelszeug ab. Wenn ich sonntagnachmittags «Am Fuße der blauen Berge» sehen wollte, eine Cowboy-Serie, verließ sie den Raum, strickte oder las in der Küche. Manchmal sang sie.

Diese Großmutter betete am Essenstisch: die Hände gefaltet, die Augen geschlossen, den Kopf gesenkt. Als Kind sah ich ihre dünnen Haare, die kräftigen, alten Finger, die auf dem Feld hacken und in der Küche Kuchen backen konnten, hörte ihre leise, doch durchdringende Stimme. Sie sprach das Gebet, niemand sonst sprach es. Zu keiner Zeit sprach ein anderer in dieser Familie und an diesem Tisch das Gebet.

Warum erzählst du das? Willst du etwas beweisen?

Ja.

Und was?

Olga for ever! Olsch, sagten die Erzgebirgler zur russischen Form von Helga. Ein Lichtblick in finsteren Zeiten!

Und wenn das deine Eltern hören?

Schimpft meine Mutti, schweigt mein Vati, lachen oder weinen weitere Mitglieder der weitverzweigten deutschen Großfamilie in Stadt und Land. Was denn, die? So eine? Sieben Klassen Dorfschule? Aber die Mutter meiner Mutter, bewiesene Tasache, hieß Olga, you know? Frage ich jetzt wie Horst Liepolt ...

Und ein kleiner Junge mit abstehenden Ohren, der zu Besuch kam, dünn und empfangsbereit, hieß wie der Verfasser dieses Manuskripts, bitte blättern.

HAUS 6 ODER HAUS 11, wie du manchmal tippst, was stimmt denn nun? Mal so, mal so, was ist los, ist das deine Quellengenauigkeit?

Hinter *Haus 7*, in dem Bäcker und Hopfer residieren, auch Klaus Richter, auch Frau Freudenberg, hinter dem großen grauen *Haus 7* im ersten Innenhof der Zentrale, neben *Haus 1*, gegenüber vom ehemaligen *HVA*-Neubau, in dem die Deutsche Bahn unschuldig und geschäftig residiert, auf dem Dach thront nach dem DR- der DB-Mond, steht *Haus 6*! Das Archivgebäude ist *Haus 8*! So und nicht anders!

Natürlich, die Erde dreht sich, nach einer Abkürzung kommt die andere, das Verkehrswesen wird immer wichtig sein, ganz ohne Sicherheit kommt kein Bahnhof und kein Staat aus, soviel ist klar, Hauptsache es geht weiter.

Links rum, dann rechts rum, gegenüber, dahinter, davor, wohin denn? *Haus 6*, nicht *Haus 11*! Wie kommst du denn auf diese Zahl?

Schrecklich, diese Unübersichtlichkeit, diese blöden Zahlen und Häuser! Klare Auskünfte haben wir von Ihnen erwartet, Nachrichten, Facts! Und was kommt? Mondsüchtige Assoziationen und Verwechslungen ...

Ich weiß nicht genau, warum ich manchmal *Haus 11*

schreibe, auch bei der Hauspost, bei den grünen oder roten Pappmappen, kam es schon zu Verwechslungen ... das Handtuchzimmer ist in *Haus 6*, nirgends anders, in *Haus 6*! Im Hinterhof der Macht, hinter *Haus 1*, hinter *Haus 7*, neben *Haus 8* ...

Wie oft bin ich durch die kleine Tür gegangen, klar und deutlich steht an diesem Eingang *Haus 6*, nicht *Haus 11* ...

Will ich ins Fiktive, will ich ändern, flüchten, mich in Sicherheit bringen? Wo hat das alles stattgefunden? In einem *Haus 11*? Das kann nicht sein, könnte gesagt werden, dieses Haus gibt es dort nicht! Dieses Haus ist folglich fiktiv gewählt ... Freispruch!

Und die Namen?

Tja, die Namen.

Du willst ins Versteck einer anderen Zahl, einer anderen Zeit, eines anderen Ortes. Das Handtuchzimmer hat ein Fenster und eine Tür, stimmt. Gardinen, weiße, dichte Gardinen, stimmt. Aber schwedische Gardinen nicht, Gitter nicht. Habe ich irgendwo «vergittert» geschrieben? Yes. Muß ich ändern. Die Parterre-Fenster sind vergittert, das stimmt, es sieht trist, grau und verriegelt aus, stimmt. Hinter *Haus 6* die Magdalenenstraße, die *konspirativen Wohnungen*, am oberen Ende der Straße der Knast, ein Gerichtsgebäude, eine Kirche. Eng und amtlich und vermauert schon, aber das Handtuchzimmer in *Haus 6* ist nicht vergittert, das nicht.

ICH BIN NOCH EINMAL HINGEFAHREN an einem Wochenende, der Innenhof leer, die Beamten und Angestellten der neuen Ämter zu Hause, im Garten, auf dem Wochenendgrundstück, im Kurzurlaub, vor dem Fernsehapparat, auf dem Balkon, im Wohnzimmer, bei den Enkeln, bei den Kindern, bei den Katzen, beim Reinigen eines Fischbassins, Zierfische, vielleicht Schleierschwänze ... Wir haben auch Schleierschwänze. Und kleine Goldfische ...

Ein schwedischer Reisebus vor *Haus 1*, schwedische Reisende besichtigen Mielkes Büro, starren auf seine unerwartet altertümliche Telefonanlage, die Kitschbilder an der Wand. Schwedische Reisende wollen etwas sehen und bekommen etwas zu sehen. Ich schlendere durch offene Höfe, überprüfe Zahlen, besichtige Fenster, äuge zu den Kameras, ob das Wachpersonal zusieht? Ob die Türen verschlossen sind? Hingehen und probieren, ach nein, so viel Zeit habe ich auch wieder nicht, will noch Freund Biermann vom Bahnhof Lichtenberg abholen, er kommt mit dem IR um 15.08 aus Rostock, hatte dort ein Konzert, ach nein, an die Türen muß ich nicht gehen. Oben die Kameras. Zurück zum Auto, der Motor ruckt, schluckt, will nicht. Anschieben? Keine Menschenseele, ein Reisebus und graue Häuser, so leer ist die Burg am Wochenende. Den Zug muß ich schaffen. Starten, der Anlasser leiert, wird langsamer. Pech.

Auf der Treppe zum Mielke-Haus sehe ich einen Mann hantieren, er blättert in Büchern, hat eine Umhängetasche neben sich stehen, sitzt auf den Stufen, wartet. Kräftig, älter, der Busfahrer? Der schwedische Busfahrer? Wie ein schwedischer Busfahrer sieht der nicht aus.

Er winkt, kommt herüber, will helfen, hatte auch mal einen Ford Granada. Wenn du mir ein Buch abkaufst, sagt er. Ich nicke. Ein Häftling, denke ich, paßt die Touristen ab. Er geht zu seiner Umhängetasche, kommt zurück. Wieviel? Achtundzwanzig, sagt er lächend, großer Kerl, über fünfzig, einiges hinter sich, Prolet, Baustellen, große Klappe … Ich zahle den Preis. Er reicht mir eine Hochglanzbroschüre durch das Autofenster, auf dem Umschlag das Foto einer Knastfassade, rötliche Steine und dunkelgrüne Ornamente, Ziegelkreuze und lange Ziegelstriche, Anstaltsschmuck, Mauerschmuck … In der Mitte des Fotos ein vergittertes Fenster, darunter, weiß, die Zahl «15», auf die Knastmauer gemalt zur Orientierung für das Wachpersonal. Kreuze, Zahlen, Striche …

Brodskijs blauer Strich der russischen Amtsstuben … Anstalt, Hausnummer, Zellennummer, Häftlingsnummer … Bautzen, Brandenburg oder Cottbus …

Ich schiebe, sagt er, nach ein paar Metern springt der Motor an. Danke, sage ich, Hohenschönhausen und hier, Magdalena. Du? fragt er. Ich nicke, eine Verbundenheit ist da. Er zeigt auf die Broschüre, da steht alles drin, sagt er. Ich fahre schnell zum Bahnhof, finde keinen Parkplatz, stelle mich ins Halteverbot, blättere, Vorwort: … «Ich wurde durch den Titel angeregt von Franz Schönhuber: ‹Ich war dabei› …»

Ach so.

Wäre ich doch lieber zu Fuß gegangen.

Wie lange in Haft? Welche Paragraphen? Ein Politischer? Blättern … ein Jahr, zwei Jahre wegen «Hetze», dann noch mal verhaftet, im Vollzug andere Gefangene aufgewiegelt … als Kind in mehreren Heimen gewesen … Vater wurde vierundvierzig wegen Fahnenflucht erschossen … GST, freiwillige Armeeverpflichtung, Haft, ‹Freund Chinas›, Staatsfeind, Abschiebung nach dem Westen, jetzt bei den Reps … «Geleitwort» von Schönhuber mit «herzlichen Grüßen» und Unterschrift … «Franz Schönhuber meldete sich freiwillig zur Waffen-SS, ich meldete mich freiwillig zur Nationalen Volksarmee der ‹DDR› … Schönhuber war 19, ich war 18 Jahre alt … Wir waren in Diktaturen zur Vaterlandsliebe erzogen worden … Franz Schönhuber lernte Kameradschaft bei der SS kennen – ich in jahrelanger Haft in der ‹DDR› … die Rote Armee von 1945 wollte den neuen, kommunistischen Menschen mit Brandschatzungen und Vergewaltigungen schaffen … in der Deutschen Wehrmacht herrschte Manneszucht … in der Roten Armee hingegen russisch-asiatische Barbarei … Die jüngere Generation wird von 68er Lehrern irregeleitet … Die erste Frau von Franz Schönhuber war ungarische Halbjüdin, meine zweite Frau war Polin und Hans Hirtzel, Mitglied des Bundesvorstandes der Republikaner, war Mitglied der ‹Weißen Rose› der Geschwister Scholl ... Die etablierten Parteien richten unser Vaterland zugrunde, indem sie das Sozialamt für die ganze Welt sein wollen ... Der Vater Friedrichs des Großen, der ‹Soldatenkönig›, würde sich im Grabe umdrehen, wüßte er, wie weit es mit Deutschland gekommen ist ...»

Alle Schlagworte versammelt.

Ach so, Ostgebiete? Moment. «Osteinsatz ... ein älterer Mann wurde 1946 denunziert und zu 25 Jahren Haft verurteilt von einem sowjetischen Gericht ... Er war im Osteinsatz, zur Verwaltung der besetzten Gebiete. Er war dort nur Polizist, wie er hier Polizist war ...»

Osteinsatz.

Osteinsatz zur Verwaltung der besetzten Gebiete.

Er war dort nur Polizist.

Er war dort nur Polizist, wie er hier Polizist war. Nur. Wieder dieses Nur. Du fährst am Wochenende in den Innenhof, da steht ein schwedischer Bus. *6* ist die Zahl, nicht *11*! Wie kommst du nur auf *11*? Soll alles elf Uhr elf sein? Witz, Karneval, Verkleidung? «Nur Bilder», wie Kafka abwiegelnd sagte, «alles nur Bilder» ... Und nur die unteren Fenster sind vergittert, das Handtuchzimmer aber nicht! Dann streikt der Motor, dann hilft jemand, ein Älterer, Kräftiger kommt in deine Zelle. Ein Kamerad? Ein Freund? Ein Hochglanzfoto, eine Broschüre, ein Vorwort. Nur ein Vorwort. Herzliche Grüße, Franz Schönhuber. Ihr Knastrologen, was ist los? Germany, was ist los? Was braut sich zusammen in Kasernen und Führungsakademien? Nichts? Gar nichts? Nur Einzelfälle, «denen mit aller Entschiedenheit nachgegangen wird» ...

Nur Wölkchen, nur ein Gewitter, nur wieder die alten blöden Sprüche?

Ein ehemaliger politischer Häftling der DDR hockt auf der Mielke-Treppe, wartet auf schwedische Touristen, hat etwas dabei. Achtundzwanzig Mark sind ein stolzer Preis, gewiß, einen Preis hat er gezahlt, der da auf der Treppe. Feige war er nicht, Kraft hat er, schiebt noch einen Wagen weg, in dem einer sitzt, der auch drin war … Alles ist gefährlich nahe, bekommt schon einer Angst? Durfte einiges gar nicht geschehen sein? Waren Mittel erlaubt? «Kampfgruppe gegen Unmenschlichkeit» auch mit Waffen, Lunten und Gift gegen Mauern und Gewalt? Die terroristische Antwort, das Erzwingen-Wollen, der Agenten-krieg als konspirative Methode … Dazu die Quälerei in den Zuchthäusern, dazu Disziplin, Ordnung und fortgesetzte Man-neszucht in den deutschen demokratischsten Kasernen? Kom-mandos und Gekeife, Fortsetzung folgt, Kampfgruppen gegen Kampfgruppen? Immer weiter marschieren? Demokratie durch V-Leute und Radio-Propaganda, bebende Stimmen, drohende Reden? Und der Mut der Fluchthelfer, der Raushol-er? «Es hilft nur Gewalt, wo Gewalt herrscht, und / Es helfen nur Menschen, wo Menschen sind» steht in der «Heiligen Jo-hanna der Schlachthöfe» von Brecht. Einer sitzt auf Mielkes Treppe, da oben auf der Broschüre steht sein Name … Wer hat Angst vor diesem Mann? Viele haben Angst vor diesen Män-nern …

In der letzten Szene, es geht um den Tod und die Kanonisie-rung der heiligen Johanna, beginnen Lautsprecher Schreckens-meldungen zu verkünden: «… Acht Millionen Arbeitslose in den Vereinigten Staaten! und Der Fünfjahresplan gelingt! und Brasilien schüttet die Jahresernte Kaffee ins Meer! und Sechs Millionen Arbeitslose in Deutschland! und Der Fünfjahresplan in vier Jahren!» … Brecht: «Unter dem Eindruck der Schrek-kensnachrichten schreien sich die jeweils gerade nicht Dekla-mierenden wilde Beschimpfungen zu, wie: ‹Dreckige Schwei-nemetzger, hättet ihr nicht zu viel geschlachtet!› und ‹Elende Viehzüchter, hättet ihr mehr Vieh gezüchtet!› und ‹Ihr wahn-sinnigen Geldschaufler, hättet ihr mehr Leute eingestellt und

Löhne bezahlt, wer soll sonst unser Fleisch fressen?> und <Der Zwischenhandel verteuert das Fleisch!> und <Die Frachtsätze der Eisenbahnen schnüren uns den Hals zu!> und <Die Bankzinsen ruinieren uns!> und <Warum fangt ihr nicht an mit dem Abbau!> und <Wir haben doch abgebaut, aber ihr baut nicht ab!> und <Ihr allein seid die Schuldigen!> und <Bevor man euch nicht aufhängt, wird es nicht besser!> und <Du gehörst schon lange ins Zuchthaus!> und <Warum läufst du noch frei herum?> Choräle folgen. Johanna stirbt, «fünfundzwanzigjährig, an Lungenentzündung auf den Schlachthöfen, im Dienste Gottes, Streiterin und Opfer.» Die Szene ist von einem rosigen Schein beleuchtet. Alle stehen in sprachloser Rührung, auch die Schlächter und Viehzüchter.

Auf der Treppe dieser Mann.

Könnte da auf der Treppe die Arbeiterklasse sitzen? Könnte da auf der Treppe ein Teil der deutschen Arbeiterklasse sitzen? Könnte da auf der Treppe ein einzelner deutscher Arbeiter sitzen? Könnte da auf der Treppe ein einzelner sitzen, sein Vater wurde erschossen, seine Mutter hatte Kinder, Heime lernte er kennen, Kasernen, Gefängnisse und Baustellen, Jahre gingen ins Land, ins geteilte Land, ins größere und kleinere geteilte Land, nicht das einzige auf Erden, weiß Gott, nicht das einzige, Choräle, nicht die einzige Arbeiterklasse auf Erden, Johanna, nicht das einzige Kind, eiserner Gustav, nicht der einzige Vater, nicht die einzige Mutter, nicht das einzige Heim, nicht die einzige Kaserne, nicht das einzige Gefängnis, nicht die einzige Baustelle, nicht die einzige Treppe, nicht die einzige Broschüre. Jetzt biegen Helfer um die Ecke und wissen den Ausweg. Brechts Fünfjahrplan in vier Jahren bog um die Ecke und wußte den Ausweg. Ein Redner in einem Sportpalast bog um die Ecke und wußte den Ausweg. Welche vertauschen die Parteibuchstaben und wissen den Ausweg. Welche waren dabei, schreiben Geleitworte und wissen den Ausweg. Welche waren auch dabei, lassen sich Geleitworte schreiben und sitzen vor *Haus 1*, wenn Schweden ein Büro besichtigen und ein PKW parkt. Hast du nicht lange genug gesessen?

Vaterlandsliebe?

Kameradschaft in SS und NV A?

Der Vater Friedrichs des Großen, der Soldatenkönig?

Meine Fresse, diese verdammten blöden Phrasen!

Ich erreiche den Zug. Wir sitzen dann mit Biermann drei Stunden in der Küche am Tempelhofer Damm, Jenka ist noch da, Daniel und Lili kommen später vom Spielplatz. Lilo ruft aus der Beratungsstelle in Moabit an. Gegen sieben fahre ich ihn ins Polnische Kulturzentrum: Katzenelson, Warschau, Vittel, Auschwitz.

In Höhe Mehringdamm: heute hat ein Häftling deinen Ford Granada angeschoben vorm Mielke-Haus ... Wolf kennt die Gegend, er hat neunzehnhundertneunzig in *Haus* 7 am Hungerstreik für die Aktenöffnung teilgenommen. Und? Er sieht mich an, erwartet wohl eine gute Nachricht, einen Gruß, eine lustige Begebenheit, ein auf ihn bezogenes wertschätzendes Wort ... Waaas? Biermanns Auto habe ich gerade eigenhändig angeschoben? Etwas in diese Richtung wohl ... An einer roten Ampel in Höhe Kochstraße angele ich vom Rücksitz ein Druckerzeugnis, das verkaufte er mir, sage ich. Biermann sieht lange auf das Knast-Umschlagfoto, blättert, liest das «Geleitwort», legt die Broschüre zurück, sagt nichts.

IMMER MAL WIEDER werde ich gefragt, was zu tun sei, meist von Mitarbeiterinnen: Ein Anrufer will nicht mehr leben, was tun? Welche Adresse könnte man nennen. Eine ältere Frau berichtet von Insektenschwärmen in ihrer Wohnung, nichts mehr sicher und sauber, überall Angriffe und Schmutz ... Ich werde als Psychologe angesprochen, der Krisenarbeit kennt, ich höre also zu, gebe einen Rat, vermittle eine Adresse, nenne eine Beratungsstelle, eine Tagesklinik, ein Dokumentationszentrum, eine Bürgerinitiative. Manchmal übernehme ich ein Telefonat, führe auch einige Einzelgespräche. Klaus Richter, der Referatsleiter, schlägt eine «Weiterbildung» vor, eine «Veranstaltung zu Problemfällen». Ich bin einverstanden, verweise darauf, daß ich von Anfang an die psychosozialen Probleme gesehen und auch regelmäßige Supervisionsmöglichkeiten für Mitarbeiter angemahnt habe ... Richter nickt zustimmend. Dann dauert es, Wochen vergehen.

So lerne ich Herrn Both kennen.

Er kommt aus dem «Referat Schwarzenberger», das sich ebenfalls in *Haus* 7 befindet. Weiterbildungen fallen unter mein Ressort, sagt er am Telefon, er würde mich gerne einmal kennenlernen und Einzelheiten besprechen. Frau Dr. Schwarzenberger wäre mir ja sicher bekannt, er sei ein enger Mitarbeiter. Wir vereinbaren einen Termin.

Both strahlt, sprüht, kommt auf einen zu und dicht heran, recht groß, Brille, Oberlippenbärtchen, er redet schnell und artikuliert, «von Hause aus Jurist»? Das könnte er gesagt haben ... oder Verwaltungsfachmann? Ministerialbeamter im Praxiseinsatz? Ganz ehrlich, ganz direkt, ganz kritisch, «also das habe ich Dr. Geiger ins Gesicht gesagt am zweiten Tag» ... auf einem steilen Weg ... Frau Dr. Schwarzenberger ist meine Vorgesetzte, na ja, sagt er und lächelt hintersinnig, hatten Sie schon einmal die Ehre? Im Vorbeigehen, sage ich, flüchtig ... und denke an Michael Beleites, der bei ihr den Posteingang zu sortieren hatte, nach vierzehn Tagen war er weg.

Boths Art wirkt offen, freundlich, fast herzlich, aber er läßt Hintertürchen offen, noch kundschaftet er aus. Seinen Namen trage ich gleich als einen wichtigen in den Kalender '93 ein, Zimmer 215, Durchwahl 8755, Harald Both, verständnisvoll und verschwörerisch, es war ein Vorschlag von Klaus Richter, aha, und die ehemaligen Mitarbeiter? Naja, es ist manches sehr schwer zu verstehen ... was möchten Sie denn mitteilen in Ihrer Veranstaltung? Haben Sie noch Kontakte zu den Bürgerkomitees? Jetzt ist hier normaler Ablauf eingekehrt, das wird eine Umstellung sein, nicht wahr?

Both redet vertraut, dabei durchaus offiziell, auf einer ansteigenden Laufbahn, bei der es sich bestimmt um eine Hauptstraße handelt. Im städtischen Leben ist da die Frankfurter Allee, nächste Seitenstraße Miss Magdalena, die Rusche zeigt Richtung Hohenschönhausen, von da oben rollten die kleinen viereckigen Lieferwagen mit der besonderen Häftlings-Fracht hinunter nach Lichtenberg, es gab Lüftungsklappen, manchmal konnte das Auge einen grünen Ast erhaschen, der Straßenbaum wußte es nicht, die Passanten wußten es nicht, die zugereisten, hochmotivierten Mitarbeiter hatten schon einmal irgend etwas in «Spiegel» oder «Stern» gelesen, oder war es «Focus»?

Wieviel Macht hat der? taxierte mich Both, hat er Zugang nach oben? Wie geht er die Themen an, wie kommt er mit Mitarbeitern aus, welche Absichten liegen noch vor? Welche Rolle spielt Richter? Ist das mit der Behördenleitung abgesprochen?

Oder spielt sich Both nur auf, ist eitel, karriereorientiert und eigentlich gutwillig?

Was weiß ich ...

Warum mischt er sich ein ... Ich wollte mich mit einigen zusammensetzen und vor allem zuhören, vielleicht soll das «offiziell» verhindert werden ... Mein Gefühl: Ich hätte sofort sagen müssen: Sinnlos, Sie sind ein Windhund, nehmen Witterung auf, wollen etwas anderes ... Was will er denn? Weiterbildungen organisieren, selbst durchführen? Bin ich ein Konkurrent?

Sie sind Psychologe und waren Betroffener, pardon, sind Betroffener, sagt er nach dem ersten Gespräch, auf der Treppe, in der Nähe des Fahrstuhls ... selbstverständlich sind ... wäre das nicht reizvoll: Über schwierige Akteneinsichts-Fälle zu reden ... den Kolleginnen und Kollegen Raum zu geben, etwas über ihre Probleme und Sorgen zu äußern ... Warum nicht, sage ich, schon vor Wochen wurde ich gefragt, Probleme gibt es ja genug ... Er nickt heftig. Und Sie? Ich bin dabei, antwortet Both prompt, schmunzelte gewinnend, ich lade ein ... Sie sind Vorgesetzter, gebe ich zu bedenken. Er winkt ab, so ein Schlimmer bin ich nicht, viele Kolleginnen und Kollegen wandten sich schon an mich, sie haben Vertrauen ...

Sofort beenden, denke ich, mache aber weiter.

Bei der ersten «Veranstaltung» sprechen einige selbstbewußte Frauen von sich, schildern Erlebnisse mit «Antragstellern auf Akteneinsicht», sparen auch nicht mit Kritik an «Dienstabläufen», Both nickt zustimmend. Die Frauen stehen der Bürgerrechtsszene nahe, signalisieren zumindest Sympathien ... Die Mehrzahl schweigt, im Raum etwa sechzig, siebzig Leute ... während ihrer Arbeitszeit ... Ich spreche von der großen psychischen Belastung einer solchen Tätigkeit ... Nicken und Schweigen, eine Frau berichtet von Schlafstörungen ...

Und beim zweiten Mal?

Bin ich verschnupft, heiser, eine Grippe sitzt mir in den Knochen ... Both begrüßt die Runde routiniert und freundlich, will gleich mal wissen, was der Herr Referent heute so vorhat ... Ich habe Schnupfen, sage ich, kann nicht gut reden, bitte stellen Sie Fragen, verehrte Anwesende, ein fertiger Vortrag wäre doch sinnlos, Sie erleben ja die Praxis ... Der Rahmen ist freilich zu groß, persönliches Sprechen ist leider fast unmöglich, nicht wahr, Herr Both?

Wirklich, fragt der und schaut in die Runde ...

Ehrliches, persönliches Sprechen wäre aber gerade nötig, fahre ich fort, das könnte man auch Supervision nennen, wenn der Begriff nicht so hochtrabend klingen würde ... Es geht um persönliche Aspekte, um angstfreies, ermutigendes Miteinander-Reden, das Gesagte könnte, wenns gut geht, in größere Zusammenhänge gestellt werden … Ich hier, mit Schnupfen und Heiserkeit, kann heute nur moderieren. Sie hören meine Hilflosigkeit und auch gewisse Zweifel … Ich bin kein richtiger Kollege, saß im Gefängnis, habe noch einen öffentlichen Beruf … hier möchte ich mich auf meine psychologischen Erfahrungen beziehen, Krisenarbeit in einer Beratungsstelle in Berlin-Moabit … Akteneinsicht hatte ich auch …

Schweigen. Abwarten. Eine fast feindselige Atmosphäre. Ein korpulenter Herr mit Brille und kurz geschnittenen Haaren, Ende vierzig, rollt mit den Augen, zuckt mit den Schultern, sieht sich um … Schüttelt den Kopf …

Ich werde gemustert, mein Schnupfen zählt nicht, Pardon wird nicht gegeben … Nach einer ganzen Weile, ich hätte wohl ein Referat beginnen sollen … so entsteht der Eindruck vom unwissenden Referenten … äußert ein Herr mit gewelltem Haar und hellbraunem Anzug betont konstruktiv: Sagen Sie uns, wie wir es machen sollen, dann hat man eine Orientierung und kann noch Fragen stellen.

Dem Referenten verschlägt es die ohnehin schon angekratzte Stimme, er hustet, benutzt ein Tempotaschentuch und beginnt dann, betont freundlich und keinesfalls gekränkt, über die Sinnlosigkeit von Vorgaben in diesen Zusammenhängen zu sprechen. Haben Sie Angst, fragt er noch, ist der Rahmen zu groß? Oder wollen Sie mir etwas sagen, vielleicht liegt es an meiner Person?

Wieder rollt der bereits erwähnte Herr mit den Augen … so geht es weiter. Bei Grippe, entschuldigt sich der Referent, soll man wohl doch lieber zu Hause bleiben …

Möglicherweise, Harald Boths kommunikatives Alles-klar-oder-nicht-so-schlimm-Gesicht leuchtet auf, Frau Schuster kennen Sie? Frau Schuster kenne ich … Außenstellenleiterin des Stasi-Archivs Schwerin … beschäftigt aus Überzeugung auch *MfS*-Offiziere … hat jetzt höhere, koordinierende Aufgaben in Berlin ... Sie saß unscheinbar in der Runde. Jetzt beginnt sie, eigene Vorstellungen von der Begegnung mit «Antragstellern auf Akteneinsicht» zu entwickeln, es gehe um korrektes Auftreten und rechtsstaatliche Normen, sie habe immer vertreten, daß auch eine Zusammenarbeit mit ehemaligen Mitarbeitern des MfS möglich und durchaus wünschenswert sei ...

Und was sagen die Antragsteller dazu, fragt der Referent. Bei uns, antwortet die Gefragte ... jung, energisch, randlose Brille, laute Stimme ... läuft eigentlich alles prima! Sie habe bei ZV eine koordinierende Aufgabe übernommen für die Außenstellen, den Kontakt zu Schwerin, diese Außenstelle meine sie, halte sie aber selbstverständlich weiter. Es gebe Übertreibungen verschiedener Art, die Zeit der Bürgerkomitees sei vorbei ...

Diese Feststellung will der Referent hinterfragen und bittet um weitere Erfahrungsberichte in der Begegnung mit ehemaligen politischen Häftlingen und *Zersetzten* ... Da rollt der Herr wieder mit den Augen und tauscht vielsagende Blicke aus ... Läuft bei Ihnen auch alles prima, frage ich ihn .... Er zuckt die Achseln, darum gehe es gar nicht, er brauche Handlungsanleitungen, die habe er bisher noch nicht vernommen. Es gehe nicht um Gefühle oder aufgebauschte Freund-Feind-Begriffe, man könne sich durchaus mit allen in sachlicher Weise auseinandersetzen, vorausgesetzt, dies werde gewünscht und tatsächlich angestrebt ... Sie haben auch unsachlich auftretende Opfer erlebt, fragt der Referent. So könne man das nicht sagen, das führe nicht weiter. Und was führt weiter? Er sei hier nicht der Referent.

Der Referent zu Both im kurzen Nachgespräch, die Teilnehmerinnen und Teilnehmer sind gegangen und haben ihre Stühle wieder mitgenommen, eine leere Teppichbodenfläche ist zurückgeblieben: Frau Schuster war im Raum, natürlich habe ich sie erkannt und gehört, was von ihr angemerkt wurde. Both nickt. Hat er sie eingeladen?

Gehen Sie jetzt nach Hause oder zum Arzt, Both klopft dem Referenten herzlich auf die Schulter, noch einen Kaffee in meinem Büro? Erlaubt das Frau Dr. Schwarzenberger, frage ich. Both lacht schallend, wirft dabei den Kopf zurück, aber ja, Herr Fuchs, aber ja!

Daniel, im Schlafanzug, will mir unbedingt noch ein Lied vorsingen. Ich muß aufhören zu tippen. «Wackelt das Haus, pfeift die Maus / Springt der Frosch zum Fenster raus / Ham wa nich nen Mann gesehen / Mit ner grünen Jacke / hinten hängt 'n Zipfel raus / mit nem Zentner Kacke.»

NUR EIN TÄSSCHEN, sage ich zu Both, mein Vater sitzt im Lesesaal, ich will mal nach ihm sehen. Ach, Ihr Vater, fragt er nach, reißt die Augen auf.

Er hat eine Ähnlichkeit mit Geiger, seine Zugewandtheit erinnert mich an ihn. Man hat das Gefühl, wichtig zu sein und im Mittelpunkt zu stehen ... Was soll ich über meinen Vater erzählen? Ich erzähle Both nichts. Mein Vater ist über siebzig und liest seine Akten, sitzt im Lesesaal, im zweiten Stock, am Vormittag habe ich schon mal reingesehen, er winkte mir zu, hatte einen Ordner vor sich, ein Mitarbeiter hatte diesen Termin vorbereitet, OPK «Reinecke» hieß der Vorgang. Und OV «Wolke» ... Vater und Sohn, Sohn und Vater. Er kämpfte für mich, als ich im Gefängnis saß, fuhr nach Berlin zur Generalstaatsanwalt. Ein Dr. Gläßner von der Abteilung I A für politische Verbrechen, der meinen Fall bearbeitete, empfing ihn, fertigte anschließend seine Vermerke ...

Als sie mich ausbürgerten, standen Mutter und Vater in der Magdalenenstraße, hatten frische Unterwäsche mit, wollten den Sohn noch einmal sehen. Zwei Anzüge der Hauptabteilung IX schritten grinsend aus der verborgenen Tür in der Schrankwand des Wartezimmers und verkündeten die Unmöglichkeit eines solchen Ansinnens. Vater und Mutter zogen ab mit ihrer Tragetasche. Vater und Mutter verliefen sich im Wald? Ich hatte Angst, sagte die Mutter, dachte, ich seh dich nie wieder. Als ich dich wiedersah, Jahre später in Westberlin, hatte ich auch Angst, sagte sie.

Was soll ich Both erzählen? Schnell eine Tasse Kaffee und ab.

Der Vater im Lesesaal sitzt an seinem Tisch und wirkt bedrückt, mir wurde etwas unterstellt, sagt er. Wie bitte, was denn unterstellt? Der «Wachhabende», dieses Wort benutzt er und wies auf den frontal aufgestellten Tisch an der Stirnseite des Raumes, eine Frau in blauer Uniform sitzt dort. Die nicht, sagt er, ein Mann war es, etwas älter ... Wir reden draußen, sage ich, und gehen in den Flur.

Ihm waren Fotos aus einem grauen Umschlag der Akte gerutscht und auf den Fußboden gefallen, einer vom Aufsichtpersonal muß angespurtet gekommen sein und die galante Bemerkung gemacht haben, daß man «hier nichts manipulieren» dürfe. War der Umschlag denn verschlossen, frage ich, nein, sagt der Vater im Ton eines beim Abschreiben ertappten Schülers, er habe geblättert, dann wären die Fotos herausgerutscht ... Er hat dich angeblafft, sage ich. Ja, und sofort von «manipulieren» geredet, rufen Sie sofort meinen Sohn an, deine Telefonnummer hatte ich ja dabei ... Und? Nichts, passen Sie zukünftig auf, habe der Mann warnend gesagt und sei an seinen Aufsichtstisch zurückgegangen ... Das habe ihm nicht gefallen, sagt der Vater. Welche Fotos waren es, frage ich. Von Simone, aus Briefen an uns, abfotografiert, weggenommen. Dein Eigentum! In gewisser Weise ja, aus Briefen, sagt er, der Umschlag war nicht verschlossen. Und wenn er verschlossen gewesen wäre? Tja, sagt der Vater.

Wir sehen uns an. Du bist hier beschäftigt und mir passiert

das, war in seinem Blick ... vielleicht täuschte ich mich auch ...
Die Fotos sind mir unabsichtlich herausgerutscht, sagt er, das
schwöre ich ...

Du mußt nicht schwören, erwidert der Sohn mit heiserer
Stimme, hier herrscht halt Ordnung, und lacht ... Blöder Kerl,
diese Aufsicht ... Wie alt war Simone auf den Fotos, frage ich,
vierzehn? Sie ist die Tochter deiner Tochter, du wurdest bespitzelt, deine Post wurde geöffnet, man hat unsere Familienfotos angetatscht ...

Er nickt, das stimme schon. Soll ich was unternehmen? Er
schüttelt den Kopf, sonst ist alles sehr interessant, wie die mich
bespitzelt haben, auch im Elt-Werk, der Groß, mein Kollege,
ich habe ihn angelernt, das erschüttet einen schon, sagt der Vater im Flur von *Haus* 7, vor dem Lesesaal. Hier saß die Stasi,
fragt er. Ich nicke, wollen wir bißchen herumgehen? Er will
«fertig lesen» und geht in den Lesesaal zurück. Nimm dir ein
Foto mit, rufe ich ihm zu. Er macht eine unbestimmte Bewegung mit der Hand.

Er ist ein kleiner Mann mit O-Beinen. Ich mag seinen Gang.
Ich konnte mich immer auf ihn verlassen. Als ich fünf war und
mein erstes Fahrrad hatte, klein und sehr blau war es, konnte
ich in Unterheinsdorf nicht mehr treten. Er besorgte in einem
Bauernhaus einen dicken Strick und zog mich vorsichtig hinter
seinem großen schwarzen Rad her nach Hause. Ich fuchtelte
mit den Beinen, lenkte gut und fühlte mich leicht, wichtig und
sicher. Kein Idiot soll ihn anblaffen in diesem Scheißstasihaus!
Hurtig rennen sie los mit ihren Wachaugen, wenn ein paar ge-
stohlene Familienfotos aus den verfluchten Akten fallen ... Als
Gerulf Pannach, der immerhin im Knast saß, «Einsicht» hatte,
sagte ein Aufseher am zweiten Tag zum zuständigen aktenvor-
bereitenden Mitarbeiter: «Heute war er fleißig» ... Das Mitglied des Bürgerkomitees Gera, Schmidt, lehnte in Passau mit
einem Rucksack auf dem Rücken vor Reiner Kunzes Tür und

wartete, ein Geländer milderte die Last des Reisegepäcks ... Etwas hatte er mit im Frühjahr neunzig beim Trip nach Oberbayern: Die Kunze-Akten, den OV «Lyrik», im Stasi-Archiv Gera gefunden ... «Ist Böhme drin?» fragte der ausgebürgerte Lyriker. Schmidt wußte es nicht, «das sind Ihre Akten, Herr Kunze», sagte er. Da sah ihn Herr Kunze verwundert an. Da grinst der Verfasser dieser Zeilen und weiß schon, warum es ihm einfiel in diesem Augenblick ...

«Immer wieder kommen Übergriffe vor beim Aktenlesen ... immer wieder, es gibt Vorschriften ... dann sollen wir wohl nichts mehr tun aus Rücksicht auf die Betroffenheit?» Frage eines jungen Mannes vom Wachpersonal, Both hatte ihm aufmunternd zugenickt bei der «Weiterbildung».

Und, was hast du gesagt? Ich fragte nach. Welche Übergriffe? Verdeckte Seiten einfach lesen, zugeklebte Umschläge öffnen, auch aus Hosentaschen haben wir schon Aktenstücke geholt, war die Antwort. Und die Antwort des erkälteten Supervisors? Er versuchte die komplizierte psychische Lage zu schildern, in die ein Mensch kommen kann bei «Konfrontation mit dem Material». Hast du das so gesagt, fragt die Knaststimme belustigt. Der Supervisor nickt und beginnt alsbald mit belegter Stimme und gefüllten Nasennebenhöhlen von der Tragik einer psychisch falschen Situation zu sprechen ... Schnaub, unterbricht eine Stimme, Affentanz auf mehreren Hochzeiten ...

KREISDIENSTSTELLE REICHENBACH, operativ bed. Information zur OPK-Reinecke – Reg. Nr. XIV 2593/81
Durch eingeleitete Kontrollmaßnahmen wurde inoffiziell bekannt, daß die Jugendliche

STOGNIENKO, Simone
ca. 16 Jahre alt
6802 Kamsdorf Kr. Saalfeld

Tochter der Schwester des – FUCHS, Jürgen West-Berlin – Ende Dezember 81 bei ihren Großeltern in Reichenbach weilte. Von Reichenbach aus nahm sie Verbindung postalischer Art zu Jürgen FUCHS in Westberlin auf. Es ist zu erkennen, daß zwischen STOGNIENKO und FUCHS ein enger Kontakt besteht, sich bei der STOGNIENKO ideologisch feindliche Haltungen zeigen und sie sich dazu mit Fuchs austauscht. Von der STOGNIENKO, Simone wurde weiter bekannt: Sie ist aktives Mitglied der Jungen Gemeinde der evangelischen Kirche und darin in einer Spielgemeinde verankert. In Vorbereitung und Durchführung der Kulthandlungen zum Weihnachtsfest nahm sie an einem Krippenspiel teil; am 19./20. 12. 81 war sie Teilnehmer eines Kreisjugendkonvents der evangelischen Kirche in 8801 Hoheneiche Kr. Saalfeld. Der dort tätige Pfarrer, Name unbekannt, soll während dieses Konvents – sich auf einer Gitarre selbst begleitend – mehrmals Lieder mit hetzerischen Texten wie

– Soldat, Soldat in grauer Norm
– Die Herren Generale

sowie unter Veränderung des Textes – Madrid du Wunderbare – «Gdansk du Wunderbare» gesungen haben. Im Zusammenhang der konterrevolutionären Ereignisse in der VR Polen würde sie die Menschen hier in der DDR nicht verstehen, denn diese würden nicht den ganzen Sinn der Sache erkennen. Sie – die STOGNIENKO und Freundeskreis – würden sich um Polen sorgen und auch was tun. Bereits Heine erkannte, daß die Deutschen nur an Saufen und Fressen denken, und was in der Welt geschieht, sie gar nichts angeht. Aber es gibt doch Ausnahmen. Die Schwester des FUCHS, Jürgen

STOGNIENKO, geb. FUCHS, Christine
und Ehemann Edgar, bd. wohnhaft – 6802 Kamsdorf Kr. Saalfeld, sollen als Lehrer an der POS Kamsdorf tätig sein.

Quellen:	*Kummer*
– Dinamo –	*Hauptmann*
IM/KMST	

438

IM «*Dinamo*» war ein Arbeitskollege meines Vaters, Parteimit-
glied, Elektriker. Es tue ihm leid, er würde es nicht wieder tun.

Abteilung XX/AI   *Gera, 2. April 1982*

                                            Gen. Major Hohberger

<u>*Analyse*</u>

*zu operativ bedeutsamen Rückverbindungen auf der Basis der in Ab-
stimmung mit der HA XX/5 eingeleiteten M-Kontrolle u. a. zu
Stognienko, Simone (Nichte des Fuchs)*

Schülerin

erhalten: *42 Postsendungen, davon 12 nicht zu öffnen*

abgesandt: *57   "   ,   "   6 "   "   "*

Haben Sie das gelesen? *Davon 12 nicht zu öffnen!* Guter Leim
hat also genützt, das habe ich bisher gar nicht gedacht!

   Komm ich vor, fragt Simone. Zitier was aus meinen durch-
geschnüffelten Briefen! Weil ich jung war, vielleicht Kienbergs
jüngste Feindin zu diesem Zeitpunkt. Biermanns Lied hat mir
immer gefallen, eine Nachdichtung, «weil wir jung sind», aus
dem Schwedischen, glaube ich ... Wenn die Leute lesen, was
ich geschrieben habe, dann wissen sie, daß es nicht nur Idioten
gab mit Blauhemd und Schiß ... Oder heute die hochgestylten
PDS-Tussis ...

Mai 80

Die STOGNIENKO *schreibt an* FUCHS, *daß sie in der Zeitung «Junge
Welt» einen Monatslehrgang Gitarre zum Selbstlernen mitgemacht
habe. Ebenso habe sie sich eine Gitarre gekauft.*

   *In einem weiteren Brief schreibt sie bezüglich ihrer bevorstehenden
Jugendweihe:* «*Ich werde morgen 10.30 Uhr in der Schule stehen,
man wird mir ein Buch und einen Blumenstrauß in die Hand drük-
ken. Man lächelt. Ich werde mit den Gedanken bei euch sein.*»

   Brief FUCHS, *Jürgen an Simone* STOGNIENKO. *Dieser Brief enthält einen Zeitungsausschnitt, und zwar «Offener Brief des Bundes-*

kanzlers Schmidt». Weiterhin enthält dieser Brief einen Ausschnitt aus der Zeitschrift «TIP 10/80» der amerikanischen Liedermacherin Joan Baez.

Juni 80

Ein Brief der Simone STOGNIENKO, *sie schreibt an Jürgen* FUCHS: *«Ich fahre nach Hartroda in Urlaub, dort wohnen 8 Mann, drei mit Rollstuhl, eine Frau, zwei Behinderte, die aber laufen können, und zwei Pfleger. Es ist eine Wohngemeinschaft. Einmalig hier.»*

September 80

Brief der Simone STOGNIENKO *an* FUCHS, *Jürgen: «Brief angekommen. Er war offen. Der Leim hat nach dem Wasserdampf nicht geklebt.» Am Schluß des Briefes schreibt die Simone* STOGNIENKO: *«Es ist immer schwer, Briefe zu schreiben, man muß immer einschätzen, darf man das schreiben oder nicht. Ihr wißt schon, was ich meine.» In einem weiteren Brief schreibt sie über Kartoffelernteeinsätze: «Wir mußten voriges Jahr auf den Acker und dann nahmen wir es für die Klassenkasse. Wer nicht so viel geschuftet hat, mußte draufzahlen. Ich wühle nicht wie eine Irre auf dem Feld rum.» Weiter schreibt sie zum Musikunterricht in der Schule: «Ich kam mit dem Lied ‹Republik, mein Vaterland› dran. Kennt ihr bestimmt auch, dieses Lied. Ich kann solche Lieder mit nicht viel Begeisterung singen. U. a. singen wir manchmal das Lied von Hannes Wader ‹Trotz alledem›, kennt ihr bestimmt auch. Trotz Mißtrauen, Angst und alledem, es kommt dazu trotz alledem, daß sich die Furcht in den Widerstand verwandelt. Trotz alledem.»*

Oktober 80

Brief der Simone STOGNIENKO *an Jürgen* FUCHS. *Sie schreibt nochmals zum Opportunismus. «Ich weiß, was ein Opportunist ist, ich bin kein Pazifist, denn die nehmen keine Waffe in die Hand. Aber ich, wenn sie mich angreifen würden, würde mich wehren, und sei es mit Waffengewalt, denn ich laß mich nicht von niemandem unterdrükken.» Zur FDJ-Wahlversammlung schreibt sie: «Die Wahlversammlung ist eigentlich Käse. Die Mitglieder der FDJ-Leitung ste-*

hen schon fest. Die Klasse hebt dann die Hand, zum Zeichen, daß sie einverstanden ist.» Zur Wehrerziehung schreibt sie: «Wenn ich daran denke, muß ich immer lachen. Wir machen uns einen Jux daraus. Wir essen und blödeln rum. Dann haben wir einen Film gesehen. Er zeigte, wie wir gerüstet sind.»

Januar 81

Brief der Simone STOGNIENKO an FUCHS, Jürgen. Sie schreibt: «Der Gitarrenspieler unserer Jungen Gemeinde zieht fort und ich soll Gitarre spielen, das kann was werden.»

April 81

Simone STOGNIENKO schreibt an FUCHS, Jürgen: «Gestern hatten wir Crosslauf, wir haben langsam gemacht und Schokolade gegessen. Jetzt gibt es deswegen Stunk an der Schule, ist uns aber egal. Wenn du schreibst, Simone mach dein Abitur, ist es leicht gesagt. So einfach ist das nicht. Wäre ich ein Junge, wäre ich angenommen, zwar nur als Offizier, aber man hätte sein Abi. Ich wäre nie Offizier geworden. Eins haben wir den Jungs voraus, wir brauchen nicht zur Fahne, ich lerne jetzt den Beruf und fertig. Später kann man weitersehen. Ich muß auch an meine Kinder denken. Vielleicht wollen die auch mal an die EOS, die haben dann Arbeitereltern.»

Juni 81

Brief der Simone STOGNIENKO an FUCHS, Jürgen. Sie schreibt: «Am Mittwoch beginnt der Zivilverteidigungslehrgang. Müssen mit Uniform rumrennen. Bei der Hitze.» Weiter schreibt sie: «Bald gehe ich in die 10. Klasse, was danach kommt, ist ungewiß. Können die nicht genug zerstören? Zuerst reißen sie eine Familie auseinander, und dann darf man nicht mal lernen, warum. Warum brauchen bei uns Offiziere Abitur. Zur Verteidigung, ein Witz, bei uns braucht man auch Lehrer und nicht nur Soldaten. Emanzipation schön und gut, die Frauen bekommen den gleichen Lohn für die gleiche Arbeit, aber wie ist das mit den Chancen der Mädchen bei der Berufswahl, auch bei der EOS. Ist das Gleichberechtigung? Wir haben noch viel vor.»

September 81

Brief der Simone STOGNIENKO an Jürgen FUCHS. Sie schreibt: «Der Beruf für mich heißt Facharbeiter für Keramtechnik mit Abitur. Und zwar in Kahla. Es ist zwar ein blöder Beruf, aber das Abitur ist wichtig. Bei der EOS bin ich wieder abgelehnt worden.» Weiterhin schickt sie Bilder, die in ihrem Zimmer aufgenommen sind. Auf einem dieser Bilder ist zu erkennen, daß an der Wand folgender Spruch hängt: «Lernt polnisch».

Dezember 81

Brief des Jürgen FUCHS an die Simone STOGNIENKO. Er schreibt: «Die Empfehlung, polnisch zu lernen, können wir alle beherzigen. Lernen, wie man es macht. Wie man die Angst verliert. Das probieren die schon Jahrhunderte, deshalb geht es auch. Was wird, weiß keiner.» In diesem Brief schickt er mehrere Texte von Bob Dylan mit.

Brief der Simone STOGNIENKO an Jürgen FUCHS. Sie schreibt: «Ich habe mit ein paar Freunden ein Paket an unsere Freunde geschickt.» (Sie meint damit die polnischen Freunde). «Schade, daß man nicht mehr tun kann. Ich hatte vor ein paar Tagen einen schrecklichen Traum. Der war irgendwie blöd. Ich habe geträumt, es gibt Krieg.»

Oktober 82 M-Kontrolle der HA XX/5

Brief der Simone STOGNIENKO an Jürgen FUCHS: «Ich sitze hier in Colditz im Zimmer und trinke Tee. Auf meinem Tisch ist eine blaukarierte Decke, 2 Kerzen und ein kleiner Blumentopf, Bücher, Liedtexte, Tassen, Vasen mit Strohblumen und ein Bilderrahmen mit Fotos. Es ist etwas Eigenartiges passiert. Hier ist auf einmal ein ‹neuer› Erzieher. Dieser kommt mir nicht geheuer vor. Hier ist was vorgefallen. Da hat jemand an die Wandzeitung drangeschrieben ‹Frieden schaffen ohne Waffen›. Auf einmal war der Typ da. Er kennt auch gewisse Leute mit Namen, die hier schon auf der Liste stehen, weil sie ihre Meinung sagen. Stellt Euch vor, ein neuer Erzieher kennt einen! Aber hier sind 200 Jugendliche. Eigenartig.

Ich habe heute gearbeitet. Ich mußte nichts machen und gerade das *ist schwer, da die Zeit nicht um geht. Nach der Mittagspause ist es am schlimmsten. Ich habe heute von 12.00 bis 15.00 Uhr ‹gekehrt›. Sobald der Abteilungsleiter kam, hing ich am Besen. Der Facharbeiter hat keine Arbeit für mich, und Rumsitzen fällt auf. Meist knete ich irgendwas.*

Ich weiß auch nicht, wie ich das 3 Jahre hier aushalten soll. Ich habe Mädchen hier gefunden, aber die sind schon im 3. Lehrjahr und gehen bald weg. Das sind die ‹Bösen›, die auf der schwarzen Liste stehen. Man verblödet hier vom Politischen her. Man strickt hier nur einseitig. Ich habe eigentlich kein Heimweh. Heimweh kann man das nicht nennen. Ach, ich weiß auch nicht. Wenn man abgearbeitet ist, bekommt man schnell einen ‹Moralischen› (würde Oma sagen). Scheiße, ich will Euch mal besuchen, mal ohne Abhöranlage mit Euch reden. Euch anfassen. Ich umarme Euch.

Es grüßt Simone

Ich will noch eines schreiben: Ich finde, was ihr dort macht, was ihr hier gemacht habt, in Ordnung. Und nie werde ich euch verleugnen, wenn es um meinen Vorteil oder sonst was geht. Mich kann niemand zwingen, die Leute, die ich gern habe, zu verleugnen.»

Dezember 82

Brief von Simone STOGNIENKO an Fam. Jürgen FUCHS: «Hallo! Ich Arsch renne von der Arbeit zurück. Todmüde mach ich hier Großreinigung. Dann kommen die Erzieher. Stellt euch vor, wir müssen die Schränke aufmachen, die sehen in unsere Schreibtische. Starren meine Klamotten an und ich, ich Arsch, muß das Maul halten. Ich hab die Schnauze voll. Bin ich denn ein Niemand? In der Schule erzählen sie uns, wie sind die Größten. Wir sind ‹Hochschulkader›. Und dann? Schnüffeln in Schränken rum, glotzen die Wände, also die Bilder, an. Ich werde hier noch verrückt. Eines Tages reicht es mir. Sind wir nicht ‹sozialistische Persönlichkeiten›?»

DIE SOZIALISTISCHEN PERSÖNLICHKEITEN schrieben einen Brief. Diesmal einen von ganz oben nach unten. *M-Kon-*

trolle, Postkontrolle durch die Stasi, wird es bei diesem Schreiben der Oberkontrolleure nicht gegeben haben.

Kurz bevor sie mich verhaftet und ausgebürgert haben, bin ich noch in Kamsdorf gewesen. Michi mußte ich die Weltraumgeschichten aus der «Serie» erzählen, Katja trug ich mit ihren roten Filzpantoffeln auf dem Rücken zum Außenklo unten im Hof, wartete vor der Tür, sie hatte ja immer Angst und ekelte sich vor den Fliegen und Würmern. Simone hatte die gleichen roten Hausschuhe, nur eine Nummer größer. Wir lachten viel.

Kienberg interessierte sich für eine Schülerin.

Generalleutnant KIENBERG, Paul, war *Leiter der Hauptabteilung XX (HA XX) des MfS, Dienstsitz:* Berlin-Lichtenberg, Normannen- / Gotlindestraße. Ihm unterstanden fünfzehn weitere *Abteilungen XX* in den *Bezirksverwaltungen des MfS* und in den zweihundertneunzehn *Kreis- bzw. Objektdienststellen.* In der *Hauptabteilung XX* in Berlin-Lichtenberg befehligte er vierhunderteinundsechzig Offiziere und Unteroffiziere. Die Abteilung war hauptsächlich mit der *Verhinderung bzw. Aufdeckung und Bekämpfung politisch-ideologischer Diversion (PID)* und *politischer Untergrundtätigkeit (PUT)* beschäftigt. Zu ihren Aufgaben gehörte die *Führung von IM und der Einsatz von OibE (Offizieren im besonderen Einsatz).* Unmittelbarer Vorgesetzter von Kienberg war Mielke-Stellvertreter Rudolf Mittig, Mitglied des ZK der SED. Sein unmittelbarer Vorgesetzter war Armeegeneral Erich Mielke, Mitglied des Politbüros der SED. Neunzehnhundertneunundachtzig gehörten zum *MfS* fünfundachtzigtausendfünfhundert *hauptamtliche Mitarbeiter* und einhundertvierundsiebzigtausend *inoffizielle Mitarbeiter.*

Kienberg interessierte sich für Simone Stognienko, Jahrgang sechsundsechzig.

Wir konnten euch nicht schützen vor diesen Leuten. Das quält mich bis heute. *Die Gesamteinschätzung aus der Kontrolle der Rückverbindungen des FUCHS läßt den Schluß zu, daß FUCHS psychologisch geschickt auf jede einzelne Verbindungsperson eingeht, bei den Verbindungspersonen gezielt negativ politisch-ideologisch wirksam wird und oppositionelle Denk- und Verhaltensweisen anregt bzw. diese verstärkt. (Analyse der Abt. XX in Gera).* Nimm dich in acht vor deinem bösen Onkel, Simone!

Naja, ganz blöde waren wir auch nicht, deine Simone «Sturujunku». So stand es kürzlich auf einem Briefumschlag. Ukrainischer Name, mein Großvater blieb nach dem ersten Weltkrieg als Kriegsgefangener in Zwickau, staatenlos, konnte nach viel Hinundher seine deutsche Frau griechisch-römisch-katholisch heiraten, sympathisierte mit den Kommunisten, verstand sich aber als Christ, überstand die Nazizeit, lehnte das Werben der Wlassow-Leute ab, wurde von der SS, so ein Uniformierter, in der Maxhütte Unterwellenborn «vergessen», ein Polizist im Ort nahm die wöchentlichen Meldungen nicht so genau, russische Kriegsgefangene erhielten heimlich Brot, er übersetzte nach fünfundvierzig für die Sowjets, begrüßte die neue Macht, wurde Meister im Stahlwerk, ein Wühler, kein Anscheißer, «der Paul», der die «Rodina» las, die «Heimat», und immer schlechter Deutsch sprach im Alter, der Pawel, der Russe im Ort, der durchkommen wollte in diesem Deutschland und meine Mutter aufnahm, hochschwanger, deine Schwester, «Essen ist da», sagte er … Ich sehe aus wie eine fernöstliche Verwandte aus dem Familienalbum, deine böse slawische Simone aus dem Feindeskreis von General Kienberg, vormals Schülerin … Asien läßt grüßen …

MINISTERRAT
DER DEUTSCHEN DEMOKRATISCHEN REPUBLIK
MINISTERIUM FÜR STAATSSICHERHEIT
Hauptabteilung XX
Leiter   Berlin, den 03. 01. 1983
                                          XX/5/IV/vo-ko
                                          Tgb. Nr. 29

Bezirksverwaltung
für Staatssicherheit
Abteilung XX
Leiter
Gera
ZOV «Opponent» der HA XX/5
Nachfolgematerial zur Verbindung STOGNIENKO (OPK «Bruder»
der KD Rudolstadt)
- -
Als Ablage erhalten Sie weitere M-Kopien von Briefen der
          Simone STOGNIENKO,
die diese am 13. 10. 1982, 15. 10. 1982 und 01. 12. 1982 an FUCHS
sandte, zur Kenntnisnahme und zum Verbleib.

Es wird gebeten, zwecks Zusammenarbeit und Koordinierung geeigneter Maßnahmen mit der Kreisdienststelle Grimma in Verbindung zu treten, der vorliegendes Material ebenfalls übersandt wurde.

Des weiteren besteht seitens der HA XX/5 operatives Interesse an
Informationen über Reaktionen und bei Feststellung von die STOG-
NIENKO beeinflussenden Aktivitäten des FUCHS.

Anlage   Kienberg, Generalmajor

KÜMMERT EUCH, hieß das, seid scharf und wachsam. Sie haben dich dann in Saalfeld vom Zug abgefangen, Kontrolle der
Transportpolizei, jedes Wochenende, wenn du aus Colditz
kamst ... Reiseverbot nach Ungarn, nach Polen sowieso. KD
Grimma ist übrigens dein Arbeits- und Internatsbezug. Deiner

446

Schwester Katja stocherten sie in der Lehrausbildung herum, Michael sollte ein braver Student werden und kam erst mal zur Armee, die Eltern lagen auf dem schulischen Präsentierteller, die Großeltern wurden in der *OPK «Reinecke»* und dem *OV «Wolke»* belauert.

Von dir fielen kürzlich Fotos auf einen neueren behördlichen Teppichboden in Berlin, entnommen von der *M-Kontrolle* … Ein alter Mann, den du kennst, bückte sich, der blau uniformierte Wächter kam gleich angespurtet und fauchte … Welche aus deinem Zimmer? Oder die mit Gitarre und Freundin Claudia, die Schäferin wurde, in der Jungen Gemeinde?

Schönes Foto. Vielleicht war es bei den Stasi-Abzügen im grauen Umschlag dabei: Du in einer schnellen Drehung, jung, im Hintergrund Sträucher und eine halbhohe Steinmauer, der Blick seitwärts, abgewandt, du kannst fallen, es ist ein Tanz.

MANFRED WILKE HAT ANGERUFEN, sagt Lili, er ruft morgen wieder an.

Am nächsten Tag werde ich nach dem Katalog zur Ausstellung «Topographie des Terrors» in der Prinz-Albrecht-Straße gefragt. Habe ich, sage ich zu ihm. Weißt du, daß die Ausstellung neunundachtzig auch in Ostberlin gezeigt wurde, noch vor dem Mauerfall? Ja. Wurde auch der Katalog angeboten, fragt er, da ist ja Havemann drin, die «Europäische Union» wird erwähnt, die Gestapo-Verhöre, das Todesurteil, seine Konflikte mit der SED … Sogar ein Foto ist drin, sage ich, und eins von Manès Sperber, auf einem Lastwagen, dreiunddreißig, bei seiner Verhaftung … Und der Katalog lag in Ostberlin aus, fragt Wilke. Nein, aber diese Geschichte habe ich dir erzählt. Mir, fragt er, wann denn? Als es passierte, neunundachtzig, bin mir fast sicher. Er will die Geschichte hören. Sie ist kurz, sage ich.

Der Westberliner Arenhövel-Verlag ließ eine neue, «für die Ausstellung in der DDR eingerichtete Auflage 1989» drucken, so ungefähr nannten sie das, mit Vor- und Geleitworten von Hoffmann, Kulturminister der DDR, und Hassemer, Kultursenator Berlin (West) ... Havemann wurde erwähnt, aber die letzten fünfzehn Jahre seiner Biografie fielen flach. Gestrichen wurden die Original-Passagen im Katalog, der wurde auch bei Arenhövel gedruckt: «... scharfe Kritik am Einmarsch der Truppen des Warschauer Paktes in die ČSSR 1968; Verlust seiner Arbeitsmöglichkeiten und aller Ämter; bis zu seinem Tode unter ‹Hausarrest› ...» Ich habe protestiert, einen Brief an die Ausstellung in Westberlin geschrieben, kann mich ganz gut erinnern ...

Er fragt nach Kopien von der zensierten Auflage, bekommst du, sage ich, Ostberliner Freunde schauten sofort nach. Einerseits freuten sie sich, Robert wurde ja immerhin erwähnt, andererseits wurden zum Beispiel im sowjetischen «Sputnik» schon ganz andere Sachen gedruckt, sogar lange Auszüge von Solschenizyn gab es in der brüderlichen Presse ... Warum fragst du danach, will ich von Wilke wissen ...

Och, sagt er in seiner ironischen Art, dachte ich es mir doch ... der Jochen Staadt, mein Mitarbeiter im Forschungsverbund, hat in Politbüro-Akten einen Hinweis auf diese Ausstellung gefunden, man habe alle Verhandlungsziele gegenüber der Westberliner Seite durchgesetzt ...

Einer ihrer letzten Siege.

Wilke lacht. Schmuggelst du immer noch Drogen, frage ich. Wieso? Er wird sofort ernst. OV «Kontakt», sage ich am Telefon, da ruft doch ein IM der Stasi bei der Westberliner Polizei an, er habe Drogen gesichtet im Auto der Familie Wilke aus Steglitz ... der Mann will Universitätsprofessor werden ... Kenne ich, sagt er, weiß auch, wer angerufen hat, eine Frau aus Ostberlin, die im Westen rumreisen durfte ... aber hat die wirklich gesagt, daß ich Professor werden will? Nein, sollte ein Scherz sein ... inzwischen bist du ja einer! Gerade so, antwortet er, gerade so ...

WAS LESE ICH DA auf der Einladung zum Symposium «Widerstand und Opposition in der DDR 1949–1989»? Prof. Dr. Klaus-Dietmar Henke, Hannah-Arendt-Institut an der TU Dresden ... Geschafft! «BF» als Sprungbrett ... Hannah Arendt als unantastbarer Name ... die schöne Stadt Dresden an der Elbe ...

Bist du neidisch, fragt die Knaststimme.

Ich fertige Kopien, telefoniere mit Wilke, stänkere herum und liefere «Steine, mein Lieb, und Steine» ... Von wem? Wurde schon erwähnt, es gibt nur einen. Bei diesem Lied zieht ein besonders hoher und langer Ton die Elbe rauf und runter ...

Forschungsverbund SED-Staat.

Politologie.

Die FU Berlin hat einen «Forschungsbereich Politische Wissenschaft und Gedenkstätte Deutscher Widerstand im Geschäftsbereich der Senatsverwaltung für Kulturelle Angelegenheiten ...»

Was haben denn Fachbereich und Geschäftsbereich gesagt, als Havemann gequält wurde? War zumindest ein Vertreter der Gedenkstätte am Grab in Grünheide? Beteiligt sich jemand am Sichten der Akten? Katja Havemann hockt fast allein vor diesen Bergen, das kleine Archiv der DDR-Opposition in der Schliemannstraße hat kaum noch finanzielle Mittel ...

HEUTE KOMMST DU NICHT DAVON, erst «Weiterbildung», dann ein Anruf ... Frau Teske will Sie unbedingt sprechen, soll ich Ihnen ausrichten, eine IM-Verfilmung, irgendein Hinweis ...

Ich bin erkältet, sage ich zu Frau Freudenberg, eine Veranstaltung ist schiefgegangen, mein Vater sitzt im Lesesaal ... was noch?

Frau Freudenberg erinnert mich an meine Nichte Simone – die dunklen Haare, der Blick, sie sieht genau hin und muß oft

449

lachen, tuschelt gern, hat ein gutes Gedächtnis, findet verschollene Akten, rückt den Archiv-Leuten auf die Zimmer, «bearbeitet» sie mit Fragen, telefoniert viel. Also dieser Oberst Bäcker, sagt sie, will mich hypnotisieren ... Der funkelt mich an, ich soll nicht widersprechen, er will der Boß sein, er macht das mit den Augen ... Sie lacht, meint es aber ernst, wickelt eine Brotschnitte aus, beginnt zu essen, fragt mich, ob ich ein paar Kekse möchte. Schmecken gut, sage ich. Sie öffnet das Fenster. Und Ihr Zimmer ist noch in Haus 6? Ja. Und Sie, frage ich. Spezialrecherche? Aktenausgabe! Frau Freudenberg lächelt, ein Hilfsjob ...

In der Tür steht Frau Teske, sie hält ein paar Mikrofiches-Kärtchen in der Hand und will zu mir: ich habe was für Sie. Das sagt sie leise, durch die Flure geht sie leise, die Tür hat sie leise geöffnet, nach dem Klopfen ist sie fast geräuschlos ins Zimmer getreten. Ich kenne Wolfgang Templin vom Studium, sagt sie, Frau Weber kennen Sie auch? Ja, Gudrun Weber, eine Mitarbeiterin aus *Haus* 7, kenne ich auch ... Die nimmt zwei, drei Stufen auf der Treppe, singt mitunter, diskutiert viel, gibt Hinweise, berichtet über Funde in den Akten, flucht laut, kennt Schriftsteller, liest Bücher, hat lange wehende Haare.

Frau Teske trägt eine unauffällige Brille. Was haben Sie denn, frage ich. Einen *IM*, sagt sie, Ihr Name kommt vor, Sie müssen sich das ansehen, vor der Türe ist eine Lesegerät, es ist frei.

Danke, sage ich, und Sie machen das einfach so? Warum nicht, sagt sie, es wird doch viel von Zusammenarbeit geredet. Danke, sage ich. Sie drückt mir das Material in die Hand, vor der Tür von Frau Freudenberg im zweiten Stock von *Haus* 7 sitze ich also an einem Bildschirm und lese Aktenblätter. Papier und Bleistift liegen bereit. Technisch spielen Spiegel eine Rolle, auch Licht, eine Glühbirne, die Augen ... Diese beiden Frauen sind Leserinnen, auf dem Schreibtisch von Frau Freudenberg sah ich schon Literaturzeitschriften liegen und Gedichtbände ... Hatten wir, jenseits von Amt und *Vorgängen*, eine Literatur-Gruppe gegründet, informell, ohne jemanden zu fragen?

Warum nicht, könnte Frau Teske jetzt prompt sagen, leise, das schon, aber klar, mit einer beinahe belustigten Festigkeit in der Stimme. Wahrscheinlich hatte sie Philosophie studiert, Marxismus-Leninismus, Lenins Philosophische Hefte ... Jetzt das hier, die Praxis der Bürokratie, Zusammenbruch und Wiederauferstehung einer Struktur mit umgekehrten Vorzeichen in phantastischer Weise, das realistische Rätsel reziproker Brüche, Ausweise und Schreibtische ... Die Einsicht in die Uneinsichtigkeit repressiver Strukturen als demokratisches Antrags- und Verwaltungsverfahren mit bedingter Transparenz bei gemischten Gefühlen und klarer werdenden Vorgaben im Rahmen von Durchführungsbestimmungen ... Zitat Teske? Die überraschende, belustigte Festigkeit, der Spott in ihrer Stimme könnte so klingen, vermute ich, im Gang hatten wir ab und zu geplaudert, der Einstieg war unser gemeinsamer Bekannter Templin und seine Abenteuer ...

Ein Glück, sagt die Knaststimme, endlich mal kein Grund für fortgesetztes Jaulen. Lies mal deinen FISHERMAN'S FRIEND, dann steigt das Fieber, Frau Freudenberg soll eine Tasse Kaffee bereitstellen, schwarz, für Lyrikfans. Oder Ceylon-Tee, ungesüßt, den trank Orwell gern.

IMV «FISCHER», REG.-NR. XVIII 139/69. Der IMV war vom 01. 09. 1973 bis zum 28. 06. 1974 Teilnehmer des Heranbildungslehrgangs an der Militärpolitischen Hochschule.
            Verpflichtung

                                                08. 04. 69
Ich, (im Original Vor- und Zuname), *geboren am* (im Original Datum und Ort), *verpflichte mich, das MfS aktiv im Kampf gegen*

die Feinde unseres Staates zu unterstützen. Dabei ist mir klar, daß das oberste Gebot unbedingtes Schweigen ist. Ich verpflichte mich daher, gegenüber jedermann, auch gegenüber meinen nächsten Familienangehörigen, Freunden und Bekannten, strengstes Stillschweigen zu bewahren. Meine Informationen werde ich in mündlicher oder schriftlicher Form nur dem mir bekannten Mitarbeiter des MfS übergeben. Für die weitere Zusammenarbeit wähle ich mir den Namen Fischer. Bei abreißender Verbindung werde ich diese selbständig zum Mitarbeiter wieder aufnehmen.

Unterschrift
(mit Vor- und Zunamen)

Nur mit dir, my darling. Ich folge dir, Meister. Das oberste, elfte Gebot ist mir unbedingt klar, mein Mitarbeiter.

Wer ist «*Fischer*»?

Die Mikrofiches etwas schneller durchziehen ... Armee ... Werbung neunundsechzig, Scheidung, erste Frau auch dabei, *IMV «Erika»* ... Man kann ihn mit *Losung* ansprechen: *Op. Mitarbeiter zu IM: «Kennen Sie sich in Berlin aus?» IM zu op. Mitarbeiter: «Es geht, ich bin zwar dort geboren, habe aber danach nie in Berlin gewohnt* ... ein Armeeheini ... Was ist das? *Zusatz zum Lebenslauf, 15. 01. 1975 ... meine zweite Ehe ... ich habe den Familiennamen meiner Frau angenommen* ... Ach!

Der Mikrofischer kippt fast vom Stuhl, er starrt auf Namen und Zusammenhänge. Das vor fast zwanzig Jahren ausgeworfene Netz senkt sich, nunmehr sichtbar, über sein verschnupftes Haupt. Die Haltung vor dem Bildschirm ist gekrümmt. Der aufrechte Gang erweist sich als Metapher von Ernst Bloch. «*Fischer*» hat sich also angepirscht als Ehemann und Kindererzieher. Er produziert Ideen, der ihm bekannte *Mitarbeiter des MfS*, Mitdenker und Lenker, gibt seinen *operativen* Segen, wie es aussieht ... Oder umgekehrt ... Annett ... «*Fischer*» schrieb Drohbriefe, wollte *jeden Einmischungsversuch verhindern*, jeden

Kontakt zum noch sehr kleinen Kind. Drohte mit der *Jugend-hilfe* und schrieb am 23. 11. 1975 einen *BERICHT:*

BETRIFFT: Verbindungskreis Prof. Havemann /
Biermann / Fuchs
Folgender Personenkreis:
Wolf Biermann
Prof. Havemann
Jürgen Fuchs — *ehemaliger Verlobter meiner Frau*
Christine B. — *Klassenkameradin meiner Frau von der EOS*
Sibylle Havemann — *Tochter von Prof. Havemann, Studentin*
meine Frau — *ehemalige Verlobte von Jürgen Fuchs*
Frau Fuchs — *meiner Frau bekannt*

Das Stück beginnt. Hoffentlich klagen keine Witwen, Schwie-gereltern, Klassenkameradinnen oder Töchter, man kann nie wissen.

Zu Biermann: Hat Verbindung zu Prof. Havemann, zu dessen Toch-ter Sibylle, die ein Kind von ihm hat. Über Prof. Havemann besteht Verbindung zu Jürgen Fuchs und dessen Frau. Fuchs wohnt auf Ha-vemanns Grundstück zur Untermiete. Die Wohnung erhielt er durch Sibylle Havemann, die in Jena studiert, wo auch Fuchs studierte. Fuchs tauschte sein Zimmer in Jena gegen S. Havemanns Wohnung auf dem Grundstück ihres Vaters in Grünheide.

Christine B. ist die Lebensgefährtin Biermanns. Sie ist etwa 21 Jahre alt, besuchte zusammen mit meiner Frau die EOS. Biermann lernte sie vor Jahren auf einer Party kennen. Sie erwartet in wenigen Wochen ein Kind von Biermann. C. B. studiert in Berlin. Nach Aus-sage meiner Frau will Biermann die B. demnächst heiraten. Der Vater der C. B. ist leitender Funktionär beim Aufbau des Palastes der Republik. Die B. ist sanftmütig, kinderlieb, ruhig. Ich halte sie für gutmütig, unentschlossen und willensschwach.

Zu Fuchs: Ehemaliger Verlobter meiner Frau. Studierte bis 1975

Psychologie. Durch parteifeindliche Prosa-Schriften aus der SED aus-
geschlossen (1975); erhielt Vorlesungsverbot für die DDR, erhielt Ver-
bot, als Psychologe in staatlichen Funktionen zu arbeiten. Arbeitet zur
Zeit bei der Kirche in Berlin-Weißensee. Woher er Biermann kennt,
ist mir unbekannt. Wohnt seit Januar mit seiner Frau, die er als Stu-
dentin in Jena kennenlernte, in der Unterkunft der Sibylle Have-
mann auf dem Grundstück Professor Havemanns in Grünheide.
Seine Frau ist Studentin. Fuchs scheint politisch reichlich uneinsichtig,
vernagelt. Fühlt sich als Märtyrer, behauptet von sich, «in einer Art
innerem Exil» zu leben. Ist als Mensch außerordentlich schwierig, ist
schnell beleidigt, ist selbst im Auftreten außerordentlich beleidigend.
Der Verdacht staatsfeindlicher und parteifeindlicher Arbeit in Form
von literarischen Schriften scheint mir gerechtfertigt. Die Verbindung
zu Sibylle Havemann kam dadurch zustande, daß S. Havemann ein
oder zwei Jahre nach Fuchs in Jena das Psychologie-Studium begann.
Wieweit sich beide vorher schon kannten (über C. B. und Biermann),
ist mir unbekannt. Zur Frau des Fuchs: Meine Frau kennt sie von
früheren Besuchen in Jena, kann sie jedoch nicht charakterisieren.
Welche Rolle sie in den politischen Aktivitäten von J. Fuchs spielt, ist
mir nicht bekannt, ebenso ihr Vorname nicht.

Gratis for fisherman's friend: Lilo.

Sibylle Havemann: Nach Aussage meiner Frau fühlt sie sich emo-
tional und rational mehr zum Vater als zur Mutter (der geschiedenen
Frau von Prof. Havemann) hingezogen. Studiert in Jena Psychologie.
Hat von Biermann ein Kind. Zur Charakteristik ihrer Person kann
ich keine Angaben machen, ebenso ist mir unbekannt, wie ihr Ver-
hältnis zu ihrem Vater und zu Biermann geartet ist.

Kontaktmöglichkeiten:

Prinzipielle Möglichkeiten wären für mich vorhanden. Mittels
der Verbindung meiner Frau zu Christine B. ließe sich bei entspre-
chender Geduld und Vorsicht eine Verbindung zwischen mir und
Biermann, eventuell weiter zu Prof. Havemann aufbauen. Eine per-
sönliche Verbindung zu Fuchs erscheint mir jedoch ausgeschlossen.

Kontaktversuche zu ihm aus Gründen der Unterhaltspflicht des Fuchs u. damit zusammenhängender Fragen endeten für mich mit einem Fiasko.

Immerhin sehe ich keine Schwierigkeiten, die Verbindung meiner Frau zu Christine B. zu intensivieren oder enger zu gestalten und selbst mit ihr in näheren Kontakt zu kommen.

Fischer

Der Hauptmann hat die Spur der Staatsfeinde entdeckt. Überall Aufgaben.

30. 03. 1976

Einsatz des IMV «Fischer» im Freizeitbereich
Im Freizeitbereich wird der IM schwerpunktmäßig zur Absicherung in der Raststätte am See eingesetzt, da dort die meisten Armeeangehörigen verkehren.
- *zu beobachten sind Momente wie Verstöße gegen die rev. Wachsamkeit und den Geheimnisschutz,*
- *Hinweise zum Verbindungskreis der Armeeangehörigen,*
- *Hinweise zu den familiären Verhältnissen,*
- *Verhaltensweisen im Freizeitbereich.*
Hierbei hat der IM den Auftrag, sich speziell auf die Geheimnisträger zu konzentrieren.

Gold
Oltn.

In der Raststätte am See sitzt ein Gast und konzentriert sich auf die revolutionäre Wachsamkeit, speziell bei Geheimnisträgern. Spanner!

Was kommt jetzt? November sechsundsiebzig! Das darf doch nicht wahr sein!

Bericht

Betr.: Affäre Biermann

Ich sehe Möglichkeiten, in den Verbindungskreis Biermann, Havemann, Fuchs, Kunze, Pannach und anderer einzudringen und zwar PERSÖNLICH.

Nach meiner persönlichen Einschätzung der Situation existieren eine ganze Reihe Intellektueller, die offen oder versteckt

a) mit Biermann und Havemann Kontakt halten,

b) mit ihnen sympathisieren,

c) ähnliche konterrevolutionäre Ideen entwickeln und verbreiten.

Möglichkeiten:

1. Vorsichtige Solidarisierung mit Fuchs durch Toleranz in der Unterhaltsfrage. Fuchs ist für den Monat November säumig, also im Rückstand. Ich kann ihm die mündliche Verzichtserklärung übermitteln, mit der Begründung, Verständnis für seine gegenwärtige Lage zu haben.

    Übermittlungsweg: Meine Frau – Sibylle Havemann – Frau Fuchs.

2. Persönliche Besuche meinerseits bei Frau Biermann. Mir ist Frau Biermann persönlich bekannt, wenn auch nur sehr wenig. Meine Frau hat ihrerseits in der Vergangenheit öfter Kontakt zu Frau Biermann gehabt. Dadurch ergeben sich meiner Meinung nach Kontakte zu anderen Personen beinahe von selbst. Ich glaube, über die nötigen Voraussetzungen für einen ständigen Kontakt zu verfügen. (Kunstverständnis, Kunstinteresse, event. finanzielle und andere eigene künstlerische Betätigung, Hilfe für Frau Biermann, die offensichtlich in der Zukunft mit recht geringen Mitteln – für eigenes Stipendium – wird wirtschaften müssen und schwierige persönliche Umstände bewältigen muß.)

3. Alle Kontakte kann ich absolut unverfänglich über meine Frau herstellen. Sie kennt den engeren Kreis persönlich seit langem. Eine direkte Mitarbeit meiner Frau ist _absolut ausgeschlossen!_ Ich

bitte darum, jeden auch noch so unscheinbaren Kontakt von Seiten des MfS zu meiner Frau absolut zu unterlassen. Versuche, sie zu einer Mitarbeit zu veranlassen, würden unweigerlich zu einem Fiasko führen!

4. *Für den Fall der Annahme meines Vorschlages, in Biermanns Bekanntenkreis einzudringen, bitte ich um sofortigen Kontakt zu den Genossen, die sich direkt mit Biermann, Havemann etc. befassen.*

5. *Ich sehe die Möglichkeiten für eine intensive Aufklärung am besten, solange*
   a) *die Polemik zum Fall Biermann noch im vollen Gange ist,*
   b) *Biermann im Westen ist,*
   c) *noch keine Entscheidung der Frau Biermann über ihr künftiges Handeln erfolgt ist,*
   d) *Fuchs in Haft ist (je länger, umso günstiger).*

6. *Ich erbitte umgehend Weisungen, Vollmachten und möglichst zeitliche und räumliche Bewegungsfreiheit.*

gez. Fischer

PS: Mir stehen noch neun (09) Tage Urlaub zu.

Je länger, umso günstiger liest sich recht hübsch. «Hübsch»? Was sollen diese Scheißkommentare.

«*Fischer*» wird angepriesen, seine Angaben werden bestätigt, er hat Verdienste: *Es handelt sich um einen ehrlichen und zuverlässigen IM. Im Jahre 1972 erarbeitete er einen operativen Erstbericht in Richtung § 272 StGB* ... ist das «*Republikflucht*»? Nein, «*Verrat militärischer Geheimnisse*» ... das blaue Strafgesetzbuch hilft immer noch ... *Bis zur Realisierung im OV aktiv durch ihn bearbeitet* ... ihre Lorbeeren ... *bis zur Realisierung* ... wahrscheinlich, bis zugeschnappt wurde, sie nennen es ... *operativen Erstbericht* ... Also Anzeige, entscheidender Hinweis, belastendes Material ... *In der inoffiziellen Zusammenarbeit zeigt der IM Initiative und hohe Einsatzbereitschaft. Es gab bisher in keiner Weise Anzeichen, die auf eine Dekonspiration hindeuten ... Sollte Interesse an der Nutzung unseres IM bestehen, so könnte die zeitweilige Übergabe durch den operativen Mitarbeiter, Hptm. Freier, erfolgen.*

23. 11. 1976   *Freier*
                                                       Hptm.

Interesse an der Nutzung, wieder diese Wendung. Ich starre in eine komische, imaginäre, sehr nahe Enthüllung. Sie kommt daher als Projektion, die Poststrukturalisten haben doch recht ... als matt leuchtendes Segment eines Mikrofilms ... Frau Teske ist freundlich und leise erschienen, ohne Vorwarnung, «ich habe was für Sie». Nun sitze ich im Kino. Frau Freudenbergs Türe schräg gegenüber. Eine interessante Entdeckung? Ein Privileg? Dir werden Akten hinterhergetragen ... Aber welche ... Im Lesesaal der eigene Vater. Vater, Vaterschaft, da erschrickst du, siehst diesen «*Fischer*» in Aktion. Dazwischen ein lebendes Kind.

WAS SOLL DAS HIER? Das sind persönliche Geschichten, das ist Liebe und Leid, das ist Nähe und Ferne, Bindung und Trennung. Nein, nicht nur! Willst du raus und womöglich gewinnen? Ich kann gar nicht raus, kann gar nicht gewinnen. «*Fischer*» – alles andere, alle anderen, fast alles andere, fast alle anderen, lasse ich weg, aber«*Fischer*» ist mein Feind. «*Fischer*» und seine *operativen Mitarbeiter.* Es geht um Feindschaft.

Du kannst nichts zurückdrehen, sagt die Knaststimme.

Was gibts denn heute noch? Mit Both in einem Boot, Fotos fallen auf einen Fußboden, Fischfang ... Kommt vielleicht noch ein Anruf aus *Haus 6*, von Rolle oder Schüler? Oder kommen gar Bäcker und Hopfer zum Zuge? Schweben sie, rauf oder runter, im Paternoster vorbei?

Ich kann eigentlich nicht mehr.

Nachsatz:

Für den Fall der Befürwortung meines Vorschlages bitte ich darum, die Abschaltung der Telefonanschlüsse bei Havemann und Biermann möglichst lange beizubehalten. Ich sehe darin eine Beschleunigung der persönlichen Kontaktaufnahme fragwürdiger Personen zumindest zur Biermannschen Wohnung.

gez. Fischer

«*Fischer*» legt nach, «*Fischer*» macht weiter.

Betr.: Affäre Biermann, Wolf

Folgende Informationen zum Fall Biermann liegen mir zur Zeit vor:

1. *Meine Frau hat am Tag nach Bekanntwerden des Regierungsbeschlusses abends Kontakt zu Frau Biermann aufgenommen. Nach dem Bericht meiner Frau machte Frau Biermann einen recht fassungslosen Eindruck. Frau Biermann äußerte, man habe vor Biermanns Abreise rein rhetorisch über die Möglichkeit der Ausbürgerung Biermanns gesprochen, diese Möglichkeit jedoch ernsthaft nicht in Erwägung gezogen.*

2. *Bei diesem Besuch meiner Frau bei Biermanns war die Schauspielerin Eva-Maria Hagen anwesend. (Eva-Maria Hagen hat früher einige Zeit mit Biermann zusammengelebt.)*

3. *Am gleichen Abend sind, nach der Erzählung von Frau Biermann (gegenüber meiner Frau) zwei Herren, die sich als Rechtsanwälte ausgegeben haben (und wahrscheinlich auch ausgewiesen haben) bei Frau Biermann vorstellig geworden, mit der Absicht und dem Ansinnen, Frau Biermann in der Frage des Biermannschen Eigentums zu helfen. Diese wurden von Frau Biermann abgewiesen. Die Namen sind nicht bekannt.*

4. *Frau Biermann hat von anderen Rechtsanwälten Angebote erhalten, sich juristisch für Biermann einzusetzen. Es ist mir nicht bekannt, wer diese Rechtsanwälte sind. Auch ist nicht genau festzustellen gewesen, von wem meine Frau diese Information erhalten hat, entweder von Frau Biermann oder von Sibylle Havemann. Andere Personen kommen nicht in Betracht.*

5. *Am Freitag, dem 19. 11. 76, als meine Frau Frau Biermann in den Mittagsstunden ein weiteres Mal besuchen wollte, traf sie diese nicht an, da Frau Biermann an der Universität weilte. Sie traf jedoch Sibylle Havemann an. Diese teilte meiner Frau mit, daß kurz vorher Jürgen Fuchs verhaftet worden sei. Die näheren Umstände kannte sie nicht.*

6. *Meine Frau hat am Abend des 19. 11. 76 einen Großteil der Rundfunkübertragung der Veranstaltung mit Biermann auf Band mitgeschnitten. Dies geschah auf meine Veranlassung hin. Meine Frau hat die Vermutung geäußert, daß eines der Lieder, die Biermann in der Veranstaltung gesungen hat, von Jürgen Fuchs stammt. Aus Zeitgründen habe ich dieses Lied bisher noch nicht anhören können. Ich halte die Realität dieser Vermutung meiner Frau für möglich.*

    (Meine Frau war mit Jürgen Fuchs lange Zeit verlobt und hat von ihm ein Kind, kennt ihn und seinen Stil sehr gut.)

    Ja, halte es ihnen hin, das ist ein guter Knochen! Und dazwischen Annett.

7. *Ich habe die Vermutung, daß Fuchs* maßgeblich *an der Übermittlung des Schreibens von DDR-Schriftstellern an Massenmedien der BRD beteiligt war, wenn nicht überhaupt der Initiator.*

    Einziger Anhaltspunkt dafür ist für mich sein Charakter und die Kenntnisse über die Verbindungen des Fuchs und über dessen Vergangenheit (Parteiausschluß, Universität Jena).

    Außerdem liegen dieser Vermutung Erfahrungen zugrunde, die ich persönlich durch einen im Spätherbst 1975 mit ihm geführten Briefwechsel wegen säumiger Unterhaltszahlung seitens Fuchs gesammelt habe. Dabei trat Fuchs sehr arrogant und anmaßend und außerordentlich beleidigend auf.

8. *Zur Zeit ist mir nicht bekannt, wieso sich die Tochter Havemanns bei Biermanns aufhalten* kann. *Mir ist bekannt, daß die Havemann in Jena an der Friedrich-Schiller-Universität studiert. Der Grund für den Aufenthalt in Biermanns Wohnung ist, daß sie für*

Frau Biermann während des Aufenthalts in der Universität das Kind betreut, im Haushalt hilft und Besorgungen erledigt. Diese Hilfe ist begründet durch die Abwesenheit Wolf Biermanns. Frau Biermann hat Angst, daß sie auf Grund irgendwelcher Versäumnisse exmatrikuliert werden könnte.

9. *Ich habe meine Frau ermuntert, die Frau Biermann aufzusuchen, um selbst in den Besitz von Informationen zu kommen.*

gez. Fischer

PS.: Habe das Interview des Prof. Havemann mit der «Tages- schau», gesendet am Abend des 20. 11. 76, 20.05 Uhr, ver- folgt.

gez. Fischer

«Fischer» will sich am Fang beteiligen, wird ganz fickrig.

So was darfst du nicht schreiben, du mußt neutral, distan- ziert und überlegen bleiben, zumindest nicht antastbar, nach- tragend und aggressiv!

Ach!

Operativ interessante Merkmale des IM «Fischer» (Formblatteintragung):

– *ist Geheimnisträger*
– *hat Verbindung zu Geheimnisträgern*
– *kann Verbindung zu Künstlerkreisen aufnehmen (Malerei)*
– *hat Zugang zu Sonderobjekt der Fla-Raketenabteilung*
– *neigt zu öfterem Wechsel des weiblichen Partners (kann intime Beziehungen aufnehmen)*
– *Fähigkeiten in der operativen Arbeit: kontaktfreudig, kann mit Legenden und Verhaltenslinien ar- beiten, kann Verbindung zu Personen des anderen Geschlechts aufnehmen*

Verhältnis MfS-IM

– *Gründe des IM für die Zusammenarbeit mit dem MfS:*

IM arbeitet auf der Grundlage der Überzeugung mit dem MfS zusammen
- *Zuverlässigkeit / Ehrlichkeit: überprüft, ehrlich und zuverlässig*
- *Verletzung der Konspiration: keine*

MIKROFICHES VON FRAU TESKE. Sonstige Gedanken und Fakten? Vera Wollenberger bei der Akteneinsicht. Knut und «*Donald*», die beiden Freunde. Eine Tasse Kaffee von Frau Freudenberg. Eine Geschichte wird in drei Sätzen erzählt. Das Ansetzen von Spezialisten an Schwachstellen. War dieser IM der einzige an diesem … Frau Freudenberg sucht ein Wort … Punkt? Ich schüttle den Kopf. Wußte er das, fragt sie. Wahrscheinlich nicht, sage ich, zu eifrig.

Und der Vater im Lesesaal? Ging nach Hause mit seiner schwarzen Kollegmappe, ich brachte ihn zur Tür, er bekam an der Wache seinen Ausweis zurück. Ich hatte einen *Dienstausweis* und zeigte ihn vor. Mußte ihn vorzeigen, weil ich die Türe passieren und meinen Vater noch ein paar Meter Richtung U-Bahn begleiten wollte. Dieser Groß, sagte er, und schüttelte mehrfach den Kopf, mein Arbeitskollege!

Noch was? Als ich, recht spät, Annett und ihre Schwester kennenlernte, hatten sie ein Buch gelesen: Vera Wollenberger, «Innenansicht aus Stasi-Akten». Und? Sie lachten.

DER NETTE KOCH trug mitunter Uniformen, operettenhaft wirkende Orden und immer eine Brille. Der Koch plauderte mit dem Minister, war selbst stellvertretender Minister, aber was heißt das schon? Polit-Stellvertreter waren die mächtigsten Funktionäre, der *Stellvertreter Operativ* hatte das Sagen in der *Dienststelle*! Markus Wolf ist der Paul Newman der DDR, sagt Freya Klier ironisch. Der Koch trägt Schürze, wenn er Gerichte zubereitet, er bevorzugt russische Küche. Er bewies Mut und kehrte zurück, stellte sich, kam frei, argumentierte, scherzte, ging mit seiner Frau Arm in Arm, die lächelte und ein wenig Frau Vogel ähnelt, die auch lächelte. Wolfgang Vogel, der ein wenig Erich Honecker und Günter Gaus ähnelt, lächelte mit. Markus Wolf war im Exil. Sein Vater ist ein Dramatiker. Der stellvertretende Stasi-Minister nennt sich Antifaschist und Kommunist, er berichtete von den Leiden seiner Familie. Er schreibt gern, liest gern und sieht aus, als sei er unschuldig. Als hieße er Gorbatschow, und als hieße Gorbatschow Sacharow oder Kopelew oder Solschenizyn. Als gäbe es keine Schuld. Als wäre sie verschwunden, wenn nur nett geplaudert wird in Fernsehinterviews. Als wäre sie kleiner geworden, sogar gerechtfertigt, weil nämlich eine Sache dahinterstand, eine Überzeugung, eine Mission, ein Dienst, ein Staat, noch dazu einer, der sich sozialistisch nannte, antifaschistisch, ein Staat der Arbeiter und Bauern ...

Dieser Mann kann etwas, er kann einen Ton erzeugen, Ideale beschwören, Irrtümer einräumen, er kann Angst nehmen und Angst machen. Der als Koch verkleidete Schauspieler, Schriftsteller und Chef hinter den Kulissen kann Erinnerungen erzeugen: an die schreckliche Lage des Nutzviehs, an die verheerende Wirkung des Hungers, an die schlimme Vergangenheit der Schlächter, an die eigene bescheidene Rolle im Hintergrund, beim Abschmecken der Soßen ... Die Armen der Welt, die Erniedrigten und Beleidigten brauchen Hilfe ... die Kriegsgefahr muß gebannt werden ... Jeder verantwortliche Mensch an seiner Stelle, in seinem Verantwortungsbereich ...

Und die Küchenvokabeln? Nein, diese Vergleiche findet er gar nicht geschmacklos oder beleidigend, keinesfalls ... Er habe doch mit der Kocherei angefangen, dem Einkaufen erlesener Speisen, dem Aufdecken gewisser Praktiken in Kellern, Tellerwaschanlagen und Chefetagen. Er sei schon immer gegen rüde Methoden gewesen, gegen billige Sprüche und hohle Phrasen. Zur rechten Zeit habe er das Mögliche gewagt, im

Lande, nicht draußen, er sei kein Verräter, kein Republikflüchtling. Gysi, Stolpe, Heym, Hermlin, Christa Wolf, Höppner und viele andere hätten das auch getan für ihr Land. Der Koch ist ein Fernsehkoch, er blieb lange im Verborgenen, machte sich rar. Auch Marios Zauberer wartete hinter dem Vorhang. Sogar der Rechtsprofessor Wesel benötigte eine gewisse Zeit, bis er die Erkenntnis formulieren konnte, daß «die Tätigkeit der Stasi nicht immer nur dem Reich des Bösen angehört haben müsse». In diesem Sinne: zu Tisch, meine Damen, meine Herren!

Zersetzung? Aktive Maßnahmen? Liquidierung von feindlich-negativen Personenzusammenschlüssen? Beteiligung am militärisch und konspirativ geführten Kampf gegen Teile der eigenen Bevölkerung, auch gegen Ausgebürgerte, *ausländische Staatsfeinde* und *Konterrevolutionäre in den Bruderländern? Kooperation der HV A* mit sämtlichen anderen Abteilungen des *MfS* im Auftrage der SED und der befreundeten Genossen in Moskau? Der Vorkoster verzieht das Gesicht, die eingeladenen Gäste bestehen auf ihrer gewohnt gepflegten Atmosphäre. Man sei der falsche Ansprechpartner.

Beckmann aus dem letzten Krieg taumelt im Frieden herum, kaputt, zu weich, zu müde, Einbeinige verfolgen ihn, Schützengräben, ein kleiner Sohn unter Trümmern ... Ein Herr Oberst kann sich nicht erinnern, will die Verantwortung nicht annehmen, «Sie stören beim Abendessen!» wird der seltsame, quengelnde Suppenkasper angeherrscht ... Wer steht denn da drüben mit der runden Gasmaskenbrille? Doch nicht etwa Sascha? Gehört er zu den geladenen Gästen?

Ein ganzes Heer ist versammelt.

Ein ganzes Heer unschuldiger, essender Leute.

Kusch, sagt der General, der stellvertretende Minister, der Künstlersohn, i c h war auf der richtigen Seite, auf dem Hintergrund meiner Familie, auf dem Hintergrund der deutschen Geschichte, auf dem Hintergrund der Naziverbrechen, auf dem Hintergrund der Ergebnisse des Zweiten Weltkrieges, auf dem Hintergrund des Potsdamer Abkommens und der Alliierten Entscheidungen, wer sind denn Sie?

Ich bin der Suppenkasper.

Ich bin nicht das Frontschwein aus dem Strafbataillon der Deutschen Wehrmacht, das ganz vorn durch die Minen mußte, ich bin das bunte Laub, das Tage-Silo, der ahnungslose, rumgescheuchte Anfänger aus dem Ausbildungsbataillon der Nationalen Volksarmee, der ganz vorn an den Zaun sollte, aber nicht recht wollte. Ich bin nicht der Wehrkraftzersetzer aus Moabit, neun Monate hinter Gitter, ich bin der staatsfeindliche Hetzer aus Hohenschönhausen, neun Monate hinterm Glasziegelschacht. Ich bin der Verlobte, der Unterhaltspflichtige, ich bin der Feind von «*FISCHER*»*MAN'S FRIEND*. Aber der nette Koch kann sich nicht erinnern. «*Fischer*»? Fuchs? Borchert kennt der Schöngeist. Wolfgang Borchert! Natürlich! Aber dieser kleine Armeeflitzer mit seinem Eifer und der Gier, Frau Biermann persönlich kennenzulernen, nö, nich bekannt, da wird gelächelt, da entsteht eine Zahl, ein langes Arbeitsleben voller Fakten, Treffs und Gesichter, «*Fischer*», wo war denn der *erfaßt*? Bei uns bestimmt nicht, wenn Ihre Angaben stimmen ...

Und schon bist du im Dialog.

Und schon bist du im wissenden Gespräch.

Aber nur Bärbel Bohley, und nur an diesem einen Tag Anfang November, sah seine Hände zittern, es war auf der Bühne vor dem Mikro, vor dem Volk, als gepfiffen wurde, laut und abweisend, und er von den sauberen Händen sprach, von den sauberen Händen seiner Genossen, nur an diesem Tag, und nur Bärbel, die es sah, die Fernsehkamera sah es nicht, oder sah es und schwenkte weg, auf den Kameramann kam es an und auf die Regie. Wer hatte die Regie an diesem Tag? Wer erstellte die Rednerliste? Wer wollte wen und was erreichen?

Sie publizieren, Ihren Namen kenne ich schon, sagt der Gentleman, Sie haben Fragen? Fragen, nein, ich habe keine Fragen. Auch Brot und Rum brauche ich nicht, Beckmann hatte Hunger und wollte trinken, die Leute haben recht, sagte er auf der Straße, und leerte die Flasche, es lebe die Verantwortung, es lebe der Zirkus! Der ganze große Zirkus!

TAGE SPÄTER, im halbdunklen Gang von *Haus 6*, treffe ich Frau Schüler, die mich fragt, ob ich es schon wüßte, Dr. Rolle ... Ich nicke, Klaus Richter hat es mir gestern gesagt, «wieder einen hat die Vergangenheit eingeholt», so drückte er sich aus ... wußten Sie davon? Frau Schüler schüttelt energisch den Kopf, nein, sagt sie, auf keinen Fall, aber hier denken welche, ich wäre jetzt auch fällig. Eine *Erfassung* als *HVA-IM* ... das stimmt doch? Sie nickt, so habe sie es auch gehört, bei einer Routineüberprüfung entdeckt, dann Gespräch bei Gauck, er wäre nicht wiedergekommen, seinen Schreibtisch habe sie räumen müssen ... Seltsam, sage ich, ob er einen Auftrag hatte? Frau Schüler starrt mich an. Ich bin jetzt ab und zu drüben, lenke ich ein, in *Haus 7*, hier ist man doch recht abgeschnitten ... Werden Sie Referatsleiterin, frage ich. Sie bewegt eine Hand, unklar, hieß das, alles offen, eher nicht ... Dann fragt sie mich: Und was denken Sie? Ich? Eine kurze Pause entsteht. Ich will etwas Böses sagen, etwas Hartes, Beleidigendes.

Dieser Rolle ist mir von Anfang an auf die Nerven gegangen ... ich fühle mich verarscht ... etwas in der Art. Gerade das Thema *HVA* hatten wir besprochen, aber kein Ton ... Etwas in diese Richtung wollte ich sagen. Ein Zögern, ich winke nur ab.

Frau Schüler nickt, es war schon ein Schlag, sagt sie in einem hergeholten, vorwurfsvollen Ton ... Wie im Krimi, in der durchschnittlichen Plötzlichkeit beliebiger Serien kommt das daher. Die allerletzte Agentenkotze stellt sich ein, der Gang penetrant dämmrig, das Thema ausgelutscht und durchgenommen bis zum Gehtnichtmehr, aber es geht noch mehr. Fortsetzung folgt. Der Stasiauflöser mittendrin. Mach mit, hieß die Kampagne noch immer, schöner unsere Städte und Dörfer. Immer noch eins drauf.

Darf ich flüchten?

Zieh deine Schlüpfer aus, sagte der operative Mitarbeiter, ich will deine Löcher sehen, ich will deinen Arsch sehen, deine Angst sehen, dichter ran, noch dichter ran, jetzt bücken, jetzt bin ich soweit, bist du auch soweit? Das ist eine Leibesvisitation, du sollst unten bleiben, vielleicht steckt da ein Kassiber, oder da, umdrehen, Vorhaut zurück, zurück! Willst du mich angreifen, du Nackedei, das rate ich dir nicht! Posten! Seine Schuhe holen, vorher die Kleidung durchsehen, ganz genau, vielleicht finden wir ein Schriftstück! Das ist nämlich ein Schriftsteller! So sieht er auch aus! Wer hat denn was von anziehen gesagt, hä? Noch sind wir da, noch hat die Arbeiterklasse die Macht, ihr Wühler und Hetzer, so, anziehen. Wieder eine Folter überstanden, was? Kannste drüber schreiben, da gibts was zu lachen, da wern die Schwänze steif im Springerhochhaus.

WAR ER DER EINZIGE an diesem ... Punkt, hatte Frau Freundenberg gefragt, als ich das Märchen vom «Fischer» und seiner Frau in Mikrofilm-Fassung erzählte. Der Staatsfeind schüttelte den Kopf, er hatte im Kino noch eine andere «Erfassung» gefunden, nein, nicht meine Freundin, zum Glück nicht sie ... Der «Fischer» warf seine Netze aus, glaubte sich allein auf weiter See, aber ein Berichterstatter und – wahrscheinlich – höherer Dienstgrad saß bereits im Boot. *Übergeben an HVA* hieß der Vermerk. Recht früh, dachte ich, begann diese Geschichte. Getrennte Karteikarten, getrennte Aktenführung, da war einiges möglich an Kooperation und Kontrolle. Die *HA XX* marschierte auf, begann ihren Krieg, und Familie Igel war schon in der Furche.

Der Koch lächelt jetzt nachrichtendienstlich überlegen.

Ich ziehe, wie weiland Erich Honecker, vollkommen zufällig ein Hustenbonbon aus der Aktentasche, er griff in den Mantel, Helmut Schmidt blickte aus einem Abteilfenster, in Polen wurden Lager eingerichtet, ansonsten fanden Friedenskonferenzen statt.

Und ein *Generaloberst* hat etwas zu berichten, wieder ein Fund, sogar mit Unterschrift:

Stellvertreter des Ministers   *Berlin, 4. Mai 1982*
                                                  Tgb.-Nr.: 462/82

PERSÖNLICH!
STRENG GEHEIM!
Leiter Hauptabteilung XX
Genossen Generalmajor Kienberg
Zur Unterstützung der operativen Bearbeitung von Eppelmann übersende ich Ihnen als Anlage eine Zusammenfassung der bei der HV A vorliegenden Erkenntnisse über den vermutlichen Agenten eines BRD-Geheimdienstes, B. (im Original Nachname), *der als Kontaktpartner des Fuchs bekannt wurde.*

                                        Wolf
                                        Generaloberst

Anlage: 5 Blatt

B. arbeitete für die «Welt» und die «Bundeszentrale für Politische Bildung», er schickte ab und zu Rezensionen über ausgebürgerte Autoren. Ich traf ihn auf einer Tagung, großgewachsen, etwas unsicher lächelnd, so ist er mir in dunkler Erinnerung … Wie James Bond sah er nicht aus. Drei Jahre hatte er als junger Kerl im Zuchthaus gesessen, die Stasi verhaftete ihn im September einundsechzig, warf ihm vor, er habe «Erich Loest abwerben wollen». Mir kam er gutwillig und etwas langweilig vor, seine Spezialstrecke waren offizielle Bildungsbroschüren.

Nun war er der böse Finger, der *vermutliche Agent eines BRD-*

Geheimdienstes, ich der *Kontaktpartner,* der arme Eppelmann der Spionagepriester.

Havemann und Eppelmann hatten Anfang einundachtzig einen «Berliner Appell» gestartet gegen Militarisierung in Ost und West. Die Veröffentlichung lief über mich, die «Frankfurter Rundschau» machte einen Titel. Hermlin lud «privat» Friedensfreunde ein, viele kamen, Rundfunk und Fernsehen auch, in Jena verhafteten sie christliche Pazifisten, aufsässige Künstler und Freunde der polnischen Solidarność wie Roland Jahn, dem, frech wie er war, immer noch eine Aktion einfiel als geexter Student und tatsächlicher Arbeiter. Da runzelten Erich Honecker, Stephan Hermlin und Erich Mielke ihre bedeutsamen Stirnen, was machen wir jetzt? Havemann spaltet die Friedensbewegung, befand der Dichter, die DDR ist ein Friedensstaat, behauptete der Diktator, gegen diese Konsorten müssen wir vorgehen, entschied der Giftzwerg. Und der nette Koch lieferte in seiner persönlichen und streng geheimen Art den Anlaß: Ein gewisser B., in Kontakt mit F., dieser wiederum mit E., *ANLAGE 5 Blatt,* schwungvoll die Unterschrift ... In dieses W, auch in das kleine f am Schluß, vor allem in die Schlinge des Häkchens, solltest du lieber nicht hineingeraten. Nach rechts geneigte Spitzen und Pfeile signalisierten Energie und stramme Haltung. *Signierstunde mit Markus Wolf! Der Meisterspion packt aus! Lesen Sie das Original!* Das stimmt schon, das Original, die anderen *Signaturen ...*

Dieser W. war ein Boß und ein Diener, ein heimlicher Vogel und ein öffentlicher Hahn. Seine jetzige Frau saß auch im Knast! Selbstauskunft in einem Interview ... Den Reineke wollte er besiegen. Der war zwar kleiner, aber nicht unbedingt dümmer, das schien wohl das *operative* Problem gewesen zu sein. Außerdem ist ein Fuchs kein Hund, auch kein Wolf, Rudel meidet er, Uniformen und Orden auch. Zumindest wollen wir letzteres sehr herzlich und weiterhin hoffen, man weiß ja nie, was der Wechsel der Zeiten so mit sich bringt, siehe Towa-rischtsch Wolf, der ein sensibler, eher freundlicher Junge war, wie Rolf Schälike, mit dem er in die sowjetische Schule ging, berichtete. Schälike verbrachte nichtsdestotrotz fast ein Jahr in *MfS-U-Haft*. Für den Sohn einer kommunistischen Emigran-tenfamilie, der Biermann und Havemann besuchte, eine inter-essante, neue Erfahrung. Als Bergsteiger kaukasische Gipfel ge-wöhnt, begann er sogleich, so sein Bericht, einen unbefristeten Hungerstreik. Etwas erschöpft und durchgedreht kam er schließlich in Gießen als Ausgebürgerter an. Horst Eberhard Richter, den er aufsuchte, hörte ihm einfühlsam zu und schüt-telte dann doch den Kopf über so einen deutschrussischen Dickschädel, Häftling und roten Brausekopf. In der DDR hatte es Gespräche gegeben mit *zuständigen Genossen*, der Mitschüler Markus Wolf persönlich soll dabeigewesen sein ... *OV «Vermitt-ler»* nannten sie Schälike. Was wollte der denn vermitteln? Eine etwas andere Jagd? Gorbi ante portas? Die Dissis auf Linie bringen? Die Kopierzeitschrift «dialog» unterstützen? Als wir uns nach seiner Ausbürgerung in Westberlin trafen, sagte er überraschend zu mir: Bei «dialog» möchte ich dir gerne helfen ... Antwort: Mal sehen.

Du bist kein Kommunist, sagte Schälike zu mir.

Stimmt, war die Antwort, und wer bist du?

Hast du was über mich gefunden?

Nein, Rolf.

Die letzte Frage und die letzte Antwort gehören in die voll-endete Gegenwart, auch Perfekt genannt. Kommt nun die Preisfrage nach der perfekten Vollendung unserer Gegenwart? Themenwechsel. Antwort bekannt.

HEUTE SCHREIBT DER KOCH seitenlang über die *Engstirnig-keit der DDR-Politik*, sogar eine erhabene Formulierung wie die folgende fließt aus seiner Feder: *Der Widerspruch zwischen der*

Friedenspolitik nach außen und der restriktiven Haltung bis hin zur Repression gegen Engagierte der Friedensbewegung im Inneren wurde immer auffallender ... Die in der Abwehr für oppositionelle Gruppierungen, Jugend und Kirche Verantwortlichen konnten den Widerspruch nicht lösen. Sie sollten gegen die «feindlich-negativen Kräfte» vorgehen ... Ich wandte mich dagegen, die Auseinandersetzung mit den Friedensgruppen der Staatssicherheit zu überlassen. Meine Meinungsäußerungen blieben aber auf einen sehr kleinen Kreis beschränkt ... Sie trugen wahrscheinlich deshalb den Großbuchstabenvermerk PERSÖNLICH und STRENG GEHEIM. Der stellvertretende Minister, spätere Schriftsteller und Koch warnte überaus DDR-kritisch vor einem der Redner der Bonner Friedensdemonstration am zehnten Juni neunzehnhundertzweiundachtzig. Über dreihunderttausend Menschen waren auf die Rheinwiesen gekommen, die Grünen hatten mich vorgeschlagen, es gab heftigen Widerstand aus den Reihen der DKP, von Lukas Beckmann und Robert Jungk wurde ich auf die Bühne begleitet ... Wolf an Kienberg: *... er tritt bei der Organisierung einer Pseudofriedensbewegung in der BRD mit antisowjetischer Stoßrichtung in Erscheinung ... Auf Hetzveranstaltungen wird über die «Militarisierung der DDR-Gesellschaft referiert».*

Soll ich jetzt das Redemanuskript einschieben, um meine Schuld zu beweisen? Fast hätte ich Unschuld geschrieben. Die «taz» vom fünfzehnten Juni zweiundachtzig dokumentierte den Text, druckte auch zwei Bilder von Eve Rub aus Jena ab, «Bedrohung I» und «Bedrohung II» ... Überschrift: «Verständigen wir uns von unten her, über die ideologischen und militärischen Schützengräben hinweg» ...

Nein, der Haftbefehl!

«Liebe Freunde, gestattet mir eine kurze Vorbemerkung: Es gab Diskussionen, wer heute hier sprechen soll» ... Halt!

HA IX/2   Berlin, den 26. Mai 1982
Fahndungsersuchen-Festnahme
Nachgenannte Person ist im Fahndungsbuch zur Festnahme
auszuschreiben.
Name: FUCHS   Vorname: Jürgen

... «Pfarrer Eppelmann aus Ostberlin wurde eingeladen. Das
Schreiben hat ihn sehr spät erreicht. Er machte sich auch Sorgen um seine Rückreise, wollte nicht vor verschlossener Grenze
stehen nach einem offenen Wort zu Militarismus und Frieden
ohne Waffen. Ich weiß nicht, ob seine Bedenken berechtigt waren» ...

*Welche Dienststelle ist bei der Festnahme oder Ermittlung der
Person zu benachrichtigen?
HA IX/2, Oltn. Groth, Tel. 52440 oder OdH, Tel. 52450.
Liebewirth   bestätigt: Mielke
Leiter der HA IX/2*

Laß mal jetzt die Rede, es ging um deinen Kopf. Da ist Mielkes
Unterschrift ... schau dir sein M an, der schwungvolle erste Haken legt sich gerade um deinen Hals ...

Groth? Zurück zum letzten Vernehmer? *Nehmen Sie Platz,
Herr Fuchs! Sie waren auf dem Weg nach Bonn zur großen Friedens-
demo, bin ich richtig informiert? Welch eine Ehre, nicht wahr? Zum
ersten Mal benutzten Sie die Transitstrecke, vorher hatten Sie gezö-
gert, aber jetzt ... Wer wird schon einen der Hauptredner am Auftritt hindern, dachten Sie, richtig? Nun, Herr Fuchs: Wir! Wir hindern Sie! Ach so, die Gründe für Ihre Festnahme, Haftbefehl wurde
inzwischen auch erlassen, das Ermittlungsverfahren läuft, diese For-
malitäten werden Sie noch im Gedächtnis haben vom letzten Mal ...
Moment, ich lese das einfach mal vor, ganz unkonventionell, Sie wollen es ja wissen: FUCHS steht in dem dringenden Tatverdacht, landes-
verräterische Nachrichtenübermittlung und staatsfeindliche Hetze im*

schweren Fall begangen zu haben, indem er seit seiner Entlassung aus der Staatsbürgerschaft der DDR im Jahre 1977 seine Rückverbindungen dorthin nutzte, zielgerichtet Nachrichten über Aktivitäten feindlich-negativer Kräfte in der DDR und Maßnahmen staatlicher Organe sammelte und zum Nachteil der Interessen der DDR an westliche Massenmedien übergab. Darüber hinaus fertigte er zahlreiche durch westliche Verlagsanstalten und andere Publikationsorgane veröffentlichte Schriften und gab Interviews, in denen er planmäßig die verfassungsmäßigen Grundlagen der DDR angriff und zur Beseitigung der sozialistischen Staats- und Gesellschaftsordnung der DDR aufforderte ... So, starker Tobak, nicht wahr? Diesmal gehts um alles ... strafbar gemäß §§ 99 Abs. 1, 106 Abs. 1 Ziff. 2 und 4, Abs. 2 StGB ... Genügt das? Ihr Redemanuskipt für Bonn habe ich in der Zwischenzeit gelesen, gut formuliert, recht geschickt gemacht, muß ich schon sagen, eine Kopie haben Sie bestimmt schon gut plaziert, «Spiegel»? «Frankfurter Rundschau»? «taz»? Sie schweigen immer noch ... oder schon wieder? Diesmal nützt aber alles nichts ... Sie sind doch Realist, glauben Sie allen Ernstes, jemals wieder rauszukommen? Landesverrat, oh oh oh ... Ich war im übrigen damals gegen eine Abschiebung. Da hätte ich Sie wohl vor allerhand Dingen bewahrt, wenn ich das richtig sehe ... Aber es sollte ja unbedingt eine rasche «zentrale Entscheidung» sein ... .Transit wäre ich nicht gefahren ... Aber wenn dann solch eine Einladung kommt, da läßt die Vorsicht nach, ganz klar, das ist menschlich ... Eppelmann hätten wir schon wieder reingelassen, wenn wir ihn rausgelassen hätten, da kommen Sie daher! Das ist eine Überraschung! Der Rainer saß ja paar Tage im Bau wegen des «Berliner Appells», na ja, er hat sich ganz gut verhalten, christlicher, als wir dachten. Die «Morgenpost» hatte hilfreich getitelt: «DDR-Pfarrer fordert Abzug der Sowjets», da wäre dann fast nichts mehr zu machen gewesen von Forck, am nächsten Tag kam die «Frankfurter Rundschau», friedensbewegt eingetütet, naja, da drehte sich noch mal der Wind. Glück gehabt, Havemann jetzt tot, mal sehen ...

Groth wirkte etwas unsicher, das war seine Masche, als würde er gleich den ganzen Laden hinschmeißen und Buchhändler werden.

Das ist genau Ihr Sound, daran erkenne ich Sie ganz genau! Als sie verreist waren, mußten wir ab und zu Texte analysieren ohne Autorennamen, auch Zitate aus Briefen, man blieb in der Übung ... «Ich habe diese Einladung angenommen, weil ich mich als sozialkritischer Schriftsteller, der wegen pazifistischer Texte im Gefängnis saß» ... pardon, sitzt ... «und seine Staatsbürgerschaft verlor, zugehörig fühle zur internationalen Friedensbewegung.» ... Die wird protestieren, klar, aber einem Agenten, und Einschleichen ist überall möglich, wird man keinen Nobelpreis spendieren ... wir haben ganz gute Beweise, zumindest läßt sich allerhand streuen ... Unsere Dienste sind nicht schlecht ... um Sie herum waren natürlich unsichere Kandidaten ... Wie geht es weiter? Wir haben etwas Zeit, der Ernst des Lebens beginnt morgen, wir haben uns für die ruhige Variante entschieden, mit erfahrenen Untersuchungshäftlingen zieht die Brüllmasche sowieso nicht, auch nicht der Griff in die Trickkiste. Also überbrücke ich diese Situation, reden wird er sowieso nicht am Anfang, das war uns klar ... Der biografische Hinweis auf Ihre Armeezeit, obligatorisch, klar, gehört auch zum Thema, gewiß, aus meiner Sicht richtig. Armeen haben viel Gemeinsames, die Partei- und Staatsführung denkt noch zu sehr in Schwarz-Weiß-Kategorien, so bekommt man die westlichen Friedensfreunde nicht mehr unter einen Hut ... «Mit 18 Jahren wurde ich eingezogen zur Armee. Der Einberufungsbefehl kam per Einschreiben ins Haus. Der Gedanke an eine Verweigerung war da, ich hatte Borchert und Böll gelesen, kannte die Lieder von Brecht und Biermann. Aber es reichte nicht zu einem klaren Nein.» Das ist immer recht überzeugend bei Ihnen: Ihre Ehrlichkeit, nicht zu dick auftragen, auch mal Fehler eingestehen. Und dann Brecht und Biermann, die beiden Namen zusammen auf einer Zeile, das ist geschickt, auch die Bezeichnung «sozialkritischer Schriftsteller», die ist ja in der Linken positiv besetzt, wie das Wort

Menschenrechte … Das haben Sie wirklich geleistet, das ärgerte uns natürlich sehr. Am vermutlichen Ende einer Reise, wieder in der geliebten Heimat, will ich nicht kleinlich sein und schon mal loben … Und Ihr Untertreiben, Ihre lockeren Nebenbemerkungen, anders als Löwenthal mit seinem Gepolter … auf Samtpfoten kommt Ihr Hochverrat daher: … «Wir sind uns einig in der Forderung: Keine weiteren Atomraketen sollen stationiert werden in diesem Land. Es ist genug, wir haben dieses lebensfeindliche Überlegenheitsstreben satt. Ich weiß, daß auf der anderen Seite ähnliches gefordert wird. Nicht ganz so öffentlich, einige Risiken kommen hinzu, aber diese Stimmen sind unüberhörbar. Und sie meinen die eigenen Waffenwälder. In diesem Zusammenhang fällt mir das Wort ‹Großmacht› ein. Ein trauriges Wort» … Einstimmung ist erfolgt, die sowjetische Seite ist mitgemeint, indirekt formuliert, daher um so wirksamer, das ist eben auch Hetze, Herr Fuchs, schwere staatsfeindliche Hetze, weil sie getarnt ist, weil sie einen Stil hat, der ansprechen kann! … «Großmacht» … «ein trauriges Wort», dann wird nachgezogen: «Es klingt nach Aufspielen, nach Gangstermoral. Schwächere werden da nicht viel zu lachen haben. Entweder sie machen, was der Boß sagt, oder sie werden fertiggemacht.» Solidarność, Charta 77, Sacharow, da paßt alles rein, Unterdrückung kleinerer Staaten und Länder, diesen Bezug haben Leute wie Sie hineingetragen. Nicht mal Böll hat im Herbst 81 so was gesagt, nicht mal der! Und da sind wir seit Solschenizyn allerhand gewöhnt. Bei Biermann hat er sich ja auch weit aus dem Fenster gelehnt. Sie lernten ihn kennen? Sympathisch? Aber da kommen wir noch drauf, Sie müssen gar nichts sagen. Das ist unsere Strategie: Sie müssen gar nichts sagen. Alles geschieht nach Recht und Gesetz, Sie sind dran. Falls Sie etwas abwenden wollen, aber nur falls, müßten Sie schon eine Meinung oder einige Fakten ins Verfahren einbringen. Das Gericht wird sie würdigen oder nicht. Absprachen und Vorgaben im Prozeß gegen Havemann … Sie behaupteten in mehreren Interviews Manipulationen, «Drehbücher der Stasi» … Nix da, alles ganz korrekt, keinerlei Druck. Auch auf Zellenspitzel werden wir verzichten, bringt alles nicht viel. Abgehört werden Sie, auch wir hier, das ist halt so. Aus Sicherheitsgründen schon. Unsere Analyse: Suizidgefährdung. In der ersten Phase, wenn Sie noch Kraft haben, werden Sie eine persönliche Entscheidung herbeiführen wollen, um die Kapitulation abzuwenden. Das kann auch unter Umständen dazu führen, daß wir doch einen Mithäftling zuordnen müssen. Der soll nur aufpassen und eine Art Lebenshelfer sein, nichts weiter. Ein Prachtexemplar wie Sie soll uns schon noch recht lange erhalten bleiben … Zynisch? Ja, natürlich. Ob ein Weltuntergang oder eine Revolution dazwischenkommen, weiß ich nicht. Nur sowas könnte die Situation für Sie wenden, alles andere nicht. In diesem Falle, ein Überleben vorausgesetzt, merken Sie sich bitte mein Gesicht. Auch den Namen: Groth heiße ich, mit t und h. In den «Vernehmungsprotokollen» schrieben Sie mal was von einem Grünstein, der sieht nur ähnlich aus, auch sein älterer Bruder bin ich nicht. Ich bin halt hier gelandet und mache meinen Job wie die beim Zoll oder bei der Kripo auch. Das sind auch Untersuchungsorgane. Unsere Knäste sind nicht die schlechtesten, natürlich, abgesehen von den Spielchen, die haben Sie schon ganz richtig erkannt … Aber in diesem Wiederholungsfalle machen wir Dienst nach Vorschrift. Freilich sieht_es für Sie nicht besonders gut aus, das liegt aber in der Natur der Sache.

Wenn Groth in den Vernehmungen seine kritischen Gedanken ausbreitete, auch unabhängige Zeitschriften für notwendig hielt, sprach er ganz überzeugend. Wahrscheinlich war es wirklich seine Meinung.

Paß auf, so eine Stimmenprosa hat dir schon mal eine Fassung versaut. Groth, Eberl, Gabbe, auch Anding und Gläßner, die wirst du nie mehr vergessen, die sitzen für alle Zeiten mit am Frühstückstisch der Innereien, laß sie nicht immer weiter quatschen …

Moment noch.

Sehen Sie, hier kommt es schon. Paar Seitenhiebe auf Reagan und die Alliierte Parade, dann heißt es bei Ihnen: «In Polen bevölkert zur

476

selben Zeit überwiegend das Militär die Straßen und bewacht Lager, in denen Arbeiter, Bauern, Studenten und Intellektuelle sitzen, die für eine vom Höchsten Gericht des Landes genehmigte Gewerkschaft eintraten. Sie trägt den Namen ‹Solidarität›. Über 10 Millionen sind Mitglied. Das ist zur Zeit die stärkste Friedenskraft im Warschauer Pakt, denke ich.» Und da erwarten Sie, daß Sie einfach so Transit fahren können? Das ist unglaublich! Leute wie Schmidt, Wehner, ich könnte noch andere Namen nennen, warnten die DDR-Seite vor «unkontrollierten Entwicklungen in Polen», Sie haben doch den «Stern» gelesen, da kam Rakowski sehr ausführlich zu Wort, Henri Nannen bezeichnete ihn als Freund ... Und Sie stellen sich offen auf die Seite der schlimmsten Konterrevolutionäre ... Ich ecke hier manchmal an mit meinen Ansichten, aber in diesem Falle muß ich schon von einer echten Feindpropaganda sprechen, das geht nicht, dafür müssen Sie bezahlen ... Mal sehen, ob sich ein anderer findet, der morgen das Manuskript von Ihnen vorliest vor den vielen Menschen ... Ich glaube nicht, so viele kalte Krieger kann es gar nicht geben im engeren Kreis der Veranstalter ... Höchstens Typen wie Beckmann und Kelly, vielleicht Ihr Freund Biermann, aber der singt nur seine eigenen Texte, der wird schäumen, klar, aber fremde Manuskripte lesen, nee, glaube ich nicht. Kann mich täuschen. Vielleicht wird die Sache auch noch abgeblasen und Sie werden in zwei Stunden in den D-Zug gesetzt ... Wollen Sie einen Kaffee? Ist nichts drin ... Wen nannten Sie noch? Die Jenaer, klar, und Eppelmann, Moment, wer noch ... ach hier, Roland Brauckmann, der «Strohmann», den kennen wir doch schon in Berlin ... Ekkehard Hübner und Klaus Tessmann, Theologiestudenten, reiselustig, Bruderländer abklappern nach Gesinnungsfreunden, umtriebige Unterwanderer ... Havel, der sitzt, unter Kontrolle, Katharina Meinel ... Ob das klug war? Die Meinel-Familie wurde doch ganz schön gebeutelt, jetzt noch diese Erwähnung, was steht da: ... «die von der Schule verwiesen wurde und kein Abitur ablegen darf, weil sie sich weigerte, den Aufnäher ‹Schwerter zu Pflugscharen› abzutrennen» ... Na, na, ganz so war

das nicht. Wollen die nicht alle nach dem Westen? Besser wäre es.
Kann man ja bald nicht mehr ruhig zusehen, klar gibt es Maßnah-
men ... Kirchens soll man ja nicht verhaften, was bleibt dann übrig?
Eppelmann bißchen Zucker in den Tank, paar Schmierereien, Sach-
beschädigungen, wenn dann keine Ruhe einsetzt, gehen eben die mie-
sen Sachen los, das ist doch klar. Welcher Geheimdienst läßt sich denn
dauernd auf der Nase herumtanzen? Wie klingt das eigentlich in Ih-
ren Ohren? Vertraut? Wir dachten oft an Sie, der Fuchs verschafft
uns neue Arbeit, da brauchen wir keine Sorge zu haben ... und jetzt?

Komm mal raus, komm mal zurück, das werden ja Register-
arien. Groth ist ganz gut getroffen. Nach neunundachtzig zog
der genau diese Show ab, war sogar bei Rüddenklau in der
«Umweltbibliothek», stellte sich als Abweichler vor ...

Transit bist du nicht gefahren, die Grünen übernahmen deinen Flug nach Köln-Bonn mit British Airways ... Der Verbrecher segelte oben drüber weg, unten Wolken, er konnte gar
nichts sehen von seinem vermeintlichen Glück. Er konnte die
Freizellen gar nicht sehen und auch nicht den Kirchturm neben
der Magdalena ... Er trank eine kleine Tasse Kaffee und hielt
dann seine Rede, Groth und Co. werden sie paar Tage später auf
die Schreibtische bekommen haben ... Groth? Zuerst der Minister und seine Stellvertreter! Diese Veranstaltung war wichtig! Wurde international beachtet, hihihi!

Einer flog über das Kuckucksnest.

Paßt nur auf mit euren Akten, daß es euch nicht ähnlich er-
geht. Wer redet? Zitat Wesel? Grass? Maja Wiens? Anderson?
Höppner? Bisky? Gysi? Matthäus, 7. Kapitel: «1. Richtet nicht,
auf daß ihr nicht gerichtet werdet. 2. Denn mit welcherlei Gericht ihr richtet, werdet ihr selbst gerichtet werden; und mit
welcherlei Maß ihr messet, wird euch gemessen werden. 3. Was
siehst du aber den Splitter in deines Bruders Auge, und wirst
nicht gewahr des Balkens in deinem Auge? 4. Oder wie darfst
du sagen zu deinem Bruder: Halt, ich will dir den Splitter aus

deinem Auge ziehen, und siehe, ein Balken ist in deinem Auge?
5. Du Heuchler, zieh am ersten den Balken aus deinem Auge;
danach siehe zu, wie du den Splitter aus deines Bruders Auge
ziehst.» Viele Stellen hatte Großmutter Olga angestrichen,
auch den 71. Psalm, Vers 10 und 13: «Denn meine Feinde reden
wider mich, und die auf meine Seele lauern, beraten sich miteinander ... Schämen müssen sie sich und umkommen ... mit
Schande und Hohn müssen sie überschüttet werden, die mein
Unglück suchen.» Das klingt hart. Auch Matthäus rief nicht
dazu auf, Balken und Splitter in den Augen zu belassen. Es ging
um die Reihenfolge, den richtenden Zeigefinger ...

Dein Foto, Olsch, steht über meinem PowerBook. Etwas ist
stärker und älter.

Und Rolle?

Und der nette Koch?

VIELE WESTDEUTSCHE sind schon umgeschwenkt, sagt
Schädlich, die halten das Gezerre nicht aus. Wenn Markus Wolf
ein Oppositioneller war und nicht ganz so schlimm, dann ist es
leichter, antwortet der Suchttherapeut F. im zweiten Arbeitsver-
hältnis. Bei harten Drogen gehen die Angehörigen auch überraschend oft auf die Märchen ihrer Experten vom «Nicht-so-
schlimm», vom «Aufhören» und vom «ganz neuen Leben» ein,
dann ist wenigstens eine positive Perspektive da, der Abgang
scheint gestoppt, der Streß läßt nach. Bei Heroin wird noch
dazu phantastisch gelogen. Wenn die stecknadelgroßen Pupil-
len nicht bemerkt werden – es gibt ja dunkle Brillen, die auch im
Politischen recht beliebt sind –, kann die Show eine geraume
Zeit dauern ... Das Problem: bei *konspirativen Legenden* und Be-
weihräucherungen im Nachhinein muß es keine Pupillenverän-
derungen geben, auch keine Tränen, that's the problem ...
Nimm das auf, sagt Jochen. Hast du denn Beweise gegen Markus
Wolf? Beweise, frage ich, fast alles ist doch offenbar. Die Be-

teiligung an *Zersetzungsmaßnahmen* hat er nie bestritten, *das sei halt so bei Diensten.* Was uns beschäftigt, was du bei deinem «*Schäfer*»-Bruder in den *IM-Akten* findest, darüber lacht der oder ringt sich ein paar bedauernde Sätze über den *Kalten Krieg* ab. Sie möchten sich neben uns in die Buchauslagen legen, ganz nahe wollen sie ran ... Und ganz offiziell, nicht mehr *inoffiziell.* Die Kunden entscheiden dann, wer den Laden hütet. Wer treu und brav die Stellung hält, langweilig und in irgendeinem Recht ...

Beweise.

Hast du denn Beweise?

Im Handtuchzimmer der Stahlschrank.

Im Kopf der Misthaufen ihrer Maßnahmen. Frau Freudenberg klappert neue Registriernummern ab. Die Kopien von der Akteneinsicht. Die Notizen im Block. Die Zettel aus den *AKG-*Bündeln. Mikrofiches von Frau Teske. Der Schnellkurs in Gera. Briefe mit Beilagen aus anderen *OV*s. Beachte das, kümmere dich darum, was weißt du davon, ist dir das bekannt? Der sanfte Terror der Freunde. Der aufmerksame Haß der Feinde. Das Einschreiben einer Rechtsanwaltskanzlei. Das Interesse der Behörde. Das Lauern des Feuilletons. Die Geduld des Verlages. Noch ein *Deckname*, noch eine *Registriernummer*, noch ein Hinweis, noch eine *operative* Sauerei, noch ein Auftrag, noch ein Hilferuf, noch eine Bitte. Die Leitzordner. Die Prospekthüllen. Die Hängeregister. Die aufgestockten Regale. Die aufgestellten Kisten. Die gesammelten Zeitungsausschnitte. Die sortierte und die unsortierte Post, die gelesene und die ungelesene Post. Die Faxe, die eMails, der Programm-Manager, die word-windows.

Ich weiß, warum deine Technik schweigt, Jochen. War ein Hämmerchen zur Hand? Oder bloß die Strippen aus den Dosen? Das Einkehren einer himmlischen Ruhe bei Stromausfall, das sympathische Zusammenbrechen des Straßenverkehrs bei

Schneefall und Kälte, die kleinen, wirklichen Gespräche am Rande einer Fahrbahn, wenn gar nichts mehr geht.

Beweise?

Schau dir doch die beiden Unterschriften von Wolf und Mielke an, vergleiche die Daten, einer lieferte dem anderen die Begründung für die *geheimdienstliche Steuerung* der *feindlich-negativen Person*. Damit waren alle Beißhemmungen des *Organs* weg. Abgesehen davon, daß der Geheimdienstvorwurf absurd war und Wolf und seine feinsinnigen Auslandsagenten dies sehr genau wußten: über die Wirkung einer solchen Denunziation konnte keine Unklarheit bestehen. Der nette Koch war schon eine Weile im Dienst, er hatte Entführungen geleitet und kannte die Folgen abgezeichneter Dokumente zur *Festnahme*, auch *die Praxis der Arbeitsgruppen des Ministers (AGM)* war ihm wohlbekannt (*Bekämpfung feindlicher Personen in der vollen Breite der möglichen Maßnahmen zu ihrer Bestrafung, Unschädlichmachung, ihrer Verbringung in sicheren Gewahrsam* – HVA-Dokument von 1982, *Anfrage über die Bereitstellung, Ausbildung und ständige Gewährleistung der Einsatzbereitschaft einiger weniger vertrauensvoller Kämpfer für ganz spezifische Aufgaben im Operationsgebiet*).

Vorher hatte die *HV A* immer wieder Informationen *inoffizieller Kräfte* an den Oberwauwau Kienberg weitergegeben, keine Lesung in Schweden, Dänemark, Italien oder Frankreich entging ihnen. Mitgeteilt wurden Veranstaltungsorte, Teilnehmerzahlen, Namen von *Kontaktpartnern*, besonders von Journalisten. Ausführlich und recht präzise listeten sie meine *staatsfeindlichen Äußerungen* auf, teilten erwähnte Namen mit und wie Zuhörer und Medien reagierten. Deutsche Übersetzungen lagen bei, kleine Details wurden hervorgehoben: die nächste geplante Reise eines Journalisten nach Jena, die Äußerung eines Stockholmer Malers über Frank und Eve Rub, ein Vergleich zwischen der Militärjunta in Griechenland, der Lage von

Künstlern in Franco-Spanien und den Zuständen in der DDR. Selten eine Übertreibung, kaum ein wertendes, scharfmacherisches Wort. Eine gediegene, kulturvolle Atmosphäre der Denunziation stellt sich bei der Lektüre der Berichte ein. Und ein jeweils brauchbares Detail für die *Vorbereitung und Durchführung* der nächsten *Zersetzungsmaßnahme* oder *operativen Kombination* war stets dabei.

Was ist?

Versteht keiner?

Ungläubiges, fremdes Staunen? James Bond ist halt geil? Das ist uns alles viel zu kompliziert? Vielleicht war dieser B. doch Westagent und die Stasi hatte recht? Vielleicht war Eppelmann CIA, stand nicht irgendwann mal was im «Stern»? Vielleicht ist alles ganz egal, vielleicht ist eure ganze Kacke so heiß und kalt mittlerweile, daß keiner mehr etwas davon wissen, geschweige denn lesen will. Was so einer wie Markus Wolf heute schreibt nach den vielen Verfahren gegen ihn, das könnte interessant sein.

Da ich gerne koche, würde ich mir schon mal für ein Mittagessen so ne russische Suppe zubereiten wollen ... ein Sozialarbeiter aus Berlin-Tiergarten ...

Was dagegen, konnte das auch heißen, du Bürgerrechtler von vorgestern ... Den Biermann und die Wollenberger konnte ich sowieso nie leiden. Stolpe kommt mir irgendwie ganz cool vor, der muß Nerven haben. Und Gysi kann gut quatschen, ja, das kann er, auch der, wie hieß er gleich, der Blinde, ich habe seinen Namen vergessen, der soll ruhig wieder Radio machen, war ganz amüsant. Spitzel, na ja, ach ja, was weiß ich ...

Abbrechen?

Ich breche nicht ab. Ich habe eine Empörung.

In die Buchauslagen wollen sie, ins Fernsehen, bei Arte in Strasbourg in die talk-Runden, fran-zö-siisch gefällt ihnen, reisen gefällt ihnen, im eigenen Häuschen auf der Terrasse zwischen den Rosen zu sitzen, im Bundestag, auf Tagungen, selbst in Gerichtssälen mit Presse und Publikum zu sitzen, gefällt ihnen, Westgeld zu besitzen, gefällt ihnen. Den Havemann nackt und krank und sterbend vor sich zu haben mit Sauerstoffflaschen, gefiel ihnen, da wurden *Berichte* und *Skizzen* angefertigt, da wurden Prognosen erstellt. Sie wagten es, meinen Freund bloßzustellen und anzutasten, in ihre Akten zu nehmen, fies und berechnend auf seinen Tod zu warten, Zeichnungen zu erstellen, ein *IM «Chef»*, ein Arzt, wirbelte herum und gab die allerneuesten Infos an seine Führungsoffiziere weiter, verflucht soll er sein! Dafür kommt eine Rache aus dem Alten Testament, das geht nicht durch. Biermann, Lilo und ich im Westen, Katja, Robert und Franzi in Grünheide, der Hausarrest von sechsundsiebzig bis neunundsiebzig, die Ungewißheit, der Druck, die mangelnde ärztliche Versorgung, die richtige Einschätzung von Havemann, daß sie alle Register ziehen, seine realistische Abneigung vor Untersuchungen, Medikamenten und stationären Terminen, sein autodidaktischer Versuch, gesundheitliche Gefahren zu erkennen, die Unmöglichkeit, den «wachsamen Rahmen» zu verlassen ohne Ausbürgerung, die Krebsdiagnose, die Zeichnung des Meisters, sein Drängen auf die Krankenhauseinweisung, Havemanns Aufbäumen, das Konzentrieren auf den politischen Alltag, er fühlte, daß etwas in Bewegung kam und daß er wegsollte, das Mitgeben einer Sputumprobe zur Analyse in Westberlin, Pilzbefall wird festgestellt, recht spät die Antwort, noch später kommt das Medikament, mit Pilzen in der Lunge kannte sich der Wissenschaftler nicht aus, nur mit Tbc-Herden ... Vorher das ekelhafte Show-Verfahren in Fürstenwalde und Frankfurt an der Oder gegen den «Devisenschieber», auch Heym wurde zeitgleich gedemütigt, der spanische Rechtsanwalt Gimbernat, sein Wunschverteidiger, von Biermann und mir aus Madrid herangeholt, wird des Staates verwiesen, er ist unerwünscht, Gysi kommt, er ist erwünscht ... Kurz vor dem Tode, die Sauerstoffflaschen wurden schon benutzt, der «Berliner Appell». Eppelmanns Festnahme, das Spiel mit den Friedenskonferenzen, Robert schon in der Schwäche. Die anderen spielten ihre Karten aus, Hermlin vorneweg.

Skizze
zur Diagnose der Erkrankung
von Robert Havemann
Tumor am oberen Rand der Niere,
der noch nicht das Nierenbecken berührt
Nierenbecken
Niere
großflächige Geschwulst mit höchstwahrscheinlich bösartigem
Charakter
Blase

Dazu eine schwungvolle Zeichnung, Pfeile zeigten auf die erkrankten Bereiche, die erkrankten Bereiche trugen eine dunkle Schraffur. Diese Zeichnung in der *IM-Akte «Chef»* auf Seite einhundertvierunddreißig, *Registriernummer XV 2477/68, Archivnummer 13947/84* – über fünfzehn Jahre war sein Arzt Dr. Landmann Spitzel und *Zersetzungs-IM* des *MfS* – sehe ich vor mir, wenn Zeitgenossen ihre täterfreundlichen Interviews geben. Wie eine Ente sah die Handzeichnung aus, der Harnleiter Robert Havemanns als hochgereckter Hals, die Niere ist der Kopf, der Bauch die Harnblase, das dunkle Gefieder die schraffierte, höchstwahrscheinlich bösartige Geschwulst.

Der medizinische Meisterzeichner ist der «*Chef*»-Arzt, er trägt den Künstlernamen Hippokrates, ist spezialisiert auf die Schweigepflicht und den Respekt vor dem einzelnen Menschen.

Du fragst nach den Beweisen, Jochen.

Wenn Hermlin seine Friedenskonferenz im Hotel Stadt Berlin abhalten kann, und in Polen werden die Solidarność-

Aktivisten in Lager gefahren, glaubt doch keiner im Ernst, daß die *HV A*, daß der große Küchenchef im Geheimen Krieg, nicht mit von der Partie sind, *absichernd* oder *inspirierend*, leise und unkonventionell, *im Einsatz nicht nur Agenten im klassischen Sinne* ... Und der Landsmann Hippokrates-«*Chef*»-Arzt gondelt im Ausland umher, unmöglich ohne die *Hauptverwaltung der Aufklärer* ...

Verwaltung für Staatssicherheit   *Berlin, den 08. 11. 71*
Groß-Berlin
Abteilung XX / 1

<u>*Operative Information Nr. 1357 / 71*</u>
<u>*Robert Havemann und Wolf Biermann*</u>

Der IM «Chef» teilte beim heutigen Treff mit, daß Robert Havemann schon seit einiger Zeit aus der stationären ärztlichen Behandlung in Berlin-Buch (FTL) entlassen ist. Während seines Aufenthalts in Buch hat H. guten Kontakt zu dem IM gehabt und der H. ist daran interessiert, daß ihn der IM jetzt weiter ärztlich betreut.

Vorige Woche rief H. bei dem IM an und teilte mit, daß er wieder Medikamente benötige. Sie vereinbarten für den 05. 11. 71 eine Zusammenkunft in der Wohnung von Wolf Biermann, da sich beide auf halbem Wege treffen wollten.

In den Abendstunden des 05. 11. 71 fuhr der IM mit seiner jungen Lebensgefährtin ...

(IM «Martina», Zusatzinformation aus dem Hintergrund mit leiser Stimme und gewichtiger Miene)

... in die Wohnung von Biermann, wo sie sehr gut aufgenommen wurden. Havemann kam von seinem Grundstück in Grünheide und der IM stellte ihm die entsprechenden Rezepte aus. Neben Biermann war noch Eva-Maria Hagen anwesend.

Während sich die Bekannte des IM mit der Hagen Bücher anschaute, unterhielt sich der IM mit Havemann und Biermann. Beiden war bekannt, daß der IM für die Stadtverordnetenversammlung

485

kandidiert und daraus ergaben sich einige Punkte für die Unterhaltung. Sie machten dem IM wegen der Kandidatur keine Vorhaltungen. Biermann machte einige Bemerkungen wie z.B.: «Na da müssen Sie aber zittern, ob sie gewählt werden.» usw. ... Die Antwort des IM, daß er schon öfters kandidiert und zuversichtlich ist, gewählt zu werden, nahmen Havemann und Biermann gelassen und ohne Kommentar hin. Fast im Chor sagten Havemann und Biermann, daß sie nicht zur Wahl gehen werden, denn sie müßten «ihr Gesicht» wahren und was sollten ihre Anhänger von ihnen denken, wenn sie durch die Teilnahme an der Wahl eventl. noch deren «demokratischen Charakter» anerkennen würden.

Die Unterhaltung drehte sich noch um die «Arbeitslosigkeit» von Biermann und dessen Nicht-versichert-Sein. B. sagte, daß ihm alle Möglichkeiten einer künstlerischen Betätigung verschlossen seien und daß er von seinem Geld im Westen lebe, was er zu seinem Leidwesen 1:1 bekommen würde. Der Hinweis des IM, daß doch vor kurzem in der Westpresse zu lesen war, daß eine Oper von B. in der BRD durchgefallen sei, wurde mit Gelassenheit von B. zur Kenntnis genommen. Er sagte, daß er sich sowieso keine Platten anhöre, die von ihm stammen. Die letzten zwei Platten hätte man ihm geklaut (wahrscheinlich Party-Gäste).

Der IM fand die Wohnung von Biermann in einem verwahrlosten Zustand. Es war kaum Platz, eine Tasse abzustellen. Die Hagen machte einen schlampigen und verkommenen Eindruck. Angeblich wollte sie den nächsten Tag nach Schwerin, wo sie mit Liedern auftreten wollte.

Das Verhältnis zwischen Biermann und Havemann ist gut. Der IM konnte jedoch feststellen, daß B. den H. mehrfach wegen dessen junger Freundin hänselte.

Die Perspektive des IM, weiterhin mit Havemann und Biermann in Verbindung zu bleiben, ist gut. Havemann hat den IM und dessen Bekannte auf sein Grundstück eingeladen und Biermann will den IM in dessen Wohnung besuchen. H. und B. sind trotz der politischen und

gesellschaftlichen Tätigkeit des IM sehr aufgeschlossen. Sie verspre-
chen sich wahrscheinlich von dem IM eine gute ärztliche Hilfe und Be-
treuung.

Gerischer

Oltn.

handschriftlicher Hinweis: *Verhaltenslinie u. Aufgaben mit*
HA XX abstimmen

OB ICH DEM PRACHTEXEMPLAR – natürlich unschuldig,
seine Dementis trägt er in leicht gekränktem Ton vor, er spricht
von «Robert» und dessen «Dankbarkeit» – ob ich ihm begegnet bin? Aber ja, öfters. Sein Begleit-*IM «Martina»* machte auf
Frauenfreundschaft und ging öfters mit Katja Havemann Pilze
suchen, rief auch in Grünheide an oder kam *spontan* vorbei.
Auch den «Drogen-Anruf» bei der Westberliner Polizei, der
Familie Wilke in Schwierigkeiten bringen sollte, tätigte sie *auf-*
tragsgemäß.

Fünfundsiebzig schlich ich als frisch geexter Student über
die Terrasse und betrat den Wohnraum, *«Chef»* und *«Martina»*
waren zu Gast, ich hatte, unbedacht, eine elend stinkende Karo
zwischen den Fingern klemmen, der Onkel Doktor füllte gerade ein Rezept aus, er sah mich vorwurfsvoll an, ich zuckte und
brachte sofort den Glimmstengel weg, entschuldigte mich, Havemann winkte lachend ab, bot mir einen Kaffee an, die Unterhaltung plätscherte so dahin, *«Chef»* ließ den überlegenen
Fachmann und Helfer heraushängen, den Mediziner, der ab
und zu eine ironische Bemerkung über Politik macht und seinen Patienten Havemann ein wenig belächelt und durchaus er-
mahnt, sich zu schonen und nicht mehr alles ganz so wichtig
und unaufschiebbar zu nehmen ... Havemann lächelte brav zurück. Als sie wegwaren, sagte er zu mir: «Idioten, mit denen wir
aber sehr gut auskommen müssen, meiner Puste wegen ...» In
den *IM-Berichten* kamen erstaunlich viele Details vor, auch über

Jena und die Konflikte an der Uni, was ich vorhatte, was sie glaubten, herausgehört zu haben … Ganz aufmerksame Besucher waren da in Grünheide gewesen, der «*Chef*» in den *Berichten* erinnerte mich eher an einen eifrigen Studenten, der in den Vorlesungen mitpinselte, aber so tat, als wäre er der Herr Professor persönlich, den nichts mehr übermäßig interessiert, weil er bereits fast alles weiß. Vieles wußte er schon. Wer seit einundsiebzig Rezepte schrieb, abhorchte, das Blutdruckmeßgerät ablas, den Staatsfeind ahh-sagen ließ und von ihm das werte Befinden geschildert bekam, wußte etwas. Dazu das Private, die Besuche, die Diskussionen, die anderen Patienten, die Überweisungen, die hilfreichen Kollegen und die Bedürftigkeit des stolzen Regimekritikers.

Etwas schade, daß auch Havemann *IM* war, sagte Jochen, findest du nicht?

Doch, finde ich auch.

Hat er was gesagt? Hat er darüber gesprochen?

«Ich hatte Gespräche», sagte er, «mit den ‹Freunden› und mit welchen von der Partei, das wird Stasi gewesen sein, wenn ich ins Ausland reiste …» Auch Einzelheiten? Eher nicht. Aber wenn es auf die Stasi kam, hat er sehr genaue Ratschläge gegeben … Die *IM-Erfassung* rieselte mir Klaus Richter ran, der Referatsleiter in der Behörde: Vom IM «Leitz» zum OV «Leitz», sagte er, der Name ist derselbe geblieben … Das war eine wichtige Mitteilung, eine «Eröffnung». Sie hatte die Preislage von «weißt du, daß Schnur … daß Böhme … daß Anderson … daß Stolpe …» Jetzt Robert Havemann.

Eher nebenbei, in einem Gang hatte er das gesagt, in *Haus* 7, glaube ich, oder *Haus* 8 … Ende einundneunzig gehörte Richter zum «Aufbaustab» und saß im zentralen Archivgebäude, im siebenten oder achten Stock. Ich sah ihn von der Seite an, nüchtern hatte er es gesagt, nebenbei. Es hatte gesessen.

Havemann ein *Inoffizieller Mitarbeiter*!

Ich fragte nicht nach, tat so, als wäre mir diese Information bekannt gewesen. Aber ich spürte Richters Seitenblick – na, was sagst du nun, ich hatte eine Residenten-Ausbildung der HV A, stimmt ... Zum Einsatz im Westen kam es nie, meine Frau wollte nicht, ich auch nicht, dann war das beendet ... ist lange her ... als Geschäftsführer der Bündnisgrünen war ich damit nicht mehr tragbar, aber gesagt habe ich es ... mit Wolfgang Templin habe ich gesprochen, und er mit mir, war ja auch mal IM ... und Havemann?

In Grünheide, Monate vor der *IM – «Leitz»*-Information, hatte ich Richter recht deutlich erklärt, daß er ziemlich spät käme mit seiner *Residenten-Ausbildung* ... Warum so spät, hatte ich ihn gefragt ... im Wohnzimmer ... er saß vor dem Kamin, kein Holz brannte, vor dem Haus sein Trabant, Katja sah verlegen vor sich hin. Klaus Richter hielt eine Aktentasche und sprach mit zerknirschter Stimme, das konnte er, mit zerknirschter Stimme sprechen und eine Nähe herstellen, das konnte er. *IM «Leitz»* sagte er aber nicht zerknirscht. Zurückhaltend, ja, aber auch wissend und triumphierend: Na, Jürgen, was sagst du zu dieser Nachricht? Diestel hat schon Andeutungen gemacht, die Akte ist irgendwo, wer weiß wo, beim Generalbundesanwalt? In einem Stahlschrank? Draußen bei irgendwelchen *Hauptamtlichen?* Als ich Katja anrief, redete sie sofort von der Partei und daß Robert ein hoher Funktionär gewesen war. Das wußte ich. Und er hat gebrochen, sagte sie. Ja, sagte ich.

Kleine Pause am Telefon.

UNTERHALB DES HOLZHAUSES, in dem wir fünfundsiebzig Unterschlupf fanden, Richtung See, standen hohe Bäume und Brennesseln.

Das Gelände war etwas modrig. Eine Sickergrube verkraftete den Ansturm zweier Haushalte nicht, wenn Kinder zu versorgen waren und viele Waschprogramme liefen. Franzi klein, unsere Lili, Felix von Sibylle Havemann. Noch ein paar Besucher, und der Sumpf nahm zu. Ein Abmähen des «Unkrauts» hätte die Misere ans Licht gebracht. Also lieber mit dem Unkraut leben und wegsehen, den schmalen Weg zum Bootssteg hinuntergehen, aufs Wasser schauen, Enten beobachten, Regenwasser aus dem Kahn schöpfen. Kurz vor meiner Verhaftung hatte ich aus irgendwelchen Gründen begonnen, mich kleingärtnerisch zu betätigen. Wir suchten auch eine neue Wohnung, denn das Holzhaus sollte, wie ausgemacht, nur eine vorübergehende Bleibe sein. Der nächste «Fall», der nächste geexte Student kam bestimmt ... oder eine entlassene Schauspielerin ... oder ein bedrohter Lyriker ...

Ich rodete das hohe Gras und die wuchernden Stauden ... Die Rechnung folgte sogleich, auch der freie Fall in enorme Tiefen. Brennesselfeld und Sickergrube grinsten.

Aber das ist eine Metapher aus dem Kloakenbereich, die zeitgeschichtlich eine gewisse Bedeutung haben mag, immerhin ist ja offenbar das Havemannsche Grundstück gemeint, aber ansonsten? Ansonsten komme ich manchmal nach Grünheide, setze mich auf die Veranda, und versuche, Havemann heranzuholen. Allerhand Katzen sind unterwegs. Katja kommt von der Arbeit in ihrer Jugend-WG ...

Oder ich gehe hinunter zum Bootssteg. Will niemanden sehen und hören.

DIE «CHEF»-AKTE des Spitzel-Arztes muß erst gesucht werden und marodiert fürs erste in einzelnen verstreuten Berichten durch die Korridore und Akteneinsichten ...

Katja Havemann wühlt still in einem Berg ... *Nach telefonischer Verständigung hatte der IM am 3. 9. 1981 Robert Havemann aufgesucht, da er unter Nierenschmerzen litt. Da keine klare Diagnose gestellt werden konnte, leitete der IM diverse Laboruntersu-*

*chungen ein. Nebenbei konsultierte er sich mit dem Chefarzt Dr.
Raatzsch von der urologischen Klinik des St. Hedwigs-Krankenhauses. Chefarzt Dr. Raatzsch kannte Havemann überhaupt nicht und
versicherte, ihn gründlich zu untersuchen. Der erste Untersuchungs-
termin von Robert Havemann war vom IM «Chef» für den 7. 9. 1981
in der urologischen Klinik des St. Hedwigs-Krankenhauses vereinbart
worden. Havemann erschien nicht, weil er es angeblich zu spät erfahren habe. Da der IM vom 6. bis 10. 9. zu einer Tagung in Paris weilte
und anschließend als Betreuer einer ausländischen Delegation für die
WHO-Tagung in Berlin eingesetzt war, konnte er den zweiten Un-
tersuchungstermin erst für den 1. 10. 1981 vereinbaren.*

ES VERGEHT ZEIT. Der *IM* hat zu tun, er weilt auf einer Tagung in Paris, dann muß er eine ausländische Delegation be-
treuen!

Führungsoffizier Gerischer und sein Vorgesetzter Häbler
können nicht einfach ihre *IM-Auftragsstruktur* verändern, weil
der Bürger Havemann Nierenschmerzen hat, die er bisher verheimlichte. Einen Termin versäumte er, *erschien nicht*, will *es angeblich zu spät erfahren haben.* Und nun haben w i r Zeit, besondere Privilegien gibt es nicht, Herr Havemann will ja kein
Bonze sein. Das hat er mehrfach öffentlich geäußert in mündlicher und schriftlicher Form. Also frühestens im Oktober, es
gibt außerdem noch andere Patienten, die untersucht werden
müssen. Der Chefarzt der urologischen Klinik des Ostberliner
St. Hedwigs Krankenhauses ist ein gefragter, beschäftigter Spezialist ... Also am 1. Oktober.

*Robert Havemann erschien zu dieser Untersuchung und noch am
gleichen Abend gegen 20.30 Uhr suchte Chefarzt Dr. Raatzsch den
IM in seiner Wohnung auf. Dr. Raatzsch zeigte sich anfangs gar nicht
von Havemann begeistert. Er bezeichnet ihn als einen Querkopf und
schwierigen Patienten, der sich über seine Krankheit sehr gut informiert hatte.*

Bei der Untersuchung, die ungefähr den ganzen Vormittag in An-
spruch genommen hatte, habe Chefarzt Dr. Raatzsch festgestellt, daß
Havemann eine großflächige bösartige Geschwulst in der Blase und ei-
nen großen Tumor am Oberrand einer Niere hat. Mit hoher Wahr-
scheinlichkeit handle es sich um Krebs, aber dazu müsse noch eine wei-
tere Untersuchung im Krankenhaus erfolgen. Aufgrund des schlechten
Allgemeinzustandes von Havemann kann diese Untersuchung mit ei-
ner Gewebeentnahme nur stationär durchgeführt werden.

Aufgrund dieser Information suchte der IM «Chef» am 2. 10. ge-
gen 17.30 Uhr mit seiner Frau und seinem Kind Havemann in
Grünheide auf.

Havemann machte einen sehr gefaßten Eindruck und sagte zum
IM, daß ihm klar sei, daß er Krebs habe. Er sehe auch ein, daß er
nochmals untersucht werden müßte, aber daß er dafür jetzt keine Zeit
habe. Er habe wichtige Dinge auszuarbeiten, und dabei stehe der of-
fene Brief an Breshnew im Vordergrund.

Bevor dieser Spitzel seinen Bericht mit der *Einschätzung* be-
schließt, *daß die Erkrankung von Robert Havemann soweit fortge-*
schritten ist, daß für ihn keine Rettung mehr besteht, bevor er seine
Skizze zur Diagnose übergibt und ein Oberst Häbler die frohe
Botschaft durch den *Verteiler* jagt,

> *1 x Stellv. Minister*
> *Generalleutnant Mittig*
> *1 x Ltr. der HA XX*
> *Generalmajor Kienberg*
> *1 x Leiter der BV*
> *Generalmajor Schwanitz*

referiert der medizinisch gebildete Hausbesucher ausführlich
über die von ihm eingesehene *letzte Fassung des offenen Briefes an*
Breshnew. Er übermittelt seinem Führungsoffizier, da er die erste Fassung kannte, daß *die Einleitung verändert wurde ...* Dann
kommt fast eine Seite Textwiedergabe und ein von ihm ausge-
spähter *Personenkreis der Unterzeichner:*

- *Pfarrer Alberts aus Westberlin*
  (Originalschreibweise)
- *Exbischof Scharff*
  (Originalschreibweise)
- *Exgeneral Bastian*
- *Schriftsteller Günter Kunert*
- *Wolf Biermann*
- *Fuchs*
- *eine bekannte Schauspielerin*
  (Name entfallen)

Hör auf, es reicht! Nein.

Besuche folgen, der Krankheitsverlauf wird beäugt, eine gewisse Besserung löst Nachfragen aus, aber der *IM* beruhigt: ... *Größere operative Eingriffe sind aufgrund des angegriffenen Herz-Kreislauf-Zustandes so gut wie nicht möglich ... Der Blutdruck 110/80 deutet auf eine akute Herz-Kreislaufschwäche hin. Er hält sich mit laufenden Sauerstoff-Inhalationen aufrecht. Beim Abhören der Atmungsorgane sind starke Geräusche vernehmbar, die eine übermäßige Verschleimung der Lunge beweisen. Sehr starker Auswurf seit einigen Tagen bestätigt dieses. Die vom IM mitgenommenen Auswurfproben zeigen sehr viel eitrige Substanz ... Der IM schätzt ein, daß Havemann mit seinem angegriffenen Organismus das ständige Ab und Auf nicht mehr lange verkraftet.*

Wurde auf möglichen Pilzbefall der Lunge geachtet? Eher nicht, sagt Katja, sehr spät bekam er Tabletten ... Mit Pilzen kannte sich Robert nicht aus ...

Es galt auch, eine Friedenskonferenz *abzusichern* im Dezember einundachtzig.

Wie der IM aus Bemerkungen des H. entnehmen konnte, hat er von Hermlin noch keine Einladung bekommen. Da der H. vorläufig nicht einmal zu einer dringlichen Untersuchung nach Buch kommen kann, ist nach Meinung des IM ein öffentlichkeitswirksames Auftreten nicht möglich ...

Keine Entwarnung.

Der IM «Chef» schätzt ein, daß Havemann ganz real seine geringen Lebenserwartungen kennt ... Deshalb wird er diese ihm verbleibende Zeit im Sinne seiner «politischen Vorstellungen» voll ausnutzen wollen und selbst notwendige Krankenhauseinweisungen bis ans Ende hinausschieben.

Wann geschrieben? Am ersten Dezember neunzehnhunderteinundachtzig. Und das hinausgeschobene Ende? Am neunten vierten neunzehnhundertzweiundachtzig. Am siebenten vierten berichtet ein Hauptmann Hempel über den Einsatz seiner *Quelle IMS «Nante»*: *Am heutigen Tage wurde der IMS durch Dr. Landmann vom Forschungsinstitut für Lungenkrankheiten und Tuberkulose gebeten, die gesundheitliche Betreuung von Prof. Havemann für die Zeit vom 08. 04. 1982 bis 14. 04. 1982 zu übernehmen. Während dieser Zeit befindet sich Dr. Landmann im Ausland.*

Als dieser zurückkehrte, Robert Havemann befand sich auf einer längeren Reise, gab es einen *Treff in der Wohnung des IM.* am frühen Nachmittag.

Gerischer, inzwischen Major, notierte in seinem *Treffbericht. Der IM freute sich sehr über das überreichte Geschenk (je 3 x 6 Gläser mit gleichem Schliff), das eine Auszeichnung für seine Arbeit am OV «Leitz» war.*

War ein Spitzel im Raum, als Robert starb?

Nein, sagt Katja.

«*CHEF*» UND «*MARTINA*» setzten ihre Besuche fort. *Zielobjekt* war jetzt Katja Havemann, die in den Akten fortan als OV «Leitz II» bezeichnet wurde. Auch die Tochter rückte stärker ins *operative Blickfeld*.

Aus dem *IM-Bericht* vom vierzehnten siebenten zweiundachtzig: ... *Wie der IM feststellen konnte, will die Katja H. jetzt alles tun, um zu einer eigenen Persönlichkeit zu werden* ... Verstärkung wurde angefordert. Ein Notar ging in die Spur. Er hatt schon als Verteidiger gewirkt und wäre durchaus bereit gewesen, eine Totenrede zu halten. Da er Zeitungen und Zeitschriften las, auch westliche Nachrichtenmagazine, warnte er eine unvorsichtige Witwe: es kann zu ernsten Schwierigkeiten kommen, wenn das so weitergeht! Der Notar sagte es leise, als persönliche Intervention, Sympathie schwang mit ... Wer weiß, was die dann wieder machen, wenn Sie im «Stern» offene Briefe an die Frau von dem Fuchs schreiben über Militarismus in der DDR, Sie kennen doch die Empfindlichkeiten ... Ein schlauer und überlegener Ton wurde angeschlagen auf der Terrasse. Benachbarte Tasten auf dem Klavier: *«Chef»*, *«Martina»*, weitere *IM* ...

Hat das nie ein Ende?

Hat dieses Gequatsche hier nie ein Ende?

Geht das immer so weiter? Ist der Tod ein kleiner Scheißer, eine Episode? Eine Diagnose? Werden zeitgleich Politdaten auf Tonband gesprochen und von Sekretärinnen *verschriftet*? Details, Namen, Veröffentlichungen – wann ist es denn soweit, dann ist es soweit, anschließend das Begräbnis *absichern*, die Trauergäste *erfassen* und *Demonstrativhandlungen verhindern* ...

Der Tod ist keine Größe? Immer weiter, immer weiter? Was bleibt, kann schon gesagt werden. Die Feindschaft bleibt, die Solidarität, die Angst, das Rumgemache der *IM*, die Bedeutung, der Wert einer oppositionellen Haltung, die versuchte und die erzwungene Nähe, die Heimlichkeit, die Besuche, die Besucher ...

Robert war kein Feigling.

Nein, sagte Katja Havemann. Ich bin zweimal weggerannt. Willst du weggehen, fragte ich. Sie verneinte. Es klang fern, unterm Rad. Ich möchte euch sofort sehen, sagte sie.

DER ABSCHLUSSBERICHT zum OV «Leitz», Registriernummer XV/150/64, trägt das Datum des zweiten Juni neunzehnhundertneunundachtzig und ist zehn Seiten lang. Auf Seite fünf unter *Eingeleitete Maßnahmen und deren Wirksamkeit: Durch den Einsatz einer Vielzahl eigener IM der HA XX sowie von IM anderer Diensteinheiten des MfS einschließlich von Bezirksverwaltungen und durch eine abgestimmte, differenzierte Zusammenarbeit mit Diensteinheiten der Linien II, VI, VII, VIII und IX des MfS konnte eine Reihe von operativ wirksamen Maßnahmen zur Unterbindung und Einschränkung öffentlichkeitswirksamer Feindhandlungen bzw. anderer negativ-feindlicher Aktivitäten des Havemann realisiert werden.*

Des weiteren erfolgten Maßnahmen zur Isolierung und Verunsicherung Havemanns sowie der Festlegung und differenzierten Anwendung staatlicher Sanktionen mit der Zielstellung, ihn

- *an der Begehung feindlicher Handlungen weitestgehend und möglichst dauerhaft zu hindern;*
- *für den Gegner unglaubhaft zu machen;*
- *an der Aufrechterhaltung bestehender Kontakte und Herstellung neuer Verbindungen in das Operationsgebiet wirkungsvoll zu hindern und von seinem Umgangskreis weiter zu isolieren.*
- *zu zwingen, sich künftig nur noch mit sich selbst und familiären Problemen zu befassen ...*

Dieser letzte Satz ist für die Psychologen bestimmt: Jemanden zwingen, sich künftig nur noch mit sich selbst zu beschäftigen. Dieser Satz ist einer der gemeinsten und entlarvendsten Sätze, die ich je irgendwo gelesen und gehört habe.

In diese Preislage gehört für mich der jahrelange Versuch der Stasi, den Widerstandskämpfer und politischen Häftling in der Nazi-Todeszelle als Verräter und Schwächling vorzuführen. Akten wurden gesichtet, Zeitzeugen befragt. Man fand nichts Brauchbares. Dann der Vorschlag, durch Leserbriefe Denunziationen zu plazieren, die *Havemann unglaubhaft machen*.

MEINE LESERIN SIMONE vermißt die Knaststimme, sie gefällt ihr.

Wird dieses ganze «Material» nicht zuviel, fragt sie, wie geht das aus? Oder gehst du unter ... die vielen Namen und Personen ... mein Briefpostpaket ... Antwort des Berichterstatters aus verschiedenen Häusern, der ein Spezialist wurde und *hauptamtlich* zu werden droht, wenn es so weitergeht: In ihren Karteien und Archiven stecken Erfaßte, Kontrollierte, Durchgewühlte, Eingetütete, Verschriftete, Numerierte ... Sie füllen Kästen, Hebelschubablagen und Rollkarteien, ganz dicht, ich du er sie es ... Hühnerintensivhaltung ... Namen, Namen, Namen ... Simone: Da soll ich wohl rein und dazu? Da bist du drin, liebe Leserin, schon drin! Da kannst du den Kopf schütteln, die schwarzen Augen verdrehen, immerzu Freundinnen anrufen, Kinder kriegen und Kinder hüten, mit Ralf Kasperletheater spielen, wiederholt umziehen, zu Hause im Sessel in Seiten blättern, wenn Eli schläft und Marianne träumt. Und wie komme ich wieder raus, wird gefragt. Kurze Bemerkung der Knaststimme: Gar nicht.

Das empört Kienbergs jüngste Feindin.

Das will sie nicht akzeptieren: Mildere Temperaturen, ein leichteres Leben: was dagegen? Man bekommt Wut, nicht nur Zorn! Diese elenden Vorgänge! Die ziehen sich! Das Ausbreiten, schrecklich! Aufarbeitung! Wie das schon klingt, umständlich und verlogen klingt das! Jeder will fix klarkommen und mit dem Arsch an die Wand hier, ist das nicht verständlich bei dem Wellengang? Ihr seid auch nicht mehr die großen Helden im Westfernsehen ... Gauck-Behörde, der Herr Bundesbeauftragte mit seiner Papi-Miene ... Diese Akten machen uns vielleicht fertig ... Du mußt da weg ...

Der Angesprochene kennt die Zeit «danach» recht gut, er hat Training, kam schon mal vom Knast auf den Kurfürstendamm ...

Wieder die Knaststimme, fragt Simone, oder bist du das,

böser Onkel, um mich Zoni zu ärgern am hellichten Tag? Raus aus dem Knast!

Sonst noch Wünsche?

Was heißt Wünsche … das drängt sich auf, ist wieder da … Ich wehre mich dagegen … Colditz, das Internat … Der Hammer kam neunzehnhundertneunzig. Da war ich bei meiner eigentlich geliebten Klassenlehrerin, Deutsch und Geschichte hat sie gegeben … Wohnte bei ihr zwei Tage. Wir sprachen über die Zeit, und sie sagte, daß die Stasi auch dagewesen wäre. Und sie hätte mit denen geredet. Es ging um eine konkrete Sache. Wir hatten im Zimmer ein harmloses Plakat aufgehängt, aber unten war der Stempel vom Kirchenverlag drauf. Wir sollten das Ding abhängen. Da habe ich aus der Verfassung der DDR den Paragraphen über Glaubensfreiheit an die Stelle gehängt. Jedenfalls hat meine Lehrerin meinen Namen weitergegeben an Direktion und Stasi, obwohl sie wußte, daß das Plakat nicht von mir stammte. Ich hatte es auch nicht mitgebracht. «Du warst das schwarze Schaf und ich mußte nicht andere belasten» … Wahnsinn. Hat die anderen gedeckt, anerkannte FDJler, und mich hat sie gemeldet. Auch mußte sie alle paar Wochen «Auffällige» melden, na rate mal, wer dran war? «Weil ich doch eh schon so einen Ruf hatte» … Stell dir das vor! Dann lese ich in den Akten meine Briefe, sie wußten alles … Das geht mir nah …

Colditz war schön und schlimm. Die Freundinnen, das Teetrinken auf dem Zimmer, die Platten …

In der Nähe haben sie im Dritten Reich psychisch Kranke eingesperrt und auch getötet. Wo wäre ich gelandet, wenn ich es dort nicht mehr ausgehalten hätte eines Morgens … auf so einer Station? Meine Eltern hatten damals kein Telefon, wer hatte schon Telefon? Wie hätten sie es erfahren? Ein, zwei Tage genügen manchmal, Spritzen, die Umgebung …

498

DER RECHERCHEUR sitzt nicht nur in einem Zimmerchen und plaudert mit Bäcker, Hopfer, Richter, Rolle, die anderen nenne ich jetzt nicht, er rennt auch durch ein Maisfeld, steht vor einem Zaun aus Maschendraht, zerrt an ihm, tritt ihn, reißt ein Schild ab. Das ist im Sommer dreiundneunzig.

Hohenschönhausen. Magdalenenstraße. Die U-Haft in Gera. Und dieser Knast in Kamsdorf. Dieser elende, ewige Knast in diesem Kaff ...

Muß ich das jetzt alles erklären? Es gibt ein Gedicht über Unterwellenborn und Kamsdorf, der Ort der Handlung liegt auf halbem Wege, ich zitiere dieses Gedicht. Aber zuerst das Schild am Zaun:

Unbefugten
ist das Betreten, Befahren
und die bildliche
Darstellung verboten!
Zuwiderhandlungen
werden bestraft!

Ist das nicht sehr schön symmetrisch gesetzt, mittig? Auf dem Original stimmt der Zeilenabstand bis auf den Millimeter. Zwei Ausrufezeichen kommen vor, «Zuwiderhandlungen» wurde nur mit «i» geschrieben, korrekt. «Bildliche Darstellung» ist eine beinahe künstlerische Formulierung, sie wird doch nicht im Zirkel schreibender Arbeiter gefunden worden sein? Oder im Malzirkel des Kulturpalastes, der mit seinen protzigen Säulen im Saaletal steht, als Gruß von Josef Stalin an die Stahlwerker der Maxhütte ...

Hinter dem Schild am Maschendraht der Hundelaufgraben, hinter dem Hundelaufgraben die Gefängnismauer, hinter der Gefängnismauer die Gebäude mit den vergitterten Fenstern. Arnold Vaatz saß hier, Michael Blumhagen ... Wehrdienstverweigerer, politische Häftlinge, auch «Zeugen Jehovas», auch Diebe, auch *IM*, die nach dem Westen sollten und einen gewissen Aufenthalt benötigten für die *Legende* … Das Gedicht, Achtung, beginnt mit einer Widmung, für C. und E., wieder ein Rätsel. UNTERWELLENBORN / Ist ein langer schmaler Bahnsteig // Wenn du ankommst / Und es ist Vormittag oder Nacht / Kann es sein / Daß du allein zwischen den Güterwagen stehst / Dann geh die Treppe runter / Durch den Tunnel / Auf der Straßenseite wieder hoch / Am Gepäckschalter vorbei / An den Toiletten / Den Fahrplänen // Gegenüber / Ist eine Gaststätte / Essen und Trinken im Stehen, im Vorbeigehen / In der Pause / «Max» steht an der Tür / Feine Hotels / Gibt es in Saalfeld oder Gera // Wenn die Schicht wechselt / Ist alles anders // Einsteigen, aussteigen / Busse, Motorräder, Personenzüge / Kleine Autos / Und Menschen ohne Schlips / Ohne Kragen / Mit Campingbeuteln und abgeschabten Aktentaschen / Schnell nach Hause / Zigarette / Ich geh noch einen zischen / Wer spielt mit / Wochenende / Hab ich Nachtschicht / Ich hab frei / Und jetzt die Hosen runter, Gelächter / Flüche / Müdigkeit // Richtung Kamsdorf stehen Plakate / Strahlende gemalte Menschen / Sprüche / Zahlen / Auf den Dächern der Häuser / Liegt Kalkstaub / Den kein Regen mehr wegspült / Die Bäche sind warm / Und wechseln / Ihre Farbe / Wenn Schnee fällt / Ist er schwarz in zwei Tagen // Du kannst die August-Bebel-Straße langgehen / Über die Brücken / Rechts die Hochöfen / Das Stahlwerk / Die Halden / Die umzäunten Baracken / Mit dem Fahnenmast in der Mitte des großen Platzes / Das ist der Knast / Klein-Dachau / Sagen die, die hier wohnen // Nachts / Brennen alle Lampen / Und das Werk liegt riesig da / Ohne Natur / Ohne Landschaft / Ohne Gegner // Hier war ich oft / Und habe die Familie meiner Schwester besucht / Schon bevor ich anfing zu schreiben / Bevor ich ins Gefängnis kam / Bevor ich in Westberlin / Landete

Ich frage E., den Schwager, ob er mitkommt. Wohin? Zum Knast runter. Was willst du dort? Ich will durch den Maschendrahtzaun, Hunde sind doch nicht mehr da? Nein, glaube nicht, aber nachts? Du meinst, nachts ... Wir werden sehen, ich habe Sprühflaschen, ein schönes Blau: Auch hier saßen politische Häftlinge, etwa so, an die weiße Mauer ... Kommst du mit? Das verstehen die Leute im Ort falsch, an den Knast sind die gewöhnt, Arbeitsplätze, irgendwo müssen sie auch hin, so wird geredet, der Knast gehört zum Ort. Kommst du mit? Du bist verrückt, ihr seid Chaoten! Lilo lacht, muß auf Daniel aufpassen. Wir haben Rotwein getrunken. Ich renne los. Es ist eine Sommernacht, einige Wolken, einige Sterne, der Mond halb, die Sicht gut. In den Wohnblocks, mit Blick direkt auf die vergitterten Fenster, brennt vereinzelt Licht. Ich zerre am Zaun, reiße ein Schild ab, komme nicht durch, lasse die Kombizange in der Tasche, horche nach den Hunden. Es ist sehr still, das Werk tot und dunkel, das Gefängnis noch nicht wieder belegt, bald, stand in der Zeitung, soll es wieder belegt werden. Es wäre schade um den neu erbauten Zellentrakt, bei der Arbeitslosigkeit. Und die Hunde? Hat dich die Angst vor wachsamen, vielleicht abwesenden Tieren abgehalten? Du ranntest allein durch das Maisfeld. Durch das Maisfeld rennt man allein, wenn die Kindheit vorbei ist und die Kolben verspeist sind im Baumhaus. Vor solchen Schildern, vor Maschendrahtzäunen, Hundelaufgräben und Knastmauern steht man allein, meist allein. Dort nicht allein zu stehen, ist nur eine Sehnsucht und nur ein Wunsch.

Du hast auch einen Bogen machen wollen, sagt die Knaststimme, als sechsundsiebzig das Auto hielt und drei Männer «Komm Se» sagten. Wegrennen wolltest du.

Lilo wäre mitgekommen hinunter zum Zaun. Sie hätte vielleicht sogar die Kombizange benutzt und schöne, gut lesbare Buchstaben aufgesprüht ... Und heute? Graffiti!

DU WILLST REIN, willst einen rausholen, der noch immer sitzt. Willst einen befreien, willst den Ausbruch wagen, die

Selbstrettung? Willst du auch andere reinziehen? Sollen sie Schmiere stehen und ihre Unschuld verlieren?

Vom Handtuchzimmer sind es hundert Meter Luftlinie zum Zellentrakt der Magdalena. Und? Deine Kräfte und Möglichkeiten sind begrenzt. Der Senat entscheidet. Demonstranten nicht in Sicht. Was willst du tun? Nummer zwei ordnet Akten, Biermann an der Wand ist ein Freund, Herr Borkmann trägt leere Kartons zum Container. Dieses Zimmer werde ich verlassen, aber der Weg ist nicht frei.

Viel wird heute geredet, philosophisch-psychologische Manuskripte entstehen, Gauck gibt Interviews: Der Ausgewogene besitzt eine «gediegene, ruhige Urteilssicherheit», der Unausgewogene rennt durch Maisfelder, schmiert und pinselt auf diverse Blätter und Wände, tut es, läßt es, zeigt eine «permanente, hysterische Aufwallung gegen das Böse». Der Seelensorger hat wieder etwas gelesen oder aufgeschnappt, das er gut verwenden kann. Joseph Roth schrieb «Das falsche Gewicht». Bäcker, Gerd, Mr. Baker, oder nennen wir ihn doch lieber Pekarskij, die entsprechende russische Vokabel wurde in der fünften DDR-Klasse gelernt ... Dieser also, jetzt ausreichend erklärt und vorgestellt, die Zeit der Geheimnisse ist vorbei, sieht in seinem *Haus* 7 nach dem Rechten ...

Sitzt da nicht ein prominenter Gast auf der Bank im Flur? Ein Ausgewogener, ein Unausgewogener? Was steht womöglich morgen in der Zeitung, überlegt der Mitarbeiter, welche «Einsicht» wirkt sich wie aus? Werden gar Bücher verfaßt mit Stellungnahmen? Pekarskijs eher diskrete Aufgabe, andere stehen im Lichte, besteht unter Umständen darin, die Maße und Gewichte zu prüfen, in bestimmten Zeiträumen und Korridoren geht er von einem zum anderen ... *Aber Herr Fuchs, wir wollen doch sachlich bleiben*, sagt jemand. *Sie waren doch nicht gemeint! Auf der Bank im Flur saß doch ein anderer, ein Ausgewogener! Tragen Sie denn eine starke Brille?*

Ach so, ist die Antwort.

Aber der zweite Satz eines Trivialromans, daran werden sie noch denken, entgegne ich, lautet: «Einer von uns hat geplappert.» Dann kommt: «Nicht nur wir haben es gehört.» Dritter Satz: «Auch der Barkeeper hat den Kopf geschüttelt.»

Ist das etwa ausgewogen?

Wie bitte? Sind das Scherze? Neue Analysen für Bildung und Forschung? Ich habe Schädlich gefragt und darf das zitieren aus seinem neuen Buch ... Es ist diskret genug, *operative Erkenntnisse* daraus sind eigentlich nur Mitgliedern des engsten *Korona-Kreises* möglich, anderen nicht. Alles bleibt «im Vertrauen» gesagt und geschrieben, aber von den ersten fünfzehn Seiten machte ja Rolf Haufs eine Sendung, Ohren hörten sie. Und Augen lasen das «Focus»-Gespräch mit dem Beauftragten vom zwanzigsten Mai siebenundneunzig. Bäcker Pekarskij wägt ab, und der große Eichmeister sagt zu Anselm Eibenschütz aus dem Bezirk Zlotogrod: «Alle deine Gewichte sind falsch, und alle sind sie dennoch richtig. Wir werden dich also nicht anzeigen! Wir glauben, daß alle deine Gewichte richtig sind. Ich bin der Große Eichmeister.»

Joseph Roth soff im Exil in Frankreich? «Na Schmidt, schon wieder gesoffen?» Ansprache an ein ehemaliges Mitglied des Bürgerkomitees Gera in einem «Personalgespräch» der neuen Behörde. Andreas Schmidt ist gemeint, der als einer der ersten in die Gebäude des *Organs* hineinging im Dezember neunundachtzig, an Uniformierten und Bewaffneten vorbei ... Ja, Joseph Roth soff und starb in Paris neunzehnhundertneununddreißig. Und der assoziierte Eichmeister wird Bundespräsident? Gauck: Ich denke, daß ich meine Grenzen kenne.

Denkste.

Und wer hat dich vorgeschlagen? Biermann. Noch jemand? Nein. Seine alten Platten gibt es jetzt als CD, Vertrieb bei 2001, auch «Ahh-ja!»

DIE KNASTSTIMME WIRD NERVÖS, sie will wissen, was mit *IM* «Leitz» war. Freunde, Feinde, Literaten und Förderer sollen jetzt mal die Klappe halten. Wo sind die Fakten? Ich soll knapp und klar antworten, sofern etwas in Erfahrung gebracht wurde. Havemanns Zeit als Verfolgter ist bekannt, auch die letzten Verhöhnungen des Medizinmannes wurden ausführlich mitgeteilt. Was aber war vor vierundsechzig?

Rechercheergebnis:

Band 1 der über zweihundert Stasi-Akten, die vom Feind Havemann handeln, enthält die GI-Akte «Leitz», des Geheimen Informators mit dem Decknamen «Leitz», Registriernummer 413/56 des Staatssekretariats für Staatssicherheit des Ministeriums des Inneren der DDR. Angelegt wurde sie neunzehnhundertsechsundfünfzig, der *Feindvorgang des OV «Leitz»* beginnt am achtzehnten Januar neunzehnhundertvierundsechzig. In einer chronologischen Übersicht der Staatssicherheit steht unter

Januar 1946: HAVEMANN, Abteilungsleiter im damaligen Kaiser-Wilhelm-Institut Berlin-Dahlem und gleichzeitig Verwaltungsleiter der gesamten Kaiser-Wilhelm-Institute in Westberlin, wird von der sowjetischen Aufklärung als GI angeworben und unterhielt in diesem Zusammenhang Verbindungen zu Mitarbeitern des amerikanischen CIC ... Darüber hinaus unterhält er enge Verbindungen zu führenden Mitgliedern einer illegalen Gruppe der SPD in Westberlin, die Verbindung brach er im Jahre 1947 ab. Weitere Verbindungen bestanden zu ehemaligen Mitgliedern der trotzkistischen Gruppe «Neues Beginnen» ...

Oktober 1948: Die Verbindung zu HAVEMANN wird von der sowjetischen Aufklärung zeitweilig unterbrochen, da von im einzelnen nicht bekannten Personen der Verdacht geäußert wurde, «HAVEMANN sei sowjetischer Agent» und darüber hinaus festgestellt wurde, daß seitens der Amerikaner Personen zu seiner Bearbeitung eingesetzt worden waren ...

1950: Die Verbindung der sowjetischen Aufklärung zu HAVE-

MANN, *inzwischen als Direktor des physikalischen Instituts der Humboldt-Universität tätig, wird wieder hergestellt und nachdem* HAVEMANN *die gestellten Aufträge ungenügend erfüllte, im Jahre 1952 endgültig abgebrochen.*

24. 2. 1956: HAVEMANN *wird durch die Abteilung VI/6 ohne schriftliche Verpflichtung unter dem Decknamen «Leitz» als GI mit dem Ziel angeworben, Kontakte zu westdeutschen Wissenschaftlern, insbesondere Physikern, herzustellen.*

15. 5. 1956: Im Zusammenhang mit der inoffiziellen Zusammenarbeit fordert HAVEMANN *die Bereitstellung detaillierter Informationen über die Entwicklung der Kernforschung der DDR, um diese angeblich im Rahmen von Vorträgen in Westdeutschland auszuwerten und westdeutsche Kernphysiker zum Übertritt in die DDR zu veranlassen.*

26. 10. 1956: HAVEMANN *vertritt innerhalb der Parteiorganisation der Humboldt-Universität feindliche Auffassungen über die sozialistische Demokratie, die Ursachen für die Ereignisse vom 17. 6. 1953 sowie in den Volksrepubliken Ungarn und Polen und über die Rolle der KPdSU sowie der SED.*

1956: Heinz BRANDT *bezeichnete* HAVEMANN *als seinen wichtigsten Informanten neben* RADDATZ*, da beide durch ihre Beziehungen zum ZK der SED über interne Informationen verfügten, die* BRANDT *dem Ostbüro der SPD auslieferte.*

1957: HAVEMANN *wird von der Armeeaufklärung der DDR als Kontaktperson gewonnen, um für eine inoffizielle Zusammenarbeit geeignete Personen in Westdeutschland zu benennen.*

19. 10. 1958: Im Auftrage des Deutschen Friedensrates begibt sich HAVEMANN *gemeinsam mit einem Mitarbeiter des Deutschen Friedensrates aus Cottbus zur Teilnahme an einer Beratung des westdeutschen Friedensrates nach Dortmund. Während der Mitarbeiter aus Cottbus in Dortmund unter nicht bekannten Umständen von der westdeutschen Polizei verhaftet wurde, war* HAVEMANN *keinerlei Verfolgungen ausgesetzt.*

April 1961: HAVEMANN wird in einem Gespräch zwischen Heinz BRANDT und dem österreichischen Journalisten Robert JUNGK als eine Verbindung BRANDTs benannt.

September 1962: Im Rahmen eines Symposiums an der Karl-Marx-Universität Leipzig beginnt HAVEMANN mit der öffentlichen Verbreitung feindlicher Auffassungen und organisiert anschließend die Versendung von Exemplaren seines Vortrages «Hat die Philosophie den modernen Naturwissenschaften bei der Lösung ihrer Probleme geholfen?» an Wissenschaftler in der Sowjetunion, Polen, Ungarn, der CSSR und in anderen Staaten.

Oktober 1963: HAVEMANN verbreitet an der Humboldt-Universität im Verlaufe seiner Vorlesungen ... an denen bis zu 800 Studenten und andere Personen teilnahmen, revisionistische Auffassungen über die sozialistische Demokratie und den marxistischen Freiheitsbegriff ...

12. 3. 1964: HAVEMANN wird aus der SED ausgeschlossen.

21. 3. 1964: HAVEMANN wird aus der Humboldt-Universität fristlos entlassen.

26. 3. 1964: Ein inoffizieller Mitarbeiter der Hauptabteilung II erhält seitens des amerikanischen Geheimdienstes einen Funkspruch mit dem folgenden Text: «Was macht HAVEMANN jetzt. Verbreitet er weiter seine Thesen. Alle Auswirkungen des Falles von Interesse.»

Juni 1964: Im westdeutschen Verlag «Rowohlt» erscheinen die Vorlesungen HAVEMANNS an der Humboldt-Universität in der Nummer 683 der Reihe «ro-ro aktuell» unter dem Titel «Dialektik ohne Dogma».

24. 3. 1966: Durch Beschluß der außerordentlichen Sitzung des Präsidiums der Deutschen Akademie der Wissenschaften erfolgt die Streichung HAVEMANNS als Korrespondierendes Mitglied der DAW.

GIBT ES BERICHTE? Ja. Über die Zusammenarbeit mit den «Freunden»? Nein. Hat er andere belastet in seiner Westberliner Zeit? Es gibt keine Berichte. Was denkst du? Wer mit ihnen redete, belastete auch andere. Und die Zeit ab sechsundfünfzig? Einige Berichte über Reisen nach Westdeutschland und ins Ausland, auch Informationen über seine Institutsarbeit, über Kollegen und Bekannte. Und? Naja. Was? Nicht sehr angenehm, der plant einen Umzug nach München, die äußert sich fragwürdig über die Nazizeit, der Sohn von dem und dem ist auf Karriere aus, Prof. A und Dr. B. sind DDR-freundlich, C. nicht, D. bekannte sich als Feind, auf die E. sollte man achten und sie unter Umständen stärker fördern ... So geht das bis etwa neunundfünfzig. Bis einundsechzig redete er weiter. Dann kamen zuerst Entschuldigungen, «keine Zeit» oder «keine Erinnerung», dann begann seine *Feindbearbeitung* und die *Maßnahmepläne* verschärfen sich. Neunzehnhundertdreiundsechzig sollte *der Verdacht erhärtet werden, daß er während der Nazizeit mit der Gestapo zusammengearbeitet hat*. Ein Major Dr. Hofmann von der *MfS-Hauptabteilung III/6* stellte Nachforschungen an und kam zu dem Schluß: *HAVEMANN war der geistige Kopf der Widerstandsgruppe «Europäische Union». Er wurde von der Gestapo und dem Volksgerichtshof in jeder Beziehung als solcher angesehen. Die in den vorhandenen Akten dargestellte antifaschistische Tätigkeit HAVEMANNs sowie sein Verhalten vor Gestapo und Volksgerichtshof lassen keinesfalls den Schluß auf Zusammenarbeit mit der Gestapo zu ... Bei der weiteren operativen Bearbeitung von Prof. HAVEMANN kann aus den angeführten Gründen ... nicht mehr davon ausgegangen werden, daß HAVEMANN während der Nazizeit Agent der Gestapo gewesen war.* Wer ist dieser Hofmann? Ein Freund im Apparat? Hat Wesel doch recht mit seinem Hinweis auf Gerechte in diesem Ministerium? Er unterschrieb mit *Dr. Hofmann, Major.* Vielleicht einer, der auch in Brandenburg saß? Sechsundsiebzig, als ich in Haft war, versuchten sie immer wieder, Robert als *Schwätzer* hinzustellen, der *keine richtige illegale Arbeit gegen die Nazis geleistet und anderen geschadet hatte* ... Haben sie von seinen Stasi-Kontakten gesprochen? Nein. Gar keine Andeutungen? Grinsen. Ein sehr breites, fettiges Grinsen.

Was wußtest du von ihm selbst?

Nur Andeutungen. Er hatte Schuldgefühle.

Und wenn dich die Stasi mit seiner *Zusammenarbeit* konfrontiert hätte, etwa mit Dokumenten?

Hätte ich es nicht geglaubt. Wäre ich von einer besonders miesen *Zersetzungsmaßnahme* ausgegangen, die mich brechen soll…

Was denkst du jetzt?

Er hat gebrochen, hat sehr viel riskiert. Er mußte das auch tun, denke ich jetzt. Sein Mut mußte gegen die Schuld ankommen und gegen die Scham. Schuld und Scham haben ihn angetrieben und radikalisiert. Er kannte die Spielchen, war ein kundiger, gefährlicher Feind. Mich hat er gestärkt. Mir hat er geholfen, kein *IM* zu werden und nicht einzuknicken. Aber ich habe ihn auch idealisiert. Er sollte groß, mächtig und ohne Fehler sein.

Warum?

Angst. Es gab die Angst. Ich hatte Angst, als junger Kerl, noch dazu mit Familie, ein kleines Kind war da, zu verschwinden in ihren Anstalten. Und er wußte schon, daß sie vor nichts zurückschrecken. Er wußte es schon.

Noch was?

Es war ein Schock, als ich vom *IM «Leitz»* hörte, die *Berichte* sah… Spürbar war das Abwenden, das Wachsen einer Entfernung… Havemann-Archiv kann schließen… Und Katja!… Utz Rachowski bedauerte plötzlich nicht mehr, ihn in Grünheide verpaßt zu haben im Sommer sechsundsiebzig… Wir können machen, was wir wollen, immer treffen wir auf sowas, immer sind und bleiben wir die Kinder von solchen… von solchen und solchen…

Du willst wohl der reine Bubi von nebenan sein, fragt die

Knaststimme, unschuldig aus der Drahtharfe von Wolf Biermann gesprungen? Das Lamm von Deutschland? Halstuch
und Blauhemd nie getragen, das Armeekäppi nie über die vor-
schriftsmäßig gestutzten Haare gezogen oder wie? Im übrigen:
Hat dir Schorlemmer erzählt, was mit Thomas Heinemann aus
seinem Bekanntenkreis geschah, einundachtzig? Er wurde von
der Stasi in den Wahnsinn und den Suizid getrieben, weil er
Fuchs-Texte abschrieb ...

Jetzt winken Gysi und Stolpe, jetzt halten alle freigesproche-
nen, ahnungslosen, rechtgläubigen, ganz und gar unwissenden
Juristinnen und Juristen ihre rosaroten Nelken hoch, die sie
vom Erich-Honecker-Solidaritäts-Komitee erhalten haben im
Gerichtssaal Frankfurt an der Oder! Unschuldig, seht ihr,
unschuldig! Es war rechtens, es war nach Buchstaben und
Paragraphen! Dazu beginnt Diestel, der immer schon mal Andeutungen machte, betont sportlich seine allerneueste Locke-
rungsübung: ich bin bereit, ich stehe zur Verfügung! Bäcker,
Hopfer ... – Dreiundvierzigster Zwischenruf von Renate
Ellmenreich: Vorsicht! Wir haben nur eine Behörde – Auch
Klaus Richter leitete etwas ab ... IM «Leitz» als ihr *Faustpfand*,
wartet nur! Wir wissen was, was ihr nicht wißt! Seid schön leise,
spielt euch nicht auf. Kommt brav in die Gauck-Behörde, ihr
bekommt die ganze Akte Havemann, na, sind wir nicht toll?
Einige Schwärzungen, gewiß, aber sind wir nicht toll?

Nimm es raus, sagt Utz.

Du lädst alle Dissihasser zum großen Fressen an Havemanns
Tafel, faxt ein anderer, zum Bade, sich reinzuwaschen von eigenen Skrupeln, tötest du eine Legende ...

Robert, das hättest du uns ersparen können.

Und was habt ihr mir erspart? Ruft das der Feldstein vom
Friedhof in Grünheide? Eher nicht, der Martell aus Cognac-
Gläsern schmeckte wirklich gut, vorwurfsvolle Fragen wurden
kaum vernommen in der Burgwallstraße vier, als R. H. lebte

und zuckte und frech war gegen Staat und Partei. Jetzt feiern Angsthasen und Wächter ihre Freiheit.

Havemann? Havemann?

Gerhard Hieke, der geschätzte Deutschlehrer, der Bloch und Mayer noch persönlich kennengelernt hatte, gab Mitte der achtziger Jahre meine Bücher beim Pförtner der *MfS-Kreisdienststelle Zwickau* ab. Jemand aus Ostberlin brachte sie vorbei, den hielt er für einen Spitzel und wollte weiteren Ärger vermeiden, weitere Vorladungen, weitere berufliche Degradierungen, weitere Anwerbungsversuche … Hast du sie vorher gelesen, fragte ich beim Wiedersehen nach dem Zusammenbruch. Ja, war die Antwort. Edwin Kratschmer, der Freund, Lektor und erste Ermutiger des «jungen Talents», befand sich für einige Minuten als *IM-Karteikarte* in der Hand des Stasiauflösers Schmidt. Eine *IM-Registratur*? S. nickte, fand den *Vorgang* rasch im *Magazin*, ganz schön langer *Vorlauf*, aber hier: … *ist aus Gewissensgründen nicht bereit, mit dem MfS zusammenzuarbeiten … Archivierung* … Steine schlugen auf das Linoleum der ehemaligen *Bezirksverwaltung Gera*. Edith Wolf, die wissenschaftliche Oberassistentin der Friedrich-Schiller-Universität, förderte einen schreibenden Studenten, distanzierte sich dann zwar, aber nie ganz richtig, nie ganz ausreichend, nie zur vollsten Zufriedenheit der Wettermacher. Also kam sie nicht hoch, nicht von der Stelle, nicht auf Reisen, nicht zu Kongressen, nicht in Publikationen. Heute steht sie gekündigt auf einem Balkon im hübschen Betonbaugebiet Jena-Neulobeda, die Sonne scheint, der Rechtsstreit dauert. Wann hat alles angefangen, frage ich. Sie lächelt, sieht mich an, Roman-Figur einer Wahnsinns-Story. Fortsetzung folgt.

Hab Märchen gelesen, sagt Simone, dornenreicher Weg, aber das Gute wird siegen! Ich habe den Schlüssel, dachte ich, bin besser als die alten Säcke in der Regierung! Angst hatte ich auch …

Und, frage ich.

Mein Schlüssel paßte!

Sie fletzt auf dem Sofa und ißt Nougatspitzen ... Zwei Kinder, ein Mann, die Diktatur im Arsch, Studium abgeschlossen! Was will ich mehr?

Jemand von der Gauck-Behörde rief an, sagt Lili, du sollst zurückrufen, ein Herr Prell. Ich habe es auf den Block geschrieben. Was wollte er denn? Woher soll ich das wissen! Sie kämmt sich vor dem Spiegel im Flur.